톨스토이(1828~1910)

쟁기질하는 톨스토이 일리야 레핀. 1887.

애마 조르카를 타고 승마를 즐기는 톨스토이(1903)

45세 때의 톨스토이 초상 　이반 니콜라예비치 크람스코이. 1873.

▲톨스토이와 아내 소피아 안드레예브나　일리야 레핀. 1907.
톨스토이의 이상주의와 부인의 현실주의는 부부간 분쟁을 끊임없이 불러왔다. 톨스토이는 1891년 청빈 생활을 위해 재산과 판권을 포기하려 했지만 가족의 반대로 91년 이후 발표한 판권은 포기하고, 그 이전 판권은 아내에게 넘기기로 타협했다.

◀톨스토이와 주치의 두샨 마코비키
톨스토이는 자신의 서류를 뒤지는 아내의 행동에 크게 분노해 1910. 10. 27일, 딸 알렉산드라에게 모든 판권을 상속한다는 유언장을 남기고 한집에 살던 주치의 마코비키와 함께 가출하여 여행하던 중 폐렴으로 집을 나온 지 열흘 만에 아스타포브의 역장 집에서 세상을 떠났다.

Лев Николаевич Толстой
ЧЕМ ЛЮДИ ЖИВЫ
СЕМЕЙНОЕ СЧАСТЬЕ/ОТЕЦ СЕРГИЙ
사람은 무엇으로 사는가/가정의 행복/신부 세르게이
레프 톨스토이 지음/김근식 고산 옮김

동서문화사

Illustration : A.G.H. Ynchboat, Hideyasu Nakada, Tsuneo Nakagawa, Hishami Ōta, Hikaru Sakada, Ayako Setsuyama, Yasuo Kitaoka, Sung—bo Jeon

사람은 무엇으로 사는가
차례

가정의 행복

신부 세르게이

톨스토이 행복을 찾아서

사람은 무엇으로 사는가

수레에 묶인 말이 걸을 수밖에 달리 도리가 없듯이
인간도 아무것도 하지 않고는 살아갈 수 없다.
그러므로 인간이 일한다고 하는 사실의 가치는
인간이 호흡하고 있는 사실의 가치와 다를 바가 없다.
그보다 오히려 가장 중요한 것은 인간이 무엇을 하고 있는가 하는 점이다.

사람은 무엇으로 사는가

1

한 신기료장수가 마누라와 자식을 거느리고 어느 농가에 세 들어 살고 있었다. 집도 땅도 가지고 있지 않아 구두를 만들고 고치며 살아가고 있었다. 삯돈은 헐하고 곡물은 비싸기 때문에 버는 족족 먹고살기에 바빴다. 신기료장수는 마누라와 번갈아 입는 모피 외투를 가지고 있었는데 그나마 다 해져서 누더기가 되어 버렸다. 그래서 2년째나 새 모피 외투를 만들기 위해 양가죽을 사야겠다고 벼르고 있었다.

가을이 되자 신기료장수는 여윳돈이 조금 생겼다.

3루블 지폐가 마누라의 함롱 속에 있었고, 또 마을 농부들에게 꾸어준 돈이 5루블 20코페이카쯤 있었다.

그리하여 신기료장수는 아침부터 양가죽을 사려고 마을에 갈 채비를 했다. 그는 아침 식사를 마치자 루바시카 위에다 솜을 둔 마누라의 무명 재킷을 껴입고 그 위에 긴 모직 외투를 걸친 다음 3루블 지폐를 호주머니에 넣고 나뭇가지를 하나 꺾어 지팡이 삼아 집을 나섰다.

신기료장수는 마을에 이르러 어느 농부의 집을 찾아갔는데 주인이 없었다. 그 마누라는 1주일 안으로 주인 편에 돈을 보내겠다고 약속할 뿐 돈을 갚지 않았다. 그래서 신기료장수는 또 다른 농부를 찾아갔다.

그 농부는 돈이 한 푼도 없다고 딱 잘라 말하고는 장화를 고친 값 20코페이카만 줄 뿐이었다. 어쩔 수 없이 신기료장수는 양가죽을 외상으로 사려고 했으나 가죽장수는 외상을 주려고 하지 않았다.

"돈을 가지고 와요, 그러면 마음에 드는 걸로 줄 테니까. 외상이 얼마나 받아먹기 어려운지 우리넨 너무나 잘 알아요."

이렇게 되어 신기료장수는 거우 장화를 고친 값 20코페이카를 받고, 어느 농부에게서 낡은 펠트화에 가죽을 대어 꿰매는 일을 맡았을 뿐이었다.

신기료장수는 속이 상해서 20코페이카를 몽땅 털어 보드카를 마셔 버린 다음 양가죽도 사지 못한 채 집으로 걸음을 옮겼다. 아침에는 좀 추운 것 같았지만 한잔 마시자 모피 외투 따윈 입지 않아도 몸이 후끈거렸다. 신기료장수는 길을 걸으면서 한쪽 손으로는 지팡이로 울퉁불퉁 언 땅을 두드리고 한쪽 손으로는 펠트화를 휘두르면서 혼잣말을 했다.

"모피 외투 따위 없어도 따습기만하군. 한잔 걸쳤더니 온몸이 뜨뜻한 게 윗도리도 필요 없네, 뭘. 끙끙 앓아봤자 소용없어! 다 이러구 사는 거지. 에이, 상관없어! 모피 외투 따위 없어도 잘만 살아. 그딴 건 일평생 필요 없어, 없다구. 아무렴! 그런데…… 아무래도 여편네가 팍팍대겠지…… 이런 젠장, 생각하니 더 열받네. 실컷 사람을 부려 먹고도 모자라 이리 슬쩍 저리 슬쩍 속여만 대다니! 흥, 두고보자. 다음에 또 외상 소리만 했단 봐라, 아주 네놈의 모자를 잡아 벗기고 말 테니. 아암, 내 그렇게 하구말구. 도대체 이게 무슨 짓이야. 20코페이카씩 쫄금쫄금 주다니! 흥, 20코페이카로 대체 뭘 한단 말인구! 술이나 마실 수밖에 없잖은가 말야. 넌 곤란하다고 하지만 그래 나는 곤란하지 않은 줄 아나? 너는 집도 있고 소도 있고 말도 있지만 나는 알몸뚱이다. 넌 네 빵을 먹고 있지만 나는 사서 먹는다구. 아무리 몸부림을 쳐봐야 1주일에 빵값만도 3루블은 치러야 돼. 집에 돌아가면 빵도 없을 테니 또 1루블 반은 내놔야 해. 그러니까 너도 내 돈을 갚아 줘야겠어."

이윽고 신기료장수는 길모퉁이 교회 근처까지 왔다. 교회 뒤에 무엇인가 허연 것이 보였다. 이미 땅거미가 지기 시작해서 신기료장수는 찬찬히 보았지만 무엇인지 잘 알아볼 수가 없었다.

'여기에 돌 같은 건 없었는데…… 소인가? 그런데 짐승 같지도 않아. 머리는 사람 같지만 사람치곤 너무 희군. 게다가 사람이 이런 데 있을 리가 없지.'

좀 더 다가갔다. 물체가 똑똑히 보였다. 이게 웬일인가! 혹시나 했는데 사람이 분명했다. 그런데 살았는지 죽었는지 알몸으로 교회 벽에 기대고 앉은 채 꼼짝도 하지 않았다. 신기료장수는 무서운 생각이 들었다.

'어떤 자가 이 사나이를 죽이고 옷을 벗겨 여기 내버린 모양이지. 너무 바싹

다가갔다가는 나중에 무슨 변을 당할지도 모르겠군.'

그래서 신기료장수는 그냥 지나쳐 갔다. 교회 모퉁이를 돌았다. 사나이의 모습은 보이지 않게 되었다. 교회를 지나 뒤돌아보았다. 사나이는 벽에서 떨어져 움직이기 시작했다. 어쩐지 이쪽을 보는 것 같았다. 신기료장수는 더럭 겁이 나서 이렇게 생각했다.

'가까이 가 볼까, 그냥 지나쳐 갈까? 혹시 갔다가 무슨 봉변이라도 당하면 큰일이지. 저놈이 누군지 내가 모르잖아. 어차피 좋은 일을 하고서 이런 데 왔을 리는 없고. 가까이 가기가 무섭게 덤벼들어 날 목 졸라 죽일는지도 몰라. 그렇게 되면 꼼짝없이 죽는 거다. 설령 목 졸라 죽이지 않더라도 시끄러운 꼴을 당할 게 뻔해. 저 벌거숭이 사나일 어쩐다? 내가 입고 있는 것을 홀랑 벗어 줄 수도 없고. 아, 그냥 지나쳐 가자, 제기랄!'

그렇게 생각하면서 신기료장수는 걸음을 재촉했다. 거의 교회 앞을 다 지나치게 되자 양심이 고개를 쳐들었다.

그리하여 신기료장수는 한길 복판에서 발을 멈추고 혼잣말을 했다.

"도대체 너는 뭘 하는 거냐, 세묜? 사람 하나가 재난을 만나 죽어가고 있는데 너는 겁을 집어먹고 슬쩍 도망치려고 한다. 네가 뭐 큰 부자라도 된단 말이냐? 가진 물건을 빼앗길까 봐 겁이 나는가? 세묜, 그건 좋지 않은 일이다!"

그리하여 세묜은 되돌아서서 사나이에게 다가갔다.

2

세묜은 그에게로 다가가 자세히 살펴보았다. 아직 젊은 사나이라서 힘도 있을 듯하고 몸에 얻어맞은 흔적도 없었다. 몸이 꽁꽁 얼어 말을 듣지 않는 모양이었다. 벽에 기대앉은 채 세묜 쪽을 보려고도 하지 않았다. 쇠약해질 대로 쇠약해져 눈을 뜰 수도 없는 것 같았다.

세묜이 다가가자 사나이는 그제야 제정신이 든 듯 고개를 돌리고 눈을 떠 세묜을 바라보았다. 사나이의 그 시선이 세묜의 마음에 들었다. 그래서 펠트화를 땅바닥에 내동댕이치고 허리띠를 끌러 그 허리띠를 펠트화 위에 놓은 다음 외투를 벗었다.

"이러고 있을 때가 아냐! 자, 이걸 입어요! 자!"

세묜은 사나이를 부축하여 일으켰다. 사나이는 일어섰다. 세묜은 보았다.

깨끗한 몸에 손발도 거칠지 않으며 귀여운 얼굴을 하고 있었다. 세묜은 그 어깨에 외투를 걸쳐 주려 했으나 팔이 소매 속으로 잘 들어가지 않았다. 세묜은 두 팔을 끼워 주고 옷자락을 잡아당기고 앞을 여며 준 다음 허리띠를 매어 주었다. 세묜은 헌 모자도 벗어 벌거숭이 사나이에게 씌워 주려고 했으나 정작 머리가 썰렁하여 이렇게 생각하곤 도로 모자를 썼다.

'나는 민머리지만 이 사람은 긴 고수머리가 더부룩이 자라 있어. 그보다도 이 젊은이에게 신을 신겨 줘야지.'

신기료장수는 사나이를 앉히고 펠트화를 신겼다.

"이제 됐다. 자, 이번엔 좀 움직여서 언 몸을 녹여야. 뒷일은 내가 걱정하지 않더라도 다른 사람이 다 처리해 줄 거야. 자네 걸을 수 있나?"

사나이는 멀거니 서서 감격한 듯한 표정으로 세묜의 얼굴을 바라보고 있었으나 말은 전혀 하지 않았다.

"왜 말을 하지 않는 거야? 이런 데서 겨울을 날 셈인가? 집으로 돌아가야지. 자, 여기 내 지팡이가 있으니까 몸이 말을 듣지 않거든 이걸 짚어요. 자, 자, 걸어요, 걸어!"

그러자 사나이는 걷기 시작했다. 조금도 뒤떨어지지 않고 잘 걸었다.

두 사람이 길을 걷기 시작했을 때 세묜이 말했다.

"자네, 대체 어디서 왔나?"

"나는 이 고장 사람이 아닙니다."

"이 고장 사람이면 난 다 알아. 그래 왜 여기까지 왔나? 교회 근처까지 말이야."

"그건 말씀드릴 수 없습니다."

"틀림없이 어떤 나쁜 놈들이 이런 짓을 했겠지?"

"아무도 나를 혼내지 않았습니다. 나는 하느님의 벌을 받았지요."

"그야 물론 만사가 하느님의 뜻임엔 틀림없어. 그렇더라도 어디 좀 들어가 쉬어야 할 텐데. 자네 어디로 갈 건가?"

"어디든 마찬가집니다."

세묜은 깜짝 놀랐다. 불한당 같지도 않고 말씨도 공손한데 신상 이야기를 하려고 하지 않았다. 세묜은 생각했다.

'그야 물론 세상에는 말 못 할 일도 많기는 하지.'

그는 사나이에게 말했다.

"어때, 우리 집에 가는 게? 불을 쬘 수 있어."

세묜은 집을 향해 걸었다. 낯선 사나이는 한 발짝도 뒤떨어지지 않고 나란히 따라 걸었다. 찬바람이 세묜의 루바시카 밑으로 스며들었다. 차차 술이 깨면서 추워져 왔다. 세묜은 코를 훌쩍거리며 몸에 걸친 마누라의 재킷 앞섶을 여미고 걸으면서 생각했다.

'아니 이건 어떻게 된 모피 외투람. 모피 외투를 마련하러 갔다가 외투를 없애고 벌거숭이 사나이까지 거느리게 됐으니, 이거 마트료나가 야단일 텐데!'

마트료나 생각이 나자 세묜의 마음은 우울해졌다. 그러나 옆의 낯선 사나이를 쳐다보고 교회 뒤에서 이 사나이가 자기를 쳐다보았던 시선을 생각해 내자 마음이 유쾌해졌다.

3

세묜의 마누라는 얼른 일을 마쳤다. 장작을 패고 물을 긷고 아이들과 같이 저녁 식사를 끝마치고 생각에 잠겼다. 빵을 굽는 일을 오늘 할까, 내일로 미룰까. 아직 빵은 큰 것이 있었다.

'세묜이 거기서 점심을 먹고 온다면 저녁은 그리 많이 먹지 않겠지. 그렇게 되면 내일 빵은 이것으로 충분하다.'

마트료나는 빵 조각을 만지작거리며 생각했다.

'오늘은 빵을 굽지 말아야겠다. 밀가루도 얼마 남지 않았으니, 이걸로 금요일까지 먹도록 하자.'

마트료나는 빵을 치우고 테이블 옆에 앉아 남편의 루바시카를 깁기 시작했다. 바느질을 하면서 마트료나는 남편이 어떤 양가죽을 사 올까만 생각했다.

'모피 장수에게 속아 넘어가지는 않았겠지. 그래도 사람이 워낙 좋으니 알 수 없어. 그이는 조금도 남을 속이지 못하지만 어린아이도 그이를 속이는 것쯤은 문제없으니 말이야. 8루블이면 큰돈이니까 좋은 모피 외투를 만들 수 있겠지. 무두질한 최고급 가죽은 아니라도 어쨌든 모피 외투는 살 수는 있어. 작년 가을에는 모피 외투가 없어서 얼마나 고생을 했나! 강엘 갈 수가 있었나, 산엘 갈 수 있었나. 지금도 그렇지, 옷이란 옷은 모조리 입고 나가 버리니까 난 걸칠 것도 없어. 그리 일찍 떠난 건 아니지만 이제 올 때도 됐는데……. 아니, 이 양반이 또 술타령을 하고 있는 게 아닐까?'

마트료나가 그렇게 생각한 순간 입구 층층대가 삐그덕거리면서 누가 들어오는 소리가 났다. 마트료나는 바늘겨레에 바늘을 꽂고 입구 쪽으로 나갔다. 그러고 보니 사나이 둘이 들어오는 것이 아닌가. 세묜 옆에는 낯선 사나이가 맨발에 펠트화를 신고 모자도 없이 서 있었다.

마트료나는 당장에 남편이 술을 마셨다는 것을 알았다. 역시 마시고 왔구나. 남편은 외투도 입지 않고 속옷바람인데, 게다가 손에는 아무것도 들지 않고 말 없이 서 있었다. 마트료나는 화가 치밀어 올랐다.

'그 돈으로 몽땅 마셔 버린 게 틀림없어. 알지도 못하는 건달하고 퍼마시고 한술 더 떠 집까지 끌고 왔구먼.'

마트료나는 두 사람을 앞세우고 뒤따라 들어가다 생판 모르는 젊고 빼빼마른 사나이가 입고 있는 외투가 바로 자기네 것임을 알았다. 외투 밑에는 셔츠를 입은 것 같지도 않고 모자도 쓰지 않았다. 집 안으로 들어온 젊은 사나이는 그냥 그 자리에 선 채 움직이지도 않고 눈도 쳐들지 않았다. 그래서 마트료나는 분명 무슨 잘못을 저질러서 겁을 내고 있구나 생각했다.

마트료나는 얼굴을 찡그리고 페치카 쪽으로 떨어져 서서 두 사람의 거동을 살폈다. 세묜은 모자를 벗고 태연하게 걸상에 앉았다.

"여보, 마트료나. 식사 준빌 해야지."

마트료나는 입속으로 뭐라고 중얼거릴 뿐 페치카 옆에 선 채 움직이려고도 하지 않고 두 사람을 번갈아 쳐다보며 고개를 갸웃거릴 뿐이었다. 세묜은 마누라가 화난 것을 보고 하는 수 없다는 듯이 낯선 사나이의 손을 잡았다.

"자, 앉아요. 저녁을 먹어야지."

낯선 사나이는 걸상에 앉았다.

"그래 아무것도 마련하지 않았어?"

마트료나가 화가 나서 대답했다.

"왜 안 해요, 하긴 했지만 당신을 위해서가 아니에요. 보아하니 당신은 염치마

저 홀랑 마셔 버린 모양이군요. 모피 외투를 사러 간다더니 모피 외투는커녕 외
투까지 없앤 데다 건달까지 데리고 오다니. 당신네들 주정뱅이에게 줄 저녁은 없
어요."

"마트료나, 까닭도 모르면서 함부로 말하면 안 돼요. 먼저 어떻게 된 일인지
물어보아야지."

"그런 건 아무래도 좋아요. 그래 돈은 어디 있어요. 말해 봐요."

세묜은 외투 호주머니를 더듬어 돈을 꺼냈다.

"여기 돈 있잖아. 뜨리포노프가 주질 않더군, 내일은 꼭 주겠다고 약속하긴
했지만."

마트료나는 더욱더 화가 치밀었다. 가죽도 사지 않고 단 하나밖에 없는 외투
를 낯선 벌거숭이 사나이에게 입혀 가지고 집으로 끌고 오다니.

마트료나는 테이블 위의 돈을 집어 함롱 속에 간수하며 말했다.

"아뇨, 저녁은 없어요. 벌거숭이 술주정뱅이를 일일이 챙겨 먹이다간……."

"여보, 마트료나. 말 좀 삼가요. 내 말 좀 들으라니까."

"당신 같은 주정뱅이에게서 내가 무슨 말을 들어야 한다는 거예요. 난 처음부
터 당신 같은 술꾼하고 결혼하고 싶지 않았어요. 그런데 그만……. 어머니가 주
신 피륙도 당신이 술값으로 없앴죠. 모피 사러 간다더니 그것마저 다 마시고 오
다니."

세묜은 아내에게 자기가 마신 것은 고작 20코페이카뿐이라는 것을 납득이
가도록 이야기하고 이 사나이를 데리고 온 경위도 밝히려 했으나, 마트료나가
말할 여유를 주지 않았다. 어디서 쏟아져 나오는지 단번에 두 마디씩 지껄이니
세묜이 끼어들 겨를이 없다. 10년도 더 지난 옛날 일까지 들추어내는 형편이다.

마트료나는 마구 욕설을 퍼부으면서 세묜 곁으로 달려가 그 옷소매를 부여
잡았다.

"자, 내 옷을 돌려줘요. 하나밖에 없는 내 옷을 뺏어 입고, 염치도 좋지. 빨리
이리 벗어 봐요. 못난 인간 같으니! 차라리 뒈지기나 하지!"

세묜이 마누라의 무명 재킷을 벗으려 하는데 한쪽 소매가 뒤집어졌다. 그때
마누라가 그것을 잡아당겼으므로 옷의 솔기가 부드득 뜯겨 나갔다. 마트료나는
재킷을 빼앗아 입고 문께로 달려갔다. 그리고 나가 버리려고 하다가 발을 멈췄

다. 속상하긴 하지만 이 사나이가 누구인지 알아내야겠다고 생각했던 것이다.

4

마트료나는 발길을 멈추고 말했다.

"온전한 사람이라면 벌거숭이로 있을 리가 없어요. 그런데 이 사나이는 셔츠도 입고 있지 않아요. 당신이 나쁜 짓을 하지 않았다면 어디서 이 사나이를 끌고 왔는지 왜 말 못 하는 거예요?"

"내 말하지 않았소. 집으로 돌아오는 길에 교회 담 밑에 이 사람이 알몸으로 거의 얼어붙은 채 기대앉아 있었단 말이오. 글쎄, 여름도 다 갔는데 벌거숭이가 아니겠소! 마침 하늘이 도와서 내가 그리로 지나오게 됐으니 망정이지 그렇지 않았더라면 얼어 죽고 말았을 거요. 살아가노라면 언제 무슨 일을 당할지 누가 알겠소! 그래 외투를 입혀 데리고 왔지. 마트료나, 당신도 좀 그만해 두고 마음을 가라앉혀요. 누구든 한 번은 죽는 거니까."

마트료나는 다시 욕설을 퍼부으려고 하다가 문득 낯선 사나이를 쳐다보자 말이 막혔다. 사나이는 죽은 듯이 앉아 있었다. 걸상 끝에 앉은 채 꼼짝도 하지 않았다. 두 손을 무릎 위에 올려놓고 목을 가슴에 떨어뜨리고서 눈을 뜨는 일도 없이 무엇인가가 목을 조르기라도 하는 듯 사뭇 얼굴을 일그러뜨리고 있었다. 마트료나가 입을 다물고 있으므로 세묜은 이렇게 말했다.

"마트료나, 당신에겐 하느님도 없소?"

이 말을 듣고 마트료나는 다시 한번 낯선 사나이를 쳐다보았다. 차츰 마트료나의 기분이 가라앉았다. 그녀는 문 앞에서 발길을 돌려 난로 한쪽 구석으로 가서 저녁 준비를 하기 시작했다. 컵을 탁자 위에 놓고 크바스[1]를 따르고 남은 빵을 잘라 내놓았다. 그리고 나이프와 스푼을 놓으면서 말했다.

"식사하세요."

세묜은 낯선 사나이를 식탁으로 데리고 갔다.

"앉아요, 젊은이."

세묜은 빵을 잘게 자른 다음, 둘이서 먹기 시작했다. 마트료나는 테이블 한쪽

---

1) 엿기름, 보리, 호밀 따위로 만든 러시아의 맥주.

끝에 앉아서 턱을 괸 채 낯선 젊은이를 바라보았다.

그러자 이 젊은이가 가엾다는 생각이 들어 돌보아 주고 싶은 마음까지 일었다. 그러자 갑자기 낯선 사나이는 기쁜 듯한 표정이 되더니 찡그렸던 눈썹을 펴고 마트료나 쪽으로 눈길을 돌려 싱긋 웃었다.

식사가 끝났으므로 마트료나는 테이블을 치우고 낯선 사나이에게 물었다.

"도대체 당신은 어디 사는 사람이죠?"

"나는 이 고장 사람이 아닙니다."

"그런데 왜 그 길에 있었죠?"

"그건 말할 수 없습니다."

"노상강도라도 만났나요?"

"나는 하느님의 벌을 받았습니다."

"그래서 벌거숭이가 되어 자고 있었단 말이에요?"

"네, 그래서 알몸뚱이로 자다가 얼어 죽을 뻔했던 겁니다. 그것을 본 세몬이 나를 가엾게 생각하여 입고 있던 외투를 벗어 내게 입히고 집으로 같이 가자고 했던 거죠. 또 여기 오니까 아주머니가 나를 불쌍히 여겨 먹고 마시게 해주셨습니다. 당신들에게는 하느님이 은총을 내리실 겁니다!"

마트료나는 일어서서 금방 기워 놓았던 세몬의 낡은 셔츠를 창가에서 가져다가 낯선 사나이에게 건네주었다. 그리고 그 밖에 속바지도 찾아내서 주었다.

"아니, 셔츠도 없잖아. 자, 이걸 입고 어디든 마음에 드는 자리에 누워서 자요. 침대 위나 페치카 옆에서나."

낯선 사나이는 외투를 벗고 셔츠를 입은 다음 침대 위에 몸을 뉘었다. 마트료나는 등불을 들고 외투를 집어 남편 있는 데로 갔다.

마트료나는 외투 자락을 덮고 누웠으나 통 잠이 오지 않았다. 낯선 사나이의 일이 자꾸만 머릿속에서 떠나지 않는 것이었다.

그 사나이가 조금 남았던 빵을 다 먹어 버려 내일 먹을 빵이 없다는 것과 셔츠랑 속바지를 주어 버린 일을 생각하니 아쉬운 생각이 들지 않는 바도 아니었으나 젊은이가 싱긋 웃던 것을 생각하니 가슴이 밝아지는 것 같았다.

마트료나는 오래도록 잠을 이루지 못했다. 세몬 또한 잠 못 들고 연신 외투자락을 잡아당기곤 했다.

"남은 빵을 다 먹어 버렸는데 반죽을 해두지도 않았으니 내일은 어떻게 한담. 이웃 마리냐네 가서 좀 꾸어 달랠까요?"

"산 입에 거미줄이야 칠라구."

마트료나는 한참 동안 가만히 드러누워 있었다.

"그런데 저 사람 나쁜 사람은 아닌 것 같은데 왜 신상 이야기를 하지 않을까요?"

"아마 말 못 할 사정이 있겠지."

"세묜! 우리는 남을 도와주는데 왜 남은 아무도 우리를 도와주지 않는지 몰라요."

세묜은 뭐라고 대답해야 좋을지 몰랐다.

"뭘 자꾸 그러는 거요"라고만 했을 뿐 휙 돌아누워 그냥 잠들고 말았다.

5

이튿날 아침, 세묜은 잠이 깼다. 아이들이 일어나기 전에 마트료나는 이웃 집에 빵을 꾸러 갔다. 어제의 그 낯선 사나이는 낡은 셔츠를 입고 속바지를 입은 채 걸상에 앉아 천장을 바라보고 있었다. 그 얼굴은 어제보다 밝았다.

"어때 젊은이, 배 속에선 빵을 요구하고 알몸뚱이는 옷을 원하니 벌이를 해야 하지 않겠나. 자네 무슨 일을 할 줄 아나?"

"나는 아무것도 할 줄 모릅니다."

세묜은 깜짝 놀랐지만 이렇게 말했다.

"할 마음만 있으면 되는 거야. 사람은 뭐든지 배워서 익히면 돼."

"모두 일하는데 저도 일을 해야지요."

"자네, 이름이 뭔가?"

"미하일입니다."

"이봐요, 미하일. 자네는 신상 이야기를 하고 싶지 않은 모양인데 그건 아무래도 좋아. 굳이 듣고 싶은 것도 아니니까. 하지만 밥벌이는 해야 해. 내가 시키는 일을 하면 자네를 먹여 주지."

"고맙습니다, 열심히 배우고 익히겠습니다. 뭐든지 가르쳐 주십시오."

세묜은 실을 집어 손가락에 감고 꼬기 시작했다.

"그다지 어려운 건 아냐. 자 보라구……."

미하일은 그것을 들여다보더니 금방 배워 그와 마찬가지로 손가락에 감아 실을 꼬았다.

세묜은 이번에는 꼰 실 짜는 법을 가르쳤는데 미하일은 그 일도 여간 잘하지 않았다. 세묜이 돼지털을 바늘에 꿰어 꿰매는 일을 해보이자 이것도 미하일은 금방 배웠다.

미하일은 세묜이 어떤 일을 가르쳐도 금방 배워 사흘 뒤에는 벌써 일을 시작하게 되었는데, 마치 이제까지 구두만 꿰매온 것 같은 솜씨였다. 허리를 펼 사이도 없이 부지런히 일만 하고 식사는 조금밖에 하지 않았다. 한가할 때는 잠자코 천장만 쳐다보았다. 밖으로 나가지도 않고 농담도 하지 않고 웃지도 않았다.

미하일이 싱긋 웃은 것은 처음 왔던 날 마트료나가 저녁 준비를 했을 때 뿐이었다.

6

하루하루가 지나가고 1주일, 또 1주일이 그리고 1년이라는 세월이 흘렀다. 미하일은 여전히 세묜의 집에 살면서 일했는데 세묜의 보조공으로 소문이 자자하게 퍼졌다. 세묜의 보조공 미하일만큼 모양 좋고 튼튼한 구두를 짓는 사람이 없다고 하여 이웃 마을에서까지 구두 주문이 밀려들어 세묜의 수입은 점점 늘어갔다.

어느 겨울날의 일이었다. 세묜이 미하일과 마주 앉아서 일을 하고 있는데 방울을 잔뜩 단 삼두마차 소리가 요란히 들렸다. 창문으로 내다보니 그 마차는 바로 가게 앞에 섰다. 그리고 젊은 사람이 마부석에서 뛰어내려 마차 문을 열자 마차 안에서 모피 외투를 입은 신사가 내렸다. 그러고는 세묜의 집을 향해 입구 층계를 올라왔다.

마트료나는 뛰어나가 문을 활짝 열었다. 신사는 몸을 굽히고 안으로 들어와 허리를 쭉 폈는데, 머리는 거의 천장에 닿을 지경이고, 온 방 안은 신사의 몸뚱이로 꽉 들어찬 것 같았다.

세묜은 일어서서 인사했으나 신사의 큰 몸집을 보고 벌린 입이 다물어지지 않았다. 이런 사람은 이제까지 본 일이 없었다. 세묜도 살집이 없는 편이고 미하

일도 깡말랐으며 마트료나조차도 마치 마른나무 잎사귀처럼 살이 없는데 이 신사는 다른 나라에서 왔는지 얼굴은 불그스름하니 윤이 나고 목은 황소처럼 굵어서 마치 몸뚱이 전체가 무쇠로 된 것 같았다.

신사는 후욱 숨을 크게 내쉬더니 모피 외투를 벗으며 걸상에 앉아 말했다.

"이 구두 가게 주인은 누군가?"

세묜이 나서서 말했다.

"제가 주인인뎁쇼, 나리."

그러자 신사는 자기가 데리고 온 젊은이에게 커다란 소리로 명령했다.

"페지카, 그걸 이리 가져와!"

젊은이가 달려가서 무슨 꾸러미를 가지고 왔다. 신사는 꾸러미를 받아 테이블 위에 놓더니 "끌러라" 하고 그 젊은이에게 명령했다.

신사는 거기서 나온 가죽을 손가락으로 가볍게 찌르며 세묜에게 말했다.

"주인, 이 가죽이 무슨 가죽인지 알겠나?"

"네, 알겠습니다, 나리."

"이봐, 이 가죽이 무슨 가죽인지 안단 말인가?"

세묜은 가죽을 만져 보고 나서 대답했다.

"썩 좋은 가죽입니다."

"그야 물론 틀림없이 좋은 가죽이지, 바보 같으니라고. 자네는 이제까지 이런 가죽은 보지도 못했을걸. 독일산이야, 이건. 20루블이나 주었다구."

세묜은 겁을 먹고 말했다.

"저 같은 사람이 어찌 구경이나 했겠습니까?"

"그야 당연하지. 어디 이 가죽으로 내 발에 꼭 맞는 구두를 지을 수 있겠나?"

"지을 수 있구 말굽쇼, 나리."

신사는 느닷없이 소리 질렀다.

"지을 수 있구 말굽쇼라구? 너는 누구의 구두를 짓는지, 무슨 가죽으로 짓는지를 명심해야 해. 나는 1년을 신어도 찢어지지 않고 모양이 변치 않는 구두를 원해. 그렇게 만들 수 있다면 일에 착수하여 가죽을 재단해. 하지만 안 될 것 같으면 손도 대지 마. 미리 말해 두겠는데 만약 구두가 1년도 채 되지 않아 찢어지거나 모양이 변하거나 하면 네놈을 감옥에 넣어 버릴 테다. 만일 1년이 넘도록 모양이 변하지도 않고 찢어지지도 않으면 삯으로 10루블을 주겠다."

세묜은 겁이 더럭 나서 대답할 말을 잃고 미하일 쪽을 돌아다보았다.

그러고는 팔꿈치로 미하일을 쿡 찌르면서 작은 목소리로 물었다.

"이봐, 어떻게 하지?"

미하일은 "그 일을 맡으십시오" 하는 듯이 고개를 약간 끄덕였다.

세묜은 미하일의 고갯짓을 보고 1년 동안 일그러지지도 찢어지지도 않을 구두를 주문받았다.

신사는 젊은이를 불러 왼쪽 구두를 벗기게 하고 다리를 쭉 폈다.

"치수를 재라!"

세묜은 한 자(尺) 이상이나 되는 종이를 꿰매 붙여 자리에 펴고, 두 무릎을 꿇고서 신사의 양말을 더럽힐세라 앞치마에 손을 잘 닦은 다음 치수를 재기 시작했다. 바닥을 재고 발등 높이를 재고 종아리를 잴 차례가 되었는데 종이 양 끝이 마주 닿지 않았다. 신사의 종아리가 통나무만큼이나 굵었던 것이다.

"정신 차려서 해, 거길 좁게 해서는 안 된다."

세묜은 다시 종이를 덧붙였다. 신사는 의젓하게 앉아 양말 속의 발가락을 꼼질꼼질 놀리면서 방 안 사람들을 둘러보고 있다가 미하일을 보더니 "저건 누구야?" 하고 물었다.

"이 가게 직공인데 그가 구두를 만들 겁니다."

"똑똑히 알아 둬라. 1년간은 끄떡없도록 꿰매야 한다."

신사는 이렇게 미하일에게 말했다. 세묜도 미하일을 돌아다보았다. 그런데 미하일은 신사의 얼굴은 보지 않고 그 뒤의 구석을 응시하고 있었다.

마치 누구인지를 알아내려고 하는 듯한 표정이었다. 물끄러미 응시하던 미하일은 갑자기 싱긋 웃더니 얼굴이 활짝 밝아졌다.

"넌 뭘 싱글거리고 있는 거야? 바보처럼. 정신 차려서 기한 내에 만들 생각이나 하지 않고."

그러자 미하일이 말했다.

"네, 그렇게 하겠습니다."

"좋아, 좋아."

신사는 구두를 신고 모피 외투를 입자 문간 쪽으로 걸음을 옮겼다. 그런데

허리 굽히는 것을 잊었기 때문에 문에 이마를 세게 부딪쳤다.

신사는 욕설을 퍼붓고 이마를 문지르며 마차를 타고 가 버렸다.

신사가 나가자 세묜이 말했다.

"정말 어마어마한 나리야. 그 어른은 큰 도끼로도 죽이지는 못할걸. 방이 흔들거리도록 이마를 부딪혔는데도 별로 아프지도 않은 모양이던데."

그러자 마트료나도 말했다.

"저렇게 부유한 생활을 하는데 체격인들 왜 좋지 않겠수. 저런 튼튼한 사람에게는 염라대왕도 감히 접근하지 못할걸요."

7

세묜은 미하일에게 말했다.

"일을 맡긴 했지만 이거 까딱 잘못하는 날엔 감옥살이야. 가죽도 비싼 데다, 나리는 성질이 대단하시고. 실수를 말아야 할 텐데. 자, 자네는 눈도 밝고 솜씨도 나보다 나으니 여기 이 치수 본을 주겠네. 나는 겉가죽을 꿰맬 테니까."

미하일은 이르는 대로 신사의 가죽을 탁자 위에 펼쳐 놓은 다음 칼을 들어 재단하기 시작했다.

마트료나는 미하일의 옆으로 다가가 미하일이 재단하는 것을 보고 깜짝 놀랐다. 마트료나도 이제 구두 만드는 일에는 익숙한 터인데 가만히 보니 미하일은 장화 모양과는 전혀 다르게 가죽을 둥글게 자르는 것이 아닌가?

마트료나는 주의를 줄까 하다가 생각했다.

'아마도 내가 그 나리의 장화를 어떻게 지을 것인지 잘 듣지 못했는지도 몰라. 미하일이 더 잘 알고 있을 테니 참견하지 말아야지.'

미하일은 가죽 재단을 마치고 실을 바늘에 꿰어 꿰매기 시작했는데, 그것은 장화를 꿰매는 두 겹 실이 아니라 슬리퍼를 꿰매는 한 겹 실이 아닌가?

그것을 보고 마트료나는 또 크게 놀랐으나 역시 참견하지 않았다. 미하일은 열심히 꿰매고 있었다. 점심때가 되자 세묜이 일어나 보니, 미하일은 신사의 가죽으로 슬리퍼를 꿰매 놓고 있었다. 세묜은 "앗!" 하고 크게 소리 질렀다.

이게 대체 웬일일까. 그는 속으로 생각했다.

'미하일은 1년이나 우리와 같이 지내면서도 한 번도 실수한 일이 없는데 하필이면 지금 이런 잘못을 저지르다니. 나리는 굽이 있는 장화를 주문했는데 미하일은 평평한 슬리퍼를 만들어 버렸으니 가죽을 영 버리고 말았다. 나리에겐 뭐라고 변명을 해야 한단 말인가? 이런 가죽은 구하려야 구할 수도 없을 텐데……'

세묜은 미하일에게 말했다.

"아니 여보게, 이 무슨 짓인가? 자넨 나를 못살게 하는 거나 마찬가지야! 나리는 장화를 주문했는데 자넨 도대체 뭘 만들었나?"

세묜이 미하일에게 말하고 있는데 바깥문의 쇠고리가 덜컹거리더니 누군가 문을 두드렸다. 창문으로 내다보니 누군가 타고 온 말을 비끄러매고 있는 참이었다. 나가 보니 그 신사의 하인이 아닌가.

"안녕하십니까?"

"어서 와요. 무슨 볼일이라도?"

"구두 일로 마님의 심부름을 왔지요."

"구두 일로?"

"구둔지 뭔지, 하여간 장화는 이제 필요 없게 되었어요. 나리는 돌아가셨으니까요."

"아니 뭐라고요!"

"여기서 저택으로 돌아가시는 도중 마차 안에서 돌아가셨어요. 마차가 저택에 닿아, 내리는 걸 도와 드리려고 보니까 나리는 짐짝처럼 뒹굴고 있지 않겠습니까. 돌아가신 거예요. 간신히 마차에서 끌어내린 형편이죠. 그래서 마님께서 나를 보내어 '너 구둣방에 가서 이렇게 전해라. 아까 나리가 주문하신 장화는 이제 필요 없게 되었으니 그 가죽으로 죽은 사람에게 신기는 슬리퍼를 지어 달라고 말이야. 그리고 다 꿰매기를 기다려서 그 슬리퍼를 가지고 와야겠다.' 이렇게 말씀하셨습니다. 그래서 이렇게 왔지요."

미하일은 테이블 위에서 마름질하고 남은 가죽을 집어 둘둘 뭉치고 다 된 슬리퍼를 꺼내어 탁탁 소리 내어 털고는 앞치마로 곱게 닦아 하인에게 내밀었다. 젊은이는 슬리퍼를 받자 인사했다.

"안녕히 계십시오, 여러분! 그럼 갑니다!"

그러고는 돌아갔다.

8

다시 1년이 지나고 2년이 지나, 미하일이 세묜의 집으로 온 지도 이제 6년이 되었다. 여전히 처음이나 마찬가지로 아무 데도 가지 않고 공연한 말은 한마디도 지껄이지 않았다. 그동안 싱긋 웃은 것은 단 두 번뿐, 한 번은 마트료나가 저녁 식사 준비를 했을 때와 구두 맞추러 온 신사를 보았을 때였다.

세묜은 자기 제자가 대견해서 견딜 수가 없었다. 이제는 어디서 왔는지를 묻지도 않고 다만 미하일이 나가면 어쩌나 하고 그것만을 걱정하게 되었다.

하루는 온 식구가 모여 앉아 있었는데, 마트료나는 화덕에 냄비를 올려놓고 있었고 아이들은 걸상 사이를 뛰어다니며 창 밖을 내다보고 있었다. 미하일은 다른 창가에서 구두 뒤꿈치를 붙이고 있었다.

그러자 사내아이 하나가 걸상을 타고 미하일 곁으로 다가오더니 그의 어깨를 흔들면서 물끄러미 창 밖을 내다보며 말했다.

"미하일 아저씨, 저것 좀 봐요. 모르는 아주머니가 계집애 둘을 데리고 어쩐지 우리 집으로 오는 것 같아. 계집아이 하나는 절름발인데?"

사내아이의 말이 떨어지자마자 미하일은 하던 일을 멈추고 창 밖으로 고개를 돌려 물끄러미 바라보았다.

세묜은 놀랐다. 이제까지 미하일이 밖을 내다본다든지 하는 일은 한 번도 없었는데 지금은 창에 얼굴을 붙이고 무엇인가에 눈길을 쏟고 있었기 때문이다.

그래서 세묜도 일을 멈추고 창 밖을 내다보니 정말 깨끗한 옷차림을 한 부인이 자기 집 쪽을 향해 오고 있었다. 부인은 모피 외투를 입고 긴 목도리를 목에 두른 두 계집아이의 손을 잡고 있었다. 계집아이들은 얼굴이 서로 닮아 누가 누군지 모를 지경이었다. 다만 한 아이는 다리를 가볍게 절룩거리며 걷고 있었다.

여인은 바깥 층계를 올라와 입구로 들어와서 문을 열더니 먼저 두 계집아이를 안으로 들여보낸 다음 자기도 방 안으로 들어왔다.

"안녕하십니까!"

"어서 오십시오. 무슨 볼일이신지?"

여인은 테이블 곁에 앉았다.

두 계집아이는 무릎에 안기듯이 기댔는데 낯설어하는 모양이었다.

"저, 이 아이들이 봄에 신을 가죽 구두를 맞출까 해서요."

"아, 그렇습니까? 우리는 그런 작은 구두를 지어 본 적은 없지만 뭐 할 수는 있습니다. 가장자리에 장식이 달린 것으로 할까요, 안에 천을 대어 접는 것으로 할까요? 이 미하일이 여간 솜씨가 좋지 않습니다."

세묜이 미하일을 돌아다보니 미하일은 우두커니 앉아 두 계집아이에게서 눈길을 떼지 않고 있었다.

세묜은 그런 그의 모습을 보고 깜짝 놀랐다. 하긴 두 아이가 모두 귀여운 얼굴이었다. 눈이 까맣고 뺨이 통통하고 발그레하며 입고 있는 모피 외투나 목에 두른 목도리가 질이 좋은 것이긴 하지만, 무슨 이유로 미하일이 저렇게 열심히 눈길을 쏟고 있는지 납득이 가지 않았다. 마치 두 계집아이를 알고 있기라도 한 듯했다.

세묜은 의아스럽게 여기면서도 여인에게로 돌아앉아 값을 흥정했다. 값을 정하고 치수를 잴 차례가 되었다. 여자는 절름발이 계집아이를 안아 올려 무릎에 앉혔다.

"어렵겠지만 이 아이로 두 아이의 치수를 재 주세요. 불편한 발 쪽은 한 짝만 하고 이쪽 발에 맞춰서 세 짝을 지어 주세요. 둘의 발 치수가 아주 꼭 같거든요, 아주 똑같은 쌍둥이지요."

세묜은 치수를 재고 절름발이 쪽을 가리키며 말했다.

"이 아이는 어쩌다가 이렇게 됐습니까? 이렇게 귀여운 아이가 날 때부터 그렇던가요?"

부인이 대답했다.

"아니에요. 그 애 어머니가 그렇게 했어요."

그때 마트료나가 말참견을 하고 나섰다. 어디에 사는 누구의 아이인지 알고 싶어 이렇게 물은 것이다.

"그럼 부인께서 이 아이들의 친엄마가 아니신가요?"

"나는 어머니도 아니고 친척도 아니지요. 아무런 상관없는 남인데 그냥 맡아서 기를 뿐이에요."

"자기가 낳은 아이가 아니더라도 키우노라면 자연 정이 들게 마련 아닌가요?"

"그야 물론 정이 들고 말고요. 나는 이 두 아일 다 내 젖으로 키웠어요. 내 아이도 있었지만 하느님께서 데려가셨어요. 그 아이는 그다지 불쌍한 마음이 들지 않았는데 이 둘은 정말 애처로워서……."

"그런데 대관절 누구의 애들인가요?"

9

여인은 다음과 같이 이야기를 했다.

"벌써 6년 전의 일입니다. 이 두 아이는 1주일도 못 되어 천애고아가 돼버렸던 거예요. 아버지는 낳기 사흘 전에 죽고 어머니는 아기를 낳고 하루도 못 살았으니까요. 나는 그 당시 남편과 농사를 지으며 살았는데 이 아이들의 부모와는 이웃 간이었지요. 우린 늘 뒷문으로 서로 왕래했지요. 이 애들의 아버지는 거들어주는 사람도 없이 혼자 숲에서 일하고 있었는데, 어느 날 큰 나무가 쓰러지면서 허리를 세게 맞아 쓰러지지 않았겠어요. 집에까지 간신히 옮겨다 놓았지만 곧 저세상으로 가 버렸지요.

그런데 그 아내 되는 사람은 며칠 뒤에 쌍둥이를 낳았던 거예요. 이 아이들이 바로 그 애들이지요. 가난한 데다가 일가친척도 없고 일을 보아줄 만한 할머니나 아주머니 하나 없이 그야말로 외톨이여서 홀로 해산하고 홀로 죽어간 거죠. 내가 그 이튿날 아침에 궁금해서 뒷문으로 그 집에 들어가 보았더니 가엾게도 벌써 숨이 끊어져 있었지요. 게다가 숨이 넘어가는 순간 바로 이 아이에게 쓰러져 버렸기 때문에 몸의 무게로 다리를 못쓰게 되었던 거예요. 마을 사람들이 모여 시체를 씻기고 수의를 입히고 관을 짜고 해서 장례식을 마쳤지요. 모두들 친절한 사람들이거든요.

그런데 갓난아이 둘만 남았으니 정말로 야단이지 뭡니까. 거기 모인 여자 중에 젖먹이를 가진 사람은 나뿐이었어요. 낳은 지 겨우 8주밖에 안 되는 첫아들에게 젖을 주고 있었죠. 그래서 내가 임시로 두 계집아이를 맡기로 했지요. 마을 사람들이 모여 이 아기들을 어떻게 해야 하는가 하고 여러 가지로 의논한 끝에 이렇게 말했습니다. '마리아 아줌마가 이 아이들을 한동안 맡아 주지 않겠어요? 조금만 돌봐 주면 우리가 곧 다른 방법을 찾을 테니까요.' 저는 다리가 온전한 아이에게만 젖을 빨렸습니다. 이쪽 절름발이 애에게는 줄 생각도 안 했어요. 도저히 살지 못하리라고 생각했기 때문이었어요. 그러다가 어느 날 갑자기 어떻게나 측은한지 그 뒤부터는 꼭 같이 젖을 물리기 시작했지요. 그래서 내 아이와

두 계집아이, 말하자면 세 아이에게 동시에 젖을 먹였던 것입니다! 그나마 내 나이가 젊어 기운도 있고 먹새도 좋았으니까 말이죠. 두 아이에게 젖을 물리고 있으면 다음 애가 기다리고 있어, 하나가 젖꼭지를 놓는 대로 기다리는 애에게 젖을 주고 그랬지요. 그런데 하느님의 뜻으로 이 두 아이는 잘 키워 갔으나 내가 낳은 애는 2년째 되는 해에 죽고 그 뒤 낳지 못했죠.

한편 살림살이는 차츰 나아져 지금은 이 거리 상인들의 소유인 방앗간을 맡아 보고 있답니다. 급료도 넉넉해서 유복한 살림을 꾸려 가기는 합니다만 아이가 생기지 않는군요. 정말 이 두 아이가 없었더라면 혼자 쓸쓸해서 어떻게 살았겠어요! 내가 이 아이들을 귀여워하는 것은 당연하지요. 이 두 아이들은 내게 있어서 촛불과도 같아요."

여인이 한쪽 손으로 절름발이 계집아이를 끌어당기고 한쪽 손으로 뺨에 흐르는 눈물을 닦았다.

마트료나도 길게 한숨지으며 말했다.

"부모 없이는 살아갈 수 있지만 하느님 없이는 살아가지 못한다고 흔히들 말하는데 정말로 그런 것만 같군요!"

세 사람은 이런 말들을 주거니 받거니 하고 있었는데 갑자기 미하일이 앉아 있는 쪽 구석에서 섬광이 비쳐와 온 방 안이 환하게 밝아졌다. 모두가 놀라 그쪽을 돌아다보니 미하일은 두 손을 무릎 위에 얹고 위를 쳐다보면서 싱긋 웃고 있었다.

10

여인이 두 계집아이를 데리고 나가자 미하일은 걸상에서 일어나 일감을 테이블 위에 올려놓고 앞치마를 벗으며 주인 내외에게 허리를 굽혀 인사했다.

"안녕히 계십시오, 주인아저씨 아주머님. 하느님께서 용서해 주셨으니 당신들도 제발 용서해 주십시오."

주인 내외가 그를 바라보니 미하일에게서 후광이 비치고 있지 않은가. 세묜은 미하일에게 고맙다는 인사말을 했다.

"미하일, 자네는 보통 인간은 아닌 모양이니 자네를 붙잡을 수도 없고 꼬치꼬치 캐물을 수도 없네. 그런데 꼭 한 가지 알고 싶은 것이 있네. 자네를 이끌고 집으로 돌아왔을 때 자네는 몹시 침울한 얼굴을 하고 있었으나 내 아내가 저녁 준비를 하기 시작하니까 자네는 싱긋 웃으며 밝은 표정을 지었는데 어찌 된 까닭인가? 또, 부자 나리가 장화를 주문했을 때도 자네는 웃으면서 표정이 밝아졌었네. 지금 또 부인이 아이들 둘을 데리고 왔을 때 자네는 세 번째로 빙그레 웃었네. 그리고 몸에서는 후광이 비쳤네. 미하일, 어떻게 자네 몸에서 그런 빛이 비치는지, 그리고 왜 세 번 싱긋 웃었는지 그 까닭을 말해주게나."

미하일은 말했다.

"제 몸에서 빛이 나는 것은 다름이 아닙니다. 저는 하느님의 벌을 받는 중이었는데 지금 용서를 받았기 때문입니다. 또 제가 세 번 싱긋 웃은 것은 하느님의 세 가지 말씀을 알아냈기 때문입니다. 한 가지 말씀은 아주머니가 저를 가엾다고 생각하셨을 때 깨달아서 웃었고, 또 한 가지 말씀은 부자 나리가 장화를 주문했을 때 알게 되어 웃었습니다. 그런데 지금 두 계집아이를 보았을 때 마지막 세 번째 말씀을 알게 되어 다시 웃은 것입니다."

거기서 세묜은 말했다.

"그럼 내게 들려주지 않겠나, 미하일? 어떻게 하여 하느님께서 자네에게 벌을 내리셨는가, 그리고 자네가 알아내야만 했던 세 가지 말씀이란 대체 무엇인가."

그러자 미하일은 대답했다.

"제가 벌을 받은 것은 하느님의 말씀을 거역했기 때문입니다. 저는 천사였는데 하느님의 말씀을 거역했습니다. 어느 날 하느님은 한 여자에게서 영혼을 빼앗도록 제게 명령하셨습니다. 제가 인간 세계에 내려와 보니 그 여인은 몹시 쇠약한 몸으로 누워 있었습니다. 쌍둥이 딸을 낳았던 것입니다. 갓난아이는 어머니 곁에서 꼬무락거리고 있었으나 어머니는 젖을 줄 기운도 없었던 것입니다. 여인은 제 모습을 발견하자 하느님이 부르러 보내신 줄 짐작하고 매우 슬프게 흐느끼며 말했습니다.

'아, 천사님! 남편은 숲에서 나무에 깔려 죽어 바로 며칠 전에 장례식을 치른 참입니다. 내게는 형제자매도, 큰어머니, 작은어머니, 할머니도 없기 때문에 이 갓난애들을 거두어 줄 사람이 없습니다. 제발 제 영혼을 가져가지 마시고 이 아이들을 내 손으로 키우게 해 주세요! 어린아이는 부모 없이는 살지 못합니다!'

저는 그녀가 하는 말을 듣고 한 아이를 안아 젖꼭지를 물려주고 다른 한 아이를 어머니의 팔에 안겨 준 다음 하늘 나라로 돌아갔습니다. 하느님 곁으로 날아가서 말했습니다.

'저는 산모의 영혼을 빼앗아 올 수가 없었습니다. 남편은 나무에 깔려 죽고 부인은 방금 쌍둥이를 낳고서 제발 영혼을 거두어 가지 말아 달라고 애원했습니다. 제발 자기 손으로 아이들을 키우게 해달라면서 어린아이는 부모 없이는 살지 못한다고 했습니다. 그래서 저는 산모의 영혼을 빼앗지 못했습니다.'

그러자 하느님께서는 이렇게 말씀해 주셨습니다.

'다시 내려가 산모의 영혼을 거두어라. 그러면 세 가지 말을 알게 되리라. 즉 사람의 내부에는 무엇이 있는가, 사람에게 허락되지 않은 것은 무엇인가, 사람은 무엇으로 사는가를. 그것을 알게 되면 하늘나라로 돌아올 수 있으리라.'

그래서 저는 다시 지상으로 내려가 산모의 영혼을 데려갔습니다.

두 아기는 어머니의 가슴에서 떨어져 있었으나 시신이 침상 위에서 쓰러지는 바람에 한 아이를 덮쳐 눌러 한쪽 다리를 못쓰게 된 것입니다. 저는 그 마을에서 하늘로 날아올라가 여자의 영혼을 하느님께 바치려고 했는데 갑자기 거센 바람이 휘몰아치면서 제 두 날개를 부러뜨렸습니다. 그래서 그 여자의 영혼만 하느님께로 가고 저는 지상에 떨어져 길바닥에 쓰러졌던 것입니다."

11

그때 세묜과 마트료나는 자기들이 먹이고 입혔던 사람이 누구인지, 자기들과 같이 살면서 일해 온 사람이 누구인지를 알고 두려움과 기쁨으로 눈물을 흘렸다.

그러자 천사가 말했다.

"저는 홀로 알몸인 채 들판에 버려졌습니다. 저는 인간의 부자유라는 것도, 추위도 배고픔도 모르고 있었는데 그런 제가 갑자기 인간이 돼 버린 것입니다. 배고픔도 극한에 달했고 몸도 얼어붙어 어떻게 해야 좋을지 몰랐습니다. 문득 들한가운데 하느님을 모시는 교회가 눈에 띄어 몸을 의지하려고 가까이 다가갔으나 문이 잠겨 있어 안으로 들어갈 수가 없었습니다. 저는 바람을 피하려고 교회 뒤로 돌아가 앉았습니다. 이윽고 날이 저물자, 배고픔은 더욱 심해지고 몸은 얼대로 얼어, 저는 완전히 병이 들었습니다. 그때 문득 어떤 사람이 장화를 들고 걸어오면서 혼잣말을 하는 소리가 귀에 들려왔습니다. 저는 인간이 되어서 처음으로 언젠가는 죽을 인간의 얼굴을 보았습니다. 저는 그 얼굴이 무서워 홱 돌아앉았습니다. 그런데 자세히 들으니 그 사나이는, 어떻게 이 추운 겨울에 몸을 감쌀 옷을 마련해야 할 것인가, 어떻게 처자를 먹여 살려야 할 것인가를 중얼거리는 것이었습니다. 거기서 나는 생각했습니다.

'나는 추위와 배고픔으로 거의 죽어가고 있다. 마침 저기 사람이 오고 있지만 그는 어떤 방도로 자기들 내외의 모피 외투를 마련하나, 어떻게 살아가야 하나, 그것만을 생각하고 있다. 그러니까 이 사나이에게는 나를 도와줄 만한 힘이 없다.'

그는 저를 발견하자 얼굴을 찡그리고 먼저보다 더 무서운 몰골이 되어 터덜터덜 제 곁을 지나갔습니다. 그나마 한 줄기 희망도 사라져 버린 느낌이었는데 갑자기 사나이가 되돌아오는 발소리가 들렸습니다. 다시 그 얼굴을 쳐다보았을 때는 방금 지나간 사나이가 아니구나 하는 생각이 들었을 정도였습니다. 좀 전의 그 얼굴에는 죽음의 기운이 서려 있었습니다만 지금은 생기가 돌며 하느님의 그림자가 어려 있었습니다. 사나이는 제 곁에 다가와서 옷을 입혀 주고 저를 데리고 집으로 갔습니다.

집에 이르니 한 여자가 나와 말을 늘어놓기 시작했는데 그 여자는 사나이보다 더 무서웠습니다. 입에서는 죽음의 입김이 뿜어 나와 저는 그 독기 때문에 숨을 쉴 수도 없었습니다. 여자는 저를 추운 밖으로 몰아내려고 했습니다. 만약 그대로 나를 내쫓았더라면 여자는 죽고 말았을 것입니다. 그것을 저는 잘 알고 있었으니까요. 그러나 그때 남편이 갑자기 하느님의 얘기를 꺼내자 여자는 금방 태도가 누그러졌습니다. 여자가 제게 저녁밥을 권하면서 제 얼굴을 흘끗 쳐다보았을 때 그 얼굴에는 죽음의 그림자가 이미 자취도 없이 사라지고 생기가 넘쳐 있었습니다. 저는 거기서 하느님의 얼굴을 발견한 것입니다.

그때 저는 '사람 안에는 무엇이 있는지 그것을 알게 되리라'고 하신 하느님의 첫 번째 말씀을 생각해 냈습니다. 나는 사람 안에 있는 것은 사랑이라는 것을 깨달았습니다. 하느님께서는 약속하신 일을 이렇게 내게 계시해 주시는구나 생각하니 저는 그만 너무 기뻐서 싱긋 웃고 말았습니다. 그러나 아직도 전부를 알 수는 없었습니다. '사람에게 무엇이 허락되어 있지 않은가' '사람은 무엇으로 사

는가'라는 것을 몰랐던 것입니다.

당신들과 같이 살면서 1년이 지났습니다. 그러던 어느 날 한 사나이가 찾아와 1년 동안 닳거나 찢어지거나 일그러지지 않을 장화를 만들어 달라고 했습니다. 제가 문득 그 사나이를 쳐다보니 뜻밖에도 그 사나이의 등 뒤에 나의 동료였던 죽음의 천사가 서 있는 것을 발견했습니다. 저 말고는 아무도 그 천사를 보지 못했지만 저는 보았습니다. 그리고 채 날이 저물기도 전에 그의 영혼이 그에게서 떠나 버린다는 것을 알았습니다. 저는 생각했습니다.

'이 사나이는 1년 신어도 끄떡없을 구두를 만들라고 하지만 자기가 오늘 저녁 안으로 죽는다는 것은 모른다.'

그래서 '사람에게 허락되지 않은 것은 무엇인가?'라는 하느님의 두 번째 말씀을 생각해 냈습니다. 사람 안에 무엇이 있는가는 이미 알아냈습니다. 그런데 이번에는 사람에게 주어지지 않는 것이 무엇인지를 알아냈습니다. 그것은 자신에게 무엇이 필요한가 하는 지식입니다. 그래서 저는 두 번째로 싱긋 웃었습니다. 동료였던 천사를 만난 일도 기뻤으며 하느님께서 두 번째의 말씀을 계시해 주신 것도 기뻤습니다.

그렇지만 아직 전부는 깨닫지 못했습니다. 저는 아직 사람은 무엇으로 사는지를 몰랐던 것입니다. 그래서 저는 언제까지나 여기 있으면서 하느님께서 마지막 말씀을 계시해주실 때를 기다렸습니다. 6년째 되는 오늘, 쌍둥이 계집아이를 키우는 부인이 아이들을 데리고 찾아와 그들을 보게 되었을 때, 저는 엄마가 없어도 쌍둥이는 잘 자라고 있다는 것을 알았습니다. 저는 생각했습니다.

'어머니가 자식을 봐서 살려 달라고 부탁했을 때 나는 그 말을 정말이라 믿고, 아이들은 부모 없이는 살아가지 못할 거라고 생각했는데 타인이 엄연히 두 아이를 잘 기르고 있지 않은가.'

또한 저는 그 부인이 타인의 아이로 인해 눈물을 흘렸을 때 거기서 살아 계신 하느님의 그림자를 발견했고, 사람은 무엇으로 사는가를 깨달았습니다. 하느님께서 마지막 말씀을 계시하여 저를 용서해 주셨다는 것을 알았으므로 세 번째로 싱긋 웃었던 겁니다."

그러자 천사가 나타났는데 온몸이 빛으로 둘러싸여서 눈을 똑바로 뜨고 볼 수조차 없을 정도였다. 그때 천사는 커다란 목소리로 이야기하기 시작했다. 그것은 그가 스스로 말하는 것이 아니라 하늘에서 울려오는 목소리 같았다. 천사는 이렇게 말했다.

"나는 이런 일을 깨달았다. 모든 사람은 자기 자신을 살피는 마음에 의하여 살아가는 것이 아니라 사랑으로 살아가는 것이다.

어머니는 자기 아이들의 생명을 위해서 무엇이 필요한가를 아는 것이 허락되지 않았었다. 또 부자는 자기에게 무엇이 필요한지 알지 못했다.

저녁때까지 무엇이 필요한지, 산 자가 신는 장화인지, 죽은 자에게 신기는 슬리퍼인지를 아는 것은 어떤 사람에게도 허락되지 않았다.

내가 인간이 되고 나서 무사히 살아갈 수 있었던 것은 내가 나 자신의 일을 여러 가지로 걱정했기 때문이 아니라 지나가던 사람과 그 아내에게 사랑이 있어 나를 불쌍하게 여기고 나를 사랑해 주었기 때문이다. 고아가 잘 자라고 있는 것은 모두가 두 아이가 어떻게 살아갈 것인지를 걱정해 주었기 때문이 아니라, 타인인 한 여인에게 사랑의 마음이 있어 그 애들을 가엾게 생각하고 사랑해 주었기 때문이다.

모든 인간이 살아가고 있는 것도 모두가 저마다 자신의 일을 걱정하고 있기 때문이 아니라 그들 속에 사랑이 있기 때문이다.

나는 이전에 하느님께서 인간에게 생명을 내려주시고 모두가 함께 살아가도록 바라고 계시다는 것을 알았지만 이번에는 한 가지 일을 더 깨달았다.

내가 깨달은 것은 다름이 아니라, 하느님께서는 인간이 뿔뿔이 떨어져 사는 것을 원하지 않으신다는 점이다. 그렇기 때문에 인간 각자에게 무엇이 필요한가를 계시하지 않으셨던 것이다. 인간이 하나로 뭉쳐 사는 것을 원하시기 때문에 우리들에게, 모든 인간은 자신을 위해서, 또 만인을 위해서 무엇이 필요한가를 계시하신 것이다.

이제야말로 나는 깨달았다. 모두가 자신을 걱정함으로 살아갈 수 있다고 생각하는 것은, 다만 인간들이 그렇게 생각하는 것일 뿐, 실은 사랑에 의해 살아가는 것이다. 사랑 속에 사는 자는 하느님 안에 살고 있다. 하느님은 그 사람 안에 계시다. 왜냐하면 하느님은 사랑이시므로."

그렇게 말하고 천사는 하느님께 찬송을 드렸다. 그러자 그 목소리로 인하여 집이 울리는 것 같았다. 그러곤 천장이 두 쪽으로 쫙 갈라지면서 땅에서 하늘까지 불기둥이 뻗쳤다. 세묜 내외도 아이들도 모두 땅바닥에 엎드렸다. 미하일의 등에서 날개가 활짝 펼쳐지더니 천사는 하늘로 날아올라갔다.

세묜이 이윽고 정신을 차렸을 때는 집은 그전대로였고 방에는 가족 외엔 아무도 없었다.

사랑이 있는 곳에 신이 있다

어느 거리에 마르틴 아부제이치라는 신기료장수가 살고 있었다.

창문이 하나밖에 없는 지하실의 작은 방이 그의 거처였다. 창문은 한길 쪽으로 나 있었다. 그 창 너머로 사람들이 오가는 것이 보였다. 하긴 발밖에 보이지 않았지만 신발만 보고도 마르틴은 그가 누구인지 쉽게 알 수 있었다. 마르틴은 그곳에 오래 살았기 때문에 친지가 많았다. 이 근처에서 구두 때문에 한두 번쯤 마르틴의 신세를 지지 않은 사람은 거의 없다고 해도 좋을 정도다.

구두창을 갈아 댄 것도 있고 해어진 데를 기운 것도 있고 둘레를 다시 꿰맨 것도 있으며 그중에는 가죽을 전체 새로 갈아 댄 것도 있다. 그래서 때때로 창 너머로 자기가 수선한 신발을 보는 적이 많았다. 주문은 많이 들어왔다. 그것은 마르틴이 정성스럽고, 재료도 좋은 것을 쓰며 삯으로 받는 값이 싼 데다가 약속을 또박또박 지켰기 때문이다.

손님이 원하는 기한 안에 될 일은 받고 그렇지 못한 건 처음부터 솔직하게 거절했다. 이런 마르틴의 성질을 모두가 알고 있었기 때문에 일이 끊일 사이가 없었다.

마르틴 아부제이치는 본디 착한 사람이었으나 나이를 먹으면서부터는 더욱 자신의 영혼을 생각하게 되어 한결 하느님께로 가까이 가고 있었다. 마르틴이 아직 남의 밑에서 일하고 있을 때 아내가 죽었다. 그 뒤 세 살짜리 어린 아들이 남았을 뿐이다.

그들 부부에겐 어찌 된 일인지 위에서부터 큰 아이들은 모두 죽어 버렸기 때문이다. 처음에 마르틴은 이 아들을 시골 누님에게 맡기려고 생각했으나 측은한 마음이 들었다. 우리 아기 카피토시카를 남의 집에 맡기다니 얼마나 가엾은 일이냐. 차라리 내가 데리고 고생하자 하고 생각을 고쳐먹었다.

마르틴은 독립해서 아이와 둘이서 셋방살이를 했는데 참으로 자식복이 없는 편이었다. 카피토시카도 꽤 자라서 아버지의 심부름이라도 할 만해져 이젠 한결 안정되었다고 생각할 즈음에 병으로 앓아 눕더니 1주일쯤 고열로 신음하던 끝에 죽고 말았다. 마르틴은 아들의 장례를 마치고 나자 완전히 실의에 빠졌다. 그런 나머지 하느님을 원망까지 하게 되었다. 마르틴은 비참한 마음이 들어 제발 자기를 죽게 해달라고 하느님께 빈 적도 한두 번이 아니었다. 그리고 늙은 자기보다 어린 외동아들을 데려가신 하느님께 원망의 말을 하기도 했다. 마르틴은 교회에도 나가지 않게 되었다.

그런데 어느 날, 트로이츠아에서 같은 고향의 노인이 마르틴을 찾아왔다. 이 사람은 벌써 8년째 성지순례를 하고 있는 중이었다. 마르틴은 이 노인과 세상 이야기를 주고받다가 자기 신상에 대한 푸념을 늘어놓기 시작했다.

"영감, 난 이제 산다는 게 싫어졌어. 그저 죽고 싶은 마음뿐이어서 오직 그 하나만을 하느님께 비는 형편이라네. 난 이제 아무 소망도 없는 인간이 돼 버렸으니……."

그러자 노인은 말했다.

"마르틴, 그건 잘못된 생각이야. 우리는 하느님께서 하시는 일을 이러쿵저러쿵 비판할 수 없어. 무슨 일이건 우리의 지혜로가 아니라, 하느님의 재량으로 결정되는 것이니까. 자네 아들은 죽었지만 자네는 살아야 하네. 그것이 하느님의 뜻이네. 그것을 낙심천만하게 생각하는 것은 자네가 자네의 즐거움을 위해 살려고 하기 때문이야."

"그럼 뭣 때문에 산다는 겐가?" 하고 마르틴은 물었다.

그러자 노인은 이렇게 말했다.

"하느님을 위해 살아야 해, 마르틴. 하느님께서 허락해 주신 목숨이니까 하느님을 위해 사는 것이 도리 아니겠나? 하느님을 위해서 살면 아무 걱정이 없고 모든 일이 편안하게만 생각되네."

마르틴은 잠자코 있다가 한참만에 입을 열었다.

"하느님을 위해 살다니, 도대체 어떻게 사는 건가?"

그러자 노인은 말했다.

"어떻게 하면 하느님을 위해 살 수 있느냐 하는 것은 그리스도께서 다 가르쳐 주시네. 자네 글을 읽을 줄 알지? 성서를 사서 읽으라고. 그렇게 하면 하느님을

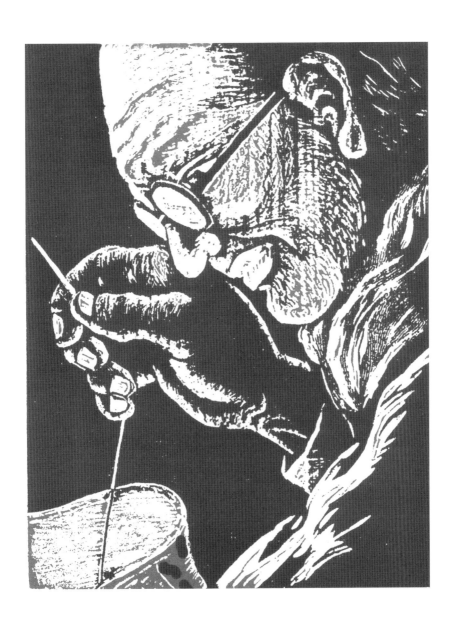

위해 산다는 일이 어떤 것인지 알게 될 거야. 거기엔 무엇이든 다 써 있으니까."

이 말이 마르틴의 마음을 사로잡아 그는 그날로 당장 커다란 활자로 찍힌 《신약성서》를 사다가 읽기 시작했다.

처음에 마르틴은 일요일이나 축일에만 읽을 셈이었으나 한 번 읽기 시작하니 완전히 끌려들어 날마다 읽게 되었다. 어떤 때는 너무나 골똘하게 읽은 나머지 램프의 석유가 죄다 닳았는데도 책에서 눈을 떼지 못할 정도였다. 읽으면 읽을수록 하느님께서 무슨 말씀을 하시는지, 하느님을 위해서 산다는 게 어떤 것인지를 분명히 알게 되어 마음은 더욱더 가벼워졌다. 전에는 잠자리에 누워서도 꺼질 듯 한숨만 쉬며 줄곧 카피토시카의 일만을 생각했으나 지금은 오로지 "하느님이시여, 감사하옵니다! 감사하옵니다! 모든 일을 당신의 뜻에 맡기오니 주관하여 주시옵소서!"라고만 기도드릴 뿐이었다.

그 뒤 마르틴의 생활은 완전히 달라졌다. 전에는 축일 같은 땐 빈둥빈둥 놀러나 다니고 음식점에 들어가 차를 마시며 보드카도 사양치 않았다. 아는 사람과 한잔 들이켜고 나면 별로 취하지 않았는데도 공연히 쓸데없는 잔소리를 늘어놓거나 호통을 치곤 했었다. 그런데 이제는 그런 일이 전혀 없었다. 조용하고 만족스러운 나날이 흘러갔다. 아침부터 작업을 시작하여 정한 시간만큼 일하면 램프를 걸쇠에서 벗겨 테이블 위에 놓은 다음, 벽장에서 성서를 꺼내어 읽던 페이지를 펼쳐 놓고 앉아서 읽기 시작하는 것이다. 읽으면 읽을수록 뜻을 알게 되어 그의 마음속은 더욱 밝아지고 즐거워졌다.

여느 날과 마찬가지로 마르틴은 그날 밤도 늦게까지 골똘히 성서를 읽고 있었다. 마침 '누가(Luke) 복음서'를 읽는 중이었다. 제6장을 읽고 '누가 뺨을 치거든 다른 뺨마저 돌려 대주고 누가 겉옷을 빼앗거든 속옷마저 내어 주어라. 달라는 사람에게는 주고 빼앗는 사람에게는 되받으려고 하지 말라. 너희는 남에게서 바라는 대로 남에게 해주어라'라는 29절을 읽은 다음, 다시 46절부터 49절까지 읽었다. 거기서는 그리스도가 이렇게 말하고 있다.

'나더러 "주여, 주여" 하면서 왜 내가 일러주는 것은 행하지 않느냐. 내게 와서 내 말을 듣고 실행하는 사람은 무엇과 같은지 보여 주마. 그는 마치 땅을 깊이 파고 반석 위에 기초를 놓고 집을 지은 사람과 같다. 홍수가 나서 그 집에 큰 물이 들이치더라도 그 집은 튼튼하게 지었기 때문에 조금도 흔들리지 않는다. 그러나 내 말을 듣고도 실행하지 않는 사람은 기초 없이 맨땅에 집을 지은 사람과 같다. 큰 물이 들이치면 집은 곧 무너져 여지없이 파괴되고 말 것이다.'

이 말씀을 읽은 마르틴은 마음속에 더욱 큰 즐거움을 느꼈다. 안경을 벗어 책 위에 놓고 테이블 위에 팔꿈치를 괴고 생각에 잠겼다. 그리고 자기가 이제까지 해온 일들을 이 말씀에 견주면서 혼자 이렇게 생각했다.

'내 집은 어떤가. 반석 위에 서 있는가, 모래 위에 서 있는가? 반석 위에 있으면 얼마나 좋을까. 실로 홀가분한 마음으로 이렇게 혼자 앉아 있으면 모든 일을 하느님이 말씀하신 대로 할 것 같은 마음이 들지만 어쩌다 그만 죄를 짓게 되니 참. 아니, 그래도 더욱 열심히 하자. 아, 참으로 유쾌하다! 원하옵건대 하느님이시여, 제게 힘을 주시옵소서!'

마르틴은 그렇게 생각하고 그만 자려고 했으나 그래도 쉽사리 책을 놓을 수가 없어 다시 제7장을 읽었다. 백부장[1]의 이야기를 읽고, 과부 아들의 이야기를 읽고, 요한이 제자에게 대답한 대목을 읽고, 그리고 마침내 부자 바리새인이 그리스도를 자기 집에 초대한 데까지 읽었다. 그리고 다시 죄 많은 여자가 그리스도의 발에 향유를 바르고 그 위에 눈물을 뿌리니 그리스도가 그 죄를 용서했다는 이야기도 읽었다. 이렇게 제44절까지 읽어나가고 다시 다음절을 읽기 시작했다.

'그 여자를 돌아보시며 시몬에게 말씀을 계속하셨다. 이 여자를 보아라. 내가 네 집에 들어왔을 때 너는 나에게 발 씻을 물도 주지 않았지만 이 여자는 눈물로 내 발을 적시고 머리카락으로 내 발을 닦아 주었다.

너는 내 얼굴에도 입 맞추지 않았지만 이 여자는 내가 들어왔을 때부터 줄곧 내 발에 입 맞추고 있다. 너는 내 머리에 기름을 발라 주지 않았지만 이 여자는 내 발에 향유를 발라주었다.'

이 1절을 읽고 마르틴은 생각했다.

'발 씻을 물도 주지 않고 입 맞추지도 않고 머리에 기름도 발라 주지 않고……'

마르틴은 다시 안경을 벗어 책 위에 놓고 생각에 잠겼다.

---

1) 百夫長 : 고대 로마 군대에서 100명으로 조직된 단위 부대의 장.

'아무래도 내가 그 바리새인과 같았던 모양이야……. 오로지 나 자신만 생각해 왔다. 차를 마시고 싶다든지 따스하고 깨끗한 옷을 걸치고 싶다는 따위의 일만 생각하고, 손님을 위한 생각은 별로 하지 않았어. 오직 나만을 위해, 손님 같은 건 아무래도 좋았지. 그런데 손님은 누군가? 다름 아닌 그리스도이시다. 만약 그리스도께서 나를 찾아오시면 나는 대체 어떻게 할 것인가?'

마르틴은 턱을 괴고 생각에 잠겨 있다가 어느 사이엔가 깜박 잠이 들어 버렸다.

"마르틴!"

뒤에서 문득 누군가가 부르는 소리가 들려왔다.

마르틴은 놀라며 '저기 있는 사람이 누굴까' 하고 생각했다.

고개를 돌려 문 쪽을 보았으나 아무도 없었다. 도로 몸을 굽혀 드러눕자 갑자기 이렇게 말하는 소리가 또렷이 들려왔다.

"마르틴, 마르틴아! 내일 한길을 보아라, 내가 갈 터이니."

마르틴은 의자에서 일어나 눈을 비비기 시작했다. 꿈결에 그 말소리를 들었는지 깨어서 들었는지 갈피를 잡을 수 없었다. 그래서 등불을 끄고 잠자리에 들었다.

이튿날 아침, 마르틴은 아직 날이 새기도 전에 일어나서 하느님께 기도드리고 난로에 불을 지펴 국과 보리죽을 끓이고 사모바르[2]를 준비하고 앞치마를 두르고 창가에 앉아 일을 시작했다. 마르틴은 일을 하면서도 마음속으로 어젯밤 일만 생각하고 있었다. 그냥 그런 마음이 들었을 뿐일 거라고 생각되기도 했고, 한편으로는 정말로 그런 목소리가 들렸다고 생각되기도 했다.

'뭐, 이런 일은 흔히 있는 일이니까' 하고 그는 생각했다.

창가에 앉은 마르틴은 일을 한다기보다 창 너머로 한길을 내다보는 때가 더 많았다. 낯선 구두를 신고 지나가는 사람이 있으면 몸을 구부려 밖을 내다보면서 구두뿐 아니라 얼굴도 보려고 애썼다. 새로 지은 장화를 신은 정원사가 지나가는가 하면 지게를 진 일꾼도 지나갔다. 그 뒤로 여기저기를 땜질한 낡은 장화를 신은 니콜라이 1세 시대의 늙은 병사가 손에 삽을 들고 창 앞으로 다가왔

_____
2) 구리나 은으로 만든 러시아 특유의 주전자.

다. 마르틴은 그 장화를 보고 곧 그라는 것을 알았다. 이 늙은 병사는 스테파느이치라고 불렸는데 옆집 상인이 인정상 데리고 있었다. 정원사의 일을 도와주는 것이 그의 일이다. 스테파느이치는 마르틴의 바로 눈앞에서 길의 눈을 치우기 시작했다. 마르틴은 그 모양을 한참 동안 바라보다가 다시 일을 하기 시작했다.

'아무래도 나도 이젠 늙어서 노망이 든 모양이야' 하고 마르틴은 혼자서 웃었다.

'스테파느이치가 눈을 치우고 있는데 나는 그리스도가 내게 오신 게 아닌가 하고 생각했으니 말이야. 난 아주 정신이 나갔어.'

그러나 몇 바늘 꿰맸다고 생각하자 마르틴의 마음은 다시 창 밖으로 끌리는 것이었다. 창 너머로 바라보니 스테파느이치는 벽에 삽을 기대 놓고 볕을 쬐는 것 같기도 하고 쉬는 것 같기도 한 모습을 하고 있었다.

이제 늙어서 눈을 쳐낼 만한 기력도 없는 모양이다. 마르틴은 '저 사람에게 차라도 대접할까? 마침 사모바르의 물도 끓었으니' 하고 생각하고 바늘을 일감에 찌르고 일어났다. 사모바르를 테이블 위에 올려놓고 차를 준비한 다음 손가락으로 창문 유리를 똑똑 두드렸다. 스테파느이치가 돌아다보더니 창가로 다가왔다. 마르틴은 마주 손짓을 하면서 문을 열러 갔다.

"들어와 몸 좀 녹이지그래."

마르틴이 말했다.

"몸이 꽤 얼었겠네."

"아이구, 고맙네. 온몸의 뼈마디가 쑤시는구먼."

스테파느이치가 대답했다.

스테파느이치는 들어오자 눈을 털고 마룻바닥에 자국이 나지 않도록 장화에 묻은 눈도 털어 냈다. 그 몸은 떨고 있었다.

"닦지 않아도 돼요. 이리 줘요, 내가 털 테니. 나야 늘 하는 일이니까. 자, 어서 이쪽으로 와서 앉게나."

마르틴은 말했다.

"자, 차나 마시게."

마르틴은 두 개의 컵에 차를 따라서 하나를 그에게 주고는 자기 찻잔을 들어 후후 불며 마시기 시작했다.

스테파느이치는 다 마셔 버리자 컵을 엎어 놓고 그 위에 먹던 설탕을 올려놓고는 잘 마셨다고 고마워했다. 그런데 어쩐지 아쉬운 듯한 표정이었다.

"한 잔 더 합시다."

마르틴은 자기 컵에도 그의 컵에도 다시 차를 가득히 따랐다. 한데 차를 마시면서도 눈길은 자주 한길로 쏠리기 일쑤였다. 그러자 그가 물었다.

"자네, 기다리는 사람이라도 있나?"

"누굴 기다리느냐고? 누굴 기다리는지는 부끄러워서 말을 못하겠구먼. 기다리는 것도 아니고 기다리지 않는 것도 아니지만, 얼핏 들은 한마디가 기억에 남아서 말이지. 꿈인지 생시인지 잘 모르겠는데, 내가 엊저녁에 성서를 읽었지. 그리스도가 이 세상 여러 곳을 다니며 고생한 이야기를 말이야. 자네도 물론 읽거나 들었겠지만."

"듣기는 들었어. 그러나 나야 본디 배우지 못해서 글을 읽을 줄 모르잖나."

"그런데 거기서 나는 그리스도가 이 세상을 두루 다니신 이야기를 읽었지. 그리스도가 말이야, 잘 들어봐. 바리새인에게 오셨는데 바리새인이 변변히 대접도 하지 않았다는 대목을 읽었거든. 한데 나는 엊저녁에 그 구절을 읽고 생각하지 않을 수가 없었어. 그리스도를 대접하지 않다니 될 말인가! 그렇지만 혹시 만에 하나라도 내게든가, 또 다른 누구에게 오신 일이 있다면 어떤 대접을 했을지 알게 뭐야. 하지만 그 바리새인은 대접다운 대접을 하지 않았어! 이런 생각을 하는 동안에 나는 가물가물 잠이 들었지. 그렇게 졸고 있는데 나를 부르는 소리가 들리지 않겠나. 일어나 귀를 기울이니 분명히 누군가가 조그만 목소리로 '기다려라, 내일 갈 테니' 하지 않겠나? 그것도 두 번이나 되풀이해서 말야. 그래 그말이 생생하게 되살아나서 아무리 자신을 타일러도 그리스도의 방문이 기다려지네그려."

스테파느이치는 머리를 저을 뿐 아무 말 않고 컵에 남은 차를 마저 마시고 컵을 놓았다. 마르틴은 다시 그 컵에 가득 차를 따랐다.

"자, 기운 나게 한 잔 더 마시게나! 내가 생각하건대 그리스도도 이 세상을 두루 돌아다니셨을 때는 이런 사람 저런 사람 가리지 않고 신분이 낮은 사람들을 오히려 더 보살펴 주셨을 것이 틀림없어. 언제나 가난한 사람들을 상대하시고 제자도 우리네 같은 사람, 우리네와 같은 죄 많은 기술자 가운데에서 고르셨지.

마음이 교만한 자는 오히려 아래로 떨어지며 마음이 가난한 자는 오히려 위로 올라간다고 말씀하셨으니까. 너희들은 나를 주님이시여 하고 부르지만 나는 너희들의 발을 씻어 주겠다, 우두머리가 되고 싶은 자는 모든 사람의 하인이 되라고도 말씀하셨네. 또 마음이 가난하고 겸손하며 인정이 있는 자는 행복하다고 말씀하고 계시네."

스테파느이치는 차 마시는 것도 잊었다. 가만히 앉아 듣고 있는 그의 볼엔 눈물이 흐르고 있었다.

"한 잔 더 들고 가게나."

마르틴이 다시 말했으나 스테파느이치는 가슴에 성호를 긋고 인사말을 한 다음 컵을 밀어 놓으며 일어섰다.

"고맙네, 마르틴 아부제이치. 정말 잘 마셨네. 덕분에 몸도 마음도 훈훈하게 녹았네."

"이따금 들러주게나. 나는 손님이 찾아오는 걸 좋아하니까."

스테파느이치가 나갔다. 마르틴은 남은 차를 따라 마시고 찻잔을 치운 다음 창가 일터로 돌아가 구두 뒤꿈치를 꿰매기 시작했다. 꿰매면서도 역시 창 밖을 바라보며 연신 그리스도의 왕림을 고대하고 그리스도의 일, 그리스도의 행적만을 생각하는 것이었다. 머릿속에는 그리스도가 말씀하신 여러 가지 일들이 꽉 들어차 사라지지 않았다.

창 밖으로 병사 두 사람이 지나가고 있었다. 한 사람은 군화를, 다른 한 사람은 신사화를 신고 있었다. 그 뒤로 이웃집에 살고 있는 주인이 반짝반짝 윤이 나는 방한용 덧신을 신고 지나가고, 또 바구니를 옆에 낀 빵가게 사람이 지나갔다. 모두가 지나가 버리는데, 이때 털실로 짠 긴 양말에 낡은 신발을 신은 여자가 창 앞으로 다가왔다. 그리고 창 옆 바로 벽께에서 발을 멈췄다. 마르틴이 창 너머로 내다보니 다른 마을 사람인 듯한데 허술한 차림새로 아기까지 데리고 있었다. 그녀는 바람을 등지고 벽과 마주 서서 아기가 춥지 않도록 감싸주려 하는 모양이었으나 감싸 줄 덮개 하나 없었다. 여자는 얇은 여름 옷을 입고 있었다. 마르틴은 방 안에서 듣고 있으려니 여자가 우는 아기를 달래려고 애쓰는 모양이었으나 아기는 울음을 그칠 줄 몰랐다. 마르틴은 일어나서 밖으로 나가 돌층계 위에서 "아주머니, 아주머니!" 하고 커다란 소리로 불렀다. 여자는 그 소리를 듣고 뒤를 돌아보았다.

"여보시오, 이런 추위에 왜 거기서 아기를 울리고 있소? 방으로 들어오시오. 따뜻한 방 안이 어린애 달래기에 좋겠소. 어서 이리로 들어오시오!"

여자는 깜짝 놀란 듯했다. 쳐다보니 앞치마를 두르고 안경을 쓴 늙은이가 자기더러 방으로 들어오라고 부르지 않는가. 여자는 그를 따라갔다.

돌층계를 내려가 방 안으로 들어가자 노인은 여자를 침상으로 안내했다.

"자, 아주머니. 여기 앉아요. 난로 가까운 쪽으로. 몸을 녹이면서 아기에게 젖을 주도록 해요."

"젖이 나오지를 않아요. 아침부터 아무것도 먹지를 못해서요."

여자는 말하면서 그래도 아기에게 젖을 물렸다. 마르틴은 딱한 듯 혀를 차며 테이블로 가서 빵과 그릇을 꺼내더니 난로 뚜껑을 열어 수프를 그릇에 따랐다. 보리죽이 든 항아리를 꺼내 보았으나 아직 덜 물러 있었다. 그래서 수프만 따라 식탁 위에 놓았다. 그리고 빵을 놓은 다음 못에 걸린 수건을 벗겨 식탁 위에 놓았다.

"아주머니, 여기 앉아서 어서 먹어요. 아기는 내가 안고 있을 테니까. 나도 예전에는 아기를 키워 봐서 아기를 볼 줄 알지."

여자는 식탁에 앉더니 가슴에 성호를 긋고는 먹기 시작했다. 마르틴은 아기가 있는 침상에 걸터앉았다. 열심히 입술을 오므려 소리를 내려고 했으나 잘 되지 않는다. 이가 없기 때문이다. 아기는 자꾸만 울어댔다. 그래서 마르틴은 입가에 손가락을 갖다 대고 이리저리 놀려대며 얼렀다. 입속에 손가락을 넣지는 않았다. 아교 같은 게 묻어서 손이 꺼멓게 되었기 때문이다. 아기는 손가락을 바라보는 동안에 울음을 그치고 이윽고 웃게까지 되었다. 마르틴은 좋아서 웃었다. 여자는 식사를 하면서 자기의 신세 이야기를 하기 시작했다.

"제 남편은 병사인데 여덟 달 전에 어딘가 멀리에 전속된 뒤로 통 소식이 없습니다. 저는 남의 집 하녀로 들어갔는데 얼마 안 돼 이 아이를 낳았지요. 그러자 아기가 있어서는 일을 하지 못한다고 일을 안 줘서 벌써 석 달째 일 없이 지내고 있답니다. 입던 옷까지도 다 팔아 이젠 유모로라도 들어갔으면 싶지만 그런 자리도 없군요. 말라서 젖이 잘 나지 않을 거라는 거예요. 지금은 어느 장사하는 주인의 아주머니에게 갔다 오는 길이에요. 그 집에 저희 마을 여자가 들어

가 사는데 써 주겠다고 약속했거든요. 그래서 저는 이야기가 다 된 줄 알고 갔더니 다음 주에 다시 오라는군요. 그런데 그 집이 어찌나 먼지, 저도 지쳐서 쓰러질 지경이지만 갓난아이도 여간 혼이 나지 않았어요. 고맙고 다행스럽게도 지금 있는 집의 주인아주머니가 하느님을 믿고 우리 모자를 불쌍하게 여겨 주시기 망정이지 그렇지 않았더라면 어떻게 살아갔을지."

마르틴은 긴 한숨을 내쉬면서 말했다.

"따뜻한 옷은 없소?"

"이제 따뜻한 옷을 입어야 할 때가 되었는데, 바로 어제도 하나밖에 없는 목도리를 20코페이카 받고 저당 잡힌 형편이지요."

그녀는 침상으로 돌아와 아기를 안았다. 마르틴은 일어나 벽께로 가더니 한참 동안 무엇인가 부스럭거리며 찾았다. 이윽고 소매 없는 낡은 외투를 들고 왔다.

"이걸로 어떻게 안 되겠소? 다 낡았지만 그래도 아기를 감쌀 만은 할 거요."

여자는 소매 없는 외투와 노인을 번갈아 보다가 그만 울음을 터뜨렸다. 마르틴도 얼굴을 돌렸다. 그리고 침상 밑으로 들어가 옷궤를 끌어내 놓고 그 속을 뒤졌다.

그녀가 말했다.

"할아버지, 고맙습니다. 하느님께서 복을 내려 주실 겁니다. 아무래도 주님께서 저를 할아버지의 창 앞으로 보내신 모양입니다. 정말 하마터면 이 아이를 얼려 죽일 뻔했어요. 집을 나섰을 때는 따뜻했는데 갑자기 추워지더군요. 이것은 분명 주님께서 할아버지를 창가에 앉게 하셔서 저의 가엾은 모습을 보고 측은히 여기도록 만드신 게 틀림없어요."

마르틴은 빙그레 웃으며 말했다.

"아닌 게 아니라 그리스도가 나를 저기 앉아 있게 하셨소. 사실 내가 창밖을 내다보고 있었던 것은, 아주머니, 공연히 그랬던 것이 아니었지요."

마르틴은 병사의 아내에게도 주님께서 오늘 자기에게로 오시겠다고 약속한 일을 들려주었다.

"그런 일이야 얼마든지 있을 수 있는 일이지요."

이렇게 말하며 여자는 일어나 소매 없는 외투를 입고 그 속에 아기를 감싸안고 다시 허리를 굽혀 마르틴에게 인사했다.

"자, 그리스도의 이름으로 이것을 받으시오."

마르틴은 여자에게 20코페이카를 주었다.

"이것으로 목도리를 찾아 두르도록 해요."

여자는 성호를 그었다. 마르틴도 성호를 그으며 여자를 배웅했다.

여자가 가 버리자 마르틴은 스튜를 먹고 뒤치다꺼리를 한 다음 다시 일감을 붙잡았다. 일을 하면서도 창밖을 내다보는 일을 잊지는 않았다. 창문이 그늘지면 얼른 고개를 들어 누가 지나가나 하고 보는 것이다. 아는 사람도 지나가고 모르는 사람도 지나갔으나 별달리 이렇다 할 일은 없었다.

문득 바라보니 마르틴의 창문 바로 앞에 멈춰 선 할머니가 있었다. 사과가 담긴 바구니를 들고 있었다. 거의 다 팔았는지 나머지는 얼마 되지 않았다. 그 대신 나무 부스러기가 든 자루를 메고 있었다. 아마 어딘가의 공사장에서 주워 집으로 가지고 돌아가는 모양이다. 그런데 어깨가 아파서 다른 쪽 어깨에 바꿔 메려고 자루를 한길 위에 내려놓고 사과 바구니를 말뚝에 걸어 놓은 채 자루 속의 나무 부스러기를 추리려는 참이었다. 그러곤 자루를 들어 올리려는 순간 어디서 나타났는지 찢어진 모자를 쓴 사내아이가 불쑥 튀어나와 바구니의 사과 한 개를 훔쳐 가지고 그대로 내빼려고 했다.

할머니는 재빨리 눈치를 채고 곧 돌아서서 개구쟁이의 옷소매를 꽉 움켜잡았다. 개구쟁이는 마구 발버둥 치며 할머니의 손을 뿌리치려고 했으나 할머니는 두 손을 꽉 잡고 사내아이의 모자를 벗기더니 머리칼을 움켜잡았다. 사내아이는 마구 소리 지르며 욕을 했다. 마르틴은 바늘을 어디다 찔러 놓을 겨를도 없이 마룻바닥에 내동댕이치고 문밖으로 뛰어나갔다. 층계에 발이 걸려 안경을 떨어뜨렸을 정도였다. 마르틴이 한길로 뛰어나갔을 때 할머니는 사내아이의 머리칼을 잡고 욕을 하면서 경찰서에 가자고 하는 참이었다. 사내아이는 죽을힘을 다하여 발버둥 치면서 소리쳤다.

"난 훔치지 않았어요! 왜 때려요, 이거 놔요!"

마르틴이 말리면서 사내아이의 손을 잡고 말했다.

"할머니, 놓아주십시오. 그리스도의 이름으로 용서해 주십시오!"

"놓아주긴 하겠지만 앞으로 다신 이런 짓 못하게 경찰서에 끌고 가서 혼 좀 내야지!"

마르틴은 할머니를 달랬다.

"그만 놓아주시구려. 다신 그러지 않겠죠. 그리스도의 이름으로 놓아주십시오!"

할머니는 손을 놓았다. 사내아이가 도망치려 하는 것을 마르틴이 얼른 붙잡아 세우며 말했다.

"할머니께 잘못했다고 빌어라. 이제 다시 나쁜 짓을 해선 안 돼! 네가 사과 꺼내는 걸 나는 다 보았으니까."

사내아이는 훌쩍훌쩍 울면서 빌었다.

"음, 이제 됐다. 자, 이 사과 가지고 가거라."

마르틴은 바구니에서 사과 하나를 집어 사내아이에게 주며 할머니에게 말했다.

"할머니, 값은 내가 치르지요."

"공연한 짓을 해서 아이들의 버릇을 그르치지 말아요. 저런 애들은 한 일주일쯤 잊어버리지 않도록 혼을 내줘야 하는데."

할머니는 말했다.

"아니에요, 할머니. 그거야 물론 우리들 생각이지만 주님의 뜻은 그게 아니거든요. 사과 한 알 때문에 이 아이를 때려야 한다면 이 죄 많은 우리는 도대체 어떤 벌을 받아야 하나요?"

할머니는 잠자코 아무 대답이 없다.

마르틴은 할머니에게, 주인이 마름에게 큰 빚을 받지 않겠다고 하자, 그 마름은 그 길로 가서 자기에게 적은 빚을 진 사나이를 괴롭히기 시작했다는 이야기를 들려주었다. 할머니는 가만히 듣고 있었다. 사내아이도 거기 서서 듣고 있었다.

"주님께서도 죄를 용서하라고 말씀하셨지요. 그렇지 않으면 우리도 죄를 용서받을 수 없잖겠소? 어떤 사람이라도 용서해 주어야 하거늘, 하물며 철없는 어린아이는 더욱 그렇지요."

마르틴은 열심히 말했다.

할머니는 고개를 끄덕이며 긴 한숨을 내쉬었다.

그리고 할머니는 이렇게 대꾸했다.

"그야 그렇지만 아이들은 너무나 버릇이 없으니 우리 같은 늙은이가 가르쳐야 하지 않겠어요? 아무렴, 그렇고말고요. 나도 아이를 일곱이나 낳았지만 지금은 딸 하나밖에 남지 않았어요."

그러고는 어느 마을에서 그 딸과 같이 살고 있는지, 외손자가 몇인지 따위를 이야기하기 시작했다.

"나도 이제 기운이 없지만 그래도 일을 하지요. 어린 손자들이 가엾어서 말이에요. 그것들이 모두 어찌나 착한지 내가 돌아가면 죽 나와서 마중해 준답니다. 글쎄, 아크슈트 그놈은 내 곁을 떠나지 않으려고 졸졸 따라다니지 뭡니까. '할머니, 우리 할머니가 난 젤 좋아!' 하면서 말이에요……."

할머니는 완전히 마음이 풀어졌다.

"너도 물론 철없는 생각에 그런 짓을 했겠지" 하고 할머니는 사내아이를 보며 말했다.

할머니가 자루를 들어 올리려고 하자, 사내아이가 재빨리 나서며 말했다.

"제가 들어다 드릴까요, 할머니? 가는 길이니까요."

할머니는 무어라 중얼거리면서 자루를 사내아이의 어깨에 올려 주었다. 이렇게 하여 두 사람은 어깨를 나란히 하고 걸음을 걷기 시작했다. 할머니는 마르틴에게 사과 값 받는 것을 잊어버렸을 정도였다. 마르틴은 우두커니 서서 두 사람의 뒷모습을 바라보며, 둘이 걸으면서 연방 무엇인지 이야기하는 것에 귀를 기울였다.

두 사람이 가 버리자 마르틴은 집 안으로 되돌아왔다. 층계에 떨어져 있는 안경을 주웠는데 깨진 데가 없었다. 바늘을 찾아 들고 다시 일감을 붙잡았다. 골똘히 일을 하는 사이에 어느덧 날이 저물어 바늘귀가 잘 보이지 않게 되었다. 벌써 점등부(點燈夫)가 가스등을 켜느라고 돌아다니고 있었다.

마르틴은 아무래도 불을 켜야겠다고 생각했다. 램프에 불을 댕겨 고리에 걸고 다시 일을 시작했다. 한쪽 장화 일을 끝내고 이리저리 살펴보니 상당히 잘 꿰매졌다. 도구를 치우고 가죽 부스러기를 쓸어낸 다음 실이랑 바늘을 제자리에 넣고 램프를 떼어 테이블 위에 놓고는 벽장에서 성서를 꺼냈다.

엊저녁에 가죽 조각을 끼워 놓은 데를 펼치려고 했는데 다른 페이지가 펼쳐졌다. 마르틴은 성서를 펼치자 엊저녁의 꿈이 생각났다. 꿈이 되살아나는 동시에 무엇인가 부스럭거리는 소리가 들렸다. 마르틴이 뒤를 돌아보니 어두컴컴한 구석에 사람이 서 있었다. 확실히 사람은 사람인데 누군지 알 수가 없었다. 다만 마르틴의 귀 밑에서 소곤대는 것이다.

"마르틴, 마르틴. 너는 나를 알아보지 못했지?"

"누구를요?" 하고 마르틴은 말했다.

"날 말이다. 아까는 나였어." 목소리가 말했다.

그러자 어두운 한구석에서 스테파느이치가 앞으로 나오다가 빙그레 웃으면서 형체도 그림자도 없이 사라져 버렸다…….

"그것도 나였어" 하고 목소리가 말했다.

그러자 어두운 한구석에서 아기를 안은 여자가 나타났다. 여자가 미소 짓고 아기가 빙그레 웃는가 했더니 이것도 사라져 버렸다.

"그것도 나였어" 하고 목소리가 말했다.

그러자 할머니와 사과를 가진 사내아이가 나와서 둘이 같이 빙그레 웃더니 마찬가지로 사라져 버렸다.

마르틴은 마음이 무척 즐거워졌다. 성호를 긋고 안경을 끼고 성서의 펼쳐진 페이지를 읽기 시작했다. 페이지의 첫머리에 이렇게 씌어 있었다.

'너희는 내가 주렸을 때에 먹을 것을 주지 않았고 목말랐을 때에 마실 것을 주지 않았으며 나그네 되었을 때에 따뜻하게 맞이하지 않았고, 헐벗었을 때에 입을 것을 주지 않았으며…….'

그리고 같은 페이지 아래쪽에는 또한 이렇게 씌어 있었다.

'여기 있는 형제들 중에 가장 보잘것없는 사람 하나에게 해 주지 않은 것이 곧 나에게 해 주지 않은 것이다(마태복음 25장 42~46절).'

그리하여 마르틴은 깨달았다. 꿈은 헛되지 않아 이날 어김없이 그리스도가 마르틴에게 왔고 마르틴은 그분을 대접했다는 것을.

불씨를 잘 다루지 못하면

어떤 마을에 이반 시체르바코프라는 농부가 살고 있었다. 살림도 넉넉한 데다 건강하여 마을에서 으뜸가는 일꾼이었으며 세 아들 또한 다 성장해 있었다. 큰아들은 벌써 결혼했고, 둘째 아들도 이제 결혼할 나이였으며, 셋째는 아직 완전히 제 앞가림은 하지 못했으나 힘닿는 대로 짐도 지고 밭일도 하기 시작했다. 이반의 아내도 영리하여 알뜰하게 살림을 꾸려 나갔으며, 며느리도 얌전하고 일 잘하는 여자가 들어왔다.

이반은 그들을 거느리고 유복하게 살아가고 있었다. 온 집안에서 일하지 못하는 사람이라곤 오직 늙고 병든 아버지뿐이었다(천식으로 벌써 7년이나 페치카 위에 누워 있었다). 이반에게는 무엇이나 갖춰져 있어, 말이 세 필이나 되고 거기다 망아지도 있었다. 어미 소와 송아지, 양은 열 세 마리나 된다. 여자는 남자들의 신발도 만들고 옷도 꿰매고 틈틈이 밭일도 거들었으며 남자들은 열심히 농사를 지었다. 그래서 추수한 보리가 다음 해 새로 보리를 거둬들일 때까지도 남아 돌 정도였다. 그리고 세금과 그 밖의 비용은 귀리로 충당하고 있었다. 그러므로 이반의 식구들은 늘 유복한 살림살이를 꾸려 나갈 수 있었다. 그런데 이반의 이웃에는 코르세이 이바노프의 아들 가브릴로 흐로모라는 사나이가 살고 있었는데, 하루는 두 사람 사이에 싸움이 일어났다.

예전에 코르세이 노인이 살아 있고, 이반의 아버지가 살림을 맡아서 했을 무렵 두 집은 정다운 이웃이었다. 여인들이 키나 물통이 필요하거나, 남자들이 곡식을 넣을 부대가 필요하거나, 또 갑자기 수레바퀴를 갈아야 된다든지 하면 서로 달려가 도와주곤 했었다. 간혹 송아지가 탈곡장에 뛰어들거나 하면 그것을 몰아내고 이렇게 말할 뿐이었다.

"송아지를 좀 단속해서 이리 오지 못하게 해줘. 우린 아직 짚단을 그냥 널어 놓았으니까."

그 송아지를 탈곡장에 숨겨 놓거나 서로 욕을 하거나 하는 일은 전혀 없었다.

노인들의 시절에는 그렇게 오순도순 살았는데 젊은이가 살림을 맡아 하게 되자 형편이 달라졌다.

일의 발단은 아주 하찮은 데서 일어났다.

이반의 며느리가 치는 닭이 겨우 알을 낳게 되었다. 젊은 며느리는 부활제 때 쓰려고 달걀을 정성스레 모으고 있었다. 매일같이 광 안에 있는 닭의 둥우리에 가서 달걀을 꺼내 오곤 했는데, 어느 날 암탉이 무엇에 놀랐는지 울바자를 넘어 이웃집 마당으로 들어가 거기에다 알을 낳았다. 젊은 며느리는 암탉이 꼬꼬댁거리는 소리를 들었으나, 마음속으로 축일이 다가오니 달걀은 나중에 가서 꺼내 오고 지금은 우선 집 안을 치워야겠다고 생각했다. 저녁때가 되어 광 안의 둥우리에 가 보니 달걀이 없었다. 젊은 며느리는 시어머니와 시동생에게 물어 보았으나 꺼내지 않았다는 대답이었다. 그때 막내 시동생 타라스카가 말했다.

"형수님, 암탉은 이웃집 마당에서 알을 낳고 꼬꼬댁거리던데요."

젊은 며느리가 암탉을 보니 벌써 수탉과 나란히 홰에 올라앉아 이제 그만 자자고 하는 듯이 눈을 감고 있었다. 너 어디서 알을 낳았느냐고 물어보려 했으나 어차피 대답이 없으리라는 것을 알고 젊은 며느리는 옆집으로 갔다. 그러자 그 집 할머니가 나와서 물었다.

"웬일인가?"

"저, 다름이 아니라요, 우리 집 암탉이 이리로 넘어와서 이 마당에 알을 낳은 것 같아서요."

"원, 그런 건 통 보지 못했다우. 우리도 닭이 벌써부터 알을 낳는 덕분에 남의 달걀 같은 건 필요 없어. 그래서 우리는 남의 집 마당을 어슬렁거리면서 달걀을 살피지는 않지."

젊은 아낙은 화가 나서 언짢은 소리를 내뱉었다. 그러자 이웃 할머니도 마주 덤벼들어 두 아낙은 서로 욕지거리를 해댔다. 이반의 마누라도 물통을 메고 오다가 한몫 끼어들었다. 가브릴로의 마누라도 뛰어나와 욕설을 하며 갖가지 일을 몽땅 들추어내기 시작했다. 거기서 큰 소동이 벌어졌다. 모두가 한꺼번에 뒤떠들며 단번에 두 마디씩 지껄이는 형편이었다. 게다가 늘어놓은 말 한마디 한마디가 듣기 거북한 말뿐이었다. 너는 이렇다, 아니 너야말로 그렇다, 너는 도둑놈이

다, 너는 몹쓸 계집이다, 너는 나이 먹은 시아비를 못살게 군다, 너는 깐죽거린
다 등등.

"남의 키를 뚫어 놓고! 그리고 우리 집 멜대도 너희가 가져갔지? 어서 썩 이리
내놔!"

그렇게 말하고선 멜대를 와락 잡아 끌어당겼으므로 물은 엎질러지고, 머리에
두른 수건은 찢어지면서 이번에는 난투극이 벌어졌다. 거기에 들판에서 돌아오
던 가브릴로가 달려들어 자기 마누라 편을 들자 이반도 아들과 함께 뛰어와서
그야말로 치거니 받거니 큰 난장판이 벌어졌다. 이반은 건장한 사나이였으므로
사람들을 사방으로 밀어젖히고 가브릴로의 턱수염을 한 줌이나 뽑아 버렸다. 동
네 사람들이 여럿 몰려와 겨우 싸움을 말렸다.

이것이 불화의 시초였다. 가브릴로는 뜯긴 턱수염을 진정서와 함께 읍사무소
에 가지고 가서 "내가 턱수염을 기른 것은 곰보딱지 바니카에게 뜯기기 위해서
가 아니었소"라고 말했다.

그러자 마누라는 마누라 대로 근처를 돌아다니면서 머지않아 이반이 소송에

져서 시베리아로 유형을 가게 될 거라고 사뭇 뻐겨댔다. 이렇게 하여 이웃이 원수처럼 돼 버렸던 것이다. 노인은 애당초 아들들을 타일렀으나 젊은 혈기는 그런 말을 들으려고 하지 않았다. 노인은 재차 이렇게 말했다.

"너희들은 보아하니 쓸데없는 짓들을 하고 있다. 공연한 일로 싸움을 벌이다니! 잘 생각해 보아라. 일의 시초는 달걀 한 개가 아니냐? 옆집 어린아이가 달걀 하나를 주웠다. 그게 뭐 나쁘냐? 달걀 하나에 얼마나 값이 나간다는 말인고. 모두가 하느님의 자식인걸. 뭐 아쉬울 게 있느냐. 그래 저쪽에서 욕을 하거든 그것을 고쳐 앞으로는 고운 말을 쓰게끔 가르쳐 주려무나. 아니 치고받고 싸웠다 할지라도 죄 많은 인간끼리 한 짓이니 탓할 것 없다. 자, 어서 가서 사과하고 화해하도록 해라. 그러면 그만이지 고집을 부려봤자 점점 더 꼬이느니라."

젊은이들은 노인이 하는 말을 듣지 않고 쓸데없는 잔소리를 한다고 하면서 그것은 노망 들린 탓이라고 투덜댔다. 그러니 이반이 꺾일 리가 없지 않은가.

"나는 녀석의 턱수염을 뽑은 적이 없어, 절대로. 놈이 제 손으로 뜯어 놓고선. 그렇지만 녀석의 아들은 남의 머리카락을 마구 쥐어뜯고 루바시카도 찢었잖아. 봐, 이렇게 말이야."

그렇게 말하고 이반도 고소하러 갔다. 두 사람은 중재재판소에서도, 마을 재판소에서도 다퉜다. 그 소송 소동이 벌어지는 동안에 가브릴로네 수레바퀴의 바퀴통이 없어졌다. 가브릴로의 어머니도 그의 아내도 이반의 짓이라고 주장했다.

"우리는 다 보고 있었어요. 그놈이 한밤중에 창문 앞을 지나서 짐수레 있는 데로 갔으니까. 그리고 옆집 할머니 말씀이 녀석이 훔친 바퀴통을 주막에 가서 억지로 팔려고 했다잖아요."

그리하여 다시 소송이 벌어졌다. 날마다 입씨름 아니면 들러붙어 싸우기가 일쑤였다. 어린아이들까지 어른들이 하는 짓을 본따서 서로 욕질을 하고, 며느리들은 개울에서 만나면 빨래방망이보다 혓바닥을 더 열심히 놀리는 형편이었다.

그래도 처음에는 서로 트집을 잡는 정도였으나 점점 심해져서 나중에는 훔칠 수 있는 것은 서로 훔치게까지 되었다. 어머니들이 아이들에게 그렇게 시켰던 것이다. 두 집의 살림 형편은 자꾸만 기울어져 갈 뿐이었다. 이반 시체르바코프와 가브릴로 흐로모이는 마을의 모임에서나, 마을 재판소에서나, 중재재판소에서도 소송 사태를 벌였으므로, 중재하는 쪽에서도 이젠 싫증이 났다. 가브릴로가 이반에게 벌금을 물리든지 유치장살이를 시키든지 하면 다음에는 이반이 가브릴로를 그렇게 만드는 것이다. 서로 그러면 그럴수록 두 사람은 더욱더 고집불통이 돼 버렸다. 개들이 싸울 때 점점 더 사나워져서, 한쪽 개를 뒤에서 건드리기만 해도 그 개는 상대방 개가 물었다 생각하고 더욱 달려드는 법이다. 두 농부도 그와 마찬가지로 소송으로 둘 중 어느 쪽인가가 벌금이나 구류 처분을 받으면 그 때문에 서로 복수심에 불타는 것이다.

"어디 두고 보자, 혼구멍을 내줄 테니!" 하고 서로 벼르는 형편이었다.

이리하여 소송은 6년이나 계속되었다. 오직 노인만이 페치카 위에서 언제나 같은 말을 되풀이하고 있었다. 우선 이렇게 말머리를 연다.

"너희들은 도대체 무슨 짓을 하고 있느냐? 그런 싸움 같은 건 그만 치워 버리려무나. 일을 등한히 해서는 안 되느니라. 남을 골릴 생각만 하다간 이쪽도 골탕 먹는다. 화를 내면 낼수록 점점 더 악화될 뿐이다."

그러나 아무도 노인의 말을 들으려 하지 않았다.

7년째 되는 해, 이런 일이 일어났다. 어떤 혼인 잔치 자리에서 이반의 아내가 가브릴로에게, 당신은 말을 훔치다가 들키지 않았느냐고 하여 여러 사람 앞에서 크게 망신을 주었다. 화가 치민 가브릴로는 술이 거나하게 오른 참이라 이반의 아내에게 덤벼들었던 것인데 공교롭게도 아내는 1주일이나 앓았다. 게다가 임신 중이었다. 이반은 신이 나서 당장에 고소장을 가지고 예심 판사에게 달려갔다. '이번에야말로 혼 좀 날걸, 시베리아행은 어김없으렷다' 하고 생각했던 것이다. 그런데 이반의 고소장은 아무런 행사를 하지 못했다. 예심 판사가 소송을 받아들이지 않았던 것이다. 아내의 몸을 진찰했던 바 아무런 상처가 없었기 때문이다. 그래서 이반은 이리저리 쏘다니며 서기와 배심원들에게 술을 대접함으로써 가브릴로가 끝내 태형(笞刑)을 받도록 만들었다. 가브릴로는 재판소에서 판결문을 낭독하는 것을 들었다. 서기는 다음과 같이 읽었다.

"당 재판소는 다음과 같이 판결한다. 농부 가브릴로 흐로모이에게 태형 20대를 선고한다."

이반은 그 판결을 들으면서 아주 흡족한 표정을 지으며 가브릴로가 있는 쪽을 흘끗 바라보았다. 가브릴로는 판결문 낭독이 끝나자 얼굴이 창백해지더니 확 돌아서서 복도로 나가 버렸다. 이반도 뒤를 따라 밖으로 나가 말이 있는 데로 가려고 할 때 가브릴로가 이야기하는 소리가 들렸다.

"내 등에 매가 내려지게 하고도 너는 무사할 줄 아느냐! 네 등이나 불에 데지 않게 조심하라구."

이 말을 들은 이반은 그 길로 재판관에게 달려갔다.

"공평무사한 판사님! 녀석은 내 집에 불을 지른다고 을러댑니다. 잘 물어봐 주십시오. 증인들 앞에서 한 말이니까요."

판사는 가브릴로를 불러 "정말인가, 자네가 했다는 말이?" 하고 물었다.

"저는 아무 말도 하지 않았습니다. 판사님이 권리가 있으시거든 어서 저를 때리시죠. 그놈은 죄도 없는 내게 매를 맞게 하고도 무슨 짓을 하든 상관없을 줄 아는 모양입니다그려."

가브릴로는 말을 더 계속하려고 했으나 입술과 뺨이 떨려서 더 이상 말을 잇지 못하고 돌아서 버렸다. 판사들도 그의 그러한 모습을 보고는 흠칫 놀랐다. 자칫 잘못하다간 옆집 사나이와 그들 자신에게 어떤 무모한 짓을 할지도 모르겠다고 생각한 것이다.

그래서 나이 많은 판사가 말했다.

"어떤가, 자네들. 이제 이 자리에서 화해하는 것이 좋지 않겠는가? 이봐, 가브릴로. 자네도 그렇지, 임신한 아낙을 치다니. 그래서야 되겠나? 하느님 덕분에 무사했기 망정이지 큰 죄를 저지를 뻔하지 않았는가. 대체 이것이 좋은 일인가? 자네는 이반에게 사과하게. 이반도 용서해 주겠지. 그렇게 하면 나도 이 판결문을 다시 쓸 테니까."

그 말을 듣고 서기가 말했다.

"그것은 안 됩니다. 형법 제117조에 의한 쌍방의 시담(示談)이 성립되지 않고 재판소의 판결이 났으니 그 판결은 실행해야 합니다."

그러자 판사는 서기의 말은 들은 체도 않고 말했다.

"쓸데없는 참견은 마라. 제1조는 하느님을 잊어버리지 않는 일이다. 알겠는가? 그런데 하느님께서는 언제나 화목하라고 하셨다."

그렇게 말하고 판사는 다시 사람들을 타일렀으나 막무가내였다. 가브릴로는 숫제 들려고도 하지 않았다.

"저는 1년 뒤엔 쉰이 됩니다. 아들도 며느리도 있습니다. 저는 태어나서 아직 한 번도 남에게 매 맞은 일이 없는데, 이번에 이 곰보딱지 바니카 놈이 채찍 아래로 밀어 넣으려고 합니다. 그런데도 제가 저놈에게 빌어야 합니까! 천만의 말씀입니다. 바니카야, 너 이 녀석, 어디 두고 보자!"

가브릴로의 입술은 다시 떨리기 시작했다. 더 이상 말도 계속하지 못했다. 돌아서더니 그대로 나가 버렸다.

마을 재판소에서 집까지는 10베르스타가량 되어서 이반이 돌아왔을 때는 퍽 늦은 시각이었다. 벌써 여자들은 소와 말들을 몰고 오려고 나갔다.

이반은 말을 마차에서 떼고 뒤처리를 한 다음 집 안으로 들어갔다. 집안에는 아무도 없었다. 아들들은 아직 들에서 돌아오지 않았고, 아낙네들은 마소를 몰고 오는 중이다.

이반은 집 안으로 들어가자 걸상에 앉아 생각에 잠겼다. 가브릴로가 판결문을 듣고 낯빛이 변하면서 벽을 향해 휙 돌아앉던 일이 머리에 떠올랐다. 이반은 가슴이 아플 만큼 섬뜩한 느낌이 들었다. 만약에 자기가 태형 선고를 받으면 어떻겠는가, 하고 처지를 바꾸어 생각해 보았다. 그러자 가브릴로가 측은해졌다.

문득 페치카 위에서 늙은 아버지의 기침하는 소리가 들리더니 몸을 움직여 아래로 내려왔다. 간신히 내려오자 노인은 걸상에 앉았다. 노인은 내려와 걸상에까지 오는 데도 힘이 들어서 기침을 했다. 이윽고 기침이 가라앉자 테이블에 턱을 괴고 입을 열었다.

"어떻게 됐느냐, 판결이 났겠지?"

"태형 20대입니다"라고 이반이 대답했다.

노인은 머리를 저으면서 말했다.

"이반아, 너는 좋지 못한 짓을 하고 있다. 아암, 좋지 못하고말고! 가브릴로에게가 아니라 너 자신에게 말이다. 그래, 그 사람이 채찍을 맞아 등이 갈라지면 네게 뭔가 편안하게 되는 일이라도 있느냐?"

"앞으로 그자가 나쁜 짓을 안 하게 되겠죠."

"뭘 안 한다고? 도대체 그 사람이 뭘 네게 나쁘게 했다는 거냐?"

"아니, 그 녀석이 얼마나 행패를 부렸다구요!" 하고 이반은 말하기 시작했다.

"집사람이 하마터면 죽을 뻔한 데다가 이번에는 또 불을 지르겠다고 을러대는 형편이라니까요. 그런데도 고맙다고 해야 하나요?"

노인은 한숨을 지으며 말했다.

"이반아, 너는 자유로이 세상을 돌아다니고 있고 나는 벌써 몇 년째 페치카 위에 누워 있으니까, 넌 세상의 모든 일을 보아 알고 나는 아무것도 모른다고 생각하겠지만 그건 잘못된 생각이다. 네 눈에는 아무것도 보이지 않고 있어. 네 눈은 증오심 때문에 흐려졌다. 남의 잘못은 눈앞에 환히 보여도 자기의 잘못은 뒤에 감춰져 있다. 너는 지금 뭐라고 했지? 그가 나쁜 짓을 한다고? 그 사람 혼자만 나쁜 짓을 했다면 싸움이 벌어졌을 리가 없어.

사람끼리의 싸움이 혼자서 되는 줄 아느냐? 싸움은 반드시 두 사람 사이에 벌어지는 거다. 상대방의 잘못은 보여도 자기의 잘못은 눈에 들어오지 않는다. 만약 그 사람만 심술궂고 너는 착한 사람이었다면 싸움 같은 건 일어나지 않았을 게 틀림없다. 그 사람의 턱수염을 뽑은 건 누구냐? 반타작할 느릅나무를 빼앗은 건 누구냐? 그 사람을 이 재판소에서 저 재판소로 끌고 다닌 자는 누구냐? 그런데도 너는 모든 탓을 그 사람에게 돌리고 있다. 너의 그릇된 행동으로 만사가 이 지경이 되었다.

나는 말이다, 이반, 그런 짓은 해오지 않았고, 너희들에게도 그렇게 가르치지 않았다. 나나 그 사람의 아버지인 옆집 코르세이 노인이나 그런 방식으론 살지 않았다. 우리들 사이는 어떠했는 줄 아느냐? 그야말로 진짜 이웃끼리의 교제였지. 그 집에 밀가루가 떨어지면 아낙네가 와서 '프로르 아저씨, 밀가루가 떨어졌는데요' 했고 그럼 난 '광에 가서 쓸 만큼 가져가시죠'라고 했다. 옆집에 말을 몰고 갈 사람이 없으면 '야, 브뉴트카야, 옆집 말을 몰려마' 했다. 그리고 우리가 부족한 것이 있으면 서슴지 않고 가서 '코르세이, 이러이러한 게 없는데' 하면 '가져가요, 프로르' 했지.

우리는 이렇게 지내왔다. 우리가 그렇게 지낼 때는 살림도 넉넉했는데 요즘 형편이 어떠냐? 바로 얼마 전에도 어떤 군인이 플레브나[1]의 이야기를 하는 걸 들었지만, 어떠냐? 지금 너희가 하는 싸움은 그 플레브나보다 한결 더 나쁘다

---

1) 1877년의 발칸 전쟁에서 러시아군이 튀르키예(옛 터키) 때문에 고전한 싸움터.

고 생각지 않느냐. 도대체 이것도 인간의 생활이라고 할 수 있겠느냐? 아니 그 건 죄라고 할 수밖에 없어!

너는 남자고 한 집안의 가장이니까 네가 책임지지 않으면 안 된다. 너는 아내 와 자식들에게 무얼 가르치고 있느냐? 감히 사람으로서 할 수 없는 일이다. 며 칠 전에도 타라스카, 그 코흘리개 녀석이 아리나 아주머니에게 어처구니없는 말 을 하고 있는데도 어미는 그걸 보고 웃고 있지 않겠니. 도대체 이대로 괜찮다고 생각하느냐? 네 책임이다! 영혼이란 것을 생각해야 하느니라. 저쪽이 한마디 하 면 나는 두 마디 내뱉고 저쪽이 한 대 때리면 나는 두 대 때리고 나니까, 그래, 좋니? 그래선 안 된다, 이반. 그리스도가 세상을 두루 다니시면서 우리들 바보 에게 가르쳐 주신 것은 그런 것이 아니다. 상대방이 뭐라 해도 잠자코 있으면 저 쪽도 양심의 가책을 받는다고 그리스도는 가르쳐 주셨다. 상대방이 왼쪽 뺨을 때리면 오른쪽 뺨도 마저 내밀며 '때릴 만한 이유가 있으면 이쪽 뺨도 때리시오' 해야 한다. 저쪽도 양심이 있어 그렇게는 못할 게다. 그리스도께서 가르치신 것 은 바로 이것이지 고집이 아니다. 왜 잠자코 있느냐, 내 말이 틀렸느냐?"

이반은 조용히 듣고 있었다.

노인은 한참 쿨룩거리다가 간신히 기침을 멈추고 말을 이었다.

"너는 그리스도가 우리에게 나쁜 일을 가르치셨다고 생각하느냐? 아니다. 모 든 것을 우리를 위해 가르치셨다. 지금 현재의 네 살림살이를 생각해 보아라. 그 플레브나가 시작된 이래로 살림 형편이 좋아졌는지 나빠졌는지. 소송으로 돈을 얼마나 버렸는지, 마차삯, 음식값은 또 어떻고. 아들들이 자라 일을 하게 되었으 니 형편이 차차 나아져 재산도 불어나야 할 터인데 도리어 줄고 있지 않았느냐. 원인이 뭐라고 생각하느냐? 이도저도 다 그것 때문이야. 네 고집 때문이다. 너는 자식들과 함께 밭을 갈고 씨를 뿌려야 할 때에 악마의 부추김에 넘어가 재판소 다, 예심이다, 뭣이다 하고 돌아다니기만 하니……. 밭을 가는 것도 씨를 뿌리는 것도 때를 맞추지 못하면 땅은 아무것도 낳아 주지 않아. 왜 올해는 귀리가 흉 작이지? 네가 도대체 귀리를 언제 갈았느냐? 거리에서 돌아와서였다. 그래, 재 판에 이겨서 무슨 덕을 보았느냐. 쓸데없는 짐만 짊어졌을 뿐이 아니냔 말이다.

너의 생업을 잊어서는 안 된다. 들일도 집안 일도 아이들과 같이 땀 흘려 가 며 하고, 혹시 누가 화나는 소리를 하더라도 하느님의 말씀대로 용서해 주어라.

그렇게 하면 일은 순조롭게 잘 돼 나가고 마음도 편안하기 그지없을 것이다."

이반은 잠자코 있었다.

"자, 어떠냐, 바니카, 이 늙은 아비의 말을 들어주지 않겠니? 지금 곧 마차를 몰아 방금 돌아온 길을 되돌아가서 소송을 취하하고 오너라. 그리고 내일 아침에는 가브릴로에게 가서 하느님의 가르치심대로 화해하고 집으로 데리고 오너라. 내일은 마침 성모탄생축일이니까 보드카라도 마시면서 이제까지의 잘못을 말끔하게 씻어 버리는 게 좋겠다. 이제 앞으로는 그런 일이 없도록 며느리들에게나 젊은 아이들에게도 잘 타일러 주고 말이다."

이반도 긴 한숨을 내쉬며 과연 아버님이 하시는 말씀이 옳다고 생각했다. 그러자 가슴속의 무거운 짐이 금방 거뜬해지는 것 같았다. 한데 어떻게 화해해야 좋을지 망설여졌다.

그러자 노인은 아들의 마음을 알아차렸다는 듯이 이렇게 말했다.

"바니카야, 어서 가거라. 미뤄서는 안 된다. 불을 시초에 잡지 못하면 나중에는 손을 쓸 수가 없게 되느니라."

노인은 아직도 할 말이 남은 모양이었으나 끝까지 다할 수 없었다. 아낙네들이 들어와서 참새 떼처럼 떠들어대기 시작했기 때문이다. 아낙네들은 가브릴로에게 태형 판결이 내려졌다는 것도, 가브릴로가 불을 지르겠다고 한 것도 모두 들어서 알고 있었다. 게다가 그녀들은 저 혼자 생각해 낸 일까지 덧붙여서 벌써 목장에서 옆집 여인네들과 입씨름까지 벌이고 오는 참이었다. 가브릴로의 아내가, 예심 판사에게 뭔가를 쳐들며 협박까지 했다는 말도 나왔다.

분명치는 않으나 예심 판사가 가브릴로의 역성을 들고 있으므로 머지않아 사태가 뒤바뀐다는 얘기도 있었다. 게다가 학교 선생님도 직접 황제 폐하에게 이반의 일로 소송장을 냈는데, 그 소송장에는 바퀴통에 관한 일도, 채마밭 일도, 낱낱이 썼기 때문에 이반의 토지는 이제 금방 옆집 차지가 돼 버린다는 것이다. 그 이야기를 듣는 동안에 이반의 마음은 다시 돌같이 굳어져 가브릴로와 화해하려던 마음이 사라져 버렸다.

농가 주인은 언제나 밖에서 돌봐야 할 일이 많은 법이다. 이반은 아낙네들을 상대로 이야기할 생각이 없어 밖으로 훌쩍 나가 탈곡장을 지나 곳간 쪽으로 갔다. 그쪽을 대강 치우고 뒷마당으로 돌아오니 벌써 날이 저물었다.

젊은이들이 들일을 마치고 돌아오고 있었다. 봄보리 씨를 뿌리기 위해 둘이서 밭을 갈았던 것이다. 이반은 그들에게 들일에 관해 이것저것 물어보고 그들의 일을 거들어 주려고 했으나 이미 날은 저물었다. 이반은 통나무는 다음 날 아침까지 놓아두기로 하고, 마소에 짚을 주고 마구간에 가 타라스카가 밤일을 하러 가도록 말을 밖으로 끌고 나온 다음, 마구간의 문을 닫고 밑에 판때기를 대어 틈을 막았다.

'이제 저녁을 먹고 자야겠군.'

이반은 말의 망가진 목걸이를 들고 집 쪽으로 걸음을 옮겼다. 그러는 동안에 가브릴로의 일도, 아버지가 하신 말씀도 다 잊을 수 있었다. 그런데 문고리를 잡아당겨 입구의 복도로 들어선 순간 울바자 저쪽에서 옆집 주인의 욕설하는 목쉰 소리가 들려왔다.

"빌어먹을 녀석! 그런 녀석은 실컷 두들겨 줘야 해!"

가브릴로가 누군가를 욕하고 있었다.

이것을 들은 이반의 마음속에는 또다시 옆집 주인에 대한 증오심이 불길같이 일어났다. 가브릴로가 욕지거리를 하는 동안 내내 이반은 가만히 서서 들었다. 가브릴로의 목소리가 들리지 않게 되자 이반은 방 안으로 들어갔다. 등불 아래 젊은 며느리가 한쪽 구석에서 물레를 돌려 실을 잣고, 아내는 저녁 준비를 하고, 장남은 목피(木皮) 구두 가장자리를 꿰매고 있고, 둘째 아들은 테이블에 앉아 책을 읽고 있었다. 타라스카는 밤일 나갈 채비를 하고 있었다.

집안은 평온하여 심술쟁이 가브릴로만 아니면 더할 나위 없이 행복한 가정이다.

이반은 화난 듯한 얼굴로 안에 들어가 걸상에 도사리고 앉은 고양이를 집어 던지며 대야를 놓아둔 자리가 다르다고 여자들을 꾸짖었다. 한바탕 그러고 나자 이반은 어쩐지 모든 것이 시들해졌다. 자리에 앉아 씁쓰레한 얼굴로 말의 목걸이를 손보기 시작했으나 가브릴로가 하던 말이 아무래도 머리에서 떠나지 않았다. 재판소에서 하던 얘기, 그리고 방금 누구를 욕하는 소리인지 "두들겨서 죽여 버려야지……" 하던 목쉰 소리 등이 말이다.

늙은 아내는 타라스카에게 저녁을 차려주고 있었다. 타라스카는 식사를 마치자 짧은 겉옷 위에 긴 외투를 걸치고 허리띠로 질끈 동여맨 다음 빵을 가지고 말들이 기다리고 있는 한길로 나갔다. 큰아들이 아우를 배웅하려고 했으나 이반은 자기가 일어나 입구 층계로 나갔다. 이반은 입구 층계로 내려가 아들을 말에 태우고 뒤에 있는 망아지를 몰아세운 다음 한참 거기 머물러 서서 주위를 바라봤다. 타라스카는 마을의 큰길로 내려가다 동행하는 젊은이들과 만난 모양이었으나 그런 뒤에는 아무 소리도 들리지 않았다. 이반은 문간에 한없이 서 있었다. "너도 조심해야 할걸. 언제 무엇이 홀랑 타 버릴지 누가 알아" 하던 가브릴로의 말이 머리에 달라붙어 떨어지지 않는 것이다.

'고약한 놈이라 자기 몸이 다친다는 생각은 하지도 않을 게야' 하고 이반은 생각했다.

'죽 가물었겠다, 거기다 바람도 있겠다, 울타리 뒤로 슬쩍 기어 들어와서 불을 지르고 그냥 도망쳐 버리면, 남의 집에 불을 내고도 아무 죄에 걸리지 않을 게 아닌가! 어떻게 해서라도 놈을 꼼짝없이 붙잡아야지. 아무렴, 놓쳐서는 안 돼!'

이런 생각이 떠오르자 이반은 입구 층계 쪽으로 되돌아가려 하지 않고 곧장 길로 나가 대문 뒤에서 모퉁이로 돌아왔다. 놈이 무슨 짓을 할지 모르겠다고 생각한 이반은 마당을 한 바퀴 돌아보기로 작정하고 살금살금 문을 따라 걷기 시작했다.

모퉁이를 돌아 울바자에 붙어서 들여다보니 저쪽 모퉁이에서 무언가가 움직이는 것같이 느껴졌다. 마치 누군가가 엿보다가 울바자 모퉁이에 도로 숨어 버린 것 같았다. 이반은 발길을 멈추고 숨을 죽였다.

온 정신을 모았으나 주위는 쥐 죽은 듯이 고요했다. 다만 바람이 버드나무 가지를 떨게 하고 밀짚을 버스럭거리게 할 뿐, 눈을 뽑아가도 모를 정도로 온통 캄캄하기만 했다. 눈이 차차 어둠에 익숙해졌다. 이반의 눈에 기둥이랑 추녀랑 그 밖의 것이 하나씩 보이게 되었다. 한참 서서 보았으나 아무도 없었다.

'내가 잘못 본 모양이군' 하고 이반은 생각했다. 그래도 어디 한 바퀴 돌아봐야지, 하고 발소리가 안 나게 곳간을 따라 걷기 시작했다. 이반은 나막신을 신고 있었고, 한 걸음씩 살며시 걸었으므로 자기의 발소리조차 들리지 않을 정도였다. 모퉁이까지 왔을 때 저쪽 끄트머리 기둥 곁에서 무엇인가 번쩍 빛났다고 생각하는 순간 다시 꺼졌다. 이반은 자기도 모르게 가슴이 철렁 내려앉아 걸음을 멈췄다. 그런데 걸음을 멈출 겨를도 없이 다시금 같은 자리에서 먼저보다 밝은 빛이 타올랐다. 모자를 쓴 한 사나이가 이쪽으로 등을 꾸부정하게 돌린 채 손에 든 짚단에 불을 붙이고 있는 것이 아닌가.

이반의 가슴은 무섭게 뛰기 시작했다. 이반은 아랫배에 힘을 주고 성큼 걸음을 떼어 놓았으나 발이 땅을 밟는지 허공을 나는지 모를 정도였다. 그는 속으로 '좋아, 이번에야말로 놓치지 않겠다, 현장을 붙잡을 테다!' 하고 생각했다.

이반이 두 개의 차양이 마주 닿은 데까지 채 가기도 전에, 갑자기 그 언저리가 눈부실 정도로 밝아지면서 이제 그 자리에는 조그만 불이 아니라 차양 밑의 밀짚이 확 타올라 지붕으로 뻗치고 있었다. 거기에 가브릴로도 서 있어 그의 전신이 완연히 불빛에 드러나 보였다.

종달새를 덮치는 매처럼 이반은 가브릴로에게 달려들었다.

'이놈, 이번엔 안 놓친다'고 생각했다.

그때 가브릴로도 발소리를 들었던 모양으로 뒤를 휙 돌아보더니 어디서 그런 힘이 나왔는지 절름거리는[2] 다리를 용케 끌며 토끼처럼 깡충깡충 도망쳤다.

"게 섰거라!" 하고 이반은 외치며 가브릴로를 뒤쫓았다.

이반이 그의 멱살을 잡으려고 하는 순간에 가브릴로는 그 손아귀에서 빠져나갔다. 이반이 외투자락을 붙잡았으나 찢어지는 바람에 넘어지고 말았다. 이반은 벌떡 뛰어 일어나 "야아! 저놈 잡아라!" 하고 크게 외치며 다시 뛰기 시작했다.

이반이 넘어지는 사이에 가브릴로는 벌써 자기 집 마당으로 들어갔는데 거기까지 이반이 쫓아갔다. 와락 붙잡으려고 하자 불시에 무엇인가에 머리를 세게 맞았다. 아무래도 돌로 맞은 것 같았다. 그러나 그것은 돌이 아니라 가브릴로가 마당에 뒹구는 떡갈나무 막대기를 주워 들고 이반이 달려들었을 때 힘껏 머리를 내리쳤던 것이다.

이반은 정신이 멍해졌다. 눈에서 불이 번쩍 났다고 생각하자 이내 또 주위가 깜깜해져 버렸다. 정신이 아찔하며 머리가 핑 돌았다. 겨우 정신을 차렸을 때는 이미 가브릴로는 없었다. 온누리는 대낮같이 환하고, 자기 집 쪽으로부터는 마치 기계라도 운전하는 것 같은 덜커덩거리는 소리며 무엇인가 탁탁 퉁기는 소리가 났다. 이반은 돌아다보니 뒷마당의 곳간이 온통 불덩이가 되어 다른 쪽 곳간

---

2) 흐로모이는 절름발이란 뜻으로 가브릴로의 별명.

으로 옮겨 붙는 중이었다. 불티와 불붙은 짚이 안채 쪽으로 날아갔다.

"아니, 이게 어떻게 된 일인가? 아이구!" 하고 외치며 이반은 양 주먹을 쳐들어 가슴을 마구 쳤다.

"아, 그때 차양 밑에서 불붙는 짚단을 끌어내어 껐으면 괜찮았을 텐데! 아니 이게 웬일이냐!"

그는 이 말만 되풀이했다. 자기는 힘껏 소리를 질렀다고 생각했으나 숨이 차고 목소리가 나오지 않았다. 달려가려고 해도 다리가 말을 듣지 않고 얽혀들 뿐이었다. 천천히 걸음을 떼어놓았는데 이리 비틀 저리 비틀 하더니 다시 숨이 막혔다. 한참 멈춰 서서 숨을 돌리고 다시 걷기 시작했다. 겨우 곳간을 한 바퀴 돌아 불난 곳에 이르렀을 때는 불이 옮겨 붙은 곳간은 온통 불바다가 되었고, 안채와 대문에까지 불이 붙어 불길이 뿜어 나오는 바람에 마당은 걸을 수도 없었다. 숱한 사람이 모여들었으나 손을 쓸 방도가 없었다. 근처 마을 사람들은 자기네 가재도구를 끌어내기도 하고 가축을 딴 데로 몰아내기도 했다. 이반의 집도 타기 시작했다. 게다가 바람까지 불었기 때문에 한길 건너까지 옮겨 붙어 마을이 절반이나 타 버렸다.

이반의 집은 겨우 식구들이 옷 입은 채 튀어나왔을 뿐 몽땅 불에 타고 말았다. 가축들도 밤일을 나간 말을 빼놓고는 전부 찜이 되어 버렸고, 닭도 홰에 앉은 채 타 죽었으며, 마차도, 가래도, 써레도, 여자들의 옷궤도, 뒤주에 간수한 곡식도 모조리 타 버렸다.

가브릴로의 집에서는 그래도 가축들을 몰아냈고 이것저것 더러 꺼낼 수도 있었다.

불은 밤새도록 타올랐다. 이반은 한쪽 구석에 서서 멀거니 자기 집 쪽을 바라보면서, "아, 이게 웬일이란 말인가! 그냥 짚단을 끌어내어 비벼 껐더라면 됐을 텐데" 하고 혼자 중얼거릴 뿐이었다. 그러나 안채의 천장이 무너져 내려앉았을 때, 이반은 그 가운데로 뛰어들어 온통 그은 재목을 안아 끌어내려고 했다. 여자들이 그것을 보고 불러내려고 했으나 이반은 재목 하나를 끌어내더니 다시 들어가 하나를 또 끌어내려고 했다. 그러나 비틀비틀 몸을 가누지 못하더니 불더미 속에 그대로 쓰러졌다.

그때 아들이 뛰어들어가 쓰러진 아버지를 구했다. 이반은 턱수염과 머리칼이 타고 옷까지 타서 여기저기 구멍이 나고 두 손에는 화상을 입었으나 자기 자신은 아무것도 깨닫지 못하는 모양이었다.

"저 사람, 아주 정신 나간 게 아냐?" 하고 사람들은 저마다 말했다. 불길은 차차 사그라들었으나 이반은 언제까지나 멀거니 서서 "여보시오들, 이게 어떻게 된 일인가요! 그냥 끌어내기만 했으면 됐을 텐데" 하고 되풀이할 뿐이었다.

아침이 되어 마을 반장이 이반을 부르러 아들을 보냈다.

"이반 아저씨, 아저씨네 할아버지가 돌아가시게 됐어요. 아저씨를 좀 보시겠대요. 어서 가세요!"

이반은 아버지의 일을 까맣게 잊어버리고 있어 무슨 말인지 얼른 알아듣지 못하는 모양이었다.

"아버지라고? 누가 누굴 부른다고?"

"아저씨를 부르고 계세요. 돌아가시기 전에 한 번 보신다구요. 할아버진 우리 집에서 지금 돌아가시려고 그래요. 자, 가셔요, 이반 아저씨."

반장의 아들은 그의 팔을 끌었다. 이반은 반장 아들의 뒤를 따라갔다.

노인은 업혀 나올 때 불이 붙은 짚이 떨어져 화상을 입었다. 그래서 멀리 떨어진 마을에 있는 반장 집으로 실려 갔던 것이다. 이 마을은 타지 않았다. 이반이 아버지에게로 갔을 때 집 안에는 늙은 반장의 아내와 페치카 위의 아이들밖에 없었다. 모두 불구경을 하러 나갔던 것이다. 노인은 촛불을 손에 들고 침대에 누워 문가 쪽을 보고 있었다. 이반이 들어왔을 때 노인은 몸을 조금 움직였다. 반장의 아내가 다가가 아들이 왔다고 하자 곁으로 가까이 오도록 해달라고 부탁했다. 이반이 곁으로 다가가자 노인이 말했다.

"어떠냐, 바니카? 내가 네게 말하지 않았더냐? 누가 이 마을을 태웠느냐?"

"그놈이에요, 아버지" 하고 이반은 말했다. "그놈이에요. 제가 이 눈으로 보았거든요. 제가 보는 앞에서 불이 붙은 짚을 지붕 밑에 밀어 넣었어요. 저는 그냥 불붙은 짚단을 끌어내어 비벼 껐으면 됐어요. 그렇게 했더라면 아무 일 없었을 걸 그랬어요."

"이반아! 나는 이제 죽을 때가 왔지만 너 역시 언젠가는 죽는다. 도대체 이건 누구의 죄냐?"

이반은 멀거니 아버지에게 눈길을 쏟은 채 잠자코 있었다. 할 말이 한마디도 없는 모양이었다.

"하느님 앞에 섰다고 생각하고 말을 해라. 도대체 누구의 죄냐? 내가 네게 뭐라고 하더냐?"

그때 비로소 이반은 잠에서 깨어난 듯한 느낌이 들면서 모든 일에 납득이 갔다.

"이건 제 잘못입니다. 아버지!" 이반은 외치며 아버지 앞에 쓰러져 흐느껴 울기 시작했다. "아버지, 용서해 주십시오. 저는 아버지에 대해서도 하느님께 대해서도 할 말이 없습니다!"

노인은 양손을 움직여 촛불을 왼손에 들고 오른손을 이마로 올려 성호를 그으려고 했으나 거기까지 손이 닿지 않아 단념했다.

"주께 영광 있으라! 주께 영광 있으라!"고 외며 다시금 아들을 바라보았다. "바니카, 애, 바니카야!"

"왜 그러십니까, 아버지?"

"앞으로 어떻게 할 것이냐?"

이반은 자꾸 울기만 했다.

"모르겠어요, 아버지. 이제 앞으로 어떻게 살아가야 합니까?"

노인은 눈을 감고 온 힘을 집중하려는 듯이 입술을 옴죽거리다가 이윽고 눈을 뜨더니 말했다.

"살아갈 수 있다. 하느님과 같이 한다면 능히 살아간다."

노인은 잠시 입을 다물었다가 빙그레 웃으며 다시 말을 이었다.

"알았느냐, 바니카야. 누가 불을 질렀는지 말해서는 안 돼. 남의 죄를 하나 감싸주면 하느님께서는 너의 죄를 둘 용서해 주신다."

노인은 촛불을 양손으로 받쳐들고 그것을 가슴께에 갖다 대면서 후욱 숨을 내쉬었다. 그리고 그대로 세상을 떠났다.

이반은 가브릴로의 소행을 입밖에 내지 않았으므로 어떻게 하여 불이 일어났는지 끝내 아무도 몰랐다.

이반에게서 가브릴로를 미워하는 마음은 사라져 버렸다.

한편 가브릴로는 어찌하여 이반이 자기의 악행을 남에게 말하지 않는가, 은근히 놀라고 있었다. 한동안 가브릴로는 이반을 두려워했으나 그런 마음이 점차 없어졌다. 양쪽 가장들이 싸움을 하지 않게 되자 식구들도 서로 싸우지 않게 되었다.

집들을 다 지을 때까지 두 가족은 한 지붕 밑에서 살았다. 그리고 온 마을의 집이 새로 지어졌을 때 이반과 가브릴로는 다시 그전 자리로 돌아가 이웃이 되었다.

이반과 가브릴로는 아버지 대에서 그랬던 것처럼 이웃끼리 정답게 지냈다. 이반 시체르바코프는 늙은 아버지의 교훈이기도 하고 하느님의 가르침이기도 한, 불은 애초에 끄지 않으면 안 된다는 것을 마음속 깊이 새겨 두고 잊지 않았다. 혹 누가 자기에게 나쁜 장난질을 걸어와도 맞서서 싸우려 하지 않고 오히려 좋은 방향으로 이끌려고 애썼다. 또 누가 자기를 욕해도 마주 욕하지 않고 그런 나쁜 말을 하지 않게 일깨워 주려고 노력했다.

이반 시체르바코프는 새로운 사람이 되어 자기 집 아낙네들에게나 아이들에게도 그렇게 가르쳤으므로 전보다 더 풍족한 가정을 이루게 되었다.

달걀만 한 씨앗

　어느 골짜기에서 어린아이들이 가운데에 줄이 든 씨앗 같은 달걀만 한 물건을 하나 발견했다. 마침 지나가던 사람이 아이들이 가지고 있는 물건을 보고 5코페이카에 사서 성문 안으로 가지고 가 진귀한 물건으로 황제에게 팔았다.

　황제는 현자들을 불러 모아 그들에게 이것이 무슨 물건인지, 그러니까 달걀인지 씨앗인지 알아보라고 일렀다. 현자들은 생각하고 또 생각했다. 그러나 대답을 할 수 없었다. 그 물건은 창문 위에 놓여 있었는데 한 마리의 암탉이 날아들어와 쪼기 시작하여 구멍을 내 버렸다. 그리하여 사람들은 그것이 씨앗임을 알았다. 현자들은 궁전에 들어가 황제에게 아뢰었다.

　"이것은 호밀 씨앗인 줄 아뢰오."

　황제는 깜짝 놀랐다. 그리고 다시 현자들에게 이 씨앗이 어디서 언제 생겼는지를 알아보라고 어명을 내렸다. 현자들은 요모조모 생각을 거듭하고 온갖 책을 뒤져 찾았다. 그러나 아무것도 찾아내지 못했다. 그들은 어전에 나와 아뢰었다.

　"대답을 드릴 수 없사옵니다. 소신들의 책에는 이것에 관해서 아무것도 씌어 있지 않사옵니다. 그러하온즉 농부들에게 한 번 물어봐야 할 줄로 아옵니다. 늙은이들 가운데서 누가 언제 어디에 이런 씨앗을 뿌렸었다는 말을 듣지 못했느냐고."

　황제는 사람을 보내어 늙은 농부를 한 사람 데려오라고 명령했다. 나이 많은 늙은이가 황제에게로 불려 왔다. 그 농부는 벌써 이도 다 빠지고 얼굴도 푸르죽죽한 쪼그라진 늙은이였다. 그는 지팡이 두 개를 짚고 간신히 들어섰다. 황제는 그에게 씨앗을 보였다. 그러나 늙은이는 이미 거의 시력을 잃은 상태였다. 어떻게 겨우 절반은 살펴보고 나머지 절반은 손으로 더듬었다. 황제는 묻기 시작했다.

"영감, 이런 씨앗이 어디서 생겼는지 알겠는가? 그대의 밭에 이런 곡식을 심지 않았었는고? 혹시 농사를 짓던 시절에 어디서 이런 씨앗을 산 적이 없는고?"

늙은이는 귀가 멀어 간신히 알아듣고 겨우겨우 이해했다. 그리하여 가까스로 대답하기 시작했다.

"네. 소인은 밭에다 이런 곡식을 심은 일도, 거두어들인 일도, 산 일도 없사옵니다. 소인이 곡식을 사던 시절에 이런 씨앗은 모두 낟알이 더 잘았었습죠. 지금도 그렇지만 말씀이요. 그런데 저……, 소인의 아버지에게 한 번 여쭤보아야겠습니다. 어쩌면 어디서 이런 씨앗이 생겼는지 들으셨는지도 모르니까요."

황제는 이 영감의 아버지한테 사람을 보내어 데리고 오라고 명령했다. 영감의 아버지도 어전으로 오게 되었다. 이 늙어 찌들어 빠진 늙은이는 지팡이 하나를 짚고 왔다. 황제는 그에게 씨앗을 보여주었다. 늙은이에게는 아직 시력이 있었으므로 잘 알아보았다. 황제가 그에게 물었다.

"할아범, 이런 씨앗이 어디서 생겼는지 그대는 알고 있는고? 그대 밭에 이런 곡식을 심은 적이 없는고? 혹은 또 그대가 농사를 짓던 시절에 어디서 이런 씨앗을 산 적이 없는고?"

늙은이는 귀가 다소 멀기는 했지만 아들보다는 잘 알아들었다.

"네" 하고 그는 말했다. "소인은 밭에다 이런 씨앗을 뿌린 일도 없고 거두어들인 일도 없사옵니다. 또 산 일도 없사옵구요. 소인들의 시절에는 아직 돈이라는 게 만들어져 있지 않았기 때문이옵니다. 모든 사람들이 자기 곡식을 먹고 살았습니다. 그리고 모자랄 적에는 서로 나눠 가졌사옵니다. 소인네 시절의 씨앗은 요새 것보다야 더 굵고 소출도 많았사옵죠. 그러나 이런 것은 본 일이 없사옵니다. 이건 소인이 아버지한테서 들은 얘기옵니다만 아버지 시절에는 소인 시절 것에 대면 더 나은 곡식이 산출되었는데, 한결 소출도 더 많고 한결 더 굵기도 했었다는 것이옵니다. 소인의 아버지에게 하문하셔야 할 줄로 아뢰옵니다."

그리하여 황제는 다시 이 늙은이의 아버지를 데리러 사람을 보냈다. 맨 처음 늙은이의 할아버지도 황제의 편전으로 불려 왔다. 노인은 지팡이도 짚지 않고 어전으로 나갔다. 가벼운 걸음걸이였다. 눈도 밝고 귀도 잘 들리며 말도 또렷했다. 황제는 이 노인에게 다시 그 씨앗을 보여 주었다. 노인은 그것을 이리저리 되작이며 이렇게 뜯어보고 저렇게 뜯어보았다.

"오랫동안 소인은 이렇게 옛날 곡식을 보지 못해서……."

노인은 씨앗을 물어뜯어 자근자근 깨물었다.

"이게 그것이옵니다." 그는 말했다.

"그럼 노인, 어디 한 번 말해 보라. 어디서 이런 씨앗이 생겼는고? 그대는 이런 곡식을 자기 밭에 심은 일이 있는고? 혹은 또 그대 시절의 어디 사람들한테서 산 일은 없는고?"

그러자 노인이 말했다.

"이런 곡식은 소인 시절에는 어디서나 생산되었사옵니다. 소인은 이런 곡식을 평생 먹어 왔고 또 사람들도 먹여 살려 왔사옵니다."

그러자 황제는 다시 물었다.

"그럼 노인, 어디 말해 보라. 그대는 어디서 이런 씨앗을 산 일이 있는고? 혹은 또 자신의 밭에 뿌린 일이 있는고?"

노인은 히죽 웃었다.

"소인 시절에는, 곡식을 팔고 사고 하는 그런 죄악을 궁리해 낼 수 있는 사람은 한 사람도 없었사옵니다. 또 돈이라는 것도 몰랐구요. 곡식은 누구에게나 얼마라도 있었사옵죠. 소인은 이런 곡식을 소인이 직접 심기도 하고 거두어들이기도 하고 타작하기도 했었습니다."

황제는 거듭 물었다.

"어디 그럼 말해 보라, 노인. 그대는 어디다 이런 곡식을 심었고 또 그대 밭은 어디 있었는고?"

노인이 말했다.

"소인의 밭은 하느님의 땅이었사옵죠. 쟁기질을 한 거기가 밭이었사옵니다. 땅은 자유였사옵죠. 제 땅이란 건 몰랐사옵니다. 제 것으로 불렸던 건 제 노동뿐이었습니다."

"그럼, 두 가지만 더 말해 보라. 한 가지는 어째서 옛날에는 이런 씨앗이 생겼는데 지금은 생기지 않나 하는 것이고, 또 한 가지는 그대의 손자는 두 자루의 지팡이를 짚고 다니고 또 그대의 아들도 한 자루의 지팡이를 짚고 왔는데 그대만이 그처럼 가뿐히 혼자 걷는가 하면 눈도 밝은 데다 이도 실하고 말도 또렷하고 상냥함은 어찌 된 영문인가 하는 것인데, 어찌 그런고? 노인, 말해 보라. 이 두 가지 까닭은 무엇인고?"

그러자 노인은 다시 이렇게 말했다.

"하문하옵신 두 가지 까닭이란 다름이 아니오라 세상 사람들이 자기 힘으로 살아가기를 그만두고 남의 것을 넘보게 됐기 때문이옵니다. 옛날 사람들은 그렇게 살지를 않았사옵니다. 옛날 사람들은 하느님의 뜻을 좇아 살았사옵니다. 제 것을 가질 뿐이고 남의 것을 탐내지 않았던 것이옵니다."

두 노인

1

두 노인이 성지 예루살렘으로 순례를 떠났다. 부자 농부 예핌 타라스이치 세베로프와, 그다지 돈이 없는 에리세이 보도료프였다.

예핌은 고지식한 농부로 보드카도 마시지 않고 담배도 피우지 않았으며 코담배조차 쓰지 않았다. 태어난 이후 욕을 한 적이 없고 매사에 엄격하고 야무진 성미였다. 예핌은 두 번이나 마을의 장을 지냈고 두 번 다 1코페이카의 어김도 없이 기한을 마쳤다. 식구는 여간 많지 않아 두 아들 외에 벌써 장가든 손자까지 있는 형편인데 그래도 모두 함께 살고 있었다. 얼핏 보기만 해도 건장한 사나이임을 알 수 있다. 지금 일흔이 되었는데도 등도 굽지 않았고, 턱수염을 길게 길렀는데 이제야 흰 서리가 내리기 시작한 정도였다.

에리세이는 부유하지도 가난하지도 않은 노인으로 젊어서는 목수 일을 하러 다녔으나 나이 먹은 뒤로는 집에서 꿀벌을 치기 시작했다. 큰아들은 멀리 벌이를 하러 떠나 집에 없었고, 둘째 아들이 집에서 일하고 있었다. 에리세이는 사람 좋은 명랑한 사나이로 보드카도 마시고 담배도 피웠다. 노래 부르기를 좋아하나 얌전한 성미여서 집안 식구들이나 이웃 사람들과도 사이좋게 지냈다. 그는 키가 작달막하고 얼굴빛이 거무스름한 게 약해 보이는 농부로, 곱슬한 턱수염을 기르고 자기와 같은 이름의 옛 예언자 에리세이와 마찬가지로 머리가 훌떡 벗겨졌다.

두 노인은 벌써 오래전부터 같이 떠날 약속을 했으나 예핌 노인 쪽은 언제나 분주하여 일에 끝이 없었다. 한 가지 일이 끝났는가 하면 곧 다음 일이 생기곤 했다. 손자의 혼인 잔치가 끝났는가 했더니 막내아들이 군대에서 돌아왔다. 그런가 하면 이번에는 새로 집을 지어야 할 모양이다.

어느 축제일에 두 노인은 우연히 만나 통나무 위에 나란히 걸터앉았다. 에리세이가 말했다.

"어떤가? 언제 성지 순례를 떠날 건가?"

예핌은 얼굴을 찡그리며 말했다.

"아니, 조금만 더 기다려줘야겠어. 올해는 영 매사가 뒤틀린단 말이야. 그 공사를 시작했을 땐 그저 100루블 정도면 될 것 같았는데 벌써 300루블이나 들었는데도 끝이 보이지 않으니, 아무래도 여름까진 끌 모양이야. 글쎄, 올여름엔 주님의 뜻이시라면 떠나게 되겠지."

"내 생각 같아선 그렇게 미루기만 해서는 좋지 않아. 마음먹고 떠나야지. 지금은 봄이라 때는 꼭 좋은데……."

"때도 때지만 일단 시작한 일을 어떻게 버려두고 가나?"

"아니 그래, 자네 집엔 그렇게 일을 맡길 사람이 없나? 아들이 다 알아서 할 게 아닌가?"

"뭘 알아서 하겠나! 큰아들 놈이라고 어디 믿음직스러운 데가 있어야. 엉뚱한 짓을 해놓을 게 뻔해."

"그렇지 않아. 우리는 어차피 죽을 텐데 남은 자식들은 우리가 없어도 다 잘해 나가네. 자네 아들도 그렇지, 지금부터 일을 배워서 익혀야 해."

"그야 그렇긴 하지만 뭐니 뭐니 해도 내 눈으로 완공을 보고 싶어."

"아이구, 난 모르겠네! 이런 일 저런 일 죄다 끝장을 보자면 한이 없어. 아암, 한이 없구말구. 바로 얼마 전에도 우리 집 아낙네들이 축제일이 다가온다고 빨래며 집안일을 하고 있었는데, 저것도 해야 되고 이것도 해야 되는데 하면서 걱정이 끝이 없는데 들어보니 도저히 해결이 안 나겠더라구. 그런데 우리 큰며느리가 아주 영리해서 이렇게 말하잖겠나? '그래도 어쨌거나 축제가 주저하지 않고 성큼성큼 다가와주니 고맙군요. 어차피 아무리 안달복달한들 끝날 일도 아니니까요'라고 말이지."

예핌은 생각에 잠겼다.

"그런데 나는 그 공사에 여간 돈을 처넣었어야지. 길을 떠나는데 빈손으로 갈 수도 없고……, 그것도 한두 푼으론 되지 않을 테고…… 그렇지, 100루블은 가지고 가야지……?"

에리세이는 웃음을 터뜨렸다.

"자네, 그런 소리 하다간 벌받아요. 자네 재산은 내게 대면 열 갑절은 되는데 그래 돈 때문에 중얼거리다니. 그런 일은 접어놓고 언제 떠날 것인지 작정이나 하게. 나는 돈도 없지만 그래도 떠난다면야 마련하지 못하겠나."

예핌 노인도 씩 웃으면서 말했다.

"야, 대단한 부자로군. 어디서 어떻게 할 건가?"

"뭘, 온 집안을 뒤지면 얼마쯤은 나올 거고, 모자라는 몫은 밖에 세워 놓은 통나무 꿀벌 통 여남은 개만 옆집에 팔면 되겠지. 전부터 사겠다고 했으니까."

"팔아 버린 벌통에서 수확이 좋으면 속이 상할걸."

"속이 상해? 자네, 그런 말은 꿈에도 하지 말게. 세상에는 죄짓는 일 외에는 아무것도 속상할 일이 없어. 영혼보다 더 소중한 건 없으니까."

"그야 물론 그렇지만, 역시 집안일이 정돈돼 있지 않으면 아무래도 마음이 편안하지 않거든."

"그보다도 영혼의 일이 질서가 잡히지 않으면 더 편치 않을걸. 어떻든 약속한 거니까 떠나지? 정말 떠나자니까……?"

2

이렇게 하여 에리세이는 친구를 설복시켰다. 예핌은 밤새도록 생각한 끝에 이튿날 아침 에리세이에게로 와서 말했다.

"그럼 떠나세. 과연 자네 말대로 인간이 사는 것도 죽는 것도 주님의 뜻이니, 아직 살아서 기운이 있는 동안에 가기는 꼭 가야겠어."

그로부터 1주일 후 두 노인은 준비를 마쳤다.

예핌의 집에는 돈이 많았으므로 100루블을 여비로 마련하고 200루블은 늙은 자기 아내에게 맡겼다.

에리세이도 준비가 갖춰졌다. 바깥에 늘어놓은 통나무 꿀통 중에서 열 개를 옆집 주인에게 팔고 거기서 생겨나는 벌도 붙여서 건네기로 약속했다. 그리하여 70루블이라는 돈이 마련되었다. 나머지 30루블은 온 집안 구석구석을 뒤지고 식구들에게 조금씩 받았다. 그의 늙은 아내도 죽을 때 쓰려고 모아 두었던 돈을 모두 털어서 내놓고 며느리도 자기 돈을 내놓았다.

예핌 타라스이치는 뒷일을 모조리 아들에게 맡겼다. 어디서 얼마만큼의 건초를 벤다든가, 거름은 어디로 운반한다든가, 공사는 어떻게 완공하며 지붕은 어떤 모양으로 올린다든가, 여하튼 한 가지도 빠뜨리지 않고 지시했다. 그런데 에리세이 쪽은 아내에게, 팔아넘긴 통나무 꿀통에서 깐 벌은 따로 모았다가 조금도 어김없이 옆집 주인에게 건네주라고 당부했을 뿐, 가사에 대해서는 한마디도 지시하지 않았다. 일을 어떻게 하면 되는가는 당사자가 되면 저절로 알게 되므로, 너희들도 주인이니까 저마다 자기들 좋은 대로 하면 된다는 생각이었다.

두 노인은 준비를 다 마쳤다. 식구들은 과자를 굽고 자루를 만들고 새 각반을 마름질하고 새로 신발도 만들었다. 노인들은 갈아 신을 나막신도 마련해 가지고 마침내 떠났다. 식구들은 동구 밖까지 전송 나와서 작별을 고하고 두 노인은 여행길에 올랐다.

에리세이는 들뜬 마음으로 첫발을 내디디며 마을에서 멀어지자 집의 일 같은 건 죄다 잊어버렸다. 마음속으로 생각하는 것은, 여행 중엔 부디 친구의 마음에 들도록 하자, 누구에게나 언짢은 말 같은 것은 삼가자, 무사히 만족한 마음으로 목적지에 도착하고 또 무사히 집으로 돌아오자는 것뿐이었다.

에리세이는 길을 걸으면서 기도문을 입속으로 외고 자기가 알고 있는 성자의 일생을 마음속으로 자꾸 더듬었다. 도중에 누군가와 동행이 되거나 여인숙에 들 때는 어떻게든지 남에게 살뜰한 응대를 하자, 하느님께서 가르쳐 주신 말씀을 말하도록 하자고 다짐하는 것이었다. 길을 걸으면서도 기뻐서 견딜 수 없을 정도였는데 다만 한 가지, 에리세이에게 도저히 의지대로 안 되는 일이 있었다. 코담배를 그만 끊어 보려고 일부러 쌈지를 집에 두고 왔는데, 그것이 아쉬워서 견딜 수 없었던 것이다. 마침 도중에 어떤 사람에게서 얻었으므로 친구마저 유혹하는 일이 없도록 슬쩍 뒤처져서는 코담배 냄새를 맡곤 했다.

예핌 타라스이치도 기분이 좋은 듯 기운차게 걸어갔다. 나쁜 짓은 전혀 하지 않고, 쓸데없는 말도 한마디 하지 않았으나 마음속은 편치가 않았다. 집 걱정이 한시도 머리를 떠나지 않았다. 집에서는 어떻게들 하고 있을까를 늘 생각했다. 뭔가 아들에게 일러 줄 것을 잊어버리지는 않았나, 아들은 분부한 대로 하고 있을까 걱정하는 것이다. 그만 당장에라도 돌아가서 모든 것을 자기 손으로 하고 싶은 충동이 일어나는 것이었다.

3

두 노인은 5주일 동안 계속해서 걸었으므로 집에서 가지고 온 목피 구두가 다 떨어져 이제 새 신을 사야 할 무렵에 소러시아(지금의 우크라이나)로 들어갔다. 집을 떠나니 자는 것도 식사도 전부가 돈이었다. 소러시아로 접어들자 모두 다투어 두 노인을 자기 집으로 끌어가려고 했다. 잠을 재우고 식사를 대접하고서도 돈을 받지 않을뿐더러, 도중에서 먹으라고 자루 속에 빵이랑 과자를 넣어 주는 형편이다. 이렇게 두 노인은 홀가분하게 7백 베르스타의 길을 걸어 다시 마을을 지나 흉년이 든 고장에 닿았다.

거기서는 잠을 재워 주고 방값은 받지 않았으나 먹을 것은 아무것도 주지 않았다. 빵은 아무 데서도 주지 않았을 뿐 아니라 어떤 때는 돈을 내도 살 수 없는 일도 있었다. 사람들의 이야기를 들으니 지난해 곡식이 하나도 영글지 않았다고 한다. 부자도 먹을 것이 없어 가진 물건들을 팔아 버리고, 중류 생활을 하던 사람은 빈털터리가 되었으며, 가난뱅이는 다른 지방으로 가든가 동냥을 나서든가 아니면 마을에서 근근이 하루하루 지내고 있는 형편이었다. 겨울 동안은 밀기울과 명아주로 끼니를 이었다고 한다.

어느 날 두 노인은 작은 마을에 들어가 빵을 열다섯 근쯤 사고 하룻밤을 잔 다음, 동이 트기 전에 길을 떠났다. 뜨거워지기 전에 조금이라도 더 걸으려는 것이다.

10베르스타쯤 걸어가 어떤 개울가에 당도했다. 거기서 다리를 펴고 앉아 컵에 물을 떠서 빵을 축여가며 배불리 먹은 다음 나막신을 갈아 신었다.

이렇게 앉아서 한참 쉬는 동안 에리세이가 담배쌈지를 꺼냈다. 예핌이 그것을 보고 머리를 가로저었다.

"왜 그런 좋지 못한 버릇을 고치지 못하나!"

에리세이는 어쩔 수 없다는 듯 손을 내저으며 대답했다.

"나는 죄에 빠졌어. 도저히 안 되는군."

두 사람은 일어나 다시 갈길을 재촉했다. 거기서 다시 10베르스타쯤 걸어가니 커다란 마을이 앞을 가로막았다. 그 마을을 완전히 통과했을 때는 벌써 볕이 여간 뜨거워진 것이 아니었다. 에리세이는 너무나 지쳐 잠시 쉬고 물도 한 그릇 마시고 싶었으나 예핌은 걸음을 멈추려 하지 않았다. 예핌은 걸음을 잘 걸어 에리세이는 그 뒤를 따라가기조차 어려웠다.

"물을 좀 마셨으면."

"뭐 마시지그래. 난 괜찮아."

에리세이는 걸음을 멈추고 예핌에게 이렇게 말했다.

"그럼, 날 기다리지 말게나. 나는 잠깐 저 농가에 들어가서 물을 얻어 마신 다음 곧 뒤따라갈 테니까."

"그래 알았네." 예핌은 혼자 신작로를 걸어가고 에리세이는 농가 있는 쪽으로 돌아섰다.

에리세이가 농가에 다가가 보니 석회칠을 한 자그마한 집이었다. 아래쪽은 꺼멓게 되고 윗부분만이 허연데 오래도록 손을 보지 않은 모양으로 칠은 벗겨지고 지붕은 한쪽이 허물어지고 없었다. 집의 입구가 뒷문 쪽에 붙어 있어 에리세이는 뒷문으로 들어서서 문득 보니 담장 밑에 사나이가 드러누워 있었다. 마르고 턱수염도 없으며 루바시까 자락은 소러시아 식으로 바지 속에 넣고 있었다.

짐작컨대 이 사나이는 시원한 그늘을 찾아서 드러누웠던 모양이나 지금은 볕이 똑바로 내리쬐고 있었다. 사나이는 드러누운 채 잠들어 있지는 않았다. 에리세이는 물을 좀 마실 수 없느냐고 말을 걸었으나 사나이는 대답도 하지 않았다.

에리세이는, 앓고 있거나 아니면 꽤 무뚝뚝한 사나이인 모양이라고 생각하며 문께로 다가갔다.

그러자 집 안에서 어린아이의 우는 소리가 들려왔다. 에리세이는 문의 고리쇠를 덜컹덜컹 소리 나게 하면서 "실례합니다"라고 했으나 대답이 없었다.

"아무도 안 계십니까!"라고 해도 아무런 소리도 들리지 않았다. 에리세이는 그만 돌아서려고 하는데 문 앞에서 누군가가 신음하고 있는 듯한 소리가 들렸다.

'무슨 변고가 생긴 게 아닐까? 어디 한 번 들여다보고 가야지.'

에리세이는 집안으로 들어가기로 마음먹었다.

4

에리세이가 손잡이를 돌려보니 문에는 쇠가 걸려 있지 않았다. 문을 열고 복도에 들어서니 방으로 통하는 문이 열려 있었다. 오른편에는 난로가 있고 정면이 상좌로 되어 있었으며, 구석에 성상(聖像)과 테이블이 놓여 있고, 테이블 저쪽에는 걸상이 있었다.

걸상에는 머리에 두건도 쓰지 않은 속옷바람의 할머니가 걸터앉아 테이블에 머리를 올려놓고 있었다. 그 곁에는 비쩍 말라 배만 커다란 밀랍 같은 얼굴빛의 사내아이가 앉아서 할머니의 옷소매를 잡아당기며 칭얼대고 있었다.

에리세이는 그 방에 발을 들여놓았는데, 방 안에서는 숨이 막힐 듯한 고약한 냄새가 났다. 보니까 페치카 저쪽 마룻바닥 위에 한 여자가 쓰러져 있는 것이 아닌가. 엎어진 채 이쪽을 보려고도 하지 않고 그냥 가래 끓는 소리만 내면서 한쪽 다리를 폈다 오므렸다 할 뿐이었다. 괴로운 듯 이리저리 뒤척이고 있는 몸에서는 코를 찌르는 악취가 풍기고 있었다. 여자는 대소변을 가리지 못하는 게 틀림없는데 아무도 뒤치다꺼리를 해주지 못하는 모양이었다. 할머니가 문득 눈을 들어 낯선 침입자를 바라보았다.

"누구요, 당신은? 무슨 볼일이오? 뭐가 필요하오? 누군지 모르지만 여긴 아무것도 없으니……."

에리세이는 가까이 다가가서 말했다.

"할머니, 물을 좀 얻어 마시려고 그래요."

"아무것도 없다고 그랬잖우. 아무도 물을 떠 올 사람이 없어요. 손수 가서 떠마셔요."

"어떻게 된 겁니까, 할머니? 이 집엔 성한 사람이라곤 하나도 없나요? 이 아주머닐 돌봐 줄 사람도?" 하고 에리세이가 물었다.

"아무도, 아무도 없어요. 뒷문에선 사람이 하나 죽어가고 있고 우린 여기서 이렇게……."

사내아이는 낯선 사람을 보고 잠시 입을 다물고 있었으나 할머니가 말하는 것을 보자 다시 소매를 지근거리며 "빵 줘, 할머니, 빵!" 하고 울기 시작했다.

에리세이가 할머니에게 다시 말을 물으려고 했을 때 밖에 있던 사나이가 안으로 비틀거리며 들어왔다. 벽을 의지하고 걸음을 옮겨 걸상에 앉으려고 하는 모양이었으나 그러지도 못하고 출입문 어귀의 한쪽 구석에 의지하듯 쓰러졌다. 그러고는 일어나려고도 하지 않고 말하기 시작했다. 한마디 하고는 말을 끊고, 한마디 하고는 숨을 몰아쉬고 다음 말을 이어갔다.

"전염병에 걸렸는데, 게다가…… 흉년이 들어…… 저놈도 굶어서 다 죽게 되었소!"

농부는 턱으로 사내아이를 가리키며 울기 시작했다.

에리세이는 등에 짊어진 자루를 치켜올려 두 팔을 멜끈에서 빼고, 자루를 바닥에 내려놓았다가 다시 걸상 위에 올려놓은 뒤 자루를 끄르기 시작했다. 자루를 열고 안에서 빵과 나이프를 꺼내어 한 조각 잘라서 농부에게 주었다. 농부는 그것을 받으려 하지 않고 사내아이와 여자 쪽을 가리켰다. 그들에게 주라는 것이다. 에리세이는 사내아이에게 주었다. 사내아이는 빵 냄새를 맡자 몸을 뻗쳐 두 손으로 먹이를 움켜쥐더니 입과 코를 빵에 처박았다. 그러자 페치카 구석에서 계집아이가 기어 나와 물끄러미 빵을 바라보았다. 에리세이는 그 아이에게도 한 조각 주었다. 그리고 또 한 조각을 잘라 할머니에게도 주었다. 할머니는 그것을 받아 들자 우물우물 먹기 시작했다.

"물을 한 그릇 떠왔으면 좋겠는데, 모두가 목이 타는데. 내가 어젠가 오늘인가 물을 뜨러 갔는데 미처 오기도 전에 쓰러져 버렸지. 물통이 거기 있긴 할 텐데, 혹시 누가 가져갔다면 모르지만……."

에리세이는 우물이 어디 있는가를 물어보았다. 할머니가 자세히 가르쳐 준 대로 갔더니 물통이 있었다. 그래서 물을 떠다 식구들에게 먹였다. 아이들과 할머니는 물을 마셔가며 빵을 먹었으나 남자는 입에 대려고 하지 않았다.

"위가 영 말을 듣지 않아서"라고 했다. 여자는 숫제 일어나려고도 하지 않고, 전혀 정신을 차리지 못한 채 그냥 나무 침대 위에서 몸부림칠 뿐이었다. 에리세이는 가게에 가서 옥수랑 소금, 밀가루, 버터를 사 왔다.

그리고 도끼를 찾아 장작을 패어 페치카에 불을 지폈다. 계집아이가 거들었다. 이리하여 에리세이는 수프와 보리죽을 만들어 온 식구에게 먹였다.

5

주인 남자도 먹고 할머니도 먹었다. 사내아이와 계집아이는 그릇 바닥까지 싹싹 핥아먹고, 서로 껴안은 채 잠들어 버렸다. 농부와 할머니는 왜 이렇게 되었는지를 이야기했다.

"우리는 지금까지 그다지 넉넉한 살림살이도 아닌 데다 지난해엔 추수한 것이 아무것도 없어 이번 기근이 든 가을부터는 내내 전에 남았던 것을 그냥 털어

먹었습지요. 마침내 더 찾아 먹을 게 없자 이웃 사람들과 친절한 분들의 신세를 지게 되었습니다. 처음엔 물론 꾸어 주기도 했지만 차츰 거절하게 되었습죠. 어떤 사람은 꾸어 주고 싶은 마음은 태산 같지만 아무것도 없으니 할 수 없다고 하더군요. 또 이쪽도 한두 번이 아니어서 매번 손을 벌리기가 여간 민망스럽지 않았습니다. 이 사람 저 사람에게 온통 돈과 밀가루와 빵을 꾸어 썼으니 말입니다."

농부는 말을 계속했다.

"나는 일을 찾아 돌아다녔으나 일이 없었습니다. 모두가 입에 풀칠하기 위해 일을 찾아다니는 형편이니 어쩌다 하루 일하면 그다음 이틀은 일을 찾아 헤매야만 했습니다. 그래서 할머니와 계집아이가 이웃마을로 동냥하러 떠나게 되었는데 누구도 빵이 없으니까 어디 변변한 먹을거리가 얻어지나요. 그래도 굶어 죽지 않을 만큼 입에 풀칠을 했습죠. 그래서 이럭저럭 햇보리가 날 때까지 연명해 가겠다고 생각했던 것인데, 글쎄 이 봄부터는 전혀 동냥을 주는 집이 없게 된 데다 이렇게 열병까지 퍼지지 않겠습니까. 형편은 날로 가난해져서 하루 먹으면 이틀은 굶어야 되었죠. 마침내 풀까지 뜯어먹게 되었는데 그 풀 때문인지 아니면 무슨 다른 이유가 있었는지 아내가 병으로 쓰러졌습니다. 아내는 앓아누웠죠. 내겐 힘이 없으니 암담한 형편입니다."

농부가 말을 마치자 할머니가 입을 열었다.

"나 혼자 정신없이 돌아다녔지만 아무리 돌아다녀 보아야 어디서든 먹을 게 나와야 말이죠. 그만 지치고 근력도 빠져서 주저앉아 버렸어요. 손녀딸도 몸이 잔뜩 약해진 데다가 이제 겁까지 집어먹고 근처에 심부름을 보내도 가려고 하질 않는군요. 구석에 들어박혀서 꼼짝도 않고 있어요. 엊그제 이웃집 아주머니가 무슨 볼일이 있었는지 왔다가 온통 굶어서 쓰러져 있는 것을 보더니 깜짝 놀라 돌아서서 나가 버리지 뭡니까. 그 아주머니도 남편은 도망쳐 없고 어린아이들하고 굶주리는 판이라 그럴 만도 하죠. 그래서 이렇게 드러누워 주님의 부르심을 기다리고 있습니다."

두 사람의 이야기를 들은 에리세이는 그날로 친구를 따라가야 한다는 생각을 버리고 그 집에 머물렀다. 이튿날 아침, 일어나자마자 에리세이는 마치 자기가 이 집의 주인이라도 된 듯이 서둘러 일하기 시작했다. 할머니와 둘이서 밀가루를 반죽하고 페치카에 불을 지피고 계집아이와 함께 쓸 만한 물건을 찾아보려고 근처를 돌아다녔다. 이건 어떨까, 저건 어떨까 생각하며 찾아보았으나 아무것도 없었다. 모조리 먹을 것과 바꿨던 것이다. 연장도 없고, 입을 옷가지도 없는 형편이었다. 그래서 에리세이는 꼭 있어야 할 물건을 마련하기 시작했다.

손수 만들기도 하고 밖에 나가서 사 오기도 했다. 이렇게 하여 에리세이는 하루를 보내고 이틀이 지나 사흘을 묵었다. 사내아이는 다시 기운을 찾아 가게에 심부름도 가고 에리세이를 잘 따랐다. 계집아이는 아주 명랑해져서 무슨 일이나 거들려고 나섰다. 줄곧 "아저씨, 아저씨!" 하며 에리세이의 뒤를 졸졸 따라다녔다. 할머니도 일어나 이웃에 드나들게 되었고 주인 남자도 벽을 짚고 걷게 되었다. 누워 있는 사람은 그의 아내뿐이었으나 그녀도 사흘째 되는 날에는 정신을 차리고 뭘 좀 먹었으면 좋겠다고 했다.

'이런! 이렇게 오래 묵으려고는 생각지도 않았는데……. 이제 그만 떠나야지' 하고 에리세이는 생각했다.

6

나흘째 되는 날은 바로 축제일 전날이었다. 그래서 에리세이는 식구들과 다 같이 전야(前夜)를 축하하고 축제일 선물로 뭘 좀 사준 다음 저녁때는 떠나야겠다고 혼자 마음속으로 생각했다. 에리세이는 또다시 마을에 내려가 우유와 밀가루와 기름을 사다가 할머니와 둘이서 음식을 장만했다. 이튿날 아침에는 교회의 미사에 참례하고 집으로 돌아와서 식구들과 같이 맛있는 요리를 먹었다.

이날은 그 집 여자도 일어나 집안을 슬슬 거닐었다. 남편은 수염을 다듬고 깨끗한 루바시까를 입고(할머니가 빨았던 것이다) 마을에서도 부자 소리를 듣는 집주인을 찾아갔다. 그것은 부자인 집주인에게 밭도 땅도 저당을 잡혔으므로 햇보리가 나기까지 그 밭과 땅을 좀 쓰게 해줄 수 없느냐고 청하러 갔던 것이다. 저녁때 남편은 어깨를 늘어뜨리고 돌아와 눈물을 흘렸다. 부잣집 주인이 인정사정도 없이 돈을 갖고 오라 했다는 것이다.

거기서 에리세이는 다시 생각에 잠겨 중얼거렸다.

"이 사람들은 장차 어떻게 살아가야 하는가? 다른 사람들은 모두 풀을 베러 가는데 이 사람들은 멀거니 앉아 있어야만 한다. 땅이 저당에 들어가서 쌀보리가 익으면 남들은 추수를 하게 되는데(사실 썩 잘 영글었더군!) 이 사람들은 아무런 낙도 없다. 밭은 부잣집에 팔았다고 그랬으니까 내가 가버리면 이 사람들은 전처럼 또 길에서 헤매야 한다."

에리세이는 생각이 여러 갈래로 흩어져 그날 저녁때도 출발하지 못하고 이튿날 아침까지 미루게 되었다. 마당에 나가 기도를 마친 다음 잠을 자려고 드러누웠으나 좀처럼 잠이 오지 않았다. 돈을 많이 써 버렸고 날짜도 퍽 허비했으므로 그만 출발해야 하는데 이 집 사람들이 가엾어 차마 떠날 수 없었기 때문이다.

모든 걸 도와준다는 것은 불가능한 일이다. 처음에는 물이나 길어다 주고 빵이나 한 조각씩 먹일 셈이었는데 그것이 이렇게까지 돼 버렸으니. 이제는 땅이랑 밭을 찾아 주어야 하게 되었다. 밭을 찾아 주고 나면 다음에는 아이들에게 우유를 먹이도록 젖소도 사 주어야 되겠고 주인 남자에게는 보릿단을 운반할 말도 사 주어야 되지 않겠는가.

'야, 에리세이, 너 아주 함빡 말려든 모양이구나. 닻을 던져 놓고는 도대체 뭐가 뭔지 모르게 된 모양이군!'

에리세이는 일어나 베개 삼았던 긴 외투를 더듬어 담배쌈지를 꺼내고 담배를 한 줌 쥐어 머릿속을 개운하게 하려고 했으나 어찌 된 일인지 아무리 생각에 생각을 거듭해도 이렇다 할 묘책이 떠오르지 않았다. 출발하지 않으면 안 되었으나 이 사람들이 가엾어서 견딜 수 없으니 도리가 없었다. 다시 긴 외투를 둘둘 말아 베개로 삼고 벌렁 드러누웠다.

가만히 그렇게 드러누워 있는 동안 어느 사이에 닭이 울고 이윽고 깊은 잠에 빠져 버렸다. 그때 갑자기 누가 부르는 것 같은 기분이 들었다. 보니 어엿이 출발할 채비를 한 남자가 등에는 자루를 짊어지고 손에는 지팡이를 들고서 문을 나서려는 참이었다. 문은 활짝 열려 있으므로 그냥 걸어 나가기만 하면 되었다. 문을 빠져나가려고 하는데 이쪽 울타리에 자루가 걸렸다. 그것을 떼려고 하자 저쪽 울타리에 각반이 걸려 자루가 풀어지게 되었다. 그것을 바로잡으려 내려다보니 이게 웬일인가. 이건 울타리에 걸린 것이 아니다. 계집아이가 붙잡고 "아저씨, 아저씨, 빵 좀 주세요!" 하고 아우성치고 있는 것이 아닌가. 발을 보니 사내아이가 각반을 움켜쥐고 있었고 창문으로는 할머니와 주인 남자가 이쪽을 바라보고 있었다. 에리세이는 잠이 깨어 혼잣말로 말했다.

"내일은 밭과 풀밭을 도로 사주자. 그리고 말도 사고 햇보리가 나기까지 먹을 밀가루도, 아이들에게 우유를 먹일 젖소도 사 주어야겠다. 그렇지 않으면 일껏 바다를 건너서 그리스도님을 찾아간다고 해도 자신 안에 있는 그리스도님을 잃어버리게 된다. 어려운 사람을 도와야지!"

그리고 에리세이는 아침까지 단잠을 잤다. 아침 일찍 잠이 깨자 곧 부자 농가를 찾아가서 쌀보리 밭을 도로 사고 땅의 대금도 치렀다. 그 집으로 돌아가는 길에 낫을 사 가지고(그것마저도 팔았던 것이다) 갔다. 주인 남자는 땅의 잡초를 베도록 내보내고 자기는 마을 농가를 돌아다니다가 주막집 주인이 수레를 붙여서 말을 판다는 얘기를 듣고 값을 흥정하여 샀다. 밀가루도 한 부대 사서 짐수레에 실은 다음, 이번에는 젖소를 사러 갔다. 걸어가는 동안 두 사람의 소러시아 여인들의 뒤를 따라가게 되었다. 이 여인들은 걸으면서 열심히 이야기를 주고받았다. 소러시아어로 말했으나 에리세이는 그것을 알아들을 수 있었다. 그런데 그녀들이 에리세이 이야기를 하는 것이 아닌가.

"하긴 처음에는 어떤 사람인지 전혀 몰랐다는 거예요. 그냥 순례자라고 생각했대요. 물을 얻어 마시려고 들어왔다가 그대로 눌러앉아 버렸다는군요. 오늘도 나는 이 눈으로 엄연히 보았지만 주막집에서 짐수레하고 말을 샀어요. 요즘 세상에 그런 사람이 다 있다니, 우리 거기 가서 구경하지 않을래요?"

에리세이는 여자들이 자기를 칭찬하고 있다는 것을 알고는 젖소 사는 일을 포기하고 주막으로 돌아가 말 값을 치렀다. 말에 수레를 맨 다음, 밀가루를 싣고 집으로 돌아왔다. 문 앞에 당도하자 말을 세우고 마차에서 내렸다.

식구들은 말을 보고 깜짝 놀랐다. 아무래도 자기들을 위해서 말을 산 모양이라고 짐작은 했으나 그것을 입 밖에 내어 말하기는 쑥스러웠다. 주인 남자는 문을 열면서 물었다.

"아니, 그 말은 도대체 어떻게 된 겁니까?"

"샀어. 마침 싼 걸 만났기에 말이지. 오늘 하룻밤 잘 먹도록 풀을 좀 베어 넣어 주게. 그리고 이 자루 좀 끌어내려 주겠나?"

주인 남자는 말을 풀고 밀가루 부대를 광에 갖다 놓고 풀을 한아름 베어다가 말구유에 넣어 주었다. 이윽고 모두들 잠자리에 들었다. 에리세이는 집 밖에서 자기로 했다. 벌써 저녁 전에 자기의 행낭을 거기 내다 놓았던 것이다.

모두 잠들어 버리자 에리세이는 자기의 자루를 짊어지고 나막신을 신고 긴 외투를 걸친 다음 예핌의 뒤를 쫓아 나섰다.

7

에리세이가 5베르스타쯤 갔을 때 날이 밝았다. 에리세이는 나무 밑에 앉아 자루 입구를 열고 돈을 세어 보았다. 17루블 20코페이카가 남아 있었다.

'아니, 이 돈으로 바다를 건너서 긴 여행은 할 수 없다. 주님을 위한답시고 공연히 구걸하다 자칫 죄나 지으면 큰일 아닌가. 예핌 영감이 혼자 가서 내 대신 촛불을 밝혀 줄 테지. 나는 아무래도 죽기 전에는 성지 순례를 못할 모양이군. 하지만 감사하게도 주님께서는 모든 것을 굽어살피시니까 이것도 용서해 주실 것이 틀림없어.'

에리세이는 일어나서 자루를 짊어지고 가던 길을 되돌아섰다. 다만 그 마을만은 사람들의 눈에 띌세라 멀리 돌아서 지나갔다. 이렇게 하여 에리세이는 얼마 후에 무사히 집에 도착했다. 목적지를 향해 갈 때는 걷는 일이 힘들어 예핌을 뒤쫓아가는 것이 고작이었는데 되돌아가기 시작하니 마치 하느님께서 도와주시기라도 하는 듯이 아무리 걸어도 지치는 일이 없었다. 나들이 가는 기분으로 지팡이를 내두르며 걸어도 하루에 70베르스타씩이나 갈 수 있었다.

에리세이가 집에 돌아오니 식구들은 마침 들일을 마치고 돌아오던 참이었다. 모두 노인의 귀가를 기뻐하며 여행은 어땠는가, 어쩌다가 동행과 떨어졌는가, 왜 목적지까지 가지 않고 돌아왔는가 하고 여러 가지로 묻기 시작했다. 에리세이는 별로 자세히 이야기하지 않았다.

"아무래도 주님의 인도가 없었던 모양이다. 도중에 돈은 잃어버렸지, 예핌 영감은 놓쳤지, 그래서 갈 수가 없었어. 그러니 이제 그 얘기는 그만했으면 싶구나."

그러고 나서 할멈에게 남겨 온 돈을 건네주었다. 에리세이가 집안일을 여러 가지로 물어보니 만사가 순조로웠고 일도 거침없었으며 아무런 불평 없이 식구들도 오순도순 지내고 있었다.

예핌 영감네 집에서도 그날로 에리세이가 돌아왔다는 말을 듣고서 자기 집 노인의 소식을 들으러 왔다. 그들에게도 에리세이는 비슷한 말을 일러 주었다.

"자네네 할아버지도 탈없이 잘 가셨네. 나하고는 베드로 축제일 사흘 전에 헤어졌지. 나는 뒤쫓아가려고 했는데 그때 일이 이상스럽게 되어 돈을 잃어버려 모자라겠길래 그만 돌아온 거야."

사람들은 깜짝 놀랐다. 어리석다고 할 수 없는 성실한 사람이, 성지 순례를 떠났다가 목적지에 닿기도 전에 돈을 잃어버리고 돌아오다니, 어쩌다가 그런 바보스러운 짓을 했을까 갸우뚱했으나 차차 그 일은 잊어버렸다.

당사자인 에리세이도 잊어버리고 다시 일을 하기 시작했다. 아들과 둘이서 올겨울에 쓸 땔나무를 장만하고, 아낙네들과 같이 밀을 빻고, 곳간지붕을 새로 얹고, 꿀벌의 월동 준비를 해주고, 열 개의 꿀벌 통나무를 새로 깐 벌과 함께 옆집에 넘겨주었다. 할멈은 돈을 받고 판 통나무에서 벌을 얼마나 깠는지 속이려고 했으나 에리세이는 어느 통이 소용없게 되고 어느 통에서 새끼를 깠는지 죄다 알고 있어 열 무더기가 아니라 열 일곱 무더기를 옆집에 주었다. 가을걷이가 다 끝나자 에리세이는 아들을 벌이하러 내보내고 자기는 줄곧 집에 있으면서 나막신을 만들고 꿀통으로 쓸 통나무를 파내었다.

                                    8

에리세이가 병자가 있는 농가에서 묵던 날, 예핌은 하루 종일 친구를 기다렸다. 그는 혼자 너무 많이 가지 않고 길가에서 한참 기다린 끝에 한잠 푹 자고 깨어 일어나 다시 우두커니 기다렸으나 친구는 오지 않았다. 눈을 크게 뜨고 둘러보았으나 이미 해는 저물어 가는데 에리세이는 나타나지 않았다.

'이거 내가 잠자는 사이에 모르고 그대로 지나쳐 간 게 아닌가? 다리가 아프다 보니 남의 짐수레를 얻어 타고 여길 지나가면서 나를 보지 못한 게 아닐까? 하지만 보이지 않았을 리가 없는데…… 허허벌판이어서 눈앞이 환히 다 보이는 걸. 내가 다시 되돌아가면 오히려 영감이 앞으로 먼저 가 버려서 더 크게 어긋날지도 몰라. 나도 앞으로 가는 게 좋겠군. 여관에서 만나게 되겠지.'

다음 마을에 당도하자, "혹시 이러이러한 노인이 이리로 오거든 내가 있는 여관으로 데려다주시오" 하고 반장에게 부탁해 놓았다. 그런데 에리세이는 그 여관에도 끝내 오지 않았다. 예핌은 앞으로 다시 길을 떠나 한 사람 한 사람에게 이러이러한 대머리 영감을 못 봤느냐고 물어보았으나 봤다는 사람이 아무도 없었다. 예핌은 어처구니가 없어 혼자 계속 걸었다.

'그렇지, 오데사 근처가 아니면 배 안에서 만나게 될 거야.'

그는 더 이상 생각하지 않기로 했다.

도중에 한 순례자와 동행하게 되었다. 순례자는 보통 입는 법복(法服)에 법모(法帽)를 쓰고 머리를 길게 기르고 있었다. 아토스에도 간 일이 있고, 지금 이 길이 두 번째로 가는 예루살렘행이라고 했다. 어떤 여인숙에서 만나 여러 가지 이야기를 한 끝에 동행이 되었던 것이다.

오데사에 도착하기까지는 무사했다. 두 사람은 밤낮으로 사흘간 배를 기다렸다. 세상 각처에서 모여든 숱한 순례자들이 기다리고 있었다. 여기서도 예핌은 에리세이에 대해 물어보았으나 아무도 봤다는 사람이 없었다.

예핌은 외국 여행 허가장을 받았는데 값은 5루블이었다. 그리고 왕복 뱃삯으로 40루블을 치른 다음 도중에 먹을 빵이랑 청어 등을 샀다.

이윽고 배에 짐을 다 싣자 순례자들은 본선으로 옮겨 타게 되었다. 예핌과 그 순례자도 탔다.

닻을 올리고 배는 안벽(岸壁)에서 떨어져 큰 바다로 나갔다. 그날은 무사히 항해했는데 저녁때가 되자 바람이 일고 비가 쏟아지면서 배가 흔들리기 시작하더니 바닷물이 갑판을 휩쓸었다. 배 안은 수런거리고 여자들 중에는 큰 소리로 울부짖는 사람도 있었으며, 남자도 겁이 많은 사람은 안전한 장소를 찾아 배 안을 우왕좌왕하는 것이었다. 예핌도 겁이 나지 않는 것은 아니었으나 내색하지는 않았다. 배에 오르자 곧 탐보프의 농부들과 같이 마룻바닥에 앉아 있었는데 그 자세 그대로 그날 밤과 다음 날 하루 종일 앉아 있었다. 오로지 자기 자루만 열심히 붙잡고 있었을 뿐 말 한마디 하지 않았다. 사흘째에 겨우 바람이 자고 닷새째에 콘스탄티노플에 도착했다. 순례자들 중에는 육지에 내려 지금은 튀르키예가 점령한 성 소피아 대성당을 구경간 사람도 있었으나 예핌은 내리지 않고 배 안에 남아 있었다. 다만 흰 빵을 조금 샀을 뿐이다. 하루 밤 하루 낮을 정박한 뒤에야 다시 큰 바다로 나왔다. 스미르나항에 기항한 다음에 알렉산드리아 항구에 들렀다가 마침내 야파에 닿았다.

야파에서는 순례자들이 모두 상륙했다. 예루살렘까지 걸어서 70베르스타이다. 상륙할 때 사람들은 또 아찔한 꼴을 당해야 했다. 기선의 높은 갑판에서 밑에 있는 보트로 뛰어내려야 하는데, 보트는 계속 흔들리고 있어서 자칫하다간 보트에서 바닷속으로 떨어질 위험이 있었다. 두 사람이 물에 빠진 생쥐가 되었으나, 어떻든 무사히 상륙했다.

뭍에 내리자 모두 걸어서 떠났다. 사흘째 되는 점심때쯤 예루살렘에 도착하여 변두리 러시아인 숙소에 여장을 풀고 여행 허가장 뒷면에 사인을 받은 다음 식사를 마치고 순례자와 둘이 성지 순례를 떠났다. 가장 중요한 그리스도의 관(棺)은 아직 구경하지 못했으므로 대주교 수도원을 참배했는데, 참배자 일동을 안으로 안내하는 것이었다.

남자와 여자는 자리가 따로따로 되어 있었다. 신을 벗고 둥그렇게 둘러앉았다. 그러자 한 신부가 세수수건을 들고나와서 사람들의 발을 닦아주기 시작했다. 발을 닦고서는 입을 맞추는 모양으로 한 바퀴 빙 돌았다. 예핌의 발도 닦아주고 입도 맞춰 주었다. 밤 기도 아침 기도를 드려 예배하고, 촛불을 올려 죽은 부모에게 공양을 바쳤다. 그때 성찬(聖餐)이 나오고 포도주도 마셨다. 날이 새자 이집트의 마리아가 칩거했다는 초막으로 가서 촛불을 바치고 기도드렸다. 그곳에서 아브라함 수도원으로 돌아가 아브라함이 하느님을 위해 자식을 찔러 죽이려고 한 사라베크의 동산을 보았다. 다음에 막달라 마리아에게 그리스도가 모습을 나타내셨다는 성지를 참관하고 주님의 형제 야곱의 교회에도 들렀다. 순례자는 장소 하나하나를 안내하며, 여기서는 얼마, 저기서는 얼마라고 희사하는 돈의 액수를 가르쳐 주는 것이었다. 한낮이 되어 숙소에 돌아와서 식사했다. 이윽고 잠자리에 들 채비를 하기 시작했을 때 순례자는 앗 하고 놀라며 자기 옷을 이리저리 뒤지기 시작했다.

"아, 지갑을 도둑맞았구나. 분명히 23루블 있었는데……. 10루블짜리 두 장에다가 잔돈이 3루블……."

순례자는 속이 상해서 푸념을 늘어놓았지만 할 수 없는 일이었다. 모두들 자리에 들었다.

9

예핌도 잠자리에 들어갔으나 문득 마음속에서 의심이 생겼다.

'저 순례자는 돈을 도둑맞은 게 아니야. 처음부터 돈이 없었던 게 분명해. 아무 데도 희사하지 않았으니까. 내게만 내라고 하면서 자기는 전혀 내지 않았어.

그건 고사하고 내게서 1루블까지 빌려가지 않았나.'

예핌은 그렇게 생각하는 자기를 스스로 꾸짖었다.

'내가 왜 사람을 의심하는지 모르겠군. 남을 의심한다는 건 죄스러운 일이야. 이런 쓸데없는 생각은 다시 하지 말아야지.'

겨우 마음을 가라앉혔다고 생각하자, 다시 순례자가 돈에만 눈독을 들이고 있는 점이랑 지갑을 도둑맞았다고 허풍스럽게 떠들어대던 모습이 머리에 떠오르는 것이었다.

'아니, 정말로 돈이 없었어. 사람들 눈을 속이기 위해 연극을 꾸몄지.'

저녁때 사람들은 일어나서 부활 대성당에서 거행되는 미사에 참례하러 갔다. 그것은 그리스도의 관이 있는 곳이다. 순례자는 예핌 곁을 떠나지 않고 졸졸 따라다녔다.

성당에 도착했다. 순례하는 사람들은 러시아인 외에 그리스인, 아르메니아인, 튀르키예인, 시리아인, 여러 나라 곳곳에서 모여든 사람들이었다. 예핌도 다른 사람들과 같이 성문(聖門)으로 들어갔다. 한 신부가 안내를 맡고 있었다. 튀르키예인이 파수 보는 곁을 지나 그리스도를 십자가에서 내려 기름을 칠했다는, 9개의 큰 촛대가 점화된 곳으로 안내했다. 신부는 일일이 설명하며 보여 주었다. 예핌은 거기서도 촛불을 바쳤다.

그다음, 안내 신부는 오른쪽 층계를 올라가 예수가 못 박혔던 십자가가 세워졌었다는 골고다로 예핌을 안내했으므로 예핌은 거기서 잠시 기도를 드렸다. 그리고 예핌은 대지가 지옥까지 갈라진 자리를 구경하고, 다음으로 그리스도의 손발에 못이 박혔다는 장소, 그다음에 그리스도의 피가 아담의 뼈에 뿌려졌다는 아담의 관을 보았다. 그리고 또 그리스도가 가시관을 쓸 때에 걸터앉았다는 돌과 그리스도가 채찍질당할 때 묶였던 기둥도 보았다. 그다음에 예핌은 그리스도의 발에 채워졌었다는 두 개의 구멍 뚫린 돌도 구경했다. 안내 신부는 그 밖의 다른 것도 보여 주려고 했으나 다른 사람들이 앞길을 재촉했으므로 그리스도의 관이 있는 동굴 쪽으로 따라갔다. 거기서는 다른 종파의 의식이 끝나고 러시아 정교의 미사가 시작되고 있었다.

예핌은 어떻게든 순례자에게서 떨어지려고 했다. 자꾸만 죄스러운 의혹이 치솟았기 때문이다. 그러나 순례자는 잠시도 곁에서 떠나려 하지 않고, 그리스도

관 앞에서의 미사에도 같이 참여했다. 두 사람은 되도록 관 가까이 섰으면 좋겠다고 생각했으나 때는 이미 늦었다. 숱한 군중이 운집하여 앞으로 나가지도 뒤로 물러서지도 못할 형편이었다. 예핌은 가만히 서서 앞을 바라보며 기도드렸는데 때때로 지갑은 무사한가 하고 더듬어보았다.

예핌의 마음은 두 갈래로 갈라졌다. 한편으로는 순례자가 자기를 속이고 있다고 생각했고, 다른 한편으로는 만약 정말로 도둑을 맞은 것이라면 제발 자기는 그런 꼴을 당하지 말았으면, 하고 생각하는 것이었다.

10

예핌은 이렇게 서서 기도드리면서 주님의 관이 놓인 제단 앞쪽에 36개의 성화가 타고 있는 곳을 바라보고 있었다. 예핌이 꼼짝도 않고 서서 사람들의 머리 너머로 바라보고 있으려니까 아, 이 무슨 불가사의인가! 성화가 타고 있는 등잔걸이 바로 아래 맨 앞자리에 값싼 농부의 작업용 외투를 걸친 자그마한 노인이 보이는 것이 아닌가. 그 노인은 머리가 훌떡 벗어진 게 에리세이 보도툐프를 꼭 닮았다.

'아니, 에리세이와 똑같잖아. 하지만 에리세이일 리가 없어. 저 영감이 나보다 먼저 당도할 까닭이 없지, 없어. 앞의 기선은 1주일 먼저 떠났다니까 저 친구가 나를 앞질렀을 리 없어. 그리고 우리가 탔던 배에도 없었어. 나는 순례자들을 하나하나 죄다 살펴보았으니까.'

예핌은 생각했다.

예핌이 그렇게 생각하는 동안 자그마한 노인은 기도를 하기 시작했고 세 번 머리를 조아렸다. 한 번은 정면의 십자고상을 향해서 하고, 다음에는 좌우에 있는 러시아 정교 사람들을 향해 절했다. 노인이 오른쪽으로 얼굴을 돌렸을 때 예핌은 또렷이 그 얼굴을 분간해 냈다. 역시 그렇다. 에리세이임이 틀림없었다. 가무스름하고 곱슬곱슬한 턱수염, 서리가 내리기 시작한 구레나룻, 게다가 눈썹도 눈도 코도 하나에서 열까지 바로 에리세이이다. 에리세이 보도툐프임에 틀림없다.

친구를 찾아냈으므로 예핌은 좋아서 어쩔 줄 몰랐으나 어떻게 에리세이가 자기보다 먼저 도착했는지 이상해서 견딜 수가 없었다.

'이 사람 보도료프, 어떻게 잘도 앞으로 나갔네그려! 아마도 누군가 그럴 만한 사람과 친해져서 안내를 받았겠지. 가만있자, 나가는 출구에서 저 영감을 붙잡고 법복의 순례자를 따돌린 다음, 이제 저 친구와 같이 다녀야겠군. 그렇게 되면 나도 앞쪽으로 갈 수 있을지도 몰라.'

예핌은 이렇게 생각했다.

그래서 혹시라도 에리세이를 놓치면 큰일이라고 예핌은 연방 그쪽으로만 눈을 두고 있었다. 이윽고 미사가 끝나 군중이 술렁거리기 시작하고 십자가의 입맞춤이 시작되어 밀고 당기고 하다가 예핌은 옆으로 밀려나 버렸다. 다시 예핌은 잘못하다간 지갑을 도둑맞을지 모른다는 걱정이 갑자기 치솟았다. 예핌은 한쪽 손으로 열심히 지갑을 더듬어 잡고 조금이라도 덜 붐비는 자리로 나가려고 사람들을 헤치기 시작했다. 간신히 덜 혼잡한 데로 빠져나와 근처를 마구 돌아다니며 에리세이를 찾았다. 대성당 안 이쪽저쪽 암실에서 여러 나라 사람들을 잔뜩 보았다. 바로 그 자리에서 도시락을 먹고 마실 것을 마시며 책을 읽는 사람도 있었다.

그런데 에리세이는 아무 데도 없었다. 예핌은 숙소로 돌아가 보았으나 거기에도 친구는 없었다. 그날 밤, 순례자는 돌아오지 않았다. 어디론가 자취를 감추었는데 그 1루블도 끝내 돌려주지 않았다. 예핌은 외톨이가 되었다.

이튿날 예핌은 다시 그리스도의 관을 배례하려고 탐보프에서 온 노인과 같이 갔다. 배 안에서 동행이 되었던 것이다. 그곳에서도 역시 앞쪽으로 비집고 나가려고 해보았으나 여전히 밀려나 기둥 옆에 남아서 기도드렸다. 문득 앞을 바라보니 또 맨 앞 성화 아래의 그리스도 관 옆에 에리세이가 서 있었다. 제단 옆에 신부처럼 두 팔을 벌리고 머리에 함빡 빛을 받고 서 있었다.

'좋아, 이번에는 절대로 놓치지 않는다.' 예핌은 생각했다.

사람들을 마구 헤치고 앞쪽으로 다가갔다. 겨우 앞으로 나섰다고 생각하자 에리세이의 모습이 보이지 않았다. 그사이에 돌아간 모양이다. 사흘째 되는 날, 그리스도 관 옆을 보니 가장 눈에 잘 띄는 특별 상좌에 에리세이가 서서 두 팔을 벌린 채 머리 위에 무엇이 보이기라도 하는 듯이 위를 우러러보고 있었다. 이번에도 머리는 함빡 빛을 받고서였다.

'됐어' 하고 예핌은 생각했다. '이번에야말로 내가 놓치나 봐라. 출구에 가 서

있자. 거기라면 어긋날 리 없지.'

예핌은 밖에 나가서 언제까지나 우두커니 서 있었다. 반나절을 지키고 서 있었으나 흩어지는 군중 속에 에리세이의 모습은 보이지 않았다.

예핌은 예루살렘에 6주 동안 묵으면서 베들레헴과 베다니와 요르단강, 그 밖의 여러 곳을 가 보았다. 그리고 그리스도 관 옆에서는 새 루바시카에 도장을 받기도 하고(그것은 죽어서 수의로 입게 된다), 요르단강의 물을 조그만 병에 담기도 하고, 예루살렘의 흙을 간수하고, 성화가 타고 있던 초를 얻기도 하고, 여덟 군데서 위령미사에 이름을 써넣고 하느라고 돈을 모조리 써 버리고 간신히 집으로 돌아갈 여비만 남겼다.

거기서 예핌은 귀로에 올랐다. 야파에 당도하자 기선을 타고 오데사까지 와서 그다음부터는 걸어서 집을 향했다.

11

예핌은 혼자서 갔던 길을 걸어 돌아오는데 집이 가까워짐에 따라 또다시 집에서는 자기가 집을 비운 사이에 식구들이 어떻게 살고 있는지 걱정이 되기 시작했다.

'1년이나 지났으니 퍽이나 달라졌겠지. 한 집안을 살 만하게 만드는 것은 평생의 일이지만 재산을 없애려면 눈 깜짝할 사이거든. 내가 없는 동안 아들놈은 어떤 모양으로 집안일을 처리했을까? 봄에 농사일은 시작했을까? 소와 말은 겨울을 무사히 넘겼을까? 새로 지은 집은 내 지시대로 완공을 보았을까?'

그는 그런 생각들이 들었다.

이윽고 예핌은 지난해에 에리세이와 헤어진 마을 근처에 이르렀다. 그 근처 사람들은 몰라볼 만큼 달라져 있었다. 그때는 형편없이 곤란을 받고 있던 사람들이 지금은 모두가 아무런 불편 없이 살아가고 있었다. 밭의 곡식도 풍성했다. 사람들은 모두 넉넉한 살림살이를 하며 이전의 어렵던 일 같은 것은 잊어버리고 있었다. 저녁때, 작년에 에리세이가 물을 마시러 들어간 마을에 이르렀다. 마을에 발을 들여놓기가 바쁘게 흰 루바시카를 입은 소녀가 어떤 집에서 뛰어나왔다.

"아저씨! 아저씨! 우리 집에 들렀다 가세요!"

예핌은 그냥 지나치려고 했으나 소녀는 옷자락을 붙잡고 마구 집 쪽으로 끌면서 생글거린다.

입구 층계에 여자가 사내아이를 데리고 나와 서서 역시 손짓해 부르고 있었다.

"아저씨, 들르셔서 저녁 잡수시고 가세요. 주무셔도 좋아요."

그래서 예핌은 안으로 들어갔다.

'들어왔으니 에리세이 영감의 일을 물어볼까. 그때 그 영감이 물을 마신다고 들른 집이 아무래도 이쯤 될 거야.'

예핌이 방 안으로 들어가자, 여자는 어깨에 멘 자루를 내려 주고 몸을 씻을 물까지 받아 주고 테이블로 안내했다. 우유랑 보리 단지를 내놓고 테이블 위에 죽을 올려놓았다. 예핌은 고맙다는 인사말을 하고 순례자를 이렇게 접대하니 정말 고마운 일이라고 가족들을 칭찬했다. 그러자 여자는 고개를 저으며 이렇게 말했다.

"우리는 순례하시는 분들을 접대하지 않을 수 없습니다. 어떤 순례자께서 우리들에게 세상이라는 걸 가르쳐 주셨으니까요. 우리는 예전에 하느님을 잊고 멋대로 살았기 때문에 하느님의 벌을 받아서 모두가 죽을 날만을 기다리고 있었습니다. 지난여름에는 끝내 모두 병들어 버리고 먹을 것조차 없게 되었지요. 우리 식구들은 다 죽을 판이었는데 하느님께서 아저씨와 비슷한 분을 저희 집으로 보내 주셨어요. 한낮에 물을 얻어 마시려고 들어오셨다가 우리들의 꼴을 보고 가엾게 생각하시고 그냥 집에 머무르셨습니다. 병들고 굶어 쓰러져 누운 우리에게 마시고 먹게 하여 마침내 우리들이 일어날 수 있게 만드신 뒤, 땅과 짐수레와 말을 사 주신 다음 훌쩍 떠나 버리셨던 거예요."

이때 할머니가 들어오면서 여자의 말을 가로챘다.

"우리들은 우리 스스로도 그분이 인간이었는지 천사였는지 구분 못 할 정도입니다. 온 식구들을 살뜰히 보살피고 불쌍하게 여기다가 끝내는 아무 말 없이 떠나 버렸으니 도대체 누굴 위해 하느님께 기도드려야 할지 모르겠습니다. 지금도 눈에 선합니다. 나는 드러누워 하느님의 부르심을 기다리고 있었는데 문득 보니 아무 별다른 데라곤 없는 대머리 노인이 물을 마시러 들어오지 않았겠습니까? 그런데 이 늙은이는 죄 많은 인간이라, 어떤 사람이 저렇게 공연히 들어

와서 어물거리나 생각했습죠. 그런데 그분은 지금 말한 것 같은 일을 해주셨던 것입니다. 우리들의 몰골을 보자 두말없이 등에 짊어졌던 자루를 내려서 '자, 여기예요' 하면서 바로 여기다 놓고 끄르지 않겠습니까."

소녀도 말참견을 했다.

"아이, 할머니도. 처음에는 방 한가운데에 자루를 내려놓으셨다가 다시 걸상 위에 올려놓으셨는데."

이렇게 식구들은 서로 말을 가로채면서 그 낯선 나그네가 한 말이며 한 일들을 낱낱이 들려주었다. 어디에 앉았다든가, 어디서 잤다든가, 무엇을 어떻게 했다든가, 누구에게 무슨 말을 했다든가, 그들의 이야기는 끝이 없었다.

밤이 되어 말을 타고 돌아온 주인 남자 역시 에리세이의 말을 꺼내고 자기 집에서 어떻게 도와주며 지냈는가를 이야기했다.

"만약 그분이 오시지 않았더라면 우린 모두 죄를 지은 채 죽고 말았을 겁니다. 모두가 아무 희망도 없이 하느님과 인간을 원망하면서 죽음을 기다리고 있던 참에, 그분이 오셔서 우리를 살려 주셨기 때문에 비로소 하느님도 알게 되고 친절한 사람을 믿게도 되었습니다. 하늘에 계신 우리 예수 그리스도여, 원하옵건대 그분을 지켜 주시옵소서! 그전에는 짐승이나 다름없는 생활을 하고 있었는데 그분이 우리를 인간으로 만들어 주셨으니까요."

모두들 예핌에게 마실 것, 먹을 것을 대접한 다음 잠자리를 마련해 주고 그들도 잤다.

예핌은 자리에 드러눕기는 했으나 잠이 오지 않았다. 에리세이의 일이, 예루살렘에서 세 번이나 에리세이를 특별 상좌에서 보았던 일이 머리에서 떠나지 않았다.

'그렇구나, 그 영감은 여기서 나를 앞질렀던 것이다……. 내 정성을 하느님께서 받아들이셨는지는 알 수 없지만 그 친구는 하느님께서 쾌히 받아들이신 것이다.'

이튿날 아침, 식구들은 예핌과 작별을 고하면서 도중에 먹으라고 자루 속에 고기만두를 넣어준 뒤에 일하러 들로 나갔다. 그리하여 예핌은 집을 향해서 길을 떠났다.

예핌은 꼭 1년이 지난 봄에 객지에서 집으로 돌아왔다.

집에 닿은 것은 저녁때였다. 아들은 집에 있지 않았다. 주막집에 갔던 것이다. 이윽고 아들이 거나하게 취해서 돌아왔으므로 예핌이 여러 가지를 물어보았는데, 그가 집을 비운 사이에 아들이 돈을 헤프게 썼다는 것이 어느 모로 보나 역력했다. 돈을 모두 나쁜 짓으로 써 버리고, 일도 엉망으로 만들어 놓았다. 아버지가 책망을 하자 아들은 반항조로 나왔다.

"아버지께서 아무 데도 가지 않았으면 좋았을 것 아니에요. 아버지는 성지 순례를 한다고 돈을 잔뜩 가지고 갔으면서 내가 조금 쓴 걸 가지고선⋯⋯."

노인은 화가 나서 아들을 때렸다.

이튿날 아침, 예핌 타라스이치는 아들의 일을 의논하러 반장에게로 가던 길에 에리세이의 집 옆을 지나게 되었다. 그러자 에리세이의 아내가 입구 층계에 서서 인사를 했다.

"안녕하십니까, 영감님. 무사히 돌아오셨군요!"

예핌은 발길을 멈추고 말했다.

"덕분에 무사히 다녀왔습니다. 도중에 댁의 영감님과 헤어졌는데, 듣자니 벌써 돌아왔다구요?"

그러자 할머니는 이야기를 떠벌려대기 시작했다. 좀 수다스러운 편이다.

"돌아오구말구요, 영감님. 벌써 옛날에 돌아왔어요. 성모승천대축일이 지난 뒤 금방 왔지 뭡니까. 하느님 덕택으로 무사히 돌아와서 온 식구가 경사가 난 듯이 좋아했었죠. 그이가 없으면 집안이 쓸쓸해서요. 이제는 나이가 나이인지라 대단한 일은 하지 못하지만 뭐니 뭐니 해도 한 집안의 가장이니까 모두가 의지하는 거죠. 글쎄 아들이 어찌나 반가워하는지 원! 아버지가 안 계시니까 눈 속의 빛이 꺼진 것 같다면서 말이에요. 그이가 어디 가면 정말 쓸쓸해요. 우린 모두 영감을 의지하고 소중하게 생각하니까요."

"그래, 지금 집에 있나요!"

"있지요, 영감님. 꿀벌 집에서 벌을 나누고 있어요. 올해는 아주 썩 좋은 벌을 깠대요. 모두가 하느님 덕택이지요. 영감도 그렇게 기운이 좋은 벌은 아직 한 번도 보지 못하셨다는군요. 우리가 죄를 짓지 않았으니까 하느님께서 굽어 살피셨나 봐요. 영감님, 어서 들어오셨다 가세요, 퍽 반가워하실 텐데요."

예핌은 복도를 지나 뒷문께로 나가서 꿀벌 집에 있는 에리세이에게로 갔다.

꿀벌 집에 들어가 보니 에리세이는 머리에 그물도 쓰지 않고 장갑도 끼지 않은 채 긴 회색 외투를 입고서 자작나무 밑에 서서 양팔을 벌리고 위를 쳐다보고 있었다. 마치 예루살렘의 그리스도 관 곁에서처럼 대머리가 온통 빛나고 있었다. 그 머리 위에서는 역시 예루살렘에서 본 것과 마찬가지로 햇빛이 자작나무 잎사귀 너머로 비치어 꼭 불이 타고 있는 것 같았다.

머리 둘레에는 금빛 꿀벌이 관(冠) 모양으로 떼 지어 날아다니고 있었으나 쏘려고는 하지 않았다.

에리세이의 아내는 남편을 불렀다.

"예핌 영감님 오셨어요!"

되돌아선 에리세이가 예핌을 보자 반가워서 예핌에게로 달려오며 턱수염 속에 기어든 꿀벌을 살그머니 집어낸다.

"어서 오게나. 그래 무사히 다녀왔나?"

"몸만 갔다 왔지. 자네에게 줄 선물로는 요르단 강물을 가지고 왔네. 이따 우리 집에 와서 가져가게나. 한데 하느님께서 내 정성을 받아들이셨는지 어쩐지……."

"아무튼 경사스러운 일이야. 하느님의 가호가 있기를!"

예핌은 한참 동안 잠자코 있다가 말했다.

"몸만은 갔다 왔지만 영혼은 갔다 왔는지 누가 알겠나. 정작 다른 사람이 갔다 왔는지도 알 수 없는 일이야."

"무슨 일이고 간에 하느님의 뜻이네. 예핌 영감, 하느님의 뜻이라니까."

"그리고 돌아오다가 자네가 물 마시러 들어갔던 그 집에 들렀었지."

에리세이는 허둥지둥 손을 내저었다.

"만사가 하느님의 뜻이야. 예핌 영감, 하느님의 뜻이구말구. 자, 자, 안으로 들어가세나. 내 꿀을 가지고 갈 테니……."

에리세이는 그 이야기를 더 못 하게 하고 살림 이야기로 말머리를 돌렸다.

예핌은 후욱 한숨을 내쉬고 그 농가 식구들의 이야기도 예루살렘에서 보았던 이야기도 하지 않았다.

그는 깨달았던 것이다. 그것은 다름이 아니라 이 세상에서는 한 사람 한 사람이 죽는 날까지 자기의 의무를 사랑과 선행으로 다하지 않으면 안 된다, 그것이 하느님의 분부라는 것이다.

양초

이 이야기는 아직 농노가 해방되지 않았을 때의 일이다. 그즈음에는 지주에 별별 사람이 다 있어, 자기도 죽을 때가 있다는 것을 잊지 않고 하느님을 공경하며 농노를 불쌍히 여기는 자가 있는가 하면, 누구보다도 형편없는 자가 있었다. 그중에서도 농노 출신으로 단번에 귀족이 된 지주, 말하자면 개천에서 나와 높은 사람들 틈에 끼인 무리들만큼 좋지 못한 자는 없었다. 그 같은 자들 때문에 농민들의 살림은 그야말로 더 비참해졌다.

어떤 귀족의 토지에 그러한 마름이 나타났다. 농군들은 부역을 잡히고 있었다. 토지는 충분히 있겠다, 토질도 좋겠다, 물도, 풀밭도, 숲도, 모든 것이 남아돌아갈 정도로 넉넉하여 지주도 농군도 아무런 어려움이 없었다. 그런데 지주는 다른 소유지에 있던 농군 출신 하인을 그 토지의 마름으로 앉혔던 것이다. 마름은 권력을 잡자 농민을 혹사하기 시작했다. 그 자신도 한 가정의 가장으로 아내 말고도 이미 출가한 딸이 둘이나 되고 돈도 벌 만큼 벌었으므로 그리 모질게 굴지 않아도 안락하게 살아갈 수 있었는데, 욕심이 너무 많다 보니 나쁜 길로 빠져 버린 것이다.

우선 첫 시작으로 농민들에게 예정된 기일 이상으로 일을 시켰다. 기와 공장을 세워 남자 여자 할 것 없이 끌어다가 일을 시키고, 만들어 낸 기와를 팔기 시작했다.

농민들은 모스크바에 있는 지주에게 가서 호소했으나 잘 되지 않았다. 지주는 농군들을 그냥 쫓아 돌려보낼 뿐 마름의 권력을 빼앗으려고 하지 않았다. 마름은 농민들이 호소하러 갔었다는 것을 알고 앙갚음을 하기 시작했다. 때문에 농민들의 살림살이는 한층 더 어려워졌다.

게다가 농민 중에도 좋지 못한 자들이 있어, 동료의 일을 마름에게 밀고하여 서로가 서로를 함정에 빠뜨리려 하고 있었다. 이리하여 농민들의 단결은 엉망이 돼 버리고 마름의 횡포는 더욱더 심해져 갔다.

날이 가면 갈수록 심해져서 결국 농민들은 누구나가 이 마름을 사나운 짐승보다 더 무서워하게 되었다. 마름이 마차를 타고 마을을 지나갈 때면 모두 나리라도 온 것처럼 아무 데로나 재빨리 몸을 숨겨 눈에 뜨이지 않게 했다. 마름은 그런 모양을 보고, '놈들이 날 무서워한단 말이야' 하며 더더욱 화를 내고 때리고 노역을 시키고 괴롭혔다. 그 때문에 농민들은 퍽 쓰라린 꼴을 당해야 했다.

그 무렵, 농민들은 때때로 그런 좋지 못한 악인을 남몰래 죽이기도 했다. 그 마을 농민들도 그렇게 할 것을 의논하기 시작했다. 그리하여 으슥한 곳에 모였는데, 개중에 그래도 배짱이 있다는 자가 먼저 그 일에 대해 말을 꺼냈다.

"우리는 언제까지 저 악당을 내버려둬야 하나? 어차피 죽기는 매일반이니 저런 놈은 차라리 죽여 없애자."

그러던 어느 부활절 전날이었다. 농민들은 숲속에 모였다. 마름이 지주의 숲을 말끔하게 손질하라고 분부했던 것이다. 점심을 먹으러 모였을 때 의논을 시작했다.

"이래 가지고서야 어떻게 우리가 살아 나가겠나? 저놈은 우리를 모조리 죽이려나 봐. 과중한 노동으로 지쳐 쓰러질 정도인데도 쉴 겨를이 없지 않은가. 게다가 조금이라도 제 맘에 들지 않으면 무조건 두들겨 패지 않나. 세묜 같은 자는 얻어맞고 죽었지, 아니심은 수갑 족쇄가 채워져 곤욕을 당했어. 도대체 우리는 더 이상 뭘 기다리는가? 오늘 저녁, 여기 와서 또 몹쓸 짓을 하기 시작하거든 놈을 말에서 끌어내려 도끼로 한 대 쾅 치면 그것으로 일은 끝장이 나는 거야. 그리고 어딘가에 개처럼 파묻어 버리면 발각될 까닭이 없어. 다만 한 가지 중요한 것은 모두가 마음을 합해서 발설하지 않기로 약속해야 해!"

바실리 미나에프가 이렇게 말했다. 그는 누구보다도 마름에게 심한 원한을 품고 있었다.

마름은 1주일이 멀다 하고 미나에프를 때리는가 하면, 그의 아내마저 끌고 가서는 자기 집 하녀로 만들어 버렸던 것이다.

이렇게 하여 농민들은 결정을 보았다. 저녁때 마름이 왔다. 말을 타고 왔는데 느닷없이 나무 베는 방식이 틀렸다면서 야단이었다. 그는 잘라 놓은 나뭇더미 속에서 잘린 보리수 한 그루를 발견했던 것이다.

"나는 보리수를 베라고 하지 않았다. 누가 베었나? 썩 나서지 못할까. 어디 보자, 모조리 두들겨 줄 테니!"

그리하여 누가 맡은 자리에 보리수가 끼어들었는지 조사하기 시작했다. 누군가가 그것은 시들의 구역이라고 했다. 그러자 마름은 피가 맺히도록 시들의 얼굴을 구타했다. 마름은 나무를 적게 베었다고 바실리도 가죽 채찍으로 실컷 두들긴 다음 자기 집으로 돌아갔다.

그날 밤, 농민들은 다시 모였다. 바실리가 입을 열었다.

"아니, 당신네들도 사람이란 말이오? 날짐승만도 못해. 입으로는 해치운다고 하면서 막상 코앞에 닥치면 뒷구멍으로 기어 들어가니……. 꼭 매 앞에 움츠린 참새 떼 같단 말야. '동료를 배반해서는 안 된다. 기운을 내서 해치우자!'고 염불 외듯 하면서 막상 매가 날아오면 모두 풀숲에 흩어져 버리니……. 그러니까 매는 자기가 눈독 들였던 참새를 붙잡아다 요절을 내는 것이오. 매가 날아가고 나서 참새들이 짹짹거리며 기어 나와 살펴보니 한 마리가 모자란다……. '대체 누가 없어졌나? 방카구나. 아, 그놈은 그런 꼴을 당할 만해. 그만한 까닭이 있어' 하는 식이오. 당신네들이 꼭 그렇소. 배신하지 않겠다고 약속했으면 정말로 배신하지 말아야지! 놈이 시들에게 손찌검을 했을 때 당신네들이 한 덩어리가 되어 놈을 요절냈어야 했단 말이오. '배신하지 않겠다, 해치우자!'고 하다가도 매가 덤벼들면 혼비백산, 숲으로 도망쳐 버리니……."

농민들은 차츰 빈번하게 그런 의논을 하고, 마침내 마름을 죽이기로 결정을 보았다. 수난 주간(受難週間)에 마름은 농민들에게 부활제가 시작되면 쌀보리를 뿌릴 준비로 지주의 밭을 갈아야 한다고 명령했다.

농민들은, 사람을 어떻게 알고 하는 수작이냐고 수난 주간 동안에 바실리의 집 뒤꼍에 모여 다시 의논을 했다.

"놈이 하늘이 무서운 줄 모르고 이런 짓을 거리낌 없이 하려 들다니 정말 때려 죽여야 해. 어차피 한 번은 죽을 목숨 아닌가!"

그때 표트르 미헤예프가 왔다. 표트르 미헤예프는 온화한 사나이로 이제까지 농민들의 모임에는 한 번도 나오지 않았으나 오늘 처음으로 여기 와서 사람들의 이야기를 들은 다음 이렇게 말했다.

"당신네들은 정말 엄청난 일을 생각하고 있군요. 사람을 죽인다는 일은 여간 큰일이 아니라오. 목숨 하나 죽이기야 수월하겠지만 죽인 사람의 영혼은 어떻게 될 것 같소? 놈이 나쁜 짓을 했다면 우리가 손을 쓰지 않더라도 천벌이 기다리고 있을 것이오. 여러분들, 참아야 하오."

그 말을 듣고 바실리는 화가 머리끝까지 치밀었다.

"뭐야, 잘난 체하면서……. 사람을 죽이는 건 죄라고? 죄라는 건 잘 알고 있지만 우리는 죽이겠다. 그놈도 인간인가? 정말 착한 사람을 죽이는 일은 죄임에 틀림없지만 그런 개만도 못한 놈을 죽이는 건 하느님의 분부다. 인간을 불쌍하게 여긴다면 미친개는 죽여야 해. 죽이지 않으면 더욱 죄를 거듭할 뿐이야. 놈이 사람을 때린 생각을 하면 이가 갈려. 설령 우리가 고초를 당한다 해도 그건 사람들을 위해서야. 모두가 감사할 게 틀림없어. 그런 걸 우리가 안됐다는 둥 어떻다는 둥 하며 용단을 내리지 못하고 있으면 놈은 우릴 모조리 패 죽이고 말 거야. 자넨 당치도 않은 걱정을 하고 있어, 미혜예프. 도대체 뭔가, 그리스도의 축제일에 일하러 가는 편이 죄가 덜 된다는 말인가? 그렇게 말하는 자네부터도 일하러 가진 않을걸."

"안 가긴 왜 안 가! 가라면 밭 갈러 가야지. 가고 싶으면 가고, 싫으면 안 가는 게 아니니까. 누가 나쁜지는 하느님께서 다 알고 계셔. 우린 오직 하느님을 잊지 말아야 돼. 여보게들, 나는 말이지, 내 생각을 말하고 있는 게 아니야. 만약에 악은 악으로 뿌리 뽑아야 하는 것이라면 하느님은 그와 같은 본을 보여 주셨을 테지만 우리에게 가르치신 것은 그게 아니야. 우리가 악을 악으로 다스리려 하면 그 악은 이쪽으로 옮겨오네. 사람을 죽이기야 수월한 일이지만 그 피는 자신의 영혼에 달라붙네. 사람을 죽인다는 것은 자신의 영혼을 피투성이로 만드는 일일세. 자신은 나쁜 인간을 죽였다, 악을 뿌리 뽑았다고 생각하고 있어도, 실상 그보다 더 나쁜 걸 자기 마음속에다 심는 결과가 되네. 악에는 지고 들어가야 하네. 그러면 악한 쪽에서도 져 줄 걸세."

이렇게 하여 농민들의 의논은 결정을 보지 못했다. 의견이 분분하여 바실리처럼 생각하는 사람이 있는가 하면 죄를 짓지 말고 견뎌 내는 편이 좋다고 하는 사람도 있었다.

농민들이 부활절 축하 행사를 끝마친 저녁때, 반장이 관청 서기와 같이 지주네 집을 들러 와서 마름 미하일 세묘느이치의 명령으로 내일은 농민 모두를 끌

어내어 쌀보리 씨를 뿌리기 위해 밭을 갈게 한다고 말했다. 반장은 서기와 같이 온 마을을 돌아다니며 내일은 모두 나와 밭을 갈도록 하라고 공고했다. 한 무리는 개울 저쪽으로, 한 무리는 신작로에서부터 시작하라는 지시였다. 농민들은 울며 겨자 먹는 식이었으나 명령에 반항할 용기는 없었다.

이튿날 아침 모두 가래와 삽을 들고나가 밭을 갈기 시작했다.

교회에서는 아침 미사 시간을 알리는 종이 울리고 사람들은 어디서나 축제일을 축하하고 있는데 이곳 농민들만 밭일을 한다.

마름 미하일 세묘느이치는 퍽 늦게 잠이 깨어 농원을 둘러보러 나갔다. 마름의 아내도, 축제일이라 다니러 온, 과부가 된 딸도 곱게 차려입고 하인에게 마차 준비를 시켜 미사에 참례했다가 이윽고 돌아왔다. 하녀가 사모바르 준비를 막 끝냈을 때 미하일 세묘느이치가 돌아왔으므로 같이 차를 마시게 되었다. 미하일 세묘느이치는 충분히 차를 마신 다음 파이프의 연기를 내뿜으면서 반장을 불러 물었다.

"그래 사람들을 밭으로 내보냈나?"

"내보냈습니다. 미하일 세묘느이치 님."

"어때, 다 나왔던가?"

"모두 나왔습니다. 제가 장소도 전부 지정해 주었습니다."

"장소를 정해 준 건 좋은데 제대로 잘들 하고 있는지 모르겠군. 지금 가서 살펴보게. 점심때 내가 직접 나가 볼 테니까 한 정보를 둘이 일구도록 그렇게 일러! 만약 소홀한 점이 발견되면 축제일이라고 해서 봐주지는 않을 테니까!"

"잘 알았습니다."

그렇게 말하고 반장은 나갔으나 미하일 세묘느이치는 다시 그를 불러들였다. 가던 사람을 불러들이기는 했으나 무슨 곤란한 말이라도 하려는 것인지 공연히 망설이는 모습이, 어떻게 말해야 좋을지 모르는 모양이다. 한참을 망설인 뒤에 이렇게 말했다.

"그리고 또 한 가지, 그 도둑놈들이 내 말을 어떻게 하는지 자네 슬쩍 들어보게. 욕하고 흉본 이야기를 모두 내게 들려줘. 나는 그놈들을 너무 잘 알고 있지. 일하기는 싫어하고 그냥 놀고만 싶어 하는 족속이니까. 먹고 마시고 노는 일만 좋아하고, 밭 갈 때를 놓치면 일을 그르친다는 생각은 안 한단 말이야. 그러니까 누가 뭐라고 했는지, 놈들이 지껄이는 말을 듣고 와서 모조리 내게 보고해. 나는 그걸 알아두지 않으면 안 되니까. 자, 어서 가 보라구. 그리고 죄다 숨김없이 내게 말해줘야 해. 알았나!"

반장은 발길을 돌려 밖으로 나가 말을 타고 농민들이 일하는 밭을 향해 갔다.

마름의 아내는 남편이 반장과 이야기하는 것을 듣고 들어와서 제발 그만두면 어떻겠느냐고 간청했다. 마름의 아내는 온순하고 착한 마음씨를 가진 여자였으므로 되도록 남편의 마음을 가라앉혀, 농민들을 감싸려 했다.

그래서 남편에게 와서 청했다.

"여보 미셉카, 그리스도의 대축제일이니 제발 죄스러운 짓은 하지 말고 농민들을 쉬게 하죠."

미하일 세묘느이치는 아내의 말을 들으려고도 않고 웃음으로 넘겨 버렸다.

"한동안 따끔한 맛을 보여 주지 않았더니 당신 아주 건방져졌구려. 별 참견을 다 하고 나서니."

"미셉카, 난 당신의 일로 좋지 않은 꿈을 꾸었어요. 제발, 내 말대로 농민들에게 오늘만은 일을 시키지 마세요!"

"안 된다니까 자꾸만 그러는군. 맛있는 음식을 배불리 먹고 지내니까 채찍이 어떻게 생긴 줄 모르는 모양이군. 당신도 조심해요!"

세묘느이치는 벌컥 화를 내면서 불이 있는 파이프로 아내의 입을 쿡 찔러 자기 방에서 몰아내면서 식사 준비나 하라고 분부했다.

미하일 세묘느이치는 어묵과 고기만두, 돼지고기 수프와 통돼지구이, 우유에다 볶은 국수를 먹고, 버찌로 빚은 술을 마시고 달콤한 케이크를 먹은 다음, 하녀를 불러 노래를 부르게 하고 자기도 기타를 가져다가 노래에 맞추어 퉁기기 시작했다.

미하일 세묘느이치는 거나한 기분으로 트림을 하면서 기타 줄을 퉁기며 하녀와 함께 킬킬거리고 있었다. 그때 반장이 들어오더니 허리를 굽혀 인사를 하고 나서 들에서 듣고 본 일을 보고하기 시작했다.

"그래, 어떻든가? 갈고들 있던가? 오늘 할당해 준 일을 다 마치겠던가?"

"벌써 절반 이상 갈았습니다."

"그래, 잘못된 곳은 없던가?"

"그런 건 없습니다. 모두 겁쟁이들이라 제대로 일하고 있습니다."

"그래, 흙도 곱게 다지고?"

"잘 다져져서 아주 고운 겨자씨 같습니다."

마름은 잠자코 듣고 있다가 이윽고 물었다.

"그런데 내 말을 뭐라고들 하지? 욕을 하던가?"

반장이 머뭇거리자 미하일 세묘느이치는 들은 대로 죄다 털어놓으라고 다그쳤다.

"숨김없이 그대로 말해. 딴 말로 꾸며대지 말고 놈들이 말한 대로 털어놓으란 말이야. 곧이곧대로 말하면 상을 주지만 혹시 놈들을 감쌌다간 매로 대신할 테니 알아서 하게나. 야, 카튜샤, 이 사람 보드카 한 잔 주어라. 기운 좀 내게."

하녀는 나가더니 반장에게 술을 갖다 주었다. 반장은 축하의 인사말을 하고 쭉 들이켠 다음 입 언저리를 닦았다.

'어차피 마찬가지 아닌가. 모두가 이 사람을 욕한 게 내 탓은 아니니까. 분부니까 들은 대로 말해 버리자.'

그렇게 생각하고 반장은 기운을 내어 말문을 열기 시작했다.

"모두들 불평을 하더군요, 미하일 세묘느이치 님. 수군수군했습니다."

"그래? 도대체 뭐라고 하던가? 어서 얘기해 보게."

"모두 같은 말을 하고 있었습니다. 마름 양반은 하느님을 공경하지 않는다나요."

마름은 웃음을 터뜨렸다.

"그런 말을 누가 했지? 하나하나 말해 주게. 바실리는 뭐라고 했나?"

반장은 자기의 동료를 나쁘게 말하고 싶지는 않았으나 바실리와는 전부터 사이가 좋지 않았으므로, "바실리는 누구보다도 욕을 많이 하고 있습니다"라고 대답했다.

"대체 뭐라고 하던가? 어서 말해 보게."

"입에 담기조차 무서울 정도인데, 그 작자는 필시 개처럼 죽을 게 틀림없다고 말하고 있었습니다."

"흥, 장하군! 놈은 그러면서 왜 진작에 날 죽이지 않았다는 거야? 아무래도 미처 손이 돌아가지 않았던 모양이군. 좋아, 좋아, 바실리. 네놈과는 당장에 셈을 할 테니까. 다음에 치슈카는, 그놈 역시 뭐라고 했겠지?"

"네, 모두 고약한 말들을 하고 있습니다."

"그러니까 뭐라고 했느냐 말이야?"

"이거 원, 입에 올리기조차 지저분해서 어디……."

"도대체 뭐가 지저분한가? 겁낼 것 없어. 말하라니까."

"그 작자의 배가 툭 터져서 창자가 튀어나왔으면 좋겠다고 그랬습니다."

미하일 세묘느이치는 그만 껄껄 웃었다.

"흥, 어느 쪽이 먼저 터질지 어디 두고 보자. 그건 누구였나? 치슈칸가?"

"네, 모두 좋은 말은 하지 않았습니다. 모두 욕을 하거나 악담조의 말을 했습니다."

"흐음, 그렇다면 표트르 미헤예프는 어때? 놈은 뭐랬지? 틀림없이 그 빌어먹을 놈도 욕지거릴 했으렷다."

"아닙니다. 미하일 세묘느이치 님, 표트르는 욕 같은 건 하지 않았습니다."

"그럼 어떻게 했다는 건가?"

"네, 농부들 중에서 그 사나이 하나만은 아무 말도 하지 않았습니다. 좀 색다른 놈이어서 저도 깜짝 놀랐습니다. 미하일 세묘느이치 님!"

"어떻다는 말인가?"

"글쎄 그 사나이가 한 행동은……, 모두들 놀랐습니다."

"도대체 무슨 짓을 했길래?"

"아니, 그저 모른다고밖에 할 말이 없습니다. 내가 곁으로 갔을 때 그 사나이는 트루킨 언덕의 경사지를 갈고 있었습니다. 조금씩 가까이 다가갔더니 누군가가 노래 부르는 소리가 들렸습니다. 아주 가늘고 고운 목소리였죠. 게다가 가래 손잡이 사이에는 뭔가 반짝이는 게 보였습니다."

"그래서?"

"조그만 불빛 같아 보였습니다. 그래 바싹 다가가서 자세히 보니 저, 교회에서 5코페이카에 파는 초를 가래 가로대에 세워 놓았지 뭡니까. 그게 타고 있었는데 바람이 불어도 꺼지지를 않았습니다. 그리고 그는 새 루바시까를 입고 부지런히 밭을 갈면서 부활절 노래를 부르고 있었습니다. 가래를 확 돌려도 힘껏 잡아당겨도 촛불은 꺼지지 않았습니다. 내가 보고 있는 앞에서 가래를 홱 돌리고 손잡이를 꺾으면서 마구 밀고 나갔습니다. 그래도 촛불은 여전히 꺼지지 않고 탔습니다!"

"그래, 뭐라고 하던가!"

"아니요, 아무 말 없었습니다. 그냥 나를 보더니 부활절 인사를 했을 뿐 다시 노래를 불렀습니다."

"자넨 그에게 뭐라고 했나?"

"나도 아무 말 하지 않았습니다. 그런데 농민들이 몰려나와 미헤예프는 부활절에 들일을 했으니까 아무리 기도를 드려도 죄를 용서받을 수 없다면서 놀렸습니다."

"그래, 그 사나이는 뭐라 하던가?"

"뭘요, 그 사나이는 그냥 '땅에는 평화, 사람에게는 선한 마음이 있을지어다!'라고 했을 뿐, 다시 연장에 손을 얹더니 말을 몰면서 낮은 목소리로 노래를 불렀습니다. 그래도 촛불은 꺼지지 않고 그대로 타고 있더군요."

마름은 웃음을 그치고 기타를 아래에 내려놓은 채 생각에 잠기는 듯했다.

그리고 가만히 앉더니 하녀도 반장도 물러가게 하고 커튼 뒤로 들어가 침상에 쓰러져서 한숨을 쉬며 끙끙거렸는데, 그것은 마치 보릿단을 실은 짐수레라도 끌고 가는 듯한 소리 같았다. 그때 아내가 들어와서 말을 걸었으나 대답도 하려 하지 않았다. 다만 "그놈이 나를 이겼다! 이번에는 내 차례가 왔다!"라고 할 뿐이었다.

아내가 타이르기 시작했다.

"여보, 당신, 지금이라도 가서 농민들을 돌려보내세요. 그렇게만 하면 아무 일 없을 테니까요! 이제까지는 퍽 심한 짓을 하고도 태연했는데 이번에는 왜 그렇게 겁을 내는지 모를 일이군요."

"나는 이제 틀렸어. 그놈이 이겼다."(이 말은 조금씩 달라지면서 계속 쓰였다.)

아내는 더욱 목소리에 힘을 주어,

"그놈이 이겼다, 그놈이 이겼다고만 하시면 무슨 소용 있어요. 그보다 어서 가서 농민들에게서 일손을 멈추게 하세요. 모든 일이 잘 될 테니까요. 자, 가셔요. 나가서 말에 안장을 놓으라고 하겠어요."

말이 끌려 나왔다. 아내는 남편을 타일러 지금부터 들에 나가서 농민들을 집으로 돌아가게 하도록 했다.

미하일 세묘느이치는 말을 타고 들로 나갔다. 마을 입구에 이르자 어떤 아낙이 마을 문을 열어 주어 마을 안으로 들어갔다. 사람들은 마름의 모습을 보기가 무섭게 어떤 사람은 뒤꼍으로, 어떤 사람은 집 모퉁이로, 어떤 사람은 채마밭으로 도망치느라고 야단이었다.

마름은 마을을 빠져나가는 문에 이르렀다. 문이 닫혀 있었는데 말에 올라앉은 채로는 문을 열 수가 없었다. "문 열어라, 문 열어라" 하고 마름은 소리쳤다. 아무도 대답하는 자가 없었다. 말에서 내려 손수 문을 열고 다시 말을 타려고 한쪽 발을 등자(鐙子)에 걸면서 훌쩍 몸을 올려 안장에 걸터앉으려는 순간, 말은 그만 돼지에 놀라 옆의 울타리에 부딪혔다. 마름은 몸이 무거웠으므로 안장에서 몸을 가누지 못하고 말에서 떨어져 울타리에 세게 부딪혔다. 그 울타리 중 한쪽 끝에 뾰족하고 다른 것보다도 길게 튀어나온 말뚝이 있었다. 마름은 그만 말뚝에 배가 걸렸다. 그걸 배겨낼 장사가 어디 있겠는가. 배가 찢어지면서 땅바닥에 털썩 떨어졌다.

농부들은 밭일을 마치고 돌아오고 있는데 문께에서 말이 콧김을 불어대며 안으로 들어가려고 하지 않았다. 보아하니 미하일 세묘느이치가 벌렁 나자빠져 있지 않은가. 양팔은 좌우로 벌리고 눈은 부릅떴으며 창자는 온통 터져 나오고 피가 괴어 물웅덩이처럼 돼 있었다. 대지가 그걸 빨아들여주지 않은 것이다.

농군들은 깜짝 놀라 뒷길로 말을 몰고 달아났다.

다만 표트르 미헤예프만이 말에서 내려 마름 곁으로 다가갔는데, 이미 숨이 끊어져 있었으므로 그 눈을 감겨 주고 짐수레에 말을 매어 아들과 함께 시체를 실은 다음 지주의 저택으로 갔다.

지주는 일체의 사정 이야기를 듣고는 농민들에게 부역을 시키지 않고 소작료만 바치게끔 했다.

농민들도 하느님의 힘은 악을 악으로 갚는 데에 있는 것이 아니라 착한 일 가운데 있다는 것을 깨달았다.

신이 이름 붙인 아이

1

가난한 농가에 아들이 태어났다. 농부는 크게 기뻐하며 이웃에게 아들의 이름을 지어 달라고 부탁했다. 그러나 이웃집에서는 거절했다. 가난한 농가 자식의 대부(代父)나 대모(代母)가 되는 것이 싫었던 것이다. 가난한 농부는 다른 집으로 가 보았으나 거기서도 거절당했다.

온 마을을 돌아다녔지만 이름을 지어 주려고 하는 사람은 아무도 없었다. 할수 없이 농부는 이웃 마을을 향해 떠났다.

그때 저쪽에서 한 나그네가 오고 있었다. 나그네는 그를 보더니 발길을 멈추고 "안녕하시오? 그래 어딜 그렇게 가시오?"라고 인사를 했다.

"네, 사실은 하느님께서 보배를 주셨습죠. 어린아이란 젊어서는 즐거움이 돼주고 나이 들어서는 의지가 되며 죽어서는 위령미사를 올려 주게 되는데, 가난하다 보니까 우리 아들놈에게는 아무도 이름을 지어 주려고 하지 않는군요. 그래서 이름 지어 줄 분을 찾아가는 길입지요."

그러자 길손은 "내가 대부가 되면 어떻겠소?"라고 했다.

농부는 크게 기뻐하고 고마워하며 길손에게 "그러면 대모는 누구를 하면 좋을까요?" 하고 물었다.

"대모는 장사꾼의 딸에게 부탁해 보시오. 시내에 나가면 광장에 가게를 몇 채가진 돌집이 있을 거요. 그 가게 입구에서 상인을 불러 딸을 대모로 해달라고 부탁하시오."

농부는 의아스럽게 생각했다.

"여보시오, 손님. 나 같은 농군이 어떻게 부자 상인을 불러낼 수 있겠습니까? 나 같은 건 우습게 보고 딸을 보내 주지 않을 겁니다."

"그런 걱정은 하지 않아도 좋아요. 가서 부탁만 하면 될 터이니, 내일 아침나절에 죄다 준비해 두시오. 내가 가서 세례를 해주리다."

가난한 농부는 집에 돌아갔다가 거리의 상인을 찾아갔다. 안마당으로 들어가 말을 대고 있는데 가게 주인이 나와서 물었다.

"무슨 볼일이오?"

"실은 다름이 아니오라 주인님, 하느님께서 이 사람에게 아들 하나를 점지해 주셨습니다. 아들이란 젊어서는 즐거움이 되고 나이 먹어서는 의지가 되며 죽어서는 위령미사를 올려 주게 되는 것입지요. 제발 댁의 따님을 대모로 삼게 해주십시오."

"그래, 세례는 언제 하는데?"

"내일 아침입죠."

"아, 좋아. 돌아가 있어요. 내일 미사를 올리기 전에 딸을 보내 줄 테니."

이튿날 대부가 될 사람도, 대모가 될 사람도 모두 와서는 아기에게 세례를 주었다. 대부는 아기의 세례를 마치자마자 가 버려서 어디 사는 누군지도 몰랐다. 그 뒤로 아무도 그 사람을 보지 못했다.

2

아기는 커감에 따라 어머니 아버지의 즐거움이 되었다. 힘이 세고 부지런하고 영리한 데다 또 온순했다.

이윽고 아들은 열 살이 되었다.

어머니 아버지가 학교에 보내자 다른 아이들이 5년 걸려 배우는 것을 이 아이는 1년 만에 다 깨쳤다.

더 이상 배울 것이 없게 되었다.

부활절이 돌아왔다.

아들은 대모에게 가서, "그리스도는 부활하셨도다"라고 축하 인사를 하고 입을 맞춘 다음 집으로 돌아와서 물었다.

"아버지, 어머니. 제 대부님은 어디 계십니까? 찾아가서 부활절 축하 인사를 드려야 할 텐데요."

"귀여운 우리 아가야, 네 대부님이 어디 계신지 우리도 모른단다. 우리도 늘 그 일을 걱정하고 있지만 그분은 너에게 세례를 받게 해주시고 가시더니 영 다시는 모습을 보이지 않으시는구나. 소문도 들은 적이 없고 어디 계신지도 모르니, 살아 계신지 어쩐지도 모르는 형편이다."

아들은 부모에게 절하며 말했다.

"아버지, 어머니, 제게 기회를 주세요. 대부님을 찾아가게 말이에요. 꼭 찾아가 부활절 인사를 드리고 싶어요."

양친은 아들에게 허락해 주었다. 그리하여 아들은 자기의 대부를 찾아 길을 떠났다.

3

아들은 집을 나와 정처 없이 걸었다. 반나절쯤 걸었을 때 어떤 길손을 만났다. 길손은 발길을 멈추고 "얘야, 어딜 가니?" 하고 물었다.

아이가 말했다.

"저는 제 대모님에게 가서 부활절 인사 말씀을 드리고 집으로 돌아왔습니다. 그러고 나서 저의 부모님께 저의 대부님은 어디 계시냐고 여쭈었는데 세례를 끝내고 가신 뒤로는 전혀 소식이 없으셔서 살아 계신지 어쩐지조차 모른다는 대답이셨습니다. 저는 대부님을 만나 뵙고 싶어서 이렇게 길을 떠난 것입니다."

그러자 길손이 말했다.

"내가 네 대부란다."

사내아이는 기뻐하며 대부와 부활절 입맞춤을 했다.

"대부님, 지금 어디로 가시는 길인가요? 혹시 저희 마을 쪽으로 가실 거면 저희 집에 들러주세요. 그렇지 않고 댁으로 돌아가신다면 저도 따라가겠어요."

이 말에 대부는 대답했다.

"나는 지금 너희 집에 들를 틈이 없단다. 이쪽저쪽 마을에 볼일이 많아서 말이다. 집으로는 내일 돌아갈 예정이니 그때 우리 집으로 오려무나."

"어떻게 찾아가야 하나요, 대부님?"

"그래, 우선 태양이 떠오르는 쪽을 향해 똑바로 걸어라. 그러면 숲이 나온다. 그 숲 한가운데에 널찍한 초원이 눈에 띌 것이다. 그 초원에 앉아 다리를 쉬면서 근처의 풍경을 둘러보아라. 그런 뒤 숲을 나서면 그곳에 뜰이 있고 그 뜰에

는 금빛 지붕 집이 있다. 그것이 내 집이다. 그 문 앞까지 오면 내가 마중나가지."

대부는 이렇게 말하더니 사내아이 앞에서 사라져 버렸다.

4

사내아이는 대부가 가르쳐 준 대로 갔다.

한참 걸어가니 숲이 나왔다.

숲속의 넓은 초원에 닿아서 문득 바라보니 초원 한복판에 소나무가 한 그루 있는데, 그 소나무에는 새끼가 매여 있고 그 새끼에는 무게가 12관쯤은 되어 보이는 떡갈나무 통나무가 매달려 있었다. 통나무 밑에는 벌꿀이 든 통이 놓여 있었다. '도대체 이런 곳에다 왜 벌꿀을 놓아두고 통나무를 매달아 놓았을까' 하고 생각할 겨를도 없이 숲속에서 버스럭거리는 소리가 났다.

앞을 보니 몇 마리의 곰이 이리로 오고 있는 게 아닌가. 암곰이 앞장서고 그 뒤에 두 살짜리 곰이, 또 뒤에는 세 마리의 새끼곰이 따라왔다. 암곰은 코를 벌름거리더니 통으로 다가가고 새끼곰들도 그 뒤를 따랐다. 암곰이 통에 코끝을 처박고 새끼들을 부르자 새끼곰들도 달려가서 통에 매달렸다.

그때 통나무가 슬쩍 쓰러지는가 싶더니 금방 다시 제자리로 돌아오면서 새끼곰을 건드렸다. 암곰은 그것을 보고 앞발로 통나무를 밀어젖혔다.

통나무는 먼저보다 세게 밀렸다가 돌아오면서 새끼곰들을 몹시 쳤다. 등을 얻어맞은 놈도 있고 머리를 맞은 놈도 있었다.

새끼곰들은 비명을 지르며 흩어졌다.

암곰은 으르렁거리며 두 발로 통나무를 머리 위로 들어 올리면서 힘껏 내던졌다. 통나무가 공중으로 높이 올라갔으므로 두 살짜리 곰은 통으로 달려가 꿀 속에 코끝을 처박고 할짝할짝 핥아먹기 시작했다. 다른 새끼곰들도 다가왔다.

그러나 통 곁으로 다가오기가 무섭게 통나무가 다시 본래의 자리로 돌아오면서 두 살짜리 곰의 머리를 세게 때려 그 자리에서 바로 죽고 말았다. 암곰은 먼저보다 더 무서운 소리로 으르렁거리며 통나무를 움켜잡아 힘껏 하늘을 향해 내던졌다. 통나무는 떡갈나무 가지보다 더 높이 올라가 새끼가 느슨해졌을 정도였다. 암곰이 통 곁으로 다가가니 새끼곰들도 다가들었다.

통나무가 높이 튀어올라 잠시 멈췄다가 다시 아래로 내려오기 시작했다. 내려오면 내려올수록 그 힘이 커진다.

그리하여 무서운 기세로 떨어져 내려오면서 암곰을 덮쳐 머리를 꽝당 때렸다. 암곰은 벌렁 자빠져 버둥거리다가 숨이 끊어졌다. 새끼곰들은 걸음아 날 살려라 하고 달아나 버렸다.

5

사내아이는 놀라서 앞으로 마구 달려갔다.

이윽고 커다란 뜰로 나왔다. 뜰 가운데에는 금빛 지붕을 이은 높직한 궁궐이 자리 잡고 있었다. 궁문 앞에는 대부가 나와 서서 웃고 있었다. 그는 아이를 문 안으로 맞아들여 뜰을 구경시켰다. 그 정원의 아름다움, 그 속에 깃들어 있는 평화로움은 이제껏 꿈에서도 보지 못했던 황홀경이었다.

대부는 대자를 궁궐 안으로 데리고 들어갔다. 그곳은 더 훌륭했다. 대부는 이 방 저 방을 빠짐없이 보여 주었다. 보면 볼수록 훌륭하기만 하여 아이는 더욱더 즐거워졌다.

이윽고 문이 닫혀 있는 한 방문 앞에 이르렀다.

"너는 이 문이 보이겠지?" 하고 대부가 말했다. "여긴 자물쇠가 없다. 그냥 닫았을 뿐이다. 그러니까 열 수는 있지만 열지 않는 편이 좋다. 어디서든 네 마음대로 뛰어다니며 놀아라. 무슨 놀이를 하며 즐겨도 상관없으나 다만 한 가지, 이 방에만은 들어가서는 안 된다. 알겠느냐? 만약에 안으로 들어가는 날엔 너는 아까 숲속에서 본 일을 생각하게 되리라."

그렇게 말하고 대부는 가 버렸다. 대자는 홀로 남아 거기서 지내기 시작했다. 거기서는 정말로 즐겁고 기쁜 일뿐이었으므로 겨우 두 시간 있었던 것같이 생각되었으나 사실은 30년 동안이나 살았다. 30년이 지났을 때 대자는 꽉 닫힌 문 앞으로 다가가서 이렇게 생각했다.

'대부님은 왜 이 방에 들어가서는 안 된다고 하셨을까? 어디 한번 들어가서 뭐가 있는지 보아야지.'

문을 한번 잡아당기니 닫혔던 문이 열렸다. 사내아이는 안으로 들어가 보았다. 방은 온 궁궐 안의 어느 방보다 크고 훌륭했으며 방 한가운데에는 금으로 꾸민 옥좌가 놓여 있었다. 사내아이는 방 안을 이리저리 실컷 돌아다니다가 옥좌에 다가가 층계를 밟고 올라가 앉았다. 자리에 앉아서 내려다보니 옥좌 옆에 홀(笏)이 놓여 있었다. 사내아이가 홀을 손에 잡자마자 갑자기 벽이 사방으로 쫙 열리며 온 세계가 한눈에 보이고, 세상 사람들이 하고 있는 일들을 낱낱이 볼 수 있었다. 정면을 보니 바다가 있고 배가 왕래하는 모습이 눈에 들어왔다. 오른편을 바라보니 그리스도교도 아닌 다른 나라의 사람들이 살고 있고, 왼쪽을 보니 그리스도교도이긴 해도 러시아인이 아닌 사람들이 살고 있다. 마지막으로 뒤를 보니 러시아인들이 사는 동네.

'어디 한번, 우리 집에서 뭣들을 하고 있나 봐야겠다. 밭에 보리는 잘 영글었는지.'

자기 집 밭을 보니 보릿단이 잔뜩 쌓여 있다. 얼마나 되나 하고 다발을 세기 시작했는데 얼핏 보니 그 밭쪽을 향해 짐수레가 온다. 그 위에는 농부가 앉아 있다. 사내아이는 이건 틀림없이 아버지가 밤중에 보릿단을 가지러 온 것이라고 생각했다.

그런데 자세히 보니 그것은 바실리 크로랴쇼프라는 도둑이 아닌가. 도둑은 퇴비 곁에까지 오자 보릿단을 수레에 싣기 시작했다. 사내아이는 속이 상해서 외쳤다.

"아버지, 보리를 훔쳐 가요!"

아버지는 한참 잘 자다가 "누가 보릿단을 훔쳐가는 꿈을 꾸었군. 어디 가 보아야지" 하고 말을 달렸다.

밭에 와 보니 바실리가 보릿단을 훔쳐 가고 있었으므로 큰 소리로 이웃 농부들을 불렀다. 바실리는 붙잡혀 감옥으로 송치되었다.

다음에 사내아이는 대모가 살고 있는 거리 쪽을 바라보았다. 대모는 어떤 상인의 아내가 되어 있었다. 대모는 마침 드러누워 잠자고 있는 중이었다.

그러자 남편은 살그머니 일어나 정부(情婦)에게로 가려고 했다. 사내아이는 대모에게 큰 소리로 가르쳐 주었다.

"일어나세요. 주인아저씨가 나쁜 짓을 하려고 해요."

대모는 벌떡 일어나 옷을 갈아입고 남편의 정부가 사는 집으로 달려가 한껏 망신을 준 뒤에 정부를 마구 때리고 남편을 몰아냈다.

그리고 다시 사내아이는 자기 어머니를 찾아보았다. 어머니는 집에서 자고 있었는데 집안에 도둑이 들어와 옷궤의 자물쇠를 부수고 있는 중이었다.

그 소리에 잠이 깬 어머니는 큰 소리로 외쳤다. 도둑은 그것을 보더니 도끼를 꺼내 덤벼들어 당장 어머니를 죽이려고 했다. 사내아이는 참을 수 없어 홀을 도둑에게로 던졌다. 관자놀이에 정통으로 홀을 맞은 도둑은 그 자리에 쓰러져 죽어 버렸다.

6

대자가 도둑을 죽이자마자 훤히 트였던 사방의 벽이 싹 닫히면서 방은 그 전대로 되었다.

그때 문이 열리면서 대부가 들어왔다. 대부는 대자에게로 와서 손을 잡아 옥좌에서 내려오게 하고 이렇게 말했다.

"너는 내가 일러 준 말을 듣지 않았구나. 네가 저지른 첫째 잘못은 금단의 문을 연 일이다. 두 번째 잘못은 옥좌에 올라앉아 내 홀을 손에 잡은 일이다. 세 번째 잘못은 세상에 악을 더하게 한 일이다. 만약 네가 한 시간만 더 앉아 있었다면 인간의 절반은 못쓰게 만들었을 것이다."

대부는 다시 한번 대자의 손을 잡고 옥좌에 올라가 홀을 들었다. 그러자 다시 벽이 열리면서 무엇이나 다 보이게 되었다.

그때 대부는 말했다.

"자, 이번에는 네가 너의 아버지에게 한 짓을 보아라. 바실리는 1년 동안이나 감옥에 갇혀 있었으므로 온갖 나쁜 짓을 배워서 손댈 수 없는 악당이 돼 버렸다. 보아라, 방금 저 사나이는 너의 아버지의 말을 두 필 훔쳐 갔는데 이제 조금 있으면 집까지 불살라 버릴 테니……. 네가 너의 아버지에게 한 일은 이런 것이다."

아버지의 집이 타는 것이 대자의 눈에 비치자 대부는 그것을 닫고 또 다른 쪽을 보도록 했다.

"자, 봐라. 네 대모의 남편은 벌써 1년 전부터 아내를 버리고 딴 여자와 놀아나고 있어서 대모는 술로 밤낮을 지새우고 있다. 먼젓번 정부는 아주 타락한 여자가 돼 버렸다. 네가 대모에게 한 짓은 이런 일이다."

대부는 그 광경도 닫아 버리고 이번에는 대자의 집을 보여 주었다. 어머니의 모습이 보인다. 그런데 어머니는 자기가 지은 갖가지 죄를 뉘우치면서 울고 있는 것이다.

"차라리 그때 내가 그 도둑에게 죽임을 당했더라면 좋았을걸. 그러면 이렇게 많은 죄를 짓지 않아도 되었을 텐데."

"네가 어머니에게 한 짓은 이렇다."

대부는 그 광경도 닫아 버리고 아래쪽을 가리켰다. 대자의 눈에 도둑의 모습이 비쳤다. 두 사람의 간수가 감옥 앞에서 그 도둑을 잡아 누르고 있었다. 대부는 말했다.

"이 사나이는 아홉 명의 목숨을 빼앗았다. 그래서 자신이 그 죄를 갚아야만 하게 되었다. 그런데 너는 이 사나이를 죽여 버렸기 때문에 이 사나이의 죄는 모두 네가 떠맡아야 한다. 이제부터 너는 저 사나이가 저지른 모든 죄에 대해 책임을 져야 한다. 네 스스로 그렇게 만들었다. 암곰이 처음 통나무를 건드렸을 때는 새끼곰을 놀라게 했을 뿐이나, 두 번째로 밀어젖혔을 때는 두 살짜리 곰을 죽이고, 세 번째로 집어던졌을 때는 스스로를 파멸시켜 버렸다. 네가 한 짓도 꼭 그와 마찬가지다. 나는 네게 지금부터 30년의 기회를 줄 테니 세상에 나가서는 도둑의 죄를 대신 갚도록 하여라. 만약 그 일을 하지 못하면 네가 대신 도둑이 된다."

"어떻게 하면 도둑의 죄를 갚을 수 있을까요?"

대자가 물었다.

대부는 이렇게 대답했다.

"네가 지은 만큼의 죄를 세상에 나가서 지워 가면 그때 너는 도둑의 죄를 갚는 게 된다."

"어떻게 하면 세상에 나가 죄를 지울 수 있을까요?"

대자는 다시 물었다.

"태양이 떠오르는 쪽을 향해 똑바로 걸어가거라. 그러면 밭이 나오고 그 밭에 많은 사람들이 있을 것이다. 그 사람들이 하는 짓을 잘 보고 네가 알고 있는 일을 가르쳐 주어라. 그리고 다시 앞으로 걸어가면서 눈에 띄는 일을 머리에 새겨 두어라. 나흘째 되는 날에는 숲에 다다를 것이다. 그 숲속에는 암자가 있고 그 암자에는 은자가 살고 있는데 그분에게 이제까지 있었던 일을 모조리 이야기하여라. 그 은자가 네게 가르쳐 줄 것이다. 은자가 지시한 일을 모두 해내면 그때 너는 도둑이 지은 죄를 갚게 되는 것이다."

대부는 그렇게 말하고 대자를 문밖으로 내보냈다.

7

사내아이는 걷기 시작했다.

'대관절 어떻게 이 세상의 죄를 지워 나가야 한단 말인가? 세상에서는 보통 악인을 유배 보내고 감옥에 가두거나 사형에 처하여 그것으로 악을 지우고 있는데, 죄를 지워 가면서 남의 죄를 자기가 떠맡지 않으려면 대체 어떻게 하면 좋을까?'

대자는 곰곰이 생각했지만 깨달을 수가 없었다.

정처 없이 걸어가는 동안 밭에 이르렀다. 밭에는 보리 이삭이 누렇게 익어 추수하기 알맞았다. 그런데 보리밭 속으로 망아지가 돌아다니고 있었다. 많은 사람들이 그것을 보고 저마다 말을 타고 밭 속을 이리저리 달리면서 망아지를 몰아내려 하고 있었다. 망아지가 보리밭에서 튀어나오려고 하면 마침 거기 다른 사람이 말을 몰고 오기 때문에 망아지는 놀라서 다시 밭 속으로 달려들어가곤 했다. 그러면 사람들은 그 뒤를 쫓아 보리밭 속을 뛰어다니는 것이었다. 밭가에는 한 여자가 서서, 사람들이 자기 망아지를 몰아세워 기운을 빠지게 한다면서 울부짖고 있었다.

거기서 대자는 농부들에게 말했다.

"왜 당신들은 그렇게 하나요? 모두 밭에서 나와 저 아주머니에게 자기 망아지를 불러 내도록 하세요."

그러자 사람들은 대자의 말대로 했다. 아주머니는 밭가에 서서, "오너라, 누렁아, 이리 와!" 하고 불렀다.

망아지는 귀를 쫑긋거리며 가만히 듣고 있다가 이윽고 아주머니에게로 뛰어가 품 안으로 파고들었다. 하마터면 아주머니는 쓰러질 뻔했다. 그래서 농부들도 기뻐하고 아주머니도 좋아했으며 망아지도 이리저리 뛰었다.

대자는 다시 걸음을 옮기면서 생각했다.

'이제야말로 악은 악 때문에 불어난다는 것을 알았다. 사람이 악한 일을 꾸짖으면 꾸짖을수록 악은 더욱더 퍼져만 간다. 다시 말해서 악을 악으로 다스릴 수는 없는 것이다. 하지만 어떻게 그걸 없앨 수 있는지 모르겠다. 마침 망아지가 아주머니의 말을 들어 주었으니까 망정이지 만약 듣지 않았다면 어떻게 몰아냈을지 막연하지 않은가.'

대자는 곰곰 생각했으나 이렇다 할 묘책이 떠오르지 않아 그냥 앞으로 걸어 갔다.

8

마냥 정신없이 걸어가는 동안 어떤 마을에 닿았다. 마지막 집에 가서 하룻밤 잠자리를 청하니 주인아주머니가 들어오라고 했다. 집 안에는 아무도 없고 다만 아주머니 혼자서 걸레질을 하고 있었다.

대자는 안으로 들어가 페치카 위에 올라가서 아주머니가 일하는 모습을 보고 있었다. 가만히 보니 아주머니는 방을 다 훔치고 나서 이번에는 테이블을 닦기 시작했다. 다 닦고 나자 더러운 걸레자국이 테이블 위에 줄무늬처럼 남았다. 이번에는 반대쪽으로 문지르니 먼저의 걸레자국은 없어졌는데 새로운 자국이 났다. 다음에는 세로로 문질러 보았으나 역시 마찬가지였다. 더러운 걸레로 훔쳤기 때문에 먼저 자국이 없어졌는가 하면 금방 다른 자국이 났다. 대자는 한참 동안 물끄러미 바라보고 있다가 보다 못해 이윽고 말을 걸었다.

"아주머님, 지금 뭘 하고 계시는 겁니까?"

"아니, 자네 눈에는 이게 보이지 않나. 축제일 준비로 청소를 하고 있어. 그런데 테이블은 아무리 훔쳐도 깨끗해지지 않고 자꾸 더러워만 지니 기운이 다 빠지는군."

"아주머님, 그 걸레를 깨끗이 빨아서 훔치면 될 텐데요."

아주머니가 그대로 하자 테이블은 금방 깨끗해졌다.

"가르쳐줘서 고마워요."

이튿날 아침, 대자는 아주머니에게 작별을 고하고 다시 길을 떠났다. 한참을 걸어가노라니 숲에 닿았다. 숲에서 농부들이 수레바퀴 만들 나무를 휘려 하고 있었다. 대자가 가까이 다가가 보았다. 농부들은 열심히 빙빙 돌고 있으나 나무는 조금도 구부러지지 않았다.

자세히 살펴보니 농군들이 만든 버팀대가 꽉 고정되어 있지 않기 때문에 대가 서로 제각기 돌아가고 있는 것이다. 대자가 이 광경을 한참 지켜보다가 이렇게 말했다.

"아저씨들은 뭘 하고 계신가요?"

"음, 이렇게 수레바퀴를 만드는 중인데 두 번이나 휘게 하려 해도 영 나무가 휘어지지 않아. 기운이 전부 쭉 빠져 버렸어."

"여보세요, 아저씨들. 대를 꽉 고정시키고 하세요. 아저씨들이 대와 함께 돌고 있잖아요."

농부들이 그 말을 듣고 대를 고정시키자 그제야 일이 제대로 되었다.

대자는 거기서 하룻밤을 지내고 다시 길을 떠났다. 하루 낮 하루 밤을 걸어 새벽녘에 소 거간꾼들이 모여 있는 곳을 발견하고 그 곁에 잠시 누웠다. 누워서 바라보니 그들은 소를 매어 놓고 화톳불을 만드는 중이었다. 마른 가지를 주워다가 불을 붙이면서 활활 타오르기 전에 생나무 가지를 불 위에 올려놓았기 때문에 생나무는 뿌지직 소리를 내면서 밑불을 꺼뜨렸다.

소 거간꾼들은 다시 마른 가지를 주워다 불을 붙였으나 생나무를 마구 지펴, 또다시 불은 꺼지고 말았다. 오래도록 애를 썼으나 영 화톳불이 만들어지지 않았다.

그것을 보고 있던 대자는 말했다.

"당신네들이 너무 성급히 생나무를 지피니까 안 되는 거예요. 그러기 전에 불이 잘 타기를 기다렸다가 불길이 세진 다음에 생나무를 지펴야죠."

소 거간꾼들은 그렇게 했다. 불길이 세진 다음에 생나무를 올려놓으니까 순조롭게 타기 시작하여 훌륭한 화톳불이 되었다. 대자는 한참 동안 그들과 같이 있다가 다시 길을 떠났다. '도대체 무슨 이유로 이 세 가지 일을 보게 한 것일까' 하고 대자는 골똘히 생각했으나 그 까닭을 알 수 없었다.

9

그가 부지런히 걸어가는 동안 하루가 지났다. 어떤 숲에 다다르자 숲속에 암자가 있었다. 대자가 암자로 다가가 문을 두드리니 암자 안에서, "누구냐, 거기 있는 자가?" 하고 물었다.

"큰 죄인이옵니다. 남의 죄 갚음을 하려고 돌아다니는 중입니다."

안에서 은자가 나와 다시 물었다.

"대체 너는 어떤 남의 죄를 짊어졌느냐?"

대자는 자기에게 세례를 준 대부의 이야기, 암곰의 이야기, 닫힌 방 안의 옥좌 이야기, 대부가 자기에게 명령한 일, 그리고 밭에서 망아지를 쫓느라고 농군들이 보리를 마구 짓밟은 일, 망아지가 스스로 주인아주머니에게 간 일 등을 모조리 이야기했다.

"나는 악을 악으로 다스릴 수 없다는 것을 깨달았습니다만, 어떻게 해야 그것을 없앨 수 있는지 모르겠습니다. 원하옵건대 제게 가르침을 주소서."

그러자 은자는 이렇게 말했다.

"그 밖에 네가 도중에 본 일을 좀 더 자세히 이야기해 보아라."

그래서 대자는 아주머니가 집 안 청소를 하고 있던 일, 수레바퀴를 만들고 있던 농군들의 일, 화툿불을 지피던 소 거간꾼들의 이야기를 했다.

은자는 그 이야기를 끝까지 듣고 나자 암자 안으로 들어가더니 이가 빠진 손도끼를 가지고 나와 말했다.

"자, 가자."

은자는 암자에서 10리쯤 떨어진 곳에 이르자 한 그루의 나무를 가리켰다.

"이 나무를 찍어라."

대자가 나무를 찍자 나무는 쓰러졌다.

"이번에는 그것을 세 토막으로 잘라라."

대자가 나무를 셋으로 잘랐다.

그러자 은자는 다시 암자로 돌아가더니 불을 가지고 왔다.

"그 세 토막의 나무를 태워라."

대자가 불을 피워 세 개의 나무토막을 태우고 나니 타다 남은 세 개의 냉과리(덜 구워져서 연기와 냄새가 나는 숯)가 남았다.

"그것을 반쯤 흙 속에 파묻어라, 이렇게."

대자는 흙 속에 냉과리를 심었다.

"저기 보이지, 이 산 아래 개울이 있다. 저기서 물을 한 모금 머금고 와서 이 그루터기에 뽑어 주어라. 네가 아주머니에게 가르쳐 준 것처럼 이 그루터기에 물을 주는 것이다. 또 다음 그루터기에는 네가 농부들에게 가르쳐 준 것처럼 물을 주어야 한다. 그리고 저 그루터기에는 네가 소 거간꾼들에게 가르쳐 준 것처럼 물을 주어라. 이 세 그루터기가 모두 뿌리를 내려 세 그루의 사과나무로 자라면 그때야말로 어떻게 하면 인간의 악을 없앨 수 있는지를 알게 되리라. 그러면 너는 모든 죄를 갚는 것이다."

그렇게 말하고 은자는 암자로 돌아갔다. 대자는 골똘히 생각해 보았으나 은자가 한 말이 무슨 뜻인지 도무지 알 수가 없었다. 하지만 가르침대로 일을 하기 시작했다.

10

대자는 개울에 가서 입에 가득 물을 머금고 와서 한 그루터기에 끼얹어 주고, 다시 또 가고 또 가고 하여 차례로 물을 주었다. 그러고 나니 대자는 그만 지칠 대로 지쳐 뭔가 좀 먹고 싶어졌으므로 은자에게 먹을 것을 청하려고 암자로 갔다. 그런데 문을 열고 보니 은자는 이미 시체가 되어 평상 위에 누워 있었다.

대자가 근처를 둘러보니 마른 빵이 있었으므로 그것을 먹었다. 다음에 삽을 찾아내어 은자의 무덤자리를 팠다. 그때부터 밤에는 입에 물을 머금어다가 냉과리에 끼얹어 주고, 낮에는 무덤자리를 팠다. 겨우 다 판 뒤 묻으려는데 마을 사람들이 왔다. 은자에게 먹을 것을 가져온 것이다.

모두들 은자가 죽었다는 말을 듣자 대자를 축복하며 스승의 자리를 잇게 했다. 모두 같이 은자를 매장한 뒤 대자에게 음식을 남겨 놓고, 다시 오겠다는 약속을 하고 돌아갔다.

대자는 은자의 뒤를 이어 암자에서 살기 시작했다.

대자는 사람들이 가져다주는 것을 먹고살면서 가르침 받은 일을 계속하고 있었다. 산 아래 개울에서 물을 머금어다가 냉과리에 끼얹어 주는 것이다.

그가 이렇게 1년을 살고 있노라니 많은 사람들이 찾아오게 되었다. 그것은 다름이 아니라, 숲속에 성인(聖人)이 살고 있어 산 아래에서 물을 입으로 머금어다 냉과리에 끼얹어 주며 도를 닦고 있다는 소문이 세상에 퍼졌기 때문이다.

그리하여 많은 사람들이 그를 보려고 찾아오게 되었다. 부자 상인들도 찾아와서 여러 가지 선물을 놓고 갔다. 그러나 그는 없어서는 안 될 것 외에는 아무 것도 갖지 않고 선물 받은 물건들을 모조리 가난한 사람들에게 나누어 주었다.

대자는 하루의 반나절은 물을 입에 머금어다 냉과리에 끼얹어 주고 나머지 반나절은 쉬기도 하고 찾아오는 사람들과 만나기도 하면서 살고 있었다.

대자는 마음속으로 이것이 자기가 지켜 나가야 할 생활이며 이렇게 하고 있으면 이 세상 악을 없애고 죄 갚음을 할 수 있다고 생각하게 되었다.

이렇게 해서 대자는 다시 1년을 살면서 하루도 타다 남은 그루터기에 물을 주지 않은 날이 없었다. 그러나 한 그루도 움이 트지 않았다.

어느 날, 암자 안에 있으려니까 정체 모를 사나이가 노래를 부르며 앞을 지나가는 소리가 들려왔다. 대자는 대관절 누구일까 하고 밖을 내다보았다.

그 사나이는 건장하게 생긴 젊은이였는데, 값진 옷을 몸에 걸쳤으며 타고 있는 말도 안장도 여간 훌륭한 것이 아니었다.

대자는 사나이를 불러 대관절 어디 사는 누구인지, 그리고 어디로 가는지를 물어보았다.

그러자 사나이는 말을 세우고 대꾸했다.

"나는 강도인데, 사방을 돌아다니며 사람을 죽인다. 사람을 많이 죽이면 죽일수록 기분이 좋아서 이렇게 노래를 부르는 것이다."

대자는 몸을 움츠리며 이렇게 생각했다.

'이 같은 인간 속에 깃든 악은 대체 어떤 방식으로 없애야 할까? 나를 찾아오는 사람들 모두가 자기의 죄를 뉘우칠 뿐인데 이 사나이는 나쁜 짓을 하고서도 그것을 자랑으로 삼으니……'

대자는 아무 말도 하지 않고 그 살인강도의 옆에서 물러나 이렇게 생각했다.

'앞으로 일이 어떻게 돼 갈까? 이 강도가 이 근처에서 돌아다니면 사람들이 무서워서 내게 잘 오지 못하게 될 것이다. 그렇게 되면 그 사람들도 불편한 일이지만 나도 그때는 어떻게 살아가야 할지 모르지 않는가.'

그래서 대자는 발길을 멈추고 강도에게 말을 걸었다.

"내 암자를 찾아오는 사람들은 나쁜 일을 자랑하지는 않소. 모두가 죄를 뉘우치고 속죄하려고 하오. 그러니 그대도 하느님이 두렵다고 생각하면 죄를 뉘우치시오. 또 죄를 뉘우치지 못하겠으면 이곳을 떠나 두 번 다시 오지 마시오. 세상

사람들에게 겁을 주어 내 곁에서 쫓는 짓은 하지 말아 주시오. 내 말을 듣지 않으면 천벌을 받을 것이오."

강도는 껄껄 소리 내어 웃었다.

"나는 하느님 같은 건 두려워하지 않으니 네 말 따윈 들을 필요가 없다. 네가 내 주인이라도 된단 말이냐. 너는 하느님께 기도드려서 먹고살지만 나는 강도질로 먹고산다. 사람은 다 저마다 살아가는 방식이 있는 법인데, 너 같은 건 너를 찾아오는 부인네들에게 설교나 하면 되지 웬 잔소리냐. 나는 네 설교를 들을 이유가 없다. 네가 내게 하느님을 설교해 준 보답으로 내일은 사람을 둘 더 죽여야지. 지금 당장 널 죽여 버려도 되지만 그런 일로 손을 더럽힐 마음은 없다. 그러니까 앞으로는 내 눈앞에서 얼씬거리지 않도록 해라."

강도는 이렇게 으름장을 놓고 가 버렸으나 그 뒤로 다시 오지 않았으므로 그는 8년 동안 평온하게 살았다.

11

어느 날, 대자는 새벽녘에 예의 냉과리에 물을 준 뒤 암자로 돌아와 이제 사람들이 찾아올 때가 되었다고 생각하면서 물끄러미 오솔길에 눈길을 보내고 있었다. 그런데 그날은 아무도 오지 않았다. 대자는 해질 무렵까지 우두커니 앉아 있었다. 할 일도 없어 이제까지의 자기 생애를 이리저리 회상해 보았다.

그러다가 문득 하느님께 기도를 드려서 먹고산다는 자신의 생활 방식에 대해 말한 강도의 말을 생각해 냈다. 그래서 지금까지 해온 일을 돌이켜보며 이렇게 생각했다.

'내가 살아가는 방식이 그 은자의 가르침과는 다른 것 같다. 은자는 내게 고행을 지시했는데 나는 그 고행을 나날의 양식과 바꾸고 또 세상 사람의 칭송을 원하게 되었다. 나는 유혹에 빠져 사람들이 찾아오지 않으면 언짢아하고 사람이 찾아오면 모두가 나를 성인 취급하는 줄 알고 공연히 우쭐해진다. 이런 생활 방식으론 안 되겠다. 나는 세상의 평판에 현혹되어 전에 지은 죄를 갚기는커녕 오히려 새로 죄를 짓지 않았는가. 숲속의 다른 자리로 옮겨가 사람들의 눈에 띄지 않도록 하자. 이미 지은 죄를 갚아 가면서 다시는 새로운 죄를 짓지 않도록 혼자 살아가자.'

대자는 그렇게 생각하고 마른 빵이 든 조그만 자루와 괭이를 집어 들고 암자를 나와 골짜기 쪽으로 내려갔다. 한적한 곳에 움막을 짓고 세상 사람들의 눈앞에서 모습을 감추려는 것이다.

그가 자루와 괭이를 들고 걸어가는데 저쪽에서 강도가 말을 타고 달려왔다. 대자는 놀라 달아나려고 했으나 끝내는 강도에게 들켰다.

"어딜 가나?"

강도가 물었다.

그는 세상 사람을 피하여 아무도 찾아오지 않는 곳으로 간다고 대답했다. 강도는 어처구니없다는 듯이 말했다.

"그래 아무도 찾아오지 않으면 앞으로 무얼 먹고 살아갈 텐가?"

미처 그런 생각은 해보지도 않았던 대자는 강도가 묻자 먹을 것에 대한 생각이 떠올랐다.

"뭘, 하느님께서 내려 주시는 것으로 살아가면 되지."

대자는 대답했다.

강도는 아무 대답도 않고 얼른 돌아서서 가 버렸다.

'대체 어떻게 된 일일까' 하고 그는 생각했다.

'나는 저 사나이의 생활 수단에 대해 아무 말도 하지 않았다……. 어쩌면 저 사나이도 이번엔 회개할지도 모르지. 오늘은 먼저보다 한결 거동이 부드럽고 협박도 하지 않았으니까.'

그때 대자는 강도의 뒷모습에 대고 커다란 소리로 외쳤다.

"누가 뭐래도 그대는 죄를 회개하지 않으면 안 되오. 하느님의 눈을 피할 수는 없는 것이오!"

강도는 말머리를 확 돌려 달려오더니 허리에서 칼을 빼어 그를 내리치려고 했다. 대자는 깜짝 놀라 숲속으로 도망쳐 들어갔다.

강도는 뒤쫓아 오려고는 하지 않고 그냥 이렇게만 말했을 뿐이다.

"이것까지 두 번 너를 용서해 주었지만 이제 세 번째로 내 눈에 띄면 용서 없다. 못된 늙은이, 죽여 버릴 테다!"

그렇게 말하곤 자취를 감췄다. 그날 밤, 그가 냉과리에 물을 주러 갔다가 들여다보니 그중 한 나무에 싹이 움트고 있지 않은가. 사과나무 잎이 나오기 시작한 것이다.

12

대자는 세상 사람의 눈앞에서 사라져 홀로 살았다. 이윽고 마른 빵도 다 떨어졌다.

자, 이제는 풀뿌리라도 캐러 가자고 마음속으로 생각했다.

그런데 풀뿌리를 캐러 나가 문득 보니 나뭇가지에 마른 빵이 든 자루가 걸려 있지 않은가. 대자는 그것으로 나날의 양식을 삼았다.

그 마른 빵이 다 떨어지기 무섭게 같은 나뭇가지에 같은 자루가 또 걸려 있었다. 이것으로 대자는 살아갔으나 꼭 한 가지 꺼림칙한 일이 있었다.

다름 아닌 강도가 두려워진 것이다. 강도가 나타나는 기척이 있으면 재빨리 모습을 숨기고 이렇게 생각했다.

'저자의 손에 걸려 죽으면 죄 갚음을 하지 못한다.'

이렇게 하여 또 10년이 지났다. 사과나무는 한 그루만 자랄 뿐 나머지 두 그루는 여전히 타고 남은 그루터기 그대로이다.

그는 매일 아침 일찍 일어나 냉과리 둘레의 흙을 축여 주었다. 그러던 어느 날 그는 너무도 지쳤으므로 땅바닥에 주저앉아 잠시 쉬고 있었다. 그는 앉아 쉬면서 이런 일 저런 일들을 생각해 보았다.

'나는 죄를 범하고 말았다. 죽음을 두려워하다니, 하느님의 뜻이라면 죽음으로 나의 죄 갚음을 하자.'

그렇게 생각하는 순간 강도가 말을 타고 욕지거리를 하면서 오는 기척이 났다. 대자는 그 소리를 듣고서, 하느님 외의 누구에게서도 좋은 꼴이나 나쁜 꼴을 당할 까닭이 없다고 생각하고 강도가 오는 쪽으로 걸음을 옮겼다. 강도는 혼자가 아니고 안장 뒤에 한 사나이를 태워 어딘가로 데리고 가는 중이었다. 사나이는 양손을 묶이고 재갈마저 물려 있었다. 사나이는 아무 말도 하지 않는데, 강도는 욕을 퍼붓고 있는 중이다. 그는 강도에게로 가서 말 앞을 가로막아 섰다.

"너는 이 사나이를 어디로 데리고 가느냐?"

"숲속으로 끌고 간다. 이놈은 장사꾼의 아들인데 할아버지의 돈이 어디 있는지를 가르쳐 주지 않아 실토할 때까지 두들겨 줄 테다."

이렇게 말하면서 지나쳐 가려 했으나 대자는 말고삐를 잡고 놓지 않았다.

"이 사람을 놓아주어라."

강도는 화가 나서 그를 치려고 채찍을 들어 올렸다.

"아니, 너도 이런 꼴을 당하고 싶으냐? 약속대로 죽여주마! 놓아라!"

그러나 대자는 두려워하지 않았다.

"못 놓겠다. 나는 너 같은 건 무섭지 않다. 나는 오직 하느님만을 두려워할 뿐이다. 그런데 하느님께서는 놓아선 안 된다고 분부하신다. 이 사람을 풀어주어라."

강도는 미간을 찌푸리고 칼을 내리쳐 새끼를 탁 끊었다. 상인의 아들을 풀어준 것이다.

"모두들 썩 꺼져라! 두 번 다시 내 눈에 띄었다간 용서 않을 테니까."

상인의 아들은 말 위에서 뛰어내리자 쏜살같이 달아나 버렸다. 강도도 그대로 가 버리려고 했으나 대자가 그를 불러 세워 그런 어두운 생활은 이제 집어치우도록 다시 타일렀다. 강도는 우두커니 서서 대자의 말을 끝까지 다 듣고 나더니 아무 말 없이 가버렸다.

이튿날 아침, 대자가 냉과리에 물을 주러 가보니 두 번째 나무에도 움이 터서 역시 사과나무가 되어 가고 있었다.

13

이렇게 하여 다시 10년이 지났다. 어느 날 움막에 들어앉아 있던 대자에게는 이제 더 이상 모자라는 것도 두려운 것도 없었으며, 마음속은 기쁨으로 가득 찼다. 거기서 대자는 생각했다.

'하느님께서는 얼마나 큰 행복을 인간에게 내려 주셨는지 모른다. 그런데도 사람들은 공연히 자기 스스로를 괴롭히고 있다. 실상은 기쁨 속에 살아갈 수 있는 데도……'

이렇게 갖가지 인간들의 악을 돌이켜보며 사람들 스스로가 자신을 괴롭히고 있는 것을 생각하니 인간이 불쌍하게 여겨졌다.

'내가 이런 생활을 하고 있다는 게 잘못이다. 세상에 나가서 내가 알고 있는 것을 세상 사람들에게 얘기해 주자.'

이렇게 생각하자마자 이내 강도의 말굽소리가 들려왔다. 대자는 그것을 지나쳐 버리면서 생각에 잠겼다.

'저런 사나이에게 들려준다 해도 알아주지도 않을걸.'

처음에는 그렇게 생각했으나 다시 마음을 고쳐먹고 신작로로 나갔다. 강도는 시름에 잠긴 표정으로 땅바닥을 내려다보면서 말을 몰고 있었다. 그 모양을 보니 가엾은 마음이 들어서 그에게로 달려가 그의 무릎을 잡았다.

"정다운 형제여, 제발 자신의 영혼을 아끼는 마음을 가져 주게! 그대 안에는 하느님께서 들어앉아 계시니까. 그대는 스스로도 괴로워하고 남도 괴롭히고 있지만 이제 더 심한 괴로움을 당할 게 틀림없어. 그러나 하느님께서 그대를 얼마나 사랑하시는지, 그대를 위해 어떤 즐거움을 마련하시는지 아는가! 제발 스스로 자신을 멸망시키는 것 같은 짓은 그만두게. 그 생활을 고쳐 주게나!"

강도는 얼굴을 찌푸리고 다른 곳을 보며 말했다.

"비켜라."

대자는 먼저보다도 더욱 세게 강도의 무릎에 매달리면서 눈물로 회개하도록 타일렀다.

강도는 눈을 들어 대자를 바라보았다. 물끄러미 바라보고 있다가 이윽고 말에서 내려 그 앞에 털썩 주저앉았다.

"마침내 당신은 나를 이겼소. 나는 20년 동안 당신과 싸웠으나 오늘 당신에게 졌소. 지금의 나는 이미 나 자신을 조종할 수 없게 되었소. 아무렇게나 당신 좋을 대로 하시오. 처음에 당신이 내게 설교했을 때 나는 공연히 화가 치밀 뿐이었소. 그런데 당신이 세상 사람을 피하여 몸을 숨기려 했을 때, 나는 당신을 만나 당신 자신이 세상 사람에게 아무 도움을 주지 못한다는 것을 깨달았다는 것을 알고 그때 비로소 당신의 말을 생각하지 않을 수 없었소. 그 뒤 나는 당신을 위해서 마른 빵을 나뭇가지에 걸어 놓게 되었던 것이오."

대자는 생각해 냈다. 그 농가의 아낙네가 걸레를 깨끗이 빨았을 때에야 비로소 테이블을 깨끗이 닦을 수 있었던 것을. 그와 같이 자신의 걱정을 그치고 자기의 마음을 맑게 할 때 타인의 마음도 맑게 할 수 있었던 것이다.

강도는 계속하여 말했다.

"그리고 당신이 죽음을 두려워하지 않았을 때 내 마음은 움직였소."

거기서 대자는 생각해 냈다. 농민들이 버팀대를 탄탄하게 고정시켰을 때, 수레바퀴를 만드는 나무를 휠 수 있었던 것이다.

그와 같이 자기도 죽음을 두려워하지 않고 생활을 하느님 안에 탄탄히 고정시켰을 때 굽힐 줄 모르던 악한 고집도 꺾였던 것이다.

강도는 다시 말했다.

"그리고 당신이 나를 가엾게 여겨 내 앞에서 눈물을 흘렸을 때 내 마음은 얼음이 풀리듯 녹아 버렸소."

대자는 진심으로 기뻐하며 냉과리가 있는 곳으로 강도를 데리고 갔다. 두 사람이 가까이 다가가 보니 마지막으로 하나 남았던 냉과리에서도 사과나무의 싹이 움트고 있었다. 거기서 대자는 다시 깨달았다. 소 거간꾼들의 화톳불도 불기운이 강해졌을 때에야 비로소 생나무가 탔던 것이다.

그와 마찬가지로 자기 마음이 뜨겁게 타올랐을 때 타인의 마음에도 불을 줄 수 있었던 것이다.

이제야말로 완전히 죄 갚음을 했다고 대자는 크게 기뻐했다.

대자는 그 이야기를 남김없이 강도에게 들려주고 나서 죽었다. 강도는 그의 시체를 묻고 그가 가르쳐 준 대로 생활을 하며 그와 마찬가지로 세상 사람을 가르치게 되었다.

세 아들

어느 아버지가 맏아들에게 재산과 토지를 나누어주고 말했다.

"나처럼 살아가도록 하여라. 그렇게 하면 행복하게 될 테니까."

몫을 나누어 받자 맏아들은 아버지 곁을 떠나 자기 멋대로 살기 시작했다.

"아버지께선 당신처럼 살도록 하라고 하셨는데."

맏아들은 말했다.

"아버지는 유쾌하게 살았으니까 나도 그렇게 해야지."

이렇게 1년을 살고 2년을 살고 10년, 20년을 살았다. 마침내 물려받은 재산을 모두 탕진해 버리고 빈털터리가 되었다. 그래서 맏아들은 아버지에게 돌아가 "제발 도와주십시오" 하고 애원했으나 아버지는 아들의 청을 물리쳤다. 맏아들은 아버지에게 환심을 사려고 자기가 가지고 있는 물건 중에서 가장 좋은 것을 선물로 드리고 "제발 도와주십시오" 하고 빌다시피 하며 간청했다. 그래도 아버지는 아들의 청을 들어주지 않았다. 그때 맏아들은 무슨 일로 아버지를 화나게 했나 생각하고 잘못이 있으면 용서해 달라고 빌었으나 아버지는 여전히 조금도 수그러들지 않았다.

그러자 맏아들은 아버지에게 이렇게 욕을 했다.

"아버지는 지금 제게 아무것도 주시지 못할 거면 왜 그때 제 몫을 나눠주셨으며 그것으로 한평생 넉넉히 살 것이라고 하셨습니까? 이제까지 제가 맛본 기쁨과 즐거움도 지금 제가 겪고 있는 고통과 비교하면 아무것도 아닙니다. 저는 금방 죽을 것 같은 마음이 듭니다. 건강이 날로 나빠져 가는 것을 느낄 수 있습니다. 그런데 제 불행의 원인은 누굽니까? 아버지지요……. 제 행복이 제게 해를 끼친다는 것을 아버지께선 알고 계셨을 것입니다. 그런데도 그 위험을 제게 주의시켜 주시지 않고 그냥 '나처럼 살아라, 그러면 만사 잘 될 테니'라고만 하셨습니다. 저는 아버지가 하시던 대로 살면서 여러 가지 즐거움에 몸을 맡겼습니다. 저는 아버지를 본받았습니다. 그런데 아버지께서는 그렇게 살아도 될 만큼 충분한 돈이 있었지만 저는 그게 모자랐던 거지요. 아버지는 거짓말쟁이입니다. 아버진 제 원수입니다. 될 대로 되라지! 저는 저를 속인 아버지를 저주해요. 아버지의 얼굴 같은 건 보고 싶지도 않습니다. 아버지를 증오하겠습니다!"

아버지는 그와 같은 몫을 둘째 아들에게도 나누어주었다. 그때도 다만, "나처럼 살도록 해라. 그렇게 하면 너도 행복하게 될 테니까"라고 했을 뿐이다.

둘째 아들은 그 몫을 물려받아도 진심으로 기뻐하지 않았다. 그것은 맏아들이 받은 것과 같은 액수였지만 둘째 아들은 맏아들의 신상에 일어난 일을 이미 알고 있었으므로 무슨 짓을 해서라도 형처럼 거지나 다름없는 신세는 되고 싶지 않다고 생각했다. 형이 "나처럼 살아라" 하신 아버지의 말씀을 잘못 받아들였으며, 쾌락만을 좇는 생활을 해서는 안 된다는 것을 둘째 아들은 분명히 알고 있었다. 그리하여 어떻게 하면 물려받은 재산을 더 늘릴 수 있을까 밤낮으로 고심했으나 그 목적을 이루지 못했다.

하루는 둘째 아들이 아버지에게 의논하러 갔다. 그러나 아버지는 아들에게 아무 말도 해주지 않았다. 그래서 아들은 어쩌면 아버지는 행복의 비밀을 가르쳐 주기를 두려워하는지도 모르겠다고 생각하고 아버지가 재산을 만든 방법들을 알아내려고 했다. 아들은 돈을 모으려고 마음먹었으나 아무리 모아도 모자랄 것 같은 생각이 들었다. 그리고 자신의 탐욕을 인정하고 싶지 않았으므로 아버지는 한평생 쭉 옹색스럽게 살면서 무엇 하나 물려주지 않았으며, 모든 것을 다 자기 손으로 모았고, 다른 사람들이면 같은 세월에 더 많이 모았을 것이라고 퍼뜨리고 다녔다.

이렇게 말하며 지내는 동안 아버지에게 물려받은 재산이 다 없어졌다. 완전히 바닥이 났을 때 둘째 아들은 이제 죽을 수밖에 없다고 생각하고 자살해 버렸다.

셋째 아들에게도 아버지는 위의 두 아들에게 준 것만큼 재산을 나누어주고 하던 말을 되풀이했다.

"나처럼 살아라. 그러면 너도 행복하게 될 것이니."

몫을 나누어 받은 셋째 아들은 기뻐서 자기가 태어난 집을 버리고 나갔다. 그러나 두 형의 말로(末路)를 보아서 잘 아는 그는 아버지의 말을 곰곰이 생각해

보았다.

'큰형은······' 하고 셋째 아들은 이 궁리 저 궁리를 했다.

'아버지처럼 산다는 것이 자신의 쾌락을 좇는 일이라고 잘못 생각하고 그 때문에 가지고 있던 돈을 모조리 없애 버렸다. 둘째 형님은 아버지의 말씀을 아버지를 본보기로 삼으라는 것인 줄 알고 역시 파멸의 구렁텅이에 빠져 버렸다. 그러고 보니 '나처럼 살아라'고 하신 아버지의 말씀의 뜻은 도대체 어디 있는지 더욱 모르겠다.'

거기서 셋째 아들은 아버지의 생활에 대해서 자기가 알고 있는 한의 일을 생각해 냈다. 여러 가지 일을 생각해 내는 동안 셋째 아들은 이런 것을 깨달았다. 자기는 꼭 한 가지 알고 있는 사실이 있는데, 그것은 바로 자기가 태어나기까지 아버지는 자기를 위해 아무것도 준비한 것이 없었으며 또 자기라는 것도 없었다는 점이다. 아버지는 자기라는 것을 만들고 키우고 이 세상 모든 행복을 맛보게 하고 '나처럼 살아라, 그렇게 하면 너는 행복해진다'고 한 것이다. 아버지가 두 형을 위해서도 마찬가지 일을 했다는 것을 알고 있었으므로 아버지에게 본받을 수 있는 가장 좋은 일은 이 속에 포함되어 있다고 단정했다. 아버지에 대해서 알고 있는 모든 것은 자기와 두 형에게 좋은 일을 베풀어주었다는 것뿐이었다. 그 때 셋째 아들은 '나처럼 살아라'고 한 아버지의 말씀이 무엇을 의미하는지 깨달았다. 그것은 남에게 좋은 일을 하라는 것이다.

이렇게 생각하고 아들이 겨우 안심했을 때 아버지가 곁으로 다가와서 말했다.

"이제야말로 우리는 다시 같이 살면서 행복을 누리게 되었다. 어서 내가 사랑하는 젊은이들에게 가서 '나처럼 살아라'라는 말이 어떤 의미인지, 그리고 나를 본받는 자는 정말로 행복하게 된다는 것을 일러 주고 오너라."

거기서 셋째 아들은 자기와 같은 젊은이들을 찾아가 아버지에게서 들은 이야기를 해주었다. 그 뒤부터 자식들은 자기의 몫을 물려받았을 때 많이 받은 것에 대해서가 아니라 아버지처럼 살고 행복하게 된다는 것에 대해 기뻐하게 되었다.

아버지라고 말한 것은 하느님이고 아들들은 인간, 행복은 우리의 생활이다. 인간은 하느님 따위는 없어도 자기 힘으로 살아갈 수 있다고 생각한다.

어떤 자는 인생이란 끊이지 않는 쾌락의 연속이라고 생각하고 들뜬 생활을 즐기고 있으나, 마침내 죽을 때가 오면 무엇 때문에 이 세상을 살아왔는지, 죽음의 고통으로 끝나는 행복이란 무엇인지 전혀 알지 못하게 되는 것이다.

이와 같은 사람은 하느님을 저주하면서 죽어가고 하느님을 부정한다. 이런 사람이 바로 맏아들인 것이다.

또 어떤 사람은 이 생의 목적은 자아의식이고 자기완성이라고 믿어 자신을 위해 새롭고 보다 좋은 생활을 만들기에 전력을 다하나 지상의 생활을 완성하는 동안 그것을 잃어버리고 차츰 그것에서 멀어져 간다.

마지막으로 셋째 아들과 같은 사람들은 이렇게 말한다.

"우리가 하느님에 대해 알고 있는 모든 것은, 하느님은 인간에게 선을 베풀고 남에게도 그같이 하라고 명령하신다는 것뿐이다. 그러므로 우리는 하느님을 본받아 우리의 동포에게 선을 베풀어야 하지 않겠는가."

인간이 이 생각에 이르면 하느님께서는 그들을 찾아와 이렇게 말씀하신다.

"이것이야말로 내가 너희에게 바랐던 것이다. 내가 하는 대로 하여라. 너희도 나처럼 살게 될 터이니."

바보 이반

먼 옛날, 어느 나라에 한 부유한 농부가 있었다. 이 농부에게는 세 아들, 즉 무관인 세묜, 배불뚝이 타라스, 바보 이반과 말도 못하고 귀도 들리지 않는 딸 말라니야가 있었다. 무관인 세묜은 임금님을 섬기러 전쟁에 나갔고, 배불뚝이 타라스는 장사치한테 장사 기술을 배우러 갔으며, 바보 이반은 누이와 함께 집에 남아 땀 흘려 일하고 있었다. 무관인 세묜은 높은 벼슬과 땅을 얻고 귀족의 딸한테 장가들었다. 그런데 녹도 많고 전답도 많았지만 늘 수지가 맞지 않았다. 남편이 긁어들이기가 바쁘게 귀족 행세를 하는 아내가 물 쓰듯 써 버려 언제나 돈이 붙어 있을 날이 없었다. 그래서 무관인 세묜은 도지[1]를 받으려고 농장으로 갔다. 그러나 마름은 그에게 이렇게 말했다.

"도지는 드릴 수가 없습죠. 저희들에겐 가축이고 농기구고 말이고 소고 쟁기고 간에 하나도 없으니 말이에요. 먼저 이런 것들을 갖추어야 합죠. 그래야만 비로소 수익이라는 것이 생기는 겁니다."

그래서 무관인 세묜은 아버지에게 갔다.

"아버지, 아버지는 부자이면서도 저에게는 아무것도 주시지 않았습니다. 저에게 땅을 3분의 1만 나눠주십시오. 제 땅으로 이전하겠습니다."

"너는 뭐 집에다 보태 준 것이 하나라도 있냐. 뭣 때문에 너에게 땅을 3분의 1이나 준단 말이냐? 그러는 날엔 이반과 네 누이가 못마땅해할 것이다."

그러자 세묜은 말했다.

"그렇지만 그 애는 바보 아녜요. 그리고 누이란 애도 귀머거리에다 벙어리고

---

1) 남의 논밭 빌려 부쳐 그 세로 매년 내는 곡식.

말이에요. 그런 애들한테 뭐가 필요하겠어요."

이 말에 대해서 영감은 "이반이 뭐라고 말하나 어디 그 애한테 한 번 물어보자"고 말했다.

그런데 이반은 "뭘요, 드리죠" 하고 말했다.

무관인 세묜은 집에서 3분의 1의 땅을 얻어 그 땅을 제 것으로 이전하고 나서 다시 임금님을 섬기러 떠났다.

배불뚝이 타라스도 돈을 많이 모아 장사치의 딸한테 장가들었다. 그래도 그는 불만이었다. 그래서 아버지에게 찾아와 "저에게도 제 몫을 나눠주십시오" 하고 말했지만 아버지는 타라스에게도 나눠주고 싶지 않았다.

"너는……" 하고 그는 말을 꺼냈다.

"너는 우리들에게 보태 준 게 아무것도 없다. 그리고 지금 집에 있는 것은 모두 이반이 번 것뿐이다. 나는 그 애하고 네 누이를 섭섭하게 할 수는 없다."

"저런 녀석에게 뭐가 필요합니까, 저 녀석은 바보 아니에요? 저 녀석은 장가도 갈 수 없습니다. 아무도 시집 올 사람이 없습니다. 말 못하는 누이도 그렇죠, 역시 필요한 것이라곤 아무것도 없습죠. 그렇잖아, 이반? 나한테 곡식을 절반만 다오. 그리고 난 연장 따윈 갖지 않을 테니까 가축 중에서 저 잿빛 수말이나 한 마리 갖겠다. 저건 너에게 밭을 가는 데 도움이 되는 것도 아닐 테고."

이반은 웃음을 터뜨렸다.

"뭘요, 가지세요. 난 또 가서 잡아오겠습니다."

이렇게 해서 타라스도 제 몫을 차지했다. 타라스는 곡식을 저자로 실어 내고 수말도 데리고 갔다. 그리고 이반은 예나 다름없이 늙어빠진 암말 한 마리로 농사를 지어 아버지와 어머니를 봉양하게 되었다.

2

큰 도깨비에게는 이 형제들이 재산을 나눠가지면서도 말다툼을 하지 않고 의좋게 헤어진 것이 불만스러웠다. 그래서 그는 작은 도깨비 셋을 큰 소리로 불렀다.

"자, 봐." 그는 말을 이었다.

"저 세상의 저기 세 형제가 살고 있지. 세묜이란 무관과 타라스란 배불뚝이,

그리고 이반이란 바보 녀석이 말이야. 나는 말이야, 저 녀석들에게 꼭 싸움을 붙여야겠는데, 아 저 녀석들이 의좋게 살고 있지 않겠나. 서로서로가 너 먹어라 하고 지내고 있거든. 저 이반이란 바보 녀석이 아주 그냥 내 일을 깡그리 망가뜨려 놓았지 뭐야. 이제부터 너희 셋이서 모두 나가 저 세 녀석들에게 눌어붙어 서로 싸움을 하도록 의를 끊어 놓아라. 어때, 할 수 있겠냐?”

“할 수 있다마다요” 하고 그들은 말했다.

“그럼 너희들은 어떻게 그 짓을 할 작정이냐?”

“이렇게 할 작정이죠. 먼저 저 녀석들을 먹을 게 하나도 없도록 홀랑 발가벗긴 다음 세 녀석을 한곳에다 모으죠. 그러면 저 녀석들도 필시 서로 치고받고 하게 될 겁니다.”

그러자 큰 도깨비가 말했다.

“너희들은 제 할 일들을 잘 알고 있는 것 같구나. 가거라. 그리고 말이다, 저 세 녀석들의 사이를 떼어 놓기 전에는 나한테 돌아와서는 안 돼. 그렇지 않으면 너희 세 놈의 가죽을 몽땅 벗기고 말 테니까, 그리 알아라.”

작은 도깨비들은 어느 늪 속으로 들어가 어떻게 일을 착수할 것인지 상의하기 시작했다. 그리고 저마다 조금이라도 더 수월한 일을 맡으려고 오랫동안 궁리한 끝에 겨우 제비를 뽑아서 누가 누구를 맡을 것인지 정하기로 결정했다. 그리고 다른 자들보다 조금이라도 일찍 일을 마친 자는 다른 자를 도우러 와야 한다고 약속했다. 작은 도깨비들은 제비를 뽑고 나서 언제 다시 이 늪에 모일 것인지 날짜를 정하고, 그날 누구의 일이 끝나고 누구를 도우러 가야 할 것인지를 알아보기로 했다. 작은 도깨비들은 저마다 자기가 뽑은 제비대로 행동하기로 하고 헤어졌다.

드디어 그날이 되자 작은 도깨비들은 약속대로 늪에 모였다. 그리고 저마다 자기의 일이 어떻게 되었는지를 설명하기 시작했다. 세묜이란 무관한테서 돌아온 첫 번째 작은 도깨비가 입을 열었다.

“내 일은 말이야, 잘돼 나가고 있어. 내가 맡은 그 세묜은 내일 틀림없이 아버지한테 갈 거야.”

동료들이 입을 모아 묻기 시작했다.

“그래, 어떻게 했는데?”

"나는 말이야" 하고 첫 번째 작은 도깨비는 말했다. "나는 우선 먼저 세묜에게 잔뜩 용기를 불어넣어 주었지. 그랬더니 그 녀석은 제 임금님에게 온세계를 정복하겠다고 약속하지 않았겠나. 그러자 임금님은 세묜을 대장으로 만들어서 말이야, 인도 임금을 치러 보낸 거야. 모두들 치러 가려고 모였어. 그런데 나는 바로 그날 밤 세묜 군사들의 화약을 모조리 적셔 놓고는, 또 인도의 임금에게로 가서 짚으로 군사들을 무수히 만들어 놓았지. 세묜의 군사는 자기네 쪽으로 사방팔방에서 지푸라기 군사들이 몰려오는 것을 보고는 잔뜩 겁을 먹은 거야. 세묜은 '쏘아라!' 하고 명령을 내렸지만 대포고 총이고 간에 탄알이 나가야 말이지. 세묜의 군사들은 사색이 되어 줄행랑을 놓을밖에. 마치 양 떼처럼 말이야. 그러자 인도의 임금은 그들을 쳐부쉈지. 세묜은 톡톡히 망신을 당하고, 땅을 몽땅 몰수당한 데다 내일은 사형을 집행하려는 참이야. 나에겐 이제 꼭 하루 일감이 남아 있을 따름이야. 말하자면 집으로 내빼도록 그 녀석을 감옥에서 내보내는 일이 남아 있을 뿐이란 말이야. 내일은 완전히 끝장이 나니까 너희 둘 중에서 누가 내 도움이 필요한지 자, 말해 봐."

타라스에게서 돌아온 두 번째 작은 도깨비도 제 일에 대해서 이렇게 얘기하기 시작했다.

"나는 말이야, 도움 따윈 필요 없어. 내 일도 잘돼 나가고 있으니까. 타라스란 녀석도 이제 1주일 이상을 견디지 못할 거야. 나는 말이야. 먼저 그 녀석 배를 잔뜩 불려 욕심꾸러기가 되게 했지. 그랬더니 그 녀석은 남의 재산을 턱없이 탐내어, 보지도 못한 것까지 모두 사고 싶어졌지 뭐야. 돈을 있는 대로 탈탈 털어 무진장으로 사 버렸어. 그래도 모자라서 여전히 또 사고 있는 거야. 지금에 와선 빚까지 져 가면서 사들이고 있는 형편이야. 이제는 너무 긁어모으다 보니까 어떻게 처치해야 할지 몰라 안절부절못하고 있어. 1주일 뒤에는 이것저것 갚고 해야 할 기한이 닥치는데, 그 안에 나는 그 녀석의 물건들을 깡그리 거름으로 만들어 놓고 말 작정이지. 그러면 그 녀석은 필시 갚지 못하고 이내 제 아비한테 달려가게 될 거야."

그러고는 그들은 이반에게서 돌아온 세 번째 작은 도깨비에게 "네 일은 어떻게 됐지?" 하고 물었다.

"그런데 말이야. 실은, 내 일은 어쩐지 잘돼 나가질 않아. 우선 먼저 배탈을 나게 할 양으로 말이야, 그 녀석의 크바스를 담는 병 속에다 침을 잔뜩 뱉어 놓고는 그 녀석 밭으로 가서 땅바닥을 돌처럼 굳혀 놓았지. 그 녀석이 꼼짝 못 하게 말이야. 이쯤 되면 녀석도 절대 갈지 못하리라 생각하고 있었는데, 웬걸! 아 그 바보 녀석은 말없이 쟁기를 가지고 와서는 갈아 젖히지 않겠나? 배가 아파 끙끙 앓으면서도 여전히 갈아대는 거야. 그래서 나는 그 녀석의 쟁기를 부숴 놓았지. 그랬더니 녀석은 집으로 돌아가 딴 보습으로 갈아 끼우고는 새 성에를 몇 갠가 대고 또다시 갈기 시작하지 뭐야. 그래서 나는 땅 밑으로 기어 들어가 보습을 붙들어 보려고 했는데, 어딜 붙잡혀야 말이지. 그 녀석이 쟁기를 누르는 데다 보습이 날카로워서 내 손은 마구 베이고 말았어. 그래 녀석은 거의 다 갈아 버리고 이제는 겨우 한 두둑밖에 남지 않았어. 그러니까 여보게들, 와서 좀 도와주게나. 우리가 녀석 하나를 때려잡지 못하는 날엔 우리들의 일은 모두 허사가 되고 말 테니 말이야. 만약 그 바보가 남아 농사를 짓게 되면 그들은 그다지 곤란을 받지 않게 될 거거든. 그 녀석이 두 형들을 부양하게 될 테니 말이야."

무관인 세뮨을 맡고 있는 첫 번째 작은 도깨비가 내일 도우러 가겠다고 약속했다. 작은 도깨비들은 그것으로 일단 헤어졌다.

3

이반은 묵혀 두었던 밭을 다 갈고 이제는 한 두둑만 남겨 놓았을 뿐이다. 그는 마저 다 갈아 버리려고 말을 타고 왔다. 배가 아파 견딜 수 없었으나 갈지 않으면 안 되었다. 그래서 고삐 줄을 툭 치며 쟁기를 돌려 갈기 시작했다. 한 번 갔다가 돌아서 되짚어 오려고 하는데, 마치 나무뿌리에 걸리기라도 한 것처럼 어쩐 일인지 쟁기가 나가지 않았다. 그것은 작은 도깨비가 두 발로 쟁깃술에 매달려 꽉 누르고 있기 때문이었다.

'아까만 해도 나무뿌리 같은 건 없었는데. 그래도 역시 나무뿌린지도 모른다.'

이반은 두둑 속에다 손을 집어넣었다. 그러자 무엇인가 부드러운 것이 뭉클 손에 닿았다. 그는 그것을 움켜잡아 밖으로 끌어냈다. 나무뿌리 같은 새까만 것이었는데 그 위에서 무엇인가 꿈틀거린다. 자세히 보니까 살아 있는 작은 도깨비가 아닌가.

"아니, 이게! 뭐 이 따위 빌어먹을 게 다 있어!"

이반은 작은 도깨비를 번쩍 치켜들고 한마루에다 내리쳐 박살을 내버리려고 했다. 그러자 작은 도깨비가 소리를 지르면서, "제발 죽이지 말아 주십쇼. 그 대신 무엇이건 원하는 대로 해드리겠습니다" 하고 말했다.

"그래 무슨 일을 할 수 있다는 거냐?"

"그저 무얼 원하시는지 말씀만 해주십쇼."

이반은 머리를 긁으며 말했다.

"나는 배가 아픈데 말이야, 낫게 할 수 있겠나?"

"할 수 있고말고요" 하고 작은 도깨비는 말했다.

"어디, 그럼 낫게 해 보렴."

작은 도깨비는 두둑 위에 몸을 구부리고 여기저기 손톱으로 뒤져 가며 무엇인가를 찾았다. 이윽고 가지가 셋인 조그만 뿌리를 쑥 뽑아 그것을 이반에게 건네며 말했다.

"여기 있습니다. 이 뿌리를 한 뿌리만 삼키시면 천하에 없는 아픔도 이내 가십니다."

이반은 뿌리를 받아 찢어서 한 가지 삼켰다. 그러자 금방 복통이 가셨다.

작은 도깨비는 다시 사정하기 시작했다.

"자, 이제 놓아주십쇼. 나는 땅속으로 기어들어가 이제 다시는 나오지 않으렵니다."

그러자 이반이 말했다.

"자, 그럼 잘 가거라!"

이반이 말을 하기 바쁘게 작은 도깨비는 물속에 던진 돌처럼 땅속으로 금방 모습을 감추고 말았다. 그 자리엔 구멍만 하나 남았을 뿐이다.

이반은 나머지 두 가지의 뿌리를 모자 속에다 쑤셔 넣고 그대로 마저 갈기 시작했다. 그리고 마지막 이랑을 다 갈고 나자 쟁기를 뒤집어엎고 집으로 돌아왔다. 말을 풀어놓고 오두막 안으로 들어가자 맏형인 무관 세묜이 아내와 함께 앉아 저녁을 먹고 있었다.

그는 논밭을 몰수당하고 가까스로 감옥에서 도망쳐 나왔다. 그리고 아버지한테서 얹혀 살 양으로 여기에 달려온 것이다. 세묜은 이반을 보자 이렇게 말했다.

"난 너와 함께 살려고 왔다. 나하고 집사람을 먹여다오, 새 일자리가 나설 때까지."

"아, 그렇게 하시죠. 염려 말고 여기서 사세요"라고 이반은 말했다.

그렇게 말하고 이반은 막 걸상에 걸터앉았는데 이반에게서 나는 흙냄새가 귀부인의 마음에 들지 않았다.

그리하여 그녀는 남편에게 말했다.

"난 정말 못 견디겠어요. 고약한 냄새가 나는 흙투성이와 식사를 함께 하는 게 말이에요."

그러자 무관인 세문이 말했다.

"네 형수가 너에게서 나는 냄새가 싫다고 말씀하시니까 너는 문간에 서서 먹었으면 좋겠는데."

"아, 그렇게 하죠" 하고 이반은 말했다.

"그렇지 않아도 난 바로 밤 순찰을 나갈 시간이 되었으니까요. 말에게도 먹이를 주어야 하고."

이반은 빵과 윗옷을 집어 들고 밤 순찰을 하러 나갔다.

4

무관인 세문을 맡은 첫 번째 작은 도깨비는 그날 밤 안에 일을 마치고 약속대로 바보를 골려 주려고 이반을 맡은 작은 도깨비를 찾아왔다. 밭으로 와서 여기저기 한참 동료를 찾아 헤맸으나 어디에도 없고, 그저 구멍 하나가 쾡하니 뚫려 있는 것만을 발견했을 뿐이다.

'이거 아무래도 동료 신상에 무슨 불행한 일이라도 일어난 모양이다. 그 녀석을 대신할 밖에 없지. 밭은 이제 다 갈았으니까. 이번에는 풀밭에서 그 바보를 한번 골려 주어야지.'

작은 도깨비는 목장으로 가 이반네 풀밭에 큰물이 들게 했다. 풀밭은 온통 진흙바닥이 되었다. 이반은 새벽녘에 가축의 밤 순찰에서 돌아와 큰 낫을 들고 풀밭으로 풀을 베러 나갔다. 이반은 도착하자 이내 풀을 베기 시작했다. 그러나 한두 번 내두르기만 했는데도 낫의 날이 무뎌져 들지 않게 되어 갈아야 했다. 이반은 여러 방법으로 해보았다. 그는 혼잣말을 했다.

"안 되겠다. 집에 가서 숫돌을 가져와야겠다. 그 김에 빵도 가져와야지. 비록 1주일이 걸리는 한이 있더라도 다 베기 전에는 여기에서 떠나지 않겠다."

작은 도깨비는 이 소리를 듣고 좀 생각을 하더니 "제기랄, 이 녀석은 바보로군. 이 녀석은 이래서는 안 되겠다. 무슨 딴 수를 쓰든지 해야지" 하고 말했다.

이반은 돌아와서 낫을 갈아 베기 시작했다. 작은 도깨비는 풀 속에 몰래 기어 들어가 낫공치를 붙잡고 날을 흙 속에 처박기 시작했다. 이반은 힘이 들었으나 가까스로 일을 끝냈다. 이제 늪의 한 다랑이만이 남았을 뿐이다. 작은 도깨비는 늪 속으로 기어 들어가 이렇게 생각했다.

'이번에는 비록 손가락이 잘리는 한이 있더라도 베지 못하게 해주어야지.'

이반은 늪으로 왔다. 풀이 그렇게 억세 보이지도 않은데 어쩐지 낫이 말을 잘 듣지 않았다. 이반은 바짝 약이 올라 힘껏 낫을 내두르기 시작했다. 작은 도깨비는 배겨내지 못하게 됐다. 뒤로 뛰어서 물러날 겨를이 없었다. 일이 틀린 것을 알고 작은 도깨비는 덤불 속으로 몸을 숨겼다. 이반은 큰 낫을 마구 휘둘러 덤불을 치면서 작은 도깨비의 꼬리를 절반이나 잘라 버렸다. 이반은 풀을 다 베고 나서 누이에게 그것을 긁어모으라고 일러 놓고 이번에는 호밀을 베러 갔다.

갈고리 낫을 가지고 갔을 때는 꼬리 잘린 작은 도깨비가 어느 틈에 거기에 와서 호밀을 마구 흩어 놓았기 때문에 갈고리 낫으로는 베어질 것 같지 않았다. 그래서 이반은 집으로 되돌아와 다시 보통 낫을 가지고 와 베기 시작하여 곧 다 베어 버렸다.

"자, 이번에는 귀리를 베어야지."

꼬리 잘린 작은 도깨비는 이 말을 듣자, '이번에야말로 저 녀석을 골려 주어야지, 어디 내일 아침까지만 두고 보아라' 하고 생각했다. 그 이튿날 아침 작은 도깨비가 귀리밭에 달려가 보았더니 귀리는 벌써 다 베어져 있었다. 밤사이에 귀리의 낟알이 보다 적게 떨어지게 할 양으로 이반이 그것을 말끔히 베어놓은 것이다. 작은 도깨비는 약이 바짝 올라 중얼거렸다.

"그 바보 녀석은 내 꼬리를 잘라 놓은 데다 또 나를 괴롭히고 있다. 전쟁에서도 이처럼 경을 친 일은 없다. 그 빌어먹을 놈은 밤에도 잠을 자지 않으니 도무지 당해 낼 도리가 없다. 그러나 이번에는 호밀 가리 속으로 기어들어 가 모조리 썩혀 버리고 말겠다."

작은 도깨비는 호밀 가리가 있는 데로 가자 그 다발 사이에 기어 들어가 썩히기 시작했다. 그런데 호밀 단이 뜨면서 따뜻해지자 저도 모르게 그만 꾸벅꾸벅 졸기 시작했다.

한편 이반은 암말에게 수레를 끌게 하고 누이와 함께 호밀 단을 나르러 왔다. 호밀 가리 옆으로 다가와 호밀 단을 짐수레에 싣기 시작했다. 두어 단쯤 던져 올려놓는데 작은 도깨비의 등이 보였다. 그래서 치켜들어 보았더니 갈큇발 끝에 꼬리가 짧은 작은 도깨비가 걸려 버둥거리고 움츠리고 하면서 한창 도망치려고 애쓰고 있었다. 그것을 보고 이반이 말했다.

"아니, 요놈 보게. 뭐가 이렇게 못된 게 있어! 너 또 나온 게로구나?"

그러자 작은 도깨비가 말했다.

"아니에요, 내가 아닙니다. 요 앞의 것은 내 형제였어요. 나는 당신의 형님이신 세묜한테 있던 놈입니다."

"네가 어떤 놈이건 똑같이 혼을 내주어야겠다."

이반은 말했다.

이반이 밭두렁에다 내리쳐 박살을 내려고 하는데 작은 도깨비가 이렇게 사정하기 시작했다.

"한 번만 놓아주세요. 이제 다시는 나오지 않겠습니다. 놓아주시기만 하면 당신이 원하시는 것은 뭐든 해드리겠습니다."

"그래 뭘 할 수 있다는 거냐?" 하고 이반이 묻자 작은 도깨비는 말했다.

"나는 원하신다면 무엇으로라도 군사를 만들어 낼 수 있습니다."

"그렇지만 그까짓 게 무슨 소용이 있지?"

"어디에나 쓰입죠. 그들은 내 생각대로 무슨 짓이건 할 수 있습니다."

"노래를 부를 수도 있단 말이지?"

"그렇고말고요."

"어디 그럼 한번 만들어 보렴." 이반은 말했다.

그러자 작은 도깨비는 이렇게 말했다.

"이 호밀 단을 한 단 들어 땅바닥에다 반듯이 세우고 흔들면서 그저 이렇게 말하기만 하면 됩니다. '내 종이 이르는 말이노라, 다발이 아니라 보릿짚 수만큼의 군사가 되어라!'"

이반은 호밀 단을 들어 그것을 땅바닥에다 세우고 흔들면서 작은 도깨비가 일러 준 대로 했다.

그러자 호밀 단이 산산이 흩어져 많은 군사가 되고, 북재비와 나팔수가 선두에서 둥당거리는 것이다. 이반은 웃음을 터뜨렸다.

"거 참, 네놈은 여간한 솜씨가 아니구나! 이걸 여자들이 보면 정말 기뻐하겠는걸."

"그럼 이제 놓아주세요."

"아니야. 낟알도 떨지 않은 호밀 단으로 군사를 만들면 낟알을 버리게 되잖아. 그러니 어떻게 해야 다시 호밀 단으로 되돌려 놓는지를 가르쳐 주어야지. 그 낟알을 떨어야 할 게 아니야."

그러자 작은 도깨비는 말했다.

"이렇게 말하시면 됩니다. '군사의 수만큼 보릿짚이 되어라, 또 다발이 되어라, 내 종이 이르는 말이노라!'"

이반이 그대로 말하자 다시 다발이 되었다. 작은 도깨비는 또다시 사정하기 시작했다.

"이제 놓아주세요."

"그래, 그러마."

이반은 작은 도깨비를 밭두렁에다 걸쳐놓고 한쪽 손으로 누르면서 그를 갈퀴에서 빼주었다.

"잘 가거라" 하고 그는 말했다.

그가 말을 하기가 바쁘게 작은 도깨비는 물속에 던진 돌처럼 금방 땅속으로 뛰어들어가 버렸다. 그리고 그 자리에는 퀭하니 구멍이 하나 남았을 뿐이다.

이반은 집으로 돌아왔다. 그랬더니 둘째 형인 타라스가 아내와 함께 와 있어한창 저녁을 먹는 중이었다. 배불뚝이 타라스는 돈을 갚지 못하고 빚 때문에 도망쳐 온 것이다.

그는 이반을 보자 말했다.

"얘, 이반. 내가 다시 장사를 시작할 때까지 집사람과 나를 좀 먹여 살려 주어야겠다."

"아, 그렇게 하세요. 계세요"라고 이반은 말했다.

이반은 윗옷을 벗고 식탁 앞에 앉았다.

그러자 장사꾼의 아내가 입을 열었다.

"나는 바보 따위와 같이 밥 먹을 수가 없어요! 땀 냄새가 고약하게 나서 말이에요."

그러자 타라스는 이렇게 말했다.

"이반, 너에게서 나는 냄새가 좋지 않다. 저기 문간에 가서 먹어라."

"그럼 그렇게 하죠" 하고 이반은 제 몫의 빵을 들고 바깥으로 나갔다.

"그렇지 않아도 마침 밤 순찰을 나갈 시간이에요. 말에게 먹이도 주어야 하고요."

5

두 번째 작은 도깨비는 그날 밤 일이 끝나 약속대로 동료를 거들어 바보 이반을 골려 주려고 타라스한테서 왔다. 밭으로 와서 여기저기 동료들을 찾아 헤맸으나 아무도 없고 그저 구멍만 발견했을 뿐이다. 그래서 풀밭으로 가 보았더니 그곳의 늪에서 잘린 꼬리가 눈에 띄었다. 그리고 호밀을 베어 낸 밭에서도 또 하나의 구멍을 발견했다. '아무래도 이거, 동료들의 신상에 무엇인가 화가 미친 모양이다. 내가 그들을 대신해서 그 바보 녀석을 혼내줘야겠구나.' 그는 생각했다.

작은 도깨비는 이반을 찾으러 타작마당으로 갔다. 그랬더니 이반은 벌써 들일을 마치고 숲속에서 나무를 치고 있었다.

두 형은 모두 같이 사는 것이 옹색하게 느껴지기 시작했다. 그래서 자기네가 살 집을 지을 나무를 베어 새집을 지어 달라고 바보 이반에게 이른 것이다. 작은 도깨비는 숲으로 달려가 나뭇가지에 기어올라가 이반이 나무를 베어 눕히는 것을 훼방 놓기 시작했다. 이반은 쓰러뜨리기 좋게 나무 밑동을 쳐 놓고 방해를 받지 않을 데로 나무를 쓰러뜨리려고 했으나 나무는 이상하게 굽으면서 쓰러져서는 안 될 데로 쓰러져 거기 있는 나뭇가지에 걸려 버렸다. 이반은 지렛대를 하나 만들어 여기저기로 그 방향을 틀어 가면서 겨우 나무를 쓰러뜨렸다. 이반은 다른 나무를 베기 시작했다. 그런데 역시 아까와 마찬가지였다. 이반은 갖은 애를 쓴 나머지 가까스로 쓰러뜨렸다. 세 번째 나무에 달려들었다. 그것 또한 마찬가지였다. 이반은 50그루쯤 베려고 생각했는데 열 그루도 채 베기 전에 벌써 해가 뉘엿뉘엿했다. 그리고 이반은 지칠 대로 지쳐 버렸다. 그의 몸뚱이에서는 김이 무럭무럭 나 마치 안개처럼 숲속에 끼었는데도 그는 일손을 멈추지 않았다. 그는 또 한 그루를 베어 쓰러뜨렸다. 그랬더니 등이 지끈지끈 쑤시기 시작하여 맥이 탁 풀리고 말았다. 그래서 도끼를 나무에다 박아 놓고 조금 쉴 양으로 앉았다. 작은 도깨비는 이반이 잠잠해진 것을 알고 기뻐했다. 그리고 생각했다. '녹초가 되어 내동댕이친 거로군. 어디 그럼 나도 이제 좀 쉬어 볼까.' 작은 도깨비는 나뭇가지 위에 올라타고 앉아 속으로 고소해하고 있었다. 그런데 이반은 다시 벌떡 일어나 도끼를 쳐들어 그것을 반대쪽에서 냅다 내리쳤으므로 나무는 별안간 뿌지직 빠개지면서 쓰러졌다. 작은 도깨비는 워낙 갑작스러운 일을 당하여 미처 발을 비킬 겨를도 없이 우지끈하고 가지가 꺾이는 바람에 그 사이에 손이 끼고 말았다. 이반은 깜짝 놀랐다.

"아니, 요 망할 게, 너 이놈! 또 나왔구나!"

그러자 작은 도깨비는 말했다.

"내가 아닙니다. 당신의 형님이신 타라스한테 있던 놈이에요."

"아니, 네가 어떤 놈이건 내 알 바 아니다."

이반은 도끼를 번쩍 치켜들어 도끼 등으로 내리쳐 죽이려고 했다. 작은 도깨비는 정신없이 싹싹 빌며 말했다.

"제발 치지만 마십쇼. 원하시는 것이 있으면 무엇이거나 해드릴 테니."

"그래 도대체 네가 무엇을 할 수 있길래?"

"나는 당신에게 당신이 원하시는 만큼의 돈을 만들어 드릴 수 있습니다."

"그렇다면" 하고 이반은 말했다. "어디 한번 만들어 보렴!"

작은 도깨비는 이반에게 이렇게 가르쳐 주었다.

"이 떡갈나무 잎을 들고 두 손으로 비비세요. 그러면 금화가 땅바닥에 떨어질 테니."

이반은 나뭇잎을 들고 비벼 보았다. 그랬더니 아니나 다를까, 누런 금화가 우수수 쏟아졌다.

"거 좋겠는걸, 어린애들이 가지고 놀기엔."

"자, 그럼 놔주세요." 작은 도깨비는 말했다.

"그래, 그러지!" 이반은 지렛대를 들고 작은 도깨비를 빼내 주었다. 그리고 "잘 가거라" 하고 말했다.

그런데 그가 말을 하기가 무섭게 작은 도깨비는 물속에 돌을 던지기라도 한 것처럼 금방 땅속으로 기어 들어가 버리고 그 자리에는 구멍만 하나 퀭하니 남았을 뿐이다.

6

형제들은 집을 지어 따로따로 살기 시작했다. 이반은 들일을 마치고는 맥주를 담가 두 형들을 잔치에 초대했다. 그러나 형들은 이반에게 손님 노릇을 하려들지 않았다.

그들은 "우리들은 농부들투성이의 잔치란 건 본 일이 없어" 하고 말했다.

이반은 농부며 아낙네들에게 잔치를 베풀고 또 저도 마셨다. 그리고 취기가 오르자 춤 놀이가 벌어진 한길로 걸어 나갔다. 이반은 춤 놀이판으로 다가가 아낙네들에게 자기를 칭찬해 달라고 일렀다.

"그러면 나는 여러분들에게 아직 한 번도 구경해 보지 못한 것을 줄 테니까."

말을 들은 아낙네들은 웃음을 터뜨리고 그를 칭찬해 댔다. 그러고 나서 이렇게 말했다.

"자, 그럼 주어요."

"금방 가져올게."

이반은 말하고 나서 씨앗 상자를 안고 숲 쪽으로 뛰어갔다. 아낙네들은 "어머, 저 바보 좀 보게!" 하고 비웃었다. 그리고 그에 대해서는 그냥 잊어버렸다. 그런데 되돌아 달려오는 이반은 무엇인가를 가득 채워 넣은 씨앗 상자를 들고 있었다.

"어때, 나누어 줄까?"

"어디, 나누어 봐요."

이반은 금화를 한 주먹 쥐어 아낙네들에게 싹 던졌다. 그러자 갑자기 소란이 일어났다. 아낙네들은 그것을 주우려고 냅다 몰려들었다. 농부들도 달려왔다. 서로 금화를 잡아챘다. 어떤 한 노파는 하마터면 짓눌려 죽을 뻔했다. 이반은 껄껄 웃어댔다.

"그렇지만 서로들 밀치지는 말아요. 여러분들에게 더 줄 테니까."

이렇게 말하고 그는 다시 흩뿌리기 시작했다. 많은 사람들이 잇따라 때 지어 왔다. 이반은 상자에 있는 대로 전부 뿌렸다. 그런데도 군중은 더 달라고 졸라댔다. 그래서 이반은 이렇게 말했다.

"이제 다 털어 버렸어. 이다음 번에 또 주지. 자, 이젠 춤을 추어 볼까, 좋은 노래를 불러 봐."

아낙네들은 노래를 부르기 시작했다.

"재미없는데, 당신네 노래는" 하고 그는 말했다.

"그럼 어떤 노래가 좋지?" 아낙네들이 물었다.

"그렇다면 내가 금방 당신들에게 보여 주지."

그러고는 헛간으로 가 보릿단을 한 움큼 뽑아내 낟알을 털어 내고는 그것을 반듯이 세워놓더니 툭 치며 말했다.

"자, 내 종이 이르는 말이노라. 다발로 있을 게 아니고 보릿짚의 수만큼 군사가 되어라."

그러자 보릿단은 산산이 흩어져 군사가 되더니 북과 나팔을 쿵짝거리기 시작했다. 이반은 군사들에게 노래를 부르라고 이르고 그들과 함께 한길로 나갔다.

군중은 깜짝 놀랐다. 군사들은 잠시 노래를 부르고 있었다. 이윽고 이반은 아무도 뒤따라와서는 안 된다고 일러 놓고 그들을 도로 헛간으로 데리고 가 다시 본대대로 다발을 지어 밑자리가 되어 있는 마른풀 더미 위에 내던졌다. 그리고 집으로 돌아와 마구간에 들어가서 잠이 들었다.

7

이튿날 아침 맏형인 무관 세묜이 이 일을 알고 이반에게 찾아와 이렇게 말했다.

"너 나한테 죄다 말해다오. 도대체 너는 그 군사를 어디서 데려왔다 어디로 데려갔지?"

"그걸 물어 뭘 하시려구요?"

"뭘 하려느냐구? 군사만 있으면 뭐든 다 할 수 있단 말이야. 나라를 얻을 수도 있어."

이반은 깜짝 놀랐다.

"그럼 왜 진작 말씀하지 않으셨죠? 얼마든지 원하시는 대로 만들어 드리겠습니다. 마침 누이와 둘이서 보릿단을 잔뜩 장만해 놓았으니까."

이반은 형을 헛간으로 데리고 가서 이렇게 말했다.

"알겠어요. 그럼 군사를 만들어 드릴 테니 말씀이에요, 그 대신 꼭 데리고 가셔야 해요. 그렇지 않고 만일 먹여 살려야 하는 날엔 그야말로 하루에 온 동네를 몽땅 털어먹게 될 테니까요."

무관 세묜이 군사를 데리고 가겠노라고 약속하여 이반은 군사를 만들어 내기 시작했다. 그는 보릿단으로 타작마당을 내리쳤다. 그러자 그와 동시에 1개 중대의 군사가 되었다. 또 한 번 내리치면 또 1개 중대의 군사가 되었다. 이리하여 그는 온 들판을 가득 메울 만큼의 무수한 군사를 만들어 냈다.

"어떻습니까, 이제 됐어요?"

"이제 그만 됐어. 고맙다, 이반."

세묜은 크게 기뻐하며 이렇게 말했다.

"뭘요. 만일 더 필요하시거든 언제든지 오세요. 얼마든지 더 만들어 드릴 테니. 요새는 보릿짚이 잔뜩 있으니까요."

무관인 세묜은 곧 군대를 지휘하여 바르게 대오를 갖추게 하고 전쟁을 하러 나갔다.

무관 세묜이 떠나자 이번에는 배불뚝이 타라스가 끄덕끄덕 찾아왔다. 그도 어제의 일을 알고 있었던 것이다. 그는 아우에게 이렇게 간청하기 시작했다.

"숨기지 말고 말해 보렴. 그래 너는 어디서 금화를 얻었지? 만일 나한테 그렇게 마음대로 되는 돈이 있다면 나는 그 돈으로 온 세계의 돈을 긁어모을 텐데 말이야."

이반은 깜짝 놀라 말했다.

"그래요! 아, 그렇다면 그렇다고 진작 말씀하실 일이지. 형님께서 원하시는 대로 만들어 드리죠."

형은 크게 기뻐했다.

"나는 씨앗 상자로 세 상자만 있으면 된다."

"그럼 그렇게 하세요. 숲속으로 갑시다. 한데 말을 타고 가셔야죠. 가지고 오기가 힘들 테니까."

둘이는 숲속으로 말을 타고 갔다. 그리하여 이반은 떡갈나무에서 잎을 훑어 비비기 시작했다. 금화가 쏟아져 산더미처럼 쌓였다.

"어때요, 이만하면?"

타라스는 기뻐서 어쩔 줄 몰랐다.

"당장은 이만큼 있으면 충분하다. 고맙다, 이반."

"뭘요, 더 필요하시거든 언제든지 오세요. 더 만들어 드릴 테니까. 얼마든지 만들어 드리겠어요. 잎사귀는 얼마든지 있으니까 말이에요."

배불뚝이 타라스는 달구지에다 금화를 가득 싣고 장사를 하러 떠났다.

이리하여 두 형들은 제각기 떠났다. 세묜은 전쟁을 시작하고 타라스는 장사를 시작했다. 무관인 세묜은 두 나라를 정복하고 배불뚝이 타라스는 큰돈을 벌었다.

어느 날 세묜과 타라스는 한자리에서 만나 서로 숨김없는 말을 주고받게 되었다. 세묜은 군대를 얻은 경위에 대해서, 그리고 또 타라스는 돈을 모으게 된 경위에 대해서였다.

무관인 세묜은 아우에게 "나는 말이야, 나라를 정복해 잘 지내고 있기는 한데 그저 돈만 넉넉지 못할 뿐이야. 군대를 먹여 살려야 할 돈이 말이야" 하고 말했다. 그러자 타라스가 말했다.

"그런데 나는 말이에요, 돈은 어지간히 모았는데 그저 한 가지 그것을 지키게 할 사람이 한 명도 없는 게 골칫거리예요."

그때 무관인 세묜이 말했다.

"이반에게 찾아가 보자꾸나. 나는 그 녀석에게 군대를 더 만들게 하여 네 돈을 지키게 할 테니까, 너는 그 군대를 먹여 살릴 만큼의 돈을 만들어 주도록 그 녀석에게 말하란 말이야."

이리하여 둘은 이반한테로 찾아왔다. 이반의 집에 오자 세묜은 이렇게 말문을 열었다.

"이봐, 이반. 내겐 아무래도 군사가 좀 모자라. 그러니까 군사를 좀 더 만들어 다오. 비록 한 두어 짚가리만이라도 좋으니 말이야."

이반은 고개를 설레설레 내저었다.

"안 돼요" 하고 이반은 말했다.

"형님에게는 이제 더 이상 군사를 만들어 드리지 않겠습니다."

"아니, 이반. 왜 그러지? 그전에 너는 약속했었잖아?"

"그야 약속하기는 했었죠. 그러나 이제 더는 만들지 않겠습니다."

"아니, 어째서 만들지 않겠다는 거야, 이 바보 녀석아!"

"형님의 군사가 사람을 죽였기 때문이에요. 이즈막의 일인데 말이에요. 내가 길가의 밭을 갈고 있다가 본 것인데, 한 아낙네가 그 길로 널을 지고 가면서 엉엉 통곡하고 있잖겠어요. 그래서 나는 '누가 돌아가셨어요?' 하고 물어봤죠. 그러자 그 아낙네가 이렇게 말하는 것이었습니다. '세묜의 군사가 전쟁에서 내 남편을 죽였다오' 하고 말이에요. 군대란 건 노래를 부르는 것으로만 알고 있었는데 사람을 죽였다잖아요. 그러니까 나는 이제 더는 군사를 만들지 않기로 했어요."

이렇게 우겨대어 이반은 이제 더는 군사를 만들어 내려고 하지 않았다.

한편 배불뚝이 타라스도 이반에게 금화를 더 만들어 달라고 사정하기 시작했다.

이반은 고개를 설레설레 내저었다.

"안 돼요. 이제 더는 금화를 만들지 않겠습니다."

"어째서 그러지? 너는 그렇게 해주겠다고 약속했었잖아?"

"그야 약속은 했었죠. 하지만 이제 더는 만들지 않겠어요."

"어째서 만들지 않겠다는 거냐, 이 바보 녀석!"

"어째서가 아니라 형님의 금화가 미하일로브나에게서 암소를 빼앗아 갔기 때문이죠."

"어째서 빼앗겼다든?"

"그 얘기를 자세히 할까요? 미하일로브나한테 암소가 한 마리 있어서 어린애들이 우유를 마시고 있었어요. 그런데 이즈막에 그 어린애들이 나한테 찾아와서 우유를 달라고 졸라대는 거예요. 그래서 나는 그 애들한테 물어봤죠. '너희 집 암소는 어디 있지?' 하고. 그랬더니 끌려가 버렸다는 거예요. '어떤 놈이 끌고 갔는데?' 했더니 '배불뚝이 타라스네 마름이 찾아와 엄마에게 금화를 세 닢 주니까 엄마가 그 사람에게 암소를 주어 버렸어요. 우리들은 이제 마실 것이라곤 하나도 없어요' 하고 말하더군요. 나는 형님이 금화를 노리개로 삼고 있는 줄로만 알고 있었는데 어린애들한테서 암소를 빼앗아가 버렸어요. 나는 이제 형님에게는 금화 따윈 만들어 드리지 않겠습니다!"

바보 이반은 고집을 세워 더 이상 만들어 주지 않았다. 그래서 두 형제는 허탕을 친 채 떠났다. 두 형들은 귀로에 올랐다. 그리고 그 도중 어떠한 수단으로 그 곤경을 서로 도울 것인지에 대해서 상의했다. 세묜이 말했다.

"그럼 이렇게 하자꾸나. 그러니까 네가 나에게 군대를 기를 돈을 주고 내가 너에게 군대를 절반 준다. 네 돈을 지키도록 말이지."

타라스는 동의했다. 두 형제는 가지고 있는 것을 서로 나누어 갖고 둘 다 임금이 되었으며 둘 다 부자가 되었다.

8

그러나 이반은 내내 집에서 살고 있었고, 부모를 봉양하면서 말 못하는 누이와 함께 들에서 일을 하고 있었다.

한 번은 이런 일이 있었다. 이반네 집의 늙은 개가 병이 나고 옴이 생겨 죽게 됐다. 이반은 그것을 가엾게 여기고 누이에게서 빵을 얻어 모자 속에 넣어 개에게로 가지고 가서 던져 주었다. 그런데 모자에 구멍이 뚫려 있어 빵과 함께 작은 도깨비가 준 조그만 뿌리가 한 가닥 굴러 떨어졌다. 늙은 개는 빵과 함께 그것을 주워 먹어 버렸다. 그런데 그 뿌리를 먹자마자 개는 갑자기 생기가 올라 뛰어 오르기도 하고 장난을 치기도 하며, 짖기도 하고 꼬리를 흔들기도 하게 됐다. 병이 말끔히 나은 것이다.

부모들은 그것을 보고 깜짝 놀랐다.

"너는 뭣으로 개를 낫게 했지?"

그러자 이반은 이렇게 말했다.

"나는 어떤 병이든 낫는 풀뿌리를 가지고 있었는데 그 하나를 이 개가 먹은 거예요."

마침 이 무렵, 임금의 딸이 병을 앓고 있었다.

임금은 방방곡곡 도시와 마을에 방을 써 붙이게 하여 누구라도 좋으니 공주의 병을 낫게 해 준 자에게는 크게 포상을 할 것이며, 만일 그가 독신이라면 공주를 아내로 맞게 하겠다는 것이다. 이반네 마을에도 물론 이 방이 나붙었다.

아버지와 어머니는 이반을 불러 놓고 이렇게 말했다.

"너도 임금님의 포고가 어떤 것이라는 걸 들었겠지. 너는 무슨 병이든 고칠 수 있는 풀뿌리를 가지고 있다니까, 한 번 가서 공주님의 병을 낫게 해보렴. 그러면 너는 한평생 행복을 누리게 될 게 아니냐."

"그럼 그렇게 하죠" 하고 이반은 말했다.

그리고 곧 떠날 채비를 했다. 부모가 나들이옷으로 차려입혀 주었다. 이반은 문간으로 나가다가 손이 굽은 여자 거지가 거기에 서 있는 것을 보았다.

"듣자니까 당신은 무슨 병이든 다 낫게 한다면서요? 어디 내 손도 좀 낫게 해주시구려. 이대로는 내 손으로 신발도 신을 수 없다오."

그 여자 거지가 말했다.

"그렇게 해주지" 하고 이반은 말했다. 그리고 풀뿌리를 꺼내어 여자 거지에게 주고 그는 그것을 삼키라고 일렀다. 여자 거지는 그것을 삼켰다. 그러자 갑자기 여자 거지의 병이 나아 그 자리에서 손을 내두르게 됐다. 아버지와 어머니는 이반을 임금에게 데리고 가려고 나왔다가 이반이 한 가닥밖에 남지 않은 풀뿌리를 여자 거지에게 주어 버려 공주를 낫게 할 방도가 없어졌음을 알고 입을 모아 나무라기 시작했다.

"그래 거지 따윈 가엾게 여기면서도 공주는 가엾지 않다, 그 말이렷다, 네놈은!"

그러자 이반은 곧 공주도 가엾어졌다. 그는 말에게 수레를 끌게 하고는 부랴부랴 짚을 쌓고 그 위에 앉아 떠나려고 했다.

"그래 도대체 너는 어디로 가려는 거냐, 이 바보 녀석아?"

"공주님을 낫게 해드리려고 가는 겁니다."

"하지만 네겐 낫게 해드릴 게 아무것도 없잖아."

"걱정하지 마세요."

이렇게 말하고 그는 말을 몰았다.

이반이 궁궐에 닿아 막 궐문에 내려서자마자 어느 틈에 공주의 병은 씻은 듯 나아 버렸다.

임금은 크게 기뻐하여 신하에게 이반을 자기에게로 불러들이라고 이르고 그에게 훌륭한 옷을 차려입혔다. 그리고 이반에게 말했다.

"이제부터 그대는 짐의 부마로다."

"황공합니다" 하고 이반은 말했다.

그리하여 그는 공주와 결혼했다. 임금은 오래지 않아 죽었다. 그래서 이반은 임금이 되었다. 이리하여 세 형제가 모두 임금이 되었다.

9

세 형제는 건재하여 저마다 나라를 다스렸다.

맏형인 무관 세묜은 참으로 잘살고 있었다. 그는 짚으로 만든 군사를 기반으로 진짜 군사를 모집했다. 그는 온 나라에다 10호(戶)마다 한 명씩의 군사를 내되 그 군사는 키가 크고 살갗이 희며, 얼굴이 깨끗해야 한다고 명령을 내렸다. 그는 이런 군사를 잔뜩 모집하여 모두 훈련시켜 놓았다. 그리고 그에게 거스르는 자가 있으면 이내 군사를 풀어 그의 뜻대로 어떠한 짓도 감행하곤 했다. 그리하여 모든 사람이 그를 두려워하게 되었다.

세묜의 생활은 훌륭했다. 그의 머리에 떠오른 것, 그의 눈에 띄는 것은 당장 모두 그의 것이 되었다. 군대만 풀어놓으면 그 군대가 그가 필요로 하는 것은 무엇이건 빼앗아오기도 하고 데려오기도 했다.

배불뚝이 타라스의 생활도 호화로웠다. 그는 이반에게서 얻은 돈을 낭비하지 않고 그것을 밑천 삼아 거액의 돈을 모았다. 그도 제 나라에서 그럴싸한 제도를 만들어 놓았다. 그는 제 돈은 돈궤 속에 단단히 넣어 두고 백성에게서 돈을 우려냈다. 그는 인두세, 통행세, 거마세, 짚신세, 감발세, 옷끈세로 돈을 짜냈다. 그리하여 백성들에게는 하나에서 열까지 돈이 들었는데 돈이란 돈은 전부 타라스가 움켜쥐고 있었다. 누구나가 돈이 달렸기 때문에 모두들 돈이 아쉬워 무엇이나 그에게 날아왔고 일을 하려고 몰려들었다.

바보 이반의 생활 또한 그리 나쁘지는 않았다. 장인의 장례를 치르기가 바쁘게 그는 임금의 의대를 다 벗어던지고 그것을 왕비의 옷장에 집어넣게 했다. 그리고 자기는 다시 삼베 속옷에 잠방이를 걸치더니 짚신을 신고 일에 매달렸다.

"나는 도무지 답답해 못 견디겠어. 배만 자꾸 커지는 데다 먹을 수도 잠을 잘 수도 없으니 말이야" 하고 그는 말했다.

그리하여 그는 부모와 벙어리 누이를 불러와 또다시 일을 하기 시작했다. 사람들은 그에게 이렇게 말했다.

"하지만 당신은 임금이 아니십니까!"

"아니, 일없어. 임금도 먹어야 하니까" 하고 그는 대답했다.

대신이 들어와 진언했다.

"녹봉을 치를 국고금이 없사옵니다."

"뭐, 일없어. 없거든 치르지 않으면 되지."

"그럼 그들은 일을 하지 않게 될 것이옵니다."

"그럼 그렇게 하라지. 내버려둬, 일하지 않아도 좋아. 오히려 자유롭게 일들을 하게 될 테니까. 모두들 거름이나 내게 해. 그들은 거름을 많이 만들어 놓았을 테니까."

사람들이 이반에게로 재판을 받으려고 왔다. 한 사람이 "저자가 소인의 돈을 훔쳤사옵니다" 하고 말하자 이반은 "아, 좋아, 좋아! 그러니까 저자는 돈이 필요했다 그 말이지?" 하고 말했다.

이에 모든 사람은 이반이 바보라는 것을 알게 되었다. 왕비가 그에게 말했다.

"모두들 임금님을 바보라 말하고 있다 하옵니다."

"아, 일없어."

이반의 아내는 생각하고 또 생각했다. 그러나 그녀 또한 바보였다.

"제가 어찌 감히 남편을 거스를 수 있겠나이까? 실은 바늘 가는 데로 따라가야 하는 것이거늘."

이렇게 말하고 그녀도 왕비의 옷을 벗어 옷장 속에 집어넣고 벙어리 시누이에게로 농사일을 배우러 갔다. 그리하여 일을 익히고 나서 남편을 거들기 시작했다.

똑똑한 사람은 모두 이반의 나라를 떠나 버리고 남은 것은 그저 바보들뿐이었다. 돈이라는 것은 어느 누구에게도 없었다.

모두 일을 하여 제 스스로 살아가는 동시에 착한 사람들을 도와주면서 살아나갔다.

큰 도깨비는 작은 도깨비들에게서 세 형제를 어떻게 파멸시켰는가 하는 소식이 오기를 학수고대하고 있었다. 그러나 아무런 소식도 없었다. 그래서 사정을 살펴볼 양으로 자기가 직접 나가 여기저기 찾아 돌아다녀 봤지만 찾아낸 것이라곤 그저 세 구멍뿐이었다.

'아무래도 진 모양이로군. 그렇다면 내가 직접 손을 쓸 수밖에 도리가 없지.'

큰 도깨비는 형제들을 찾으러 갔으나 그들은 이미 살던 곳에는 없었다. 그는 형제들을 저마다 다른 나라에서 발견했다. 셋이 다 건재한 데다 나라를 다스리고 있었다. 이것을 본 큰 도깨비는 혼잣말을 했다.

"이렇게 됐으니 내가 손수 나서야겠다."

큰 도깨비는 먼저 세몬의 나라로 갔다. 그리고 제 모습을 감추고 장수로 둔갑하여 세몬왕에게 찾아갔다.

"듣자온즉 세몬 임금님, 임금님께서는 위대한 무인이신 듯하옵니다. 그러나 신도 그 일에 있어서는 확고히 익히고 있는 바가 있사와 전하를 섬기고자 하옵니다만" 하고 그는 말했다.

세몬왕은 그에게 여러 가지로 물어보고 나서 그가 현명한 사람임을 알았으므로 쓰기로 했다.

새로 들어온 장수는 강력한 군대를 기르는 방법을 세몬왕에게 진언했다.

"우선 첫째로 더 많은 군사를 모아야 할 줄로 아뢰옵니다. 그렇지 않으면 이나라에는 집안일을 일삼는 백성이 너무 많아지게 됩니다. 젊은 사람들은 가릴 것 없이 모조리 징집하셔야 하옵니다. 둘째로 신식 소총과 대포를 만들어야하옵니다. 신이 마치 콩을 흩뿌리듯 단번에 백 발의 총알이 나가는 소총을 만들어 올리겠사옵니다. 그리고 또 대포도 어떠한 것이든 불로 태워 버리게 할 무서운 성능의 것을 만들어 올리겠사옵니다. 이것은 사람이고 말이고, 성벽이고할 것 없이 모든 것을 깡그리 태워 없애 버리고 말 것이옵니다."

세몬왕은 새 장수의 진언을 받아들였다. 그리하여 젊은이는 모조리 군대에 징집할 것을 명령하고 또 새로운 공장을 지어 신식 소총과 대포를 만들어 내자, 이내 이웃 나라의 임금에게 싸움을 걸었다. 그리하여 싸움이 벌어지자마자 세몬왕은 자기의 군사들에게 적군에게 총포를 마구 퍼부으라고 명령하여 단숨에 쳐부수고 그 절반을 불태워 버렸다. 이웃 나라의 임금은 질겁을 하여 곧 항복하고 나라를 바쳤다.

세뮨왕은 크게 기뻐하며 "이번에는 인도 왕도 정복하고 말아야지" 하고 말했다. 그런데 인도 왕은 세뮨왕의 소문을 듣고 그의 전략을 완전히 베낀 데다 그것에 제 생각을 덧붙였다. 인도 왕은 그저 젊은이들을 군대에 징집할 뿐만 아니라 독신의 여자들까지도 모조리 군사로 뽑았다. 그리하여 그의 군대는 세뮨의 군대보다도 더 많아졌다. 게다가 또 그는 소총이며 대포를 만드는 법을 세뮨왕에게서 배운 데다 공중을 날아 머리 위에서 포탄을 던지는 것까지 생각해 냈다.

세뮨왕은 인도 왕에게 싸움을 걸었다. 그의 생각으로는 지난번 전쟁과 마찬가지로 단숨에 칠 것 같았지만, 날카로운 낫도 언제까지나 잘 드는 것은 아니다. 인도 왕은 세뮨의 군대가 사정거리 안으로 들어오는 것을 막고, 여자 군사들을 공중으로 보내어 적군의 머리 위에다 포탄을 던지라고 명령했다. 여자 군사들은 공중에서 마치 진딧물 위에다 붕사를 뿌리듯 세뮨의 군대에 포탄을 퍼붓기 시작했다. 세뮨의 군대는 모두 혼비백산하여 여기저기로 어지럽게 달아나고 세뮨왕 혼자만이 남았다.

인도 왕은 세뮨의 나라를 몰수하고, 무관 세뮨은 발 가는 대로 정처 없이 도망쳐 다녔다.

큰 도깨비는 이 맏형을 결딴내 놓고 이번에는 타라스왕에게로 갔다. 그는 장사꾼으로 둔갑하여 타라스의 나라에 자리를 잡자 선심을 베풀기도 하고 돈을 마구 쏟기도 했다. 이 장사꾼은 온갖 물건에 높은 값의 돈을 치러 주었으므로 백성은 모두 돈을 벌기 위해 이 장사꾼에게 몰려들었다. 이리하여 백성의 호주머니가 아주 두둑해졌으므로 체납금은 모두 말끔히 내게 되고 어떤 세금이건 기한 안에 어김없이 바치게 되었다.

타라스왕은 크게 기뻐했다. 그 장사꾼은 참으로 고맙구나, 하고 생각했다. 왕에게는 자꾸자꾸 더 많은 돈이 생겼고 형편도 더욱더 나아져 갔다. 그리하여 타라스왕은 새로운 계획을 세우고 자기의 새 궁전을 짓기 시작했다. 그는 백성들에게 재목이나 돌을 나르는 일을 하러 나오라고 명령한 뒤 모든 일에 비싼 품삯을 매겼다. 타라스왕은 전과 마찬가지로 그의 돈을 노리고 백성들이 자기에게 일을 하려고 몰려오려니 생각했다.

그런데 재목이며 돌은 모두 그 장사꾼에게로 실려가고, 일꾼도 모두 그리로 몰려가고 있는 것이 아닌가. 타라스왕은 품삯을 올렸다. 그러나 장사꾼은 더 많은 돈을 내던졌다.

　타라스왕은 많은 돈을 가지고 있었다. 그러나 장사꾼은 더 많은 돈을 가지고 있었다. 장사꾼은 임금의 품삯보다 계속 높게 매겼다. 궁전은 공사를 시작한 이후로 좀처럼 완공될 기미를 보이지 않고 있었다. 타라스왕은 정원을 만들려고 계획했다. 가을이 다가왔으므로 타라스왕은 정원을 만들러 오라고 백성들에게 알렸다. 그러나 아무도 나오는 사람은 없고, 모두 장사꾼네 못을 파러 가 버렸다. 겨울이 닥쳤다. 타라스는 새 털외투를 짓기 위해 검은담비 가죽을 사야겠다고 생각하고 신하를 보냈더니, 그자가 돌아와 이렇게 말했다.

　"그 장사꾼이 모조리 사들였기 때문에 검은담비는 없사옵니다. 그자는 한결 비싼 값을 주었고, 그 가죽으로 방석까지 만들었다 하옵니다."

　타라스왕은 종마(種馬)를 사들여야 했다. 그래서 그것을 사러 내보냈더니 모두 돌아와서 전하는 말이, 좋은 종마는 모두 그 장사꾼의 손에 들어가 장사꾼의 못을 채울 물을 나르고 있다는 것이다.

　왕의 일이라면 아무것도 해주지 않으면서 장사꾼을 위해서는 어떤 일에도 나갔고, 장사꾼에게서 번 돈을 그에게로 가지고 와서 세금으로 낼 뿐이었다.

　이리하여 왕에게는 돈이 너무 남아돌아 그것을 어디에 두어야 할지 모를 정도였지만, 생활은 차츰 가난해졌다. 왕도 이제는 온갖 계획을 세우기를 그만두고 어떻게든 살아나갈 것밖에 생각하지 않게 되었다. 그러나 이윽고 그마저도 위태로워졌다. 모든 것이 궁색해졌다. 숙수도 여자도 사제들도 모두 그에게서 장사꾼 쪽으로 빠져갔다. 식료품까지도 모자랐다. 시장으로 물건을 사러 가 보아도 아무것도 없었다. 그것은 장사꾼이 모두 몰아서 사들였기 때문이며, 그는 다만 세금으로 돈을 받아들일 뿐이었다.

　타라스왕은 잔뜩 화가 나 장사꾼을 국외로 내쫓았다. 그러나 장사꾼은 국경에 도사리고 앉아 역시 똑같은 짓을 했다. 여전히 장사꾼의 돈을 보고 모두 장사꾼에게로 몰려들었다.

　왕은 완전히 궁지에 빠지고 말았다. 며칠씩 먹지도 못하는가 하면 장사꾼은 왕에게서 왕비까지도 사려 한다는 풍문까지 들려왔다. 따라서 왕은 이제 주눅

이 들어 어떻게 해야 할지 몸 둘 바를 모르게 되었다.

어느 날 무관 세몬이 따리스 왕에게로 찾아와 이렇게 말했다.

"좀 도와줘. 나는 인도 왕에게 패망했어."

그러나 배불뚝이 타라스 자신도 지금은 뱃가죽이 등뼈까지 붙어 있는 지경이었다.

"나도 벌써 꼬박 이틀이나 아무것도 먹지 못하고 있단 말이에요."

11

큰 도깨비는 두 형제를 거덜내고 이반에게로 갔다.

큰 도깨비는 장수로 둔갑하고 이반에게로 찾아가 군대를 만들 것을 그에게 권했다.

"임금님께서 군대가 없이 지내신다는 것은 체통이 서지 않는 일이옵니다. 어명을 내리시기만 한다면 신은 임금님의 백성 가운데서 군사를 모아 훌륭한 군대를 만들어 올리겠사옵니다."

이반은 그의 말을 듣고 나서 "그것도 좋은 말이오. 그럼 어디 만들어 보오. 그리고 그들이 노래를 잘 부르도록 가르치오. 나는 그것을 좋아하니까" 하고 말했다.

큰 도깨비는 이반의 나라를 돌아다니면서 지원병을 모집하기 시작했다. 군사를 지원하는 자는 누구나 보드카 한 병과 빨간 모자를 얻게 될 거라고 설명했다. 바보들은 코웃음을 쳤다.

"술 따윈 우리들에겐 얼마든지 있단 말이야, 우리들은 모두 제 손으로 빚고 있으니까 말이야. 그리고 모자도 아낙네들이 어떤 것이건 갖고 싶은 걸 만들어 준단 말이야. 얼룩덜룩한 것이나 술이 너슬너슬 달린 것까지도."

이리하여 누구 한 사람 군대를 지원하는 자라곤 없었다. 큰 도깨비는 이반에게 찾아왔다.

"임금님 나라의 바보들은 자진해서 군사가 되려고는 하지 않사옵니다. 그러하온즉 그들을 힘으로 몰아대야 할 줄로 아뢰오."

"응, 그것도 좋겠는걸. 그럼 힘으로 몰아대보오."

큰 도깨비는 '백성들은 모두 군사가 되어야 하며 만일 거역하는 자가 있으면 이반왕께서 참형을 내릴 것이니라' 하고 포고했다.

바보들은 장수에게로 찾아와 이렇게 말했다.

"당신은 우리들이 만일 군사가 되지 않으면 임금님께서 참형을 내리신다고 말씀하고 계시는데 군사가 되면 어떻게 된다는 건 말씀하고 있지 않습니다. 군사가 되면 목숨을 잃는다는 말이 있던데?"

"그렇지, 그런 일이 없는 것도 아니지."

그 말을 듣고 바보들은 옹고집이 되었다.

"그럼 우리들은 나가지 않겠습니다. 차라리 집에서 죽는 게 더 낫지 뭡니까. 어차피 죽어야 하는 거라면."

"너희들 정말 바보들이로구나. 이 바보들아! 군사가 됐다고 해서 꼭 죽는 것은 아니야. 그렇지만 군사가 되지 않으면 영락없이 이반왕에게 죽임을 당하고 말 것이다."

바보들은 곰곰 생각하다가 임금인 바보 이반에게 물어보러 갔다.

"장수께서 나오셔서 모두 군사가 되라고 소신들에게 명령하고 계시옵니다. 군대에 나가면 죽임을 당하는지 당하지 않을는지 모르지만, 나가지 않으면 소신들에게 반드시 참형을 내리실 것이라고 말씀하고 계시는데 정말이옵니까, 그건?"

이반은 껄껄 웃었다.

"그래, 어떻게 짐이 혼자서 그대들을 모두 참형할 수 있으리오? 짐이 바보가 아니었던들 그대들에게 잘 알아듣도록 설명했으련만, 짐 자신도 뭐가 뭔지 도통 모르겠으니 말이오."

"그러하오시다면 소신들은 군대에 나가지 않겠사옵니다."

"거 그렇게들 하지. 나가지 않아도 좋아."

바보들은 장수에게로 가서 군사가 되기를 거절했다.

큰 도깨비는 이 일이 잘 되어 나가지 않음을 보고 타라칸왕에게 가서 알랑알랑 비위를 맞추면서 부추겼다.

"싸움을 걸어서 한번 이반왕의 나라를 치십시다. 그 나라에는 비록 돈은 없을지라도 곡식이며 가축이며 그 밖의 온갖 것이 풍부하니까요."

타라칸왕은 전쟁을 일으키기로 했다. 먼저 크게 군사를 모으고 총이며 대포를 갖추자 국경으로 나가 이반의 나라를 침입하기 시작했다.

사람들은 이반에게로 달려와 이렇게 아뢰었다.

"타라칸왕이 우리나라에 싸움을 걸어왔사옵니다."

"뭐 어떨라구. 싸움을 걸어오려면 걸어오라지."

타라칸왕은 국경을 넘자 척후병을 보내어 이반 군대의 동정을 살피게 했다. 그는 여기저기 찾아다녀보았지만 군대 같은 것은 어디에도 보이지 않았다. 그래도 어디선지 나타날는지도 모르므로 오래오래 기다려보아도 군대에 대해서는 뜬소문도 들을 수 없었다. 누구와 싸우려야 싸울 상대가 없었다.

타라칸왕은 군사를 보내어 마을들을 점령하게 했다. 군사들이 한 마을에 들이닥쳤다. 그러자 남녀 바보들이 뛰어나와 군사들을 바라보더니 미심쩍어하며 놀라는 눈치였다. 군사들은 바보들에게서 곡식이며 가축을 약탈했다. 바보들은 무엇이건 선선히 내주었다. 어느 누구도 자기를 지키려 하기는커녕 여기 와서 살라고 권유까지 했다. 군사들은 다른 마을로도 가 보았지만 이르는 곳마다 어디나 마찬가지였다. 있는 대로 다 털다시피 하여 내주었고, 어느 한 사람 자기를 지키려고 하지 않았다. 그들은 말했다.

"이거 보세요. 당신네 나라에서 살기가 어려우시거든 모두 우리나라에 와서 사세요."

군사들은 아무리 헤매고 돌아다니면서 알아보아도 아무 데도 군대 같은 건 없었다. 백성은 모두 일을 하면서 자기 스스로 살아가는 한편으로 서로 도와주고 있었는데, 꼭 제 한 몸만을 지키려고 버둥대기는커녕 오히려 여기 와서 살라고 권유할 따름이었다.

군사들은 지루해졌다. 그리하여 타라칸왕에게로 돌아갔다.

"소신들은 전쟁을 할 수가 없사옵니다. 소신들을 다른 나라로 보내 주시옵소서. 전쟁이 있으면 좀 좋겠사옵니까만 이게 무엇이옵니까! 이건 꼭 유약한 사람을 참살하는 것 같아 이 나라에서는 이제 더는 싸울 수 없사옵니다."

타라칸왕은 화가 머리끝까지 치밀었다. 그리하여 온 나라를 돌아다녀 마을을 어질러 놓고 집과 곡식을 불사르며 가축을 죽여 버리라고 군사들에게 명령했다.

"만일 어명에 따르지 않는 자가 있으면 누구나 모두 가차 없이 처벌하리라."

군사들은 깜짝 놀라 임금의 명령대로 실행하기 시작했다. 그들은 집이며 곡식을 불태우고 가축을 죽이기 시작했다. 그런데도 바보들은 모두 자기를 지키려 하지 않고 그저 울 뿐이다.

"어쩌자고 너희들은 우리를 괴롭히는 거냐? 너희들은 어째서 우리 재산을 결딴내 놓는 거냐? 필요하거든 차라리 가져가는 게 더 나을 것 아니냐."

군사들은 어쩐지 침울해졌다. 그래서 그 이상 돌아다니기를 그만두었다. 이윽고 군대는 뿔뿔이 흩어지고 말았다.

12

이리하여 큰 도깨비는 떠나 버렸다. 군대의 힘으론 이반을 골리지 못했던 것이다.

큰 도깨비는 다시 말쑥한 신사로 둔갑하여 이반의 나라로 살러 왔다. 배불뚝이 타라스와 마찬가지로 그도 돈으로 골려 주고 싶었던 것이다.

"나는 훌륭한 지식을 전달함으로써 당신네에게 착한 일을 해보고자 합니다. 나는 먼저 당신네 나라에서 집을 짓고 장사를 시작하겠습니다."

"거 좋은 일이오. 그러시다면 여기서 사시죠."

한 벼슬아치가 신사에게 숙소를 빌려 주었다. 이윽고 이 신사가 잠자리에 들었다.

하룻밤을 지내고 난 이튿날 아침, 그는 금화가 들어 있는 커다란 자루와 종이 조각을 가지고 광장으로 나가 이렇게 말했다.

"당신네는 모두 마치 돼지처럼 지내고 있습니다. 그래서 나는 당신네들에게 어떻게 살아야 하는지를 가르쳐 주고자 합니다. 먼저 이 도면처럼 집을 지어 주시오. 당신들은 일을 하고, 지시는 내가 하겠습니다. 그리고 그 답례로 이 금화를 드리겠습니다."

큰 도깨비는 그들에게 금화를 보였다. 바보들은 깜짝 놀랐다. 그것은 그들의 관습에는 돈이라는 것이 없고 그 대신 서로 물건과 물건을 바꾸기도 하고 품앗이를 하기도 했기 때문이다. 그들은 금화에 놀랐다.

"거, 노리갯감으로 썩 좋은데" 하고 그들은 말했다. 큰 도깨비는 타라스의 나라에서 했듯이 싯누런 금화를 마구 뿌려대기 시작했다. 그러자 사람들은 금화와 물건을 바꾸기도 하고 온갖 일을 하여 금화를 품삯으로 얻으려고 그에게 드나들기 시작했다. 큰 도깨비는 속으로 고소해하면서 이렇게 생각했다.

'이거 이쯤 되고 보면 일이 순조로이 돼 나가는 것이렷다! 이번에야말로 그 바보 녀석을 타라스처럼 엉망진창이 되게 해주리라. 그 녀석을 다시는 일어나지 못하게 해주어야지.'

그런데 바보들은 금화를 손에 넣자마자 목걸이용으로 아낙네들에게 나누어 주기도 하고 처자들의 댕기에 달아주기도 했다. 이제는 어린애들까지도 한길에서 금화를 노리갯감으로 가지고 놀게 됐다. 모든 사람들에게 많은 금화가 생기게 되자 이제는 더 얻으려고 하지 않았다. 그런데 말쑥한 신사는 대궐 같은 집이 아직 절반도 지어지지 않은 데다 곡식이며 가축도 아직 한 해 치도 비축돼 있지 않았다. 그래서 신사는 이렇게 알렸다. '나한테로 일들을 하러 오라, 곡식이며 가축을 가지고 오라, 어떤 물건이 됐건 어떤 일이 됐건 그 값으로 많은 금화를 주겠다' 하고.

그러나 어느 누구 한 사람 일하러 가는 자도 없는가 하면, 무엇 하나 들고 가는 사람도 없었다. 이따금 사내애며 계집애가 뛰어나와 달걀과 금화를 바꾸거나, 혹은 금화를 받고 물건을 날라다 주는 정도가 고작일 뿐 달리 찾아오는 사람이라곤 아무도 없었다. 그래서 말쑥한 신사에게는 차츰 먹을 것이 달리게 되었다. 시장기가 들어 무엇이나 먹을 것을 사 보려고 마을 안을 서성거렸다.

그는 어느 한 집에 쑥 들어가 암탉을 사려고 금화를 내밀었다. 그랬더니 안주인이 그것을 받지 않으며 "그런 건 우리 집에 많이 있어요." 하고 말했다.

이번에는 어느 날품팔이꾼 집에 들러 비옷을 살 양으로 금화를 내밀자 "우리 집엔 그런 건 필요 없어요. 어린애들이 없어서 아무도 가지고 놀 사람이 없습죠. 게다가 또 하도 귀한 물건이어서 나도 세 닢 가져다 놨습죠" 하고 말했다.

큰 도깨비는 다음엔 빵을 사려고 어느 농사꾼 집에 들렀다. 그러나 이 농사꾼도 돈을 받지 않으며 "우리 집에선 필요 없어요. 적선을 하는 거라면 또 몰라도. 그럼 좀 기다리시구려. 금방 여편네보고 빵을 썰어서 올리라고 이를 테니까" 하고 말했다.

도깨비는 침을 뱉고, 농사꾼 집에서 냅다 줄행랑을 놓았다. 적선을 위해서 받고 어쩌고 할 문제가 아니었다. 그로서는 이런 말을 듣는 것이 칼보다도 더 무서웠던 것이다.

이래서 빵도 얻지 못하고 말았다. 사람들은 모두 금화를 충분히 손에 넣었던 것이다. 그리하여 큰 도깨비가 어디를 가나 누구 한 사람 돈을 보고 어떠한 것도 주려 하지 않고 모두들 이렇게 말하는 것이었다.

"무엇인가 딴 것을 가지고 오거나, 일을 하러 오거나, 그렇지 않으면 적선을 바라고 동냥을 하러 오거나 하구려."

그러나 도깨비는 돈밖에는 아무것도 가진 것이라곤 없는 데다 일하기는 싫었고 그렇다고 또 적선을 바라고 동냥을 할 수도 없었다. 큰 도깨비는 잔뜩 화가 났다.

"어떻게 된 거야. 당신네는 금화가 더 필요할 텐데 말이야. 언제 당신네들에게 돈을 주어야 하나? 돈만 가지면 무엇이든지 사고 어떤 일꾼이든지 들여놓을 텐데 말이야."

그러나 바보들은 그 말을 듣는 둥 마는 둥 했다.

"아니죠. 그런 건 필요 없습죠. 여기선 지불이라든가 세금이라든가 하는 건 하나도 없으니까요. 그러니까 그까짓 돈 따위는 가져도 쓸 데가 없어요."

큰 도깨비가 저녁도 먹지 못한 채 잠자리에 들었다.

이 일이 바보 이반의 귀에 들어갔다. 백성들이 그에게로 찾아와 이렇게 물었기 때문이다.

"도대체 소신들은 어찌해야 하오리까? 소신들한테 말쑥한 신사가 나타났사옵니다. 그는 맛있는 음식이나 좋은 술만을 좋아하고 깨끗한 옷이나 입기 좋아하면서 일은 숫제 하려고 들지도 않는가 하면 동냥을 하지도 않고 그저 금화라는 것만 내밀 뿐이니 말이옵니다. 전에 금화가 모이기 전에는 모두들 그 신사에게 무엇이나 다 주었는데 이제는 어떤 것도 주는 사람이 없사옵니다. 이 신사를 어떻게 해야 하오리까? 굶어 죽지나 않아야 할 텐데 말이옵니다."

이반은 다 듣고 나서 이렇게 말했다.

"아무렴, 그렇고말고. 먹여 살려야 하느니라. 목자(牧者)처럼 집집마다 돌아다니게 하라."

할 수 없이 큰 도깨비는 이 집 저 집 돌아다니게 됐다. 그렇게 하는 동안 이반의 궁궐도 차례가 돌아왔다. 큰 도깨비가 점심을 먹으러 갔을 때 이반의 누이가 점심을 차리고 있었다. 그녀는 지금까지 자주 게으름뱅이에게 속아 왔다. 게으름뱅이는 일을 하지도 않는 주제에 꼭 맨 먼저 밥을 먹으러 와서는 장만해 놓은 음식을 싹싹 먹어치웠다. 그 결과 이반의 누이는 사람의 손만 보고도 게으름뱅이를 곧잘 분간했다. 손에 못이 박인 사람은 식탁에 앉히지만 못이 박이지 않은 사람에게는 먹다 남은 찌꺼기를 주었다. 큰 도깨비가 식탁 머리에 앉자 누이는 얼른 그 손을 살짝 들여다보았다. 못이 박이지 않았다. 손은 깨끗하고 매끈하며 손톱이 길게 자라 있었다. 누이는 무엇이라고 외쳐 대더니 도깨비를 식탁에서 끌어냈다.

그러자 이반의 아내가 큰 도깨비에게 이렇게 말했다.

"나무라지 마세요. 우리 시누이는 손에 못이 박이지 않은 사람을 식탁에 앉히지 않기로 하고 있으니까요. 자, 잠깐 기다리세요. 곧 다들 주무실 테니까, 그 다음에 남은 것을 잡수세요."

임금의 궁궐에서는 나에게 돼지와 똑같은 것을 먹이려 하고 있구나, 하고 생각하자 큰 도깨비는 은근히 화가 났다. 이리하여 이반에게 말했다.

"임금님 나라에는 모든 사람에게 손으로 일을 하도록 하는 어리석은 법률이 있는가 봅니다. 그러나 그것은 여러분들이 어리석기 때문에 그런 궁리가 생긴 것에 지나지 않사옵니다. 영리한 사람은 무엇으로 일을 하는지 아시나이까?"

"바보인 우리가 어찌 그런 걸 다 알겠는가. 우리들은 무엇이나 대체로 손과 등으로 하고 있지."

"그것은 말하자면 여러분들이 바보이기 때문이옵니다. 그럼 소신이 어떻게 머리로 일을 하는 것인지 그 요령을 가르쳐 드릴까 하옵니다. 그러면 여러분들도 아시게 될 것이옵니다. 손보다 머리로 일을 하는 편이 이롭다는 것을."

이반은 놀랐다.

"음, 그러고 보니 그게 바로 우리가 바보로 불리는 이유렷다!"

그러자 큰 도깨비가 말했다.

"머리로 일을 한다는 것도 그러나 결코 쉽지는 않사옵니다. 지금만 해도 소신의 손에 못이 박이지 않았다고 하여 여러분들은 소신에게 먹을 것을 주시지 않사오나, 그것은 말이옵니다, 그것은 말하옵자면 이런 것을 모르고 계시기 때문이옵니다. 즉 머리로 일을 하는 것이 백 갑절이나 더 어렵다는 것을……. 음, 때로는 머리가 빠개지는 수도 있으니까 말이옵니다."

이반은 생각에 잠겼다.

"한데 어찌 그대는 그렇게 그대 자신을 괴롭히는 거지? 머리가 빠개지는 수도 있다니 과연 쉬운 일은 아니로다! 그보다는 차라리 그대도 손과 등을 써서 더 쉬운 일을 하면 될 게 아닌가?"

그러자 도깨비는 말했다.

"소신이 소신 자신을 괴롭히는 것은 바보인 여러분들을 불쌍히 여기기 때문이옵니다. 만일 소신이 소신 자신을 괴롭히지 않는다면 여러분들은 영구히 바보가 되고 말 것이옵니다. 그러나 소신은 머리로 일을 해왔사온즉 이제부터 여러분들에게도 가르쳐 드릴까 하옵니다."

"어디 가르쳐 주게. 손이 지쳤을 때 머리로 대신할 수 있다는 그 방법을."

도깨비는 그것을 가르쳐 주겠다고 약속했다.

이반은 온 나라에 방문을 붙였다. '훌륭한 신사가 나타나 여러분들에게 머리로 일하는 법을 가르쳐 줄 것이다. 머리로는 손보다도 훨씬 더 많은 벌이를 할수 있다. 모두들 배우러 나오라'고.

이반의 나라에는 높은 망대가 세워지고 거기에 반듯한 사닥다리가 걸쳐지고 그 위에 단이 마련되었다. 이반은 신사의 모습이 잘 보이도록 그곳으로 안내했다. 신사는 망대 위에 서서 지껄이기 시작했다. 바보 백성들은 구경을 하러 꾸역 꾸역 모여들었다. 바보들은 손을 쓰지 않고 머리로 일을 하려면 어떻게 해야 하는지를 신사가 실지로 보여주려니 생각한 것이다. 그러나 큰 도깨비는 그저 말로만 어떻게 하면 일을 하지 않고도 살아갈 수 있는지를 바보들에게 가르칠 뿐이었다.

바보들에게는 뭐가 뭔지 통 납득이 가지 않았다. 그래서 잠시 바라보고 있다가 이윽고 저마다 제 일들을 하러 뿔뿔이 흩어져 버렸다.

큰 도깨비는 온종일 망대 위에 서 있었다. 다음 날도 내내 서 있었다. 그리고 줄곧 지껄여댔다. 그는 무엇이라도 좀 먹었으면 싶었다. 그러나 바보들은 만일 저 사람이 손보다 머리로 훨씬 더 일을 잘 할 수 있다면 머리로 제 빵쯤 실컷 만들려니 생각하고 망대 위의 그에게 빵을 가져다주어야겠다든가 하는 생각은 숫제 하지도 않았다. 큰 도깨비는 이튿날도 단 위에 올라서서 줄곧 지껄여댔다.

그러나 사람들은 가까이 다가와 잠시 바라보고는 이내 또 이리저리 흩어져 갈 뿐이었다.

이반은 이따금 물었다.

"그래 어떤가, 그 신사는 머리로 일을 하기 시작했나?"

"아니옵니다. 아직 여전히 지껄여대고 있기만 하올뿐이옵니다."

큰 도깨비는 또 온종일 단 위에 서 있다 보니 이제는 차츰 쇠약해지기 시작하여 비틀거리게 됐다. 한 차례 비틀거리다가 그만 기둥에 머리를 부딪혔다.

한 바보가 이것을 보고 이반의 아내에게 알리자 이반의 아내는 들에 나가 있는 남편에게로 달려갔다.

"자, 구경을 하러 가시죠. 신사가 드디어 머리로 일을 하기 시작한 모양이옵니다."

"그게 정말이오?"

이렇게 말하고 이반은 말을 돌려 망대로 갔다. 망대에 다다르자 도깨비는 굶주리다 못해 이제 완전히 쇠약할 대로 쇠약해져 비틀거리면서 머리를 기둥에 박고 있었다. 그러다가 이반이 도착한 그 순간, 도깨비는 쿡 거꾸러지더니 우당탕 요란스러운 소리를 내면서 사닥다리를 따라 거꾸로 떨어져 내렸다. 한 층 한 층 발판을 세기라도 하듯이.

이반은 머리를 끄덕이며 말했다.

"아하, 머리가 빠개지는 수도 있다고 언젠가 훌륭한 신사가 말하더니 아닌 게 아니라 정말인걸! 이건 정말 손에 못이 문제가 아니다. 저렇게 일을 하다가는 머리가 버텨 내지 못할 게 아닌가."

큰 도깨비는 사닥다리 밑으로 굴러떨어지자 땅속에 대가리를 처박고 말았다. 신사가 얼마나 많은 일을 했는지를 볼 양으로 이반이 가까이 다가가려 하는데 별안간 땅바닥이 쫙 갈라지더니 큰 도깨비는 땅 사이로 떨어져 들어가고 나중에는 그저 구멍이 하나 남았을 뿐이다.

이반은 머리를 긁적긁적했다.

"아, 이런 빌어먹을 게 다 있나! 아니 또 그놈이었단 말인가! 그놈들의 아비가 틀림없으렷다. 별별 지독한 놈도 다 있구나!"

이반은 오늘날까지 살아 있고 온갖 백성이 그의 나라로 몰려오고 있다. 두 형들도 그에게로 찾아와 그가 그들을 먹여 살리고 있다. 누군가가 찾아와서 "우리들을 좀 먹여 살려 주시구려" 하고 말하면 "그럭하지. 와서 살게나. 여기엔 없는 것 없이 얼마든지 있으니까" 하고 말한다.

그러나 이 나라에는 꼭 하나 습관이 있다. 손에 못이 박인 자는 식탁에 앉게 되지만 못이 박이지 않은 자는 먹다 남은 찌꺼기를 먹어야 하는 것이다.

회개한 죄인

어느 곳에 일흔 살 먹은 사람이 살고 있었다. 그는 한평생을 온갖 죄악 속에서 살아왔다. 그러다가 이 사람은 병을 앓게 되었다. 그러나 뉘우치지는 않았다. 그리하여 마침내 죽음이 닥쳐온 마지막 순간에서야 비로소 그는 울음을 터뜨리며 용서를 빌었다.

"주여! 당신께서는 도둑에게도 십자가를 주십니다. 저도 좀 도와주십시오."

그가 그렇게 말을 마치자마자 그의 영혼은 몸을 떠났다. 그리고 죄인의 영혼은 하느님을 그리워하고 하느님의 자애를 믿어 천국의 문에 닿았다.

그리하여 죄인은 문을 두드리고 천국에 들여놓아 달라고 간청하게 되었다.

그는 문 뒤에서 어떤 목소리를 들었다.

"천국의 문을 두드리고 있는 것은 어떤 사람인고? 이 사람은 살아생전에 어떤 일을 했던고?"

천국의 고발인의 목소리가 이것에 대답했다. 이 사람이 저지른 온갖 죄업을 고발인은 낱낱이 들었다. 그러나 착한 일은 하나도 들지 못했다.

그러자 문 뒤에서 어떤 목소리가 대답했다.

"죄인들은 천국에 들어올 수 없느니라. 여기에서 썩 물러가거라."

그 사람은 말했다.

"주여! 당신의 목소리를 듣고 있으면서도 얼굴을 뵙지도 못하고 있고, 당신의 존함을 모시지도 못하고 있나이다."

그러자 목소리가 대답했다.

"나는 사도 베드로이니라."

"저를 가엾게 여겨 주십시오, 사도 베드로 님. 인간은 약한 자이며 신은 자비롭다는 걸 상기해 보십시오. 당신은 그리스도의 제자가 아니시던가요. 당신은 그분의 입에서 나오는 그분의 가르침을 들었으며, 그분 생활의 귀감을 보지 않으셨던가요? 이런 일을 상기해 보십시오. 언젠가 그분이 괴로워하고 마음으로 슬퍼하고 계실 때 당신에게 잠을 자지 말고 기도를 해 달라고 세 차례나 간청하셨던 적이 있을 겁니다. 그런데 당신은 눈꺼풀이 무거워 잠을 자고 말았고, 그분은 세 차례나 잠을 자고 있는 당신을 보셨던 겁니다. 저도 그와 마찬가지입니다.

그리고 또 이런 일을 상기해 보십시오. 당신은 죽는 한이 있더라도 그분을 버리지 않겠다고 그처럼 굳게 약속해 놓고도 그분이 가야바의 집으로 끌려 가셨을 때 세 번이나 부인하셨습니다. 저도 그와 마찬가지입니다.

그리고 또 이런 일을 상기해 보십시오. 그때 당신은 닭이 울기 시작하자마자 거기를 떠나 슬프게 울음을 터뜨렸습니다. 저도 그와 마찬가지입니다. 저를 천국에 들여놓아 주지 않을 수 없을 겁니다."

그러자 천국의 문 뒤의 목소리는 잠잠해졌다.

그리하여 죄인은 잠시 서 있다가 또다시 문을 두드리고 천국에 들어가게 해 달라고 간청했다. 그러자 문 뒤에서 다른 목소리가 들리면서 말했다.

"저건 누군고, 그리고 저 사람은 저 세상에서 어떻게 살았던고?"

고발인의 목소리가 이것에 대답했다. 그리고 또다시 죄인이 저지른 온갖 나쁜 일을 되풀이했다. 또 착한 일은 하나도 말하지 않았다.

문 뒤에서 목소리가 대답했다. "여기에서 썩 물러가지 못하느냐. 그러한 죄인들은 천국에서 우리들과 함께 살 수 없느니라."

죄인은 말했다. "주여! 당신의 목소리를 듣고 있사옵니다. 그러나 얼굴을 뵙지도, 당신의 존함을 모시지도 못하고 있나이다."

그러자 목소리가 그에게 말했다. "나는 제왕, 그리고 예언자 다윗이노라."

죄인은 절망하지 않았다. 그리고 천국의 문에서 물러가지도 않고 말하기 시작했다.

"저를 가엾게 여겨 주십시오, 제왕 다윗 님. 그리고 인간의 허약함과 신의 대자대비를 상기해 보십시오. 신은 당신을 사랑하셨고 사람들 앞에서 높이 들어올려 주셨습니다. 당신은 모든 것을 가지고 계셨습니다. 왕국도 영예도 부도 처자도. 그런데 당신은 지붕에서 가난한 자의 아내를 보시고는 마음속에서 죄가 싹터, 가난한 우리아의 아내를 빼앗고 암몬 자손의 칼로 바로 그자를 죽였습니다. 당신은 부유하면서도 가난한 자의 손에서 마지막 양을 빼앗고 그자를 죽여

버렸습니다. 저도 그와 똑같은 짓을 해왔습니다. 당신은 그것을 어떻게 뉘우쳤던가를 상기해 보십시오. 당신은 이렇게 말씀하셨습니다. 저는 제 죄를 알고 있고 제 죄를 더할 나위 없이 슬퍼하고 있노라고. 저도 그와 마찬가집니다. 저를 천국에 들여놓아 주지 않을 까닭이 없다고 생각합니다."

문 뒤의 목소리는 또 잠잠해졌다. 그리하여 잠시 서 있다가 죄인은 또다시 문을 두드리고 천국 땅에 들여보내 달라고 간청하게 되었다.

그러자 문 뒤에서 세 번째의 목소리가 말했다.

"저 사람은 누군고? 그리고 저 사람은 저 세상에서 어떻게 살아왔는고?"

고발인은 대답했다. 그리고 세 번째도 이 사람의 나쁜 일을 하나하나 들어 말하고 착한 일은 하나도 들지 않았다.

그러자 문 뒤에서 목소리가 말했다.

"여기에서 당장 물러가거라. 죄인들은 천국에 들어올 수 없느니라."

죄인은 대답했다.

"당신의 목소리를 듣고는 있습니다. 그러나 얼굴을 뵙지도, 존함을 모시지도 못하고 있습니다."

목소리가 대답했다.

"나는 그리스도의 사랑을 받는 제자 예언자 요한이로다."

그러자 죄인은 기뻐하며 말했다.

"이제야말로 저를 천국에 들여놓아 주지 않을 수 없습니다. 베드로와 다윗은 그분들이 인간의 허약함과 신의 자비를 알고 계시기 때문에 나를 들여놓아 줄 겁니다. 예언자 요한 님, 당신은 당신의 책 속에서 신은 사랑이며 사랑하지 않는 자는 신을 모르는 자라고 쓰지 않으셨던가요? 늘그막에 가서 '형제들이여, 서로서로 사랑하라!' 하고 사람들에게 말씀하셨던 것이 당신 아니었던가요? 그런 당신이 지금에 와서 어떻게 저를 미워하고 저를 몰아내시겠습니까? 당신 스스로 말씀하셨던 것을 내동댕이치거나 그렇지 않으면 저를 사랑하여 천국에 들여놓아 주십시오."

그러자 천국의 문이 열리고 요한이 회개한 죄인을 끌어안으며 그를 천국 안으로 맞아들였다.

빵 조각을 보상한 작은 악마

　어떤 가난한 농부가 아침도 먹지 않고 점심으로 빵 한 조각만을 싸 가지고 밭갈이를 하러 나갔다. 농부는 쟁기를 내리고 수레를 덤불 밑에 끌어다 놓은 다음, 그 위에 빵을 얹고 윗옷으로 빵을 덮었다. 일을 하다가 이윽고 말도 지치고 농부도 시장기를 느꼈다.

　농부는 쟁기를 밭에 꽂아 둔 채 말을 풀어서 꼴을 먹도록 놓아 준 다음 자기도 윗옷 있는 쪽으로 점심을 먹으러 갔다. 농부는 윗옷을 쳐들어 보았다. 그러나 빵조각은 없었다. 그는 그 부근을 찾아보기도 하고 윗옷을 뒤집어 털어 보기도 했으나 빵조각은 없었다. 농부는 놀랐다. '거 참, 이상한 일도 다 있다' 하고 그는 생각했다.

　'아무도 온 사람이라곤 없었는데 누가 빵을 가지고 갔을까?'

　그러나 사실은 농부가 밭을 갈고 있는 동안 작은 악마가 빵 조각을 훔쳐내고 덤불 뒤에 숨어서 동정을 살피고 있었다. 농부가 화를 내고 욕을 해댐으로써 자기 우두머리를 기쁘게 해주리라 생각하며 귀를 기울이고 있었다. 농부는 약간 실망했다.

　"할 수 없지" 하고 그는 말했다.

　"설마하니 굶어 죽기야 할라구! 그걸 훔쳐 간 사람은 그게 꼭 필요해서 가져갔겠지. 아무나 먹게 내버려두자!"

　그리고 농부는 우물에 가서 물을 마시고 한숨을 쉬고 나서 쟁기를 메고 또 밭을 갈기 시작했다.

　작은 악마는 농부로 하여금 죄를 짓게 만들지 못했으므로 당황해서 그 이야기를 하러 큰 악마에게로 달려갔다. 큰 악마 앞에 나가자 그는 자기가 농부의 빵을 훔쳤는데도 농부는 욕을 하기는커녕 오히려 복받을 말만 하더라는 것을 보고했다. 두목인 큰 악마는 노발대발하며 말했다.

"만약 농부가 정말로 너를 이겼다면 그것은 모두 네 잘못이다. 방법이 나빴기 때문이야. 만약 농부들과 그들의 아낙들까지 그런 생활 태도를 갖게 되면 우리들은 할 일이 없어져서 살아갈 수가 없지 않나. 어떻게 해서든지 그걸 그대로 둘 수는 없어! 한 번 더 농부에게로 가서 그 빵 조각을 보상하고 오너라. 만약 3년 동안에 네가 그 농부에게 이기지 못한다면, 네놈을 성수(聖水) 속에 처박아 줄 테다."

작은 악마는 깜짝 놀라 지상으로 달려 나가 어떻게 자기의 죄를 보상해야 좋을지 방법을 궁리하기 시작했다. 곰곰이 생각한 끝에 마침내 묘안이 떠올랐다. 작은 악마는 성실한 사람으로 모습을 바꾸어 가난한 농부네 집 머슴으로 들어갔다. 그리하여 여름에 가뭄이 들 것을 예상하고 농부에게 습지에 씨앗을 뿌리라고 일렀다. 농부는 머슴이 하는 말을 듣고 습지에다 씨앗을 뿌렸다. 그랬더니 다른 농부네 밭에서는 모든 농작물이 타서 말라죽었는데, 이 가난한 농부네 밭에는 잘 자란 이삭이 훌륭히 영글어서 풍작이 되었다. 그래서 농부는 다음 해 추수 때까지 먹고도 곡식이 남아돌아갈 정도였다. 다음 해 여름, 머슴은 농부에게 언덕 위에 씨를 뿌리라고 권했다. 그랬더니 그해 여름에는 비가 몹시 많이 내렸다. 다른 집 농작물은 모두 쓰러지고 비를 맞아 썩어서 제대로 영글지 않았으나 이 농부네 언덕 위의 밭에서는 곡식들이 아주 잘 영글었다. 그래서 이 농부에게는 또다시 많은 곡식이 남았다. 농부는 그것을 처분하기 곤란할 정도였다. 그래서 머슴은 농부에게 밀을 빻아서 술을 담그라고 일러 주었다. 농부는 술을 담가서 자기도 마시고 마을 사람들에게도 즐겨 나눠주었다. 작은 악마는 두목인 큰 악마에게로 가서 빵 조각의 보상을 했다는 말을 자랑스럽게 늘어놓았다. 큰 악마는 그것을 살펴보러 나섰다.

그가 농부네 집에 가보니 농부는 돈 많은 마을 사람들을 초대하여 술대접을 하고 있는 중이었다. 마누라가 손님들에게 술시중을 들고 있었다. 그런데 탁자 모서리를 돌다가 그녀는 옷이 걸려 잔을 쓰러뜨렸다. 농부는 화를 내며 아내를 꾸짖었다.

"조심해, 못난 것 같으니! 이런 고급술을 엎지르다니 이게 뭐 구정물인 줄 알아! 다리가 삐었어?"

작은 악마는 팔꿈치로 큰 악마를 쿡쿡 찔렀다.

"보십시오. 이젠 저자도 빵조각을 아까워하게 되었어요."

마누라를 마구 호통쳐 놓고 농부는 손수 술시중을 들기 시작했다. 그때 들일을 마치고 돌아가던 가난한 농부가 초대도 하지 않았는데 그곳에 들어왔다. 그 사람은 인사를 하고 자리에 앉고 보니 모두들 술을 마시고 있으므로 자기도 한 잔 마시고 싶은 생각이 들었다. 들일을 하느라 잔뜩 지쳐 있었기 때문에 유독 더 그랬다. 그래서 연방 군침을 삼키며 앉아 있었으나 주인은 그 사람에게 한 잔도 권하지 않고 입속으로 이렇게 중얼거렸다.

"아무에게나 마구 퍼 먹일 수야 없지!"

두목인 큰 악마는 이 말도 매우 마음에 들었다. 작은 악마는 코를 벌름거렸다.

"두고 보십시오. 지금부터 시작이니까요."

돈 많은 농부들은 술을 주거니 받거니 하며 한 잔씩 돌렸다. 그들은 서로 공치사를 늘어놓으며 입에서 나오는 대로 지껄여댔다. 큰 악마는 열심히 귀를 기울이고 듣고 있다가 이것만 보고도 작은 악마를 칭찬했다. 그러고는 덧붙였다.

"만약 저 술 때문에 녀석들이 저렇게 교활해져서 서로가 서로를 속이게 된다면 저놈들은 이미 우리에게 진 거야."

"아무튼 두고 보십시오" 하고 작은 악마는 말했다.

"아직도 멀었습니다. 저놈들에게 한 잔만 더 먹여 보십시오. 저놈들은 지금 저렇게 여우처럼 꼬리를 흔들며 서로 속이고 있지만, 곧 심술 사나운 이리가 될 겁니다."

사람들은 두 잔째의 술을 마셨다. 그러자 그들은 음성이 차츰 커지고 거칠어졌다. 간지러운 공치사 대신 그들은 서로 욕설을 퍼붓고 화를 내며 멱살을 잡고 싸움을 했다. 주인도 싸움판에 끼어들어 호되게 얻어맞았다.

큰 악마는 가만히 그것을 보고 있었다. 그는 이것도 마음에 들었다.

"거 참, 재미있는데" 하고 말했다. 그러나 작은 악마가 재빨리 대답했다.

"아직도 멀었습니다. 놈들에게 석 잔째를 먹여 보십시오. 지금 놈들은 이리처럼 씨근대고 있지만 잠시 후에 석 잔째를 마시면 돼지처럼 되어 버릴 테니까요."

사람들은 석 잔을 마셨다. 그러자 완전히 취해서 녹초가 되어 버렸다. 그들은 수 없는 말을 중얼거리고 소리 지르고 하며 서로가 남의 말을 듣지도 않았다.

이윽고 그들은 그 집을 나와서 한 사람, 혹은 두 사람, 세 사람씩 떼를 지어 마을 거리를 비틀거리며 돌아갔다. 주인은 손님을 전송하러 나왔다가 물웅덩이에 빠져서 온몸이 물에 빠진 생쥐 꼴을 해 가지고 돼지같이 뒹굴며 으르렁거리고 있었다.

이것은 더욱더 큰 악마의 마음에 들었다.

"거 참, 아주 좋은 음료수를 발견했구나. 이것으로 훌륭하게 빵조각의 보상은 되었다. 한데 너는 어떻게 해서 이런 음료수를 만들었지? 넌 아마 틀림없이 그 속에 먼저 여우의 피를 넣었을 거야. 그래서 사람들이 여우처럼 교활해진 게 틀림없어. 그다음에 너는 이리의 피를 넣었겠지. 그래서 사람들이 이리처럼 난폭해진 거야. 그리고 끝으로 넌 틀림없이 돼지 피를 넣었겠지. 그러니까 놈들이 돼지처럼 된 게 아니겠어?"

"아뇨" 하고 작은 악마는 말했다.

"저는 그런 짓은 하지 않았습니다. 전 다만 그자에게 여분의 곡식을 영글게 해주었을 뿐입니다. 그것은 즉, 그 짐승의 피는 항상 그자 속에 있었던 것이지만 그자가 필요한 만큼의 곡식을 마련할 동안은 그 피가 출구를 찾을 수 없었던 거지요. 그즈음에는 그자가 한 개뿐인 빵 조각이라도 아끼지 않았었는데, 곡식에 여유가 생기니 무슨 좋은 위안거리가 없을까 궁리를 하게 되었습니다. 그래서 제가 그자에게 하나의 위안거리로 술을 가르쳐 주었습니다. 그랬더니 그자가 하느님의 하사품을 자기의 위안거리로 만들고자 술을 담그기가 무섭게 그의 몸속에 여우와 이리와 돼지의 피가 솟아났지 뭡니까. 그래서 이제는 그 술만 마시면 언제든지 짐승이 되어 버린답니다."

큰 악마는 작은 악마를 칭찬하고 빵조각의 실패를 용서한 다음 같은 무리들 가운데서도 우두머리로 발탁해 주었다.

사람에게는 얼마만큼 땅이 필요한가

1

도시에 사는 언니가 시골에 사는 여동생을 찾아왔다.

언니는 상인에게 시집을 가서 도시에서 살았고 여동생은 농가에 시집을 갔던 것이다. 두 자매는 차를 마시면서 이야기를 나누었다.

그러다가 언니가 자기의 도시생활을 뽐내어 자랑하기 시작했다.

도시에서 얼마나 넓고 아름다운 집에 살고 있는가, 아이들을 얼마나 잘 차려 입혀 놓았는가, 얼마나 맛 좋은 것을 먹고 마시고 있는가, 얼마나 자주 마차를 타고 놀러 다니며 극장 구경을 하는가 등을 열심히 늘어놓았다.

동생도 분한 생각이 들어서 상인의 생활을 깎아내리고 자기네 농가 생활을 추어올리기 시작했다.

"나는 어떤 일이 있어도 내 생활을 언니의 생활과 바꾸고 싶은 마음은 없어요. 하기야 우리 집 생활이 화려하지는 못해요. 하지만 그 대신 걱정이란 게 없거든요. 언니네 생활이 호사스럽기는 하고 떼돈을 벌기도 하지만 또 언제 빈털터리가 될지도 모르는 것 아니겠어요? 속담에 '손해는 이득의 형님'이라는 말도 있잖아요. 또 이런 말도 있지요. '오늘의 부자도 내일이면 남의 집 처마 밑에 서게 된다'고. 거기다 대면 우리네 농사일은 탄탄하단 말이에요. 농사꾼 생활이 굵지는 못해도 오래는 가거든요. 부자는 못 되라도 배고픈 일은 없으니까요."

그러자 언니가 대꾸를 했다.

"배만 고프지 않으면 뭘 해. 돼지나 송아지와 함께 사는 주제에! 그렇다고 좋은 옷을 입어, 좋은 교제를 해? 네 남편이 아무리 억척같이 벌어 봐야 결국 거름 속에서 살다가 거름 속에서 죽지 뭐니? 네 아이들 역시 마찬가지지."

"그게 어떻다는 거예요?"

동생은 말했다.

"그게 우리들의 일인 걸요. 그 대신 우리네 생활에 위험이라는 건 조금도 없거든요. 누구한테 머리 숙일 필요도 없고, 누굴 무서워할 필요도 없고 말이에요. 하지만 언니 사는 도시에선 온통 유혹 속에서 사는 거나 다름없잖아요. 오늘은 무사하더라도 내일이면 어떤 악마에게 홀릴지 모르니까요. 형부만 하더라도 그렇지, 언제 노름에 미칠지 술에 빠질지 알 게 뭐예요. 그리고 그렇게 되는 날에는 모든 게 끝장 아니겠어요. 안 그래요?"

동생의 남편인 바홈은 벽난로 곁에서 여자들이 하는 이야기를 듣고 있었다.

"그 말이 옳아" 하고 그는 말했다.

"옳은 얘기야. 우리야 어릴 때부터 땅을 파먹고 살아왔으니 어리석은 생각은 할 수가 없다. 곤란한 건 단 한 가지 땅이 부족한 점뿐이지. 여기다 땅만 여유가 있으면 난 겁날 게 없어. 악마도 무섭지 않아."

여자들은 차를 다 마신 뒤에도 한참 동안 옷 이야기를 하다가 찻잔과 접시를 치우고 잠자리에 들었다.

그런데 악마 하나가 난로 뒤에 웅크리고 앉아 이 말을 죄다 듣고 있었다. 악마는 농부가 마누라의 이야기에 말려들어 자기에게 땅만 있으면 악마도 무섭지 않다고 큰소리치는 것을 듣고 매우 기뻐했다.

'됐어' 하고 악마는 생각했다. '어디 너와 한 번 승부를 겨루어 보자. 내가 너에게 땅을 듬뿍 주지. 땅으로 너를 사로잡아야지.'

2

마을에, 그다지 큰 땅은 소유하지 않았으나 한 여자 지주가 살고 있었다. 여지주는 120데샤티나(헥타르)쯤 되는 땅을 소유하고 있었다. 여주인은 이제까지 농민들과 사이좋게 지내 왔고, 농민들을 학대한 일도 없었다. 그런데 최근 군인 출신 남자가 관리인으로 고용되고 난 뒤부터는 그자가 걸핏하면 트집을 잡아 벌금을 받아내어 농민들을 괴롭히기 시작했다. 바홈이 아무리 조심을 해도, 말이 지주네 귀리밭으로 뛰어든다든가, 암소가 지주집 마당으로 들어간다든가, 송아지가 목초지로 들어간다든가 하는 것은 막을 도리가 없어서 그럴 때마다 일일이 벌금을 물게 되었다.

벌금을 물게 될 때마다 바홈은 집안 식구들을 욕하고 때리곤 했다. 이 관리인 때문에 바홈은 여름 동안 무척이나 죄를 지었다. 그래서 가축들을 우리에 들여놓을 계절이 되자 오히려 마음이 홀가분해졌을 정도였다. 사료는 아까웠지만 걱정거리가 없어지기 때문이었다.

그런데 겨울 동안, 여지주가 땅을 팔려고 한다느니 여관집 주인이 도로변의 땅을 사려 한다느니 하는 소문이 떠돌았다. 농민들은 그 말을 듣자 탄식했다. 이 일을 어쩌나, 하고 그들은 생각했다.

'만일 여관집 주인이 땅을 사게 되면 그자는 여지주네보다 더 지독한 벌금을 매길 게 틀림없어. 그러나 우리는 이 땅 없이 살아갈 수가 없지. 우리는 모두 여지주네 소유지 둘레에서 살고들 있으니.'

사람들은 한 무리를 지어 여지주를 찾아가서 땅을 여관집 주인에게 팔지 말고 자기들에게 양도해 달라고 부탁했다. 그리하여 꼭 여관집 주인보다 비싼 값으로 사겠다고 약속했다. 여지주는 승낙했다. 마을 사람들은 마을 조합에서 땅을 모두 사들일 준비를 하고 여러 번 모임을 가졌으나 의논이 성립되지 않았다. 악마가 훼방을 놓았기 때문에 아무래도 의견을 모을 수가 없었다.

그래서 사람들은 저마다 자기 형편대로 따로따로 사기로 했다. 여지주도 이에 동의했다. 바홈은 이웃집 사람이 20데샤티나를 샀는데, 여지주가 반액만 받고 나머지는 1년 안에 갚으라고 했다는 말을 들었다. 바홈은 그것이 부러웠다. '다들 땅을 다 사버리면 나는 아무것도 없게 되잖아.' 그래서 바홈은 아내와 의논을 했다.

"다들 땅을 사는데 우리도 10데샤티나쯤은 사야하지 않겠소. 그러지 않고는 살아갈 수가 없단 말이야. 관리인 녀석이 물리는 벌금 때문에 살 수가 없어."

두 사람은 어떻게 하면 살 수 있을까를 의논했다. 그들에게는 저금이 100루블 있었다. 그래서 송아지 한 마리와 벌꿀을 반 팔아 선금을 받고, 아들을 머슴살이 보내고, 동서에게 빚을 내어 겨우 땅값의 반을 모았다.

그런 다음 바홈은 조그만 숲이 있는 15데샤티나의 땅을 봐 놓고 여지주를 찾아갔다. 15데샤티나의 가격을 흥정하자 계약금을 치렀다. 그리고 읍에 나가 매매 수속을 끝냈는데, 돈은 반액만 지불하고 나머지는 2년 안에 치르기로 했다.

이래서 바홈은 땅 임자가 되었다. 바홈은 씨앗을 빌려서, 사들인 땅에다 농사를 지었다. 농사는 잘 되었다. 1년 만에 그는 여지주에게도 동서에게도 빚을 갚아 버렸다. 바흠은 마침내 진짜 지주가 되었다. 자기 땅을 경작해서 씨를 뿌리고, 자기 땅에서 꼴을 베고, 땔감을 베어 대고, 자기 땅에서 가축을 길렀다.

바흠은 영원히 자기 소유가 된 밭을 갈러 나가거나, 경작물의 상태나 목초지의 상태를 돌아보러 나갈 때마다 기쁨으로 가슴이 뿌듯했다. 거기 가면 풀도 꽃도 다 다른 집 것과는 아주 다른 듯한 기분이 들었다. 전에도 곧잘 지나다녔던 땅이 틀림없었으나 지금은 아주 특별한 땅으로 생각되었다.

3

이렇듯 바흠은 즐거운 나날을 보내고 있었다. 만약 마을 사람들이 그의 농작물이나 목초지를 망치지만 않았더라도 모든 것이 더할 나위 없었을 것이다. 그는 진지하게 부탁을 해보았으나 도무지 효과가 없었다. 소에 꼴을 먹이러 나온 사람이 그의 목초지에 소를 몰아넣기도 하고, 말을 밭에 풀어놓아 밭을 짓밟아 놓기도 했다. 그러나 바흠은 그것을 내쫓기만 하고 너그럽게 보아 왔지, 한 번도 법에 호소하는 일이 없었다. 그러나 참다못해 지쳐 버린 그는 마침내 재판소에 고발을 했다. 원래 사람들이 그런 짓을 하는 까닭은 땅이 좁아서지 마음이 나빠서 그러는 게 아니라는 것을 잘 알고는 있었지만, 또 이렇게 생각이 들기도 했다.

'그렇다고 이대로 내버려둘 수야 없지. 내버려두다간 내가 망하겠는걸. 혼을 좀 내줄 필요가 있어.'

이렇게 하여 처음 벌어진 재판이 어느새 2번이 되고 두 번 모두 상대방이 벌금을 물게 되었다. 그래서 근방 사람들이 이제는 반대로 바흠을 원망하기 시작하여 일부러 밭과 목초지를 망쳤다. 어떤 사람은 밤중에 숲으로 들어가 여남은 그루의 보리수나무 껍질을 벗겨 버렸다. 바흠이 숲속을 지나가다 보니 무언가 허연 것이 눈에 띄었다. 가까이 가 보니 껍질이 벗겨진 어린 보리수나무가 부근에 잔뜩 어질러져 있고 여기저기 둥치 잘린 그루터기가 남아 있었다. 하다못해 숲 가장자리 것이나 베든지, 한 그루라도 남겨 두었으면 좋았을 텐데, 악당들이 깡그리 베어 버렸던 것이다.

바흠은 화가 치밀었다. '나쁜 놈들 같으니! 이놈들을 찾아내어 단단히 혼을

2002
세미노스

내 줘야지.' 그는 누구의 소행일까 곰곰이 생각해 보았다. 그리고 아무래도 쇼므카의 짓이 틀림없다고 단정하고는 곧장 쇼므카네로 가서 쇼므카를 만나 보았으나 말다툼만 했을 뿐 아무것도 얻은 바가 없었다. 그래서 바홈은 더욱더 쇼므카의 짓이 틀림없다고 믿게 되었다. 그는 쇼므카를 고발했다. 두 사람은 법정에 소환을 받았다. 여러 차례 신문이 있었으나 쇼므카는 무죄가 되었다. 증거가 없기 때문이었다. 그래서 바홈은 약이 올라 촌장과 재판관하고까지 다투었다. "당신들은 도둑의 편을 드는 거요? 만약 당신네들이 올바른 생활을 하고 있다면 도둑을 용서하지 않을 겁니다."

바홈은 재판관과 이웃 사람들을 상대로 싸움을 벌였다. 마을 사람들은 집에 불을 지르겠다고 하며 그를 위협했다. 이렇게 하여 바홈은 넓은 땅을 가졌으나 좁은 세상에서 살게 되고 말았다.

그때 농민들이 새로운 고장으로 옮겨 살려고 한다는 소문이 났다. 바홈은 생각했다.

'나야 내 땅을 떠나야 할 이유가 없지. 더구나 이 근방 사람이 떠난다고 하면 이곳 땅도 좀 더 넓어지겠지. 그러면 나는 땅을 사서 이 부근 일대를 내 것으로 만들어야지. 그러면 좀 더 살기가 좋아질 거야. 아무래도 지금 상태로는 좀 좁단 말이야.'

어느 날 바홈이 집에 있을 때 길 가던 나그네 한 사람이 들렀다. 집안사람들이 그 나그네를 집에 들이고 음식을 대접했다. 이런저런 이야기를 하다가 어디서 왔느냐고 묻자 나그네는 아래쪽, 볼가강 너머에서 왔으며 거기서 일을 하고 있다고 대답했다. 나그네는 띄엄띄엄 말을 이어, 그곳으로 숱한 사람들이 이주해 간다고 했다. 그들이 그곳에 이주하면 마을의 조합에 가입되어 1인당 10데샤티나씩 땅을 얻을 수 있게 되어 있다고 했다. 그리고 이런 이야기까지 들려주었다.

"한데 그 땅이 또 어찌나 비옥한지 밀농사를 지으면 그 키가 말이 보이지 않을 정도로 잘 자라고 다섯 줌으로 한 다발이 되어 버리지요. 어떤 사람은 하도 가난해서 빈손으로 왔는데 지금은 말 여섯 필과 암소를 두 마리나 가지게 되었답니다."

바홈은 흥분하여 "그렇게 잘 살 수 있는 곳이 있다면야 하필 이런 좁은 데서 고생스럽게 살 필요가 없지. 이 따위 땅이나 집은 팔아 버리고 거기 가서 그 돈으로 집을 짓고 한번 잘 살아 보자. 이렇게 좁은 데 있다가는 평생 죄만 짓고 말 테니. 아무튼 내가 가서 직접 보고 와야지” 하고 말했다.

여름이 되자 채비를 하여 그는 길을 떠났다. 사마라까지는 볼가강으로 해서 기선을 타고 내려갔고 그 다음부터는 걸어서 400베르스타쯤 갔다. 이윽고 목적지에 이르렀다. 모든 것이 들은 대로였다. 농민들은 1인당 10데샤티나의 땅을 배당받아 여유 있게 지내고 있었다. 그리고 누구든지 기꺼이 조합에 가입시켜 주었다. 뿐만 아니라 돈이 있는 사람은 배당받은 땅 외에도 자기가 필요한 만큼 제일 좋은 땅을 3루블의 가격으로 얼마든지 살 수 있었다.

알고 싶은 것을 죄다 알아 가지고 가을이 채 되기 전에 집으로 돌아오자 바홈은 가진 것을 모두 팔기 시작했다. 땅은 꽤 비싸게 팔렸다. 집도 가축도 모두 팔렸다. 그래서 마을의 조합에서 탈퇴하고 봄이 되기를 기다렸다가 가족을 데리고 새 고장으로 옮겨갔다.

4

바홈은 가족을 데리고 새 고장에 이르자 곧 큰 마을의 조합에 가입했다. 마을의 노인들에게 한 잔씩 대접하고 필요한 서류를 모두 갖추었다. 바홈은 마을 이주가 허락되어 다섯 명의 가족에 대해 목장을 제외한 여기저기의 땅 50데샤티나를 배당받았다. 그의 땅은 이제까지 가졌던 것의 세 배 넓이가 되었다. 더구나 그것은 아주 비옥한 땅이다. 생활도 전에 비해 열 배나 나아졌다. 경작지와 목초는 마음대로 얻을 수 있었다. 따라서 가축은 얼마든지 키울 수 있었다.

처음에 집을 짓고 가축을 늘리고 하는 동안은 바홈도 더할 나위 없이 만족해했으나 차차 살아가는 동안 이 땅으로도 아직 좁다는 생각이 들었다. 첫해에 바홈은 자기 밭에 밀을 갈았다. 그것이 잘되었다. 그는 밀농사를 더 짓고 싶었으나 배당된 땅이 모자랐다. 남은 땅은 밀농사에 적당치 않았다. 이 지방에서는 밀을 억새밭이나 휴한지(休閑地) 같은 데 심지 않으면 안 되었다. 1년이나 2년쯤 밀농사를 짓고 나면 또다시 풀이 날 때까지 묵혀 두어야 했다. 한데 그런 땅은 원하는 사람이 많기 때문에 아무래도 모자라기가 일쑤였다. 그 때문에 여기서도 투쟁이 벌어졌다. 돈이 있는 사람은 자기가 그 땅을 갖고 싶어 했고, 가난한 사람들은 해마다 내야하는 세 대신 상인에게 빼앗겨 버렸다.

바홈은 밀농사를 좀 더 많이 짓고 싶었다. 그래서 이듬해에는 상인에게 가서 1년 동안 땅을 빌리기로 했다. 그리하여 지난해보다도 더 많이 심었는데 그것이 풍작이었다. 그러나 그곳은 마을에서 좀 멀어서 15베르스타나 운반해야만 했다. 그런데 그곳에서는 상업을 겸한 농민이 별장을 가지고 차츰 부유해져 가고 있었다. 바홈은 생각했다. 만일 땅을 영원히 내 소유로 하고, 별장을 가질 수 있다면 얼마나 좋을까? 그렇게 되면 모든 것을 만족스럽게 처리할 수가 있을 텐데. 그리하여 바홈은 어떻게 해서든지 땅을 자기 소유로 하기 위해 더 샀으면 좋겠다고 생각했다.

바홈은 이렇게 하며 3년의 세월을 보냈다. 땅을 빌려서는 밀을 심고 또 빌려서는 밀을 심곤 했다. 해마다 밀농사는 풍작이 되어 돈도 많이 모였다. 생활은 이것으로 충분했다. 그러나 바홈은 해마다 남에게 땅을 빌리기 위해 안달을 해야 하는 일이 귀찮게 느껴졌다. 어디 좋은 땅이 있기만 하면 사람들이 당장 달려가서 빌려 버린다. 어물어물하다가는 농사도 못 짓게 되어 버리는 것이다. 3년 만에 그는 어떤 상인과 동업으로 마을 사람에게 목장을 빌려서 쟁기질을 완전히 끝내 놓았는데, 사람들이 재판을 벌이는 바람에 모처럼의 노력이 허사가 되고 말았다. 그는 생각했다.

'만약 이것이 내 땅이었다면…….. 누구에게 머리 숙일 필요도 없고 귀찮은 일도 없을 텐데…….'

그래서 바홈은 영원히 자기 것으로 살 수 있는 땅이 없을까 하고 물색하기 시작했다. 그러다가 한 사람을 발견했다. 그 사람은 600데샤티나의 땅을 가지고 있었는데 파산하는 바람에 그걸 싸게 판다는 것이다. 바홈은 그 사람과 교섭했다. 여러 번 교섭한 끝에 1,500루블로 흥정이 되어, 반액은 조금 기다려 주기로 했다.

거의 완전히 이야기가 결정되었을 무렵에 한 나그네 상인이 밥을 한술 얻어먹으려고 바홈네 집에 들렀다. 두 사람은 차를 마시면서 이런저런 이야기를 했다. 상인은 자기는 멀리 바시키르에서 왔다고 했다. 그는 바시키르 사람에게서 5,000데샤티나의 땅을 샀는데 불과 1,000루블이었다는 것이다. 그래서 바홈은 묻기 시작했다. 상인은,

"그저 노인들의 비위만 잘 맞춰 주면 됩니다. 나는 옷과 깔개 따위로 약 100루블어치와 또 차 한 상자를 나누어주고 술을 마실 줄 아는 사람에겐 술을 대접해 주었지요. 그래 가지고 1데샤티나에 20코페이카라는 헐값으로 샀지 뭡니까?" 하고 말하며 그는 등기증서를 보여 주었다.

"그런데 그 땅이 전부 내를 끼고 있어서 모두 억새풀이 나 있는 평원이랍니다" 라고도 덧붙였다. 바홈이 여러 가지 자세히 캐묻자 "그 땅은 1년을 걸어도 아마 못 다 돌 거예요. 그것이 모두 바시키르 사람들 땅이지요. 그곳 사람들은 양같이 순해서 공짜나 다름없이 살 수가 있어요" 하고 말했다.

'가만있자' 하고 바홈은 생각했다.

'그렇다면 500데샤티나의 땅에 1,000루블을 내고도 또 빚을 내야 하는 이런 어리석은 짓을 뭣 때문에 한담? 그곳에만 가면 같은 1,000루블을 가지고도 얼마든지 내 것으로 만들 수 있다는데!'

5

바홈은 그곳으로 가는 길을 자세히 물었다. 그리고 상인이 가고 난 다음 자기도 곧 길 떠날 채비를 했다. 그는 집에다 아내를 남겨 놓고 하인 한 사람을 데리고 떠났다. 그는 가다가 읍에 들러서 상인이 말한 대로 차 한 상자와 선물과 술을 샀다. 그리고서 약 500베르스타쯤 갔다. 7일만에 그는 바시키르의 유목지에 이르렀다. 모두가 상인이 말한 대로였다.

사람들은 내를 낀 초원에서 펠트로 된 텐트 수레 속에서 살고 있었다. 그들은 경작도 하지 않고 곡식도 먹지 않았다. 초원에는 가축과 말이 떼를 지어 돌아다녔다. 망아지는 수레 뒤에 매어져 있고 그곳에 하루 두 번씩 어미말이 가도록 되어 있었다. 사람들은 암말의 젖을 짜서 그것으로 크므스[1]를 만든다. 여자들은 크므스를 휘저어 섞어 치즈를 만들었다. 그러나 남자들은 다만 크므스나 차를 마시고 양고기를 먹으며 피리나 불 따름이었다. 모두들 살이 찌고 쾌활하며, 여름 동안은 놀고만 있었다. 그들은 무식하여 러시아어도 할 줄 몰랐으나 너그럽고 친절했다.

---

1) 말젖 우유, 젖술(말 또는 낙타의 젖으로 만든 타타르 사람의 음료 : 약용으로도 쓴다).

바홈의 모습을 보자, 바시키르인의 텐트 수레에서 사람들이 우르르 몰려 나와 그를 에워쌌다. 통역이 나왔다. 바홈은 그에게 자기는 땅 문제로 왔다는 이야기를 했다. 바시키르인은 반가워하며 바홈을 얼싸안듯이 하여 제일 좋은 텐트 수레로 안내했다. 그러고는 양탄자 위에 깃털 방석을 깔아 앉게 하고 자기들은 주위에 빙 둘러앉았다. 차와 크므스를 내와 대접했다. 그리고 양고기 요리도 대접했다.

바홈은 여행 마차에서 선물을 내려서 바시키르 사람들에게 나누어 주었다. 바홈은 바시키르 사람들에게 선물을 나누어 준 다음 차도 나누어 주었다. 바시키르 사람들은 무척 기뻐했다. 자기들끼리 소곤소곤하다가 통역을 시켜 이렇게 말하게 했다.

"우리는 모두 당신이 아주 마음에 들었습니다. 그래서 우리들의 관습에 따라 받은 선물에 대하여 무엇으로라도 답례를 하고 싶습니다. 당신이 우리에게 여러 가지 물건을 주셨으니 우리가 가진 것 가운데 무엇이든지 좋은 것을 드리겠습니다. 그렇게 아시고 말씀해 주십시오."

"내가 제일 바라는 것은" 하고 바홈이 말을 시작했다. "당신네들의 땅입니다. 우리 고장은 땅이 좁은 데다 너무 오랫동안 경작해 와서 토질이 나빠졌는데 이곳은 땅이 많을뿐더러 모두 기름지군요. 나는 아직 이렇게 좋은 땅을 본 적이 없습니다."

통역이 그 말을 전했다. 바시키르인들은 다시 의논했다. 바홈은 그들의 말을 알아들을 수 없었으나 눈치를 살피니 아주 유쾌한 듯 줄곧 떠들며 웃고들 있었다. 이윽고 조용해지더니 모두 바홈 쪽을 보았다. 그리고 통역이 말을 시작했다.

"모두들 말하기를" 하고 그는 말했다. "당신의 친절에 대하여 이 사람들은 얼마든지 필요한 만큼의 땅을 기꺼이 드리겠답니다. 그러니까 손짓으로 얼마만큼이라고 말씀하십시오. 그만큼 드리기로 하겠다니까요."

그들은 또다시 의논을 하다가 옥신각신 다투기 시작했다. 바홈은 무엇을 다투고 있느냐고 물었다. 그러자 통역이 대답했다.

"실은 이 중에, 땅에 관한 문제라면 촌장에게 물어볼 필요가 있으니 우리끼리 정해서는 안 된다는 사람과 그럴 필요 없다는 사람이 나왔습니다."

6

이렇듯 바시키르 사람들이 옥신각신하고 있는 곳에 여우 가죽 모자를 쓴 사람이 불쑥 들어왔다. 모두 입을 다물고 일어섰다. 통역이 말했다.

"이분이 바로 촌장어른이십니다."

바홈은 얼른 일어나 제일 좋은 옷 한 벌과 닷 근짜리 차 상자를 촌장에게 내놓았다. 촌장은 그것을 받아 들고 맨 윗자리에 앉았다. 여러 바시키르 사람들이 그에게 무엇인가 이야기를 했다. 촌장은 대충 듣고 나자 고개를 한 번 크게 끄덕여서 그들의 말을 중지시키고 바홈에게 러시아어로 말했다.

"좋습니다. 마음에 드시는 곳을 가지십시오. 땅은 얼마든지 있으니까요."

'필요한 만큼 가지라지만 이걸 어떻게 가져야 한담?' 하고 바홈은 생각했다. '아무튼 계약만은 단단히 해놓을 필요가 있어. 줘 놓고 나중에 도로 내놓으라고 할지도 모르니까.'

"친절하신 말씀 감사합니다" 하고 그가 말했다. "말씀대로 이곳에는 땅이 많습니다만, 나는 조금만 있으면 됩니다. 나는 다만 나의 것이 얼마만큼이라는 것만 알면 됩니다. 하여간 일단 측량을 해서 내 몫이라는 것을 분명히 해둘 필요가 있다고 생각합니다. 사람이란 언제 죽을지 모르니까요. 당신들이 친절해서 나에게 땅을 주셨더라도 당신네 아들 대에 가서 도로 빼앗아 갈지 모르는 일 아니겠습니까."

"옳은 말씀이오. 규칙대로 합시다."

촌장은 말했다.

그래서 바홈이 말했다.

"들으니 이곳에 상인 한 사람이 왔었다고 하는데, 당신네들은 그 사람에게 땅을 주고 등기증서를 작성하셨더군요. 나에게도 그렇게 해 주셨으면 좋겠습니다."

촌장은 승낙했다.

"네, 그런 것쯤이야 어렵지 않지요. 우리 고장에도 서기가 있으니 함께 읍으로 나가서 정식 수속을 밟읍시다."

"한데, 값은 어느 정도로 하면 될까요?"

바홈이 말했다.

"우리 고장에서는 값은 통일되어 있습니다. 하루치 1천 루블로요."

바홈은 납득이 가지 않았다.

"그렇다면 어떤 방법으로 재는 건가요. 하루치란? 그게 몇 데샤티나쯤 됩니까?"

"우리 고장에서는 그런 식으로 측량할 줄을 모릅니다."

촌장은 말했다.

"항상 하루치 얼마로 팔고 있지요. 말하자면 그 사람이 하루 종일 걸은 만큼의 땅을 드리는 거죠. 그래서 하루치 1천 루블이라는 겁니다."

바홈은 놀랐다.

"그렇다면 하루 종일 걸으면 상당한 면적이 되겠는데요."

촌장은 웃었다.

"네, 그게 모두 당신 것이 됩니다" 하고 그는 말했다.

"다만 한 가지 조건이 있습니다. 만약 당일에 출발점까지 돌아오지 못하면 그건 무효가 됩니다."

"그렇다면 내가 돌아다닌 곳을 어떻게 표를 하지요?"

"우리가 어디든지 당신이 원하시는 곳으로 함께 갑니다. 그리고 거기 서 있을 테니까 당신은 그곳을 출발해서 빙 돌아오시면 됩니다. 그때 당신은 괭이를 들고 가서 어디든지 필요한 곳에 표를 해 두십시오. 즉 조그맣게 구덩이를 파서 그 속에 나무나 풀을 꽂아 두십시오. 나중에 쟁기로 구덩이에서 구덩이로 갈아엎을 테니까요. 어디서 돌든 상관은 없지만, 꼭 해 떨어지기 전에 출발점까지 돌아오셔야만 합니다. 그러면 당신이 돌아오신 땅은 모두 당신 것이 됩니다."

바홈은 기뻤다. 그들은 아침 일찍 출발하기로 약속한 뒤, 이야기를 하며 크므스도 마시고 양고기도 먹고 차도 마시며 밤이 이슥하도록 즐겼다. 이윽고 그들은 바홈에게 깃털 이불을 덮어주어 자게 하고는 저마다 자기 수레로 돌아갔다. 그들은 내일 새벽에 모여서 해돋이까지 출발점으로 가자고 약속했다.

7

바홈은 깃털 이불을 덮고 누웠으나 통 잠을 이룰 수가 없었다. 줄곧 땅 생각만 하고 있었다. '어떻게 해서든지 땅을 크게 차지해야지' 하는 궁리에 잠겨 있었다. '하루 종일 걸으면 50베르스타는 돌 수 있을 거다. 그리고 지금이 가장 해가

긴 때다.' 그래서 그는 다시 생각했다.

'둘레가 50베르스타라고 하면 면적이 어느 정도나 될까. 그중 나쁜 곳은 팔든 가 빌려 주면 된다. 그리하여 좋은 곳만 골라 그곳에 정착하기로 하자. 암소 두 필이 끌게 할 쟁기를 만들고 머슴 두 사람을 고용하여 50데샤티나 정도만 경작 하고 나머지 땅에서는 목축을 하기로 하자.'

바홈은 밤새도록 뜬눈으로 지새웠다. 그러다가 새벽녘에야 겨우 잠이 들었다. 그나마 눈을 감자마자 꿈을 꾸었다. 꿈속에서 그는 그가 자고 있는 수레 속에 누워서 귀를 기울이고 있는 참이다. 밖에서 누군가가 소리 내어 웃고 있었다. 그 래서 그는 누가 웃고 있는가 알고 싶어 수레 밖으로 나갔다. 나가 보니 바시키르 의 촌장이 수레 앞에 앉아서 두 손으로 배를 안고 몸을 흔들며 웃어대고 있다. 바홈은 곁으로 가서, "뭘 그렇게 웃고 계십니까?" 하고 물어보았다. 그러다가 보 니 그것은 그 바시키르의 촌장이 아니고 그에게 땅 이야기를 해서 그를 이곳으 로 오게 한 상인 같았다. 그래서 가까이 가서, "언제 이리로 왔소?" 하고 물으려 하자 어느새 그는 상인이 아니고 전에 볼가강 너머에서 왔던 농부로 변해 있었 다. 그런데 자세히 보니 그건 농부도 아니고 뿔과 발굽이 있는 악마가 배를 안 고 웃고 있는 모습이었다. 그리고 그 앞에는 속옷 바람에 맨발인 남자 하나가 나둥그러져 있었다. 바홈은 가까이 가서 찬찬히 살펴보았다. 저 남자는 대체 누 굴까? 그런데 남자는 이미 죽어 있고 그것은 바로 자기 자신이었다. 바홈은 깜 짝 놀라 눈을 번쩍 떴다. 눈을 뜨자 "뭐야, 꿈이었군!" 하고 한숨을 쉬었다. 주위 를 두리번거리다가 열린 문 쪽을 보니 밖은 이미 동이 터오고 있었다. 그는 떠날 시간이 됐으니 모두 깨워야겠다고 생각했다. 바홈은 곧 일어나 여행 마차에서 자고 있는 하인을 깨워 말을 매게 하고 자기는 바시키르인들을 깨우러 갔다.

"시간이 됐습니다. 초원에 나가 땅을 측량해야지요."

바시키르인들도 일어나서 모두 모였다. 촌장도 왔다. 바시키르인들은 또 크므 스를 마시기 시작했다. 바홈에게도 차를 대접하려 했으나 그는 사양했다.

"어서 출발합시다. 시간이 다 되었으니까요" 하고 그는 말했을 뿐이다.

8

바시키르인들은 준비를 마치고 어떤 사람은 말을 타고 어떤 사람은 마차를 타고 출발했다. 바홈은 하인과 함께 자기 마차를 탔다. 그들은 땅을 팔 연장을 준비했다. 초원에 이르니 날이 훤히 밝았다. 바시키르어로 '시한'이라는 언덕에 당도하자 그들은 마차에서 내려 한데 모였다. 촌장이 바홈 곁으로 와서 한 손을 들어 가리키며 말했다.

"보다시피 이 넓은 땅이 모두 우리 땅입니다. 마음에 드시는 곳을 택하십시오."

바홈의 눈이 이글이글 타올랐다. 땅은 아득히 눈앞에 펼쳐진 억새풀 초원으로, 손바닥같이 평평하고 양귀비같이 검었으며 조금 파인 곳에는 여러 가지 잡초가 사람 키만큼이나 자라 있었다.

촌장은 여우 가죽 모자를 벗어서 그것을 땅에 놓았다.

"그러면, 이것을 표지로 하지요. 자, 여기서 출발해 주십시오. 그리고 이곳으로 돌아오십시오. 그러면 돌아서 오신 만큼이 당신의 땅이 됩니다."

바홈은 돈을 꺼내어 모자 속에다 집어넣고 윗옷을 벗어 조끼 바람이 되자 가죽띠를 단단히 매고 빵 주머니를 품속에 넣고 물병도 가죽띠에 매달았다. 그러고는 장화를 단단히 신고 하인이 들고 있던 괭이를 받아 든 다음 출발 준비를 했다. 그는 어느 쪽으로 나갈까 잠시 생각했다. 어디를 보아도 훌륭한 땅이었다. 생각 끝에 해 돋는 쪽을 향해 가기로 했다. 이리하여 그는 해 돋는 쪽을 향해 서서 제자리걸음을 하며 하늘 저쪽에서 해가 떠오르기를 기다렸다.

'1분도 시간을 허비해서는 안 되지. 조금이라도 시원할 동안에 걷는 것이 편할 거야.'

하늘 끝에서 해가 얼굴을 내밀기가 무섭게 바홈은 괭이를 어깨에 메고 초원을 향해 걷기 시작했다. 바홈은 느리지도 빠르지도 않게 걸었다. 1베르스타쯤 가다가 걸음을 멈추고 구덩이를 파서 거기에 눈에 잘 띄도록 잔디를 여러 덩이 묻어 놓았다. 그러고는 또 걸어갔다. 걷기 시작하니 절로 걸음이 빨라졌다. 조금 가다가 또 구덩이를 팠다.

바홈은 뒤를 돌아보았다. 햇빛을 받은 언덕은 물론 그 위의 사람들까지 선명하게 보였으며, 여행마차의 쇠바퀴가 눈부시게 반짝이고 있었다. 바홈은 이제 5베르스타쯤은 걸었으리라 생각했다. 차차 더워져서 조끼를 벗어 어깨에 걸치고 걸었다. 점점 더 더워졌다. 해를 보니 벌써 아침 시간이다.

'이제 한 구덩이가 끝난 셈이구나. 한데 하루에 네 군데 구덩이를 파게 되어

있으니 아직 부러지기에는 빠르겠지. 그러나 장화는 벗기로 하자.'

그는 앉아서 장화를 벗어서 띠에다 차고 또 걷기 시작했다. 그러다가 생각했다. '어디 5베르스타만 더 걷자. 그러고 나서 왼쪽으로 꾸부러지자. 땅이 너무 좋아서 단념하기가 아까운걸. 가면 갈수록 더 좋으니.'

그는 계속 곧바로 걸어갔다. 뒤를 돌아보니 언덕은 이미 아득히 멀어지고 사람들은 개미처럼 아물아물했고 무엇인가 반짝거리는 것도 겨우 짐작으로 그렇게 보일 뿐이었다.

'이만하면 이쪽은 충분히 잡았다. 이제는 구부러져야겠다. 땀을 흘렸더니 목도 타는군.'

바홈은 이렇게 생각하고 멈추어서 되도록 큼직하게 구덩이를 파고 거기다 잔디를 묻었다. 그러고는 물통을 집어 들고 듬뿍 물을 마신 다음 거기서 곧바로 왼쪽으로 구부러졌다. 또다시 걷기 시작했으나 풀의 키가 갈수록 커 몹시 더웠다.

바홈은 피로를 느끼기 시작했다. 하늘을 쳐다보니 바로 한낮이었다.

'자, 이쯤에서 한숨 돌리자.'

바홈은 걸음을 멈추고 거기 앉았다. 물을 마셔 가며 빵을 먹었을 뿐 눕지는 않았다. 누웠다가 만일 잠이라도 드는 날에는 큰일이라고 생각하고 잠시 앉았다 또 걷기 시작했다. 처음에는 수월하게 걸을 수가 있었다. 금방 빵을 먹었기 때문에 기운이 났던 것이다. 그러나 더위는 점점 심해지고 졸음이 쏟아졌다. 그래도 그는 꾹 참고 걸으며, 한 시간의 인내가 일생의 덕이 되는 거라고 생각했다.

그는 한 번 구부러져서도 꽤 멀리 걸었다. 그래서 다시 왼쪽으로 구부러지려하다가 보니 가까이에 촉촉한 분지가 있었다. 이걸 그대로 버리기엔 아까운데 저기라면 아마(亞麻)가 잘 될 거야, 그는 생각했다. 그리하여 다시 곧장 걸었다. 분지를 차지하고 나자 그 너머에다 구덩이를 파고 그곳에 두 번째 모퉁이를 만들었다. 바홈은 언덕 쪽을 돌아다보았다. 더위 때문에 모든 것이 아물아물하게 아른거리는 대기 속에서 언덕 위의 사람들이 아련하게 보였다.

'자, 두 쪽은 이렇게 길게 잡았으니 이번에는 좀 짧게 잡아야겠는걸.'

세 번째로 접어들자 그는 걸음을 빨리 했다. 해를 보니 이미 오후도 한나절이 지나 있었는데 세 번째 모퉁이에서는 겨우 2베르스타도 못 왔고, 출발 지점까지는 족히 15베르스타는 남아 있었다.

'이러다간 안 되겠다. 지형은 비뚤어졌더라도 이젠 돌아가야겠다. 더 이상 탐내지 말고 서둘러야겠어. 땅은 이만하면 충분해.'

바홈은 급히 구덩이를 파고는 거기서 곧장 언덕 쪽을 향했다.

9

바홈은 곧장 언덕 쪽을 향해 걸었으나 점점 괴로워지기 시작했다. 몸은 땀투성이가 되고 장화를 벗은 발은 찢기고 베이고 상처투성이가 되어 제대로 걸을 수가 없었다. 좀 쉬고도 싶었으나 그럴 수도 없었다. 해 지기 전에 도착할 수가 없을 것 같았기 때문이다. 해는 사정없이 넘어갔다.

'아, 실패한 게 아닌지 모르겠어. 너무 욕심을 낸 게 아닐까? 만약 늦으면 어떡한담.'

그는 언덕과 해를 번갈아 쳐다보았다. 출발점까지는 아직도 멀었으나 해는 이제 막 지려 하고 있었다.

그리하여 바홈은 걸음을 재촉했다. 그는 몹시 괴로웠으나 쉴 새 없이 걸었다. 그러나 가도 가도 길은 멀었다. 마침내 뛰기 시작했다. 조끼도 장화도 물통도 모자도 내팽개치고 오직 괭이만을 들고 그것을 지팡이 삼아 뛰었다.

'아, 내가 너무 욕심이 지나쳤어. 이제 다 끝났다. 해 떨어지기 전에는 도착할 것 같지 않아.'

그는 이렇게 두려운 생각으로 숨까지 막혀 왔다.

바홈은 무작정 달렸다. 땀에 젖은 속옷은 몸에 찰싹 달라붙고 입은 바싹 말라 버렸다. 가슴은 대장간 풀무처럼 펄럭거렸고 심장은 망치질을 하듯이 뚝딱거렸다. 다리는 남의 다리처럼 휘청거렸다. 바홈은 이러다가 죽어 버리지나 않을까 하는 무서운 생각이 들었다.

죽는 것은 무섭지만 멈춰 설 수는 없었다.

'그렇게 고생스레 뛰어왔는데, 여기까지 와서 멈추어 선다면 그야말로 바보 소리를 듣겠지.'

그가 계속 달리고 달려서 겨우 가까이까지 왔을 때 바시키르 사람들이 그를 향해 질러대는 날카로운 고함소리가 들려왔다. 이 외침소리 때문에 그의 심장은 한층 더 열이 올랐다. 바홈은 마지막 힘을 다하여 달리고 있었는데 해는 이미 지평선 가까이 저녁 노을 속으로 떨어져 가느라 새빨간 큰 공처럼 보였다. 드디어 이제 넘어가는 것이다. 해는 이제 떨어지고 있었다.

출발점까지도 이제 얼마 남지 않았다. 바홈은 언덕 위에 서 있는 사람들, 그를 향해 손을 흔들며 그를 재촉하는 사람들을 보았다. 땅 위에 놓인 여우 가죽 모자 속의 돈까지도 보였다. 그리고 촌장은 땅바닥에 앉아 두 손으로 배를 움켜잡고 있었다. 그러자 바홈은 꿈 생각이 났다.

'땅은 많이 차지했지만 하느님이 그 위에 살게 해 주실까? 아, 나는 나를 망쳤다! 도저히 달려갈 수가 없어.'

바홈은 해를 보았다. 그것은 이미 땅에 닿아 있어서 한쪽 끝은 가라앉고 한쪽 끝은 아치형이 되어 있었다.

바홈은 마지막 힘을 쥐어짜서 몸을 앞으로 기울이고 발을 이끌며, 넘어지려는 것을 겨우 지탱하고 있었다. 그래도 바홈은 가까스로 언덕 밑까지 이르렀다.

갑자기 주위가 어두워졌다. 해는 지고 말았다.

바홈은 깜짝 놀랐다.

'애쓴 보람도 없이 허사가 되었구나.'

그는 이렇게 생각했다. 그래서 발을 멈추려다가 문득 들으니 바시키르인들이 쉴 새 없이 뭔가 고함을 질러대고 있었다.

그러자 퍼뜩 언덕 밑에 있는 그에게는 해가 진 것 같지만 언덕 위에서는 아직 다 지지 않았는지도 모른다는 생각이 들었다.

바홈은 용기를 내어 언덕으로 달려 올라갔다. 언덕 위는 아직도 밝았다. 바홈은 달려 올라가자마자 모자를 보았다. 모자 앞에는 촌장이 앉아서 두 손으로 배를 잡고 큰 소리로 웃어대고 있었다. 바홈은 꿈 생각이 나서 깜짝 놀랐다. 오금이 떨어지지 않아 그는 앞으로 쓰러졌으나, 쓰러지면서도 두 손으로 모자를 움켜쥐었다.

"허어, 장하구려! 땅을 완전히 잡으셨소!"

촌장이 소리쳤다.

바홈의 하인이 달려가서 그를 부축해 일으키려 했으나 그의 입에서는 피가 쏟아져 나왔다. 그는 쓰러져 죽고 말았던 것이다.

하인은 괭이를 집어 들고 머리에서 발끝까지의 치수대로 정확하게 3아르신[2]을 팠다. 바홈의 무덤을 위해. 그리하여 그를 그곳에 묻었다.

---

2) 구 러시아의 척도 단위로 1아르신은 약 71.12센티미터이다.

세 은자
볼가 지방의 전설에서

어느 주교가 아르한겔스크에서 배를 타고 솔로프키로 건너가고 있었다. 그 배에는 곳곳에서 온 순례자들이 타고 있었다.

바람은 순풍이었고 날씨도 좋아서 배는 조금도 흔들리지 않았다.

순례자들은 누워 있는 자나, 음식을 먹고 있는 자나, 한데 모여 있는 자나, 모두 이야기를 주고받고 있었다.

주교도 갑판에 나가서 브리지[1] 위를 왔다 갔다 했다.

주교가 뱃머리 쪽에 다가가 보니 그곳에 한 떼의 사람들이 모여 있었다. 한 어부가 손으로 바다 쪽을 가리키며 무언가 설명하고 있었고, 사람들은 그것을 듣고 있었다. 주교도 걸음을 멈추고 어부가 가리키는 쪽을 보았다.

그러나 아무것도 보이지 않고, 단지 바다만 햇빛에 반짝이고 있었다. 주교는 한 발 더 가까이 가서 듣고자 했다.

주교를 보자 어부는 모자를 벗고 그만 입을 다물어 버렸다. 사람들도 주교를 보더니 다 같이 모자를 벗고 절을 했다.

이에 주교가 말했다.

"여러분, 개의치 말고 이야기를 계속하시오. 나는 당신들의 이야기가 듣고 싶어서 왔으니까요."

"하, 실은 지금 이 어부 양반이 우리에게 은자(隱者)들 이야기를 해주던 참이었지요."

한 상인이 스스럼없이 말했다.

"허허, 은자에 대한 이야기였군요."

---

1) 배의 상갑판 중앙 전방에 있어, 항해 중 선장이 지휘하는 곳

주교는 이렇게 말하고는 뱃전 쪽으로 가서 궤짝 위에 앉았다.

"어디 나도 좀 들어 봅시다. 당신이 가리키는 것이 무엇인가요?"

"저기 조그만 섬이 보이지요."

작달막한 어부는 말하며 오른쪽을 가리켰다.

"저 작은 섬에 은자 세 사람이 살고 있는데, 수도하고 있지요."

"작은 섬이라니 어디 말이오?" 하고 주교가 물었다.

"제가 가리키는 쪽을 보십시오. 저기 저 구름에서 약간 왼편 아래쪽으로 마치 띠처럼 보이는 게 있지요?"

주교는 눈길을 가누고 찬찬히 보았으나 햇빛에 바닷물이 반짝거려서, 바다에 익숙지 못한 그의 눈으로는 아무래도 분간할 수가 없었다.

"내 눈에는 안 보이는데? 한데 그 섬에 어떤 은자가 살고 있나요?"

"하느님 같은 분들이지요" 하고 어부는 대답했다.

"저도 말만 들었을 뿐 그분들을 만나 뵐 기회가 통 없다가 재작년 여름에야 만나 뵙게 되었지요!"

이렇게 말하고 나서 어부는 다시 고기잡이 나갔다가 풍랑을 만나 그 섬에 올라가게 되었을 때 이야기를 하기 시작했다.

표류하던 어부는 겨우 한 섬에 닿기는 했으나 그것이 어디의 무슨 섬인지도 몰랐다는 것이다.

아침에 부근을 거닐다가 토굴 하나를 발견했는데, 그 옆에 은자 한 사람이 서 있는 것을 보았다. 다시 비슷한 은자 두 사람이 나타났다. 그들 세 사람은 어부에게 먹을 것도 주고, 옷도 말려 주고, 배 손질하는 것을 도와주기도 했다. 이에 주교는 물었다.

"그래 어떻게 생긴 사람들이었소?"

"한 분은 키가 작고 허리가 꼬부라진 아주 늙으신 분인데 다 해어진 누더기를 걸치고 있었습니다만 필경 백 살은 넘었을 것입니다. 턱수염은 푸른빛이 돌만큼 하얗고 줄곧 싱글벙글하며 꼭 천사같이 밝은 얼굴을 하고 있었습니다. 또한 분은 키는 조금 크나 역시 늙은 분으로 찢어진 겉옷을 입고 누르스름한 수염을 거창하게 기르셨는데, 무섭게 힘이 세어 내가 미처 손도 대기 전에 마치 물통이라도 들 듯이 나의 작은 배를 뒤집어 버렸습니다. 역시 마찬가지로 소탈한 분이었지요. 그런데 세 번째 노인은 희고 긴 수염을 무릎까지 드리우고 어딘지 음울해 보이는 키가 큰 분인데, 눈썹이 눈을 온통 가리고 있었습니다. 이분은 거의 알몸이었고 허리에 돗자리 같은 것을 두르고 있을 뿐이었습니다."

"그래, 그분들이 당신에게 어떤 이야기를 했소?"

주교가 물었다.

"무엇을 해도 대개 말이 없었습니다. 자기네끼리도 그다지 말을 않더군요. 한 사람이 쳐다만 봐도 금방 그의 마음을 안다는 식으로 말이지요. 저는 키가 큰 분에게 여기서 사신 지가 오래되었느냐고 물어보았지요. 그랬더니 그분은 얼굴을 찡그리고 무어라 중얼중얼했는데 그 모습이 꼭 화를 내는 것 같더군요. 그러자 키가 작고 제일 나이 많은 분이 그의 손을 잡고 웃어 보이니까 키 큰 노인도 잠잠해졌고, 제일 나이 많은 노인은 미안하다고 한마디 했을 뿐 그냥 웃기만 했습니다."

어부가 이야기하는 동안에 배는 섬 가까이로 다가갔다.

"이제 뚜렷하게 보이게 되었습니다. 주교님, 보십시오."

상인은 섬을 가리키며 말했다.

주교는 눈길을 모았다. 이번에는 분명히 검은 띠 모양의 섬이 보였다. 주교는 잠시 그것을 바라보다가 이물 쪽에서 고물 쪽 키잡이 곁으로 다가가 물었다.

"저 섬 이름이 뭐지요? 저기 보이는 저 섬 말이오."

"이름 같은 건 없습니다. 저런 섬은 이 부근에 얼마든지 있으니까요."

"저 섬에 은자들이 수도하고 있다는데 그게 사실이오?"

"그런 말은 있습니다. 하지만 주교님, 그게 사실인지 아닌지는 저도 잘 모릅니다. 어부들은 봤다고들 합니다만 그들은 하도 엉터리 이야기를 잘하니까 믿을 수가 없지요."

"저 섬에 가서 은자들을 만나 봤으면 하는데 어떻게 하면 저기로 갈 수 있겠소?"

"큰 배로는 접근할 수 없습니다."

키잡이는 말했다.

"작은 배라면 갈 수 있겠습니다만 그건 선장님과 의논하십시오."

그래서 선장을 데려오게 했다.

"나는 저 섬의 은자들을 만나 봤으면 하는데 나를 좀 데려다줄 수 없겠소?"

선장은 말리려고 했다.

"안 될 건 없습니다만, 시간이 무척 많이 걸립니다. 대단히 죄송한 말씀입니다만 그렇게까지 해서 만나볼 가치는 없다는 것을 말씀드리고 싶군요. 제가 들은 바로는 아주 멍텅구리나 다름없는 노인들이 살고 있어서 아무것도 모를뿐더러 바다 물고기처럼 말 한마디 못 한다더군요."

"하지만 꼭 한 번 만나 보고 싶소. 그만한 대가는 톡톡히 치를 테니 나를 좀 데려다주시오."

하는 수 없이 선원들은 명령을 받고 돛을 정리했다. 키잡이는 배를 돌려 섬으로 향했다. 주교를 위해 이물 쪽에 의자가 놓였다. 주교는 그 의자에 앉아서 전방을 지켜보았다. 같이 타고 있던 사람들 모두 이물 쪽에 모여서 바라보고 있었다. 눈이 밝은 사람들에게는 벌써 섬 위의 바위가 보였고, 토굴도 알아볼 수 있게 되었다. 그중에서 한 사람은 세 사람의 은자들 모습을 알아보았다. 선장은 망원경을 꺼내어 잠시 들여다본 다음 주교에게 건넸다.

"확실히 보입니다. 해변의 커다란 바위 오른쪽에 사람이 서 있습니다."

주교도 망원경을 눈에 대고 그쪽으로 돌리니, 분명 그곳에 있는 세 사람, 즉 키가 큰 사람, 좀 작은 사람, 또 아주 작은 사람이 눈에 들어왔다. 세 사람 다 해변에 서서 서로 손을 잡고 있었다.

선장이 주교 곁에 가서 말했다.

"주교님, 이 배는 여기서 멈추어야 합니다. 기어이 가시려면 여기서부터는 작은 배를 이용하십시오. 저희는 여기서 닻을 내리고 기다리고 있을 테니까요."

닻줄을 풀어 닻을 던지고 곧 돛도 내려졌다. 배가 멈추자 흔들흔들했다. 작은 배가 내려지고 노잡이들이 옮겨 탔다. 주교가 사다리를 타고 내려갔다. 주교가 다 내려가 작은 배 안의 걸상에 앉자, 노잡이들이 섬을 향해 노를 젓기 시작했다. 돌을 던지면 닿을 정도의 거리까지 저어 갔으나, 은자들은 손을 잡고 그대로 서 있었다. 키가 큰 사람은 맨발로 허리에 돗자리를 둘렀을 뿐이고, 약간 작은 사람은 해어진 겉옷을 걸쳤으며, 제일 나이 많은 허리 굽은 노인은 너덜너덜한 누더기를 입고 있었다.

노잡이들은 배를 기슭으로 저어 가서 밧줄로 맸다. 주교는 뭍에 내렸다.

은자들이 절을 하자, 주교는 그들을 축복했다. 그들은 주교 앞에 한층 더 머리를 깊이 숙였다. 주교는 그들에게 말을 걸었다.

　"나는 이 섬에 사는 당신네들이 신앙심이 두터워 자기의 영혼을 구제하기 위해, 또 많은 사람들을 위해 주 그리스도에게 기도하고 계시다는 말을 전부터 듣고 있었소이다. 나는 아무런 가치도 없는 하느님의 종이나, 하느님의 은총으로 하느님의 양을 지킬 임무를 맡고 있습니다. 그래서 당신네들 하느님의 종을 만나 뵙고 될 수만 있다면 무엇이든지 가르쳐 드리고자 이렇게 찾아왔습니다."

　은자들은 말없이 웃기만 하고 서로 얼굴을 마주 볼 뿐이었다. 주교는 다시 말했다.

　"당신들은 스스로의 영혼 구제를 위해 어떤 수도를 하고 계시는지, 또 어떻게 하느님을 섬기고 계시는지 그걸 나에게 들려주십시오."

　중키의 은자는 한숨을 쉬며 제일 나이 많은 은자를 보았다. 키 큰 은자 역시 눈살을 찌푸리고 나이 많은 은자를 보았다. 그러자 제일 나이 많은 은자는 웃으며 말을 시작했다.

　"우리는 하느님을 섬기는 방법을 모릅니다. 다만 자기를 섬기고 자기를 기를 뿐입니다."

　"그렇다면 당신네들은 어떤 식으로 하느님께 기도드립니까?"

　그러자 제일 나이 많은 은자가 말했다.

　"이렇게 기도드리지요. 당신께서도 세 몸이시고 저희도 세 사람이오니 아무쪼록 저희를 어여삐 여겨 주시옵소서."

　주교는 웃으며 말했다.

　"당신들은 삼위일체(三位一體)라는 말을 들은 모양인데, 기도는 그렇게 하는 것이 아니오. 나는 신앙심 깊은 당신들이 마음에 들었소. 당신들이 하느님께 뜻을 맞추려 하고 있음은 잘 알겠습니다. 그러나 당신들은 하느님을 섬기는 방법을 모르는 것 같소. 기도는 그렇게 하는 것이 아니니 잘 들으시오. 내가 지금 가르쳐 드리리다. 그러나 이것은 내가 내 마음대로 아무렇게나 하는 것은 아니오. 모두 하느님께서 하느님의 책 속에 이르신 말씀을 그대로 전달하는 것뿐이오."

　이렇게 말하고 주교는 은자들을 향해 하느님이 어떻게 해서 인류 앞에 나타났는가를 말하고 성부(聖父), 성자(聖子), 성령(聖靈)에 대해 들려주었다.

"성자께서는 인류를 구원하기 위하여 지상에 내려오시고, 우리 인간들에게 기도하는 방법을 가르쳐 주셨소. 내가 외는 소리를 듣고 따라서 외도록 하시오."

주교는 외기 시작했다.

"아버지시여!"

그러자 한 은자가 따라 했다.

"아버지시여!"

그러자 다음 은자가 또 따라 했다.

"아버지시여!"

끝으로 세 번째 은자가 따라 했다.

"아버지시여!"

"하늘에 계신 아버지시여" 하고 주교는 계속했다.

그러나 이번의 말은 두 번째 은자가 제대로 따라 하지 못했다. 키가 큰 벌거숭이 은자 역시 따라 외지 못했다. 윗수염이 입을 덮고 있어서 제대로 발음할 수가 없었던 것이다. 제일 나이 많은 합죽이 은자도 모호하게 우물쭈물 말했을 뿐이다.

주교는 다시 한번 되풀이했다. 은자들도 되풀이했다. 주교는 바위에 걸터앉고 은자들은 그 둘레에 서서 주교의 입을 지켜보며 주교가 외면 그를 따라 되풀이했다. 이렇듯 주교는 그들을 상대로 하여 하루 종일 저녁때가 다 되도록 수고했다. 열 번, 스무 번, 백 번, 같은 말을 되풀이하고 은자들은 그를 따라 했다. 그들이 잘못 외면 또다시 처음부터 되풀이시켰다.

이렇게 하여 주교는 은자들이 기도문을 다 욀 때까지 그들의 곁을 떠나지 않았다. 그들은 먼저 그를 따라 왼 다음 자기들끼리 외웠다. 중키의 은자가 제일 빨리 외워, 혼자 전부를 욀 수 있게 되었다. 그래서 주교는 그에게 여러 번 되풀이시켜서 나머지 두 사람에게 가르쳐 주도록 일렀다.

사방이 어두워져 바다에 달이 떠오를 무렵에야 주교는 겨우 배로 돌아가기 위해 일어섰다. 주교가 은자들에게 작별을 고하자 은자들은 머리가 땅에 닿도록 그에게 절을 했다. 주교는 그들에게 머리를 들게 하여 한 사람 한 사람에게 입을 맞추며 자기가 시킨 대로 기도를 하라고 이른 다음 작은 배를 타고 본선(本船)으로 향했다.

주교는 이리하여 본선으로 향했으나 그동안 내내 세 은자들이 소리 높이 외는 기도문 소리가 들려왔다. 본선에 가까워질수록 은자들의 목소리는 차차 들리지 않게 되었으나, 세 은자의 모습만은 달빛에 뚜렷이 보였다. 제일 작은 노인이 한가운데 서고 키 큰 노인이 오른쪽에, 중키의 노인이 왼쪽에 서서 세 노인은 이쪽을 바라보고 있었다. 주교가 본선에 당도하여 갑판에 오르자, 닻과 돛이 올려지고 배는 앞으로 나아가기 시작했다. 주교는 고물 쪽에 가 앉아 줄곧 섬을 보고 있었다. 처음 얼마 동안은 은자들의 모습이 보였으나 곧 그것은 사라지고 섬만 남더니 나중에는 섬도 사라지고 오직 바다만 달빛에 어른거리고 있었다.

순례자들이 잠이 들어 버렸으므로 갑판 위는 아주 고요해졌다. 그러나 주교는 잠이 오지 않았으므로 혼자 고물에 앉아 섬이 사라진 쪽 바다를 바라보며 선량한 은자들을 생각하고 있었다. 그는, 은자들이 기도문을 외게 되어 얼마나 기뻐할까를 생각하며 신과 같은 은자를 돕기 위해 하느님께서 자기를 인도하여, 그들에게 하느님의 말씀을 가르쳐 주게 하신 것을 감사했다.

주교는 한동안 혼자 앉아 섬이 보이지 않게 된 바다를 바라보며 줄곧 생각에 잠겨 있었다. 그러는 동안 눈이 아물아물해지더니 물결에 비친 달그림자가 사방에서 춤추기 시작하는 것 같았다. 갑자기 달빛 속에 무엇인지 하얗게 반짝이는 것이 보였다. 섬일까, 갈매기일까, 아니면 작은 배의 돛이 반짝이는 것일까? 주교는 눈길을 모았다. '작은 배가 돛을 달고 이 배를 쫓아오는 게 틀림없어' 그는 생각했다. 아마 곧 쫓아오겠지, 처음에는 꽤 멀었는데 이젠 무척 가까워졌다. 한데 아무래도 배는 아닌 모양야. 돛은 아닌 것 같아. 하여간 무엇인가가 이 배를 쫓아오고 있는 것만은 사실이다. 주교는 아무래도 그것이 무엇인가를 분간할 수가 없었다. 배인가 하면 배도 아니고, 새인가 하면 새도 아니고, 물고기인가 하면 물고기도 아니었다. 얼핏 보기에 사람 같기도 한데, 사람치고는 너무 컸고 우선 사람이 바다 위를 걷고 있을 리가 없다. 주교는 일어나 노잡이 곁으로 가서 물었다.

"저걸 좀 보시오. 저게 뭘까요? 도대체 저게 뭘까요?"

그때 이미 그에게는 바다 위를 달려오는 은자들의 모습이 보였다. 흰 수염이 하얗게 반짝거리고 있었다.

마치 멈추어 있는 배로 다가오기라도 하듯이 이쪽 배로 다가오고 있었다.

노잡이는 그것을 보자 기겁하여 노를 동댕이치고는 고함을 질러댔다.

"큰일 났다! 은자들이 땅 위를 달리듯이 바다 위를 달려 우리를 쫓아오고 있다!"

배에 탄 사람들은 이 소리를 듣고 모두 일어나 고물 쪽으로 달려왔다. 은자들은 손을 잡고 달려오고 있었다. 양쪽에 선 은자가 손을 흔들어 배를 멈추라고 신호하고 있었다. 세 은자 모두 물 위를 육지처럼 달리고 있었는데 발은 조금도 놀리지 않았다.

배를 멈출 겨를도 없이 은자들은 순식간에 배 옆으로 와서 머리를 쳐들고 말했다.

"하느님의 종이시여, 우리는 당신의 가르침을 잊어버렸습니다! 되풀이해 외고 있는 동안은 알고 있었는데, 한 시간쯤 외지 않았더니 그만 한마디를 잊고 말았습니다. 그러다 보니 그 뒤 구절도 까맣게 잊어버렸지 뭡니까. 이젠 다 잊어버렸습니다. 제발 다시 한 번 가르쳐 주십시오."

주교는 성호를 긋고 은자들을 향해 몸을 굽히고 말했다.

"신앙심 깊은 은자들이여, 당신들의 기도는 이제 하느님께 닿았습니다. 당신들을 가르칠 자는 내가 아닙니다. 그러니 당신들이 우리들 죄인을 위해 기도를 해 주십시오!"

이렇게 말하고 주교는 은자들의 발에 머리가 닿도록 절을 했다. 그러자 은자들은 돌아서서 왔던 길을 다시 돌아갔다. 그리고 은자들이 사라진 쪽에서는 날이 밝도록 하얗게 빛나는 광채가 있었다.

머슴 에멜리안과 북

에멜리안은 어떤 집에서 머슴살이를 하고 있었다.

어느 날 들일을 하러 나가는 길에 벌판을 지나가다 문득 앞에 개구리 한 마리가 폴짝폴짝 뛰는 것이 눈에 띄었다.

그는 하마터면 그걸 밟을 뻔하다 가까스로 그 개구리를 뛰어넘었다.

"에멜리안!"

갑자기 뒤에서 부르는 소리가 들려왔다. 에멜리안이 돌아보니 예쁜 처녀가 서 있었다.

"에멜리안, 왜 당신은 장가를 안 드세요?"

"나 같은 게 어떻게 장가를 가요. 나는 아무것도 가진 게 없어요. 있는 것이라곤 맨 몸뚱이뿐이라 와 줄 사람이 있어야지요."

그러자 처녀가 그에게 말했다.

"그렇다면 제가 시집갈게요."

에멜리안은 그 처녀가 마음에 들었다.

"나야 두말할 것도 없이 승낙하겠는데, 하지만 어디다 살림을 차리지?"

"그런 거야 걱정할 것 없잖아요. 될 수 있는 대로 일을 많이 하고 잠을 적게 자면 어디를 가도 먹고 입고 살아갈 수 있는 거예요."

"하긴 그래. 그렇다면 결혼합시다. 그런데 어디로 가서 살지?"

"읍으로 나가 살아요."

그래서 에멜리안은 처녀와 함께 읍으로 나갔다. 처녀는 그를 변두리에 있는 조그만 집으로 데리고 갔다. 두 사람은 결혼을 해서 신접살림을 시작했다.

어느 날 왕이 마차를 타고 이 읍에 행차를 했다. 왕이 에멜리안의 집 앞을 지날 때, 에멜리안의 아내는 임금을 뵈려고 밖으로 나왔다. 그녀의 아름다운 모습을 본 왕은 깜짝 놀랐다.

임금은 마차를 멈추고 에멜리안의 아내를 불러서 물었다.

"너는 누구냐?"

"농부 에멜리안의 아내이옵니다."

그녀는 대답했다.

"너는 그렇게 예쁜데 어떻게 그따위 농군의 아내가 되었느냐. 왕비가 될 수도 있었을 텐데."

"친절하신 말씀 황공하옵니다. 하오나 저로서는 농부 지아비로 만족하옵니다."

왕은 잠시 그녀와 말을 주고받은 뒤 마차를 몰아 그 자리를 떠났다. 이윽고 궁전으로 돌아갔다. 그런데 에멜리안의 아내가 머리에서 도무지 떠나지를 않았다. 왕은 밤새도록 한잠도 못 자고, 어떻게 하면 에멜리안에게서 그 아내를 빼앗을까만 궁리하고 있었다. 그러나 묘안이 떠오르지 않았다. 그래서 신하들을 불러 놓고 그들에게 무슨 좋은 수를 강구해 내라고 일렀다. 그러자 신하들이 왕에게 아뢰었다.

"우선 에멜리안을 궁전으로 불러들이심이 좋으실 줄로 아옵니다. 그러하오면 저희들이 그놈을 혹독하게 부려서 죽여 버리면 여자는 과부가 되오니, 그때는 얼마든지 뜻대로 하실 수가 있사옵니다."

왕은 그 말을 듣고 에멜리안에게 사자를 보내어 궁전에 정원사로서 나와 일하도록, 또한 아내도 함께 궁전에 와서 살도록 이르게 했다.

사자가 에멜리안에게 가서 그 말을 전했다. 그러자 아내가 남편에게 말했다.

"괜찮으니까 다녀오도록 하세요. 낮에는 가서 일하고 밤이면 저에게로 돌아오세요."

에멜리안은 집을 나섰다. 그가 궁전에 당도하니 임금의 집사가 그에게 물었다.

"왜 아내를 데려오지 않고 혼자서 왔느냐?"

"무엇 때문에 제가 아내를 데리고 옵니까? 저희들에게도 집이 있는뎁쇼."

궁전에서는 에멜리안에게 두 사람 몫의 일거리를 주었다. 에멜리안은 일을 하면서도 그날로 끝낼 수 있으리라곤 엄두조차 내질 못했다. 그러나 일을 하다 보니 저녁때가 되기도 전에 그 일은 깨끗이 끝나 버렸다. 집사도 그가 일을 끝낸 것을 보더니 깜짝 놀라며 다음날의 일거리로 네 사람 몫의 일을 맡겼다.

에멜리안은 집으로 돌아왔다. 집은 깨끗이 청소가 되어 있고 모든 것이 깔끔하게 정돈되어 있었다. 난로에는 훈훈하게 불이 피워져 있고 식사 준비도 다 되어 있었다. 아내는 식탁 앞에 앉아 바느질을 하면서 남편을 기다리고 있었다. 아내는 남편을 맞아들이자 저녁 식사 시중을 들며 일에 대한 것을 이것저것 물었다.

"도저히 배겨낼 수 없는 일이야. 그들은 내게 힘에 겨운 일을 맡겨서 나를 혹사시켜 죽일 작정인 모양이야."

"하지만 당신은 일에 대한 걱정일랑 하지 마세요. 이제 얼마큼 했을까, 얼마나 남았을까, 하고 뒤를 돌아보거나 앞을 내다보는 일은 않는 게 좋아요. 그저 일만 하세요. 그러면 시간 안에 일은 끝날 테니까요."

에멜리안은 잠자리에 들었다.

이튿날 아침이 되자 또 일을 하러 궁전으로 갔다. 일을 시작해 한 번도 뒤를 돌아보지 않고 열심히 하다 보니 저녁나절 전에 벌써 일은 다 끝나 있었다. 어둡기 전에 집으로 돌아갈 수 있었다.

에멜리안은 일거리가 아무리 많아도 그것을 시간 안에 끝내고 집으로 돌아가곤 했다.

1주일이 지났다. 이런 노동으로는 이 사람을 괴롭힐 수가 없다는 것을 알아차린 왕의 신하들은 이번에는 그에게 아주 어려운 일을 맡기기로 했다. 그러나 그것 역시 그를 괴롭히지는 못했다. 목수 일이든, 석수(石手) 일이든, 미장이 일이든, 무슨 일을 시켜도 에멜리안은 시간 안에 그것을 끝내고 밤이면 아내에게로 돌아가곤 했다.

또 1주일이 지났다. 왕은 신하들을 불러 놓고 말했다.

"나는 언제까지 너희들에게 공밥을 먹여야 한단 말이냐! 벌써 두 주일이 지났는데, 아무런 효과도 없지 않으냐? 너희들은 에멜리안을 혹사시켜서 죽이겠다고 했지만 내가 보니 그자는 오히려 날마다 콧노래를 흥얼대며 돌아가곤 하지 않으냐? 이는 필시 너희들이 나를 놀리고 있는 거지 뭐냐 말이다."

신하들은 어쩔 줄 모르면서 열심히 변명을 했다.

"저희들은 전력을 다했습니다. 처음에는 중노동으로 그자를 죽이려 했습니다만, 아무리 해보아도 소용이 없었습니다. 무슨 일을 시켜도 비로 쓸어내듯이 해

치워 버릴 뿐 도무지 피로라는 걸 모릅니다. 그래서 저희는 이런 지혜까지는 없으리라 믿고 아주 어려운 일을 시켜 보았습니다만, 그것도 소용이 없었사옵니다. 어떻게 된 셈인지 무슨 일을 시켜도 깨끗이 해치워 버리옵니다. 아무래도 그놈이나 그놈의 아내가 마술을 쓰고 있는 것이 틀림없사옵니다. 저희들도 그놈에겐 이제 질려 버렸사옵니다. 그래서 이번에야말로 아주 어려운 일을 맡겨 볼까 하옵니다. 그것은 다름이 아니오라 그놈에게 하루 만에 대사원을 짓도록 하려는 계획이옵니다. 아무쪼록 에멜리안을 부르시어 이 궁전 앞에다 하루 만에 대사원을 지어 놓으라고 분부를 내려 주시옵소서. 그리했다가 만약 지어 내지 못한다면 그때야말로 분부를 어긴 죄로 목을 칠 수도 있지 않겠사옵니까?"

왕은 사자를 보내어 에멜리안을 불러오게 했다.

"에멜리안, 네가 한 가지 해야 할 일이 있다. 이 궁전 앞 광장에 새로이 대사원을 짓도록 하라. 내일 해 지기 전까지 완성하도록 하라. 완성이 되면 후한 상을 내리겠으나, 만일 완성을 못할 때는 사형에 처할 테니 그리 알라."

에멜리안은 왕의 분부를 듣고 나자 곧장 집으로 발길을 돌렸다. 그는 '드디어 최후의 날이 왔구나' 하고 생각했다. 에멜리안은 집에 돌아가자 아내에게 말했다.

"어서 채비를 차리시오. 아무 데라도 좋으니 도망을 가야겠소. 그러지 않으면 아무 죄도 없이 죽임을 당하겠소."

"뭐라고요? 아니, 도망을 가다니요? 왜 그렇게 겁을 먹었지요?"

아내가 물었다.

"어떻게 겁을 먹지 않을 수 있소. 임금님께서 내일 하루 동안에 대사원을 지으라 하시었소. 만약 완성을 못하는 날에는 목을 치겠다고 하시니 이제 달리 도리가 없소. 시간이 있는 동안 도망을 치는 수밖에."

그러나 아내는 이 말에 동의하지 않았다.

"임금님에게는 군대가 있기 때문에 어디를 가나 붙잡히기 마련이에요. 임금님으로부터 도망칠 수는 없어요. 그러니 힘닿는 데까지 명령을 따르는 수밖에 다른 도리가 없지요."

"하지만 당치도 않은 일을 어떻게 따른단 말이오?"

"원 당신도! 너무 그렇게 낙심 마세요. 저녁이나 드시고 편히 주무시기나 하세요. 그리고 내일은 여느 때보다 조금 일찍 일어나도록 하세요. 그러면 모든 게 잘 될 테니까요."

에멜리안은 잠자리에 들었다.

이튿날 아침이 되자 아내가 그를 깨웠다.

"가 보세요. 어서 가서 사원을 완성하고 돌아오세요. 자, 여기 못과 망치가 있어요. 궁전 앞에 가시면 당신이 하실 하루치 일밖에 남아 있지 않을 거예요."

에멜리안은 읍으로 나갔다. 과연 광장 한가운데 새 사원이 하나 서 있는데 끝손질할 것만 조금 남아 있을 뿐이었다. 에멜리안은 필요한 곳에 손질을 하여 저녁때까지는 완전히 끝마쳤다.

왕이 궁전에서 내다보니 광장 한복판에 대사원이 서 있고 에멜리안은 사방으로 돌아다니며 끝막음으로 못을 박고 있었다.

왕은 그 사원을 보고도 기뻐하지 않았다. 왕은 에멜리안을 처벌할 구실이 없어져 그의 아내를 빼앗지 못하는 것만이 분해 견딜 수가 없었다.

그래서 왕은 또다시 신하들을 불러 모았다.

"에멜리안은 이번 일도 해냈어. 이래 가지고는 그놈을 처벌할 수가 없구나. 이번 일도 그놈에겐 너무 쉬웠던 게야. 그러니 더 어려운 일을 맡기도록 한번 잘 생각해 보도록 하라. 그렇지 않으면 이제 너희들을 엄벌에 처하겠다."

그랬더니 신하들은 왕에게, 에멜리안에게 강을 파도록 하자고 제의했다. 강은 궁전 둘레를 한 바퀴 돌면서 흐르도록 하되 큰 배를 띄울 수 있도록 해야 한다고 진언했다. 왕은 에멜리안을 불러서 그에게 새로운 일을 분부했다.

"너는 하루 만에 그런 사원을 지었으니 이번 일도 할 수 있을 것이다. 이번 일도 내일 중으로 완성하도록 하라. 만일 그것을 못할 때는 목을 칠 테니 그리 알라."

에멜리안은 어제보다 더 울상이 되어 아내에게로 돌아갔다.

"왜 그렇게 기운 없는 얼굴을 하고 계세요? 임금님께서 당신에게 또 무슨 어려운 일을 분부하신 모양이군요?"

아내가 묻자 에멜리안은 그녀에게 자초지종을 말했다.

"이번에는 세상없어도 도망쳐야 해."

그러자 아내가 말했다.

"그 숱한 군대로부터 빠져 달아날 수는 없어요. 어디로 가나 결국은 붙잡히고야 말아요. 그러니까 역시 분부대로 따르는 수밖에 도리가 없어요."

"그렇지만 어떻게 복종을 한단 말이오."

"어쨌든 여보! 아무 걱정 마시고 식사하시고 잠이나 주무세요. 그리고 내일은 조금 일찍 일어나기만 하면 다 잘될 거예요."

그래서 에멜리안은 잠자리에 들었다. 아침이 되자 아내가 그를 깨웠다.

"어서 궁전으로 나가 보세요. 모든 처리는 다 되어 있을 거예요. 다만 궁전 정면 둑에 흙덩이가 조금 남아 있을 테니 삽을 가지고 가서 그것을 다지면 일은 끝나요."

에멜리안은 집을 나서서 읍으로 갔다. 궁전 둘레에는 강이 흐르고 거기 큰 배들이 왕래하고 있었다. 에멜리안이 궁전 정면의 둑에 가 보니, 땅이 조금 울퉁불퉁한 데가 있었으므로 그는 그것을 편평하게 손질했다.

왕이 나가 보니 궁전 둘레에 강이 흐르고 그 위에 큰 배가 왕래하고 있었다. 에멜리안은 삽으로 막 땅을 다지고 있었다. 왕은 깜짝 놀랐다. 그러나 조금도 이를 기뻐하지 않았다. 왕은 에멜리안을 처벌할 수 없는 것만이 분해서 견딜 수 없었다. 그래서 또 곰곰이 생각했다.

'저놈은 못하는 일이 없는 모양이다. 이 일을 어떻게 한담?'

왕은 신하들을 불러 놓고 다시 그들과 함께 궁리를 하기 시작했다.

"너희들은 에멜리안이 도저히 못할 일을 생각해 내도록 하라. 우리가 세상없는 일을 시켜도 그놈은 모두 척척 해내니, 이래 가지고는 그놈의 아내를 뺏을 수 없지 않느냐?"

신하들은 생각에 생각을 거듭한 끝에 묘안이 떠올랐다. 그래서 왕 앞으로 나가 아뢰었다.

"에멜리안을 부르시어 이렇게 분부하시옵소서. 어딘지도 모르는 곳에 가서 무엇인지도 모르는 것을 가지고 오라고. 이거라면 제놈도 당해 낼 수가 없을 것이옵니다. 그놈이 어디로 가든 폐하께서는 행선지가 틀리다고만 하시면 되는 것이옵고, 그놈이 무엇을 가지고 오든 분부하신 것이 아니라고 하시면 되는 것이옵니다. 그러시면 그놈을 처벌하실 수 있사오니 그놈의 아내를 빼앗는 것은 문제가 없사옵니다."

왕은 크게 기뻐했다.

"이번에는 너희들도 아주 좋은 꾀를 냈구나."

왕은 다시 에멜리안을 불러서 그에게 분부했다.

"어딘지도 모르는 곳에 가서 무엇인지도 모르는 것을 가져오도록 하라. 만일 가져오지 못하는 날에는 네 목을 칠 테니 그리 알라."

에멜리안은 아내에게로 돌아와서 왕의 명령을 이야기했다. 아내도 생각에 잠겼다.

"이것은 당신을 죽이기 위해 신하들이 왕을 부추겨 짜낸 계획이 틀림없어요. 이번에는 정말 잘하지 않으면 안 되겠군요."

아내는 이렇게 말하고 잠시 앉아서 생각에 잠기더니 이윽고 남편에게 말했다.

"좀 먼 곳이지만 당신은 어떤 군인의 어머니, 아주 늙은 할머니에게로 가서 구원을 청해야 되겠군요. 그래 가지고 그분이 물건을 주거든 곧장 궁전으로 가세요. 저도 거기 가 있을 테니까요. 이렇게 된 이상 저도 이제 그 사람들의 손에서 벗어날 수가 없군요. 그들은 틀림없이 저를 완력으로 끌고 갈 거예요. 하지만 그것도 길지는 못할 거예요. 당신만 그 할머니가 시키는 대로 모든 것을 하게 되면 곧 저를 구해낼 수가 있을 테니까요."

아내는 남편에게 길 떠날 채비를 시키고, 그에게 자루와 물렛가락을 주었다.

"이것을 할머니에게 드리세요. 이것을 보여 드리면 할머니는 당신이 제 남편이라는 것을 곧 알게 될 테니까요."

아내는 그에게 길을 가르쳐 주었다. 에멜리안은 집을 나서서 읍을 뒤로하고 걸었다. 한없이 걸어가다 보니 읍을 벗어난 곳에서 군인들이 훈련을 받고 있었다. 에멜리안은 한참 동안 서서 그것을 구경하고 있었다. 이윽고 군인들은 훈련을 끝내고 앉아서 쉬었다. 에멜리안은 그들 곁으로 가서 물었다.

"이봐요. 당신들은 어딘지도 모르는 곳으로 가려면 어디로 가야 하는지 모르오? 그리고 무엇인지도 모르는 것을 가져오려면 어떻게 해야 하는지 모르겠소?"

군인들은 그 말을 듣더니 놀랐다.

"도대체 누가 당신한테 그런 걸 명령했소?" 하고 그들은 물었다.

"임금님이지 누구겠소" 하고 그는 대답했다.

"실은 우리도 군인이 되면서부터 어딘지도 모르는 곳에 가려고 하고 있는 중이나 아무래도 그곳에 갈 수가 없고, 무엇인지도 모르는 것을 찾고 있으나 그것 역시 찾지 못하고 있는 중이오. 그러니 당신에게 가르쳐 줄 수가 없군요.”

에멜리안은 군인들과 잠시 같이 앉아 있다가 다시 떠났다. 그는 자꾸자꾸 걸어가다 보니 어느 숲에 이르렀다. 숲속에 조그만 집 한 채가 있었다. 집 안에는 군인의 어머니인 무척 나이 많은 할머니가 앉아서 삼을 삼고 있었다. 할머니는 울면서 손가락을 침으로 축이지 않고 눈물로 축이고 있었다. 할머니는 에멜리안을 보더니 소리를 질렀다.

“뭣 때문에 여기 왔지?”

에멜리안은 할머니에게 물렛가락을 내놓으며 그의 아내가 자기를 이곳에 오게 했다고 말했다. 그러자 할머니는 곧 마음을 돌리고 묻기 시작했다. 그래서 에멜리안은 할머니에게 이제까지의 일을 죄다 이야기했다. 즉 어떻게 해서 그 처녀와 결혼했는가, 왜 읍으로 옮겼는가, 왜 왕의 궁전으로 불려 나갔는가, 궁전에서 어떤 일을 했는가, 어떻게 해서 사원을 짓고, 배가 다니는 강을 팠는가, 그리고 이번에는 또 왕이 어딘지도 모르는 곳에 가서 무엇인지도 모르는 것을 가지고 오라고 분부한 일까지 자초지종을 이야기했다.

할머니는 다 듣고 나자 눈물을 거두었다. 그리고 중얼중얼 혼잣말을 했다.

“드디어 때가 온 모양이구나. 얘야, 여기 앉아서 뭐 좀 먹으렴.”

에멜리안이 식사를 끝내자 할머니는 그에게 말했다.

“자, 여기 실뭉치가 있다. 이것을 던져서 굴러가는 쪽을 따라가거라. 아주 멀리 바닷가까지 가야 한다. 바닷가에 이르면 거기 큰 마을이 있다. 마을에 들어서거든 맨 첫 번째 집에 들어가서 하룻밤 재워 달라고 청해라. 네가 필요한 것은 거기 가야 찾을 수 있다.”

“하지만 할머니, 제가 그걸 어떻게 압니까?”

“사람이 자기 부모의 말보다 더 잘 듣게 되는 것이 나타나면 그게 바로 네가 찾는 물건이란다. 그러니, 그걸 가지고 임금님에게로 가도록 해라. 임금님에게 가져가면 임금님은 틀림없이 네가 가져온 것이 틀리다고 말씀하실 거다. 그러면 너는 이렇게 말씀드려라. ‘만일 이것이 아니라면 이것을 부숴버려야 합니다.’ 그러고는 그걸 두드리면서 강으로 가지고 나가 산산조각을 내어 물속에 던져 버려라. 그러면 너의 아내도 되찾을 것이고 네 눈물도 마를 것이니라.”

에멜리안은 할머니에게 작별 인사를 하고 그 집을 나서서 실뭉치를 던졌다. 실뭉치는 구르고 굴러서 마침내 그를 해변까지 데리고 갔다. 해변에는 큰 마을이 있었다. 맨 처음에 높은 집이 있었다. 에멜리안은 그 집에 가서 하룻밤 묵게 해달라고 청했다. 그는 안내를 받아 잠자리에 들었다. 아침 일찍 눈을 뜨니 아버지가 일어나 아들을 깨워 나무를 해오라는 소리가 들렸다. 그러나 아들은 그 말을 듣지 않았다.

"아직 일러요. 좀 더 있다가 가도 돼요."

이번에는 난로 쪽에서 어머니의 목소리가 났다.

"얘야, 어서 갔다 오너라. 아버지는 몸이 쑤셔서 그러시잖니. 그래 너는 아버지더러 나무를 해오시랄 작정이냐? 이르긴 뭐가 이르다고 그러느냐."

그러나 아들은 중얼중얼하며 다시 누워 버렸다. 그가 눕자마자 갑자기 한길에서 요란한 소리가 나기 시작했다. 아들은 벌떡 일어나더니 옷도 바꿔 입는 둥 마는 둥 하고는 한길로 뛰어나갔다. 에멜리안도 후닥닥 일어나서 무엇이 그런 소리를 내는가, 아버지보다도 어머니보다도 그를 더 따르게 한 것이 무엇인가를 확인하기 위해 뒤따라 뛰어나갔다.

달려나간 에멜리안이 보니, 어떤 사람이 배에다 무엇인지 둥그런 것을 차고 그것을 곤봉으로 치면서 한길을 걸어가고 있었다. 말하자면 그것이 요란한 소리를 내고 아들을 따르게 한 것이었다. 에멜리안이 곁으로 달려가서 찬찬히 보니, 그것은 대야같이 둥그런 것인데 양편에 가죽이 붙어 있었다. 그는 물어보았다.

"이게 뭐지요?"

"북이지 뭐겠소."

"그렇다면 이건 가짜 북이군요!"

"그렇소" 하고 그 사나이는 말했다.

에멜리안은 놀랐다. 그리고 그것을 달라고 애원했다. 그러나 그 사나이는 주려고 하지 않았다. 에멜리안은 단념을 하고 그를 따라가기 시작했다. 온종일 따라다니다가 그가 잠이 든 틈에 가까스로 훔쳐 가지고 달아났다. 달리고 달리고 줄달음쳐서 에멜리안은 가까스로 자기 마을에 닿았다. 그는 아내를 만날 줄 알았는데 아내의 모습은 보이지 않았다. 아내는 그가 떠난 이튿날, 왕에게 끌려가 버린 것이다.

에멜리안은 궁전에 가서 왕께 알현을 청하면서, "어딘지도 모르는 곳에 가서 무엇인지도 모르는 것을 가지고 온 사람이 돌아왔습니다"라고 전하게 했다. 신하들이 그 말을 왕에게 전했다. 왕은 에멜리안에게 내일 다시 나오라고 분부했다. 에멜리안은 한 번 더 알현을 청했다.

"제가 오늘 입궐한 것은 분부하신 물건을 갖고 왔기 때문에 그러한 것이오니 아무쪼록 왕께서는 배알을 허락해 주십시오. 그렇지 않으면 제가 직접 들어가 뵙겠습니다."

왕이 나와서 물었다.

"너는 어디를 갔다 왔느냐?"

에멜리안은 그대로 대답했다.

"그렇다면 틀렸어. 그리고 무엇을 가지고 왔단 말이냐?"

에멜리안은 보이려고 했으나 왕은 보려고도 하지 않았다.

"그것도 틀렸어."

왕은 말했다.

"만약 그러시다면 이건 두들겨 부숴 버려야만 하옵니다. 에이, 악마에게나 줘 버리자!"

에멜리안은 북을 들고 궁전을 나와 그것을 두드려 댔다. 그가 북을 두드리자 왕의 군대가 모두 에멜리안에게로 모여들었다. 그리하여 에멜리안에게 경례를 하고 그가 내릴 명령을 기다리고 있었다. 왕은 창문으로 내다보며 자기 군대를 향해 에멜리안을 따라가지 말라고 소리쳤다. 그러나 군인들은 왕의 말을 듣지 않고 모두 에멜리안을 따라갔다. 그것을 보고 왕은 에멜리안에게 아내를 돌려보낼 테니 북을 가져오라고 애원했다.

"그럴 수는 없사옵니다."

에멜리안은 말했다.

"저는 이 북을 산산이 부수어서 강속에 내던지라는 명령을 받았사옵니다."

에멜리안은 북을 두드리며 강가로 갔다. 군인들도 그를 따라왔다. 에멜리안은 강가에서 북을 산산조각이 나도록 부수어서 그것을 강물 속에 던졌다. 그랬더니 군인들은 한 사람도 남김없이 흩어져 달아나 버렸다.

에멜리안은 아내를 데리고 집으로 돌아갈 수 있었고, 그 뒤로부터는 왕은 그를 괴롭히지 않았다. 그는 행복하고 편안하게 살 수 있게 되었다.

암소

아버지가 없는 여섯 명의 아이들을 거느린 마리아라는 여자가 자기의 어머니와 함께 살아가고 있었다. 가난했지만 가진 돈을 모두 털어서 붉은 소를 샀다. 아이들에게 우유를 먹이기 위해서였다. 나이가 위인 아이들이 소를 들판으로 데려가 풀을 먹이거나, 부엌에서 남은 음식을 먹이기도 했다.

어느 날, 어머니가 집을 비웠다. 그 사이에 미샤라는 나이가 위인 남자아이가 선반의 빵을 꺼내려다가 무심코 컵을 떨어뜨려 깨뜨리고 말았다. 미샤는 어머니에게 꾸중 들을 것이 두려워 커다란 유리 조각을 주워 모은 다음, 마당으로 들고 나가서 거름더미 속에 파묻었다. 작은 부스러기는 쓸어 모아서 물통 속에 버렸다. 컵이 없어진 것을 깨닫고 어머니가 '어떻게 된 일이냐'고 물었지만, 미샤는 잠자코 있었다. 그래서 사건은 일단 그것으로 마무리되었다.

다음 날, 식사가 끝난 뒤 어머니는 소에게 물통의 먹다 남은 밥을 주러 갔다. 그런데 웬일인지 소가 기운이 없는 데다가 여물을 먹으려고도 않는 것이었다. 모두들 소를 돌보기 시작했다. 이웃집 할머니를 모셔오기도 했다. 할머니는 이 소는 이제 틀렸다, 잡아서 고기나 먹어야겠다고 말했다.

결국 동네 남자들을 불러다가 소를 잡기로 했다. 마당 한쪽에서 소가 울부짖기 시작하자 아이들은 페치카 위에서 몸을 바싹 웅크리고는 눈물을 흘리면서 울기 시작했다. 이윽고 소는 죽었고, 가죽이 벗겨졌다. 고기를 잘라내 보니, 목에 유리가 찔려 있었다.

그리하여 소가 죽은 건, 먹고 남은 음식에 유리가 들어 있었기 때문이란 게 밝혀졌다. 그것을 알게 된 미샤는 '아앙' 하고 울음을 터뜨렸고, 컵에 관해 있던 일을 어머니에게 털어놓았다. 어머니는 아무런 말도 하지 않고 함께 울고 말았다. 얼마 안 있어 어머니는 이렇게 말했다.

"소를 잡았지만, 그 대신에 무엇을 사려해도 돈이 없구나. 우유가 없어지면 밑에 아이들은 어떻게 될까.”

미샤는 아까보다 훨씬 크게 울었고, 모두가 소머리를 굳혀 만든 것을 먹기 시작했지만, 페치카 위에서 내려오지 않았다.

미샤는 밤마다, 바실리 아저씨가 뿔을 붙잡고 소의 머리를 때리는 꿈을 꾸게 되었다. 회색 머리에 눈을 크게 떴으며, 목 주위는 새빨갰다.

그때부터 아이들은 우유를 마실 수 없게 되었다. 우유를 겨우 얻어먹는 것은 축제일뿐이었다. 어머니가 이웃집에 부탁해서 병에 담아 얻어온 것이었다. 그렇게 지내는 동안 같은 마을의 부잣집 안주인이 일할 사람을 찾고 있다는 소식이 전해졌다. 그래서 할머니는 딸 마리아에게 이렇게 말했다.

“일하러 갈 생각이니 나를 보내다오. 아이들을 돌보는 것은 너 혼자서 어떻게든 해 낼 수 있을 거야. 1년만 일하면 소를 살 수 있을지도 모르지 않니.”

결국 그렇게 하기로 했다. 할머니는 부잣집 안주인에게로 갔다. 딸 마리아는 아이들을 보기가 차츰 괴로웠다. 아이들도 지난 1년 동안 우유를 마시지 못하고 죽과 국물만으로 지내왔기 때문에 비쩍 마르고 창백해져 있었다.

1년이 지났다. 할머니가 20루블을 가지고 돌아왔다. 그리고 말했다.

“딸아, 이것으로 소를 사자꾸나.”

마리아도 아이들도 매우 기뻐했다. 마리아와 할머니는 소를 사러 시장에 나가기로 했다. 이웃집 아주머니에게 아이들을 돌봐달라고 부탁했다. 그리고 이웃 자하르 아저씨에게 함께 시장으로 가서 소를 골라주시도록 부탁했다.

신께 기도를 하고 나서 마리아 일행은 마을로 나갔다. 아이들은 식사를 마치자 거리로 나가 소를 데리고 오기를 기다리고 있었다. 그리고 어떤 소일까, 빨간 소일까, 검은 소일까, 어떻게 돌봐줄까 등등을 재잘재잘 떠들어대기 시작했다. 하루 종일을 그렇게 기다렸다.

아이들은 1킬로미터 멀리까지 소를 마중하러 나갔지만, 해가 지기 시작했으므로 돌아오기 시작했다. 그때였다. 할머니가 마차에 흔들리면서 오는 것이 보였다. 마차 옆에 뿔에 밧줄을 매단 얼룩소가 걸어오고 있었다. 맨 뒤에서 마른 가지로 워이, 워이 하면서 어머니가 소를 몰고 있었다. 아이들은 뛰어가서 소를 바라보기 시작했다.

빵과 풀을 모아서 소에게 먹이는 동안에 어머니는 집안으로 들어가서 옷을

갈아입은 다음 수건과 우유통을 들고 밖으로 나왔다. 그러더니 소 옆에 앉아서 소의 젖을 닦으며, "신이시여, 제발 부탁입니다"라고 말하기라도 하는 듯이 젖을 짜기 시작했다.

아이들은 동그라미를 지어 쭈그리고 앉아 그 광경을 보고 있었다. 소의 젖에서 통을 향해 우유가 '칙' 하고 튀어나왔는가 싶더니 어머니의 손에서 소리를 내면서 우유가 뿜어져 나오기 시작했다. 어머니는 우유통에 반쯤 우유를 짜내더니 오두막으로 가지고 갔다. 그런 다음 아이들을 위해 우유를 병에 나누어 담아주었다.

지옥 무너지다 그리고 다시 일어서다

1

그리스도가 사람들에게 가르침을 전하고 있었던 시대의 일이다.

그 가르침은 매우 확실해서 따르기가 아주 쉬웠을 뿐 아니라, 사람들을 악에서 구한다는 명백한 사실로 하여 어떤 사람도 그것을 받아들이지 않을 수가 없었고, 또 누구도 전 세계에 퍼지는 것을 막을 수 없었다. 그래서 모든 마귀의 아버지이자 명령자인 바알세불은 불안에 싸여 있었다.

만일 그리스도가 포교를 멈추지 않을 경우엔 세상 사람들에 대한 자기의 권력은 영구히 없어져 버리고 말 것임을 그는 아주 뚜렷하게 알고 있었던 것이다.

그는 걱정이 되어서 어쩔 줄을 몰랐다. 그러나 실망하기보다도 자기에게 순종하는 바리새인과 학자들을 충동질하기로 했다. 될 수 있는 대로 그리스도교를 모욕하고 괴롭혀서 그리스도의 제자들이 그들의 스승 곁을 떠나게 함으로써 그를 혼자 남게 하도록 시켰다. 치욕적인 형을 선고받고 모욕을 받아서 모든 제자들로부터 버림받고 게다가 형벌의 고통을 받게 된다면, 아무리 그리스도라 하더라도 마지막 순간에는 스스로가 그 교리를 부정하게 될 것이다. 악마는 이렇게 생각했다.

하지만 이 사건은 십자가 위에서 결판이 나도록 되어 있었다.

그리하여 그리스도가, "나의 하느님, 나의 하느님, 어찌하여 나를 버리셨나이까?" 하고 외쳤을 때 바알세불은 기쁨을 이기지 못하여 춤을 췄다. 그는 그리스도를 위해서 준비해 두었던 족쇄를 집어 들고 그것을 자기 발에 대어 보았다. 그리스도에게 그것을 채웠을 때 끌러지는 일이 없도록 손질하여 두기 위해서였다.

그러자 갑자기 십자가 위에서 다음과 같은 말이 들려왔다.

"아버지, 저 사람들을 용서하여 주십시오. 그들은 자기가 하는 일을 모르고 있습니다."

그리고 계속해서 그리스도는 외쳤다.

"이제 다 이루었다!"

그리고 그리스도는 숨을 거두었다.

바알세불은 자기에게 있어서는 모든 것이 끝장났음을 알았다. 그는 자기 발의 족쇄를 끄르고 도망하려 했으나 그 자리를 움직일 수가 없었다. 족쇄가 꽉 달라붙어서 그의 다리를 놓아주지 않는 것이었다. 그는 날개를 펼쳐서 날아오르려 했지만, 그 날개를 펼칠 수조차 없었다.

그리고 바알세불은 그리스도가 찬란한 영광에 싸여서 지옥의 문 앞에 멈춰 서 있는 것을 보았다. 아담에서 유다에 이르는 모든 죄인이 지옥의 모든 마귀로부터 풀려나오는 것을 보았고, 지옥의 벽마저도 소리 없이 사방으로 무너져 버리고 마는 것을 보았다.

그는 더 이상 보고 있을 수 없었다. 날카로운 비명을 지른 다음 마루 틈으로 빠져서 땅 밑 지옥으로 사라져 버리고 말았다.

2

100년, 200년, 300년의 세월이 흘렀다.

바알세불은 시간의 흐름을 헤아리지 않았다. 그는 어둠과 죽음의 정적 속에서 꼼짝 않고 옆으로 누워 있었고, 옛날에 있었던 일들을 생각하지 않으려고 하면 할수록 오히려 생생하게 떠올랐다. 그는 다만 자기를 멸망케 한 장본인을 힘없이 미워할 뿐이었다.

그런데 갑자기(그는 그로부터 몇백 년이 지났는지 전혀 기억도 없었던 것이다) 그는 자기 머리 위에서 발소리와 신음소리와 고함소리와 이 가는 소리를 들었다.

바알세불은 머리를 들고 그 소리를 들어보았다.

그리스도가 승리하고 난 이후로 지옥이 다시 부흥하리라고는 바알세불조차 도저히 믿을 수 없는 일이었다. 그런데도 발소리와 신음소리와 고함소리, 그리고 이 가는 소리 같은 것이 더욱더 뚜렷하게 들려왔다.

바알세불은 몸을 일으키곤 발톱이 삐죽이 나온 털투성이 다리를 꺾고 앉아서(그도 놀란 일이지만 족쇄는 어느새 풀려 없어져 버렸다) 자유롭게 펼칠 수 있는 날개를 퍼덕거리며 예의 그 휘파람, 즉 그가 옛날 자기 부하나 하인들을 부를 때 쓰던 휘파람을 불기 시작했다. 그러자 그가 숨을 한 번 쉬기도 전에 머리 위에서 갑자기 구멍이 뚫리는 것을 보았다. 그러고는 빨간 불빛이 빛나는가 싶더니 마귀의 무리가 서로 밀어젖히면서 그 구멍으로부터 느닷없이 떨어져 내려와서 시체를 파먹으러 모여드는 까마귀의 무리처럼 바알세불 주위에 모여 앉았던 것이다.

마귀들은, 큰 놈, 작은 놈, 뚱뚱한 놈, 마른 놈, 꼬리가 긴 놈, 짧은 놈도 있었고, 또 뿔이 곧은 놈, 꾸부러진 놈도 있었다.

마귀 가운데 한 놈은 번들번들 빛나는 까만 알몸에다 조그마한 망토를 어깨에 걸치고, 턱수염도 콧수염도 없는 동그란 얼굴에 축 늘어진 커다란 배를 드러낸 채 바알세불의 코앞에 웅크리고 앉아 불덩이 같은 눈방울을 디굴디굴 굴리면서 규칙적으로 그 가늘고 긴 꼬리를 좌우로 저으면서 빙글빙글 웃고 있었다.

3

"이건 도대체 무슨 소린가?"

바알세불이 위를 가리키면서 물었다.

"저쪽 상황은 어떤가?"

"모든 것이 옛날과 다름이 없습니다요."

망토를 걸친 검게 빛나는 마귀가 대답했다.

"그럼, 진짜로 죄인이 있단 말이냐?"

바알세불이 물었다.

"네, 아주 많습니다요."

까맣게 번들거리는 마귀가 대답했다.

"그럼 그, 그 녀석의 이름은 입에 올리고 싶지도 않지만, 그 사나이가 가르친 종교라는 것은 도대체 어떻게 됐단 말이냐?"

바알세불이 물었다.

그러자 망토를 입은 마귀는 날카로운 이를 드러내고 히죽 웃었다. 모여 앉았던 마귀들 사이에서도 비웃는 듯한 웃음소리가 이곳저곳에서 들려왔다.

"그런 가르침이 우리들에게 무슨 지장을 가져다준다는 겁니까? 아무도 그런 건 믿지 않는단 말이에요!"

망토 입은 마귀가 말했다.

"그렇지만 그 가르침은 확실히 우리들로부터 그들을 구하지 않았느냐 말이야. 그리고 그놈은 자기가 죽는 것을 통해서 그걸 증명하지 않았느냐 말이야!"

바알세불은 말했다.

"전 그것을 고쳐서 다시 만들었습니다요."

망토 입은 마귀는 꼬리로 마루를 빠르게 치면서 말했다.

"아니, 다시 고쳤다니 어떻게?"

"말하자면 인간들이 그놈의 가르침이 아니고, 그놈의 이름으로 부르고 있는 저의 가르침을 믿도록 근사하게 고쳐 놓았습니다."

"어떻게 해서 너 같은 놈이 그렇게 할 수 있었단 말이냐?"

바알세불이 물었다.

"저절로 그렇게 된 겁니다. 저는 다만 그저 좀 도와줬을 뿐이에요."

"간단하게 말해 봐!"

바알세불은 명령하듯 말했다.

망토 입은 마귀는 고개를 떨구고 천천히 사색에 잠기듯이 한참 동안 무엇을 골똘히 생각하더니, 이윽고 이야기하기 시작했다.

"그 무서운 일이 일어났을 때, 즉 지옥이 무너지고 저희들의 아버지시며 명령자이신 어르신네께서 우리로부터 떠나 버리고 말았을 때" 하고 그는 말하기 시작했다. "저는, 자칫하면 저희들을 망하게 할 가능성이 많은 그 가르침이 널리 퍼져 있는 곳으로 갔습니다. 그 가르침을 실천하고 있는 인간들이 도대체 어떤 생활을 하고 있는가, 바로 그것을 알고 싶어서였습니다. 그리고 저는 그 가르침 대로 살고 있는 인간은 전적으로 행복해서 도저히 저희들로서는 어떻게 해볼 수가 없다는 것을 알았습니다. 그들은 서로가 화를 내는 일도 없었을 뿐더러 여자의 아름다움에도 현혹되지 않았고, 그중에는 결혼하지 않는 놈도 있었고, 대부분 한 사람의 아내만으로 생활하면서 재산 같은 것은 가지려고도 않고 모든 것을 공동 소유의 재산으로 했으며, 공격하는 자가 있어도 그것을 힘으로 막으려 하지 않고 악에 대해서도 선으로 갚는다는 식이었습니다. 이같이 그들의 생활은 너무나 훌륭했기 때문에 다른 인간들도 차츰 그쪽으로 이끌려 가고 있었더란 말입니다.

이것을 보고 저는 만사는 이제 끝났다고 생각한 채 모든 것을 단념하고 돌아오려고 했었습니다. 한데 바로 그때 어떤 사태가 벌어졌습니다. 별로 대수로운 것이 아니었습니다만, 저로서는 어쩐지 주의해서 볼 만한 일이라는 생각이 들었기 때문에 거기에 남기로 했습니다. 그 사태란 다름이 아니오라 이 사람들 사이에서 의견이 갈라진 것입니다. 한쪽은, 사람들은 모두 영세를 받아야 하며 성상(聖像)에 바쳤던 것은 먹어서는 안 된다고 했습니다. 또 다른 쪽은 불필요한 짓이다, 영세라는 것은 받을 필요도 없을뿐더러 음식물은 무엇을 먹어도 괜찮다고 하는 것이었습니다.

그래서 저는 양쪽을 모두 충동질해서 '이 의견이 서로 다른 것은 매우 중대한 일이다, 아무튼 하느님에게 관계되는 것이니까 어느 쪽도 양보해서는 절대로 안 된다.' 이렇게 생각하도록 만들어 놓았습니다. 내 말을 믿는 그들의 싸움은 더욱 거칠고 커지기 시작했습니다. 양쪽 모두 상대편에게 화를 내기 시작했던 것입니다.

그래서 나는 양쪽 모두 저마다 자기들 교리의 진실성을 기적으로 증명할 수 있는 것처럼 생각하도록 바람을 넣었습니다. 기적으로 교리를 증명할 수 없다는 것은 알고도 남는 사실인데도 그들은 자기네들 주장을 정당화시키기에 급급해서 제 말을 전적으로 믿고 받아들였습니다. 그래서 저는 곧 그들에게 기적을 베풀어 주었습니다. 기적을 행하는 것쯤은 뭐 그리 대단한 것이 아니지 않습니까? 그들은 자기들만이 정당하고 싶다는 희망을 증명하기 위해서는 무엇이든 경솔하게 믿어 버렸습니다. 즉, 그래서 말입니다, 한쪽 것들이 자기들 위에 불이 내렸다고 하면, 다른 쪽에서는 자기들에게는 죽은 교조(教祖)가 나타났다든가 그 밖에 엉터리 같은 여러 가지 해괴한 말을 하기 시작했습니다.

그것들은 전혀 있을 수 없는 일들을 생각해 내고는 우리들을 거짓말쟁이라고 부른 그 사나이의 이름을 부르면서, 우리 이상 가는 거짓말을 하면서도 자기들은 그런 거짓말을 하고 있다는 사실조차도 깨닫지 못한 채 날뛰고 있었던 것입니다.

먼저 한쪽 것들은 이렇게 말했습니다. '너희 놈들의 기적이란 진짜가 아니다. 우리들의 것이야말로 진짜다.' 그러면 또 다른 한편에서는 '아니야! 너희들이야

말로 정말 가짜다. 우리 것은 정말로 진짜란 말이다.' 글쎄, 이따위 판이었습니다. 이런 식으로 일은 제대로 되어가고 있었습니다. 그런데 저로서는 말입니다, 너무나 뻔한 저의 그 속임수를 그것들이 혹시나 눈치채지나 않을까 이만저만 걱정되는 게 아니었습니다. 그래서 교회라는 것을 생각해 냈습니다. 그래서 그들이 교회를 믿기 시작했을 때 전 비로소 겨우 안심할 수가 있었던 것입니다. 저는 이제 우리들이 구원되고 지옥이 다시 부흥되었음을 확실히 깨달을 수 있었습니다.'

4

"그 교회라고 하는 것은 도대체 뭔가?"

바알세불은 자기 부하가 자기보다 똑똑하다는 것을 믿고 싶지 않았기 때문에 엄숙한 어조로 물었다.

"교회라고 하는 것은 말입니다, 즉 거짓말하는 인간들이 자기 말을 사람들에게 믿도록 하고자 할 때는 언제든지 하느님을 방패막이로 삼아 '하느님의 이름으로 맹세코 제가 하는 말은 진실입니다'라고 하는 이 말을 잊지 않는 것입니다. 이것이 다시 말해 교회라는 것입니다만, 다만 이 경우 특별히 조심해야 할 것이 있습니다. 자기를 교회라고 믿고 있는 사람들은 자기네들은 이미 결코 잘못 생각하는 일은 없다고 확신한다는 사실입니다. 그래서 그들은 아무리 어리석은 말을 할지라도 누구든 그것을 부정할 수 없다는 특수한 성질을 갖고 있답니다.

그런데 교회가 성립된다는 것은 다시 말해 이런 것이지요. 어떤 사람이 자기들에게나 다른 사람에 대해서 그들의 아버지인 신은 그들 인간에게 계시되고 있는 계율이 잘못 해석되는 것을 피하기 위해서 특별한 사람들을 선택하여, 그 사람들이라든가, 그 특권을 물려받은 사람들만이 신의 가르침을 바르게 해석할 수 있는 것이라고 규정하고 있다는 식으로 믿게끔 하는 것입니다. 이렇게 하여 스스로 교회라고 칭하는 사람들은 그들만이 진리 속에 살고 있다고 생각합니다. 그러나 그것은 그들이 포교하는 것이 진리이기 때문이 아니고, 그들은 자기들만이 교조이신 신의 제자의, 그 제자의, 또 그 제자의 유일하고 정당한 후계자라고 생각하기 때문입니다.

더구나 이런 방식에는 기적이 일어났을 때와 같이 불합리한 점이 있기도 했습니다. 그건 다름이 아니라, 인간은 누구든 모두 자기 자신을, 나만이 오로지 하나밖에 없는 진짜 교회의 일꾼이라 아울러 단언할 수 있다는 것입니다(이것은 언제나 그랬습니다). 그리고 이 방법은 인간이 자기들이야말로 교회라고 하자마자, 또 그러한 말로써 교리를 정하자마자, 그들로서는 자기들이 말한 것을 부정할 수 없게끔 된다는 것입니다. 설사 그들이 아무리 엉터리 같은 소리를 할지라도, 혹 다른 것들이 무슨 소리를 한다고 하더라도 말입니다."

"그럼, 어째서 교회는 그 가르침을 우리들의 이익이 되도록 해석을 달리했단 말이냐?"

바알세불이 물었다.

"그들이 이런 짓을 한 건 말입니다" 하고 망토 입은 마귀는 대답했다.

"자기만이 신의 계율을 해석하는 유일한 해설자라고 혼자서 결정한 그것을 사람들이 믿게끔 함으로써 그들은 인간의 운명을 결정하는 최고의 결재자가 되었던 때문입니다. 따라서 인간에 대한 최고의 권력을 가지게 된 것입니다. 그러나 이러한 권력을 획득한 그들은 자연히 거만하게 되고 또 그중 대부분은 타락해 버리고 말았기 때문에 그들을 대하는 사람들로 하여금 증오와 적의를 불러일으키게 했던 것입니다.

그리하여 그들은 그들의 적과 싸우기 위해서 폭력으로써 자기들의 권력을 인정하지 않으려는 모든 인간을 박해하든가, 벌하든가, 불태워 죽이든가 하기 시작했습니다. 그래서 그들은 자기들의 지위, 그것 때문에 신의 가르침을 자기들의 나쁜 생활이라든가, 자기의 적에 대해서 써오고 있던 악랄한 수단을 변호할 수 있도록 왜곡되게 설명하지 않을 수 없는 형편에 빠지고 만 것입니다. 그리고 그들은 그대로 실행했던 것입니다."

5

"그렇지만 그 가르침이란 것은 매우 간단하고 명확한 것이었는데" 하고 바알세불이 말했다. 그는 여전히 자기 부하가 자기도 미처 생각하지 못했던 것을 생각해 내서 이룩한 일을 믿고 싶지 않았던 것이다.

"도대체 왜곡하려야 왜곡할 수 있는 가르침이 아니지 않은가? '너희는 남에게서 바라는 대로 남에게 해 주어라!' 이런 말을 어떤 식으로 왜곡되게 설명할 수 있단 말이냐!"

"그런 문제에서도 그들은 내 충고에 따라서 여러 가지 방법을 썼지요."

망토 입은 마귀는 다시 말을 이었다.

"사람들 간에 이런 지어낸 이야기가 있더군요. '착한 마술사가 인간을 나쁜 마술사로부터 구하기 위해서 인간을 기장떡으로 변하게 했더니 나쁜 마술사는 닭으로 변해서 그 기장떡을 쪼아 먹으려고 했습니다. 그래서 착한 마술사는 그 기장떡에다가 기장 낟알을 잔뜩 묻혔다는 겁니다. 그 때문에 나쁜 마술사는 기장 낟알을 도저히 다 먹어 치울 수 없어서 그만 기장떡은 먹지 못하고 말았다'는 것입니다.

그들은 내 충고에 따라서 이와 같은 일을, 자기가 사람들에게 그렇게 대우받고 싶다고 생각하는 것을, 사람들에게 하는 것이야말로 계율의 전부라고 설명한 사람들 모두에 대해서 그렇게 했던 것입니다. 즉, 그들은 49권의 책을 신의 계율을 설명한 신성한 책이라고 보고 이 책들 속에 쓰인 모든 말씀을 신, 즉 성령의 입에서 나온 것이라고 규정한 것입니다. 그들은 단순하고 알기 쉬운 진리 위에 거짓의 진리를 산더미처럼 쌓아 올렸기 때문에 그것들을 모두 받아들일 수 없었을 뿐더러, 사람들에게 꼭 필요한 단 하나의 진리도 그 속에서 찾아낼 수 없게 되어버리고 만 것이었습니다. 이것이 그들이 제일 먼저 행한 방법입니다.

두 번째 방법은 그들이 이미 천 년 이상이나 응용해서 성공을 거두고 있는 것입니다. 다름이 아니라 진리를 계승하려는 것은 모두 간단히 없애 버리든가 불태워 버리는 것입니다. 오늘날에는 이미 이 방법이 쓰이지 않습니다만, 그들이 아예 버리고 만 것은 아닙니다. 진리를 계시하고자 하는 사람들을 불태워 죽이는 일만은 하지 않습니다만, 적극적으로 그들을 비방해서 그 생활을 해치고 맙니다. 그 때문에 아주 적은 수의 사람들만이 그들의 범행을 폭로하는 데 그치고 마는 겁니다. 이것이 두 번째 방법입니다.

세 번째 방법은 이렇습니다. 그들은 자기를 교회라고 규정하고 따라서 자기는 절대 바른 것이라고 믿고 있습니다. 그래서 필요할 때는 성서에서 말하는 것과 모순이 되는 말도 태연하게 가르치고, 이 모순에서 벗어나는 것은 제자들의 자유이며 역량에 달린 것인 만큼 그들에게 일임한다는 방식입니다.

예를 들면 성서에는 이렇게 씌어 있습니다. '그대들의 스승으로는 그리스도

한 분만이 있을 뿐, 지상의 누구라도 아버지라고 불러서는 안 된다. 왜냐하면 그대들의 아버지는 다만 한 사람, 하늘에 계신 아버지 하느님뿐이시기 때문이다. 또 자기를 가르치는 사람이라고 이름하여도 못 쓴다. 너희들을 가르치는 분은 오로지 한 분, 그리스도만이 있을 뿐이기 때문이다.' 그런데 그들은 이렇게 말하고 있습니다. '우리들만이 교부고, 우리들만이 인류를 가르치는 스승이다'라고. 또 성서에서는 이렇게 말합니다. '너희는 기도할 때 골방에 들어가 문을 닫고 보이지 않는 네 아버지께 기도하여라. 그러면 숨은 일도 보시는 아버지께서 다 들어주실 것이다'라고. 그런데 그들은 교회 안에서 모두 함께 노래를 부르면서 기도해야 한다고 가르치고 있습니다.

또 성서에는 이렇게 말하고 있습니다. '거짓 맹세를 하지 말라'고. 그런데 그들은 사람들에게 '나라에서 그대들에게 무엇을 요구하든 나라에 대해서는 절대로 복종을 맹세하지 않으면 안 된다'고 가르칩니다. 또 '살인하지 말라'고 가르치고 있음에도, 그들은 '전쟁과 재판에서는 죽여도 괜찮고, 또 죽일 필요가 있다'고 가르치고 있습니다.

또 성서에서는 '내 가르침은 영혼이요 생명이다. 이것을 영혼의 양식으로 할지어다'라고 씌어 있습니다만 그들은 빵조각에 포도주를 묻혀 놓고서 그 빵조각을 향해서 어떤 일정한 문구를 외면 빵은 몸이 되고, 포도주는 피가 된다든가, 이 빵을 먹고 포도주를 마신다는 것이 영혼을 구하는 데 매우 필요한 일이라고 가르치고 있습니다. 사람들은 그것을 믿고 열심히 빵과 포도주를 먹고, 그 뒤에 우리들에게 떨어져 내려오면서도 이 빵과 포도주가 아무런 도움이 없는 것에 매우 놀라고 있는 모양입니다."

망토 입은 마귀는 이렇게 말을 마치자 눈알을 디굴디굴 굴리고 입을 귀밑까지 크게 벌리면서 이를 드러내고 웃었다.

"거참, 잘했다!"

바알세불은 이렇게 말하고 만족한 듯이 웃었다. 그러자 마귀들도 모두 다 큰 소리로 '와아' 하고 웃었다.

6

"그렇다면 말이다. 정말, 너희들이 있는 데는 옛날과 다름없이 간음한 자, 강도,

사람을 죽인 자들이 있단 말이지?"

바알세불은 별안간 명랑해져서 물었다.

다른 마귀들도 모두 명랑해져서, 바알세불 앞에서 자신들의 의견을 말하려고 모두 지껄이기 시작했다.

"옛날 같은 정도가 아닙니다. 전보다 훨씬 더 심한 상태이옵니다" 하고 하나가 소리쳤다.

"간음자로 말하면 전에 넣어 두었던 곳에 다 수용할 수도 없을 정도입니다." 또 다른 하나가 날카로운 어조로 말했다.

"지금의 강도들은 전보다 훨씬 흉악합니다." 셋째 놈이 말했다.

"사람을 죽인 놈을 불태우기에 장작이 모자랄 정도입니다." 넷째 놈이 외쳤다.

"그렇게 모두가 한꺼번에 떠들면 곤란하다. 내가 물을 테니까 차례로 대답해라. 우선 간음 담당자부터 앞으로 나와서 말해 봐라. 아내를 바꾸면 안 된다든가, 음란한 마음으로 여자를 보아서는 안 된다고 한 놈의 제자들을 지금 너는 어떻게 다루고 있는가? 간음 담당자는 누구지?"

"소인이옵니다." 바알세불 쪽으로 꼬리를 흔들면서 엉금엉금 기어 다가오면서 이렇게 말한 것은 부석부석한 얼굴에 군침을 입가에 흘리면서 입을 우물거리고 있는, 마치 여자처럼 생긴 갈색 마귀였다.

이 마귀는 모두 앉아 있는 줄에서 앞으로 기어 나오더니 거기 앉아서 머리를 비스듬히 외로 꼬고 그 끝이 귀얄처럼 생긴 꼬리를 두 다리 사이에 끼워 이리저리 흔들면서 노래를 부르는 것 같은 말투로 이렇게 말했다.

"저희들도 말입니다, 아버지시며 명령자이신 당신께옵서 하신 바와 같이 옛날 그대로의 방식, 즉 아직 천국 시대에 전 인류를 저희들에게 넘겨주었던 방식과 거기에 새로운 교회식 방법을 가지고 해나가고 있습니다. 새로운 교회식 방법이란……, 저희들이 사람 놈들에게 진짜 결혼식이라는 것은, 그것이 실제로 성립된다는 것, 즉 사나이와 계집의 결합이 아니고, 예복을 입고 그것을 위해서 세워진 커다란 건물로 가서, 거기에서 그것을 위해서 준비된 특별한 모자들을 쓰고 여러 가지의 노랫소리에 맞추어서 세 번 작은 테이블의 둘레를 도는 것이라고 생각하게 하는 것입니다. 저희들은 오로지 이것만이 결혼이라고 불어넣습니다. 그랬더니 인간 놈들도 그것을 사실이라고 믿고 자연히 이 조건을 갖추지 않은 모든 남녀 관계는 그들에게 아무런 속박도 가하지 않는 단순한 향락이라든가, 아니면 위생적인 욕구의 만족에 불과하다고 생각하게 되어 저절로 아무도 꺼리지 않고 이 만족에 빠지게 되는 것입니다."

여자 같은 모습을 한 마귀는 부석부석한 얼굴을 다른 한쪽으로 기울인 채 바알세불에 대한 자기 말의 효과를 기다리는 듯이 잠깐 동안 입을 다문 채 바알세불을 바라보았다.

바알세불은 알았다는 표시로 고개를 끄덕여 보였다. 그러자 여자 같은 마귀는 이야기를 계속했다.

"이 방법과 말입니다 또 하나는, 이전에 천국에서 쓰였던 금단의 나무 열매와 호기심을 불러일으키는 방법도 잊어버리지 않도록 씀으로 해서" 하고 그는 곁으로 보기에도 바알세불에게 아양을 떠는 듯한 어조로 말을 이었다.

"우리들은 더할 나위 없는 성과를 거두고 있사옵니다. 인간들은 많은 여자와 관계를 맺고 난 뒤에도 훌륭히 교회 결혼을 할 수 있다고 생각하기 때문에 아내를 몇백 명이라도 태연히 갈아치울뿐더러 그 때문에 아주 음탕한 생활에 빠지고 말아서 교회 결혼을 하고 난 다음에도 같은 행동을 하고 있는 형편입니다. 만일 어떤 이유로 해서 이 교회 결혼의 조건이 되는 두서너 가지 조건이 거북하게 생각되는 것이 있기라도 하면, 그들은 두 번째 테이블 둘레 돌기를 해서 최후의 조건을 말소한다는 속임수까지 쓰고 있습니다."

여자 같은 모습을 한 마귀는 입을 다물었다. 그리고 입가에 가득 괸 침을 꼬리 끝으로 훔치더니 또 다른 쪽으로 머리를 기울이고 꼼짝 않고 바알세불을 보았다.

7

"거 참, 간단해 좋다" 하고 바알세불은 말했다.

"칭찬하는 바이다. 다음…… 강도 담당자는 누구냐?"

"소생이옵니다" 하고 구부러진 커다란 뿔이 돋치고, 위로 삐쭉 솟은 턱수염이 난, 그리고 커다란 두 다리가 꾸부정하게 구부러진 덩치 큰 마귀가 앞으로 내달으면서 대답했다.

이 마귀는 전의 마귀가 한 것처럼 앞으로 기어 나와서 군인처럼 두 손으로 팔자수염을 비틀어 올리면서 대마귀의 질문을 기다렸다.

"지옥을 파괴했던 그 사나이는" 하고 바알세불은 말하기 시작했다.

"인간들에게 하늘의 새처럼 사는 방법을 가르치고, 바라는 자에겐 주고, 누가 겉옷을 빼앗거든 속옷마저 내어주라고 말하고, 구원받기 위해서는 재산을 나누어 줘야 한다고 말했다. 그런데 너희들은 도대체 어떻게 해서 이것을 들은 바 있었던 인간들에게 강도짓을 하도록 할 수 있었던가?"

"저희들은 그것을 하고 있습니다."

그 콧수염이 뻗친 마귀는 당당한 태도로 몸을 뒤로 젖히면서 말하기 시작했다.

"마치 저희들의 아버지요 명령자이신 당신께옵서 사울왕을 선출할 때 하신 것처럼 저희들도 했습니다. 마치 그때 당신께서 선동하셨듯이 우리들은 인간들에게 서로 훔치기를 그만두게 하는 대신, 한 사람에게 모든 사람에 대한 절대적인 권력을 갖게 하여 그 한 사람에게 자기를 약탈하도록 허락하는 것이 유리하다고 설득한 것입니다. 저희들이 하는 새로운 방식은 다름이 아니라, 이 한 사람이 그 약탈권을 가지게 하기 위해서 이 인간을 성전으로 데리고 가서 그 머리에다가 특별한 모자를 씌우고 높은 팔걸이의자에 앉히고 그 손에 막대기와 둥근 것을 쥐어놓고, 몸을 깨끗이 하고 마음을 가다듬는 기름을 바른 뒤에, 성부와 성자의 이름으로 이 성유로 칠해진 인간을 신성한 귀인이라고 선언하는 것입니다.

그 때문에 이 신성한 사람이 행하는 약탈은 아무리 해도 제한할 수가 없는 것입니다. 그래서 이 신성한 자와 그 제자, 그 제자의 또 그 제자라는 식으로 인간은 모두 태연하게 아무런 제한도 받지 않고, 또 끝없이 사람들로부터 약탈하고 있는 것입니다. 게다가 또 거기서는 보통 기름 같은 것은 바르지 않아도 아무 하릴없이 빈둥빈둥 놀고 있는 소수의 인간이 언제나 벌 받는 일 없이 노동 대중을 약탈하는 것 같은 법률과 규칙이 마련되어 있습니다. 이리해서 근래에 와서는 두서너 나라에는 기름을 발라놓은 사람이 없더라도 그런 사람이 있는 나라와 같이 약탈이 이어지는 것입니다. 그래서 사실은 지금 저희들이 쓰고 있는 방법은 우리들의 아버지이시며 명령자이신 당신께서 보시는 바와 같이 오래된 옛날 방법입니다요. 다만 새로운 점이 있다면 우리들은 이 방법을 보다 일반적으로, 보다 눈에 뜨이지 않도록, 보다 널리 공간과 시간 속에 퍼뜨려서 보다 견고하게 했을 뿐입니다.

저희들이 이런 방법을 좀 더 일반적으로 했다는 것은 전에는 인간이 자기의 의지로 스스로 뽑은 인사에게 복종하고 있었습니다만, 저희들은 지금 그들이 희망하는 것과는 전혀 관계없이 자기가 뽑은 사람이 아니라 닥치는 대로 아무 사람에게나 복종하게 만들었다는 점입니다.

또 이런 방법을 전보다 눈에 띄지 않게 했다고 하는 것은, 지금은 벌써 피약탈자들이 특별한 간접세라는 세금제도 덕분으로 자기의 약탈자들을 보지 않아도 된다고 하는 점입니다. 또 이런 방법이 전보다 공간적으로 더 널리 퍼져갔다고 하는 것은 이른바 그리스도교의 국민들이 자기 나라에 만족하지 않고 기괴하기 이를 데 없는 온갖 잡다한 구실 아래 특히 그리스도교의 보급 전파를 구실로 약탈할 만한 것을 가지고 있는 다른 나라 국민들 것까지도 약탈하고 있기 때문입니다.

시간적으로도 이 새로운 방법은 공채라든가 국채라든가 하는, 그런 제도의 덕분으로 전보다 더 널리 퍼져 있는 것입니다. 즉, 현재 살아 있는 것만이 아니고 후대의 사람들까지도 약탈당하게 되는 것입니다. 게다가 이 방법을 우리들이 전보다도 더 견고하게 했다는 것은, 약탈자의 우두머리들이 신성한 것으로 여겨져서, 사람들이 쉽사리 거기에 반항할 수 없게 되어 있습니다. 이름 있는 약탈자가 그 기름을 약간이라도 바르기만 하면, 그는 당장 누구에게서도, 원하는 만큼을 태연하게 약탈할 수 있다는 것입니다.

이런 까닭으로 저는 한때 시험 삼아 러시아에서는 지극히 바보인 데다가 교육도 제대로 받지 않았고, 게다가 그들의 법률에 따라서 아무런 권리도 없는 방탕녀를 차례차례로 제왕의 위치에 올려놓아 본 적이 있었습니다. 그런데 그 마지막 여자 같은 사람은 단순한 음녀였을 뿐 아니라, 남편이라든가 그 정당한 후계자까지를 죽였던 범죄자였습니다. 그래도 사람들은 그 여자가 기름을 받은 여자라고 하는 단순한 이유만으로 지금까지 남편을 죽인 다른 여자들처럼 콧구멍을 찢거나 채찍으로 치기는커녕, 30년 동안이나 노예처럼 복종하고 심지어는 수없이 많은 그녀의 정부들까지 국민의 재산과 자유를 약탈하도록 내버려두었던 것입니다.

그 때문에 오늘날에는 표면적으로 눈에 보이는 약탈, 즉 강제로 지갑이라든가 말이라든가 옷 같은 것을 빼앗는 행위는 공공연하게 약탈을 행할 가능성을 지닌 사람들에게 끊임없이 계속되고 있는 그 합법적인 약탈에 비하면 전체의 백분의 일이 될까 말까 하는 정도입니다. 그래서 오늘날은 벌을 받지 않는 숨은 약탈은 당연한 것처럼 되어 버리고 말았습니다. 따라서 사람들은 대개 그들이 살아가는 주요한 목적은 약탈이라고 생각하며 다만 그것이 약탈자 상호간의 투쟁에 의해서만이 어느 정도 완화된다고 생각하고 있는 형편입니다.”

8

“응, 이것도 꽤 훌륭한 이야기다” 하고 바알세불은 말했다.

“그런데 살인에 관한 것은 어떤가? 살인을 담당한 놈은 누구냐?”

“저입니다요.”

이렇게 대답한 마귀는 앞니가 뻗고, 날카로운 뿔이 솟아 있는 얼굴을 흔들며, 두꺼우나 움직이지 않는 꼬리를 위쪽으로 쳐든 핏빛처럼 끔찍한 놈으로 무리 가운데서 앞으로 나섰다.

“너는 어떻게 해서 악을 악으로 갚지 마라, 원수를 사랑하라고 말한 사나이의 제자들을 살인자로 만들 수 있었는가? 도대체 너는 이런 인간들을 어떻게 해서 그렇게 만들었지?”

“저희 역시 옛날 방법을 그대로 쓰고 있습니다.” 빨간 마귀는 귀가 먹먹해질 정도로 쩡쩡 울리는 소리로 대답했다.

“즉 사람의 마음속에 탐욕, 혈기, 증오, 복수심, 교만 따위를 불러일으켜서 말입니다. 그리고 이것도 옛날 방식 그대로 사람들의 교사들에게 모든 사람이 살인을 못하게 하는 가장 좋은 방법은 교사들 손으로 공개적으로 살인자를 죽이는 것이라고 생각토록 하는 것입니다. 이 방법은 우리들에게 살인자를 넘겨준다는 것보다는, 우리들을 위해서 살인자들을 마련해 주고 있다고 할 수 있을 것입니다.

가장 많은 살인자를 과거에 우리들에게 넘겨주고, 또 지금도 우리에게 넘겨주고 있는 것은 교회의 절대성과 그리스도교의 결혼과, 그리스도교적인 평등에 관한 새로운 가르침입니다. 교회가 절대적인 것이라는 가르침은 이전에는 가장 많은 살인자를 우리들에게 보내 주고 있었습니다. 무슨 짓을 해도 정당하다는 교회의 한 사람으로 자처하던 사람들이 교리의 거짓 해설자에게 인간을 타락시키도록 내버려둔다는 것은 범죄다, 따라서 이런 인간을 죽이는 것은 신에게 맞서는 일이라고 생각했던 것입니다. 그리고 그들은 모든 사람을 죽이든가 벌하든가 또는 몇천 만이나 되는 인간을 태워 죽이고 말았던 것입니다.

그런데도 이상한 것은 참된 가르침을 알아듣기 시작했던 사람들을 벌하든가 불에 태워 죽이든가 하던 사람들이 가장 위험하게 생각한 사람들이 놀랍게도 우리들의 수하, 즉 마귀들의 제자라고 생각하고 있다는 것입니다. 그래서 실제로 우리들에게 순종하는 하인이었던 인간들, 즉 사형에 처했던가, 불에 태워 죽였던가 한 인간들 자신은, 자기들을 신성한 하느님의 뜻을 실행하는 집행자라고 생각했던 것입니다. 옛날은 이와 같았습니다. 그런데 지금은 매우 많은 살인자를 우리들에게 주고 있는 것은 그리스도교의 결혼과 평등에 관한 가르침입니다. 결혼에 관한 가르침은 첫째로 부부는 서로, 어머니는 갓난애를 죽이라고 권하는 것입니다. 남편과 아내는 교회 결혼의 규정과 습관의 어떤 요구가 그들에게 귀찮게 여겨지면 서로 죽이게 됩니다. 어머니가 애를 죽이는 것은 대부분 애를 낳게 된 근본인 결합이 결혼으로 인정받지 못하는 경우입니다. 이런 살인은 끊임없이 널리 행해지고 있습니다. 평등에 관한 그리스도교의 가르침에서 생긴 살인은 주기적으로 행해지고 있습니다만, 그 대신 한번 행해질 때마다 대규모적입니다.

이 가르침에 의해서 사람들에게는, 법 앞에는 만인이 평등하다는 것을 불어넣어 주는 것입니다. 그런데 약탈을 당한 사람들은 그것이 정당하지 않다고 느낍니다. 그들은 이 법 앞의 평등이란 다만 약탈자에게 약탈을 계속하는 것이 편리하다는 점에서 성립된 것에 불과하다는 것을 알게 됩니다. 하지만 그들은 그들 자신이 그렇게 할 수 없기 때문에 분개한 나머지 약탈자들을 습격합니다. 거기에서 '서로 죽이기'가 시작되어 그것이 우리들에게 일순간 때로는 몇만 명이라는 살인자를 넘겨주는 결과를 가져오는 것입니다.”

9

“그 전쟁의 살인이라니? 모든 사람을 한 아버지의 자식으로 보고 원수를 사랑하라고 가르친 사나이의 제자들을 너는 어떻게 해서 그쪽으로 끌고 갈 수 있었느냐?"

빨간 마귀는 이를 드러내고 히죽 웃으며 입에서 불과 연기를 내뿜더니, 굵은 꼬리로 즐거운 듯이 자기 등을 탁탁 두들겨 보였다.

"저희는 말입니다, 이렇게들 하고 있습니다……. 우선 여러 나라 국민에 대해서 말입니다. 그들, 즉 그 국민이야말로 세계에서 제일가는 국민이다, 다시 말해서 '독일은 모든 국민의 위에 있다.' 프랑스, 영국, 러시아……. 너희 국민은 모든 다른 나라보다 위에 있다, 그러니 너희야말로 모든 다른 국민을 지배할 수 있다고 바람을 넣는 것입니다. 이렇게 우리들이 모든 나라 국민들에게 같은 말을 불어넣기 때문에 그들은 자연히 항상 인접한 국가로부터 위협을 느끼면서, 1년 내내 국가 방위를 위해서 신경 쓰고 서로가 적대 감정을 가지지 않을 수 없게 됩니다. 한쪽에서 방위 준비에 피를 흘리며 애쓰고, 그 때문에 자기 이웃 나라에 원망을 품으면 그 다른 나라들도 모두 한층 더 방위에 부심하여 서로가 더욱 심하게 미워하는 것입니다. 우리들을 살인자라고 부른 사나이의 가르침을 좇는 사람들이 모두 언제나 살인 준비와 살인 그 자체를 주된 할 일로 삼고 있는 형편입니다."

10

"그렇구먼. 그것도 아주 근사한 방식이군그래!" 바알세불은 오랜 침묵 끝에 말했다. "그러나 그렇다면 거짓으로부터 해방되어 제정신으로 돌아와 있는 학자들은 어째서 교회가 교리를 왜곡되게 풀이하고 있는 것을 알아내지 못하고, 또 그것을 부활시키려고 하지 않는가?"

"그건 그 학자란 것들이 그렇게 할 수 없기 때문입니다" 하고 앞으로 기어 나오면서 자신만만한 어조로 말한 것은 넓적한 판자쪽 같은 얼굴을 한, 손발에 근육이라고는 전혀 찾아볼 수 없는 커다란 귀가 옆으로 삐죽이 나온, 검은색 마귀였다. 그도 망토를 걸치고 있었다.

"어째서 할 수 없었지?" 바알세불은 망토 입은 마귀가 자신만만한 어조로 나오는 것이 못마땅한 듯 따지는 어조로 반문했다.

그러나 바알세불의 이런 태도는 아랑곳없이 망토 입은 마귀는 다른 마귀들처럼 꿇어앉지도 않은 채 근육이 없는 팔다리로 팔짱을 끼고 당당하게 책상다리를 하더니 조용하고 담담한 어조로 거침없이 이렇게 말하기 시작했다.

"그들이 그것을 하지 못하는 이유는 내가 항상 그들의 주의는 물론, 그들이 하는 짓을 살피면서 그들이 해야 하는 일로부터 관심을 동떨어지게 해서, 그들이 전혀 알 필요가 없거나 알 수조차 없는 것으로 주의를 돌리고 있기 때문입니다."

"너는 그걸 어떤 식으로 했지?"

"때에 따라 여러 가지 방법을 써 왔습니다" 하고 망토 입은 마귀는 대답했다. "옛날에 저는 그들에게 가장 소중한 것, 예를 들면 삼위일체의 상호 관계라든가, 그리스도의 탄생이라든가, 그 자연성이라든가, 신의 특성이라든가 하는 것들을 그들이 자세하게 알아야 한다고 바람을 불어넣었습니다. 그래서 그들은 오랫동안 여러 가지로 그런 것들에 대해서 토론하거나 증명하면서 싸우거나 화내곤 했습니다. 그리고 토론에 정신을 뺏긴 나머지 자기들이 어떻게 살아야 하느냐는 것을 전혀 생각하지 않았던 것입니다. 그런데 어떻게 살아야 하느냐를 생각하고 있지 않은 만큼 그들의 교사가 인생에 관해서 이야기한 것조차도 그들은 아랑곳하지 않게 되고 말았던 것입니다. 그 후 그들이 토론 속에 너무 깊이 빠져들어가 버렸기 때문에 자기가 무엇을 말하고 있는지조차 이해할 수 없게 되었을 때, 나는 일부 사람들을 향해서 그들에게 가장 중요한 것은 천 년 전 그리스에 살았던 아리스토텔레스라는 인간이 쓴 것을 전부 연구하고 해명하는 일이라고 불어넣었습니다.

또 다른 학자들에게는 가장 중요한 것은 돈을 만들어 내는 돌이라고 말한 데 이어, 모든 병을 치료하고 인간을 죽지 않게 할 수 있는 묘약을 발견해 내는 것이라고도 생각하게 만들었던 것입니다. 그래서 그들 가운데 가장 현명한 학자들이 자기 지력 전부를 거기에다가 쏟기 시작했습니다. 그런데 말입니다. 여기에 흥미를 느끼지 못한 학자들에게는, 지구가 태양의 주위를 돌고 있는가? 아니면 태양이 지구를 돌고 있는가를 알아야 한다고 불어넣었던 것입니다. 그리해서 태양이 아니고 지구가 돌고 있다는 것을 알았을 때, 태양에서 지구까지 몇백만 베르스타가 된다고 계산했을 때 그들은 매우 기뻐하며 그때 이후 오늘날까지 한층 더 열심히 별에서 지구까지의 거리를 연구하고 있습니다만, 그들도 사실은 이 거리에는 끝이 없다는 것과 또 그 계산을 할 수 없다는 것, 그리고 별의 수효도 수없이 많다는 것 등, 그래서 그들은 도저히 알 수조차 없다고, 또 알 필요도 없다는 것을 알고 있는 것입니다.

그뿐만 아니라, 저는 또 그들에게 모든 짐승, 벌레, 식물, 모든 무한히 작은 생물이 어떻게 해서 생겨났는가, 그것을 아는 것도 매우 중요하고 필요한 일이라는 것을 불어넣어 주었습니다. 하기는 이런 것들도 마찬가지로 그들에겐 전혀 알 필요도 없는 것이고, 또 그것을 알 수 없다는 것은 매우 명확한 사실입니다. 아무튼 생물의 수효는 별의 수효처럼 무한히 많기 때문에 당연하지만, 그들은 어리석게도 이러한 물질세계의 여러 가지 현상 연구에 자기들의 지력을 있는 대로 기울여 자기들이 알 필요가 없는 것을 알면 알수록 오히려 자기들이 모르고 있는 것이 점점 더 많아지는 데 놀라 정신을 차리지 못하고 있는 것입니다.

그리고 그들의 연구가 계속됨에 따라 그들이 알아야 할 미지의 영역이 더욱더 넓어지고 연구 대상 또한 더욱더 복잡해져서 그들이 밝힌 지식도 점점 더 생활에 응용할 수 없는 것이 되어 버리고 말 것은 뻔한 일인데도, 그들의 마음은 조금도 흔들리지 않은 채 오직 자기가 하는 일만이 중요하다고 믿으면서 여전히 연구하든가, 선전하든가, 쓰든가, 인쇄하든가, 또는 대부분 아무런 소용에도 닿지 않는 자기들의 연구와 논문을 다른 외국어로 번역하든가 하고 있습니다. 개중에는 혹 무엇엔가 소용이 되는 것도 있지만, 대개는 다만 소수의 부자들에게 심심풀이가 되든가 할 뿐으로 도리어 수많은 가난한 사람들에게는 더욱더 나쁜 결과를 가져오는 데 불과한 것들뿐입니다.

그래서 그들에게 가장 필요한 것 중 하나는 그리스도가 가르침에서 보인 '생의 법칙'의 확답이라는 것도 이젠 결코 깨닫지 못하게 하기 위해 저는 그들에게 이렇게 바람을 넣었습니다. 그들은 정신생활의 법칙을 알 수 없다, 모든 종교적인 교리는 물론 그리스도의 교리까지 포함해서 망상이고 미신이다. 그러나 그들이 어떻게 살아야 하느냐 하는 것을 안다는 것은 그들을 위해서 제가 생각해낸 사회학이라고 불리는 학문, 즉 옛날 사람들이 얼마나 온갖 그릇된 생활을 해왔던가를 연구하는 것으로써 성립하는 학문으로만 이룩할 수 있다는 것을 불어넣어 주었습니다. 너희가 그리스도의 가르침에 따르는 것으로 좋은 인생을 살고자 노력하는 것은 불필요하다, 너희는 오직 옛사람들의 생활을 연구하기만

하면 된다, 그 연구에서 생활의 일반적인 법칙을 끌어낼 수 있고 잘 살기 위해서는 다만 자기 생활에서 자기들이 생각해 낸 이들 법칙에 순응하는 것만이 중요하다는 생각을 하기에 이른 것입니다.

그래서 저는 한층 더 그들을 허위에 붙들어 매어 두기 위해서 어느 정도 교회의 가르침과 비슷한 것, 다시 말해 그들의 세상에서는 과학이라고 부르는 지식의 계승성이 존재하고 있어서, 이 과학의 주장은 교회의 주장처럼 완전무결한 것이라는 생각을 불어넣었습니다. 그런데 과학의 사도라고 알려져 있는 사람들이 자기의 완전무결을 믿게 되자마자 한낱 자연의 이치로 불필요할 뿐 아니라 때로는 어리석기 그지없는 의견을 그들은 의심할 수 없는 진리로 세상에 선언하게 되었습니다. 그리고 그것은 일단 그들이 입 밖에 낸 이상 두 번 다시 부정할 수 없는 것이 되고 마는 것입니다. 즉, 이것 때문에 말입니다, 저는 이렇게 말하기를 주저하지 않을 수 없습니다. 제가 그들을 위해서 생각해 낸, 예의 그 과학에 대한 경의와 노예적인 굴종들을 그들에게 불어넣고 있는 동안은 그들은 결코 한때 위태롭게도 우리들을 파멸시킬 뻔했던 그 가르침을 납득할 수가 없을 것이라고 말입니다."

11

"매우 좋도다. 애썼다" 하고 바알세불은 말했다. 그의 머리는 빛났다.

"너희에겐 상을 줄 만한 가치가 있다. 나는 너희에게 넉넉히 상을 주겠다."

그러자, "아니, 그러면 당신께선 저희들은 생각하지 않으십니까……?" 하고 나머지 마귀들, 여러 가지 색의 작은 놈, 큰 놈, 다리가 굽은 놈, 뚱뚱한 놈, 비쩍 마른 놈들이 와글와글 떠들어대는 소리가 귀청을 찌를 듯했다.

"너희는 무엇을 했느냐 말이야?" 하고 바알세불이 묻는다.

"저는 기술 개선 담당입니다."

"저는 분업 담당입니다."

"전 교통 담당입니다."

"아, 전 서적 출판 아닙니까……?"

"전 예술 담당."

"전 말입니다, 의술이지요."

"전 문화 담당입니다."

"저는 교육 담당요."

"저로 말하면 인간 교정 담당……."

"전 마취 담당입니다."

"전 자선 단체의……."

"저는 사회주의 쪽을 담당한……."

"저는 여권 신장 담당이에요."

그들은 너도나도 갑자기 바알세불의 코 앞에 다가가서 서로 밀치락달치락거리며 지껄이기 시작했다.

"모두 간단히, 하나씩 말해 봐!" 바알세불은 소리쳤다. "너!" 하고 그는 기술 개선 담당 마귀를 향해서 말했다.

"그래 넌 무엇을 했지?"

"저는 인간들에게 되도록 물건을 많이, 또 빨리 만들게 되면 그만큼 그들의 생활이 윤택해질 것이라고 바람을 넣었습니다. 그래서 인간들은 물건을 만들어 내기 위해 자기 생활을 돌보지 않고, 그 물건은, 그것을 만들게 하고 있는 사람들에게도 불필요할뿐더러 또 만들고 있는 사람들이 손도 댈 수 없는 것임에도 더욱더 많이 만들게 하고 있습니다."

"좋아. 그럼 너는?"

바알세불은 분업 담당 마귀 쪽으로 얼굴을 돌렸다.

"저는 사람들에게 물건을 만드는 데는 사람의 손보다도 기계를 쓰는 편이 빠르니까 인간을 기계로 바꿔 버릴 필요가 있다고, 불어넣고 있습니다요. 그래서 그들은 그것을 실천하고 있습니다. 그런데 기계로 바뀐 사람들은 자기들을 그렇게 만든 인간들을 미워하고 있습니다."

"응, 그것도 좋다. 그리고 넌?"

바알세불은 교통 담당 마귀에게 말을 걸었다.

"저는 인간들에게 그들이 행복해지기 위해서는 되도록 빨리 이곳에서 저곳으로 옮길 필요가 있다고 바람을 넣었습니다. 그래서 인간들은 저마다 제 나름의 장소에서 자기의 생활을 향상하는 대신 생활의 대부분을 이 고장에서 저 고장으로 옮겨 다니는 것으로 세월을 보내게 하고 있습니다. 그리고 그들은 자기들이 한 시간에 50베르스타 이상이나 움직이며 돌아다닐 수 있는 것을 커다란 자랑으로 생각하고 있습니다."

바알세불은 그것도 칭찬해 주었다.

서적 출판 담당 마귀가 앞으로 나왔다. 그의 설명에 따르면 그의 일은, 되도록 많은 사람들에게 이 세상에서 행해지든가 쓰이든가 하는 모든 더럽고 어리석은 일을 전하는 것이라고 말했다.

예술 담당 마귀는, 자기는 인간의 고조된 감정의 위안과 고무를 가장하여 그들의 악덕을 매혹적인 형식으로 그리면서도 그것을 묵과하고 있는 것이라고 설명했다.

의술 담당 마귀는 설명하기를, 자기들 일은 인간에게 가장 필요한 일은 자기 육체에 대한 배려라는 식으로 생각하도록 바람을 넣는 데 있다고 말했다. 그런데 자기 육체에 대한 배려에는 한이 없기 때문에 의학의 도움을 얻어서 자기 몸만을 생각하고 있는 사람들은 다른 사람의 생활은 고사하고, 자기 자신조차도 잊어버리고 말리라는 것이었다.

문화 담당 마귀는 자기는 사람들에게 기술 개선 담당, 분업 담당, 교통 담당, 서적 출판 담당, 예술 담당 등의 마귀가 관리하고 있는 모든 일을 이용하는 것이야말로 하나의 사업이라는 것과, 이 모든 것을 이용하는 사람들은 충분히 자신에게 만족하고 있기 때문에 그 이상 잘 되어 보려고 노력할 필요가 없다는 것 등을 불어넣어 주고 있다고 설명했다.

교육 담당 마귀는 사람들에게 인간은 비록 나쁜 생활을 하더라도 아이들에게는 좋은 생활을 가르칠 수 있다고 바람을 넣어 주고 있다고 말했다.

인간 교정 담당 마귀는, 자기는 사람들에게 인간은 그 자체가 부덕한 몸이기는 하지만 타인의 악덕은 바로잡을 수가 있다고 가르친다고 했다.

마취계의 악마는 말했다. 자기는 사람들에게 보다 더 잘살아보려고 노력하는 동안 그에 대한 고통을 면하기 위해서는 술이라든가, 담배라든가, 아편이라든가, 모르핀 같은 마약의 영향으로 자기를 잊는 것이 제일이라고 가르치고 있다고 했다.

또 자선 담당 마귀는 이렇게 말했다. 자기는 사람들에게 많은 물건을 약탈하면서도 약탈당한 자에게 그 일부를 주는 사람만이 덕이 있는 사람일 뿐 행동

을 고칠 필요까지는 없다고 바람을 넣어 그들로 하여금 선의 세계에 들어가지 못하게 한다고 했다.

사회주의 담당 마귀는 득의만면해서 자기는 최고 인간 생활의 사회체제 이름으로 계급 간의 적대 의식을 불러일으키고 있다고 자랑했다.

여권 신장 담당 마귀도 콧대를 세우고 생활 조직을 한층 더 좋게 하기 위해서 자기는 계급투쟁 외에도 이성 상호 간의 반목까지 불러일으키고 있다고 자랑했다.

"저는 안락 담당으로서…… 저는…… 유행 담당으로서!" 하고 또 다른 마귀들도 바알세불 쪽으로 다가들면서 마구 떠들어 대기 시작했다.

"도대체 너희들은 과연, 내가 늙어서 망령이라도 들어서, 인생에 관한 가르침이 거짓으로 되는가 안 되는가를, 또 너희들에게 해가 되었던 모든 것이 당장 유익하게 변하리라는 것을 모르고 있다고 생각하느냐?"

바알세불은 이렇게 외치더니 크게 소리 내어 웃었다.

"이젠 그만해 둬! 모두들. 여하튼 고맙다."

이렇게 말한 그는 한 번 날개를 치더니 벌떡 일어났다. 마귀들은 바알세불을 둘러쌌다. 마귀들이 연결되어 있는 한쪽 끝에는 어깨에 망토를 걸친 마귀 즉 교회의 발명자가 있고, 다른 한쪽에는 긴 망토를 걸친 마귀 즉 과학의 발명자가 서 있었는데 이 두 마귀가 서로 손을 잡자 그들은 하나의 원이 되었다.

거기서 마귀들은 큰 소리로 웃고 캑캑거리고 쉿소리를 내면서 휘파람을 불기도 하고 깡충깡충 뛰면서 꼬리를 젓기도 하고 떨기도 하면서 바알세불 주위를 빙빙 돌아가면서 춤을 추었다. 바알세불은 또 날개를 펼치고 흔들면서 일동의 한가운데서 발을 높이 들고 춤을 추는 것이었다.

위쪽에서는 아비규환의 비명과 신음, 이를 가는 소리가 들려오고 있었다.

악마의 일은 아름답고 신의 일은 까다롭다

옛날에 착한 주인이 살고 있었다. 그에게는 많은 재산과 노예가 있었으며, 노예들은 자기들의 주인을 자랑으로 여기고 있었다. 그들은 이렇게 말했다.

"이 세상에 우리 주인 같은 분은 또 없다. 주인은 우리를 먹여 살리고, 좋은 옷을 입히고, 우리 힘에 맞는 일을 시키며 누구 하나 야단치거나 모욕을 주는 일이 없을 뿐 아니라, 누구에게도 악의를 가지지 않았다. 다른 주인들이 자기네 노예들을 마소처럼 부려먹고, 잘못이 있건 없건 벌을 주고 상냥한 말 한마디 걸지 않는 것과는 비교가 안 된다. 우리 주인은 우리들을 위해서 선을 바라고 자비를 베풀며 친절한 말을 해준다. 우리들로서 이 이상 더 만족하고 좋은 생활을 바랄 수 있겠는가."

노예들은 이렇게 자기들의 주인을 자랑했다. 그런데 마귀들은 이 노예들과 주인이 애정을 가지고 사이좋게 지내는 것을 마땅찮게 여겼다. 그래서 마귀들은 그 주인의 노예인 아레예프를 자기들 편으로 만들려고 했다.

그리고 계획대로 그를 꾀어 손에 넣자 그에게 우선 다른 노예들을 유혹해서 끌어들이라고 명령했다. 이렇게 해서 하루는 노예들이 모두 쉬면서 자기들의 주인을 칭찬하고 있을 때 갑자기 아레예프가 소리 높여 말했다

"야아, 형제들아! 내 말 좀 들어 봐. 너희들은 우리 주인의 친절을 무턱대고 칭찬만 하고 있는데 말이야. 마귀라도 이 편에서 싹싹하게 굴면 친절하게 해준단 말이다. 우리들은 우리 주인에게 일을 잘해주고, 만사 그의 마음에 들도록 굴고 있지. 주인이 생각해 내는 일이면 무엇이든 우리는 곧 그의 마음을 알아채곤 그 것을 척척 해냈단 말이다. 그러니 어떻게 그 사람이 우리들에게 친절하지 않을 수 있겠는가? 그러니까 말이야, 어디 한번 모두 그 사람의 뜻을 맞추는 것을 그만두고, 뭔가 나쁜 짓을 해보잔 말이다. 우리 주인도 틀림없이 다른 주인들처럼 될 것이야. 그러면 우리들의 나쁜 짓에 대해서 세상의 가장 나쁜 주인보다도 더

가혹하게 보복해 올 테니 어디 두고 보란 말이다."

이 때문에 다른 노예들은 아레예프와 언쟁을 시작했다. 한참 싸우고 난 뒤 내기를 했다. 그래서 아레예프가 선량한 주인의 화를 돋워 보기로 했다. 그리고 그 내기 조건으로 주인을 화나게 할 수 없으면 축제일에 입을 새 옷을 내주기로 약속했다. 또한 모두는 아레예프를 주인으로부터 지키기로 했다. 만일 주인이 그를 쇠사슬에 채운다든가 옥에 가두기라도 하면, 모두가 그를 구출해 내기로 약속했다.

이렇게 결정하자 아레예프는 다음 날 아침이 되자마자 주인의 화를 돋우겠다고 장담하고 나섰다.

양치기 아레예프는 그 집에서 가장 좋은 양을 맡고 있었다. 이튿날 아침, 주인은 때마침 손님들을 모시고 양우리에 들러 자기가 귀중하게 여기고 있는 비싼 양을 보이려고 했다. 그러자 마귀의 부하가 된 노예는 친구들에게 곧 눈짓을 했다.

"자, 보라구. 이제 곧 주인을 화나게 만들어 보일 테니."

모여든 노예들은 모두 문께라든가 담 너머에서 그가 어떻게 하는가 지켜보았다. 그때 마귀 역시 나무 위에 올라앉아서 뜰 가운데를 내려다보고 있었다. 부하 노예가 자기에게 어떤 식으로 충성을 다하는가를 살펴보려는 것이다.

주인은 뜰안을 돌면서 손님들에게 먼저 암양과 새끼양을 보였다. 그런 다음, 자기가 가장 좋다고 생각하는 숫양을 보여줄 차례가 되었다.

"다른 양도 좋기는 합니다만, 저기 저, 저기에 있는 뿔이 굽은 놈, 저건 가격을 말할 수 없을 정도로 좋은 놈입니다. 저에게는 제 눈보다도 소중하다 할 것입니다."

양들은 암수놈 모두 사람들 곁을 피해 뜰안을 뛰어다니고 있어서 손님들은 비싼 숫양을 자세히 분간해 볼 수가 없었다.

간신히 그 양이 뛰어 돌아다니기를 멈추고 풀이라도 뜯으려 하면 예의 그 마귀 부하가 일부러 암양들을 놀라게 하기 때문에 곧 또 모두 한 무리 속으로 섞여 버리고 마는 것이었다.

그래서 손님들은 어느 놈이 그 비싼 양인지 알아볼 수가 없었다. 그 바람에 주인의 입장은 난처해졌다. 주인은 이렇게 말했다.

"이봐, 아레예프. 수고스럽지만 너 저놈을 말이야, 저 가장 소중한 뿔이 굽은 숫양 말인데, 조심해서 냉큼 붙잡아가지고 잠깐 동안만 붙들고 있어 주지 않겠나?"

그러자 아레예프는 주인의 말이 떨어지기 무섭게 사자처럼 양들이 떼 지어 있는 속으로 뛰어들어갔다. 그러고는 그 비싼 양의 북실북실한 털을 붙들어가지고 누른 뒤 곧 한쪽 손을 양의 왼쪽 뒷다리에 걸어 그것을 위로 쳐들고는 직접 주인의 눈앞에서 한쪽 다리를 위쪽으로 향해서 비틀었다. 양의 다리는 나뭇가지처럼 '딱' 하고 부러졌다. 아레예프는 그 비싼 양의 한쪽 다리의 무릎 아래께를 그만 부러뜨리고 만 것이다.

양은 '메에메에' 하고 울기 시작하더니 앞다리의 무릎을 땅에 끌다가 넘어져 버렸다. 아레예프가 오른쪽 다리로 바꾸어 쥐니까, 왼쪽 다리가 갑자기 구부러지면서 또한 끄나풀처럼 축 늘어졌다. 손님도, 노예들도 모두 '앗' 하고 소리를 질렀지만, 아레예프가 솜씨 좋게 재빨리 자기 명령을 이행해 준 것에 만족한 마귀만은 더없이 기뻐했다.

주인의 얼굴은 어둠보다도 더한 흙빛이 되었다. 눈살을 찌푸리고, 고개를 떨군 채 한마디 말도 하지 않았다. 손님도 노예들도 입을 다물고 있었고……. 모두 다음엔 또 무슨 일이 일어날 것인가를 기다리고 있었다.

주인은 한참 동안 그대로 있다가, 이윽고 그 몸에서 무언가를 떨어 버리기라도 하려는 듯이 몸을 떨어 보이더니, 고개를 들고는 하늘을 뚫어질 듯이 바라보았다. 잠깐 동안이었다.

그러고는 시선을 아레예프에게 돌렸다. 그는 아레예프를 보고 만면에 웃음을 띤 채 말했다.

"야아, 아레예프, 아레예프! 네 주인은 너에게 나를 화나게 하라고 명령했구먼. 그러나 내 주인은 네 주인보다 강하단 말이야. 너는 나를 화나게 할 수는 없었지만, 나는 너의 주인을 화나게 해 보이겠다. 너는 나에게 벌받기를 무서워하는가 하면 자유로워지고 싶다고 생각하고 있었지, 안 그래? 아레예프. 그런데 말이야, 알겠나? 아레예프, 나는 너에게 벌을 내리지 않겠다. 그보다도 너는 벌써부터 자유로워지기를 바라고 있었으니, 나는 지금 여러 손님들이 계신 앞에서 너를 자유로이 해주겠다. 너는 네가 입을 축제일의 새 옷을 가지고 자유롭게 아

무 데라도 가도록 해라."

　이렇게 말하고 나서 선량한 주인은 손님들과 함께 집안으로 들어가 버렸다. 마귀는 이를 갈면서 억울해하다가 나무 위에서 굴러 떨어지더니, 땅속으로 쑤시고 들어가 버리고 말았다.

형제와 금화

옛날, 아주 오랜 옛날, 예루살렘에서 그리 멀지 않은 곳에 아파나시란 형과 요한이란 동생이 살고 있었다. 그들은 거리에서 그리 멀지 않은 산에 살면서 사람들로부터 받은 적선으로 살아가고 있었는데, 형제는 매일같이 노동을 하면서 지냈다. 그러나 그들은 자기들의 일을 하는 것이 아니라 가난한 사람들의 일을 해주었다. 일을 못해 곤란을 겪고 있는 사람이라든가, 병자, 또는 고아, 과부들이 있는 곳에는 어디든지 자진해 가서 품삯도 받지 않고 일을 해 주고 돌아왔다. 이렇게 형제는 1주일 동안을 떨어져서 일하다가, 토요일 밤에는 집으로 돌아와 형제가 다시 만나는 것이었다. 그래서 일요일만은 하루 종일 집에 있으면서 기도를 드리기도 하고, 이야기를 주고받기도 했다. 그래서 하늘나라의 천사도 이들에게 내려와서 그들을 축복하곤 했다.

그러다가 다시 월요일이 되면 형제는 저마다 자기들이 가야 할 곳을 찾아가곤 했다. 형제는 여러 해를 두고 긴 세월을 이렇게 생활해 왔고, 그동안에 하늘의 천사는 매주 형제가 있는 곳에 내려와서 그들을 축복해 주었다.

어느 월요일의 일이었다. 형제는 일하러 가기 위해 집을 나와 저마다 제가 가야 할 곳을 향해 헤어졌다. 형 아파나시는 사랑하는 동생과 헤어져 가는 것이 갑자기 아쉽게 여겨져 걸음을 멈추고 뒤돌아 보았다. 그런데 요한은 머리를 숙이고 자기가 갈 길만 갈 뿐 뒤는 돌아보려고도 하지 않았다. 그런데 갑자기 요한이 발길을 멈추더니 뭔가 발견한 듯이 한 곳을 자세히 바라다보고 서 있었다. 그러더니 그는 바라보던 곳을 향해서 다가갔다. 이번엔 갑자기 흠칫 놀라며 뒤로 물러서더니 뒤도 돌아보지 않고 산기슭을 향해서 급히 뛰어 달아났는데, 마치 맹수에 쫓기기라도 하는 듯이 산기슭에서 산 위로 달려 올라가기 시작했다. 아파나시는 웬일인가 싶어 그쪽으로 되돌아가 보았다. 무엇이 동생을 그처럼 놀라게 했던가! 그 원인을 알아보기 위해서였다. 그런데 바로 가까이 가본즉 그곳엔 무언가 햇빛에 번쩍번쩍 빛나는 것이 있었다. 한 걸음 더 다가서 보니까, 마치 여러 말 쏟아놓은 것처럼 한 무더기의 금화가 풀 위에 쌓여 있었다……. 그래서 아파나시는 이 금화를 보고도 놀랐지만, 또 동생이 뛰어 달아난 것에도 더욱더 크게 놀랐다.

"도대체 동생은 어째서 그렇게 놀랐을까? 어째서 무엇 때문에 그렇게 달아났 던 것일까?"

아파나시는 생각했다.

'금화에 무슨 죄가 있느냐? 죄는 사람에게 있는 것이다. 금화는 악을 행할 수 도 있고 선을 행할 수도 있다. 도대체 이 금화를 가지면 얼마나 많은 고아나 과 부들을 어려움에서 구할 수 있을까? 얼마나 많은 벌거벗은 사람들에게 옷을 입 힐 수 있겠는가? 또 얼마나 많은 병자나 불구자들을 고칠 수 있겠는가? 지금 우리들은 사람들을 위해서 일을 하고 있지만, 그 일이란 것은 우리들의 힘이 부 족하기 때문에 지극히 적은 것이다. 그러나 이 정도의 돈만 있다면 우리들은 더 많이 세상 사람들을 위해서 도움을 줄 수 있다.'

이렇게 생각한 아파나시는 그것을 동생에게 말하고 싶었다. 그러나 요한은 이 미 불러도 들리지 않을 먼 곳까지 가버렸기 때문에 지금은 그저 그 모습만이 산꼭대기에 무당벌레처럼 조그마하게 보일 뿐이었다.

그래서 아파나시는 자기의 윗옷을 벗어서 가지고 갈 수 있을 만큼의 금화를 담아가지고는 어깨에 메어 읍까지 갔다. 여인숙에 도착하자 그는 주인에게 금화 를 맡기고 남은 돈을 가지러 또 갔다. 그리고 금화를 전부 옮기고 나자 이번엔 상인을 찾아가서 읍에 있는 땅을 사고 돌과 재목을 사들여 삯꾼을 모아 세 채 의 집을 짓기 시작했다. 아파나시는 이렇게 석 달 동안을 읍에서 지내면서 거기 에 집을 지었다.

한 채는 과부와 고아들을 위한 양육원, 또 한 채는 병자와 불구자를 위한 병 원, 나머지 한 채는 순례자나 거지들을 위한 수용소였다. 그리고 아파나시는 세 사람의 신앙심이 깊은 노인을 골라서 한 사람은 양육원, 한 사람은 병원, 또 한 사람은 수용소의 감독을 하게 했다. 그래도 아직 금화가 3천 개나 아파나시의 손에 남아 있었다. 그래서 그는 노인 한 사람 한 사람에게 천 개씩 줘서, 그것을 가난한 사람들에게 나누어 주도록 했다.

곧 세 채의 집에는 사람들로 가득 찼고, 그리고 세상에서는 아파나시가 한 모든 일에 대해서 그를 칭찬하기 시작했다. 아파나시도 그것이 기뻐서 어쩔 줄을 몰라 잠깐이라도 읍을 떠나고 싶은 생각이 들지 않을 정도였다. 그러나 아파나시는 동생을 사랑했기 때문에 사람들에게 작별을 고하고, 자기는 한푼의 금화도 안 가진 채 읍에 올 때 입었던 헌 옷을 다시 걸친 채 자기가 살던 집을 향해 되돌아갔다. 아파나시는 자기 집이 있는 산에 가까이 이르자 이렇게 생각했다.

'동생이 금화를 보고 질겁해서 피해 멀리 달아나 버린 것은 잘못된 생각이었다. 역시 내가 한 행동이 잘한 일이지 않았을까?'

아파나시는 이렇게 생각하면서 우연히 앞을 보자 언제든지 그들 형제를 축복해 주곤 하던 천사가 길 앞에 서서 자기를 나무라는 듯한 눈초리로 바라보고 서 있는 것이 눈에 띄었다. 아파나시는 제정신을 잃고 멍청히 서서 다만 이렇게 말했다.

"왜 그러십니까 주여!"

그러자 천사는 입을 열었다.

"여기서 떠나라! 너에게는 네 동생과 같이 살 자격이 없다. 네 동생이 그 금화를 보고 뛰어 달아난 행동은 네가 그 금화를 가지고 한 모든 일보다도 몇십 몇백 배나 더 존귀한 것이다."

그래서 아파나시는, 자기가 얼마나 많은 가난한 사람과 순례자들을 도왔던가, 얼마나 많은 고아와 과부들을 돌보아 주었던가를 이야기하기 시작했다. 그러나 천사는 그에게 말했다. "그건 말이야, 너를 유혹하기 위해서 그 금화를 거기에 갖다 놓은 마귀가 너에게 가르쳐 준 말이다!"

그때 양심이 아파나시의 죄를 입증했기 때문에 그는 자기가 그런 일을 한 것은 하느님을 위한 행동이 아니었다는 사실을 깨닫고 울기 시작했고, 그리하여 회개했다. 그러자 천사는 자진해서 다가와 그의 갈 길을 열어 주었다. 그러자 벌써 거기에는 형을 기다리고 있는 동생 요한이 서 있었다. 그래서 그때부터 아파나시는 금화를 뿌려 주는 마귀의 유혹에 지지 않고 하느님과 사람들에게 봉사하는 길은 돈에 의해서가 아니라, 다만 노동만으로 해야 한다는 것을 깨달았다.

그래서 이 형제는 그전처럼 노동하는 생활을 계속해 나아갔다.

두 아들

이반이라는 노인에게 샤트 이바노비치와 돈 이바노비치라는 두 아들이 있었다. 샤트 이바노비치가 형인데 힘도 세고 체격도 건장했다. 그에 비해 동생인 돈 이바노비치는 키도 작고 힘도 매우 약했다. 그런데 이들 형제에게 아버지는 저마다의 나아갈 길을 가르쳐준 다음, 가르쳐준 대로 걸어가라고 말했다. 샤트 이바노비치는 아버지의 말을 듣지 않았다. 아버지가 가르쳐준 길로 가지 않다가 길을 잃어버렸고, 마침내는 길을 찾을 수가 없게 되었다. 돈 이바노비치는 아버지의 말을 듣고, 그가 가르쳐준 쪽으로 걸어갔다. 그래서 그는 넓은 러시아 땅을 가로지르면서 크게 이름을 떨쳤다.

툴라의 에피판스키에 이반(오델로)이라는 마을이 있었다. 그 마을에 우물이 있는데 그곳으로부터 양쪽 방향으로 두 개의 작은 개울이 흘러나갔다. 하나는 건너뛸 수 있을 정도로 좁은 개울이며, 돈이라 불린다. 또 하나는 규모가 훨씬 큰 것으로 샤트라 불린다.

돈은 똑바르게 흐르며, 앞으로 나아가면 나아갈수록 넓어진다. 샤트는 이리저리 휘어져 있다.

돈은 넓은 러시아 땅을 흘러 아조프 바다로 나온다. 그곳에는 물고기가 많으며 범선과 기선이 지나다닌다.

샤트는 저쪽으로 구불구불, 이쪽으로 구불구불해서 결국은 툴라에서 밖으로 나가지를 못하고 우파강으로 흘러들고 만다.

독수리

바다에서 한참 떨어진 곳에 커다란 길이 지나는 곳에 한 마리의 독수리가 길가 나무에 둥우리를 짓고 새끼를 길렀다.

그러던 어느 날이었다. 나무 옆에서 사람들이 일을 하고 있었다. 그때, 독수리가 커다란 물고기를 물고 둥우리로 돌아오고 있었다. 사람들은 물고기를 보자마자 나무를 둘러싸고 고함을 치기도, 또 독수리를 향해 돌을 던지기도 했다.

독수리는 물고기를 떨어뜨렸다. 사람들은 그것을 주워서 갖고 가버렸다.

독수리는 둥지 끝에 앉았다. 새끼들은 고개를 쳐들고 삐익삐익 울면서 먹을 것을 달라고 졸라댔다.

독수리는 너무 지친 나머지 또다시 바다로 날아갈 수 없을 것 같았다. 독수리는 둥지 속으로 들어가 날개를 펼쳐 새끼들을 감싸고 이것저것 돌보거나 날개를 정돈해 주거나 했다. 그것은 마치 이제 조금만 기다리라고 말하는 것처럼 보였다. 하지만 부드럽게 해주면 해줄수록 새끼들은 더욱 크게 울어대기만 했다.

그러자 독수리는 날아올라 가장 높은 가지에 앉았다. 새끼들은 한층 불쌍하게 삐이, 삐이 울기 시작했다. 그때, 독수리는 갑자기 한층 높은 소리로 울더니 날개를 펼치고 바다를 향해 천천히 날아올랐다.

독수리는 저녁때가 되어 간신히 돌아왔다. 지면 가까이 천천히 날아왔다. 그의 발톱에는 또다시 커다란 물고기가 쥐어져 있었다.

나무 옆에까지 오자 독수리는 주위를 살펴보면서 가까이에 또 사람들이 있는지를 확인한 뒤에 날개를 접고 둥우리 가장자리에 내려앉았다.

새끼들이 고개를 쳐들고 입을 잔뜩 벌리자 독수리는 물고기를 찢어서 새끼들에게 먹였다.

천 개의 금화

어떤 부자가 금화 천 개를 가난한 사람들에게 나눠주고 싶어 했다.

그러나 어떤 가난한 사람에게 그 돈을 주어야 할지 몰라서 사제에게 가서 이렇게 말했다.

"가난한 사람들에게 금화 천 개를 주었으면 합니다만 누구에게 주어야 할지 모르겠습니다. 이 돈을 받아주지 않겠습니까. 적당한 사람에게 나눠주셨으면 합니다."

사제는 말했다.

"이것은 엄청나게 큰돈입니다. 저도 누구에게 줘야 좋을지 모르겠습니다. 어떤 사람에게는 너무 많이, 또 어떤 사람에게는 적게 주는 일이 있을 수도 있습니다. 이 돈을 어떤 가난한 사람에게, 어느 정도씩 나눠주실 생각인지 말씀해주시지 않으시겠습니까."

부자는 대답했다.

"당신은 그것을 모를지 모르지만 하느님은 아실 것입니다. 그렇군요, 맨 처음으로 당신을 찾아온 사람에게 돈을 건네주십시오."

그 성당 구역에 한 가난한 사람이 있었다. 그 사람에게는 많은 아이들이 있었지만 병이 들었기 때문에 일을 하려 해도 일을 할 수가 없었다. 그러던 어느 날, 그 사람이 시편을 읽고 있으려니 다음과 같은 글귀가 쓰여 있었다.

> 내가 젊었을 때에도, 또 늙은 지금에도,
> 정의로운 자가 버림을 당하거나,
> 그의 자손이 먹을 것을 청하는 것을 본 일이 없다.

가난한 사람은 생각했다.

"이 말대로 나는 하느님께 버림당한 것은 아닐까. 나쁜 짓 따위는 무엇 한 가지 한 적이 없지 않은가. 그래, 사제님에게 가서 어째서 성경에 이런 거짓말이 쓰여 있는지를 물어보아야겠다."

가난한 사람은 사제를 찾아갔다.

사제는 그 사람에게 이렇게 말했다.

"이 가난한 사람이야말로 맨 처음으로 나를 찾아온 사람이다."

그러면서 부자에게서 맡아두었던 천 개의 금화를 남김없이 그 사람에게 건넸다.

평등한 유산

어떤 상인에게 아들이 둘 있었다. 아버지는 맏아들이 마음에 들었으므로 맏아들에게 유산을 모조리 남겨주고자 했다. 어머니는 작은 아들을 좋아했으므로 한동안 유산 분배에 관해 아들들에게 말하지 말아달라고 남편에게 부탁했다. 어머니는 어떻게 해서든 둘에게 똑같이 유산을 나눠주고 싶었던 것이다. 상인은 아내의 청을 받아들여, 마음속으로 정한 것을 아들들에게 말하지 않았다.

그러던 어느 날, 어머니가 창가에 앉아서 울고 있으려니 한 순례자가 창가로 다가와서 물었다.

"어째서 울고 계십니까?"

어머니는 대답했다. "제가 어찌 울지 않을 수 있겠습니까. 저에게는 어느 자식이나 똑같이 사랑스럽답니다. 그러나 남편은 한 명에게만 재산을 모두 물려주고, 나머지 한 자식에게는 아무것도 주지 않을 생각이에요. 저는 그 계획을 아들들에게 말하지 말아달라고 남편에게 부탁해 두었습니다. 그러는 동안에 저는 작은 아이를 구할 방법을 찾으려 했던 것이지요. 하지만 제게는 돈이 없습니다. 그러니 이 비통함을 어떻게 해야 좋을지 모르겠습니다."

순례자는 말했다. "당신의 고민은 쉽게 해결할 수 있습니다. 맏아들이 재산을 모두 물려받고, 작은 아들은 아무것도 받을 수 없음을 두 아들에게 말씀하십시오. 그러면 평등해질 것입니다."

작은 아들은 아무것도 받을 수 없다는 말을 듣고 외국으로 나가 여러 가지 사업과 학문을 익혔다. 맏아들은 부자가 되리라는 것을 알고 있었으므로 아버지의 곁에서 살면서 결국은 아무것도 배우지 못했다.

이윽고 아버지가 돌아가셨지만 아무것도 할 수 없는 맏아들은 결국 모든 재산을 탕진해버렸다. 그에 비해 작은 아들은 외국에서 돈 버는 방법을 배워 큰 부자가 되었다.

손녀는 할머니보다 지혜롭다

부활제가 있는 이른 봄이었다. 다만 썰매를 타고 다니지 않을 뿐 뜰에는 눈이 남아 있었고, 마을에는 군데군데 눈 녹은 물이 흘러내리고 있었다. 두 채의 집 사이에 있는 빈 터에는 두엄더미에서 흘러내린 물이 커다란 물웅덩이를 이루고 있었다. 두 집에서 소녀들이 나와 이 물웅덩이에 모였다.

하나는 약간 작았고, 또 하나는 약간 나이 먹은 소녀였다. 둘 다 어머니로부터 받은 새 사라판[1]을 입고 있었다. 작은 아이는 감색이었고, 큰 아이는 꽃무늬가 든 노란색이었다. 둘이 모두 빨간 머릿수건을 두르고 있었다. 소녀들은 기도를 드리고 난 뒤 이 물웅덩이에 나와서 제가 입은 새 옷을 서로 자랑하며 놀기 시작했다. 그러는 가운데 이 애들은 물장난을 하고 싶어졌다. 그래서 작은 애가 구두를 신은 채 물웅덩이로 들어가려고 하자 큰애가 말렸다.

"들어가면 안 돼요, 마라샤. 엄마에게 야단맞는단 말이야. 난 구두를 벗을 테야. 너도 구두를 벗어."

소녀들은 구두를 벗고 옷섶을 올리고 양쪽에서 서로 마주 보면서 물웅덩이 속으로 들어갔다.

마라샤는 복사뼈까지 물에 잠기자 말했다.

"깊은데, 아크리샤……? 난 무서워."

"아냐, 괜찮아. 그 깊이밖에 안 돼. 곧장 내게로 와."

둘은 서로 점점 가까이 갔다.

아크리샤가 말했다.

"마라샤, 너 조심해서 걸어와. 물이 튀지 않게."

하지만 말이 떨어지기가 무섭게 마라샤는 '첨벙' 하고 물을 밟았기 때문에 아

---

1) 러시아의 농촌 여성들이 입는 민속 의상. 소매 없는 몸체 부분과 기장이 긴 스커트가 가슴 부분까지 이어져 있는 점퍼 스커트형의 옷이다.

크리샤의 사라판 옷에 온통 물이 튀고 말았다. 사라판은 물에 젖었고, 코에도 눈에도 물이 튀었다.

아크리샤는 사라판에 튄 물을 보더니 마라샤에게 화를 내며 욕지거리를 했고, 마라샤에게로 달려가 대들려고 했다. 깜짝 놀란 마라샤는 자기가 크게 잘못했다는 것을 알자 물웅덩이에서 튀어나가더니 집으로 달아나기 시작했다. 그런데 바로 그때 아크리샤의 어머니가 그 옆을 지나가다가 딸애의 사라판이 물에 젖어 셔츠까지 더러워진 것을 보았다.

"너, 어디서 그랬니?"

"마라샤가 그랬어요, 일부러 물을 뿌린 거예요."

아크리샤의 어머니는 마라샤를 붙들어 그 뒤통수를 철썩철썩 때렸다. 그러자 마라샤는 마을이 떠나갈 듯이 울기 시작했다. 마라샤의 어머니가 튀어나왔다.

"아니, 어째서 우리 애를 때리는 거지요?"

마라샤의 어머니는 옆집 부인에게 대들었다. 가는 말이 고와야 오는 말이 곱다고, 두 여자는 서로 지지 않고 욕설을 퍼부었다. 근처 사람들이 튀어나와서 거리에는 많은 사람들이 모이게 되었다. 모두가 저 나름대로 떠들어대기 때문에 아무도 다른 사람이 하는 말을 듣고 있는 사람은 없었는데, 이렇게 와글와글 떠들고 있을 때 한쪽이 상대편을 떼밀치기라도 하면 자칫하다간 맞붙어 치고받는 싸움이 벌어질 판이었다.

그러나 이때 마침 아크리샤의 할머니가 둘 사이를 헤치고 사람들 한가운데로 들어서서 타이르기 시작했다.

"아니 이것 봐요, 도대체 왜들 이러는 거요? 오늘은 이렇게 떠들고 싸울 날이 아니잖아요? 서로 기쁨을 나눠야 할 날인데, 이렇게 죄를 짓는 싸움을 하고 있다니, 원 참⋯⋯."

그러나 아무도 할머니의 말에 귀 기울이려 하지 않았고, 도리어 상대를 후려칠 정도로 사태는 험해졌다.

그러므로 만일 아크리샤와 마라샤가 아니었더라면, 할머니는 아무리 애써도 둘의 싸움을 말릴 수는 없었을 것이다. 여자들이 이렇게 서로 악담을 늘어놓고 있을 때 아크리샤는 자기의 사라판을 오물에 적시면서 빈터에 있는 물웅덩이로 갔다. 그리고 작은 돌을 주워다가 물웅덩이 옆에서 흙을 파기 시작했다. 거리

로 물이 흐르게 하기 위해서 그 애가 땅을 파고 있는 동안 마라샤가 옆에 와서 함께 흙 파는 일을 거들었다. 물길이 넓어지고 그 물은 고랑을 따라 어머니들이 맞붙어 밀고 당기고 하는 거리로 흘러내려와 곧장 할머니가 두 엄마들의 싸움을 말리고 있는 곳까지 이르렀다. 그러자 한 아이는 이쪽으로, 또한 아이는 반대쪽으로 물줄기를 따라서 달려왔다.

"말려, 마라샤. 말리라니까!"

아크리샤는 소리쳤다. 마라샤도 역시 뭐라고 말하려는 모양이었으나 웃음이 나와서 말을 할 수가 없는 모양이었다.

이렇게 두 아이는 달리면서 나무토막이 물길을 따라 흔들흔들 떠내려가는 것을 보며 웃고 있었다. 그리고 느닷없이 사람들의 한가운데로 뛰어들어갔다. 두 아이를 본 노파는 싸우는 아낙네들에게 말했다.

"너희들도 좀 하느님을 무서워할 줄을 알아야겠어! 너희들은 이미 어른인데도 이렇게 애들 때문에 싸움을 하고 있으니…… 그런데 당사자인 애들은 벌써 모든 것을 잊어버리고 전처럼 저렇게 사이좋게 놀고 있지 않느냐 말이야. 저 애들이 너희들보다는 현명하단 말이다!"

아낙네들은 아이들을 보자 갑자기 창피한 생각이 들면서 자기네의 행동이 어이없어져 웃으며 저마다 집으로 들어가 버렸다.

'누구든지 어린이와 같이 순진한 마음으로 하느님 나라를 받아들이지 않으면 결코 거기 들어가지 못할 것이다.'

일리야스의 행복

우파에 일리야스라고 하는 바시키르인이 살고 있었다. 일리야스는 결혼하면서 그다지 넉넉한 재산을 물려받지 못했는데, 그나마 1년만에 아버지마저 돌아가시고 말았다.

그래서 그 무렵 일리야스의 재산으로는 암말 7마리와 수말 2마리, 그리고 20마리의 양이 있었을 뿐이었다. 그러나 일리야스는 한 집안의 가장이었으므로 아내와 합심하여 아침부터 밤까지 열심히 노력해서 일하기 시작했다. 그리하여 누구보다도 먼저 일어나고 제일 늦게 잠자리에 든 그는 한 해 한 해 재산을 모아갔고, 그 결과 일리야스는 35년의 세월이 흘러갔을 때는 큰 재산을 쌓아 올릴 수 있었다.

이제 일리야스네 집엔 200마리의 말과 150마리의 소와 1,200마리의 양이 있었다. 남자 고용인들은 일리야스의 말이며 소와 양을 치고, 여자 고용인들은 암말과 암소와 암양의 젖을 짜서 크므스·버터·치즈 등을 만들고 있었다. 일리야스네 집에는 무엇이든 얼마든지 있어서 근처 사람들은 모두 그의 생활을 부러워하며 이렇게 말했다.

"일리야스는 행복한 사람이다. 그 사람에겐 무엇이든지 잔뜩 있으니, 죽는다는 것조차 있을 수 없을 정도다."

그래서 신분이 높은 사람들도 일리야스를 알아보고 그와 교제하기 시작했을 뿐만 아니라 멀리에서도 사람들이 찾아오기에 이르렀다.

따라서 일리야스는 모든 사람들을 맞이해서 그들에게 충분히 먹을 것과 마실 것을 대접했는데, 어떤 사람이 오든 그는 꼭 크므스를 내놓고 차를 마시게 했을 뿐 아니라 어즙이나 양고기 등을 대접했다. 손님이 오면 당장 한두 마리의 양을 잡았고, 손님이 많을 경우에는 암말까지도 잡는 사람이었다.

일리야스는 아들 둘과 딸 하나를 두었다. 일리야스는 아들 둘을 모두 장가보내고 딸도 시집을 보냈다. 일리야스가 가난했을 때는 아들도 그와 함께 일하면서 직접 말이나 양을 돌보았지만, 부자가 되자 점점 게을러지기 시작해서 한 아들은 술을 마시기 시작했다. 그래서 장남은 싸움을 하다가 맞아 죽었고, 둘째는 거만한 마누라를 얻어 아버지의 말을 듣지 않았기 때문에 일리야스도 결국에는 이 아들을 분가시키지 않을 수 없게 되었다.

일리야스는 집과 가축을 나누어 아들에게 딴살림을 내어 주었기 때문에 일리야스의 재산은 부쩍 줄었다. 그리고 얼마 안 가서 양들마저 병이 들어 많이 죽어 버렸다. 게다가 그 뒤 또 흉년이 들어서 건초를 마련할 수 없었으므로 겨울이 되자 많은 가축들이 굶주려 죽었다. 또 가장 좋은 말 한 떼를 키르기스인에게 빼앗겼기 때문에 일리야스의 재산은 계속 줄어들었다. 일리야스네는 자꾸만 기울어져 갔고, 그의 기력도 점점 쇠약해져 갔다.

그래서 70이 넘었을 때의 일리야스는 털가죽 외투도, 양탄자도, 말안장도, 마차도 팔지 않을 수 없는 형편이 되어, 결국에는 마지막 가죽까지 팔아 버린 나머지 무일푼 신세가 되고 말았다. 그러나 어째서 이토록 무일푼이 되었는지 자기로서도 알 수가 없었다. 그 때문에 그들 늙은 부부는 남에게 의지하여 살 수밖에 없었다. 다만 그에게 남은 것이라고는 몸에 걸친 옷과 외투와 모자, 구두, 그리고 역시 늙은 아내 샴 셰마기뿐이었다. 분가한 자식은 멀리 가버리고 말았고, 딸은 이미 죽었다. 그들을 도울 사람은 아무도 없었다.

이웃에 사는 무하메드 샤프가 그들 노인을 불쌍하게 여겼다. 무하메드 샤프는 가난하지도 않고 부자도 아닌, 그럭저럭 살아갈 만한 정도의 생활을 하는 마음씨 좋은 사람이었다. 그는 전에 일리야스의 환대를 받았던 것을 상기하고, 그를 불쌍히 여긴 나머지 말했다.

"일리야스 씨, 우리 집에 오셔서 사세요. 할머니와 함께 말이오. 여름에는 몸에 무리가 안 가게 우리 오이밭에서 일하고, 겨울에는 가축에게 먹이나 주도록 하시고……. 샴 셰마기 할머니께서는 말의 젖이라도 짜면서 크므스를 만들어 주시면 돼요. 두 분께서 먹을 음식과 입을 것은 제가 드릴 테니까요. 그리고 뭐 바라는 바가 있으면 말씀해 주세요, 제가 드릴 테니."

일리야스는 이 이웃에게 감사의 뜻을 표하고 아내와 함께 무하메드 샤프네 집에서 고용살이를 시작했다. 처음에는 괴로운 생각이 들기도 했지만 시간이 지나면서 익숙해져, 노인들의 힘에 맞는 일을 하면서 살기 시작했다.

주인으로선 이런 사람을 집에 데리고 있는 것이 유리했다. 노인들은 얼마 전까지 한 집안의 주인이었으므로 질서라는 것을 잘 알았고, 게으름을 피우는 일도 없었을뿐더러 힘에 닿는 대로 일을 해주기 때문이었다. 다만 무하메드 샤프로서는 신분 높은 사람들이 이렇듯 낮은 지위에까지 몰락한 것이 때로는 매우 불쌍하게 여겨져 보기가 민망하기도 했다.

한 번은 이런 일이 있었다. 무하메드 샤프네 집에 멀리서 온 인척과 이슬람교의 수도자가 동시에 손님으로 왔던 것이다. 무하메드 샤프는 일리야스에게 양을 한 마리 잡으라는 분부를 내렸다. 일리야스는 양의 가죽을 벗기고 내장을 뺀 다음 그것을 통으로 구워 손님들의 식탁에 올렸다.

손님들은 양고기를 먹고, 차를 마시고, 크므스를 먹기 시작했다. 손님들은 주인과 함께 퇴침을 짚고 양탄자 위에 앉아서 그릇에 든 크므스를 마시면서 이야기를 나누고 있었는데, 때마침 일리야스가 일을 마치고 문 앞을 지나가고 있었다. 그의 모습을 보자 무하메드 샤프는 한 손님에게 말했다.

"손님, 손님께선 지금 노인네 한 분이 문 앞을 지나가는 것을 보셨습니까?"

그러자 손님이 대답했다.

"네, 보았습니다. 그런데 왜 그걸 물으시죠?"

"네에, 약간 이유가 있어요. 아, 왜 모르십니까? 저 노인은 이 고장에선 가장 부자였습니다. 일리야스라고 하는 사람인데요, 혹 들은 적이 없습니까?"

"네, 들은 적이 있습니다." 손님은 말했다. "만난 적은 없지만 그 사람 소문은 멀리까지 자자했던걸요."

"그런데 말입니다, 그 일리야스가 지금은 무일푼이 되어 우리 집에서 일하고 있습니다. 그 할머니도 함께 말젖을 짜고 있지요."

손님들은 깜짝 놀라 혀를 차고 머리를 저으며 말했다.

"거 정말, 행복이란 것은 차바퀴처럼 빙글빙글 도는 모양이죠! 위로 올라가는 사람이 있는가 하면 아래로 내려가는 사람도 있으니…… 그런데 어떻습니까?" 손님이 물었다. "노인은 아마 꽤 답답한 심정이겠죠?"

"글쎄요, 자세히는 모르겠지만 아무튼 조용하게 말썽 없이 지내고 있습니다요. 그만하면 일도 잘하구요."

그러자 손님은 말했다.

"그럼 어디 그 사람과 이야기를 좀 해보고 싶은데, 어떨까요? 그 사람이 어떻게 지내고 있는지 묻고 싶군요."

"그래요. 좋습니다."

주인은 이렇게 대답하고 그를 불렀다.

"할아버지, 여기 와서 크므스라도 한 잔 드세요. 할머니도 오시라고 해서……"

라고 하자 일리야스는 그 아내와 함께 들어왔다. 일리야스는 손님과 주인에게 인사를 하더니 기도를 하고 문께에 앉았다. 그러나 그의 아내는 커튼 뒤로 가서 부인 옆에 앉았다.

일리야스에게 크므스 잔이 권해졌다. 일리야스는 손님들과 주인에게 인사를 하고 한 모금 마시더니 잔을 놓았다.

"그런데 어떻습니까, 할아버지?"

손님 가운데 한 사람이 물었다.

"우리들이 생각하기엔, 할아버지께서 우리들을 보시면 이전에 살던 생각이 나서 마음이 언짢아지지 않을까 싶은데요? 지금 지내는 것이 괴로워서 말입니다."

일리야스는 씽긋 웃으며 이렇게 대답했다.

"제가 당신에게 행복이나 불행에 대해서 말한다 해도 당신은 믿지 않을 것입니다. 그러니 저보다도 차라리 제 마누라에게 물어보십시오. 제 마누라는 여자입니다. 그러니 마음에 있는 말을 할 것입니다. 이런 생활에 대한 솔직한 심정을 모두 당신에게 털어놓을 것입니다."

그래서 손님은 커튼 쪽을 돌아보며 말을 꺼냈다.

"어떻습니까, 할머니? 당신이 한번 저에게 옛날의 행복과 지금의 슬픔을 어떻게 생각하는지 이야기해 주시지 않겠습니까?"

그러자 샴 셰마기가 커튼 너머에서 말하기 시작했다.

"저는 이렇게 생각해요. 저는 영감과 함께 50년을 살아왔습니다. 그동안은 행복을 찾아서 애썼는데도 결국 찾아내지 못하고 말았어요. 그런데 무일푼이 된 지금에서야, 남의집살이를 시작한 지 아직 두 해도 안 됐습니다만, 우리들은 도리어 정말 행복이 무엇인 줄 알게 되었습니다. 그래서 이제는 아무 부러울 것이 없습니다."

손님들은 놀랐지만 주인도 놀랐다. 손님은 무의식 중에 자리에서 일어나 노파를 보고자 재빨리 커튼을 열어젖혔다. 그러나 노파는 팔짱을 끼고 앉은 채로 싱글벙글 웃으면서 자기 남편을 바라보고 있었고, 노인 또한 히죽히죽 웃고 있었다. 노파는 거듭 이렇게 말했다.

"나는 사실을 말하는 것입니다. 농담이 아닙니다. 지난 반세기 동안 우리들은 줄곧 행복을 찾아 헤맸습니다만, 부자로 살 때는 단 한 번도 그것을 느껴 보지 못했습니다. 그런데 아무것도 지닌 것이 없는 이제, 남의 동정을 받고 살게 된 지금에서야 비로소 우리는 이 이상은 아무것도 필요한 게 없다고 생각할 정도의 행복을 느낍니다."

"그래요? 그럼 말이오, 지금 당신들의 행복이라는 것은 도대체 무엇입니까?"

"아, 그건 말입니다, 바로 이런 것입니다요. 우리들이 재산이 많아 부자란 소리를 들을 때는 우리 두 사람에겐 정신을 쉬게 할 짬이 없었습니다. 얘기할 틈도, 영혼에 대한 것을 생각할 겨를도, 하느님에게 기도드릴 시간조차 없었습니다. 그만큼 우리들에겐 걱정거리가 많았지요. 손님이라도 오시면, 실례가 안 되도록 무엇을 대접해야 할까, 무엇을 선물로 보내야 할까, 하고 손님이 돌아가시기까지 걱정하고 신경써야만 했던 것입니다. 게다가 또 고용인들에게도 신경써야 했습니다. 그들은 틈만 있으면 쉬려 했고 맛있는 것을 먹을 틈만 노리고 있었기 때문에, 우리들은 조금도 마음을 못 놓은 채 집의 물건이 없어지지 않도록 눈을 크게 뜨고 그들을 의심하면서 스스로 죄를 짓는 형편이었습니다.

그뿐이겠습니까! 송아지나 망아지가 늑대에게 잡아먹히지 않을까, 말이 도적놈들에게 끌려가지 않을까 걱정과 감시를 해야 했고, 또 밤에는 잠자리에 들어서까지 새끼 양이 큰 양들에게 밟혀 죽지나 않을까 변변히 잠조차 제대로 잘 수가 없었습니다. 그래서 한밤중에도 걱정 때문에 일어나서 살금살금 걸어가 살펴보는 형편이었고, 별일 없어 조금 마음을 놓게 되면 또 겨울 먹이를 어떻게 장만하여 준비할 것인가를 걱정하게 됩니다. 아니, 이 정도로 그친다면 또 모르겠습니다. 저와 영감 둘 사이에서도 뭔지 모를 의견 차이가 또 생깁니다. 영감이 이렇게 하자면 저는 저렇게 해달래서 서로 아웅다웅 다투게 되고, 그래서 죄를 짓습니다. 대충 이런 식이니 우리들은 '걱정에서 걱정, 죄에서 죄' 하는 식으로 괴로움에 시달릴 뿐 행복한 삶이라는 것은 생각할 수조차 없었단 말입니다."

"그럼 지금은 어떻습니까?"

"지금은 말입니다. 영감과 함께 일어나면 우선 이야기하는 것이 언제나 의좋은, 정이 넘치는 말뿐이고, 이젠 아무것도 다툴 일이 없으니 걱정할 일도 없습니다. 우리가 신경 쓰는 일은, 다만 주인에게 일을 해드리는 데에 관한 것뿐입니다. 저희들이 할 수 있는 일만 하고, 주인에게 폐를 끼치지 않고, 도움되는 것만을 생각하면서 즐겁게 일하고 있습니다. 일을 마치고 돌아오면 낮에 먹을 점심이며 저녁, 게다가 크므스도 있습니다. 추우면 불을 때어 따스하게 할 수 있는 우분이나 마분[1]이 있고, 모피 외투도 있습니다. 뿐만 아니라 우리끼리 이야기할 틈도, 영혼에 대해 생각할 시간도, 또 하느님께 기도드릴 시간도 있습니다. 지난 50년 동안 찾느라 애쓰던 행복을 우리는 이제야 겨우 찾은 것입니다."

손님들은 웃기 시작했다.

그러자 일리야스는 말했다.

"여러분, 아무쪼록 웃지 말아 주십시오. 이것은 농담으로 하는 말이 아닙니다. 인간의 생활을 말한 것입니다. 저도 할멈도, 다 바보였던 것입니다. 그래서 전에는 재산을 잃고 망했다고 울기까지 했습니다. 그러나 하느님께서 진리의 길을 여시어 보여 주셨기 때문에, 우리들은 스스로를 위로하기 위해서가 아니라 당신들의 행복을 위해서 이런 말씀을 드리는 것입니다."

그러자 이슬람교의 사도가 말했다.

"참으로 옳은 말입니다. 일리야스 노인 말은 모두 참된 진리의 말씀입니다. 바로 성서에도 씌어 있는 말입니다."

그러자 손님들도 웃음을 멈추고는 깊이 생각에 잠겼다.

---

1) 마소의 똥을 벽돌 모양으로 만든 연료.

노동과 병과 죽음

남아메리카 인디언들 전설 가운데 다음과 같은 이야기가 있다.

신은 인간을 만들 때 처음에는 일할 필요가 없도록 만들었다. 그들에게는 집도, 옷도, 먹을 것도 필요 없었고, 모두 백 살까지 살며 병 같은 것은 전혀 몰랐다.

그런데 얼마 안 가서 신은 인간의 생활하는 모습을 보다가 다음과 같은 사실을 발견했다. 사람들은 자기 생활에 만족하고 기뻐하기는커녕 자기만을 생각하여 서로 싸우고 서로 저주하며 생활하고 있는 것이었다.

그때 신은 이렇게 생각했다.

'이것은 그들 한 사람 한 사람이 자기만을 위해서 생활하게 되는 데서 비롯된 것이다. 이런 폐단을 없애기 위해서는 사람들에게 일을 시키지 않으면 안 되겠다. 즉 사람들이 추위와 굶주림으로 괴로움을 받지 않기 위해서는 제 손으로 살 집을 짓고, 땅을 갈아서 곡식이나 과일을 심고 거두게 하지 않으면 안 되겠다. 노동은 그들에게 힘을 합치게 하여 결국 사이좋게 지내게 되겠지.'

신은 이렇게도 생각했다.

'인간은 혼자 힘으로 통나무를 자르거나 혼자 그것을 끌어다가 집을 지을 수는 없다. 혼자서는 도구를 만들든가 씨를 뿌리고 거두든가, 실을 뽑든가 천을 짜든가, 옷을 지을 수도 없으리라. 그러므로 그들은 자연히 힘을 합쳐서 사이좋게 일하면 일할수록 일도 많이 하게 되고 생활도 편리해진다는 것을 깨닫게 되며, 그 결과 의좋게 결합될 수 있을 것이다.'

얼마 뒤 신은 사람들이 어떻게 사는가를 알기 위해 또 와보았다.

그런데 사람들은 전보다 더 나쁜 상태로 생활하고 있었다. 그들은 달리 도리가 없으니까 일하기는 했지만, 모든 사람이 함께 하지 않았고, 저마다 조그마한 덩어리를 지어서 나뉘어 있었으며, 그 덩어리 하나하나가 다른 덩어리로부터 서로 일거리를 빼앗으려 하고 있는 것이었다. 그리고 그들은 서로가 서로를 방해하면서 시간과 힘을 그러한 투쟁에 낭비하고 있었고, 그래서 모두 불안한 생활을 하고 있었다.

신은 이 방법도 별 수 없다고 생각하자 사람들로 하여금 자기가 죽을 때를 모르고 살다가 어느 때인가 갑자기 죽게끔 해야겠다고 결심했다. 그래서 신은 이러한 결정을 사람들에게 알려 주었다. 신은 이렇게 생각했던 것이다.

'자기들이 언제 죽는지도 모르게 갑자기 죽는다는 것을 알면, 인간은 아마 그 목숨을 아끼는 마음에서라도 서로 미워함으로써 자기들에게 주어진 삶의 기간을 줄이는 것 같은 어리석은 짓은 하지 않게 될 것이다.'

그러나 사실은 그렇게 되지 않았다. 인간들이 어떻게 살고 있는가를 보려고 신이 되돌아왔을 때 그는 인간의 생활이 조금도 나아지지 않았다는 것을 알게 되었다.

다른 사람보다 힘이 센 사람이 자기가 언제 죽을지 모르는 존재라는 것을 이용해서 사람을 죽이고, 또 죽음으로 위협하면서 많은 약자를 자기 명령에 따르게 하고 있었다. 이리해서 일부 강한 자와 그 상속인은 아무 일도 하지 않으면서 심심해하고 우울해하는 그런 생활을 하고 있음을 발견했다. 한편 약한 사람들은 힘에 겨운 노동을 하느라고 쉬지도 못하고 피로한 나머지 괴로워하고 있었다. 그리고 강자든 약자든 서로 두려워하고 미워하는 형편이어서 인간의 생활은 더욱더 불행해지고 있었다.

이런 사실을 알게 된 신은 사태를 바로잡기 위해서 마지막 수단을 취하기로 했다. 즉 인간에게 온갖 병을 주기로 했다. 만일 모든 인간이, 질병은 그들에게 무서운 고통을 가져오며 경우에 따라서는 생명을 잃게 되는 일이 있다는 것을 알게 되면, 자기들이 병이 났을 때 건강한 사람들이 자기들을 살려 주도록 하기 위해서라도 병자들을 불쌍히 여기고 그들을 살리는 것을 건강한 자의 의무라고 여기게 될 것이라고 추측했다.

신은 인간들을 떠나 있다가 얼마 뒤 병이라는 것을 알고 난 사람들이 어떤 생활을 하고 있는가를 보려고 되돌아왔을 때, 인간의 생활이 더욱더 나빠졌음을 알게 되었다.

신이 생각했던, 인간들을 결속시킬 수 밖에 없으리라 믿었던 병 자체는 도리어 한층 더 그들을 멀어지게 했던 것이다.

다른 사람들을 자기의 힘으로 강제로 일하도록 했던 사람들은, 병이 났을 때도 권력을 가지고 자기들을 간호하도록 했기 때문에 조금도 병자들을 걱정하거나 위하지 않았던 것이다.

한편 강제로 남을 위해 일하지 않을 수 없었다든가 간호해야 했던 사람들은, 그 노동에 지쳐버려 자기와 같은 계급의 병자를 간호할 시간이 없어서 구원하지 못하고 내버려둘 수밖에 없었다.

게다가 병자가 부자들의 쾌락을 방해하지 않도록 하기 위해 특별한 건물을 짓고, 병자들을 불쌍히 여기는 사람들의 동정도 받지 못한 채, 아니 동정은커녕 혐오를 받으면서 병자를 간호하는 고용인들의 손에 의해 학대받든가 죽어가고 있었다.

그뿐만 아니라 사람들은 병의 대부분이 전염된다고 생각한 나머지 두려워하여 병자에게 접근하지 않았을뿐더러 병자와 접촉한 사람들까지도 격리하는 실정이었다.

그때 신은 자신에게 이렇게 말했다.

'만일 이런 방법으로도 인간이 행복이 무엇인가를 깨닫지 못한다면, 그땐 할 수 없이 하고 싶은 대로 하라고 내버려둬서 괴로움을 통하여 스스로 깨닫게 하는 수밖에 없다.'

신은 드디어 인간을 포기하고 말았던 것이다.

인간은 신의 손에서 놓여 자기들만의 세상이 되자 행복할 수 있다고 생각하기는커녕 행복해지지 않으면 안 된다는 것조차 깨닫지 못하고 오랫동안 생활해왔다. 다만 최근에 이르러 노동이란 것이 어떤 사람들에게는 허수아비처럼 마지못해서 하는 빈껍질뿐이지만, 강제성을 띤 징역이 아니라 모든 사람을 결합하는 기꺼운 공동 사업이 되지 않으면 안 된다는 것을 일부 사람들은 깨닫기 시작했다. 또한 모든 사람이 항상 죽음의 공포로 떨고 있는 이상 가장 현명한 방법은, 사람과 화해함으로써 저마다에게 허락된 그 순간과 찰나를 기쁘게 넘기는 데 있다는 것도 깨닫게 되었다. 게다가 병이란 절대로 격리해야만 되는 게 아니라는 것과, 인간은 도리어 병으로 말미암아 서로 결합하고 그 결합이 사랑의 원인이 되지 않으면 안 된다는 것을 그들은 깨닫기 시작했던 것이다.

아시리아 왕 에사르하돈

아시리아 왕 에사르하돈은 라이레 왕의 영토를 정복하여 거리라는 거리는 모두 파괴하고, 또 불 질러 버렸다. 그러고 나서 주민들을 한 사람도 남김없이 자기 영토로 끌고 와, 군인들은 모두 죽이고 라이레 왕은 옥에 가두고 말았다.

밤이 되어 잠자리에 들어간 에사르하돈 왕은 라이레 왕을 어떻게 처벌해야 할 것인가를 생각하고 있었다. 그때 갑자기 옆에서 부스럭거리는 소리가 나길래 눈을 떠보았더니, 길고도 하얀 턱수염을 기른 선량한 눈매의 한 노인이 서 있었다.

"당신은 라이레를 벌하려고 하는군요?" 하고 노인이 물었다.

"그렇소." 왕이 대답했다. "다만 나는 어떤 형벌로 그를 벌하면 좋을까, 그 방법만 생각해 내지 못했을 뿐이오."

"그럴 테죠. 라이레는 바로 당신이니까" 하고 노인이 말했다.

"그렇지 않소." 왕은 말했다. "나는 나고 라이레는 라이레요!"

"당신과 라이레는 한 사람이오!" 노인은 말했다. "당신은 라이레가 아니고, 라이레는 당신이 아니라는 것은, 단지 당신이 그렇게 생각하기 때문일 뿐이오."

"어째서 그렇다는 거요?" 왕이 말했다. "나는 이와 같이 부드러운 잠자리에 누워 있고, 내 주위에는 충실한 남녀 노예들이 대령하고 있소. 그리고 나는 내일도 오늘처럼 많은 친구들과 잔치를 베풀고 술을 마실 것이지만, 라이레는 지금 새처럼 옥에 앉아 있고, 내일이면 혀를 늘어뜨리고 칼에 찔려서 숨이 넘어갈 때까지 헐떡거릴 것이오. 그리고 그 몸은 개들에게 물어뜯게 될 것이고."

"그러나 당신은 그의 생명을 멸망시킬 수는 없을 것이오." 노인은 말했다.

"그럼, 어떻게 내가 1만 4천 명이 넘는 그의 군사를 죽였단 말이오? 그리고 어떻게 그 시체로써 무덤을 쌓아 올릴 수가 있었겠소?" 하고 왕이 말했다. "나는 살아 있지만, 그들은 죽어 버렸소. 그걸 보아도 나는 생명을 멸망시킨 게 아니겠소?"

"그들이 죽어 없어졌다는 것을 당신은 어떻게 알고 있소?"

"그건 내가 그들을 볼 수 없기 때문이오. 가장 중요한 것은, 그들은 괴로워했지만 나는 그렇지 않았소. 그들은 고통받았지만, 나는 편안했었다, 이 말이오."

"그것은 당신이 그렇게 생각한 것에 불과하오. 당신은 당신 스스로가 자신을 괴롭힌 것이오. 그들을 괴롭힌 게 아니오."

"모르겠는데, 무슨 소리인지……?" 하고 왕이 말했다.

"알고 싶소?"

"물론이오."

"그럼 이리 오시오."

노인은 왕에게 물이 가득 담긴 통을 가리키면서 말했다.

왕은 일어서서 물통이 있는 데로 갔다.

"옷을 벗고 물속으로 들어가시오."

에사르하돈은 노인이 명하는 대로 따랐다.

"자, 내가 당신에게 이 물을 끼얹기 시작하면" 노인은 자루가 달린 그릇으로 물을 퍼올리면서 말했다. "당신은 머리부터 물에 잠길 것이오."

노인은 물을 담은 그릇을 왕의 머리 위에서 기울였다. 왕은 물속에 잠겼다.

에사르하돈 왕은 물에 잠기자마자 이미 자기는 에사르하돈이 아니고 다른 인간이라는 것을 깨달았다. 그리고 자신을 자기 아닌 다른 사람이라고 느끼면서, 그는 호화로운 침대 위에 아름다운 여자와 나란히 누워 있는 자기를 보았다. 그는 그 여자를 한 번도 본 적이 없었지만 그녀가 자기의 아내라는 것을 알고 있었다. 그 여자는 몸을 일으켜 그에게 말했다.

"존경하는 남편 라이레여, 당신은 어제의 노동에 지쳐서 보통 때보다 오래 쉬셨습니다. 당신이 곤히 잠든 것을 보고 제가 깨우지 않았던 것입니다. 그렇지만 지금은 대신들이 대청에서 당신을 기다리고 있습니다. 옷을 입으시고 그들 앞으로 나아가 보십시오."

에사르하돈 왕은 이런 말을 듣자 자기가 라이레라는 것을 깨달으면서도 조금도 놀랍게 생각하지 않을 뿐 아니라, 오히려 자기가 지금까지 그것을 모르고 있었다는 사실에 더 놀랐다. 그는 일어나서 옷을 입고 대신들이 기다리고 있는 대청으로 나아갔다.

　대신들은 이마가 땅에 닿도록 허리를 굽혀 절하면서 자기들의 라이레 왕을 맞이했다. 그다음에는 모두 일어나 그의 지시대로 그 앞에 앉았다. 그때 호족들의 우두머리가 그에게 다음과 같이 아뢰었다. 즉 그들은 악덕한 에사르하돈 왕의 온갖 모욕을 견딜 수 없어 군사를 일으키지 않을 수 없다는 것이었다. 그러나 라이레는 그들에게 동의하지 않고 에사르하돈에게 간하기 위해서 사신을 보내도록 하라는 명을 내리고 대신들을 물러나게 했다. 그러고 난 뒤 그는 신하 몇 사람을 사신으로 임명하고, 그들에게 에사르하돈 왕에게 보내는 친서의 내용을 말로 자세하게 일러 주었다.

　이런 일을 마치자 에사르하돈은 자기를 라이레라고 계속 생각하면서, 야생나귀를 사냥하러 산으로 출발했다. 사냥은 대성공이었다. 나귀를 두 마리나 쏴서 잡은 그는 집으로 돌아오자 친구들을 모아놓고 여자 노예들의 춤을 구경하면서 주연을 베풀었다.

　이튿날 그는 평소대로 청원자·피고·원고들이 대기하고 있는 대청으로 나가서, 그에게 제출된 사건을 결재했다. 일을 마치자 그는 또 사냥을 즐기러 나갔다. 이날도 그는 자기 손으로 늙은 암사자를 잡았다. 두 마리의 새끼사자도 사로잡는 데 성공했다.

　사냥을 한 뒤 그는 또 친한 친구들과 함께 음악과 춤을 즐기면서 주연을 베풀고, 그리고 밤에는 사랑하는 아내와 함께 지냈다.

　이리해서 그는 이전에는 자기가 바로 그 사람이었던, 에사르하돈 왕에게 보냈던 사신들 일행이 돌아오기를 기다리면서 나날을 보내고 있었다.

　대사들은 한 달이 지나서야 겨우 돌아왔다. 그런데 그들은 코가 잘리고 귀가 끊어져 가지고 돌아왔던 것이다.

　에사르하돈 왕이 사신들에게 명해서 라이레 왕에게 전달한 내용은, 만일 전에 받은 공물·금·은·측백나무 등을 곧 헌상하고 왕이 직접 경의를 표하기 위하여 배알하지 않으면 사신들에게 한 것과 같은 일을 장차 왕에게도 하리라는 것이었다.

　그래서 전에 에사르하돈이었던 라이레는 또다시 대신들을 모아놓고 자기들이 취할 태도에 대해서 협의했다. 모두 이구동성으로, 에사르하돈이 쳐들어 올

때까지 기다리지 말고 이쪽에서 먼저 군사를 일으켜 공격하자고 진언했다. 왕은 이에 동의하고 스스로 군대를 지휘해서 원정길에 올랐다. 행진은 1주일 동안 계속되었다. 왕은 매일같이 군대를 순회하면서 휘하 장병의 사기를 고무했다. 여드레 안에 그의 군사는 큰 강기슭에 있는 골짜기에서 에사르하돈의 군대와 대결했다. 라이레의 군대는 용감하게 싸웠고, 전에 에사르하돈이었던 라이레도 적이 개미떼처럼 산에서 쏟아져 내려와 골짜기를 메우고 휘하의 군대를 석권하는 것을 보자 이륜마차를 탄 채 전장의 한가운데로 달려들어가 적을 찌르고 또 베었다. 그러나 라이레의 군대는 수백에 지나지 않는 소수였음에 비하여 에사르하돈의 군사는 수천 군사이었기 때문에 라이레는 자기가 부상을 당하고 포로가 됐다는 것을 느꼈다.

그는 아흐레 동안 다른 포로들과 함께 에사르하돈의 군사에게 끌려갔고, 열흘째는 니네비야에 도착해서 옥에 갇혔다.

라이레는 굶주림이나 상처에 대한 아픔보다도 부끄러움과 무력함에서 오는 노여움 때문에 괴로워했다. 그는 자기를 모든 악에 대해서 보복할 힘이 없는 사람으로 느꼈다. 그에게 할 수 있는 오직 한 가지 일은 자기의 고통을 보는 기쁨을 적에게 주지 않도록 하자는 것, 바로 그뿐이었다. 그래서 그는 자기에게 어떤 일이 일어나더라도 한마디도 않고 사나이답게 모든 것을 견뎌내리라고 굳게 결심했다.

20일 간 그는 형이 내려지기를 기다리면서 옥 안에 갇혀 있었다. 그는 가족이나 친구들이 형벌을 받으러 끌려가는 것을 보았고, 어떤 사람은 손발이 잘리기도 하고, 어떤 사람은 산 채로 가죽이 벗겨지기도 하는 처형받는 사람들의 신음소리를 들으면서도 불안도, 가엾다는 생각도, 공포도, 그 밖의 어떤 감정도 얼굴에 나타나지 않았다. 그는 환관들이 그의 사랑하는 아내를 학대하면서 끌고 가는 것을 보았다. 그는 그녀가 여자 노예로서 에사르하돈에게로 끌려가고 있다는 것을 알고 있었다. 그런데도 그는 아무런 고통도 나타나지 않고 이를 잘 견뎌 냈다.

그러나 얼마 뒤에 두 사람의 형리가 옥문을 열고 가죽끈으로 그의 두 손을 뒤로 묶어 올린 채 피가 흐르고 있는 형장으로 그를 끌고 갔다. 라이레는 지금 막 그 위에서 죽은 자기의 친구 몸에서 빼낸 예리하고 날카로운 피투성이 말뚝을 보았다. 그 말뚝은 자기를 처형하기 위해서 만들어진 것임에 틀림없었다.

그들은 그의 옷을 벗겼다. 라이레는 그렇게도 튼튼하고 아름다웠던 자기의 몸이 무척 여원 것을 보고 부르르 몸을 떨었다. 이때 두 형리는 말라빠진 그의 팔을 붙들어 몸을 올려서 그 예리한 말뚝 위에 올려놓으려 했다.

'이제는 죽는구나, 끝이구나!'

라이레는 이렇게 생각하면서 마지막까지 사나이답게 태연하려 했던 결심을 잊어버리고 소리쳐 울면서 도와 달라고 기도를 시작했다. 그러나 아무도 그에게 귀를 기울이는 사람은 없었다.

'아니다. 이런 일은 있을 수 없다' 하고 그는 생각했다. '나는 확실히 꿈을 꾸고 있는 것이다.' 그는 눈을 뜨려고 있는 힘을 다해서 노력했다. '나는 라이레가 아니잖은가? 나는 에사르하돈이다.' 이렇게 그는 생각했다.

"당신은 라이레란 말이오. 그리고 또 당신은 에사르하돈이기도 하오."

그는 이렇게 말하는 어떤 사람의 목소리를 들으며 바야흐로 처형하려는 찰나라고 생각했다. 그는 무의식적으로 소리를 지르면서 물통으로부터 머리를 들었다. 노인은 그의 머리 위에 물을 부으며 그의 머리맡에 서 있었다.

"오오, 나는 얼마나 무서운 괴로움을 겪었나! 게다가 그렇게 오랜동안을⋯⋯."

에사르하돈은 이렇게 말했다.

"그렇게 길었다고?" 노인이 말했다. "당신은 지금 막 물통에 머리를 댔을 뿐, 곧 다시 고개를 들어 버리지 않았느냐 말이오? 보시오, 이 그릇에 있는 물은 아직도 남아 있소. 이제야 알겠소, 모든 것을?"

에사르하돈은 아무 말도 못 하고 다만 무서움에 떨면서 노인의 얼굴을 쳐다볼 뿐이었다.

"자, 이젠 알았을 거요." 노인은 계속 말하는 것이었다. "라이레는 바로 당신이고, 당신이 죽인 그 군사들도 또 역시 당신이라는 것을. 아니 군사들뿐만 아니라, 당신이 사냥해서 죽인, 그리고 술자리에서 맛있게 먹은 그 짐승들 또한 당신 자신이었단 말이오. 당신은 생명이라는 것이 오로지 당신 속에만 있는 것처럼 생각하는 모양이지만, 내가 당신으로부터 그 허위를 벗겨 버렸기 때문에 당신은 사람들에게 악을 행하면서 사실은 그것이 자기 자신에게 하고 있었음을 알 수 있었던 것이오. 생명은 만물 속에 오직 하나요. 당신은 다만 이 유일한 생명

의 일부분을 자기 속에 나타내고 있는 것에 불과한 것이오. 그리고 당신은 다만 이 생명의 일부인 자기 안에서만 생명을 좋게 하기도 하고, 또 나쁘게 하기도 하며, 또한 크게 하기도 하고, 조그맣게도 할 수 있었던 것일 뿐이오. 자기 안에 있는 생명을 좋게 하는 것은, 당신으로서는 다만 자기의 생명을 다른 존재로부터 나누어 가지고 있는 경계를 파괴해서 다른 존재를 자기라고 생각하여 그들을 사랑함으로써 이룰 수가 있는 것이오. 다른 존재 속에 있는 생명을 멸하는 것은 당신의 권한이 아니오. 당신 손에 의해서 죽은 존재의 생명은 당신 눈에서는 소멸했어도 결코 멸망해서 없어진 것이 아니오. 당신은 자기의 생명을 연장하고 남의 생명을 줄이려고 생각하지만 그것은 당신이 할 수 있는 일이 아니오. 생명에는 때도 없고 장소도 없소. 생명은 순간이며 찰나요. 그리고 생명은 수천 년이며 수만 년이오. 그리고 당신의 생명은 전 세계 모든 사물의 눈에 보이며, 또 보이지 않는 존재의 생명도 평등한 것이오. 생명이란 멸할 수도 바꿀 수도 없는 것이오. 왜냐하면 그것은 다만 하나이기 때문이오. 그 외 만물은 다만 우리들에게 있는 듯이 여겨지는 것에 지나지 않소."

이렇게 말하고 노인은 사라져 버렸다.

이튿날 아침 에사르하돈 왕은 라이레를 비롯해서 모든 포로를 풀어 주도록 명령하고 처형을 중지해 버렸다.

그다음 다음 날 그는 자기의 아들 아슈르바니팔을 불러서 그에게 왕국을 물려주고 자기는 새로 깨달은 것을 되씹어 생각하면서 처음엔 황야로 들어가 자취를 감추었다. 그러나 얼마 뒤에는 여러 곳을 순례하는 초라한 모습으로 거리마다 마을마다 두루 찾아다니기 시작했다.

생명은 하나이다, 한 사람이 다른 사람에게 나쁜 짓을 하려고 하는 것은 바로 자기 자신에게 나쁜 짓을 하는 것과 같다는 사실을 알아야 한다고 사람들에게 일러 주면서.

세 가지 의문

어느 날 황제는, 만일 자기가 항상 모든 일을 언제 시작하면 좋은가, 또 어떤 사람과 일을 함께 하며, 어떤 사람과는 일을 하면 안 되는가, 또 무엇이 가장 중요한 일인가 하는 것들을 알고 있다면, 무슨 일을 하든 절대로 실패하는 일이 없을 것이라고 생각했다. 이런 생각을 한 끝에 황제는 자기 나라에 포고령을 내려 모든 일에 가장 알맞은 때는 언제인지, 어떤 사람이 가장 필요한 존재인지, 가장 중요한 일은 무엇인지, 이 모든 것을 실수 없이 알려면 어떻게 해야 하는지 가르쳐 주는 사람에게는 후한 상을 내리겠다고 했다.

그랬더니 많은 학자들이 황제에게 와서 그의 질문에 여러 가지 대답을 했다.

첫 질문에 대해서 어느 학자는 이렇게 말했다. 즉, 모든 사업을 시작할 가장 적당한 시기를 알기 위해서는 미리 연월일(年月日)을 기록한 표를 만들어 그 예정표대로 엄격하게 정한 시일을 지켜서 실시할 필요가 있다. 그래야만 모든 일은 비로소 가장 적절한 시기에 행해질 수 있다.

두 번째로 온 사람은 다음과 같이 말했다. 즉, 어떤 일을 언제 하느냐 하는 것은 사전에 결정할 수가 없다. 그러니까 쓸데없는 놀이에 정신을 뺏기지 말고, 항상 일어나는 일에 주의를 게을리하지 않으면서 그때가 닥치면 자연히 요구되는 것을 실천에 옮길 수 있도록 해야 한다.

세 번째로 온 사람은 다음과 같이 말했다. 즉, 황제가 아무리 그때 일어나는 것에 대해서 주의를 깊이 하고 있다손 치더라도 언제 무엇을 해야 한다는 것을 항상 정확하게 결정하는 일은 한 사람의 능력으로는 가능한 일이 아니므로 평소 현명한 사람들을 고문으로 두고 그 충고에 따라서 무엇을 해야 하느냐 하는 것을 결정할 필요가 있다.

네 번째로 온 사람이 말했다. 이 바쁜 세상에서는 고문을 두고 일일이 물어 볼 시간이 없다. 그러나 일을 시작하는 적당한 시기를 즉각 결정하지 않으면 안 되는 다급한 사건이 일어나게 마련이므로 이 문제를 해결하기 위해서는 미리 언제 무엇이 일어날 것인가를 알아 둬야 한다. 그런데 이것을 알아낼 수 있는 사람은 오로지 점쟁이가 있을 뿐이다. 따라서 모든 것에 대해서 가장 적당한 시기를 알기 위해서는 점쟁이에게 물어볼 필요가 있다.

두 번째 질문에 대해서 역시 여러 가지 대답이 나왔다.

어떤 사나이는 황제에게 가장 필요한 사람은 그의 보좌역, 즉 정치가라고 말했다.

두 번째 사람은 황제에게 가장 중요한 사람은 성직자라고 말했다.

세 번째 사람은 황제에게 누구보다도 필요한 사람은 의사라고 말했다.

네 번째 사람은 황제에게 누구보다도 필요한 사람은 군인이라고 말했다.

가장 중요한 일은 무엇이냐는 세 번째 질문에 대해서도 여러 가지 대답이 있었다.

어떤 사람은 이 세상에서 가장 중요한 일은 학문이라고 말했다.

두 번째 사람은 가장 중요한 일이란 전술이라고 말했다.

세 번째 사람은 무엇보다도 가장 중요한 것은 사람의 정신이라고 말했다.

모든 대답이 저마다 달랐기 때문에 황제는 그 어느 하나에도 찬성하지 않고 누구에게도 상을 내리지 않았다. 그리고 자기의 그 질문에 대한 확실한 답을 얻기 위해 현명하기로 이름난 한 도사를 찾아가기로 결심했다.

도사는 숲속에 살면서 아무 데도 나가지 않고 접하는 사람이란 다만 서민들뿐이었다. 그래서 황제는 수수한 옷을 입고 갔을뿐더러 호위하는 군사들도 암자까지 데리고 가지 않고 말에서 내려 도사가 있는 데까지 걸어갔다.

황제가 암자에 가까이 이르렀을 때 도사는 자기 집 앞에서 밭이랑을 일구고 있었다. 황제를 보자 그는 가볍게 인사를 하고는 계속 밭이랑을 일구었다. 빼빼 여윈, 몸이 약한 듯한 사람으로 가래를 땅에 찔러 흙을 파 올리는 데도 몹시 힘이 드는 듯 숨이 차서 헐떡이고 있었다.

황제는 그에게 가까이 가서 말했다.

"현명한 도사여, 나는 세 가지 의문에 대해서 당신에게 그 답을 듣기 위해서 이렇게 왔소이다. 묻고 싶은 것은 첫째 일을 후회 없이 하려면 어떤 때 해야 하며, 또 그것을 어떻게 해야 놓치지 않는 것인지, 둘째는 어떤 사람이 가장 필요

한 존재인가, 즉 어떤 사람과 일해야 하고, 어떤 사람과 일하지 말아야 할 것인가, 셋째로는 어떤 일이 가장 중요하며, 모든 일 가운데서 무엇을 다른 일보다 먼저 해야 할 것인가, 대개 이런 것들입니다."

도사는 황제의 말을 듣고 있으면서도 한마디도 하지 않은 채 손에 침을 탁 뱉더니, 또다시 가래질을 하기 시작했다.

"당신은 힘이 들겠군요" 하고 황제는 말했다. "그 가래를 이리 주십시오. 내가 대신 좀 해주리다."

"고맙소."

도사는 가래를 건네주고는 거기 앉았다.

황제는 밭을 두 이랑이나 갈아주고 난 뒤 일손을 멈추고 조금 전의 질문을 되풀이해서 물었다. 그러나 도사는 아무 말도 하지 않았다. 그리고 다시 일어나더니 가래를 달라고 손을 내밀었다.

"자, 이번엔 당신이 좀 쉬시오. 내가 할 테니까……."

그러나 황제는 가래를 돌려주지 않고 계속 일했다. 한 시간이 지나고 두 시간이 지나 해는 산 너머로 지기 시작했다. 그래서 황제는 가래를 땅에 꽂고 다시 말했다.

"현명한 도사여, 나는 내가 묻는 질문에 답을 얻고자 당신에게 왔습니다. 만일 당신이 대답을 해 줄 수 없다면, 그렇다고 말해 주기 바라오. 나는 집으로 돌아가야 하니까요."

"아, 누군가가 이쪽으로 달려오고 있구먼……." 하고 도사가 말했다. "도대체 저게 누굴까?"

황제가 뒤를 돌아보니까 정말 한 사나이가 이쪽으로 달려오고 있는 것이 보였다. 그 사나이는 두 손으로 배를 안고 있었는데, 그 손 밑에서는 피가 철철 흐르고 있었다. 황제의 옆에까지 달려오더니 수염이 많은 그 사나이는 땅바닥에 쓰러져서 정신을 잃고 움직이지 않았다. 다만 가냘프게 신음할 뿐이었다.

황제는 도사와 함께 사나이의 옷을 헤쳤다. 사나이의 배에는 큰 상처가 있었다. 황제는 할 수 있는 데까지 그 상처를 씻어 주고, 자기 손수건과 도사의 손수건을 가지고 그 상처를 싸맸다. 그러나 피는 계속해서 흘렀기 때문에 황제는 여러 번 그 뜨거운 피에 흠뻑 젖은 손수건을 깨끗이 빨아서 다시 상처를 싸매곤 했다.

간신히 피가 멎었을 때 부상자는 제정신으로 돌아와 무언가 마시고 싶다고 말했다. 황제는 깨끗한 물을 떠다가 부상자에게 먹여 주었다.

그동안에 해는 완전히 져서 서늘해졌다. 황제는 도사와 함께 부상자를 암자로 옮겨서 침대 위에 눕혔다. 부상자는 곧 잠들었다. 황제는 여행과 밭일로 아주 지쳐 있었기 때문에 마루 위에 눕자 그 역시 잠이 들었다. 그는 짧은 여름밤을 한숨에 자고 아침이 되어서야 겨우 눈을 떴다. 그러고는 도대체 자기는 어디 있는지, 또 침대 위에 누워서 번들거리는 눈으로 지그시 자기를 응시하는 저 이상한 털보 사나이는 도대체 누구인지 오랫동안 이해할 수 없었다.

"저를 용서해 주십시오."

황제가 눈을 뜨고 자기를 보고 있다는 것을 안 텁석부리 사나이는 힘없는 소리로 이렇게 말했다.

"나는 네가 누군지 모르니, 너를 용서할 일이 없지 않은가?"

황제가 말했다.

"당신께선 저를 알지 못하시지만, 저는 당신을 알고 있습니다. 저는 당신의 원수입니다. 당신에게 형제들이 사형당하고, 게다가 제 재산을 빼앗겼기 때문에 저는 언제든 당신에게 복수하려고 벼르고 있었던 당신의 원수입니다. 저는 당신께서 혼자 도사를 찾아 나섰다는 사실을 알고 돌아오는 길목을 지켰다가 당신을 죽이기로 했습니다. 그러나 온종일 기다려도 당신은 돌아오지 않았습니다. 저는 당신이 있는 곳을 알기 위해서 숨어 기다리던 곳에서 나왔다가 당신의 호위병에게 들켰습니다. 그들은 나를 보자 칼을 휘둘렀습니다. 그래서 저는 그들로부터 도망을 친 것입니다. 만일 당신께서 저의 상처를 치료하여 주시지 않더라면 저는 피를 흘리고 죽어 버리고 말았을 것입니다. 저는 당신을 죽이려 했는데도 당신은 저의 목숨을 살려 주셨습니다. 오늘 이후 제가 계속 살아갈 수만 있고, 당신이 허락하신다면 저는 가장 충실한 노예로서 당신에게 봉사하겠으며, 또 제 자식들에게도 명령해서 당신을 극진히 모시도록 하겠습니다. 아무쪼록 저를 용서해 주십시오."

황제는 마음속으로 이렇게 쉽사리 원수와 화해할 수 있었던 것을 기쁘게 생각하고 그를 용서했을 뿐만 아니라, 그로부터 몰수했던 재산을 돌려주고 게다가 자기의 하인과 의사를 보내서 치료까지 해주겠다고 약속했다. 부상자와의 이야기가 끝나자 황제는 도사를 찾아 두리번거리면서 문간으로 가는 계단으로 갔다. 그는 도사를 떠나기 전에 다시 한번 자기의 질문에 대한 답을 묻고자 했던 것이다.

도사는 들에서 어제 갈아 놓은 밭이랑에서 배추씨를 뿌리고 있었다.

황제는 그 옆에 가까이 가서 말을 걸었다.

"현명한 분이여, 마지막으로 다시 한번 당신에게 내 질문에 대답해 주기를 부탁하오."

"아니, 그 대답은 벌써 끝나지 않았소?"

도사는 빼빼 마른 종아리를 구부리고 앉더니, 자기 앞에 서 있는 황제를 쳐다보면서 말했다.

"대답이 끝나다니, 그건 또 무슨 소리요?"

황제가 되물었다.

"무슨 소리라뇨?" 하고 도사는 말을 이었다.

"만일 당신이 어제 내가 지쳐 있는 것을 불쌍히 생각하지 않아 나 대신 이 밭이랑을 일궈 주지 않고 그대로 돌아갔다면, 저 힘이 센 부상자는 당신께 달려들었을 테니, 당신은 나와 같이 여기에 머물러 있지 않은 것을 후회했을 뻔했소. 이렇게 생각해 볼 때 가장 적당한 시기는 당신께서 가래질을 할 때였고, 그리고 나는 당신에게 가장 중요한 사람이었고, 또 가장 중요한 일이란 남에게 선행을 한다는 것, 바로 그것이었단 말이오.

그리고 또 사나이가 달려왔을 때 가장 적당한 시기는 당신이 그 사람을 간호했을 때였으니, 그 이유는 만일 당신이 그 사나이의 상처를 치료하지 않았더라면 그는 당신과 화해하지 않고 죽어 버리고 말았을 테니까요. 그러니까 그때 가장 중요한 인물은 저 사나이였고, 당신이 저 사나이를 위해서 하셨던 일이 가장 중요한 일이었던 것이오.

그러니까 잘 기억해 둬야 하오. 가장 중요한 시기란 오로지 '지금 이 순간'이라는 것을. 그 이유는 '지금'이라는 하나의 시기만이 우리들 인간을 통제할 수 있기 때문이오. 그리고 가장 중요한 인물은 현재 자기가 교제하고 있는 인간이오. 그 이유는 자기가 언제 다른 사람과 교제를 가질 수 있을는지는 아무도 모

르기 때문이오. 또 가장 중요한 것이란 남에게 선행을 베푸는 일로, 이는 인간이 이 세상에 태어나 살아가는 유일한 의미이기도 하오."

이 세상에는 왜 악이 있는가

옛날 옛적에 한 도사가 숲에 살고 있었는데, 이 사람은 짐승들과 친하게 지냈다. 그와 짐승들은 스스럼없이 이야기를 주고받았으며 또 서로 이야기하는 사이였다.

한번은 도사가 나무 그늘에 누워서 잠을 자려는데 까마귀·비둘기·사슴, 그리고 뱀이 밤을 같이 지내자며 모여들었다. 짐승들은 '이 세상에는 어째서 악이라는 것이 있는 것인가' 하는 문제에 대한 이야기를 시작했다.

까마귀가 말했다.

"이 세상에 악이 있는 이유는 굶주림이 있기 때문이야. 배부르게 먹고 느긋하게 나뭇가지에 앉아 까옥까옥 울고 있을 때는 세상만사가 모두 만족스러워 어떤 일이 있더라도 기쁘게 지낼 수 있지만, 하루나 이틀만 굶주려도 모든 것이 귀찮아져서 하느님도 생각하지 않게 되고 만단 말이야. 노상 어딘가에 마음이 끌려 이곳저곳으로 날아다니며 마음의 침착성을 잃어버리게 되지. 고깃덩어리라도 하나 보게 되면, 시장기가 한꺼번에 몰려와서 아무 분별도 없이 다짜고짜 그것에 달려들게 되지. 그러다가 잘못되면 몽둥이찜질을 받기도 하고, 돌에 맞기도 하지. 또는 늑대라든가 개에게 쫓기는 신세가 되지만, 그래도 역시 안 그럴 수가 없는 거야. 이렇게 해서 얼마나 많은 내 친구들이 이 굶주림 때문에 죽어야만 했던가? 모든 일은 바로 이 굶주림 때문이란 말이야."

비둘기는 말했다.

"그런데 저보고 말하라면 말이에요, 이 세상의 악은 굶주림 때문이 아니라 사랑이 있기 때문이라고 생각해요. 만일 우리들이 한 마리씩 저마다 혼자서 살고 있다면 슬퍼할 필요가 없지 않겠어요? 혼자 있다는 것은 불행이 아니에요. 설사 불행하다 하더라도 그것은 혼자 일에 그치는 거예요. 그런데 저희들은 언제나 두 마리가 같이 살고 있거든요. 그리고 짝을 너무나 사랑하기 때문에 잠시도 마음을 안정시킬 수 없어요. 언제나 짝을 생각하고 있거든요. 배고프지 않을까, 춥지는 않을까 하고 말이에요. 게다가 어딘가 날아가서 없을 때는 정말 걱정이 돼요. 혹시 솔개미에게 채어가지나 않았을까, 사람들에게 붙들려가지나 않았을까 하고 말이에요. 그래서 짝을 찾으러 날아갔다가는 거기서 뜻밖의 불행을 당하게 되는 겁니다. 그러니까 솔개미에게 붙들리든가, 함정에 걸리든가 하는 것 말이에요. 그리고 또, 만일 짝에게 무슨 불행한 일이라도 있게 되면 자기도 그만 모든 것을 포기해 버리고 말지요. 마시지도 않고 먹지도 않을뿐더러, 그저 울면서 찾아다닐 뿐이에요. 저희 친구들은 이런 일 때문에 얼마나 많이 죽었는지 몰라요. 모든 악은 굶주림 때문이 아니에요. 어디까지나 사랑으로부터 일어나는 것이에요."

뱀은 말했다.

"아냐. 악이란 건 굶주림 때문이나 사랑 때문이 아니고, 미워하는 데서 생기는 거란 말이야. 만일 우리들이 평화롭게 살면서 화를 내는 일이 없다면 모든 일은 아무런 지장 없이 되어 나갈 것임에 틀림없어. 그런데 어쩌다가 약간이라도 기분에 거슬리는 일이 생기면 갑자기 화가 치밀어 아무 재미가 없어져 버리고 만단 말이야. 이렇게 되면 그가 생각하는 것은 누구에게 이 화를 풀어버릴 것이냐는 것뿐이란 말이야. 그래서 정신없이 쉭쉭 소리를 내면서 기어 다니며 누구든 물어뜯을 놈이 없을까 하고 찾아다니게 되거든. 이렇게 되면 누구도 불쌍한 것이 없어져서 아버지든 어머니든 닥치는 대로 물어뜯어 버린단 말이야. 자신의 몸까지도 물어뜯고 싶어지지. 그리고 자기 자신을 망칠 때까지 계속 만사를 미워하는 거야. 이 세상의 모든 악은 미워하는 데서 비롯되는 거야."

사슴은 말했다.

"아닙니다. 세상의 모든 악은 미움 때문에도, 사랑 때문에도, 굶주림 때문에도 아닙니다. 악이란 것은 모두 공포에서 오는 것입니다. 만일 이 세상에 두려움이란 게 없다면 모든 것이 평화로울 것입니다. 우리들은 빨리 달릴 수가 있고 또 힘도 셉니다. 조그마한 짐승은 뿔로 쫓아 버리고, 큰 짐승으로부터는 달아납니다. 그렇지만 역시 두려움이 없을 수 없습니다. 숲속에서 나뭇가지가 부러지는 소리만 들어도, 나뭇잎이 바삭하는 소리만 들어도 무서워서 온몸이 떨리기 시작하고 심장이 터질 듯이 뛰기 시작해 있는 힘을 다해 달아나 버리는 형편입니

다. 때로는 토끼가 뛰든가, 새가 날개를 치든가, 삭정이가 꺾이든가 해도 우리들은 곧 짐승이 나타났다고 지레짐작하여 깜짝 놀라 도리어 정말 큰 짐승이 있는 데로 달아나기도 합니다. 그런가 하면 또 개를 피해서 달아나다가 인간에게 부딪히기도 합니다. 이렇게 깜짝 놀라면 무작정 달아나기 시작하기 때문에, 그러다가 언덕에서 굴러 떨어져 죽어버리는 일도 흔히 있습니다. 잘 때도 한쪽 눈은 뜬 채로 노상 귀를 기울이고 깜짝깜짝 놀라고 있습니다. 마음 놓고 있을 때가 없습니다. 이러니 틀림없이 모든 악은 공포에서 오는 것입니다."

그때 도사가 입을 열었다.

"아니야. 그런 게 아니야. 우리들의 괴로움이란 굶주림 때문도, 사랑 때문도, 증오 때문도, 또 공포 때문도 아니야. 이 세상의 악이란 악은 모두 우리 육체에서 일어나는 거야. 굶주림도, 사랑도, 미움도, 두려움도 모두 다 육체에서 일어나기 때문이지."

아주 짧지만 매우 소중한 이야기

가는 실

어떤 사람이 물레 잣는 여인에게 아주 가는 실을 부탁했다.

그래서 여인은 아주 가늘고 고운 실을 뽑아냈다. 그렇지만 손님은 여전히 굵다고 투덜대면서 더 가는 실이 필요하다고 우겨댔다.

물레 잣는 여인은 기가 막혀 말문을 잃었지만 금방 좋은 생각이 났다.

"이것도 굵다고 하시면 그럼, 저건 어떻습니까?"

여인은 아무것도 없는 곳을 손으로 가리켰다.

아무것도 안 보인다고 손님이 말하자, 물레 잣던 여인은 생긋 웃으며 태연하게 대답했다.

"보이지 않는 게 당연하지요. 너무 가늘어서, 제가 실을 뽑았는데도 잘 보이지 않는걸요."

덜 떨어진 손님은 굉장히 기뻐하며 보이지 않는 실을 잔뜩 주문하고는 바로 돈을 지불했다.

유산분배

아들 형제와 아버지가 살고 있었다.

아버지가 임종하게 되자, 두 아들을 불러 다음과 같은 유언을 남겼다.

"내가 죽거든 뭐든지 꼭 둘이 사이좋게 나누도록 해라."

아버지의 유언을 지키고 싶었지만 두 아들은 도저히 유산을 나눌 수가 없었다.

아무리 실랑이를 해도 해결이 나지 않았으므로 결국 이웃집에 도움을 청하러 갔다.

이웃 어른이 물었다.

"도대체 아버지가 어떻게 나누라고 하셨길래?"

"아버지는 뭐든지 꼭 똑같이 나누라고 하셨지요."

두 아들은 대답했다.

이웃 어른은 두어 번 고개를 끄덕이더니 해결 방법을 알려주었다.

"그렇다면 조금도 다툴 필요가 없네. 그저 아버지 말씀대로 모든 걸 둘로 나누기만 하면 되겠군그래. 옷이라면 둘로 찢고, 그릇은 모조리 두 쪽을 내고, 가축들도 둘로 나누면 간단한 일을……"

집으로 돌아온 두 아들은 당장 이웃 어른의 충고를 따랐다. 그랬더니 곧 알거지가 되었다.

원숭이와 콩

원숭이 한 마리가 두 손 가득 콩을 들고 걸어갔다.

그런데 콩이 한 알 톡 떨어져 데굴데굴 굴러가는 게 아닌가. 원숭이는 그걸 주우려고 버둥거리다 오히려 스무 알이나 더 흘리고 말았다.

원숭이는 콩을 줍기 위해 다시 안간힘을 썼다. 이번에는 손에 있던 콩까지 모조리 흘리고 말았다.

마침내 화가 난 원숭이는 흘린 콩을 아예 짓뭉개고는 씩씩대며 가버렸다.

우유

어떤 집에 암소 한 마리가 있었다. 그 암소는 매일 큰 통으로 하나 가득 우유를 만들었다. 주인은 남들에게도 이 우유를 맛 보이려고 여러 사람들을 초대했다. 그러고 나니 아무래도 한꺼번에 우유가 많이 필요할 것 같아 주인은 열흘 동안 한 번도 젖을 짜지 않았다.

그런데 이게 웬걸!

그동안 암소는 젖이 완전히 말라버려서 이젠 나오지도 않았다.

오리와 달

오리 한 마리가 물고기를 잡으려고 하루 종일 하천을 헤엄치고 있었지만 웬일인지 그림자도 보이지 않았다. 그렇게 시간이 흘러 밤이 되었다. 배고픈 오리는 물에 비친 달을 물고기로 착각하고 덥석 낚아챘다. 그 꼴을 본 다른 오리들은 바보 같은 녀석이라고 비웃었다.

그 일이 있은 뒤부터 달을 물려고 했던 오리는 부끄럼 많은 겁쟁이로 변해, 물고기를 보아도 이젠 잡으려 하지 않았고 마침내 굶어 죽게 되었다.

먼지투성이 늑대

하루는 늑대가 양을 훔쳐낼 생각을 했다. 그래서 바람을 안고 양 떼에게 접근했다.

왜냐하면 양 떼로부터 날려온 먼지로 몸을 가려볼 생각이었던 것이다.

그러자 양치는 개가 그 꼴을 보고 짖었다.

"바보 늑대야, 먼지 속을 뚫고 오느라 애썼다만 헛고생이다. 눈에 티라도 들어갈라 얼른 돌아가!"

늑대도 어쩔 수 없이 둘러댔다.

"아휴, 안 그래도 그래서 왔지요. 제가 예전부터 눈병을 앓았는데 듣자 하니 양 떼로부터 불어오는 바람이 좋은 약이 된다고 하길래……."

곡식 창고의 쥐

쥐 한 마리가 곡식을 넣어두는 창고 바닥 밑에 살고 있었다. 바닥에는 조그만 구멍이 나 있어서 그리로 쌀알이 떨어졌다. 쥐에게는 더할 나위 없는 환경이었다.

그런데 하루는 느닷없이 남들에게도 제 사는 모습을 자랑하고 싶다는 마음이 생겼다. 그래서 허풍을 좀 떨려고 바닥에 나 있던 구멍을 일부러 더 커다랗게 뻥 뚫어놓고 친구들을 부르러 갔다.

"우리 집에 놀러 오지 않을래? 먹을 거라면 얼마든지 있으니까."

그러고는 친구들을 떼로 몰고 집으로 돌아왔다.

그런데 이럴 수가!

아무리 찾아도 구멍이 보이지 않는 것이었다.

집주인이 창고바닥에 큰 구멍이 나 있는 것을 발견하고 이미 부랴부랴 막아버린 뒤였다.

해오라기와 물고기와 게

어떤 못가에 해오라기 한 마리가 살고 있었는데 이미 나이가 많아 더 이상 물고기를 잡을 수가 없었다. 그러니 해오라기는 오래 살려면 무슨 수를 써야 할 것 같았다. 곰곰이 생각한 끝에 마침 좋은 생각이 떠올라 해오라기는 물고기들을 모아놓고 이렇게 말했다.

"여러분들, 당신들이 이제 큰일 나게 생겼는데 알고는 계시는지? 다름 아니라 제가 사람들이 하는 말을 들었는데, 아 글쎄, 못에 있는 물을 몽땅 퍼낸 뒤 당신들을 모조리 잡을 거라고 하더구만요. 마침 내가 저 너머에 못이 하나 있는 걸 알고 있으니까 여러분들이 원하신다면 거기까지 옮겨드릴 수는 있지만……허긴, 내가 나이가 너무 많아서 나는 게 그리 시원치 못하니 원!"

그러자 물고기들은 '안 됩니다, 그리 말씀하시지 말고 부디 도와 달라'고 부탁했다.

"알겠소. 그럼 여러분들을 위해 노력해 보지요. 그런데 한꺼번에 다 옮길 수는 없으니 한 분씩 옮기겠습니다. 한 분씩입니다!"

해오라기가 이렇게 대답하자 물고기들은 굉장히 기뻐했다. 그러고는 서로 앞다투어 외쳤다.

"부디 절 데려가 주세요, 해오라기님!"

이렇게 하여 드디어 해오라기가 물고기를 실어 나르기 시작했지만, 사실은 한 마리씩 물고 들판에 데려가서는 그대로 먹어치우고 있었다.

그런데 저수지에는 아주 나이 많은 게 한 마리가 살고 있었다. 늙은 게는 해오라기가 물고기를 데려가는 모습을 보고 함부로 믿을 녀석이 아니라는 생각이 들었다. 그리고 이번에는 자기를 부탁했다.

"해오라기 양반, 이번에는 나를 좀 새 보금자리로 데려가 주지 않겠소?"

해오라기는 게를 물고 날아올랐다.

들판에 도착한 해오라기는 드디어 게를 바닥에 내던지려고 확 들어 올렸다. 그러나 들판에 가득한 물고기의 뼈를 발견한 게는, 때를 놓치지 않고 집게를 거꾸로 세워 순식간에 해오라기의 목 줄기를 물고 늘어졌다.

마침내 해오라기는 숨이 끊어졌고, 게는 기어서 저수지로 돌아와 남아 있는 물고기들에게 모든 사실을 전해주었다.

물의 신과 진주

한 사내가 보트를 타고 바다로 나갔는데 어쩌다 보니 그만 귀중한 진주를 바다에 떨어뜨리고 말았다. 그러자 그 사내는 바로 보트를 돌려 곧장 해안으로 돌아온 뒤, 양동이로 바닷물을 퍼내기 시작했다.

그러기를 꼬박 사흘 밤 사흘 낮.

나흘째 되던 날 바다에서 물의 신이 나타나 그에게 물었다.

"너는 왜 바닷물을 퍼내서 버리느냐?"

"소인은 진주를 잃어버려서 바닷물을 퍼내고 있습니다요."

사내가 이렇게 대답하자 물의 신이 다시 물었다.

"그럼 금방 끝날 일은 아니겠구나?"

"예, 아무래도 바닷물이 모조리 없어져야겠지요."

사내의 대답이 떨어지기 바쁘게 물의 신은 갑자기 바다로 뛰어들더니, 잃어버린 진주를 대신 들고 돌아왔다.

우유 색깔

하루는 맹인이 앞을 볼 줄 아는 사람에게 물었다.

"우유는 도대체 어떤 색깔인가요?"

"네, 흰 종이와 똑같은 색이지요."

눈이 멀지 않은 사람이 대답했다.

"그럼 그런 색깔은 만지면 종이처럼 찰랑찰랑한가 보죠?"

"아니, 그게 아니라 하얀 밀가루처럼 뽀얗지요."

맹인이 다시 물었다.

"그럼 밀가루처럼 부드럽고 가루가 난 것이군요."

"아니, 그 색은 그저 희기만하니까, 토끼 같은 하얀색이라고 해야 맞겠네요."

눈이 멀지 않은 사람이 이렇게 대답하니까 맹인은 잠깐 생각하는 듯하더니 되물었다.

"그럼, 우유색은 토끼처럼 보들보들하고 폭신폭신합니까?"

그래서 다시 설명해 주었다.

"저기 말이죠, 흰색깔이라는 것은 눈 같은 것이지요."

"아하! 그럼 눈처럼 차갑다는 말이군요."

맹인은 여전히 이런 소리를 했다. 아무리 예를 들어줘도 우유색이 어떻게 하얀지 그는 영원히 알 수가 없었다.

그물에 걸린 새

한 사냥꾼이 호숫가에서 그물로 한꺼번에 많은 새를 잡았다. 그러나 잡힌 새들이 모두 큰 새들뿐이어서 그물을 들어 올리고는 그것을 덮어쓴 채 그대로 날아올랐다. 사냥꾼은 정신없이 그 뒤를 쫓아갔다. 그 광경을 본 농부가 사냥꾼에게 한마디 했다.

"이보게, 어디까지 따라갈 생각인가? 아무리 기를 쓰고 따라가 봤자, 나는 새를 당할 수야 없지, 암 없고말고!"

"무슨 말씀! 내가 한 마리라면 이러지도 않아요. 새가 여러 마리니까 꼭 잡고야 말겠어요."

사냥꾼은 이렇게 대답하고 서둘러 뒤따라갔다.

그런데 어떻게 되었을까?

사실 사냥꾼의 말처럼 되었던 것이다.

날이 어둑어둑 저물어지자 새들은 저마다 자기 둥지 쪽으로 가려고, 한 마리는 숲을 향해, 또 다른 놈은 늪을 향해, 아니면 들판을 향하거나 하면서 푸드덕 푸드덕 법석을 떠는 것이었다. 그러다가 결국 그물을 뒤집어쓴 채 고스란히 땅에 떨어지고 말았다.

마침내 사냥꾼은 살아 있는 새들을 그물째 집어 들었다.

늑대와 사냥꾼

늑대가 면양을 한 마리 잡아먹었다.

그러자 사냥꾼들이 한꺼번에 달려들어 그 늑대를 잡아서 때리기 시작했다.

늑대는 비명을 지르면서 호소했다.

"여러분, 사냥꾼님들, 왜 이렇게 저를 때리십니까? 짐승으로 태어난 것은 제 잘못이 아닙니다. 신이 이렇게 만들어 주셨을 뿐인걸요."

사냥꾼은 늑대의 말에 이렇게 대답했다.

"네 녀석이 짐승이라서 때리는 게 아니라 면양을 잡아먹었기 때문이 아니냐."

도끼와 톱

두 농민이 숲으로 나무를 하러 갔다. 한 사람은 도끼를 들고 또 다른 이는 톱을 가져갔다. 벨 나무를 고르고 나더니 두 사람은 느닷없이 언성을 높였다.

한 사람은 도끼로 찍어 넘기는 편이 쉽다고 하고, 또 한쪽은 톱으로 써는 게 더 편하다고 주장한 것이다.

그때 한 남자가 나타나서 이렇게 말했다.

"알겠소, 그만 하오. 내가 지금부터 두 사람을 화해시킬 테니까. 만약 도끼가 잘 갈아졌다면 그걸로 찍어 넘기는 편이 빠르지. 하지만 이 톱이 더 잘 든다면 이걸로 자르는 게 옳고말고."

그러고는 먼저 도끼를 받아 들고 찍어보았다.

하지만 보기와는 영 딴판이어서 도끼로는 도저히 힘들 것 같았다.

그래서 이번에는 톱을 시험해 보았다. 그런데 변변치 못하기는 톱도 마찬가지였다.

"댁들은 싸움을 잠시 멈추시게. 도끼도 무딘 데다 톱날도 시원찮소. 그러니 싸움일랑 잠시 접어두고, 도끼를 갈고 톱날부터 세운 뒤 계속하든지 말든지 하는 게 어떻겠소?"

그러나 두 농민은,

"네 놈도 잘 안 드는 걸 들고 온 주제에!" 하고 빈정댄 뒤에, 전보다 더 심하게 말다툼을 벌였다. 결국 서로 치고 박는 몸싸움으로 이어지게 되었다.

도토리나무와 호두나무

늙은 도토리나무 하나가 호두나무 숲에 도토리 한 톨을 떨어뜨렸다. 그러자 호두나무들이 도토리나무에게 주의를 주었다.

"이봐요, 당신 가지 밑에도 얼마든지 자리가 있잖아요? 댁이 자기 열매를 떨어뜨릴 심산이라면 아무도 없는 빈 터에다 버리면 되잖소? 여긴 우리 싹을 틔우기조차 어려울 정도로 좁으니까 말이오. 우린 서로서로 자기 열매를 땅에 흘리지 않도록 애쓰고 있단 말이오."

그 말을 들은 도토리나무는 이렇게 대답했다.

"난 200년이나 여기서 살고 있다오. 내 도토리에서 나올 어린 나무도 아마 나만큼 오래 살 거요."

호두나무들은 그 소리를 듣고 왈칵 화를 냈다.

"그렇다면 더더욱 가만둘 수 없군요. 우린 당신 자식이 그렇게까지 오래는 살지 못하게 할 거예요. 아니, 단 3일도 살려둘 수 없어요."

도토리나무는 여기에는 아무 대답도 하지 않고, 자기 자식에게 기필코 살아나오라고 당부했다.

도토리는 물기를 흠뻑 빨아들인 후, 딱! 하며 둘로 갈라지더니 싹에서 뭔가가 나와 쓱 땅속으로 파고들었다. 그리고 또 다른 부분은 하늘을 향해 자라났다.

호두나무들은 이 녀석이 햇빛을 못 보게 하려고 사력을 다해 방해했다.

그러나 어린 도토리나무는 점점 자라나 호두나무 그늘 아래서도 튼튼하게 자라났다.

그로부터 100년이 흘렀다.

호두나무는 모두 말라 없어졌다.

도토리에서 자라난 어린 나무만이 홀로 하늘에라도 닿을 듯 무성하게 자라나 천막이라도 친 것처럼 풍성한 가지를 사방에 드리우고 있었다.

암탉과 병아리

암탉이 병아리를 깠는데 앞으로 어떻게 키워야 할지 몰랐다.

그래서 병아리들에게 말했다.

"너희들은 다시 알속에 들어가 있거라. 그러면 내가 예전처럼 너희들을 품고 소중하게 돌봐줄 테니까."

병아리들은 어머니의 분부대로 껍질 속에 다시 발을 집어넣었다.

그렇지만 도저히 다시 들어갈 수가 없었다. 그저 자기들 죽지만 꾸깃꾸깃 구겨질 뿐이었다. 그러자 한 병아리가 암탉에게 이렇게 말했다.

"우리들이 언제까지나 알속에 있어야 한다면, 엄마는 왜 우리를 알에서 깨어나게 했죠?"

암소와 염소

어느 할머니의 집에 암소와 염소가 한 마리씩 있었다.

암소와 염소는 늘 사이좋게 목장으로 갔다.

암소는 젖만 짜면 음매음매 소리 높여 울면서 좀처럼 울음을 그치지 않았기에 그때마다 할머니가 빵과 소금을 가져와 암소에게 주면서 타이르곤 했다.

"알겠니? 괴로워도 참고 서 있어야 한단다. 그래그래, 더 갖다 줄게. 그러니까 얌전하게 서 있으렴."

다음 날 저녁, 염소는 암소보다 먼저 목장에서 돌아와 할머니 발밑에서 가만히 서서 발을 벌리고 서 있었다.

할머니는 수건을 들어 흔들면서 염소를 내쫓으려 했다. 그러나 염소는 꿈쩍도 않고 뻗대고 있었다. 얌전하게 서 있기만 하면 할머니가 빵을 주실 거라고 한 암소의 말을 마음 깊이 새기고 있었기 때문이었다.

할머니가 아무리 을러대도 염소가 꿈쩍도 않는 것을 보고, 가까이 있던 봉을 집어 들고는 한대 퍽 쥐어박았다.

염소는 깜짝 놀라 펄쩍 달아났다.

할머니는 다시 암소에게 빵을 주며 다정하게 귀엣말을 하면서 귀여워했다.

그 광경을 몰래 훔쳐본 염소는, 불만스럽게 생각했다.

"인간세상은 도대체 공평하질 않단 말이야! 어딜 보나 내가 암소보다 더 얌전하게 서 있었는데, 고작 얻어터지기만 하고……."

그것도 잠시, 염소는 슬금슬금 다가가서 함부로 날뛰며 화풀이를 해대다가 우유 통에 부딪혀 우유를 다 쏟아놓고, 심지어 할머니마저 다치게 했다.

왕과 오두막

왕이 궁궐을 새로 지었다. 궁궐 앞에는 정원도 만들었다. 그런데 정원으로 들어오는 입구 바로 옆에는 불쌍한 백성이 혼자 살고 있는 초라한 오두막이 있었다.

왕은 정원의 풍치를 망치고 싶지 않아서 그 오두막을 헐어버릴 생각으로 신하를 보내 사 오게 했다.

신하는 오두막으로 갔다.

"너는 참 운이 좋구나. 조금 전에 임금님께서 이 오두막을 사 오라고 하명하셨다. 이런 오두막이야 1원이면 충분하겠지만 인자하신 전하께선 100원을 주라고 하시더구나."

백성은 대답했다.

"안 됩니다. 제가 이 집을 100원에 팔다니 너무 싫습니다."

"그렇다면 전하께선 200원이라도 주시겠지."

"200원, 1000원이 문제가 아니라 이 집을 파는 게 싫다는 말입니다. 제 할아버지도, 아버지도 모두 이 집에서 살았고 여기서 돌아가셨거든요. 저도 여기서 이만큼 늙었고 했으니 죽음도 여기서 맞이하렵니다."

그가 고집을 부렸으므로 신하는 왕에게 돌아와 사정을 아뢰었다.

"그는 아주 고집이 세서 도무지 말을 듣지 않습니다. 그런 자에게는 아무것도 주지 않는 편이 오히려 좋을 듯합니다. 오두막을 철거하라는 한 말씀만 해 주십시오. 그럼 만사가 해결됩니다."

그러나 왕은 고개를 저었다.

"안 될 말이오. 짐은 그러고 싶지 않소."

"그럼 어떻게 하실 생각입니까, 전하? 떡하니 궁궐과 마주 보는 썩어빠진 천한 백성의 오두막이 실로 가당키나 한 말씀입니까! 궁궐을 바라보는 사람들은 모두 이렇게 입을 모으겠지요. '궁전은 근사한데 오두막이 옥에 티로구나. 임금님은 오두막 하나 사버릴 돈도 없으신 모양이지'라구요."

"아니, 그렇지 않다네."

왕은 신하의 말을 가로막았다.

"궁전을 바라보는 사람이라면 누구랄 것 없이, 이 나라의 왕은 이만한 궁전을 지을 만큼 돈이 많아 보이더라고 하겠지. 또 오두막을 보게 되면, 이 나라 왕은 틀림없이 정의롭고 공명하다고 생각하겠지. 그러니 오두막은 그대로 두기로 하세!"

왕과 셔츠

심한 지병으로 고통받던 어느 왕이 있었는데 아무리 손을 써보아도 도무지 효과가 없었다. 결국 왕은, 나를 낫게 해주는 이가 있으면 나라의 절반을 주겠다는 말까지 하게 되었다.

온 나라의 고명한 현자들이 모두 한자리에 모여 어떻게 하면 왕의 병을 고칠 수 있을까 밤낮없이 의논해 보았지만 달리 묘안이 없었다.

그런데 딱 한 사람, 왕의 병을 고칠 수 있다고 말하고 나선 현자가 있었다. 그는 말했다.

"만약 무엇 하나 부족함이 없는 진실로 행복한 사람만 찾아낼 수 있다면, 그가 입은 셔츠를 벗겨서 왕에게 입혀드리십시오. 그럼 금세 감쪽같이 나으실 것입니다."

그 말을 들은 왕은 사방으로 신하를 보내, 무엇 하나 부족함이 없는 행복한 사람을 찾아오라고 시켰다. 신하들은 그토록 행복한 사람을 찾아내려고 오랫동안 이곳저곳을 수소문하고 다녔다. 하지만 도저히 찾을 수가 없었다. 아무리 물어봐도 모든 것에 만족하는 사람이라고는 한 사람도 눈에 띄지 않았던 것이다. 부자라면 병이 있거나, 건강하다 싶으면 가난뱅이라든지, 몸이 건강하고 돈도 있어 보인다 싶으면 부인이 음험하거나 아이들이라도 속을 썩이고 있는 것이었다. 너나없이 다들 어딘가 부족한 점이 있었다.

그런데 어느 늦은 저녁 무렵, 왕의 아들이 다 쓰러져가는 작은 오막살이를 지나가게 되었다. 그때 마침 안에서 누군가,

"아, 많이 벌고 배 터지게 먹었네! 이제 실컷 자는 일만 남았구나. 더 이상 바랄 게 없군그래. 아무쪼록 고맙습니다, 신령님, 하느님" 하는 소리가 들렸다.

이 말을 들은 왕자는 날아오를 듯이 기뻐했다.

"정말 다행이다, 다행이야! 이제야 겨우 불평 없는 행복한 사람을 찾았구나. 저 사내의 셔츠를 벗겨서 아버지에게 입혀드리면 금방이라도 털고 일어나실 테지. 그에게는 셔츠 대신 돈을 주면 되겠구나. 그래, 그러자!"

왕자는 급히 대궐로 돌아가서 신하에게, 조금 전에 들었던 그 행복한 사람의 셔츠를 가져오게 했다. 신하는 왕자가 일러준 행복한 사람이 사는 곳으로 바람처럼 달려갔다.

그런데 행복한 그 사내는 셔츠도 한 장 없을 만큼 극심한 가난뱅이였던 것이다.

가정의 행복

행복한 가정은 어쩐지 서로 닮은 데가 있지만
불행한 가정은 각양각색으로 비참하다.

1부

1

그해 가을, 우리들은 어머니의 상중(喪中)에 있었다. 그래서 나는 카차, 소냐와 함께 겨우내 시골에 틀어박혀 쓸쓸하게 그날그날을 보냈다.

카차는 우리 집안과 오래전부터 아주 다정한 사이였고, 우리 자매를 모두 가르친 가정교사였다. 나는 철들기 시작할 무렵을 떠올려보면 카차는 그때부터 이미 기억 속에 있었다. 나는 카차를 무척 따랐다. 소냐는 나의 동생이었다. 우리들은 포크롭스코예 마을의 옛집에서 음산하고 쓸쓸하고 서글픈 겨울을 보내고 있었다.

바람이 극성스럽게 부는 추운 날씨가 이어졌으므로 그 바람에 날려온 눈은 창문보다 높이 쌓였고, 유리창은 거의 매일 부옇게 얼어붙은 채로 있었다. 그래서 우리들은 겨울 동안 한 번도 외출한 적이 없었다. 또한 우리들을 찾아와 주는 손님도 별로 없었는데, 어쩌다 찾아오는 손님도 우리 집에 즐거움이나 기쁨을 가져오지는 않았다.

모두 슬픈 얼굴을 하고 마치 잠들어 누운 사람을 깨울까 봐 염려된다는 듯이 소곤소곤 낮은 목소리로 말할 뿐이었으며 웃는다든가 하는 일은 거의 없었다. 우리 자매를 보면서 그중에서도 특히 검은 상복을 입은 나이 어린 소냐를 보며 땅이 꺼질 듯 한숨을 쉬거나 눈물을 흘리는 일이 종종 있었다. 집안에서는 아직도 죽음의 분위기가 느껴지는 듯싶었고, 비애와 공포가 공기 속에 떠돌고 있는 것 같았다. 어머니가 쓰시던 방은 굳게 닫혀 있었지만, 잠을 자러 침실로 가는 길에 그 옆을 지나칠 때면 나는 언제나 무서운 생각이 들었다. 그러면서도 그 휑하니 비어 있는 썰렁한 방 안을 들여다보고 싶은 충동을 느끼곤 했다.

그때 나는 열일곱 살이었다. 어머니는 돌아가신 바로 그해에 나를 사교계에 내보내려고 도시로 옮겨 갈 생각이었다. 어머니를 잃은 것은 나에게 더없는 슬픔이었다. 그러나 그 슬픔 가운데는 '남들이 나에게 말하듯이 나는 이렇게 젊고 예쁜데, 이런 쓸쓸한 시골에 파묻혀 아무 보람 없이 또 한 해 겨울을 썩고 있어야 하나'라는 생각도 섞여 있었다는 것을 솔직히 고백하지 않을 수 없다. 겨울도 거의 끝나갈 무렵 고독한 생활에서 오는 우울증과 참을 수 없는 권태가 쌓여 나는 방 안에서 한 걸음도 밖으로 나가지 않았고, 피아노 앞에도 앉지 않았으며, 책 같은 것도 전혀 손에 들지 않았다. 카차가 '이걸 해봐라, 저걸 해봐'라 하고 타이르면, 나는 마음이 내키지 않는다느니, 하지 못하겠다느니 하고 거절했지만, 마음속에서는 이런 소리가 들려오는 것이었다. '무엇 때문에……나의 가장 좋은 시절이 이렇게 헛되게 지나가고 있는데, 무엇 때문에 그런 일을 해야 한단 말인가. 그럴 필요가 어디 있어.' 이 '무엇 때문에'라는 물음에 대해서는 눈물 이외의 다른 대답은 없었다. 그동안 내가 몸이 여위고 얼굴이 못쓰게 되었다고들 했지만 그런 말에도 나는 별로 신경 쓰지 않았다. '무엇 때문에, 누구 때문에?'라는 생각에만 사로잡혀 있었기 때문이다. 나는 이 쓸쓸한 시골 구석에서 언제 끝날는지도 모르는 우수에 잠겨 한평생을 보내게 될 것만 같았다. 그리고 나는 시골에서 혼자 빠져나올 만한 힘도 없었거니와, 그런 희망조차 가질 수 없었다.

봄이 가까워 오자, 카차는 나의 건강을 염려하여 무슨 일이 있더라도 나를 외국으로 데리고 가야겠다고 결심했다. 하지만 그러려면 돈이 필요했다. 그런데 우리들은 어머니가 돌아가신 후 재산이 얼마나 남았는지 그것조차 알지 못했다. 이런 형편이었기 때문에 우리 집에 와서 여러 가지 가사를 정리해 주기로 한 후견인이 도착하기를 날마다 초조하게 기다렸다.

그 후견인은 3월에야 나타났다.

"아주 반가운 소식이 있어!"

어느 날 카차가 내게 말했다. 그때 나는 아무것도 하는 일 없이 아무런 생각도 아무런 희망도 없이, 마치 그림자처럼 방 안을 이리저리 오락가락하고 있었다.

"세르게이 미하일로비치가 도착했다는구나. 사람을 보내서 우리들의 형편을 묻고, 점심때까지는 이리로 오시겠다고 기별했어. 그러니까 마샤,[1] 너도 기운을 좀 내라, 응?"

카차는 이렇게 덧붙였다.

"그렇지 않으면 그분이 널 어떻게 생각하겠니? 너희를 유달리 귀여워하시던 분인데."

세르게이 미하일로비치는 우리 집안과 정분이 두터운 이웃의 지주였다. 나이는 젊은 편이지만, 돌아가신 아버지와는 친구 사이였다. 그가 도착했기 때문에 우리도 계획을 변경하여 이 시골 구석에서 빠져나갈 수 있게 된 셈이지만, 나는 어릴 때부터 그를 사랑하고 존경해왔다. 카차가 내게 기운을 내라고 충고한 것은, 여러 친지 가운데서도 특히 세르게이 미하일로비치 앞에 신통치 못한 꼴을 보인다는 것이 내게 무엇보다도 고통스러운 일이라는 것을 짐작하고 있었기 때문이다.

우리 집안에서는, 가정교사인 카차는 말할 것도 없고 세르게이 미하일로비치가 이름을 지어 준 소냐를 비롯하여 마부에 이르기까지 모두가 무조건 그를 좋아했다. 그러나 그 밖에도 언젠가 어머니가 내뱉은 한마디 말 때문에 그는 내게 특별한 의미를 지닌 사람이었다. 어머니는 '우리 마샤가 저런 사람한테 시집을 간다면 얼마나 좋을까?'라고 말했던 것이다. 그때 나는 그 말이 이상스럽게 들렸을뿐더러 한편으로는 몹시 불쾌했다. 그는 내가 꿈꾸고 있던 '이상형'과는 너무나 거리가 먼 사람이었기 때문이다.

내가 머릿속에 그리던 이상형은 훤칠한 키에 창백하고 슬픈 얼굴을 한 청년이었다. 그런데 세르게이 미하일로비치로 말하면, 키가 크고 억센 체격을 가진 데다가 이미 젊다고는 할 수 없는 나이였고, 더욱이 언제나 즐거운 것처럼 보이는 사람이었다.

그렇지만 어머니의 그 말은 내 뇌리 속에 깊이 뿌리를 박아버렸던 것이다. 벌써 6년 전의 일이지만 내가 겨우 열한 살밖에 되지 않았고, 그 사람도 나를 너라고 부르며 '제비꽃 아가씨'라는 별명을 붙여 데리고 놀던 때부터, 나는 만일 이 사람이 느닷없이 나한테 장가를 들겠다고 하면 어떡하나? 하는 생각이 가끔 떠올라 어쩐지 겁이 나곤 했었다.

---

1) 마리야의 애칭.

카차는 점심 식탁에 여느 때보다 가짓수를 늘려서 케이크와 크림과 시금치로 만든 수프를 차려놓게 했다. 식사 시간이 거의 다 되어, 세르게이 미하일로비치가 나타났다. 나는 그가 조그만 썰매를 타고 우리 집을 향해 달려오는 것을 창 너머로 보고 있었으나, 썰매가 집 모퉁이를 돌아서면 재빨리 응접실로 들어가서 그가 나타날 줄은 전혀 몰랐다는 표정을 지어 보이리라 생각했다. 잠시 후 현관에서 쿵쾅거리는 그의 구둣발 소리와 겹쳐 커다란 목소리가 들려왔다. 카차가 달려 나가는 발소리가 들려왔다. 곧이어 커다란 소리로 이야기하는 것도 들렸다. 그는 나를 보더니 하던 말을 멈추고 잠시 동안 아무런 인사도 없이 그저 바라보고만 있었다. 나는 어쩐지 그를 대하기가 서먹서먹했다. 그리고 저절로 얼굴이 붉어지는 것을 느꼈다.

"야아, 난 또 누구라구!"

세르게이 미하일로비치는 두 손을 벌리고 내게 다가오며, 예전과 다름없는 명쾌하고 진솔한 말투로 말했다.

"원, 사람이 이렇게도 변할 수 있을까! 숙녀가 다 되었군요! 그때 그 '제비꽃'이 이렇게 되다니! 이젠 아주 아름다운 장미꽃입니다."

그는 커다란 손으로 의젓하게 나의 손을 잡더니 으스러질 정도로 굳은 악수를 해 주었다. 나는 손에 키스하려는 줄 알고 허리를 굽히려 했다. 그러나 그는 다시 한번 내 손을 꽉 쥐고는, 그 밝고도 거리낌 없는 시선을 똑바로 내 얼굴에 고정시켰다.

나는 6년 만에 그를 만나는 셈이었는데 그사이 그도 꽤 많이 변한 것 같았다. 전보다 훨씬 나이 들어 보였고, 거무스름하게 된 얼굴에는 구레나룻이 가득 자라 도무지 어울리지 않았다. 그러나 거만한 데가 조금도 없는 그의 행동이며, 선이 굵직굵직하여 시원스러워 보이는 얼굴이며, 총명하게 빛나는 눈이며, 어딘지 애티가 밴 미소며…… 이런 것들은 모두 여전했다.

5분도 채 지나기 전에 세르게이 미하일로비치는 벌써 손님다운 태도를 버리고 우리들과 한집안 식구나 다름없게 스스럼없이 굴었다. 그리고 우리 집 하인들도 부지런히 그의 시중을 드는 것으로 보아, 그가 온 것을 무척 기뻐하는 눈치였다.

세르게이 미하일로비치의 태도는, 어머니가 돌아가신 후 우리 집을 찾아와

준 여느 사람들의 태도와는 아주 달랐다. 다른 사람들은 조용히 앉아서 말없이 눈물만 흘리는 것이 예의인 듯이 생각했는데, 이 사람은 그와는 반대로 연방 쾌활하게 떠들어댔고, 어머니에 대한 말은 입도 벙긋하지 않았다. 그래서 나도 처음에 그러한 그의 무관심한 태도를 이상하게 여기고, 그래도 남달리 가깝게 지낸다는 사람이 이럴 수가 있느냐고까지 생각했다. 그렇지만 얼마 후 나는 그것이 무관심하다든가 냉정해서가 아니라, 오히려 진심으로 우리를 생각해 주기 때문이라는 것을 깨닫고 그러한 그의 태도를 고맙게 생각했다.

그날 저녁, 카차는 응접실에서 어머니가 살아계실 때와 마찬가지로 예전부터 정해져 있는 자기 자리에 앉아서 차를 따랐다. 나와 소냐는 그 옆에 자리를 잡았다. 그리고리 영감이 옛날에 아버지가 쓰시던 파이프를 어디서 찾아냈는지 세르게이 미하일로비치에게 갖다 주었다. 그는 파이프를 입에 물고 그전처럼 방 안을 이리저리 거닐기 시작했다.

"생각해 보면 그동안 이 집에도 여러 가지 기막힌 변화가 많이 있었군요!"

그는 발걸음을 멈추고 불쑥 이런 말을 했다.

"정말 그래요."

카차는 한숨을 쉬며 사모바르 뚜껑을 덮더니, 금방 울음이라도 터뜨릴 것 같은 눈으로 그를 바라보았다.

"당신은 아버지를 잘 기억하고 있을 테죠?"

그는 나를 돌아보며 이렇게 물었다.

"별로 기억에 남은 것이 없어요."

나는 담담하게 대답했다.

"아버지께서 살아 계셨더라면 지금 당신들은 정말 좋았을 겁니다!"

그는 생각에 잠긴 눈으로 허공을 바라보며 조용히 말했다.

"나는 그분을 무척 좋아했지요!"

그는 더욱 낮은 음성으로 덧붙였다.

"게다가 이번에는 어머니까지 돌아가시고 말았으니!"

카차는 그의 말을 듣더니 황급히 냅킨을 주전자 위에 놓고 손수건을 꺼내며 울음을 터뜨렸다.

"정말 그동안 기막힌 변화가 있었군요!"

그는 카챠의 울음을 외면하며 조금 전에 한 말을 되풀이하더니 잠시 후에,

"소냐, 장난감 좀 보여주렴!"

하며 홀로 나가버렸다. 그가 방에서 나가자, 나는 눈물이 글썽한 눈으로 카챠를 바라보았다.

"저렇게 좋은 분이 어디 있겠니!"

카챠는 말했다.

우리와는 남이나 다름없는 사람의 진실한 태도에, 나는 정말 따뜻하고도 흐뭇한 감정을 느끼게 되었다.

홀에서는 소냐의 깔깔거리는 소리와 그 애를 상대로 떠들어대는 그의 목소리가 들려왔다. 나는 그에게 차를 내보냈다. 뒤이어 그가 피아노 앞에 앉아서 소냐의 조그만 손을 잡고 건반을 두드리는 소리가 들리기 시작했다.

"마리야 알렉산드로브나!"

그가 나를 부르는 소리가 들렸다.

"이리 와서 뭐든 좀 쳐 보시오."

그가 이렇게 아무런 허물도 없이 명령하는 듯한 어조로 말하는 것이 나는 기뻤다. 그래서 자리에서 일어나 그쪽으로 가까이 갔다.

"이걸 들려주시오."

그는 베토벤의 〈월광 소나타〉를 펼쳐놓고 '아다지오'를 가리키며 말했다.

"솜씨가 어떤지 어디 한번 들어 봅시다."

그는 이렇게 덧붙이고는 찻잔을 든 채 한쪽 구석으로 물러갔다.

나는 왜 그런지 이 사람 앞에서는 사양한다거나 아직 서투르다고 변명한다거나 할 수 없을 것 같았다. 그래서 순순히 피아노 앞에 앉았다. 그가 음악을 이해하며 또 좋아한다는 것을 알고 있었기 때문에 그의 평이 두렵기도 했지만, 어쨌든 재주껏 치기로 했다. '아다지오'는 추억 속에 잠긴 채 연주했는데 그래도 제법 괜찮게 친 것 같았다. 그러나 '스케르초'는 그가 그만두라고 해서 치지 못했다.

"그건 아직 당신한테 어려울 거요."

그는 내 곁으로 가까이 오며 말했다.

"스케르초는 그만두시오. 그렇지만 아다지오는 그리 서툴지 않았어요. 당신은

음악에 소질이 있는 것 같군요."

이 적당한 찬사에 나는 얼마나 기뻤던지 얼굴을 붉히기까지 했다. 아버지의 친구로서 아버지와 대등하게 사귀던 그가 이제는 나를 이전처럼 어린애로 취급하지 않고 한 사람의 어엿한 어른으로 대해 주면서 진지하게 이야기를 해 주는 것이, 내게는 신기하기도 했고 또 기쁘기도 했다. 카차는 소냐를 재우러 이층으로 올라갔다. 그래서 우리는 단둘이 홀에 남게 되었다.

그는 우리 아버지에 대해 여러 가지 얘기를 들려주었다. 자기가 아버지와 가깝게 사귀게 되었을 때의 얘기며, 내가 겨우 일어나 앉아서 장난감이나 책 같은 걸 가지고 놀던 시절에 아버지와 함께 재미있게 지내던 이야기를 했다. 그의 이야기를 듣고 나는 처음으로 아버지가 솔직하고 쾌활한 사람이었다는 것을 알았다. 여태까지 나는 아버지가 어떤 사람이었는지 전혀 모르고 있었던 것이다.

세르게이 미하일로비치는 내가 무엇을 좋아하며 어떤 책을 읽고 있으며 앞으로 무엇을 할 작정이냐고 물어보고 나서, 여러 가지 충고의 말까지 덧붙였다. 이제 그는 나를 놀리거나 장난감을 만들어 주거나 우스운 짓을 하는 재미있는 아저씨가 아니었다. 내게 절실하고 솔직한 태도로 대하며, 깊은 애정을 쏟아 주는 사람이 된 것이다.

나는 어느덧 그에게 존경과 호의를 품게 되었다. 그와 이야기를 하고 있노라면 마음이 가볍고 즐거워졌다. 한편으로는 긴장감도 갖게 되었다. 그의 앞에서는 한마디 말도 조심스러웠다. 그리고 나는 우리 아버지의 딸이라는 이유 때문에 그에게서 받고 있는 사랑을 나 자신의 매력으로 얻고 싶었다. 소냐를 재우고 내려온 카차는 우리 사이에 끼어들더니, 요새 내가 우울증에 빠져 있다고 그에게 일러바쳤다. 그때까지 나는 그런 얘기를 전혀 입 밖에 내지도 않았던 것이다.

"제일 중요한 얘기를 나한테 하지 않았군요."

그는 나를 보고 나무라는 듯이 말했다.

"그런 얘긴 해서 뭘 하겠어요!"

나는 대답했다.

"따분하기 짝이 없는 얘기를. 이제 곧 괜찮아질 거예요."

나는 정말 우울증이 곧 없어질 것 같았다. 아니, 벌써 없어져 버렸거나 애초부터 그러한 증세는 없었던 것처럼 느껴졌다.

"고독한 환경을 이겨내지 못한다는 건 좋지 않은 일입니다. 그래서야 어디 귀족의 따님이라 할 수 있겠어요?"

그는 말했다.

"그래도 저는 귀족의 딸인걸요!"

나는 웃었다.

"그렇지 않지요. 남들이 사랑스러운 눈으로 보아줄 동안만 기운을 내고 정작 혼자 있게 되면 금세 풀이 죽어서 모든 것이 귀찮다고만 한다면 어떻게 의젓한 귀족의 따님이라 할 수 있겠어요? 그런 행동은 모두가 남에게 보이기 위한 겉치레에 지나지 않고, 자기 자신을 위한 것은 아무것도 없는 셈이니까요."

"아주 그럴듯한 생각을 갖고 계시는군요."

나는 그저 무슨 말이든지 한마디 해야 될 것 같아서 이렇게 대꾸했다.

"그런 게 아닙니다!"

잠시 입을 다물고 있다가 그는 다시 입을 열었다.

"당신은 아버지를 닮은 데가 있는데, 그런 점은 확실히 좋아요. 당신에겐 그 무엇이 있어요……."

그의 착하고도 상냥한 시선은 다시금 내 마음을 사로잡아 감미로운 설렘을 느끼게 했다.

나는 그때야 비로소, 얼른 보기에는 쾌활하기만 한 그의 표정 뒤에 숨겨진 특이한 눈길을 알아차렸다. 그것은 처음에는 명랑하게 보이지만, 차차 주의 깊은 시선으로 변하여 나중에는 약간 서글픈 빛조차 띠는 것이었다.

"당신 같은 사람이 생활에 권태를 느낀다면 말이 됩니까? 그래서는 안 되지요."

그는 하던 말을 이었다.

"당신에겐 음악이라는 게 있어요. 당신은 음악을 열심히 해야 할 겁니다. 그리고 책도 읽어야 하고, 또 여러 가지 공부도 해야 할 겁니다. 당신은 앞길이 구만 리 같은 사람입니다. 그러나 앞날을 위해 준비를 할 수 있는 기회는 지금밖에 없어요. 그렇지 않으면 나중에 후회하게 될 겁니다. 이제 일 년만 지나가도 이미 때는 늦습니다."

세르게이 미하일로비치는 마치 아버지나 아저씨가 하는 것 같은 어조로 내게 말했다. 나는 그가 나와 대등한 위치에서 이야기를 하려고 쉴 새 없이 애쓰고 있다는 것을 눈치챌 수 있었다. 그가 나를 손아랫사람으로 취급하는 것이 어쩐지 불쾌하기도 했지만, 나 때문에 예전부터 가져오던 태도를 바꾸려고 노력하고 있다는 사실이 기쁘기도 했다.

그날 저녁의 나머지 시간을 그는 카차와 집안일에 대해 의논하는 것으로 써 버렸다.

"그럼, 안녕히들 계십시오."

이윽고 그는 자리에서 일어나 내게 다가오더니 손을 잡으며 말했다.

"언제 또 뵐 수 있게 될까요?"

카차가 물었다.

"봄에나 만나게 될 겁니다."

내 손을 잡은 채 그는 이렇게 대답했다.

"이제부터 다닐롭카—그 마을도 우리들의 영지였다—에 가서 그곳 사정을 잘 알아보고, 될 수 있는 데까지 정리를 해야겠지요. 그다음엔 내 사업 관계로 모스크바에 다녀와야 하니까 넉넉잡고 여름쯤에는 자주 만나게 되겠지요."

"어머나, 그렇게 오래 걸려요?"

나는 몹시 풀이 죽은 목소리로 말했다. 사실 나는 앞으로 날마다 그를 만날 수 있게 되리라 기대하고 있었기 때문에 그의 말을 듣자 갑자기 슬프고 무서운 심정이 되어 또다시 우울증에 빠질 것만 같았다. 아마도 그러한 나의 심정이 내 시선이나 목소리에 나타났던 모양이다.

"어쨌든 쓸데없이 풀이 죽어 있을 게 아니라, 좀 더 열심히 공부나 하시오."

그의 말투는 갑자기 냉정해졌다.

"봄에 내가 와서 그동안 얼마나 공부했는지 시험해 보겠습니다."

잡고 있던 손을 놓고 일부러 외면을 하면서 그는 그렇게 덧붙이는 것이었다. 그를 배웅하려고 우리들이 현관에 나가 서 있는 동안에도 그는 급히 서둘러 슈바를 입으며 또다시 나를 외면했다.

'원, 별걱정 다 하네!'

나는 속으로 생각했다.

'내 얼굴을 찬찬히 바라보면 내가 다른 뜻으로 해석하고 좋아할까 봐 저러

나? 물론 친절하고 좋은 분이라 생각하곤 있지만…… 하지만 그저 그것뿐인데.'

그렇지만 그날 밤 나와 카차는 잠을 이루지 못하고 늦도록 이야기를 했다. 세르게이 미하일로비치에 대한 이야기가 아니라, 이번 여름은 어떻게 지내자느니, 겨울엔 어디서 어떻게 살자느니 하는 이야기였다.

전에 나를 괴롭히던 '무엇 때문에?'라는 물음은 이미 내 앞에 나타나지 않았다. 행복을 누리기 위해서는 우선 살고 봐야 한다는 말이 내게는 아주 단순하고도 명백한 진리처럼 여겨졌고, 또 내 앞길에는 행복이 가득 차 있는 것만 같았다. 그리하여 어둠침침한 포크롭스코예 마을의 옛집에는 별안간 생기와 광명이 넘치게 되었다.

2

겨울이 가고 봄이 왔다. 이전과 같은 우울증은 완전히 사라지고 대신 어떤 분명치 않은 기대와 희망이 뒤섞인, 공상 비슷한 동경이 마음속을 차지했다. 나는 지난해 초겨울과 같은 태도를 버리고 소냐의 공부를 도와주는 한편 음악과 독서 같은 것으로 시간을 보내고 있었다. 그렇지만 가끔 혼자 정원에 나가서는 아주 엉뚱한 공상에 잠기기도 하고 부질없는 희망과 기대를 품어보기도 하며, 가로수길을 오랫동안 거닐거나 벤치에 멍청히 앉아 있기도 했다. 어떤 때는 며칠 밤이고 계속해서—특히 달 밝은 밤에는 더욱 그랬지만—날이 밝아올 때까지 창가에 앉아 있기도 했고, 또 어떤 때는 얇은 재킷만 걸치고 카차의 눈을 피하여 살짝 뜰 안으로 빠져나와서는 이슬을 헤치며 연못가까지 달려가 보기도 했다. 그리고 한번은 들판까지 나갔다가 밤중에 혼자서 넓은 정원을 한 바퀴 돌아온 일도 있었다.

그 당시 내 마음에 가득해 있던 꿈이 어떤 것이었는지 지금은 생각해 낼 수도, 이해할 수도 없다. 비록 생각해 냈더라도 그것이 정말 나의 꿈이었다고는 믿어지지 않을 것이다. 그처럼 나의 공상은 현실에서 동떨어진 우스꽝스러운 것이었다.

5월 말이 되자 세르게이 미하일로비치는 약속대로 여행을 끝내고 돌아왔다.

그가 처음 찾아온 때는 저녁 무렵이었는데, 우리들은 그 시각에 그가 나타나리라곤 꿈에도 생각지 않고 있었다. 마침 우리들은 차를 마시려고 테라스에 나와 앉아 있었다. 정원은 이미 푸른 나뭇잎으로 덮여 있었고, 자랄 대로 자란 꽃밭 속엔 밤꾀꼬리가 베드로 축일(교회력 6월 29일) 때까지 들어가 살 둥지를 어느새 틀어놓은 모양이었다. 무성한 라일락 덤불은 흰빛과 연보랏빛이 나는 가루를 군데군데 뿌려놓은 것처럼 보였다. 이제 막 꽃이 피려는 모양이었다. 가로수를 이룬 자작나무 잎은 지평선에 걸려 있는 저녁 햇빛을 받아 투명하게 보였고, 테라스에는 서늘한 그늘이 어려 있었다. 얼마 안 있어 저녁 이슬이 풀 위에 그득하게 내릴 시각이었다. 뒤뜰 안에서는 그날 하루 일의 뒤치다꺼리를 하는 소리와 들판에 나갔던 가축떼를 몰고 들어오는 소리가 들려왔다. 바로 니콘이 마차에 물통을 싣고 테라스 앞길을 왔다 갔다 하며 물을 뿌렸다. 맑은 물이 물통에서 줄지어 솟아 나와, 달리아꽃 포기와 받침대 둘레에 파헤쳐 놓은 흙에 검게 동그라미를 그리는 것이었다. 우리들이 앉아 있는 테라스에는 새하얀 상보 위에 반짝반짝 윤이 나게 닦인 사모바르가 끓고, 크림이라든가 버터빵이라든가 과자 따위가 놓여 있었다. 카차는 토실토실한 손으로 살림꾼답게 찻잔을 씻고 있었지만, 나는 목욕을 하고 나서 배가 고팠기 때문에 차를 따라줄 때까지 기다리지 못하고 빵에다가 걸쭉한 크림을 발라서 먹고 있었다. 나는 두 팔이 드러난 모시 블라우스를 입고 젖은 머리를 손수건으로 아무렇게나 동여매고 있었다. 카차가 제일 먼저 창 너머로 그를 발견했다.

"어마! 세르게이 미하일로비치 씨가 오셨네!"

카차가 반가운 듯 소리쳤다.

"우린 지금 당신 얘길 하던 참이에요."

나는 얼른 자리에서 일어나, 안에 들어가서 옷을 갈아입고 나오려고 했다. 그러나 문턱을 막 넘어서다가 그만 세르게이 미하일로비치한테 잡히고 말았다.

"아니, 이런 시골에서 형식을 차릴 필요가 어딨어요?"

그는 손수건으로 동여맨 내 머리를 보고 싱글싱글 웃으며 말했다.

"하인 그리고리 앞에서는 그런 모습으로도 태연할 게 아닙니까? 나도 당신에겐 그리고리와 조금도 다를 바 없는 사람입니다."

그러나 나는 바로 그 순간, 나를 보는 그의 눈길이 그리고리와는 조금도 비슷하지 않다는 생각이 들어 어쩐지 부끄러웠다.

"금방 나올게요."

나는 안으로 들어서면서 말했다.

"그 모습이 어디가 어때서요!"

등 뒤에서 그가 외쳤다.

"마치 젊은 농부의 색시 같아서 좋은데 그래."

'그는 어째서 그렇게 이상한 눈으로 나를 보았을까?'

이층에서 급히 옷을 갈아입으며 나는 생각했다.

'어쨌든 그가 와서 다행이야. 이젠 심심치 않게 되었으니까!'

거울을 잠깐 들여다보고 나서 나는 들뜬 기분으로 층계를 뛰어 내려갔다. 그리고 급히 서둘렀다는 것을 숨기려 하지도 않고 숨을 할딱거리며 테라스로 나갔다. 그는 식탁에 앉아서 이야기를 계속했다. 그의 말에 따르면 우리 집의 경제적인 형편은 썩 좋다는 것이었다. 따라서 이제 여름 동안만 시골에 있다가 그 다음에 소냐의 교육을 위해 페테르부르크로 가든지, 아니면 외국으로 여행을 떠나든지 하면 된다는 것이었다.

"당신도 우리와 함께 외국으로 가실 수 있다면 얼마나 좋을까요!"

카챠가 말했다.

"우리들끼리만 간다면 깊은 숲속에 들어간 것처럼 길을 잃어버리고 말 거예요."

"아아, 정말 나도 당신들과 함께 세계 일주를 했으면 합니다."

그는 농담인지 진담인지 모를 말투로 대꾸했다.

"뭐, 못할 것도 없잖아요?"

내가 한마디 했다.

"우리 세계일주를 합시다!"

그는 입가에 미소를 띠며 고개를 가로저었다.

"하지만 우리 어머님은 어떡하지요? 그리고 집안일은 누가 보지요? 아니, 그런 얘긴 그만둡시다. 그동안 어떻게 지냈는지 그 얘기나 해 주십시오. 설마 또다시 우울증에 걸리진 않았겠지요?"

내가 그가 여행하는 동안 조금도 싫증을 내지 않고 열심히 공부했다는 말을 하고, 또 카챠가 내 말을 입증하자 그는 나를 칭찬하며 마치 자기에게 그런 권리라도 있는 것처럼 여러 가지 말과 다정스러운 눈길로 어린애 다루듯 나를 위로해 주었다. 나는 내가 잘했다고 생각하는 모든 것을 그에게 상세하게 보고했다. 그가 못마땅하게 여길지 모르는 일이라도, 마치 교회에서 신부한테 고해성사를 할 때처럼 전부 털어놓지 않으면 안 될 것만 같았다.

참으로 상쾌한 저녁이었다. 그래서 우리들은 차를 다 마시고 나서도 테라스에 그대로 앉아 있었다. 그와 얘기하는 것이 얼마나 재미있었던지 나는 주위의 인기척이 차차 뜸해지는 것조차 느끼지 못했다. 여기저기서 코를 찌르는 듯한 꽃향기가 풍겨오고, 풀잎은 저녁 이슬에 흠뻑 젖어 있었다. 밤꾀꼬리는 가까운 라일락 덤불 속에서 울기 시작하다가 우리들의 말소리를 듣고는 잠잠해졌다. 별들이 총총한 밤하늘은 흡사 우리들의 머리 위로 낮게 내려온 것 같았다.

포장을 씌운 테라스의 지붕 밑으로 박쥐 한 마리가 소리도 없이 갑자기 날아들어와 나의 흰 머릿수건을 툭 건드렸다. 나는 그제야 비로소 이미 황혼이 깃들고 있다는 것을 알았다. 나는 깜짝 놀라서 벽에다 몸을 붙이고 하마터면 소리를 지를 뻔했지만, 박쥐란 놈은 들어올 때와 마찬가지로 소리도 없이 날쌔게 지붕 밑을 빠져나가더니 어두운 정원 속으로 사라져 버렸다.

"나는 이 포크롭스코예 마을이 말할 수 없이 좋습니다."

세르게이 미하일로비치는 하던 이야기를 그만두고 이런 말을 했다.

"한평생 이 테라스에 앉아 있으면 좋겠군요."

"뭐, 어려울 것 없지 않아요? 그렇게 하시면 될 텐데."

카차가 말을 받았다.

"네, 그렇게 하고 싶지만 생활이 그걸 허락해야지요?"

그가 말했다.

"그런데 어째서 결혼을 하지 않으세요?"

카차가 물었다.

"아주 훌륭한 남편감이신데?"

"이렇게 자유롭게 지내는 것이 좋아서 그런가 봐요."

그는 웃었다.

"하지만 카체리나 카를로브나,[2] 나나 당신이나 이미 결혼할 시기는 지난 사람

---

2) 카차의 이름과 부칭(父稱). 러시아 사람들은 이름과 부칭으로 존칭을 대신한다.

들입니다. 남들이 나를 중매할 만한 사람이 아니라고 인정하게 된 것은 벌써 오래전이지요. 나 자신도 그렇게 생각한 지가 옛날입니다. 그 후부터 오히려 나는 쾌활해졌어요. 정말입니다."

그는 어색할 만큼 흥거운 어조로 과장스레 그런 말을 하는 것이었다.

"참 이상한 말씀을 하시네요! 서른여섯 살에 벌써 다 늙었다고 하시다니!"

카차가 말했다.

"어쩌다가 이렇게 늙어 버렸는지."

세르게이 미하일로비치는 말을 받았다.

"요렇게 꼼짝 않고 앉아 있고만 싶단 말입니다. 결혼을 할 만한 사람이라면 아마 이렇지는 않겠지요. 거기에 대해서는 저 사람한테 물어보십시오."

그는 턱으로 나를 가리켰다.

"저런 사람들이야말로 어서 중매를 해 주어야지요. 우리들은 그것으로 만족할 수밖엔 없습니다."

그의 음성에는 일종의 슬픔과 긴장이 숨겨져 있는 것을 나는 재빨리 알아차렸다. 그는 잠시 동안 입을 다물고 잠자코 있었다. 그래서 나도 카차도 입을 열지 않았다.

"한번 상상만이라도 해 보십시오."

의자에 앉은 채 옆으로 몸을 빙그르르 돌리며 그는 다시 말을 계속했다.

"가령, 내가 어떤 불행한 우연으로 해서 열일곱 살 난 처녀를, 예를 들어 마샤와…… 마리야 알렉산드로브나와 결혼했다고 합시다. 이건 참 좋은 비유군요. 이런 얘기가 나와서 정말 다행입니다…… 이건 아주 적절한 비유입니다."

나는 웃음이 터져 나왔지만, 도대체 무슨 이야기가 나와서 무엇이 다행이라는 건지 알 수가 없었다.

"가슴에다 손을 대고 바른대로 한번 말해 보십시오."

그는 나를 돌아보며 농담 비슷하게 말했다.

"당신의 머릿속에는 여러 가지 멋진 생각과 욕망이 가득 차 있는데 말입니다. 그저 가만히 앉아 있고 싶어만 하는 맥 빠진 늙은이와 자기의 일생을 결합시킨다면 당신은 불행하지 않을까요?"

나는 부끄러운 마음이 들어 무엇이라 대답할 바를 모르고 잠자코 있었다.

"하지만 내가 당신한테 청혼을 하고 있는 건 아닙니다."

그는 웃어댔다.

"그러나 솔직히 말해 보십시오. 당신이 저녁마다 혼자서 가로수길을 거닐며 머릿속에 그리는 남편은 그 따위 늙은이가 아니겠지요? 그런 사람과 결혼한다면 역시 불행하겠지요?"

"불행이라고는 할 수 없겠지만……."

나는 머뭇거렸다.

"그러나 그리 좋지는 못할 거란 말이로군요."

그가 내 말을 받아 끝을 맺었다.

"네, 하지만 제가 혹시 잘못 생각했는지도……."

그는 또다시 내 말을 가로채며 카차에게 말했다.

"들으셨지요? 마샤의 말은 정말 옳은 말입니다. 나는 마샤가 솔직하게 대답해 준 데 대해 감사합니다. 그리고 얘기가 나온 걸 매우 기쁘게 생각합니다! 사실 내가 결혼을 한다면 그런 문제 이외에도 더욱더 커다란 불행이 일어날 겁니다."

"당신은 참 재미있는 분이에요. 그전과 조금도 변하지 않으셨군요."

이렇게 말하고 카차는 밤참을 차리려고 안으로 들어갔다.

그녀가 테라스에서 들어간 후 우리들은 양쪽 다 입을 닫아 버렸고, 주위는 쥐 죽은 듯이 조용해졌다. 다만 밤꾀꼬리만이 어제처럼 짤막짤막 끊어진 시원치 않은 소리가 아니라, 한밤중 분위기에 잘 어울리는 침착하고 느릿느릿한 음조로 온 정원이 울리도록 목청을 뽑아 울고 있었다. 그러나 저 멀리 아래 골짜기에서 다른 밤꾀꼬리 한 마리가 오늘 저녁 처음으로 이에 호응했다. 이쪽 꾀꼬리는 그 소리에 귀를 기울이는 듯이 잠시 울음을 그쳤다가 다시금 더욱 소리를 가다듬어 방울을 굴리듯 지저귀기 시작했다. 이리하여 양쪽에서 들리는 밤꾀꼬리 소리는 우리들이 전혀 알 수 없는 그들만의 밤의 세계에서 장엄하고도 조용하게 울려 퍼져나가는 것이었다. 정원지기가 잠을 자러 온실 쪽으로 가고 있었다. 무거운 장화를 신은 그의 발걸음 소리는 좁은 길을 따라 차차 멀어져 갔다. 누구인지 산기슭 쪽에서 휙휙 휘파람을 두 번 불었으나, 다시 주위는 조용해졌다. 들릴 듯 말 듯하게 나뭇잎이 흔들거리고, 포장으로 만든 테라스 지붕이 펄렁 나부끼더니 무엇인지 코를 찌를 듯한 향기가 풍겨 나와 테라스에 가득 퍼졌다.

나는 조금 전에 그런 얘기가 나왔기 때문에 그냥 잠자코 있기도 어색했지만 정작 무슨 말을 해야 좋을지 몰랐다. 나는 눈을 모아 그를 바라보았다. 희미한 어둠 속에서 빛나는 눈이 이쪽을 응시하고 있었다.

"이 세상에 살고 있다는 건 참 좋은 일이군요!"

그가 침묵을 깨고 말했다.

나는 무엇 때문인지 나도 모르게 한숨을 쉬었다.

"아니, 왜 그러십니까?"

"이 세상에 살고 있다는 건 참 좋은 일이에요!"

나는 그가 했던 말을 되풀이했다.

또다시 침묵이 흘렀다. 그대로 앉아 있기도 역시 거북했다. 나는 그가 늙어버렸다는 말에 맞장구를 쳐서 그의 기분을 상하게 했다는 생각이 줄곧 머릿속에서 떠나지 않아 그를 위로하고 싶었지만 어떻게 해야 좋을지 알 수가 없었다.

"하지만 이만 실례해야겠습니다."

그는 자리에서 일어섰다.

"어머님이 밤참을 잡수시지 않고 기다리실 테니까요. 오늘은 아직 어머님을 뵙지 못했습니다."

"새로 배운 소나타를 들려드리고 싶었는데요……."

나는 아쉬워했다.

"다음 기회에 부탁합시다."

그의 음성은 어쩐지 냉정하게 느껴졌다.

"그럼, 안녕히 가세요."

틀림없이 내가 그의 기분을 상하게 한 것만 같아서 미안한 나는 생각이 들었다. 카차와 함께 현관 층계까지 그를 배웅하고 나서, 나는 그가 사라진 한길을 물끄러미 내려다보다가 다시 한참 동안 뜰 안을 응시했다. 그리고 밤의 음향이 젖어든 이슬 섞인 안개 속에서 언제까지나 마음 내키는 대로 주위를 바라보기도 하고 귀를 기울이기도 했다.

그 뒤 세르게이 미하일로비치가 두세 번 찾아오는 동안에, 그 기묘한 대화 때문에 생겼던 어색한 느낌은 씻은 듯이 사라졌다. 그리고 다시는 되풀이되지 않았다. 여름에 그는 1주일에 두세 번씩 우리 집을 방문해 주었다. 나는 그것이 습관이 되어서 어쩌다가 그가 오랫동안 찾아와 주지 않으면 혼자서 지내기가 어쩐지 거북한 느낌이 들었다.

그래서 때로는 나를 혼자 내버려두다니 너무하다고 속으로 그를 원망하기도 했다. 그는 나를 자기보다 나이가 어린 귀여운 벗으로 대하며 여러 가지 세세한 것까지 묻기도 하고, 마음에 있는 모든 것을 자기에게 솔직히 털어놓지 않을 수 없게 만드는가 하면, 충고와 격려를 주기도 하고, 또는 꾸짖기도 하고, 나의 행동을 제지하기도 했다.

그렇지만 그가 나와 대등한 위치에 서기 위하여 끊임없이 노력하고 있었음에도 그에게는 내가 이해할 수 있는 면과는 또 다른 하나의 세계가 남아 있는 것 같았다. 또한 그는 그 세계에 나를 들여보낼 필요가 없다고 인정하고 있는 것처럼 여겨지기도 했다. 그것이 오히려 그에 대한 나의 존경심을 더욱 깊게 했을 뿐만 아니라 이상한 매력까지 느끼게 하는 것이었다.

나는 카챠와 이웃 사람들에게서, 그가 현재 함께 살고 있는 늙은 어머님을 봉양하며 자기의 영지(領地)를 관리하는 한편, 후견인으로서 우리들을 돌보아 주는 외에도 귀족 단체의 무슨 일까지 맡아보고 있는데, 그것 때문에 그가 몹시 불쾌한 일을 당했다는 얘기를 들었다. 그러나 그가 거기에 대해 어떤 태도를 취하고 있는지, 그리고 어떠한 신념을 품고 있으며 어떠한 계획과 희망을 가지고 있는지, 그런 점에 대해서 나는 그로부터 한마디도 들을 수 없었다. 어쩌다 내가 그의 사업관계에 화제를 돌리기만 하면 그는 '제발 그런 얘긴 그만둡시다. 그런 건 알아서 뭘 하겠소'라는 듯 얼굴을 찡그리며 독특한 표정을 짓곤 금방 딴 얘기를 꺼내는 것이었다. 그러한 그의 태도에 처음에는 모욕감을 느꼈으나 그 후 차차 나 자신에 관한 이야기만을 주고받는 것이 습관이 되어, 나는 그것이 오히려 자연스럽다고 생각하게 되었다.

그리고 또 처음에는 내가 못마땅하게 여기던 것이 나중에 가서 반대로 만족을 주게 된 것이 있는데, 그것은 그가 내 용모에 대해 전혀 무관심할 뿐 아니라 경멸에 가까운 태도를 취하고 있는 점이었다. 그는 내 앞에서 말로나 시선으로나 나의 미모에 감탄하는 것 같은 눈치를 보인 적이 한 번도 없었다. 아니, 오히려 딴 사람이 그가 있는 자리에서 나를 예쁘다고 칭찬하면 그는 얼굴을 찌푸리며 픽하고 웃기가 일쑤였다. 그는 내 용모에서 결점을 찾아내서는 곧잘 나를 놀리기도 했다. 카차는 명절 같은 날, 내게 새로 유행하는 옷을 입히고 머리를 멋지게 빗어 주기를 좋아했는데, 그것은 그의 조소를 살 뿐이었다. 그래서 카차는 몹시 섭섭하게 생각했고, 나도 처음에는 무슨 영문인지 몰라서 약간 어리둥절하지 않을 수 없었다. 카차는 속으로 그가 나를 좋아한다고 확신하고 있었기 때문에, 자기가 좋아하는 여자가 꾸미는 것을 어째서 싫어하는지 이해할 수 없었던 모양이다. 그러나 나는 얼마 안 가서 그가 무엇을 요구하고 있는지 깨달았다. 그는 나한테 조금도 교태(嬌態)가 없다는 것을 확인하고 싶었던 것이다. 그래서 내가 그 점을 깨닫게 된 후로는 나의 옷차림에서나 머리 모양에서나 교태 같은 것은 정말 그림자도 찾아볼 수 없게 되었다. 그러나 그 대신 빤히 속이 들여다보이는 순수함을 가장한 애교가 나타났다. 그때 나는 아직도 마음속으로부터 완전히 순진해질 수는 없었던 것이다.

세르게이 미하일로비치가 나를 사랑한다는 것은 나도 알고 있었지만, 그것이 어린애에 대한 사랑인지 또는 이성에 대한 사랑인지 그런 것은 생각해 보지도 않았다. 다만 그의 사랑이 고맙기만 했다. 그리고 그가 나를 세상에서 제일 훌륭한 처녀라 생각하고 있는 것 같았으므로 나는 그러한 그의 착각이 언제까지나 계속되기를 바랐던 것이다. 그리하여 나는 그를 무의식중에 기만하고 있었다. 하지만 그를 기만하다 보니 나 자신도 전보다 훨씬 얌전하게 되어 갔다. 나는 내 영혼의 좋은 면을 그에게 보여 주는 것이, 외모의 장점을 보여 주는 것보다 얼마나 현명하고 보람이 있는가를 깨닫게 되었다. 나의 머리 모양이나 손이나 얼굴이나 버릇 같은 것은 아름답든지 흉하든지 그가 빤히 알고 있기 때문에 새삼스럽게 잘 보이려고 꾸며봐야 결국 남의 눈을 속이려는 속셈을 스스로 폭로하는 것 말고는 아무런 효과도 없을 성싶었다. 그러나 그도 내 영혼은 잘 알지 못했다. 그가 내 영혼을 사랑하고 있었기 때문이기도 하지만, 바로 그때 내 영혼이 한창 성숙하고 있었다는 데도 원인이 있었다. 따라서 이러한 면에서는 그를 속일 수 있는 가능성이 있었고, 그리하여 나는 그를 기만하고 있었던 것이다.

그런 점을 확실히 깨달은 후부터는 그를 대하기가 얼마나 수월해졌는지 모른다. 전에 느끼던 까닭없는 마음의 동요와 행동의 구속감은 어느새 모조리 사라졌다. 어디서 보든지, 내가 어떻게 꾸미든지, 그는 나의 모든 것을 자기 손바닥에 둔 것처럼 여겼고, 또한 있는 그대로의 내게 만족하고 있다고 여겨졌다. 만일에 그가 자기의 습관과는 반대로 갑자기 내 얼굴이 예쁘다는 말을 했다 해도 나는 조금도 반갑지 않았을 것이다. 그 대신 내가 무슨 말을 한마디 했을 때, 그가 내 얼굴을 응시하며 자기의 감격을 일부러 농담 비슷한 어조로 얼버무리려고 애쓰면서,

"그렇고말고, 당신에겐 그 무엇이 있어요. 당신은 참으로 훌륭한 아가씹니다. 나는 그 점을 시인하지 않을 수 없습니다."라고 할 때, 내 마음은 얼마나 기쁘고 즐거웠는지 모른다.

대체 무엇 때문에 내가 자랑과 기쁨으로 가슴이 벅찰 정도의 찬사를 그때 그에게서 받을 수 있었을까? 그것은 늙은 하인인 그리고리가 자기의 손녀를 어떻게 사랑하는지, 내가 그 애정에 감동했기 때문이다. 그리고 시라든가 소설을 읽고 눈물을 흘릴 정도로 감격했기 때문이다. 또 슐호프보다 모차르트를 더 좋아했기 때문이다.

그리고 생각할수록 이상한 것은, 그때만 해도 아직 나는 어떤 것이 훌륭한지 어떤 것을 좋아해야 하는지 전혀 분간할 수 없었는데도 불구하고, 그 어떤 비상한 직감에 의해서 그런 것을 모두 알아맞혔다는 사실이다. 이전의 나의 습관이나 취미는 거의 모두가 마음에 들지 않았었다. 그러던 것이, 이제는 그가 눈썹의 움직임이라든가 눈의 표정으로, 내가 말하려는 것이 자기 마음에 안 든다는 암시를 주기만 하면 그것으로 족했다. 상대방을 가엾게 여기는 것 같은, 그리고 멸시하는 것 같기도 한 그의 독특한 표정을 보기만 하면 나는 그전에 좋아하던 것이라도 금세 싫어지는 것이었다.

그가 내게 무슨 충고를 하려 할 때면, 나는 벌써 하고자 하는 말을 다 알 수 있을 것 같았다. 그리고 그가 내 눈을 들여다보며 무엇을 물을 때면, 그 시선은 벌써 그의 생각 속으로 나를 끌고 들어가서 그가 원하는 것이 무엇인지를 가르쳐 주는 것이었다. 그 당시의 나의 모든 사상과 모든 감정은 나 자신의 것이 아니라, 그의 사상이며 그의 감정이었다. 그의 것이 갑자기 내 것이 되고 내 생활 속으로 옮아와서 생활을 밝게 비춰 주었던 것이다.

나 자신도 전혀 의식하지 못하는 사이에 나는 주위의 모든 것을—카차도, 하인들도, 소냐도, 자기 자신도, 자기가 하고 있는 일도 아주 다른 눈으로 보게 되었다. 이전에는 그저 심심풀이로 읽던 책이 이제는 갑자기 내 생활에서 깊은

만족을 주는 것 중의 하나가 되었다. 더욱이 그렇게 된 것은 다름 아니라, 그와 더불어 책에 대해 얘기를 하고, 그와 함께 읽고, 그가 내게 여러 가지 서적을 갖다 주었다는 단순한 이유에서였다. 전 같으면 소냐에게 공부를 가르치는 것도 다만 괴로운 의무인 것만 같았고, 책임감 때문에 마지못해 하고 있었을 뿐이었다. 그러나 그가 한번 학습 시간에 참석하자 갑자기 소냐에게 공부를 가르치는 것이 내게는 즐거움으로 변해 버렸다. 전 같으면 어려운 악보를 모두 암기한다는 것은 도저히 불가능한 일이라고 생각했었는데, 지금은 그가 듣고 칭찬해 줄지도 모른다는 기대 때문에 똑같은 절(節)을 마흔 번씩이나 연습했다. 그래서 가엾게도 카차는 귓구멍을 솜으로 틀어막아 버렸지만 나는 조금도 싫증을 내지 않았다. 이전에 이미 배워 익혔던 바로 그 소나타가 왜 그런지 이제는 전혀 다른 음조를 띠는 것 같았고, 전과는 다르게 훨씬 훌륭한 곡으로 여겨졌다.

내가 누구보다도 더 잘 알고 또 나 자신과 같이 사랑해 온 카차까지도 내 눈에는 아주 딴 사람처럼 보이게 되었다. 카차는 우리들의 어머니 노릇을 해 왔고, 친구가 되어 주었으며 동시에 하인의 역할까지 맡아서 해 왔지만, 사실은 그렇게 해야 할 아무런 의무도 없다는 것은 나는 이제야 비로소 깨달았다. 나는 이 친절한 여인의 자기 희생과 깊은 애정을 알게 되었을 뿐만 아니라, 내가 그녀로부터 얼마나 많은 은혜를 입고 있는가를 이해하게 되었던 것이다. 그래서 나는 더욱더 그녀를 따르게 되었다.

내가 우리 집에 딸려 있는 사람들을—농부들이나 하인들이나 하녀들을, 전과는 전혀 다른 눈으로 볼 수 있도록 가르쳐 준 것도 역시 세르게이 미하일로비치였다. 이것은 좀 우스운 얘기지만, 나는 열일곱 살이 될 때까지 그들에게 에워싸여 살아왔으면서도 여태까지 한 번도 만나보지 못한 사람들 이상으로 그들에게 무관심했다. 그들에게도 나 자신에게 있는 것과 같은 애정과 희망과 동정심이 있으리라곤 꿈에도 생각해 본 적이 없었다. 오래전부터 내가 잘 알고 있는 우리 집 정원이라든가 숲이라든가 농장 같은 것도, 갑자기 내게는 새롭고 아름다운 것으로 변해 버렸다. 이 세상에는 오직 하나의 의심할 여지가 없는 행복이 있는데 그것은 남을 위해서 사는 것이라고 한 세르게이 미하일로비치의 말은 무의미한 소리가 아니었다. 그때만 해도 나는 그 말이 이상하게 들렸고, 또한 뜻을 이해할 수도 없었지만, 그러한 그의 신념은 똑바로 내 가슴속으로 들어와서 자리를 잡는 것이었다. 그는 내 생활에 아무런 변화도 일으키지 않고, 또한 하나하나의 인상이 자기 이외에는 아무것도 더하지 않으면서 현재의 내 생활에 기쁜 삶의 문을 열어 주었다. 어릴 때부터 침묵만 지키고 있던 내 주위의 모든 것이 갑자기 활기를 띠게 되었다. 오직 그가 찾아왔다는 이유만으로 주위의 모든 사물이 입을 벌려 말을 하기 시작하고, 앞을 다투어 내 영혼 속으로 달려들어와서는 그 영혼을 행복에 넘치게 하는 것이었다.

그해 여름에는 이런 일이 종종 있었다. 이층에 있는 내 방에 들어가서 자리에 누우면, 이전에 느끼던 봄다운 우수(憂愁)나 희망이나 미래에 대한 기대 대신에, 현재의 행복에서 오는 불안이 내 가슴을 사로잡곤 했다. 그런 때면 잠을 이루지 못하고 자리에서 일어나 카차의 침대에 걸터앉아, 나는 참으로 행복하다고 그녀에게 말했다. 지금 생각해 보면, 그런 말을 할 필요는 조금도 없었던 것 같다. 그녀는 내가 말하지 않아도 빤히 알고 있었을 것이었기 때문이다. 그러나 카차는

"네가 행복하다니, 나는 그 이상 아무것도 바랄 것이 없다. 나 역시 행복하다."

이렇게 말하며 내게 키스를 하는 것이었다. 나는 카차의 말을 믿었다. 나는 누구나가 다 행복해야만 하고 그래야만 공평할 것이라 생각했다. 하지만 카차는 잠을 자야겠다는 생각에서인지, 일부러 성난 태도를 꾸미기까지 하며, 자기 침대에서 나를 쫓고는 다시 잠들어 버리곤 했다. 그래도 나는 잠잘 생각을 하지 않고, 무엇이 나를 이처럼 행복하게 해주는지 그 원인을 오랫동안 곰곰이 생각하고 또 생각했다. 어떤 때는 자리에서 일어나 이와 같은 행복을 주셔서 감사하다고 하느님께 기도를 드리기도 했다.

방 안은 조용했다. 다만 카차의 규칙적인 숨결 소리와 그 옆에서 재깍거리는 시계 소리가 들릴 뿐이었다. 나는 이리저리 몸을 뒤척이면서 입속으로 기도문을 외기도 하고, 성호를 긋기도 하고, 목에 걸고 있는 십자가에 입술을 대기도 했다. 방문은 닫혀 있고 들창에는 덧문이 내려져 있었다. 무엇인지 파리가 아니면 모기 같은 것이 한 곳에서 가늘게 날개를 떨며 앵앵거리고 있었다. 나는 어떠한 일이 있어도 그 조그만 방에서 밖으로 나가고 싶지 않다고 생각했다. 아침이 오지 말았으면 하는 생각이 늘 있었다. 나를 에워싸고 있는 이 영적인 분위기를 깨뜨리고 싶지 않았기 때문이다. 나의 공상이나 사상이나 기도는 생명을 지니고 있어서 이 어둠 속에 나와 함께 호흡하며 내 침대 주위를 날아다니기도 하

고 내 머리 위에서 맴돌고 있기도 하는 것만 같았다. 그리고 이러한 나의 사상은 모두가 그의 사상이고 나의 감정은 곧 그의 감정이었다.

그 당시만 해도 나는 그것이 연정(戀情)이라는 것인 줄 알지 못했다. 그리고 이런 일은 언제나 있을 수 있으며, 이러한 감정은 별다른 이유 없이 그저 우러날 수 있다고 생각했던 것이다.

3

여름 추수가 시작될 무렵인 어느 날, 점심을 먹고 나서 나는 카챠와 소냐와 함께 우리들이 좋아하는 정원 벤치로 나갔다. 벤치는 골짜기 위에 서 있는 보리수 그늘 밑에 놓여 있었는데, 거기서는 숲과 들판의 경치를 한눈으로 바라볼 수 있었다. 벌써 사흘이나 세르게이 미하일로비치가 우리 집에 나타나지 않아서, 우리들은 그가 오기만을 고대하고 있었다. 더욱이 그가 우리 밭을 돌아보러 오겠다고 약속했다는 말을 마름한테 들었기 때문에 틀림없이 오리라 믿었다.

오후 한 시가 좀 지나자, 그가 말을 타고 밀밭으로 오는 것이 보였다. 카챠는 하녀에게 그가 좋아하는 복숭아와 버찌를 내오라고 말하고는, 나를 보며 생긋 웃더니 벤치 위에 누워 잠을 청했다. 나는 잎사귀와 껍질에 손이 젖을 정도로 수분이 많은, 부채처럼 둥그렇고 납작한 보리수나무 가지를 꺾어 들고 카챠에게 부채질을 해주며 읽던 책을 다시 들여다보았다. 그러나 시선은 쉴 새 없이 책에서 떠나 세르게이 미하일로비치가 말을 타고 달려올 들판길로 향해지는 것이었다. 소냐는 굵은 보리수 그루 옆에서 인형의 집을 만들고 있었다.

그날은 바람 한점 없는 무더운 날씨였다. 땅에서는 뜨거운 김이 올라오고, 비구름이 하늘을 검게 덮어서 아침부터 소나기라도 한 차례 쏟아질 것 같았다. 나는 언제나 소나기가 퍼붓기 전 한동안 공연히 습관처럼 마음이 산란해지곤 했다. 다행히도 오후부터는 구름이 사방으로 흩어지기 시작하더니 푸른 하늘에 해가 나타났다. 다만 저 멀리 하늘 한쪽 끝에서 천둥소리가 어렴풋이 들려오고, 그와 함께 지평선 위에서 들판의 먼지와 뒤섞여 낮게 뭉쳐 있는 무거운 비구름을 가르며 가끔 새하얀 섬광이 지면에까지 뻗치곤 했다. 적어도 그날 안으로는 우리 마을에 비가 오지 않으리라고 단정할 수 있었다.

정원 저쪽으로 간간이 보이는 길에는 짐마차가 쉴 새 없이 지나가고 있었다.

밀단을 높이 쌓아 올린 마차가 꼬리를 물고 느릿느릿 지나가는가 하면, 반대편에서는 빈 마차가 덜거덕거리며 달려오고, 그 위에 올라탄 농부의 두 다리가 흔들리며 루바시카 자락이 나부끼는 것이 보였다. 뽀얗게 일어난 먼지는 바람에 날려 가지도 않고 밑으로 내려앉지도 않고, 울타리 너머 정원의 엉성한 나뭇잎 사이에 자욱이 끼여 있었다. 좀 떨어진 곳에 있는 탈곡장에서도 사람들의 목소리와 삐걱거리는 마차바퀴 소리가 들려왔다. 담장을 끼고 천천히 그쪽으로 실려 간 누런 밀단이 공중으로 휙휙 날아 올라가서 순식간에 둥그스름한 가리가 높다랗게 쌓였다. 끝이 뾰족한 지붕은 하늘을 배경으로 뚜렷하게 솟아올랐다. 그리고 그 위에서 분주하게 움직이고 있는 농부들이 보였다. 저 멀리 먼지 낀 들판에서도 역시 짐마차가 왔다 갔다 하고, 누런 밀단이 보이고, 마차 바퀴 소리며 사람들의 말소리며 노랫소리가 이쪽까지 들려왔다.

밀단은 한쪽 귀퉁이부터 차차 벌거숭이가 되어 갔고, 꼭대가 자란 밭두둑이 줄무늬처럼 나타났다. 오른편으로 보이는 아래쪽에서는 밀 포기를 아무렇게나 마구 베어 던진 가운데서 몸을 굽히기도 하고 손을 흔들기도 하며, 밀단을 묶고 있는 여자들의 선명한 옷 빛깔이 눈에 띄었다. 너저분하게 보이던 밭은 점점 깨끗이 정리되고, 밀단이 보기 좋게 줄지어 늘어섰다. 그것은 마치 순식간에 여름이 지나가고 가을이 온 것 같은 느낌을 주었다. 먼지와 더위는 우리가 좋아하는 뜰 한구석을 제외하고는 어딜 가도 피할 수가 없었다. 그 먼지와 더위 속에서 뜨거운 햇볕을 받으면서, 부지런한 농부들은 떠들썩하게 지껄이며 부지런히 움직이고 있었다.

카차는 흰모시 수건을 얼굴에 뒤집어쓰고, 그늘진 벤치 위에서 아주 기분 좋게 코를 골고 있었다. 접시에 놓은 거무스름한 버찌는 윤기가 흘러 먹음직스럽게 보였다. 그리고 우리들의 의복은 아주 산뜻해서 보기만 해도 시원했다. 그리고 컵의 물은 햇빛을 받아 무지갯빛 광채를 발산하고 있었다. 나는 더할 나위 없이 상쾌한 기분이었다.

'할 수 없지 뭐! 내가 행복하다고 해서 내게 잘못이 있는 건 아니니까! 하지만 이 행복을 어떻게 하면 나누어 줄 수 있을까? 내 마음과 몸을, 그리고 이 행복을 어떻게 하면 남에게 전부 줄 수 있을까? 그리고 누구에게 줘야 할까……' 나는 생각했다.

해는 이미 길가에 늘어선 자작나무 가지에 걸리고 들판에 뽀얗게 끼여 있던 먼지도 가라앉아서 아득히 먼 곳의 경치까지도 기울어져 가는 햇빛을 받아 선명하게 보였다. 비구름은 어디론지 말끔히 흘러가 버리고, 탈곡장에는 새로 생긴 세 개의 밀짚가리 지붕이 나무 사이로 모습을 나타냈다. 가리를 쌓아 올리던 농부들이 밑으로 내려왔다. 짐마차들이 커다란 고함 소리와 함께 요란하게 지나갔는데 아마도 그것이 마지막 차례인 것 같았다. 쇠갈퀴를 어깨에 메고 밀단을 묶기 위한 새끼 오라기를 허리춤에 찬 여자들이 소리 높이 노래를 부르며 자기 집으로 돌아갔다. 세르게이 미하일로비치가 언덕길을 내려오는 것이 보인 지가 꽤 오래되었는데 어떻게 된 셈인지 좀처럼 우리 앞에 나타나지 않았다. 갑자기 내가 얘기했던 것과는 반대쪽 방향인 가로수길에서 그의 모습이 나타났다 (아마 골짜기를 한 바퀴 돌아온 모양이었다). 그는 자못 유쾌한 듯이 얼굴 가득히 미소를 띠며 모자를 벗어 들고 빠른 걸음걸이로 이쪽을 향하여 걸어왔다. 카차가 자고 있는 것을 보더니, 아랫입술을 깨물며 눈을 내리깔고 발끝으로 살금살금 다가왔다. 나는 그가 이렇다 할 이유도 없이 기분이 들떠 있는 것을 금세 눈치챘다. 나는 그러한 그의 습성을 몹시 좋아했는데 우리들은 그것을 '야만적인 기쁨'이라 불렀다. 그는 마치 공부시간에 몰래 빠져나온 초등학생같이 보였다. 얼굴에서 발끝까지 그의 온몸에서는 만족과 행복과, 그리고 어린애와 같은 활발한 기운이 넘치고 있었다.

"안녕하세요. 제비꽃 아가씨 기분이 어때요? 좋지요?"

그는 이렇게 소곤거렸다. 내 곁으로 가까이 와서 손을 잡으며, 내가 안부를 묻자 말을 이었다.

"나는 매우 좋습니다. 오늘은 마치 열서너 살 난 어린애처럼 말타기놀이를 하든지 나무에라도 기어 올라가고 싶은 기분입니다."

"말하자면 야만적인 기쁨이시로군요?"

나는 웃음을 머금은 그의 눈을 들여다보았다. 그러자 그 '야만적인 기쁨'이 금세 내게 옮아오는 것 같은 느낌이 들었다.

"그렇습니다."

그가 미소 띤 얼굴로 윙크했다.

"그런데 어쩌자고 그렇게 카체리나 카를로브나의 콧잔등을 두드리고 계십니까?"

내가 그의 얼굴을 바라보며 카차에게 부채질을 해주고 있는 사이에, 카차의 얼굴에서 손수건이 벗겨지고 잎사귀가 코를 쓰다듬고 있는 것을 미처 몰랐던 것이다. 나는 웃음을 터뜨리고 말았다.

"그래도 아마 카차는 나중에, 자기는 잠든 것이 아니라고 우길 거예요."

카차를 깨우지 않으려는 듯이 나는 이렇게 소곤거렸지만, 솔직히 말해서 그런 생각이 조금도 없었다. 다만 그와 작은 소리로 소곤소곤 얘기하는 것이 즐거웠을 뿐이다.

세르게이 미하일로비치는 내 목소리가 너무 작아서 한마디도 알아듣지 못했다는 듯이 내 흉내를 내며 뻐끔뻐끔 입술을 움직여 보였다. 그러더니 버찌를 담아 놓은 접시를 보고 몰래 훔치는 시늉을 하며 그것을 집어 들어 보리수 아래에 있는 소냐에게로 가서 인형을 깔고 앉았다. 소냐는 발끈 화를 냈지만 곧 풀어져 둘이서 누가 빨리 버찌를 먹어버리나 내기를 시작했다.

"부족하시다면 더 따 오라고 하겠어요."

내가 말했다.

"그보다 우리가 직접 과수원으로 가는 게 어떨까요?"

그는 접시를 집어 들더니 인형을 그 위에 올려놓았다. 우리들 셋은 과수원 쪽으로 걸어갔다. 소냐는 깔깔거리며 우리 뒤를 쫓아오더니, 인형을 돌려달라고 그의 외투자락에 매달렸다. 그는 인형을 돌려주고 나서 정색을 하고 나를 바라보았다.

"정말 당신은 제비꽃입니다!"

이제는 누구의 잠을 깨울까 염려할 필요도 없는데, 그는 여전히 낮은 목소리로 소곤거렸다.

"아까 그 먼지투성이의 무더운 일터에서 당신 곁으로 오자마자 나는 제비꽃 향기를 맡을 수 있었어요. 그것도 코를 찌르는 향기가 아니라, 맨 먼저 피어나는 검푸른 빛을 한 제비꽃이 있지 않습니까? 봄볕에 녹는 눈 냄새와 이른 봄의 풀 냄새가 뒤섞인 그러한 향기였지요."

"그런데 어때요? 농사일은 잘되어 가나요?"

그의 말이 불러일으킨 마음의 동요를 감추려고 나는 이렇게 물었다.

"썩 잘되어 갑니다! 어딜 가봐도 이 마을 농부들은 아주 훌륭하더군요. 좀 더 깊이 사귀면 사귈수록 그 사람들에게 친밀감을 갖게 됩니다."

"정말 그래요."

나는 말을 받았다.

"오늘 당신이 오시기 전에 정원에 앉아서 농부들이 일하는 걸 바라보았는데요. 문득 양심의 가책을 느꼈어요—저 사람들은 저렇게 열심히 일하는데 나는 이렇게 편하게……."

"그런 말로 남의 환심을 사려는 생각은 아예 그만두십시오."

그는 갑자기 엄숙하면서도 상냥스러운 눈초리로 나를 바라보며 내 말을 가로챘다.

"노동이란 신성한 것입니다. 혹시라도 남이 들으라고 자랑삼아 그런 소리를 했다가는 큰일입니다."

"하지만 이건 당신한테만 하는 말이에요."

"그야 물론 나도 알고 있지요. 그런데 벚나무는 어디 있습니까?"

과수원은 문이 닫혀 있었고 정원지기는 한 사람도 보이지 않았다(모두들 밭일에 내보낸 모양이었다). 소냐가 열쇠를 가지러 달려갔는데도, 그는 그새를 참지 못해서 한쪽 옆으로 기어 올라가더니 담장 위로 쳐 놓은 새끼 그물을 들치고 안으로 뛰어내렸다.

"당신은 어떡하겠소?"

하는 소리가 담장 너머로 들렸다.

"접시를 이리 들여보내주시오."

"아니, 저도 들어가서 버찌를 따고 싶어요. 가서 열쇠를 찾아가지고 오겠어요."

내가 대답했다.

"아마 소냐는 열쇠가 어디 있는지 모를 거예요."

그러나 바로 그 순간, 나는 그가 무엇을 하고 있는지 보고 싶은 생각이 들었다. 아무도 자기를 보는 사람이 없는 데서 그가 과연 어떤 행동을 하고 있는지 그것을 엿보고 싶었다. 다시 말하면, 나는 그때 1분조차도 그에게서 눈을 떼고 싶지 않았던 것이다. 나는 발꿈치를 들고 쐐기풀을 밟으며 살금살금 과수원을 돌아 반대쪽으로 갔다. 그곳은 다른 데보다 좀 낮아서 빈 나무통 위에 올라섰더니 담장이 내 가슴에도 미치지 않았다. 허리를 굽히고 담장 안을 들여다보았다. 꾸불꾸불한 노목에는 가장자리가 톱날처럼 생긴 널따란 잎이 무성하고, 그 사이로 번들번들 윤기가 도는 거무스름한 열매가 주렁주렁 매달려 있었다.

그물을 쳐들고 머리를 안으로 쑤셔 넣었더니 꾸불꾸불한 늙은 벚나무 밑에 세르게이 미하일로비치가 앉아 있는 것이 보였다. 아마도 그는 내가 열쇠를 가지러 갔기 때문에 아무도 자기를 보고 있는 사람은 없으리라고 생각했을 것이다. 그는 모자를 벗고 쓰러진 고목에 걸터앉아서 눈을 감은 채 벚나무 진으로 열심히 공을 빚고 있었다. 그러다가 갑자기 어깨를 으쓱하며 눈을 뜨더니, 무슨 말인지 혼자서 한마디 하고는 싱긋 웃었다. 그 말과 웃음이 너무나 그에게 어울리지 않는 것이어서 이렇게 몰래 엿보고 있는 것이 어쩐지 부끄러워졌다. 그가 '마샤!' 하고 내 이름을 부른 것 같았기 때문이다.

'아마 내가 잘못 들었을 거야!'

나는 생각했다.

"귀여운 마샤!"

그는 또 한 번 더욱 낮은 소리로 부드럽게 내 이름을 불렀다. 이번에는 이 두 음절의 말이 아주 분명하게 귀에 들려왔다. 심장이 방망이질을 하듯 뛰기 시작했다. 정신이 아찔할 정도의 희열이 불현듯 나를 사로잡아 하마터면 밑으로 굴러 떨어질 뻔했다. 나는 그에게 들킬까 봐 기를 쓰고 담장에 매달렸다. 그는 인기척을 듣고 깜짝 놀라 이쪽을 돌아보더니, 금세 얼굴을 붉히며 눈을 내리깔았다. 새빨갛게 되어 어쩔 줄 몰라하는 품이, 마치 철부지 어린애와 같았다.

그는 무슨 말인지 하려는 것 같았으나 한마디도 입 밖에 내지를 못하고 얼굴만 더욱더 붉혔다. 그러면서도 나를 바라보며 히죽 웃어 보였다. 나도 그를 따라서 웃었다. 그의 얼굴이 기쁨으로 환하게 빛났다. 이미 그는 나를 귀여워해 주고 가르쳐 주는 나이 많은 아저씨가 아니라 완전히 나와 대등한 한 사람의 남성이었다. 말하자면, 그는 나를 사모하며 두려워하는 남성이었고, 또한 내가 두려워하고 사모하는 남성이기도 했다. 우리는 아무 말 없이 그저 서로 바라보고만 있었다.

별안간 그는 미간을 찌푸렸다. 그 눈에선 미소와 광채가 사라져 버렸다. 그리고 다시는 아버지 같은 냉엄한 태도로 나를 대하는 것이었다. 마치 그건 우리가 무슨 나쁜 짓이라도 하고 있다가, 그가 먼저 정신을 차리고 나서 나도 빨리 정신을 차리라고 충고하는 듯한 태도였다.

"이젠 그만 내려가십시오. 그러다가 다치기라도 하면 어떡합니까?"

그는 말했다.

"그리고 머리를 좀 손질해요. 대체 그게 무슨 꼴입니까!"

'어째서 저렇게 점잔을 빼려고만 들까? 뭣 때문에 나한테 싫은 소리를 하는 걸까?'

나는 그가 원망스러워졌다. 순간 나는 한 번 더 그를 놀라게 하여 그가 어떻게 하는가를 보고 싶은 억제할 수 없는 충동을 느꼈다.

"그런 게 아니라, 내 손으로 버찌를 따고 싶어서 그랬어요."

나는 손에 닿는 나뭇가지를 붙잡고 담장 위로 뛰어 올라갔다. 그리고 그가 부축해 주기도 전에 재빨리 과수원으로 껑충 뛰어내렸다.

"어쩌자고 이런 짓을 하는 거요!"

그는 또다시 얼굴을 붉히며 성낸 표정으로 말했다. 마음의 동요를 감추려고 애쓰는 모습이 역력했다.

"그러다가 정말 다칩니다. 그리고 이따가 밖으로 나갈 땐 어떡할 작정이오?"

그는 조금 전보다 더욱 어쩔 줄 몰라했지만, 나는 그의 당황하는 모습이 재미있기는커녕 이제는 두렵기까지 했다. 그리고 그러한 그의 태도에 나도 덩달아 얼굴을 붉혔다. 나는 아무 말도 꺼내지 못하고 그의 눈을 보며 버찌를 따기 시작했지만, 그 버찌를 담을 데가 없었다. 나는 내 자신을 꾸짖으며 후회했다. 두려운 마음이 들었다. 그의 눈앞에서 이런 짓을 했기 때문에 이제는 영원히 그의 신뢰를 잃어버리고 만 것 같았다. 양쪽 다 말이 없었고, 서로 거북하기만 했다. 열쇠를 가지고 달려온 소냐가 우리들을 괴로운 상태에서 구해주었지만, 그 후에도 한참 동안이나 서로 말을 주고받지 못하고 소냐에게만 말을 걸었다.

과수원에서 카챠가 있는 곳으로 돌아왔을 때, 나는 비로소 마음이 안정되었다(카챠는 자기가 잠들지 않았고 옆에서 하는 말을 모두 듣고 있었노라고 우겼다). 세르게이 미하일로비치도 역시 여느 때처럼 보호자다운 태도로 나를 대하려고 애썼지만, 아무래도 어색한 데가 있어서 내 눈을 속이지는 못했다. 며칠 전에 우리들이 주고받은 대화가 새삼스럽게 머릿속에 되살아났다.

그때 카차는 남자들이 여자들보다는 사랑을 하기 쉬울 뿐만 아니라 사랑을 고백하기도 훨씬 쉬울 것이라는 말을 했던 것이다.

"남자들은 사랑한다는 말을 할 수 있지만 여자들은 좀처럼 그런 말을 입 밖에 낼 수 없으니까요."

카차는 말했다.

"하지만 내 생각 같아서는, 남자는 절대로 사랑한다느니 뭐니 하는 말을 해서는 안 되고 또 그런 말을 할 수도 없을 것 같습니다."

그는 반대했다.

"어째서 그렇게 생각하시죠?"

나는 그에게 물었다.

"어째서냐고요? 그런 소린 항상 거짓말이기 때문이지요. 누구를 사랑한다는 것이 우연히 무엇을 발견하는 것과 같을 수 있겠습니까? 무슨 방아쇠라도 당기듯 느닷없이—'사랑합니다!'라고 뇌까리니 말이지요. 마치 그런 소리를 하기가 무섭게 그 어떤 비상한 영험(靈驗)이 나타나서, 이 세상의 모든 대포가 일제히 울리기라도 할 것처럼 생각하고 있단 말입니다."

그는 말을 이었다.

"나는 이렇게 생각합니다. '당신을 사랑합니다'라고 엄숙한 표정으로 말하는 인간들은 자기 자신을 기만하고 있는 거예요. 그렇지 않으면 상대방을 기만하고 있는 것인데, 그건 더욱 악질이라고 볼 수 있지요."

"그렇지만 그런 말을 해주지 않는다면, 여자는 상대방이 자기를 사랑하고 있다는 것을 알 도리가 없지 않겠어요?"

이번에는 카차가 물었다.

"그건 나도 모르겠군요."

그는 대답했다.

"그러나 인간이란 저마다 자기 자신의 언어를 가지고 있는 법입니다. 그리고 또 감정이라는 것이 있는 이상 그것은 저절로 표면에 나타날 겁니다. 나는 소설을 읽을 때면 언제나 이런 생각을 합니다. 스트렐리스키 중위라든가 알프레드 같은 인물이 '엘레오노라, 나는 그대를 사랑하노라!' 하며 금세 무슨 굉장한 변화가 일어날 것이라 생각하고 있었는데, 상대방에게 아무런 변화도 일어나지 않고, 여전히 똑같은 눈에 똑같은 코, 그리고 그 밖의 모든 것이 조금도 변하지 않은 것을 본다면 그들이 얼마나 얼빠진 얼굴을 할까 하고 말입니다."

나는 그때 이미 이 농담 속에서 무엇인지 나 자신과 관련된 중요한 것이 내포되어 있음을 직감했다. 그러나 카차는 그가 소설의 주인공을 그처럼 대수롭지 않게 취급하는 것을 몹시 못마땅하게 여겼다.

"그건 어디까지나 역설이에요. 그럼, 솔직히 말해 보세요—당신은 그래 한 번도 여자한테 사랑한다는 말을 한 적이 없단 말씀인가요?"

"그럼요. 한 번도 그런 말을 한 일도 없거니와 한쪽 무릎을 꿇어본 일조차 없습니다."

그는 웃으며 대답했다.

"그리고 앞으로도 없을 겁니다."

'사실 이분은 나한테 새삼스럽게 사랑한다는 말을 할 필요가 없을 거야.' 나는 그때 주고받은 대화를 되씹어 보며 이렇게 생각했다.

'이분이 나를 사랑한다는 걸 나는 잘 알고 있으니까 이분이 아무리 냉정한 척하려고 해도 나를 속일 수는 없어.'

그날 저녁, 그는 자기 집으로 돌아갈 때까지 나하고는 별로 얘기를 하지 않았다. 그러나 나는 그가 카차나 소냐에게 하는 한마디 한마디의 말에서, 그의 거동과 시선에서, 나에 대한 그의 사랑을 똑똑히 알 수 있었고, 또한 그것을 믿어 의심치 않았다. 이미 모든 것이 이처럼 명백해졌을 뿐만 아니라, 아주 간단하고도 쉽게 무상의 행복을 누릴 수 있게 된 지금, 어째서 그렇게 언제까지나 냉정한 태도를 꾸미며 자기 마음속을 숨기려고만 드는지, 나는 그가 원망스럽기도 했고, 한편으로는 측은하기조차 했다. 그러나 아까 과수원 안으로 뛰어들어간 것만은 마치 무슨 죄라도 지은 것 같아서 아무래도 마음이 편치 않았다. 그것 때문에 그가 나를 존경하지 않게 되고 내게 화를 내고 있는 것처럼 생각되었기 때문이다.

차를 마시고 나서 내가 피아노 쪽으로 갔더니, 세르게이 미하일로비치도 내 뒤를 따라왔다.

"뭐든지 한 곡 쳐 주십시오. 당신의 피아노 연주를 들은 지도 꽤 오래되었군요."

응접실에 오자 내 옆으로 다가서며 그가 말했다.

"네, 저도 피아노를 치고 싶었어요. 그런데…… 세르게이 미하일로비치."

나는 그의 눈을 들여다보며 불쑥 이렇게 물었다.

"저한테 화를 내고 계신 건 아녜요?"

"아니, 무엇 때문에요?"

그가 반문했다.

"아까 과수원에서 당신의 말을 듣지 않았다고……."

나는 얼굴을 붉혔다. 그는 내 마음을 알아채고 고개를 가로저으며 웃어 보였다. 그의 눈은, '단단히 꾸중해야겠지만, 내게는 그럴 능력이 없다'라고 말하는 것 같았다.

"아무렇게 생각하시지 않는단 말씀이죠? 그럼, 전과 다름없이 친구가 되어 주세요, 네?"

나는 피아노 앞에 앉으며 말했다.

"물론이지요!"

그가 대답했다.

천장이 높은 커다란 홀에는 피아노 위에만 촛불이 두 개 켜 있을 뿐이고, 그 둘레는 어두컴컴했다. 열어젖힌 들창 밖은 여름밤이었다. 주위는 고요한데 다만 카차의 발소리가 간간이 응접실에서 들려오고, 들창 밑에 매어 놓은 세르게이 미하일로비치의 말이 코를 부르릉거리며 잡초 포기를 파헤치고 있는 소리가 들릴 뿐이었다.

그는 등 뒤에 앉아 있었기 때문에 내 눈에 보이지 않았지만, 방 안의 희미한 어둠 속에서도, 귀에 들어오는 온갖 음향 속에서도, 나 자신의 마음속에서도—어느 곳에서나 그의 존재를 느낄 수 있었다. 눈에는 보이지 않는 그의 눈길과 거동이 하나도 빼놓지 않고 모두 내 가슴속에 반영되는 것이었다.

나는 얼마 전에 그가 갖다 준 모차르트의 환상곡을 쳤다. 그것은 그를 위해 직접 그의 지도를 받아 배워 익혔던 곡이었다. 나는 무엇을 치고 있는지 그런 것은 전혀 염두에도 없었지만, 그래도 그의 마음에 들 만큼 제법 괜찮게 연주한 모양이었다. 그가 느낀 감흥을 나 역시 느낄 수 있었고, 뒤를 돌아보지 않아도 그의 시선이 내게 못 박혀 있다는 것을 충분히 알 수 있었다. 나는 거의 무의식적으로 손가락을 놀리고 있다가 정말 무심히 그를 돌아보았다. 그의 머리가 밝은 밤하늘을 배경으로 뚜렷이 모습을 드러냈다. 팔꿈치를 세워 두 손으로 턱을 받치고 앉은 채, 그는 번쩍이는 눈으로 나를 응시하고 있었다.

나는 그의 시선을 받고 싱긋 웃어 보이며 건반에서 손을 뗐다. 그도 얼굴에 미소를 띠었으나, 나무라는 듯이 고개를 가로저으면서 턱으로 악보를 가리켰다. 계속해서 치라는 뜻이었다. 내가 연주를 끝냈을 때는 달이 하늘 높이 떠올라 밝게 빛나고 있었다. 이미 방 안에는 가물거리는 촛불 이외에 은빛 광선이 들창으로부터 들어와서 방바닥에 떨어지고 있었다.

카차는 가장 좋은 대목에서 연주를 멈추다니 그런 법이 어디 있느냐고 나무라며 나의 연주가 신통치 않았다고 했다. 그러나 세르게이 미하일로비치는 여태까지 오늘만큼 훌륭하게 연주한 적은 한 번도 없었다고 칭찬하며 방 안을 이리저리 걷기 시작했다. 홀을 지나 어두운 응접실로 들어갔다가는 다시 홀로 돌아오곤 했는데, 그때마다 그는 나를 바라보며 싱긋 웃는 것이었다.

그래서 나도 미소를 지어 보였지만, 왜 그런지 아무런 이유 없이 마음껏 소리를 내어 보고 싶었다. 바로 지금 일어난 일이 기쁘기 짝이 없었던 것이다. 그가 방문 뒤로 보이지 않게 되자 나는 피아노 옆에 서 있는 카차를 얼싸안고 내가 언제나 좋아하는 포동포동 살찐 목에다 키스를 했다. 그러다가 다시 홀에 나타나면, 나는 정색을 하고 터져 나오려는 웃음을 간신히 참곤 했다.

"마샤가 오늘은 어떻게 된 모양이지요?"

카차는 그에게 말했다.

그러나 그는 대답을 않고 나를 보고 웃고만 있었다. 내가 오늘 어떻게 되었는지 그는 잘 알고 있었던 것이다.

"밖을 좀 보시오. 정말 아름다운 밤이군요!"

정원 쪽으로 열린 테라스의 문 앞에 발을 멈추고 응접실 쪽에서 그가 소리쳤다.

나와 카차는 그가 서 있는 곳으로 가까이 갔다. 과연 그날 밤의 풍경은 그 후 한 번도 보지 못했을 만큼 아름다운 것이었다. 보름달은 집 위에 높이 떠 있기 때문에 지붕에 가려져서 보이지 않았다.

그리고 지붕이라든가 기둥이라든가 테라스 위에 덮은 포장의 그림자는 짧게 오므라든 채 조약돌을 깔아 놓은 길과 둥그런 잔디밭 위에 비스듬히 누워 있었다. 그 밖에는 모든 것이 밤이슬에 젖어 휘황한 달빛을 받고 은빛으로 빛나고 있었다. 한쪽으로는 달리아의 받침대 그림자가 엇비슷이 누워 있고, 고르지 않은 조약돌이 반짝거리는 널따란 정원의 길은 밝고 차가운 달빛에 싸여 저 멀리 안개 속으로 뻗쳐 있었다.

나무 그늘 사이로는 환한 온실 지붕이 보였고, 골짜기 쪽에서는 안개가 점점 자욱이 끼고 있었다. 벌써 군데군데 잎을 털어 버린 라일락 덤불은, 가느다란 가지를 일일이 셀 수 있을 만큼 환하게 보였다. 그리고 이슬에 젖은 꽃들도 하나하나 분간해 낼 수 있었다. 가로수길에는 달빛과 나무 그림자가 서로 엇갈리고 뒤섞여, 마치 나무나 길이 아니라 가볍게 흔들리는 투명한 집 같은 느낌을 주었다.

오른편에 있는 집 그늘은 아무것도 분간해 낼 수 없게 컴컴해서 무시무시하게 보였다. 그러나 그 대신 멋지게 가지를 뻗은 백양나무 끄트머리가 어둠 속에서 한결 환하게 드러나 보였는데, 그 나무가 아득히 퍼져나간 푸르스름한 허공으로 날아가 버리지 않고, 꼭대기에 밝은 달빛을 받으며 집 옆에 그냥 서 있는 것이 어쩐지 기이하게 여겨지는 것이었다.

"바람 쐬러 나가요, 네?"

나는 제의했다.

카차는 내 제의에 찬성하면서 나한테 덧신을 신으라고 했다.

"필요 없어요, 카차."

나는 말했다.

"세르게이 미하일로비치가 팔을 빌려 주실 테니까."

마치 그와 팔을 끼기만 하면 이슬에 발을 적시지 않을 수 있을 것이라는 말투였다. 그러나 그때 우리들은 세 사람 모두 그 말에 이의를 제기하지 않았다. 그는 아직 한 번도 내게 팔을 빌려 준 일이 없었지만, 나는 서슴지 않고 그의 팔을 꼈다. 그 역시 별로 이상하게 생각하지 않는 모양이었다.

우리들은 셋이서 정원으로 내려갔다. 온 세계가―하늘도 정원도 공기도, 여태까지 내가 알던 세계와는 전혀 다른 세계인 것 같았다.

우리들이 걷고 있는 가로수길을 따라 멀리 앞을 바라보았을 때, 나는 더 이상 그쪽으로 갈 수 없을 것 같은 생각이 들었다. 마치 거기서 실제적인 세계는 끝나고 만물이 그 아름다움 속에 영영 응결되어 있는 듯싶었다. 그러나 우리들이 걸음을 옮기면, 그 환상적인 미의 장벽은 양쪽으로 열리며 우리를 들여보내 주었다. 그러면 그곳에서 역시 눈에 익은 정원이며 수목이며 좁은 길이며 가랑잎 따위가 나타나는 것이었다. 그것은 꿈도 환상도 아니었다. 우리들은 분명히 달빛과 나무 그림자가 수놓은 둥근 무늬를 밟으며 정원길을 걷고 있었다. 그리고 분명히 가랑잎이 발밑에서 바삭거리고, 산뜻한 나뭇가지가 내 얼굴을 가볍게 스치는 것이었다. 더욱이 내 곁에서 한 발짝 한 발짝 조용히 발을 옮겨놓으며 조심스럽게 내 팔을 이끌어 주고 있는 사람은 바로 세르게이 미하일로비치였다. 또한 발소리를 내며 우리들과 나란히 걷고 있는 것은 틀림없는 카차였다. 그리고 꼼짝 않고 서 있는 나뭇가지 사이로 우리들을 내리비추고 있는 것은 분명히 창공의 달이었…….

그렇지만 한 발짝씩 옮겨놓을 때마다, 우리들의 앞에도 뒤에도 다시금 그 환상적인 벽이 가로막혔다. 그래서 더 앞으로 가지 못할 것이라는 생각이 들며, 여태까지 걸어온 사실조차 의심하게 되는 것이었다.

"어머나! 저 개구리!"

카차가 소리쳤다.

'어째서 저런 소릴 내는 걸까?'

나는 생각했다. 그러나 곧, '카차는 개구리라면 질색을 하는 여자니까'라는 생각이 들어 발밑을 내려다보았다. 조그만 개구리 한 마리가 깡충 뛰어 내 앞에 와서 멎더니 조그만 그림자를 환한 길바닥에 또렷이 그려놓은 채 꼼짝도 하지 않았다.

"당신은 무섭지 않아요?"

세르게이 미하일로비치가 물었다. 나는 그를 돌아보았다. 때마침 우리들은 가로수가 한 그루 비어 있는 곳을 지나가고 있었기 때문에 나는 그의 얼굴을 똑똑히 볼 수 있었다. 그것은 말할 수 없이 아름답고 행복한 얼굴이었…….

'당신은 무섭지 않아요?'라고 그는 말했지만, 내 귀에는 '귀여운 아가씨, 나는 너를 사랑한다!'라고 말하는 것처럼 들렸다. '나는 사랑한다, 너를 사랑한다!' 그의 눈도 그의 말도 이렇게 되풀이하는 것이었다. 달빛도, 그림자도, 공기도, 그리고 세상 만물이 꼭 같은 말을 되풀이하는 것 같았다.

우리들은 넓은 정원을 한 바퀴 돌았다. 카차는 잰걸음으로 우리들과 나란히 걸으면서도, 피로했는지 숨을 할딱거리며 이젠 돌아가야 할 시간이 되었다고 했다. 나는 카차가 몹시 가엾게 여겨졌다.

'어째서 카차는 우리들이 맛보고 있는 이런 기분을 느끼지 못할까? 어째서 모두들 이 밤처럼, 우리 두 사람처럼 젊고 행복하지 못할까?'

얼마 후 우리들은 집으로 돌아왔다. 그는 이미 새벽닭이 울고, 집안사람들이 모두 잠들었을 뿐만 아니라, 들창 밑에 매어 놓은 그의 말이 더욱 빈번히 발굽으로 잡초를 파헤치며 코를 부르릉거리는데도, 좀처럼 돌아갈 생각을 하지 않았다. 카차도 늦었다고 잔소리를 하지 않았으므로, 우리들은 쓸데없는 이야기를 주고받으며 시간이 가는 줄도 모르고 두 시가 지나도록 앉아 있었다. 세 번 닭이 울고 동쪽 하늘이 붉게 물들기 시작할 무렵이 되어서야 그는 자기 집으로 돌아갔다. 여느 때처럼 잘 있으라는 인사를 했을 뿐, 별다른 말이라고는 한마디도 하지 않았지만, 그래도 나는 오늘부터 그가 내 사랑이 되었으며, 앞으로는 결코 그를 잃지 않으리라는 것을 잘 알고 있었다. 그래서 나는 그를 사랑한다는 것을 마음속으로 다짐하고 나서 곧 카차에게 모든 것을 고백했다. 카차는 내가 자기에게 솔직히 얘기해준 데 대해 감격하며 자기 일처럼 기뻐했지만, 이해할 수 없게도 카차는 이처럼 좋은 밤에 잠이 들어 버리고 말았다. 그러나 나는 그 후에도 오랫동안 테라스를 거닐다가 뜰 안으로 내려갔다. 그리고 그의 한마디 한마디와 그의 일거일동을 다시 생각해 보며 그와 함께 걷던 가로수길을 거닐었다. 나는 하룻밤을 고스란히 새고 생전 처음으로 새벽하늘과 해돋이를 구경했다. 그 후로는 그처럼 아름다운 밤도, 그처럼 아름다운 아침도 다시는 보지 못했다.

'그런데 어째서 그이는 나를 사랑한다고 터놓고 말하지 않을까? 만사가 이렇게 간단하고 이렇게 아름답기만 한데, 그이는 무엇 때문에 자기 자신을 늙었다고 하며 모든 것을 어렵게 생각하려 드는 걸까? 다시는 돌아오지 않을는지도 모르는 좋은 세월을 어째서 헛되이 보낸단 말인가? 그이가 사랑한다고 한마디만 하면, 사랑한다고 한마디만 입 밖에 내서 말하기만 하면, 내 손을 잡고 얼굴을 갖다 대며 사랑한다고 한마디만 하면, 그리고 얼굴을 붉히며 눈을 내리깔기만 하면, 나도 그이한테 모든 것을 고백할 텐데. 아니, 아무 말 않고 팔을 벌려 그이를 꼭 끌어안고는 울음을 터뜨리고 말 테야. 하지만 혹시 내가 잘못 생각하고 있는 건 아닐까? 만일 그이가 나를 사랑하고 있지 않다면?'

문득 이런 생각이 머리에 떠올랐다.

나는 그러한 생각에 깜짝 놀랐다―그러다가는 나중에 무슨 생각을 하게 될는지 알 수 없었기 때문이다. 내가 과수원으로 뛰어 들어갔을 때 양쪽이 모두 당황했던 것을 다시 생각하자 나는 가슴이 몹시 답답해왔다. 나의 눈에서는 눈물이 주르르 흘러내렸다. 나는 하느님께 기도를 드리기 시작했다. 그러자 내 마음에 안정과 희망을 주는 기이한 생각이 떠올랐다. 다름 아니라, 나는 당장 오늘부터 특별 기도[3]를 시작하여 내 생일에 성체를 받고 바로 그날 그와 약혼하리라 결심한 것이다.

도대체 어떻게 그런 결심을 하게 되었는지, 그것은 나 자신도 도무지 알 수 없는 일이었다. 다만, 나는 그 순간부터 틀림없이 그렇게 되리라고 굳게 믿었다. 내가 침실로 돌아온 것은, 이미 날이 환하게 밝아서 하인들이 자리에서 일어나기 시작할 무렵이었다.

4

마침 성모 승천일을 앞두고 있었기 때문에, 내가 특별 기도를 드리려 한다 해서 수상하게 여길 사람은 집안에 한 사람도 없었다.

그 후 세르게이 미하일로비치는 1주일 동안 한 번도 찾아오지 않았다. 그렇지만 나는 조금도 이상하게 생각하지 않았을 뿐만 아니라 걱정도 하지 않았고 화도 내지 않았다. 오히려 그가 찾아오지 않는 것을 기뻐했다. 내 생일이 되었을 때 찾아와 줬으면 하는 생각이었다. 1주일 동안 나는 날마다 아침 일찍 일어나서, 마차 준비가 될 때까지 혼자 뜰 안을 거닐며 어제 저지른 잘못을 마음속으로 다시 헤아려 보았다. 그리고 오늘 하루 한 가지 죄도 짓지 않고 만족한 상태에서 보내려면 어떻게 해야 할 것인가를 차근차근 생각했다. 그때 내 생각으로는 완전히 순결한 인간이 된다는 것은 그리 어려울 것 같지 않았다. 그저 조금만 노력하면 될 것 같았다. 마차가 나오면, 나는 카차나 몸종과 함께 마차를 타

---

3) 일정한 기간 음식물을 줄이고 재계하며 드리는 기도.

고 3킬로가량 떨어져 있는 교회로 갔다. 교회에 들어갈 때면 언제나 정말 그런 마음을 가지려고 애쓰며 풀에 덮인 현관 층계를 밟고 올라갔다.

그 시각에 교회에는 특별 기도를 드리는 마을 여자들과 하녀들이 여남은 명와 있을 뿐이었다. 나는 되도록 겸손하게 그들의 인사에 답하려고 노력했다. 그리고 몸종을 시키지 않고 내가 직접 양초통 있는 데로 가서 늙은 퇴역 군인인 교회 집사한테 촛불을 받아서 제단 앞에 갖다 놓았는데, 그것이 내겐 무슨 장한 일이나 한 것처럼 여겨졌다. 제단 앞문을 통하여 보이는 제단보는 돌아가신 어머니가 수놓은 것이었다. 성상대 위에는 별을 붙인 천사의 석고상이 두 개 서 있었는데, 어릴 때는 그것이 굉장히 크게 보였었고, 금빛 후광을 지닌 비둘기 상은 그 당시 나의 흥미를 끌었던 것이다. 성가대석 뒤로는 비뚤어진 낡은 성수대(聖水臺)가 보였다. 거기서 나는 여러 번 우리 집 어린 하녀들의 대모(代母)가 되어 준 일이 있었고 또 나 자신도 거기서 세례를 받았었다.

돌아가신 아버지의 관을 덮었던 천으로 만든 제의(祭衣)를 걸친 늙은 신부가 나와서 옛날이나 다름없는 목소리로 경문을 외기 시작했다. 지금도 기억하고 있지만, 이 늙은 신부는 이전에 우리 집에서 거행한 기도에서도, 소녀의 세례식에서도, 아버지 추도식에서도, 어머니의 장례 때에도 똑같은 목소리로 경문을 읽었던 것이다. 그리고 역시 이전과 다름없는 부제(副祭)의 거친 목소리가 성가대석 쪽에서 들려왔다. 그러자 내가 철이 든 이후 교회의 어느 기도식 때에도 한 번도 본 적이 없는 노파가 허리를 구부리고 벽에 붙어 섰다. 그 노파는 금세 눈물이 흘러내릴 것 같은 눈으로 성가대석에 있는 성상을 바라보면서 합장한 손을 퇴색한 미사보에 갖다 대고는 이 빠진 입으로 무슨 소리인지 응얼거리는 것이었다.

이러한 광경은 내게는 하나도 신기할 것이 없었고, 오히려 친밀감을 주었는데, 그 친밀감은 추억에 젖어서가 아니었다. 지금 내 눈에는 모든 것이 거룩하게 보였고 오묘한 뜻이 충만되어 있는 것처럼 여겨졌다. 나는 신부가 읽어 내려가는 기도문의 한마디 한마디에 귀를 기울이며 진심으로 거기에 응하려고 애썼다. 혹시 무슨 말인지 이해할 수 없는 구절이 있을 때에는 하느님께 내 마음의 어둠을 비춰 달라고 기도했고, 똑똑히 듣지 못한 구절은 제멋대로 말을 만들어서 보태기도 했다. 참회의 기도문을 욀 때 나는 지난날을 회상했다. 그 순진하던 어린 시절이 현재의 깨끗한 영혼의 상태와 비교하니 어둡기 짝이 없는 것처럼 생각되어, 두려움을 못 이기고 눈물을 흘리기까지 했다. 그러나 한편으로는 '그러한 과거도 모두 용서를 받을 수 있을 것이다. 만일 내게 더 많은 죄가 있었더라면, 그만큼 나의 참회도 감미로운 것이 되었을 텐데'라는 생각이 들었다. 마지막에 가서 신부가 '하느님의 축복이 그대들 위에 있을지어다'라는 경문을 외자 나는 법열의 경지에서 황홀한 육체적인 감각이 순간적으로 내 몸에 옮아오는 것을 느꼈다. 그것은 흡사 그 어떤 광채와 뜨거운 물체가 불현듯 가슴속으로 흘러들어오는 것 같은 느낌이었다.

기도식이 끝난 후 신부는 내 앞으로 내려와서 물었다.

"철야기도를 드리러 댁으로 갈까요? 그럼, 시간은 몇 시로 정하는 것이 좋을까요?"

나는 이 늙은 신부가 나를 위해 수고를 아끼지 않으려는 것을 알고 진심으로 감사했다. 그리고 내가 직접 교회로 오겠다고 대답했다.

"그럼 일부러 수고스럽게 이리로 오시겠단 말씀이시군요?"

신부는 말했다.

나는 상대방에게 교만한 티를 보이지 않으려면 무엇이라 대답해야 좋을지 알 수가 없었다.

카차와 함께 가지 않았을 때는 언제나 마차를 먼저 돌려보내고, 혼자 걸어서 집으로 돌아왔다. 그리고 만나는 사람에게는 누구한테나 겸손한 태도로 인사를 했다. 기회가 생기는 대로 남을 도와주기도 하고, 충고를 하기도 하고, 남을 위해 나 자신을 희생하기도 하고, 짐마차의 뒤를 밀어주기도 하고, 어린애를 안아주기도 하고, 길을 비켜주느라고 흙탕에 빠지기도 했다.

어느 날 저녁, 나는 우리 집에서 집사가 카차에게 보고하는 말을 옆에서 들었다. 세무라는 농부가 찾아와서 죽은 자기 딸의 관 덮개로 쓸 판자와 장례식 비용으로 1루블을 돌려 달라고 해서 그렇게 해주었다는 것이다.

"그 사람들은 그렇게 가난한가요?"

나는 물었다.

"형편없이 가난하답니다. 소금조차 없다니까요."

집사가 대답했다.

나는 가슴이 무엇에 찔린 것 같았다. 그러나 한편으로는 기쁜 생각이 들었다. 바람을 쐬러 나간다고 카차를 속이고, 나는 이층으로 뛰어 올라가서 가지고 있던 돈을 모두 꺼냈다(그것은 그리 많은 액수는 아니었지만, 어쨌든 내 수중에 있는 전부였다). 나는 성호를 긋고는 혼자 테라스를 통해 뜰 안으로 빠져나가, 세무네 오막살이집을 찾아 마을로 내려갔다.

세무네 집은 마을 한쪽 끝에 있었다. 나는 아무에게도 들키지 않고 들창 밑으로 살금살금 다가가서 그 위에 돈을 올려놓고는 창문을 두드렸다. 누군지 삐걱하고 문을 열고 밖으로 나오며, 누구냐고 소리를 질렀다. 나는 마치 죄를 지은 사람처럼 공포감으로 등골이 오싹하는 것을 느끼고 온몸을 떨면서 집으로 도망쳐 왔다. 카차는 어디 갔었느냐, 무슨 일이 있었느냐고 물었다. 나는 카차가 하는 말도 똑똑히 알아듣지 못했고, 또한 아무 대답도 하지 않았다.

문득 내가 한 행동이 경솔하고도 천박한 것이었다는 생각이 들었다. 나는 내 방에 틀어 박혀 무엇을 해야 할지 갈피를 잡지 못하고 오랫동안 혼자서 이리저리 거닐고 있었다. 내 자신의 마음을 이해할 수 없었던 것이다. 세무네 식구들이 기뻐하는 광경이라든가 돈을 놓고 간 사람에 대한 그들의 감사를 머릿속에 그려 보며, 나는 직접 그들에게 돈을 전해 주지 않은 것이 유감스럽게 생각되었다. 그리고 세르게이 미하일로비치가 이 사실을 안다면 뭐라고 할까 하는 생각도 해보았다. 그러나 아무에게도 사실이 알려지는 일은 없을 것이라 생각하니 마음이 흡족해졌다.

내 마음속에는 형용할 수 없는 기쁨이 가득 차 있었다. 나 자신을 비롯하여 세상 사람들이 모두 연약하기 짝이 없다는 생각이 들었다.

그리고 나는 나 자신이나 세상 사람들을 아주 착한 눈으로 바라보고 있었기 때문에, 죽음이라는 문제에 대해 생각해 보아도 그리 두렵지 않은 생각이 들었다. 나는 혼자 웃기도 하고 기도를 드리기도 하고 눈물을 흘리기도 했다. 그 순간 나는 세상의 모든 사람들과 나 자신에게 뜨거운 애정을 느꼈던 것이다.

기도식이 없을 때에는 복음서를 읽었다. 나는 성경 말씀을 차차 이해할 수 있게 되었다. 그리고 그 가르침 속에서 볼 수 있는 감정과 사상의 오묘함은 더욱 두렵고 신비로운 느낌을 주었다. 하지만 일단 성경책을 놓고 자리에서 일어나 나를 에워싸고 있는 주위의 생활을 눈여겨 바라보면, 만사가 얼마나 단순하고 명백하게 눈에 비치는지 몰랐다. 어쩐지 나는 악한 생활을 하기가 무척 어려울 것만 같았고, 그 대신 모든 사람들을 사랑하고 또 그들로부터 사랑을 받는 일이 차라리 쉬울 것 같았다.

누구나 내게는 착하고 겸손하게 대해 주었다. 내가 계속해서 공부를 가르치는 소녀조차도 이전과는 아주 달라져서, 내 기대에 어긋나지 않게 열심히 공부해서 나를 실망케 하지 않으려고 노력했다. 내가 남에게 대하는 것처럼 남들도 내게 대하는 것이었다.

신부 앞에서 고해를 하기 전에 미리 용서를 빌어야 할 사람은 없을까 하고 곰곰이 생각해 보았더니, 단 한 사람, 이웃에 사는 지주의 딸이 생각났다. 일 년 전에 손님들 앞에서 내가 놀려준 일이 있었는데 그것 때문에 그 후로는 우리 집에 찾아오지 않게 된 여자였다. 나는 편지를 보내서 내 잘못을 시인하고 용서를 빌었다. 저쪽에서도 역시 내게 용서를 청하고 또 나를 용서하겠다는 내용의 편지를 보내왔다. 나는 그 편지를 읽으며 기쁨의 눈물을 흘렸다. 몇 줄 안 되는 짤막한 그 편지에 나는 깊이 감격했던 것이다.

그리고 유모에게도 나의 잘못을 용서해 달라고 했더니, 유모는 목을 놓아 우는 것이었다. '어째서 모두들 나한테 이처럼 친절할까? 그런 사랑을 받을 만한 무슨 일을 했단 말인가?' 하고 나는 마음속으로 물었다.

그러다가 문득 세르게이 미하일로비치가 머리에 떠오르면 나는 언제까지나 그의 생각에 잠기곤 했다. 그를 생각할 수밖에 없었고, 또 그것이 나쁜 일이라는 생각은 조금도 없었다. 하지만 지금 그를 생각하는 내 마음은, 처음으로 그를 사랑하고 있다는 것을 스스로 의식하게 된 그날 저녁과는 전혀 달랐다. 말하자면 지금은 나의 미래에 대한 상상에 언제나 그를 끌어들여 마치 나 자신과 똑같은 사람으로 그를 생각하고 있었다.

그의 앞에서 느끼는 일종의 압박감도 내 상상 속에서는 찾아 볼 수 없었다. 이제 나는 그와 동등한 인간인 것 같았고, 또한 현재의 정신적인 높이에서 보면 그의 마음을 완전히 이해할 수 있었다. 어째서 이전에는 그의 성격이 이상하게 생각되었는지 이제는 분명히 알게 되었다. 그리고 어째서 그가 오직 남을 위한 생활에만 행복이 있다고 했는지 이제야 비로소 이해하게 되었다. 진심으로 그의 말에 찬성하게 되었다. 둘이서 함께 살면 언제까지나 평온한 행복을 누릴 수 있을 것 같았다.

지금 내가 머릿속에 그리고 있는 것은 외국 여행도 아니고 사교계도 아니며 호화로운 생활도 아니었다. 그러한 것과는 전혀 다른, 시골에서의 조용한 가정생활이었다. 그러한 생활에는 무한한 자기희생과, 서로 간의 영원한 애정과, 그리고 모든 것에 하느님의 고마운 섭리를 항상 인식하는 마음이 반드시 동반할 것 같았다.

예정한 대로 나는 생일에 성체를 받았다. 교회에서 돌아오는 길에 나는 너무나 가슴이 벅찬 행복을 느꼈기 때문에 일상생활이 두렵게 여겨지기까지 했다. 말하자면 이 행복을 파괴할지도 모르는 온갖 것이 두려웠다. 그러나 우리들이 마차에서 내려 현관 층계에 발을 올려놓자, 바로 그때 눈에 익은 일인용 마차가 요란한 소리를 내면서 나무다리를 건너왔다. 세르게이 미하일로의 모습이 보였다.

그는 내게 축하인사를 했다. 그리고 함께 손님방으로 들어갔다. 그를 알게 된 이후 여태까지 나는 그날 아침만큼 그의 앞에서 침착하고 자신 있는 마음을 가져본 적이 한 번도 없었다.

나는 내 마음속에 그의 마음의 세계보다도 더 높은, 따라서 좀처럼 그가 이해할 수 없는 커다랗고 새로운 세계가 존재하는 것처럼 생각되었다. 때문에 나는 그의 앞에서 조금도 마음의 동요 같은 것을 느끼지 않았다. 어째서 나의 태도가 그처럼 의젓한지 그 이유를 분명 그도 알아챘을 것이다. 그래서 그런지, 그는 여느 때보다도 더한층 겸손하고 상냥하게 대해 주었다. 내가 피아노 앞으로 가려 했더니, 그는 뚜껑을 잠그고 열쇠를 호주머니 속에 넣어 버렸다.

"공연히 만족스러운 지금의 기분을 망치게 하지 마십시오. 지금 당신의 가슴속에는 세상의 어떤 음악보다도 훌륭한 음악이 흐르고 있으니까요."

그가 정중하게 말했다.

나는 그의 말이 고맙기도 했고 한편으로는 불쾌하기도 했다. 그것은 누구한테나 절대 비밀이어야 할 내 마음속을 그가 너무나 쉽사리 알아채고 말았기 때문이다.

그는 점심을 먹으며 자기가 오늘 찾아온 것은 축하를 겸해서 이별의 인사를 하러 온 것이라고 했다. 내일 모스크바로 떠날 예정이라는 것이다. 그는 카차를 바라보고 나서 내 얼굴을 흘끔 쳐다보았는데, 혹시 내 얼굴에 흥분의 빛이 나타나지나 않을까 염려하는 눈치였다. 그러나 나는 놀라지도 않았고 불안한 기색도 보이지 않았으며 여행이 오래 걸리느냐고 물어보지도 않았다. 나는 그가 그런 말을 꺼내리라는 것을 미리 짐작하고 있었다. 그리고 결코 떠나지 않으리라는 것도 알고 있었다. 어떻게 그것을 미리 알고 있었는지, 지금도 무엇이라 설명할 수 없지만, 어쨌든 그날만은, 영원히 기념해야 할 그날만은, 과거도 미래도 모르는 것 없이 모두 알 수 있을 것만 같았다. 나는 마치 행복한 꿈을 꾸고 있는 사람과 같았다. 어떤 일이 일어나더라도, 그것은 이미 경험해서 오래전부터 잘 알고 있는 일일뿐더러, 앞으로도 다시 그런 일이 되풀이될 것 같았다. 그리고 앞으로 어떻게 되는지 그것조차 빤히 내다볼 수 있을 것 같은 생각이 들었다.

세르게이 미하일로비치는 점심이 끝난 후 곧 돌아가려 했지만, 교회에 갔다 오느라고 피로한 카차가 잠깐 쉬고 오겠다고 자기 방으로 가 버렸기 때문에, 그녀에게 이별의 인사를 하기 위해 잠이 깰 때까지 기다릴 수밖에 없었다. 홀에는 햇볕이 들고 있어서 우리는 테라스로 나왔다. 테라스에 나가서 자리를 잡고 앉자마자, 나는 내 사랑의 운명을 결정하게 될 말을 태연하게 꺼냈다.

아직도 우리들 사이에 아무 말도 오가지 않아서 내가 하려는 말을 방해하는 성질의 화제가 미처 나오기도 전에, 그야말로 적절한 순간에 나는 입을 열었던 것이다. 어떻게 내가 그렇게 침착하고 결단성 있게 의도하는 바를 정확히 표현할 수 있었는지 스스로 이상해할 정도였다. 흡사 나 자신이 아닌, 나의 의지와는 전혀 별개의 그 무엇이 내 마음속에 들어앉아서 말을 하는 것 같았다. 그는 난간에 팔꿈치를 얹고 나와 마주 앉아서, 라일락 가지를 잡아당겨 그 잎사귀를 쥐어뜯고 있었다. 내가 입을 열자 그는 나뭇가지를 놓고 그 손을 턱밑에 갖다 괴었다. 그것은 아주 침착한 사람이거나 몹시 흥분한 사람의 자세라고 할 수 있었다.

"무슨 일 때문에 길을 떠나시겠다는 거죠?"

나는 의미심장하게 한마디 한마디 말을 끊으며 똑바로 그를 응시했다.

그는 내 물음에 얼른 대답하지 못했다.

"볼 일이 있어서요."

잠시 그는 눈을 내리깔며 말했다.

내 앞에서, 더욱이 그처럼 중대한 나의 질문에 거짓말을 꾸며대기가 그에게는 얼마나 힘든 일이었는지 나는 잘 알 수 있었다.

"그런데 말씀이에요, 오늘이 저한테 얼마나 뜻깊은 날인지 알고 계시죠? 여러 가지 의미에서 오늘은 정말 뜻깊은 날이에요. 제가 물어본 것은 주제넘게 당신 일에 참견하고 싶어서가 아니에요(제가 당신을 허물없이 대하고 또 좋아한다는 건 당신도 잘 아시겠죠). 꼭 대답을 들어야 할 이유가 있어서 물어본 거예요. 뭣 때문에 여행을 하시겠다는 거죠?"

"어째서 내가 길을 떠나려 하는지, 당신한테 사실대로 얘기하기는 매우 거북합니다."

그가 대답했다.

"지나간 1주일 동안, 나는 당신에 대해서, 그리고 나 자신에 대해서, 여러 가지로 많이 생각해 봤지요. 그 결과 아무래도 떠나야겠다고 결심했습니다. 그 이유는 당신도 아실 겁니다. 그러니까 만일 나를 진심으로 사랑한다면 제발 묻지 말아 주십시오."

그는 이마를 문지르더니 그 손으로 눈을 가렸다.

"나로서는 대답하기가 매우 괴로울 뿐만 아니라…… 당신도 잘 알고 있을 테니까요."

나의 심장은 미친 듯이 뛰기 시작했다.

"무슨 말씀인지 알아듣지 못하겠어요."

나는 이해할 수 없었다.

"정말 무슨 말씀인지 모르겠어요. 제발 좀 시원스럽게 얘기해 주세요. 오늘은 특별한 날이니까 꼭 얘기해 주셔야 해요. 무슨 말씀을 하신대도 전 침착하게 들을 수 있으니까요."

그는 자세를 고치고 나를 바라보더니 다시 나뭇가지를 잡아당겼다.

"하긴, 말로 설명한다는 건……."

잠시 동안 잠자코 있다가, 일부러 단호한 어조로 말하려고 애쓰며 그는 입을 열었다.

"어리석기도 하고, 또 나로서는 무척 괴로운 일이기도 하지만, 어쨌든 당신한테 얘기해 보겠습니다."

이렇게 말하며 그는 마치 육체적인 고통이라도 느끼는 듯 얼굴을 찌푸렸다.

"어서 말씀해 주세요!"

나는 다그쳤다.

"이렇게 상상해 보십시오. 어느 곳에 A라는 산전수전 다 겪은 노인과, 아직 세상이 무엇인지 인생이 어떤 것인지 모르는 B라는 젊고 행복한 처녀가 있었다고 합시다. 여러 가지 가정 사정 때문에 그 노인은 처녀를 자기 딸처럼 사랑하기 시작했습니다. 그것이 다른 의미의 사랑으로 발전하게 될 줄은 몰랐지요."

여기서 그는 하던 말을 잠시 멈췄다. 나는 잠자코 다음 말을 기다렸다.

"그러나 그는 이런 점을 미처 생각지 못했습니다. 즉 B는 너무나 나이가 어리기 때문에, 그 여자에게는 아직도 인생이라는 것이 한갓 유희에 지나지 않다는 것을 말입니다."

그는 나를 외면한 채 갑자기 빠르고도 단호한 어조로 말을 이었다.

"따라서 B를 딴 뜻으로 사랑한다는 것은 어렵지 않은 일이며, 여자 쪽에서도 그것을 재미있게 생각하리라는 걸 A는 깊이 생각해 보지 않았단 말입니다. 이것은 그의 잘못이었습니다. 그러자 문득 그 어떤 뉘우침과 같은 괴로운 감정이 마음속에서 고개를 드는 것을 느끼고, 그는 깜짝 놀랐지요. 그는 여태까지 깨끗한 우정 관계를 무너뜨릴까 봐, 그 관계가 아주 무너져 버리기 전에 다른 데로 떠나 버리기로 결심했단 말입니다."

이렇게 말하고, 그는 무심히 그러는 것처럼 손가락으로 눈을 비비기 시작하더니 그냥 눈을 가려 버리고 말았다.

"어째서 그 사람은 다른 뜻으로 사랑하게 될까 봐 겁을 냈을까요?"

마음의 동요를 억제하며 나는 간신히 들릴락 말락 한 소리로 이렇게 물었다. 내 음성은 잔잔한 편이었지만, 그에게는 내 말이 빈정거리는 소리처럼 들렸던지 마치 모욕을 당한 것 같은 어조로 대답했다.

"당신은 아직 젊지만 나는 젊은 사람이 아닙니다. 당신은 장난을 하고 싶어 하는지 모르지만, 내게 필요한 것은 장난이 아닙니다. 장난이 하고 싶으면 실컷 하십시오. 그러나 나는 당신의 상대가 되기는 싫습니다. 내가 만일 상대가 된다면 나 자신에게도 좋지 않으려니와 아마 당신도 양심의 가책을 받게 되겠지요—이건 그 A라는 사람의 말입니다만."

덧붙이고 나서 그는 이렇게 말했다.

"하지만 이런 얘기는 아무리 해봐야 소용없습니다. 어쨌든 내가 무엇 때문에 길을 떠나려는 건지 아셨겠지요? 그러니까 제발 여기에 대해선 그 이상 아무 말도 말아 주십시오."

"아니에요! 좀 더 할 얘기가 있어요!"

나의 음성은 눈물을 머금고 떨려 나왔다.

"A라는 사람은 그 처녀를 진정으로 사랑하고 있었나요?"

그는 대답이 없었다.

"만일 사랑하고 있지 않았다면, 어째서 그 사람은 어린애를 데리고 놀 듯이 그 처녀를 장난감으로 취급했을까요?"

나는 따지듯 물었다.

"당신 말이 옳습니다. A라는 사람이 나빴지요."

그는 황급히 내 말을 가로채며 대답했다.

"하지만 만사는 결말이 났습니다. 그들은 헤어지고 말았으니까요…… 친구로서 말입니다."

"그렇지만 그건 너무해요! 어떻게 따로 해결하는 방법이 없을까요?"

나는 겨우 이렇게 말하고는 내가 한 말에 스스로 놀랐다.

"물론 있지요."

그는 가렸던 손을 떼어 흥분한 얼굴을 드러내고 나를 똑바로 응시하며 말했다.

"그 밖에도 두 가지 해결 방법이 있습니다. 제발 중간에 가로채지 말고 조용히 내가 하는 말을 잘 들어 주십시오. 어떤 사람들은 이렇게 말합니다."

그는 이지적인 미소를 띠며 자리에서 일어나더니 말을 이었다.

"어떤 사람들은 A를 미친 사람이라고 합니다. B한테 홀딱 반한 것까지는 좋은데, 그걸 그 여자에게 고백했으니 말이지요……. 하지만 여자는 그것을 대수롭지 않게 여겼습니다. 물론 여자에게는 장난에 불과했지만, 남자에게는 일생을 좌우하는 중대한 문제였지요."

나는 몸을 부르르 떨며 그의 말을 막으려 했다. 제멋대로 남의 마음을 넘겨 짚는 법이 어디 있느냐고 말해주고 싶었던 것이다. 그러나 그는 내 손 위에 자기 손을 얹으며 나를 제지했다.

"가만 있어요."

그는 떨리는 목소리로 말했다.

"또 어떤 사람들은 이렇게도 말합니다. 그 처녀는 노인을 가엾게 여겼던 것인데, 세상을 모르는 처녀였기 때문에 자기가 정말로 그를 사랑하는 줄 알고 그의 아내가 될 것을 승낙했다는 것입니다. 남자 역시 제정신이 아니었지요. 여자의 말을 곧이듣고 자기 생활이 새로이 시작된다고 믿고 있었으니까요. 그러나 그 여자는 자기가 남자를 속여 왔고, 또 남자도 자기를 속여왔다는 걸 깨닫게 되었단 말입니다……. 그렇지만 이제 이 얘긴 그만두기로 합시다."

그 이상 말할 기력조차 없다는 듯이 그는 입을 굳게 다문 채 내 앞을 이리저리 거닐기 시작했다.

그는 '이 얘긴 그만두기로 합시다'라고 했지만 속으로는 초조하게 내 말을 기다리고 있다는 것을 나는 잘 알고 있었다. 나는 무슨 말을 하고 싶었지만 입이 떨어지지 않았다. 그 어떤 날카로운 물건이 가슴을 쑤시는 것 같았기 때문이다. 나는 흘끔 그를 쳐다보았다. 그의 얼굴은 백지장같이 창백했고, 아랫입술은 가늘게 떨리고 있었다. 나는 그가 가엾게 여겨졌다. 그래서 나는 있는 힘을 다하여 내 입을 막고 있는 침묵의 힘을 밀어내고 입속말처럼 가느다란 목소리로 말을 꺼냈다. 나는 그 목소리가 금세 끊어져 버리지 않을까 걱정이 될 지경이었다.

"그리고 제3의 해결 방법은……."

나는 잠시 말을 끊었으나, 그는 잠자코 있었다.

"제3의 해결 방법은 이런 것이라고 생각해요. A라는 사람은 그 처녀를 진심으로 사랑한 것이 아니라, 다만 처녀에게 깊은 상처를 만들어 주었을 뿐이지요. 그러고는 자기 행동이 정당했다고 생각하며 다른 데로 떠나가 버렸지요. 게다가 무슨 이유에선지 스스로 흡족해하고 있으니 기가 막히지 않겠어요. 당신에게는—제가 아니라 당신에게는, 심심풀이에 지나지 않았지요. 하지만 저는 처음 뵈었을 때부터 사랑했어요. 당신을 사랑했어요."

나는 되풀이했다. 그리고 이 '사랑한다'는 말을 할 때 내 음성은 어느새 낮은 입속말이 아니라 스스로 놀랄 만큼 거친 외침으로 변해 버렸던 것이다.

그는 창백한 얼굴로 내 앞에 서 있었다. 그의 입술은 더욱더 심하게 떨리기 시작했고, 두 줄기 눈물이 뺨 위로 흘러내렸다.

"그건 안 될 말이에요!"

마음속에 가득 괸 쓰디쓴 눈물 때문에 숨이 막히는 것을 느끼며 나는 거의 울부짖듯 말했다.

"그런 말이 어디 있어요?"

나는 밖으로 나가 버리려고 일어섰다.

그러나 그는 나를 놓아주지 않았다. 머리를 내 무릎 위에 얹더니 와들와들 떠는 내 손에 그의 입술을 갖다 댔다. 그리고 뜨거운 눈물로 내 손을 적시는 것이었다.

"아아, 그렇다는 걸 알고 있었다면……."

그는 중얼거렸다.

"그런 말이 어디 있어요."

나는 똑같은 말을 자꾸 되풀이하고 있었지만, 마음속에는 행복감이, 그 후 다시는 맛볼 수 없었던 행복감이 밀물처럼 몰려들고 있었다.

5분 후에 소냐는 이층에 있는 카차에게 달려 올라가서, 온 집안이 떠나갈 듯이 커다란 소리로 외쳤다.

"마샤가 세르게이 미하일로비치와 결혼한대요!"

5

우리의 결혼식을 뒤로 미루어야 할 이유는 조금도 없었고, 나와 세르게이 미하일로비치도 그럴 생각은 없었다.

카차는 시집갈 때 가지고 갈 의복이라든가 세간을 사들이기 위해 모스크바에 다녀오고 싶어 했다. 또 그의 어머니도 결혼 전에 새 마차와 가구 등을 주문하고 집안의 도배를 새로 해야 한다고 우겼다. 그러나 우리는 그런 것이 반드시 필요하다면 나중에 마련하기로 하고, 우선 결혼식은 내 생일로부터 2주일이 지난 후에 치르기로 했다.

이쪽에서 가져갈 의복이나 세간 같은 것은 그만두고, 손님이라든가 들러리도 부르지 말고, 만찬회니 샴페인이니 하는 결혼식에 으레 있어야 하는 것으로 여겨지는 모든 형식을 생략하고 조용하게 치르자고 주장했다.

세르게이 미하일로비치의 말에 따르면, 그의 어머니는 3만 루블의 비용이 들었다는 자신의 결혼식 때처럼 악대라든가 산더미같이 많은 궤짝이라든가, 집을 수리한다든가 하는 것도 없이 우리의 결혼식을 올린다는 것을 매우 못마땅하게 생각하는 모양이었다. 그래서 아들 몰래 창고에 넣어둔 궤짝들을 열심히 뒤지고 있다는 것이었다. 그리고 우리의 행복을 위해 반드시 필요하다고 생각하는 양탄자니, 커튼이니, 쟁반이니 하는 것 때문에 집안 살림을 맡아보는 말류슈카와 날마다 수군거리고 있다는 것이었다.

우리 집에서도 카차가 유모인 쿠지미니슈나와 함께 저쪽과 같은 일을 하고 있었다. 그리고 거기에 대해서는 섣불리 카차에게 농담을 할 수도 없는 형편이었다. 세르게이 미하일로비치와 내가 둘이서 우리들의 장래에 대해 얘기한다 해도, 그것은 결혼을 앞둔 사람들이란 모두가 그렇듯이, 그저 아무 소용없는 달콤한 수작을 주고받는 데 지나지 않을 뿐이라고 카차는 생각했다. 우리들 장래의 행복은 의복의 정확한 재단이라든가, 재봉이라든가, 상보와 냅킨 가장자리의 레이스라든가 하는 데 달려 있다고 카차는 굳게 믿었다.

포크롭스코예 마을과 니콜리스코예 마을 사이에는 어디서 무엇을 하고 있다는 비밀 정보가 하루에도 몇 차례씩이나 왔다 갔다 했다. 카차와 저쪽 어머니와의 사이는 겉보기에는 아주 다정한 것처럼 보였지만, 사실은 어느 정도의 적의를 품은 미묘한 관계에 있다는 느낌을 받게 되었다. 시어머니가 될 타치야나 세묘노브나와는 나도 이번에 인사를 드려 가깝게 알게 되었다. 그녀는 좀 거만한 인상을 주는 엄격한 성격의 주부였고, 게다가 보수적인 귀부인이었다.

세르게이 미하일로비치가 자기 어머니를 사랑하는 것은 자식으로서의 의무감뿐만 아니라, 자기 어머니를 세상에서 가장 훌륭하고 현명하며 착하고도 애정이 풍부한 여자라고 믿는 인간적인 감정에서 우러나오는 것이었다. 타치야나 세묘노브나는 우리가 같이 있을 때에는 내게 친절히 대해주었고 아들의 결혼을 기뻐했지만, 나와 단 둘이 있을 때는 '내 아들한테는 좀 더 훌륭한 색시감이 얼마든지 있었다. 그러니까 너도 언제나 그 점을 깊이 명심해야 한다'라는 암시를 주려고 애쓰는 것 같았다. 나는 그 마음을 잘 이해할 수 있었으므로 그 뜻에 순종하기로 했다.

결혼 전 2주일 동안 우리는 매일같이 만났다. 그는 점심때쯤 찾아와서는 자정이 될 때까지 놀다가 갔다. 그는 입버릇처럼 '당신과 떨어져 있으면 살아 있는 것 같지 않다'고 했고 나도 그 말이 사실이라는 것을 알고 있었다. 그러나 그는 나와 함께 온종일을 보낸 적이 한 번도 없었다. 언제나 집안일을 돌보려고 애쓰고 있었기 때문이다. 겉보기에는 우리 사이는 결혼하는 바로 그날까지도 달라진 데가 조금도 없었다. 여전히 서로 경어를 사용했고, 그는 손에조차 키스하지 않았으며, 나와 단둘이 있게 될 기회를 찾기는커녕 오히려 피하고 있었다. 마치 자기 마음속에 넘치고 있는 사랑이라는 감정이 위험 수위를 넘을까 봐 겁을 먹고 있는 것 같았다.

내가 변했는지, 아니면 저쪽이 변했는지 그것은 잘 알 수 없으나 이제 나는 그와 완전히 대등한 인간이 된 것 같은 기분이었다. 또한 이전에 내가 못마땅하게 여기던, 일부러 꾸민 것 같은 소박한 태도는 그에게서 찾아볼 수 없게 되었다. 나는 존경과 두려움을 느끼게 하는 하나의 완성된 남성 대신에, 행복에 취하여 황홀한 경지에 있는 온순한 소년을 눈앞에 보고 상쾌하고 즐거운 기분을 느끼는 일이 한두 번이 아니었다.

'그렇지, 그이가 갖고 있는 건 이것이 전부다!' 나는 자주 이런 생각이 들었다. '그이도 알고 보면 나와 똑같은 인간이 아닌가?' 이제 나는 그가 내 앞에 자기의 전부를 드러내 놓았고, 따라서 나도 그를 남김없이 완전히 알게 된 것 같았다. 그리고 내 생각 같아서는, 그의 모든 점이 아주 단순하고 내 마음과 일치되는 성싶었다. 우리들의 장래 생활에 대한 그의 계획조차 나의 계획과 똑같았다. 다만 그의 입으로 설명될 때, 그것은 보다 뚜렷하고 그럴듯하게 표현될 뿐이었다.

며칠 동안 날씨가 좋지 않아서 우리들은 대부분의 시간을 방 안에서 보냈다. 가장 성실하고 유쾌한 대화는 언제나 피아노와 들창 사이의 아늑한 장소에서 이루어졌다. 캄캄한 들창 위에는 촛농이 비치고, 이따금 촛불이 반들거리는 유리에 떨어져 흘러내렸다. 밖에서는 지붕에 비 뿌리는 소리가 들려오고, 홈통 밑의 물구덩이에는 빗물이 좍좍 떨어져 내려오고, 창문으로 습기가 흘러들어왔다. 그럴 때면 우리가 앉아 있는 장소가 더욱 밝고 따뜻하고 즐거운 것처럼 느껴졌다.

"그런데 말입니다, 벌써부터 당신한테 한 가지 하고 싶은 말이 있었어요."

언젠가 둘이서 밤늦게까지 거기 앉아 있었을 때 그는 이런 말을 했다.

"나는 당신이 피아노를 치고 있는 동안 줄곧 그 생각만 하고 있었지요."

"아무 말씀 말아주세요. 저는 다 알고 있으니까요."

내가 말했다.

"그렇군요. 그럼, 말하지 않기로 합시다."

"아니, 말씀해 보세요. 무슨 말씀이신데요?"

"실은 이런 얘깁니다. 요전에 내가 A와 B에 대해서 얘기했지요? 기억하고 있습니까?"

"잊어버렸을 리가 있어요? 하도 어이없는 이야기여서 아주 똑똑히 기억하고 있죠. 하지만 이렇게 해결되어 다행이에요."

"그렇습니다. 하마터면 내 행복을 나 자신이 망쳐버릴 뻔했지요. 당신이 나를 구해주었습니다. 그러나 문제는 그때 내가 아주 터무니없는 거짓말을 했다는 데 있습니다. 그것이 아무래도 마음에 걸리는군요. 그래서 지금 그 점을 똑똑히 밝혀두자는 겁니다."

"아아, 그런 얘긴 듣고 싶지도 않아요."

"뭐 겁을 낼 건 없습니다."

그는 미소를 띠며 말했다.

"그저 변명을 하려는 것뿐이니까요. 내가 그때 그런 말을 꺼낸 것은, 여러 가지로 곰곰이 생각해보고 싶었기 때문입니다."

"생각은 무슨 생각이에요? 그럴 필요는 조금도 없었을 것 같은데요?"

"사실 내가 잘못 생각했었지요. 나는 일생 동안 온갖 환멸과 과오를 거듭하고 나서 이번에 시골에 돌아오자, '나는 이미 누구를 사랑할 수 있는 처지가 아니다. 내게는 다만 여생을 무사히 보내야 하는 의무가 남았을 뿐이다'라고 스스로 결심한 바가 있었답니다. 그래서 당신에 대한 나의 애정이 어떤 것인지, 그리고 그것이 어떠한 결과를 초래하게 될 것인가, 나 자신도 오랫동안 똑똑히 알 수 없었습니다. 나는 희망을 품어 보기도 하고 단념해 보기도 했지요. 어떤 때는 당신이 공연히 내 앞에서 아양을 떠는 것 같기도 했고, 또 어떤 때는 당신이 진심으로 나를 사랑하고 있다는 생각도 들었습니다. 그래서 나는 나 자신이 무엇을 하게 되는지 알 수가 없었지요. 그러던 것이 그날 저녁, 당신도 기억하겠지만, 우리가 정원을 거닐던 날 저녁에 나는 현재의 나의 행복이 너무나 큰 데 깜짝 놀랐단 말입니다. 도저히 가질 수 없는 행복인 것 같았지요. 만일 지금 내가 헛된 희망을 품고 있는 것이라면 어떻게 될 것인가 생각하니 겁이 났습니다. 물론 그 때 나는 나 자신의 생각만 했습니다. 나는 비열한 이기주의자니까요."

그는 나를 바라보며 잠시 입을 다물었다.

"하지만 그때 내가 한 말은 모두 쓸데없는 소리였다고 할 수는 없을 겁니다. 사실 내가 겁을 낸 것도 당연하지요. 당신에게서는 너무나 많은 것을 빼앗는 반면에, 내가 당신에게 줄 수 있는 것이라고는 거의 아무것도 없는 형편이니까요. 당신은 아직도 어린애라 할 수 있습니다. '아직도 피지 않은 꽃봉오리나 마찬가지이지요. 당신에게는 이것이 첫 번째 사랑이지만, 나는 ······."

"그래요. 그러니까 바른대로 말씀해 주셨으면······."

이렇게 말하다가 나는 갑자기 그의 대답을 듣는 것이 무서워졌다. 그래서

"아니, 그만두세요."라고 했다.

"전에 다른 여자를 사랑한 일이 있느냐 말입니까? 그렇지요?"

그는 내 마음을 금세 알아챘다.

"네, 대답하지요. 실은 나는 아무도 사랑해 본 적이 없습니다. 여태까지 그와 비슷한 감정을 경험해 본 일조차 한 번도 없지요······."

그러나 문득 그 어떤 괴로운 상념이 마음에 떠오른 것처럼 그는 서글픈 표정으로 말을 이었다.

"아니, 이번만 해도 당신을 사랑할 수 있는 권리를 얻기 위해서 우선 당신과 같은 그런 순진한 마음을 가져야만 했습니다. 그래서 나는 당신에게 사랑을 고백하기 전에 다시 한번 깊이 생각할 필요가 있었던 것입니다. 내가 대체 당신에게 무엇을 줄 수 있겠습니까? 물론 깊은 애정을 바칠 수는 있겠지만."

"애정만으론 부족하단 말씀이신가요?"

나는 그를 똑바로 쳐다보며 물었다.

"부족하지요. 특히 당신에겐 부족합니다."

그는 말을 이었다.

"당신은 아직도 젊고 예쁘니까요! 나는 요새 너무나 행복해서 밤마다 잠을 못 이루고, 당신과 함께 앞으로 어떻게 살아나갈 것인가, 그런 생각만 합니다. 나는 그래도 꽤 많은 경험을 가진 인간이기 때문에 행복하게 되려면 무엇이 필요한

가를 나름대로는 알고 있다고 봅니다. 남들을 위해 착한 일을 하는 것 이상 없지요. 착한 일을 한다는 것이 우리에겐 쉬운 일이지만 농부들의 입장에서 본다면 정말 드문 일입니다. 이익이 될 만한 일에 전력을 기울이고 그다음에 휴식을 하지요. 그리고 자연과 책과 음악과 친근한 사람들에 대한 애정—이것이 내가 행복이라 생각하는 전부입니다. 그 이상의 것은 꿈꾸어 본 일도 없습니다. 게다가 당신처럼 훌륭한 반려자를 얻어서 어린애까지 생길 테죠. 그렇게 된다면 그야말로 인간이 바랄 수 있는 모든 점이 갖추어진다고 할 수 있겠지요."

"그래요!"

"하지만 이건 어디까지나 나처럼 이미 청춘이 지나간 사람의 생각이고, 당신처럼 젊은 사람의 생각은 그렇지 않을 겁니다."

그는 하던 말을 계속했다.

"당신은 아직 세상을 잘 모르니까 그렇지만, 앞으로 그와는 다른 생활에서 행복을 찾고 싶어 하게 되는지도 모르고, 또 실제로 행복을 발견하는지도 모릅니다. 당신은 지금 나를 사랑함으로써 행복할 것이라고 믿고 있으나 어쩌면 그것은 생각만으로 끝날지도 몰라요."

"아니에요. 저는 여태까지 한 번도 조용한 가정생활 이외에 딴 것을 바란 일도 없고 또 좋아한 일도 없어요. 당신이 말씀하시는 행복은, 제가 생각하던 행복과 똑같아요."

내 말에 그는 싱긋 웃었다.

"그저 그렇게 생각될 뿐입니다. 당신에겐 그것만으론 부족해요."

그는 생각에 잠긴 어조로 조금 전에 한 말을 되풀이했다.

그가 나를 믿으려 들지 않고 마치 나의 젊음과 아름다운 용모를 비난하는 것 같은 어조로 말했기 때문에 나는 화를 발끈 냈다.

"그렇다면 어째서 저를 사랑하시죠?"

나는 쌀쌀맞게 쏘아붙였다.

"저의 젊음을 사랑하시는 건가요, 그렇지 않으면 저라는 인간을 사랑하시는 건가요?"

"모르겠습니다. 그러나 어쨌든 사랑하고 있는 것만은 사실이지요."

사람의 마음을 끌어당기는 듯한 눈길로 찬찬히 나를 바라보며 그는 이렇게 대답했다.

나는 아무 대꾸도 않고 물끄러미 그의 눈을 바라보았다. 처음에는 주위의 사물이 보이지 않는다고 생각했는데, 다음에는 그의 얼굴조차 보이지 않게 되고, 오직 그 눈만이 내 눈을 똑바로 바라보며 번쩍이고 있는 것 같았다. 그러다가 나중에는 그 눈이 나의 내부에 들어온 것처럼 생각되며 눈앞이 뿌옇게 흐려 왔다. 내 눈에는 아무것도 보이지 않았다. 그래서 나는 그의 시선이 내 마음속에 불러일으키는 환희와 공포감으로부터 빠져나오려고 눈을 가늘게 떴다.

그동안 흐릿하기만 하던 하늘이 결혼식 전날 저녁부터 맑게 개었다. 여름부터 시작한 장마가 끝나고 처음으로 찾아온 선선하고 맑은 가을밤이었다. 모든 것이 비에 젖어서 차갑게 밝은 빛을 띠고 있었다.

빨갛고 노랗게 물들기 시작한 나뭇잎이 어느새 듬성듬성 떨어져, 온 정원이 가을답게 광활한 느낌을 주는 것도 그날이 처음이었다. 맑게 갠 창백한 하늘빛이 싸늘하게 보였다. 나는 우리가 결혼하는 내일은 날씨가 좋겠구나 생각하며 행복한 마음으로 침실로 올라갔다.

이튿날 나는 해돋이와 함께 잠자리에서 일어났다. '드디어 오늘이로구나……' 생각하니 어쩐지 기분이 이상하고 한편으로는 무서운 마음이 들었다. 나는 정원으로 나갔다. 방금 떠오른 아침 해가, 노란 잎이 거의 떨어진 보리수 가지 사이를 뚫고 여러 줄기로 갈라진 빛을 눈부시게 던지고 있었다. 정원 길은 낙엽에 덮여 바삭거리고 있었다. 마가목 열매의 쪼글쪼글한 송이는 서리를 맞아 시든 듬성한 잎사귀 사이로 빨갛게 보이고, 달리아도 쭈그러져서 거무튀튀했다. 생기를 잃은 푸른 풀과 집 옆에 서 있는 자리공의 찢어진 잎사귀 위에는 첫서리가 하얗게 내려 있었다. 맑게 갠 싸늘한 하늘에는 구름 한 점 없었다.

'정말 오늘이 결혼식 날일까?'

나는 나 자신의 행복을 믿을 수가 없어서 이렇게 마음속으로 물었다.

'정말 내일 아침엔 이 집에서가 아니라 남의 집에서, 두리기둥이 늘어선 니콜리스코예 마을의 그 집에서 눈을 뜨게 될까? 그리고 이제는 그이가 찾아오기를 기다리거나, 그이를 맞아들이거나, 카챠와 함께 저녁마다, 밤마다 그이의 얘기를 하지 않아도 된단 말인가? 다시는 여기 포크롭스코예의 우리 집 홀에서 그이와 함께 피아노 앞에 앉지 못하게 된단 말인가? 그리고 어두운 밤에 그이를 보내

며 걱정하지 않아도 된단 말인가?'

문득 어제 그가 '이 집에 손님으로 오는 것도 오늘이 마지막이다'라고 한 말과 카차가 억지로 내게 신부의 옷차림을 시켜 보며 '결혼식은 내일이야'라고 하던 말이 머리에 떠올랐다. 그 순간 잠시 실감이 났지만, 또다시 믿어지지가 않았다.

'그럼, 정말 오늘부터 나제쟈도, 그리고리 영감도, 카차도 없는 그곳에서 시어머니와 함께 살아야 한단 말인가? 밤에 잠자리에 들기 전에 유모가 성호를 그으며, "잘 자요. 아가씨." 하는 것이 어릴 적부터의 습관이었는데, 이제는 그 말도 듣지 못하고 또 유모에게 키스할 수도 없게 된단 말인가? 소냐가 공부하는 걸 돌봐주거나, 함께 놀거나 할 수도 없단 말인가? 아침에 내 방에서 소냐의 침실 벽을 두드리면 저쪽에서 동생의 명랑한 웃음소리가 들려오곤 했는데 이젠 그런 것도 하지 못하게 된단 말인가? 정말 나는 오늘부터 나 자신에게까지도 전혀 딴 사람처럼 되어 버리고 마는 것일까? 그리고 내 희망과 소원이 성취되는 새로운 생활이 정말 내 눈앞에 펼쳐진단 말인가? 그 새로운 생활은 과연 영원한 것일까?'

나는 초조하게 그를 기다렸다. 혼자서 이런 생각을 하고 있기가 괴로웠기 때문이다. 그는 아침 일찍 나타났다. 그와 함께 있으려니 오늘 그의 아내가 된다는 것이 비로소 실감났다. 그리고 결혼한다는 것이 별로 두렵지도 않았다.

아침나절에 우리는 교회에 가서 돌아가신 아버지를 위해 미사를 드렸다.

'지금도 아버님께서 살아 계셨더라면!'

나는 집으로 돌아오며 아버지 생각을 했다. 그리고 지금 내가 생각하고 있는 아버지와 절친한 친구 사이였던 그의 팔에 말없이 몸을 의지했다. 조금 전에 교회에서 기도드릴 때, 나는 차가운 돌바닥에 이마를 대고 아버지의 모습을 머릿속에 똑똑히 그려 보았다. 그리고 아버지의 영혼이 나를 이해하고 나의 선택을 축복해 주실 것이라고 믿어 의심치 않았다. 그래서 지금도 아버지의 영혼이 우리의 머리 위를 날고 있는 것 같았고, 내 몸에 아버지의 축복을 느끼는 것이었다.

추억도, 희망도, 행복도, 슬픔도, 내 마음속에서 하나의 장엄하고 즐거운 감정으로 융합되어 버렸다. 잔잔하고 상쾌한 공기도, 벌거숭이가 된 들판의 정적도,

창백한 하늘도 그러한 나의 감정에 어울리는 것이었다. 강하지는 못하지만 하늘에서 눈부신 햇빛이 세상 만물 위에 내리비추며 내 볼을 따스하게 해주었다. 나와 함께 걷고 있는 그도 내 기분을 이해하며 그것을 함께 나누고 있는 것 같았다. 나는 아무 말 않고 조용히 걷고 있는 그의 얼굴을 이따금 생각난 듯이 쳐다보았다. 내 가슴속과 이 자연 속에 가득 차 있는 슬픔이라고도, 기쁨이라고도 할 수 없는 경건한 표정이 그의 얼굴에도 나타나 있었다.

갑자기 그는 내게로 얼굴을 돌렸다. 그는 무슨 말인지 하려는 것 같았다. '혹시 내가 생각하고 있는 것과는 전혀 다른 얘기를 끄집어내면 어떡할까?' 하는 생각이 떠올랐다. 그러나 그 역시 아버지 이야기를 꺼내는 것이었다. 달라진 점은 아버지의 이름을 예전처럼 부르지 않는다는 것이다.

"언젠가 그분은 농담으로 나한테, '우리 마샤와 결혼하게나!' 한 적이 있습니다."

"지금도 살아 계신다면 얼마나 기뻐하시겠어요!"

나는 나에게 내맡긴 그의 팔을 더욱 힘주어 끼며 말했다.

"당신은 그때 아직 어린애였지요."

그는 내 눈을 들여다보며 자기 말을 계속했다.

"그때 내가 이 눈에 키스를 하며 귀엽다고 생각한 건 그분의 눈을 닮았기 때문이었을 뿐입니다. 이 눈이 내게 이처럼 소중한 것이 되리라고는 생각도 해본 일이 없지요. 그때만 해도 나는 당신을 마샤라고 부르고 있었으니까요."

"다시 마샤라 불러주시고, 말씀을 낮추세요."

나는 말했다.

"나도 방금 그렇게 해야겠다고 생각했소. 이제야 당신이 완전히 내 사람이 된 것 같구려."

사람의 마음을 끌어당기는 듯한 행복에 넘친 잔잔한 그의 시선이 내 얼굴에서 떠날 줄 몰랐다.

우리는 푸석푸석한 들길을 따라 이리저리 비로 쓸어낸 것 같은, 수확이 끝난 밭 사이를 천천히 걸어갔다. 귀에 들리는 것은 우리의 발소리와 말소리뿐이었다. 왼쪽으로는 골짜기를 넘어 저 멀리 벌거숭이가 된 숲까지 검붉은 밭이 뻗쳐 있고, 그리 멀지 않은 밭 가운데서 한 농부가 괭이를 들고 검은 밭두렁을 점점 더 널찍이 파헤쳐 나가고 있었다. 언덕 밑으로는 여기저기 흩어진 말 떼가 손에 잡힐 듯이 가깝게 보였다. 정면으로는 정원과 그 뒤로 보이는 우리 집 옆에까지 서리가 녹은, 가을갈이를 한 밀밭이 검게 뻗쳐 있고, 벌써 푸른 새싹이 군데군데 줄지어 보였다.

만물 위에 뜨겁지 않은 햇볕이 눈부시게 내리쬐고, 가는 곳마다 가늘고 기다란 거미줄이 걸려 있었다. 그 거미줄은 우리 주위의 공중에도 떠돌고 있는가 하면, 서리가 녹아서 말라가는 밭 위에 떨어지기도 하며, 우리의 눈에 들어가기도 하고, 머리와 옷에 걸리기도 했다. 우리들이 말을 하면 그 목소리는 조금도 움직이지 않는 공기 속에서 울리며 그냥 그대로 우리의 머리 위에 머물러 있었다. 그것은 마치 이 넓은 세상에 우리 두 사람밖에 없는 것 같은 느낌을 주었다. 뜨겁지 않은 햇볕이 빛나면서 이 푸른 하늘 아래 서 있는 것이 오직 우리 두 사람뿐이라는 착각을 일으키게 하는 것이었다.

나도 그에게 좀 더 다정하고 허물없는 말투를 쓰고 싶었지만 어쩐지 어색했다.

"여보, 왜 그렇게 빨리 걸으세요?"

나는 거의 속삭이다시피 빠른 소리로 이렇게 말하고는 나도 모르게 얼굴을 붉혔다. 그는 더욱 천천히 걸으며, 한층 더 상냥하고 쾌활한 얼굴로 나를 바라보았다.

우리가 돌아와 보니, 집에는 벌써 그의 어머니를 비롯하여 꼭 초대해야 할 손님들이 몇 사람 와 있었다. 그래서 우리는 교회에서 결혼식을 올리고 니콜리스코예 마을로 가기 위해 마차에 오를 때까지 단둘이 마주 앉을 기회가 없었다.

교회는 거의 텅 비어 있었다. 나는 성가대석 옆에 깔아놓은 양탄자 위에 꼿꼿이 몸을 가누고 있는 신랑의 어머니와, 연보랏빛 리본이 달린 모자를 쓰고 눈물로 뺨을 적시고 있는 카차와, 호기심에 찬 눈초리로 나를 바라보고 있는 두서너 명의 하녀를 곁눈으로 보았을 뿐이었다. 나는 그를 쳐다보지 않았지만, 바로 내 곁에 그가 서 있다는 것을 느꼈다. 나는 기도문에 귀를 기울이며, 그것을 속으로 받아 외고 있었다.

그러나 아무런 반향도 마음속에 일어나지 않았다. 그래서 나는 기도를 드리지 못하고, 성상이며 촛불이며 신부의 제의 등에 수놓은 십자가며 감실함이며 교회당의 유리창 같은 것을 물끄러미 내다보았다. 그러나 아무것도 머릿속에 똑똑히 들어오는 것이 없었다. 다만 내게 어떤 심상치 않은 일이 일어나고 있다는 것을 어렴풋이 느꼈을 뿐이었다.

이윽고 신부는 십자가를 손에 들고 우리 쪽으로 몸을 돌리더니, '내가 세례를 줬던 당신에게, 오늘은 이렇게 하느님께서 결혼식 주례까지 맡아보게 해 주셨다'고 하면서 축하한다는 말을 했다. 그다음 카챠와 그의 어머니가 우리에게 키스했고, 마차를 부르는 그리고리 영감의 목소리가 들렸을 때 나는 갑자기 이상한 생각이 들었다.

이미 모든 절차가 끝나 버렸는데도, 나를 위해 거행된 이 신비로운 예식에 알맞는 별다른 반향이 조금도 내 마음속에 일어나지 않는 데 나는 깜짝 놀랐던 것이다. 우리는 키스를 했지만, 그것은 우리의 감정과 전혀 일치하지 않는 그야말로 이상야릇한 키스였다.

'그래, 이것만으로 다 끝났단 말인가?'

나는 허탈한 생각이 들었다.

우리는 현관으로 나왔다. 마차바퀴 소리가 둥그런 교회의 천장 밑에서 묵직하게 울리고, 신선한 바깥공기가 얼굴에 산뜻하게 느껴졌다. 그는 모자를 쓰고, 내 손을 이끌어 마차에 태워주었다. 둥그렇게 달무리가 낀 차가운 달이 마차의 창문으로 보였다. 그는 나와 나란히 앉더니 문을 닫았다. 순간 무엇인지 바늘 같은 것이 내 가슴을 꼭 찌른 것 같았다. 문을 닫을 때 그의 너무나 침착한 태도에, 나는 왜 그런지 모욕 같은 것을 느꼈다.

카챠가 머리에 수건을 덮어쓰라고 내게 고함치는 소리가 들려왔다. 곧이어 마차바퀴가 돌 위를 덜거덕거리며 움직이더니, 마차는 곧 부드러운 흙 위를 달리기 시작했다. 우리는 니콜리스코예 마을로 향했다. 나는 한쪽 구석에 몸을 틀어박은 채 멀리 퍼져 나간 밝은 들판과 차가운 달빛 아래 길게 뻗쳐 있는 도로를 창문으로 내다보았다. 그의 얼굴은 쳐다보지도 않았지만 나는 그가 바로 내 곁에 나란히 앉아 있다는 것을 분명히 의식하고 있었다.

'내가 그처럼 여러 가지로 기대했던 이 순간이 내게 준 것은 그래 겨우 이것밖엔 없단 말인가?' 하고 생각하니, 나는 그와 단둘이 이렇게 나란히 앉아 있는 것이 어쩐지 모욕당하는 것만 같았다. 나는 무슨 말이든지 한마디 하려고 그에게 얼굴을 돌렸으나, 입이 떨어지지 않았다. 전에 품었던 애정은 순식간에 사라지고 모욕감과 공포감이 그 자리를 대신 차지해 버린 듯싶었다.

"나는 바로 이 순간까지도 당신이 내 아내가 되리라고는 믿을 수가 없었어."

그는 내 시선을 받으며 조용히 말했다.

"그래요? 하지만 나는 어쩐지 무서워 못 견디겠어요."

"내가 무섭단 말이지?"

그는 내 손을 잡고 그 위에 머리를 갖다 댔다.

내 손은 마치 피가 통하지 않는 물건처럼 그의 손에 잡힌 채 꼼짝 않고 있었다. 싸늘한 기운이 심장 속에 감돌며 가슴이 아파 왔다.

"네, 무서워요."

나는 입속말로 대답했다.

그러나 그때 갑자기 심장이 세차게 뛰기 시작하며 손이 떨려 왔다. 나는 그의 손을 꼭 쥐었다. 온몸이 뜨거워지며, 내 눈은 어둠 속에서 그의 눈을 찾고 있었다. 순간 나는 내가 그를 두려워하는 것이 아니라, 그 두려움은 이전보다도 더욱 미묘하고 강하게 나타난 새로운 애정이라는 것을 깨달았다. 그리고 내 몸도 마음도 완전히 그의 것이며, 또한 그가 나를 차지함으로써 나는 행복할 수 있다는 것을 깨달았던 것이다.

2부

1

해가 뜨고 지고, 몇 주일이 바뀌었다. 쓸쓸한 전원생활도 어느덧 두 달이 지나가 버렸다. 그때는 정말 세월이 꿈결 같다고 생각했다. 그러나 그 두 달 동안에 느낀 긴장과 흥분과 행복은 일생을 두고 경험한 것과 맞먹을 것이다. 어떻게 우리의 전원생활을 이끌어 나갈 것인가에 대한 나와 남편의 공상은, 예상했던 것과는 전혀 다르게 실현되었다.

우리의 생활이 공상하던 것보다 못한 편은 아니었다. 약혼기에 상상하던 힘든 노동이라든가, 수행해야 할 의무라든가, 자기희생이라든가, 남을 위한 생활이라든가 하는 것은 조금도 없었다. 오히려 그와는 반대로 둘이서만 서로 사랑하려는 이기적인 감정과, 좀 더 사랑을 받고 싶다는 염원과, 이렇다 할 이유도 없이 줄곧 즐겁기만 한 기분과, 세상만사를 망각해 버린 황홀한 상태—이런 것이 자리를 차지하고 있었다.

물론 남편은 무슨 일을 하려고 가끔 자기 방에 들어가 있을 때도 있었고, 어떤 때는 볼일이 있어서 시내에 다녀오거나 농사일을 돌보려고 나돌아 다니기도 했으나, 내 곁을 떠난다는 것이 그에게 얼마나 힘든 일이었는지 나는 그것을 잘 알 수 있었다. 남편도 나중에 자기 입으로 그 점을 솔직히 고백했는데 내가 없는 데서는 세상 일이 모두 아무런 가치도 없는 것 같아서 무엇 때문에 그런 일을 해야 하는지 도무지 알 수가 없다는 것이었다.

나도 마찬가지였다. 책을 읽기도 하고, 음악 공부를 하기도 하고, 시어머니의 시중을 들기도 하고, 학교 일을 돌보기도 했으나, 사실은 그런 일들이 모두 남편과 관련된 것일뿐더러 그의 칭찬을 받을 만한 것이기 때문에 했을 뿐이었다. 그러나 남편과 관련되지 않는 일을 하려고 하면 저절로 기운이 없어졌다. 이 세상에 남편 이외에 또 누구가 있을까 하고 생각하면, 스스로 웃음이 터져 나올 지경이었다.

어쩌면 그것은 좋지 않은 이기적인 감정이었는지도 모른다. 그러나 그 감정은 내게 행복을 주었고 나를 속세로부터 높은 곳에 올려놓아 준 것이다. 나를 위해 이 세상에 존재하는 것은 오직 남편 한 사람뿐이었고, 나는 그를 세상에서 가장 훌륭하고 완전무결한 인간이라고 믿었다. 때문에 나의 생활은 그를 위한 것이었고, 그 밖의 다른 생활 방법은 있을 수가 없었다. 그리고 그의 신뢰에 어긋나지 않게 그에게 훌륭한 여자로 보이도록 하려는 생각밖엔 없었다. 그는 나를 온갖 덕성을 갖춘, 세상에서 가장 아름다운 여자라 생각했던 것이다. 그래서 나는 세상에서 제일 훌륭한 사람의 눈에, 역시 제일 훌륭한 여자로 보이려고 노력했다.

어느 날, 남편은 내가 기도드리고 있을 때 내 방에 들어온 일이 있었다. 나는 그를 돌아보고는 그냥 기도를 계속했다. 그는 기도에 방해가 되지 않게 책상에 가서 앉더니 책을 펼쳤다. 그러나 나는 남편이 이쪽을 보고 있는 것 같아서 다시 뒤를 돌아보았다. 남편은 싱긋 웃어 보였다. 나는 기도를 계속하지 못하고 함께 따라 웃었다.

"당신은 벌써 기도를 끝냈나요?"

내가 물었다.

"응, 그냥 계속해요. 난 나갈 테니까."

"하지만 당신도 함께 기도를 드리지 않겠어요?"

아무 말 않고 밖으로 나가려는 남편을 나는 불러 세웠다.

"여보, 나가지 마시고 나와 함께 기도문을 외워주세요."

그는 나와 나란히 무릎을 꿇더니 어색하게 두 팔을 늘어뜨린 채 정색을 하고 말을 더듬으며 기도문을 외기 시작했다. 그리고 이따금 나를 돌아보며, 혹시 틀린 데가 있으면 고쳐달라는 듯이 내 눈치를 살폈다.

남편이 기도문을 다 외고 나자, 나는 웃으면서 그를 끌어안았다.

"모든 것이 당신 때문이야! 나는 마치 열 살 먹은 어린애처럼 되고 말았다니까!"

그는 얼굴을 붉히고 내 손에 입을 맞추며 이렇게 말했다.

시집은 집안끼리 서로 존경하고 사랑하며 대대로 이어 내려온 시골 명문가 중의 하나였다. 집안에 있는 모든 것이 훌륭했고 명예로운 역사를 가지고 있었다. 나는 이 집에 들어오자마자 그것이 나 자신의 과거가 되어 버린 듯이 느껴지는 것이었다. 집안을 장식한다든지 정돈한다든지 하는 일은 시어머니인 타치야나 세묘노브나가 옛날 식으로 맡아서 하고 있었다.

모든 점이 고상하고 아름답다고는 할 수 없었지만, 하인에서부터 가구 등과 음식물에 이르기까지 부족한 것 없이 풍부하게 있었고, 모든 것이 산뜻하고 견고하며 차근차근 정돈되어 있어서, 얕잡아 볼 수 없는 그 무엇이 있는 것 같았다. 응접실에는 의자며 테이블 같은 것이 균형 있게 배치되어 있었고, 벽에는 초상화들이 걸려 있었으며, 방바닥에는 양탄자와 줄무늬를 넣어 삼으로 짠 자리가 깔려 있었다. 홀에는 오래된 피아노와, 모양이 다른 두 개의 옷장과, 소파와, 그리고 놋쇠와 자개로 장식된 탁자가 놓여 있었다.

시어머니가 정성을 들여 꾸민 방에는 옛날부터 현재까지 전해 내려오는 갖가지 모양의 가구 중에서도 제일 훌륭한 물건들이 놓여 있었다. 그중에는 오래된 거울이 하나 있었다. 나는 처음에 그것을 들여다보기가 어쩐지 겸연쩍었지만, 나중에는 마치 옛 친구처럼 그 거울을 아주 소중히 여기게 되었다.

시어머니인 타치야나 세묘노브나의 목소리는 거의 들리지 않다시피 했는데도, 집안의 모든 일이 흡사 태엽을 틀어놓은 시계처럼 어김없이 잘되어 나갔다. 하인들은 지나칠 정도로 많이 있었으나, 뒤축이 없는 부드러운 창을 댄 장화를 신어서 별로 시끄럽지 않았다. (시어머니는 구두창이 삐걱거린다든지 뒤축이 쿵쿵 울린다든지 하는 것을 싫어했기 때문이다) 그 수많은 하인들은 모두 자기의 위치를 자랑스럽게 여기는 것 같았다. 그들은 늙은 주인 마나님 앞에서는 꿈쩍도 못하면서도, 나나 남편에게는 마치 보호자와 같은 상냥한 태도로 대했다. 그리고 그 어떤 특별한 자부심을 가지고 맡은 일들을 하는 것처럼 보였다.

매주 토요일에는 반드시 집안의 마루를 닦고 양탄자의 먼지를 털어냈다. 매달 초하룻날에는 목욕을 하고 기도식을 올렸다. 그리고 시어머니와 남편의 세례명 축일에는 부근 사람들을 초대해서 잔치를 베풀곤 했다(그해 가을에 처음으로 내 세례명 축일도 축하해 주었다). 이러한 모든 것은 타치야나 세묘노브나가 철이 든 이후부터 한 번도 빼놓지 않고 해 오던 일이었다 한다.

남편은 집안일에 대해선 전혀 간섭을 하지 않았다. 다만 농사일과 머슴들을 돌보고 있었는데, 상당히 열심히 일했다. 겨울에도 아주 일찌감치 일어나기 때문에, 내가 눈을 뜰 때는 벌써 밖으로 나가서 얼굴을 볼 수조차 없었다. 그는 보통 차를 마실 때쯤 해서 집에 돌아오곤 했다. 아침에는 언제나 둘이서만 차를 마셨는데, 그는 농사일 때문에 분주하게 돌아다니며 시끄러운 일을 하고 난 다음이어서, 옛날에 카차와 내가 이름 지은 '야만적인 기쁨'에 넘쳐 있었다.

나는 곧잘 남편에게, 아침에 무슨 일을 했는지 얘기해 달라고 졸랐다. 그러면 그는 아주 터무니없는 얘기를 꾸며대곤 해서 우리는 배를 움켜쥐고 웃어댔다. 어떤 때는 내가 사실대로 얘기해 달라고 하면 그는 웃음을 참으며 얘기해 주었지만, 나는 그의 눈이며 움직이는 입술을 바라보고 있었을 뿐, 그의 얘기는 한마디도 귀담아들으려 하지 않았다. 나는 그저 남편의 얼굴을 보고 그 목소리를 듣는 것만으로도 만족했다.

"자, 그럼, 내가 지금 무슨 얘기를 했는지 어디 당신이 다시 얘기해 봐요."

그는 가끔 이렇게 물었다. 그러나 나는 한마디도 말할 수 없었다. 나는 남편이 자기 얘기도 아니고 내 얘기도 아닌, 우리 부부와는 상관없는 얘기를 내게 늘어놓는 것이 우습게만 여겨졌다. 그런 일이야 아무렇게 된들 무슨 상관이랴 싶었다. 그 후 상당히 오래 시일이 지나서야, 나는 비로소 남편이 염려하고 있는 바를 다소나마 알게 되었고, 따라서 관심을 갖게 되었다.

타치야나 세묘노브나는 점심때까지 자기 방에서 나오지 않고 혼자서 차를 마셨고, 그 대신 하녀를 보내서 우리한테 아침 인사를 전하곤 했다. 그러나 무조건 행복하기만 한 우리만의 특별한 세계에서는, 이쪽과는 비교가 안 될 만큼 엄숙하고 단정한 방으로부터 전달되어 오는 시어머니의 목소리가 이상하게 들렸다. 그래서 나는 참지를 못하고, 두 손을 모아 쥐고 똑똑한 어조로 인사의 말을 전하는 하녀에게 대답 대신 웃음을 터뜨리고 마는 일이 자주 있었다.

"어제 두 분이 산책을 하고 나서 편히 주무셨는지 알아보고 오라 하십니다. 그리고 마나님께서는 밤새도록 옆구리가 결리고, 게다가 마을 쪽에서 몹쓸 놈의 개들이 짖어대는 바람에 잘 주무시지 못했다고 전하라 하십니다. 그다음, 구운 과자는 맛이 어떠냐고 물으십니다. 오늘은 타라스가 굽지 않고 니콜라샤가 처음으로 시험 삼아 한 것이니 그 점을 미리 알아두라고 하십니다. 마나님의 말씀은, 상당히 잘 구웠다, 버터빵은 특히 잘 구웠지만 비스킷은 좀 지나치게 구운 것 같다고 하셨습니다."

하녀는 이렇게 보고하는 것이었다.

점심때까지는 남편과 함께 앉아 있는 일이 거의 없었다. 나는 혼자서 피아노를 치거나 책을 읽거나 했고, 그는 책상에 앉아 무엇을 쓰거나 외출하거나 했다.

네 시에 있는 점심때에는 모두들 한자리에 모였다. 시어머니는 자기 방에서 헤엄쳐 나오듯이 소리도 없이 나왔고, 우리 집에 두세 명씩은 언제나 붙어사는 가난뱅이 귀족 부인이라든가 여자 순례자들도 나타났다. 남편은 옛날부터의 습관에 따라 날마다 한 번도 빼놓지 않고 어머니의 팔을 잡고 식탁으로 모셨는데, 어머니는 그에게 다른 한쪽 팔을 내게 주라고 해서, 우리는 매일같이 문턱에서 서로 어깨를 비비며 들어와야 했다.

식사 중에는 시어머니가 의장 역할을 맡아했기 때문에, 고상하고 점잖고 약간 엄숙하기조차 한 얘기만이 오갔지만, 나와 남편의 허물없는 언사는 이 식탁회의의 딱딱한 분위기를 기분 좋게 깨뜨리곤 했다. 어떤 때는 어머니와 아들 사이에 논쟁이 벌어지고 농담 비슷한 말이 오갔는데, 나는 특히 그러한 논쟁이나 농담을 듣기 좋아했다. 그와 같은 말 가운데 모자간의 깊고도 강한 애정이 가장 뚜렷이 나타나기 때문이다.

점심이 끝나면 시어머니는 응접실에 있는 커다란 안락의자에 앉아서 파이프에 담기 좋게 담배를 곱게 부스러뜨리거나 새로 도착한 서적의 책장을 자르기도 했고, 우리는 책을 낭독하거나 홀에 가서 피아노를 쳤다. 그 당시 우리는 둘이서 꽤 많은 책을 읽었지만, 그래도 우리는 음악을 제일 좋아했다. 음악은 우리의 가슴속에 언제나 새로운 감정을 불러일으켰고, 그럴 때마다 우리들은 서로의 마음속에서 새로운 것을 발견하는 듯했다.

내가 남편이 좋아하는 곡을 치고 있으면, 그는 거의 내 눈에 띄지 않을 만큼 멀찌감치 떨어진 소파에 가 앉아 있었다. 그는 원래부터 수줍은 성격이어서 음악으로부터 받는 감명을 나타내지 않으려고 애썼다. 그러나 나는 가끔 느닷없이 피아노에서 일어나 남편이 앉아 있는 곳으로 가까이 가서는 그 얼굴에서 감격의 흔적을, 그리고 그 눈에서 여느 때와는 다른 광채와 윤기를 찾아내려 했다. 그는 그것을 숨기려고 애썼지만 결국은 허사였다.

시어머니는 언제나 우리들이 홀에서 어떻게 하고 있는지 보고 싶었던 모양이었다. 하지만 우리가 언짢게 여길까 염려하여 일부러 무뚝뚝하고 태연한 얼굴로 홀을 통과해서 안으로 들어가곤 했다. 시어머니는 자기 방에 들어가 봐야 아무것도 할 일이 없으니까 곧 되돌아 나오리란 것은 뻔한 일이었다.

저녁에는 큰 응접실에서 내가 차를 따르게 되어 있었는데, 그때 역시 집안 식구들이 모두 식탁에 모였다. 사모바르를 가운데 놓고 엄숙하게 둘러앉은 이 '회의'에서 컵과 찻잔을 돌리는 일이 내게는 오랜 시일이 경과할 때까지 서먹서먹하기만 했다. 아직도 나는 이런 명예로운 역할을 맡을 만한 자격이 없을 뿐만 아니라 이렇게 커다란 사모바르 마개를 틀어 차를 따르거나, 하인인 니키타가 받쳐 들고 있는 쟁반에 컵을 올려놓으며, '이건 표트르 이바노비치에게, 이건 마리야 미니치나에게······'라고 한다든가, '설탕이 더 필요하진 않으세요?' 하고 묻는다든가, 유모를 비롯하여 늙도록 이 집에서 일해 온 하녀들에게 부드러운 각설탕을 남겨 준다든가 하기에는, 내 나이가 너무나 젊고 아직도 철이 덜 들었다고 나 자신이 언제나 느끼는 것이었다.

"아주 제법인걸. 그만하면 이젠 어른이 다 됐어."

남편은 곧잘 이러한 소리를 했다. 그러면 나는 한층 더 당황했다.

차를 마시고 나면 어머니는 파시얀스[1]를 늘어놓든가 마리야 미니치나가 점치며 하는 소리를 들은 뒤에, 나와 남편에게 키스를 하고 성호를 그었다. 그러면 우리는 자기 방으로 돌아오는 것이었다.

그러나 우리는 대개 자정이 넘을 때까지 잠잘 생각을 않고 앉아 있었다. 그때가 우리에게는 제일 좋고 즐거운 시간이었다. 남편이 내게 자기의 과거 얘기를 들려주기도 하고, 둘이서 앞날의 계획을 세우기도 하고, 때론 제법 철학적인 문제에 대해 토론하기도 했다. 그러나 같은 이층에 있는 사람들이 우리의 얘기 소리를 듣고 타치야나 세묘노브나한테 고해바칠까 봐 언제나 조심해서 낮은 목소리로 소곤거렸다. 시어머니는 늘 우리들에게 일찍 자도록 타일러 왔기 때문이다. 그러나 어떤 때는 배가 고파서 살그머니 찬장으로 가서는 니키타가 눈치 빠르게 꺼내주는 식은 밤참을 받아가지고 내 방으로 돌아와서 촛불 한 자루만 켜

---

1) 혼자서 칠 수 있는 트럼프의 일종.

놓고 그것을 먹기도 했다.

우리 부부는, 오랜 전통과 타치야나 세묘노브나의 엄격한 정신이 온 집안에 배어 있는 것 같은 이 커다란 옛 집에서, 마치 이 집과는 인연이 없는 사람처럼 그날그날을 보냈다. 비단 시어머니뿐만 아니라, 하인들이나 집에서 밥을 얻어먹고 있는 올드미스들이나 가구 등과 벽에 걸린 그림에 이르기까지 모든 것이 나에게 존경과 일종의 공포를 느끼게 했다. 또한 이 집의 분위기가 우리 부부에게는 어울리지 않기 때문에, 정신을 차리고 아주 조심스럽게 살지 않으면 안 되겠다는 자각을 갖게 했다.

지금 회상해 보면, 여러 가지가—변화라는 것을 모르는, 틀에 잡힌 질서라든가, 공연히 남의 일만 캐고 들려는 한가한 집안사람들이라든가 하는 것이 우리에게는 달갑지 않고 거북하기만 한 것이라고 생각되었지만, 그 당시엔 그렇게 거북한 환경이 오히려 우리의 애정에 활기를 주었다. 나도 그랬지만, 남편도 무슨 일에나 싫은 빛을 나타내지 않았다. 그는 못마땅한 일이 있더라도 자기 자신이 눈을 감아 버리고 마는 태도를 보이기까지 했다.

어머니한테 딸려 있는 드미트리 씨도로프라는 하인은 담배를 무척 좋아했다. 날마다 우리가 점심을 먹은 후 홀에 앉아 있으면 반드시 남편 방에 들어가서 서랍 속에 든 담배를 슬쩍 꺼내 가곤 하는 버릇이 있었다. 그럴 때면 세르게이 미하일로비치는 보아서는 안 될 무슨 재미있는 것을 발견한 듯한 표정을 지으며, 발꿈치를 들고 내 옆으로 가까이 걸어왔다. 그리고 손가락을 펴고 가만있으라는 시늉을 하며, 우리가 보고 있으리라고는 생각을 못하고 있는 드미트리를 눈짓해 보였는데, 그 꼴은 정말 가관이었다. 드미트리가 끝내 눈치를 채지 못하고 밖으로 나가버리면, 남편은 아무 일도 없이 무사히 넘겨서 다행이라는 듯이 기뻐서 어쩔 줄을 모르며, 언제나 버릇처럼

"어쩌면 당신은 그렇게도 의젓할까!"

하며 내게 키스를 하는 것이었다. 어떤 때는 이렇게 태평하고 관대하며 만사에 무관심한 것같이 보이는 남편의 태도가 못마땅하게 여겨지기도 했다. 나는 자기 자신에게도 그와 똑같은 경향이 있다는 것을 모르고, 그것이 남편의 약점이라고 믿었다. '자기 의지를 떳떳이 나타내지 못하다니, 마치 어린애들이나 마찬가지가 아닌가' 하고 나는 생각했던 것이다.

한번은 내가 남편에게, 어째서 당신은 그렇게 약한 태도를 취하는지 모르겠다고 했더니 그는 이렇게 대답했다.

"여보, 내 말 좀 들어 봐요. 나처럼 이렇게 행복한 처지에 있는 인간이 대체 무슨 불만이 있겠어? 남한테 듣기 싫은 소리를 하느니보다는 이쪽에서 양보하는 편이 훨씬 마음이 편하거든. 나는 벌써 오래전에 이 점을 깨달았어. 누구든지 간에 행복해서 안 된다는 법은 세상에 없는 거야. 그리고 우리는 이렇게 행복하지 않느냐 말이야! 그런데 내가 어찌 누구한테 화를 내거나 할 수 있겠어? 지금 내게는 불쾌한 것이라고는 한 가지도 없고, 오직 가엾은 것과 재미있는 것만이 있을 뿐이야. 너무 지나치게 좋은 것은 행복의 적이란 말이 있는데, 이건 절대로 소홀히 들어 넘길 말이 아니라고 생각해. 이렇게 말하면 곧이듣지 않을는지 모르지만, 나는 말방울 소리를 듣거나 편지를 받거나 하면—아니, 아침에 눈을 뜨기만 해도 왜 그런지 무서운 생각이 들어. 앞으로 세상을 살아 나가노라면 반드시 어느 때건 무슨 변동이 일어나고야 말 것이라 생각하면 무섭단 말이야. 현재보다 더 좋게 될 리는 만무하니까."

나는 그가 진실로 마음속에 있는 말을 한다고 생각했지만, 그러한 그의 말을 이해할 수는 없었다. 나는 그저 무조건 행복하기만 했기 때문에, 내 생각으로는 언제까지나 그냥 이렇게 행복할 것 같았고 무슨 변화가 있을 것 같지는 않았다. 그러면서도 한편으로는 또 어딘지 딴 곳에, 비록 이보다 더하지는 못할망정 다른 종류의 행복이 있을 것처럼 여겨지기도 했다.

이렇게 두 달이 지나가고, 겨울이 추위와 눈보라를 몰고 또다시 찾아왔다. 나는 남편과 함께 있으면서도 고독을 느끼기 시작했다. 날마다 똑같은 생활이 되풀이되었기 때문이다. 내게도 남편에게도 조금도 새로운 점을 발견할 수 없을 뿐만 아니라, 오히려 우리들은 옛날로 뒷걸음치고 있는 것 같은 생각이 들었다. 남편은 이전보다도 더 많이 내 곁을 떠나서 자기 일에 열중했다. '남편의 마음속에는 그 어떤 별개의 세계가 있는데, 그는 나를 그 세계에 들여보내 주려 하지 않는다'—나는 또다시 이런 생각을 하기 시작했다. 언제나 태평하기만 한 그의 태도가 나를 초조하게 했다. 나는 그를 한결같이 사랑했고, 또 그의 사랑에 행복을 느꼈지만, 나의 사랑은 그냥 그 자리에 침체된 채 그 이상 자라려고 하지 않았다. 그리고 그 사랑 이외에 어떤 새로운 불안한 감정이 내 마음속으로 기어

들고 있었다.

이미 남편을 사랑하는 데서 오는 행복을 맛보고 났기에 단순히 사랑한다는 것만으로는 어쩐지 만족할 수 없었다. 나는 잔잔한 생활의 흐름이 아니라 활발한 운동을 바라고 있었다. 다시 말하면, 심리적 동요라든가, 위험이라든가, 감정을 위한 자기희생을 바라고 있었던 것이다. 과잉 상태에 있는 내 마음속의 어떤 힘이 이 조용한 가정생활에서 배출구를 찾지 못하고 있었다. 우울한 권태가 나를 사로잡았다. 나는 무슨 좋지 못한 것을 숨기려는 듯이 될 수 있는 대로 남편 앞에서는 그러한 기색을 나타내지 않으려 했다. 그런가 하면, 어떤 때는 미칠 듯한 애정을 표시하기도 하고 별안간 쾌활해지기도 하여 남편을 놀라게 했다.

남편은 나보다도 먼저 그러한 나의 정신 상태를 알아채고서 도시로 나가자고 권했지만, 나는 쓸데없이 여행을 해서 우리의 생활에 변동을 가져오게 하거나 현재의 행복을 망치거나 하지 말아 달라고 했다. 사실 나는 행복하기 짝이 없었다. 다만 나를 괴롭힌 것은, 그 어떤 노력과 희생을 바라는 마음이 간절한데도 내가 현재 향유하고 있는 행복의 대가로써 아무런 노력도, 아무런 희생도 요구하지 않는다는 점이었다. 나는 남편을 사랑하고 있었고, 또 남편에게는 내가 더 없이 귀중한 존재라는 것을 잘 알고 있었다. 그러나 나는 모든 사람들이 우리들의 깊은 애정을 보아주기를 바랐고, 남들이 나의 사랑을 방해하기를 바랐고, 그러한 방해를 물리쳐 남편을 사랑해 보고 싶었던 것이다.

나의 이성은, 아니 감정까지도 항상 행복에 싸여 있었으나, 이렇게 변화 없고 조용한 가정생활에서는 도저히 만족을 느낄 수 없는 별개의 감정—변화와 활동을 요구하는 청춘의 감정이 있었다. 어째서 남편은, 내가 원한다면 둘이서 도시로 나가자는 말을 내게 했을까? 그런 말만 하지 않았어도 나를 괴롭히는 감정이 쓸데없는 망상이며, 따라서 내가 나빴다는 것을 깨달았을지도 모른다. 또한 내가 바라는 희생이란 바로 나 자신에게 있는 불순한 감정을 억제하는 데 있다는 것을 알게 되었을지도 모른다. 도시로 나가기만 하면 나의 우울증도 간단히 없어질 것이라는 생각이 무의식 중에 일어났지만, 한편으로는 남편이 그가 좋아하는 모든 것으로부터 손을 떼야만 한다는 것이 가엾기도 했고 마음에 걸리기도 했다.

겨울이 깊어지면서 눈은 바깥 벽에 점점 높이 쌓였다. 그러나 우리는 언제나 단둘이서 변함없는 얼굴을 서로 맞대고 있었다. 하지만 어딘지 먼 곳에서는 수많은 사람들이 모여, 이 시골 구석에 파묻혀 있는 우리의 존재 같은 것은 아랑곳없이, 휘황한 광채와 혼잡한 소음 속에서 흥분하고 애태우며 그들의 생활을 즐기고 있을 것이 아닌가. 내가 무엇보다도 싫어한 것은, 습관이 날이 갈수록 우리의 생활을 이미 만들어진 틀 속에 박아 넣어, 우리들의 감정도 점점 자유를 잃고 변화 없는 무관심한 세월의 흐름에 예속되어 가는 것을 느낄 때였다. 우리는 아침에는 쾌활했고, 점심때는 공손했으며, 저녁에는 다정스러웠다.

'선행!……남편이 말하듯 선행을 하며 결백한 생활을 한다는 것은 물론 좋은 일이다. 하지만 그것은 나중에라도 넉넉히 할 수 있는 문제가 아닌가. 그러나 지금 당장에 하지 않으면 나중에는 힘이 없어 하지 못할 그 어떤 일이 반드시 있을 것만 같다.' 나는 이렇게 생각했다.

내게 필요한 것은 선행이 아니라 투쟁이었다. 생활이 감정을 이끄는 것이 아니라 감정이 우리의 생활을 이끌어야 한다고 생각했다. 남편과 함께 아슬아슬한 낭떠러지 끝으로 걸어 나가서, '이제 한 발만 내디디면 나는 저 밑으로 떨어져요. 꼼짝하기만 하면 나는 죽어버릴 거예요' 하고 내가 말하면, 그가 낭떠러지 끝에 선 채 얼굴이 새파랗게 되어 그 억센 두 팔로 나를 번쩍 안아 올려 가슴이 섬뜩하게 공중에다 홱 던지는 시늉을 하고는 어디로든지 자기가 원하는 곳으로 나를 데리고 가 주었으면—나는 이렇게 되기를 바랐던 것이다.

이러한 정신 상태는 내 건강에까지 영향을 주어, 나는 신경쇠약에 걸리게 되었다. 어느 날 아침, 나는 여느 때보다 기분이 좋지 않았는데, 평소에 그런 일이 없었던 남편까지 몹시 시무룩한 얼굴로 사무실에서 돌아왔다. 나는 금세 눈치를 채고, 남편에게 무슨 일이라도 있었느냐고 물었다. 그러나 그는 아무것도 아니라고 하며 좀처럼 내게 이야기해 주려 하지 않았다. 나중에야 알게 되었지만, 남편에게 감정이 좋지 않은 경찰서장이 우리 집에 딸린 농부들을 불러 놓고 그들에게 부당한 짓을 하도록 요구하며 위협했다는 것이다. 남편은 그와 같은 문제를 가소롭기 짝이 없는 일이라고 대수롭게 여기지를 못하고 잔뜩 화를 내고 있었기 때문에 나한테 그런 이야기를 하려 하지 않았던 것이다. 하지만 나는 남편이 나한테 아무 말도 하지 않는 것은 분명 자기가 하고 있는 일을 이해할 만한 능력이 없는 어린애로 취급하고 있기 때문이라고 생각했다. 그래서 나는 그에게서 몸을 돌리고 잠시 동안 잠자코 있다가, 차를 대접할 테니 우리 집에 묵고 있는 마리야 미니치나를 부르라고 하인에게 명령했다.

차를 마시고 나서 나는 여느 날보다 빨리 자리에서 일어나 마리야 미니치나를 홀로 데리고 나가서 별로 재미도 없는 쓸데없는 이야기를 커다란 소리로 하기 시작했다. 남편은 방 안을 이리저리 거닐며, 이따금 그의 마음을 몹시 자극했기 때문에, 나는 더욱더 떠들며 웃어대고 싶은 마음이 들었다. 나 자신이 말하는 것이나 마리야 미니치나가 말하는 것이나 모두가 우습기만 한 것 같았다. 남편은 나한테 아무 말도 하지 않고 방에서 나가더니 쾅 하고 방문을 닫고는 자기 방으로 가버렸다. 그의 발소리가 사라지자마자 갑자기 나의 쾌활한 기분도 사라져 버리고 말았다. 마리야 미니치나는 깜짝 놀라며 왜 그러느냐고 물었다. 나는 대답을 못 하고 소파에 주저앉았다. 그 자리에서 울고 싶은 심정이었다.

'도대체 무얼 저렇게 생각하고 있을까?' 하고 나는 생각했다.

'별로 대수롭지도 않은 일을 가지고 저렇게 끙끙 앓고 있다니. 나한테 털어놓고 얘기라도 한다면 조금도 염려할 필요가 없다고 내가 알아듣도록 설명할 텐데……. 하지만 남편은 얘기해 보기도 전에 너 같은 게 뭘 알겠느냐고 얕잡아 보려고만 하지 않는가. 곧 죽어도 위신을 지키며 시치미를 떼고 너보다는 그래도 내가 모든 것을 옳게 판단한다는 태도로 나를 아주 무시해 버리려고만 들지 않는가. 남편이 나를 그렇게 취급하는 이상 내가 권태를 느끼거나 생활다운 생활을 하고 싶다고 생각한다 해도 그것은 당연한 일이다. 이렇게 한자리에 꼼짝 않고 서서 머리 위로 시간이 흘러가는 것만 느끼고 있으란 말인가!

나는 자꾸만 앞으로 나가고 싶은데, 날마다 시간마다 무슨 새로운 변화가 있기를 원하고 있는데, 남편은 제자리에 멈춰선 채 나까지도 꼼짝 못 하게 붙잡고 있다. 나의 요구를 들어준다는 것은 남편에게 조금도 어려운 일이 아닐 것이다! 구태여 나를 도시로 데리고 나갈 것까지도 없다. 다만 자기 자신을 기만하거나 주저하거나 하지 말고, 나처럼 솔직한 태도로 살아가기만 하면 된다. 남편은 나한테는 그렇게 하라고 권하면서도, 자기 자신은 조금도 솔직하지 않다. 내가 말하고 싶은 것은 바로 이 점이다!'

이렇게 생각하니 가슴 가득히 눈물이 괴는 것 같았고 남편이 원망스럽기만 했다. 나는 나의 그러한 감정에 스스로 겁을 집어먹고, 그의 방으로 찾아들어

갔다. 그는 책상에 앉아 무엇인가를 쓰고 있다가, 내 발소리를 듣더니 침착하고도 태연한 얼굴로 잠깐 돌아보고는 다시 펜을 움직이기 시작했다. 그의 시선이 어쩐지 내게는 못마땅했다. 나는 남편의 곁으로 가까이 가지 않고 그가 글을 쓰고 있는 책상 옆에 버티고 서서 책을 펼쳐 들여다보았다. 남편은 또 한 번 눈을 들어 나를 쳐다보더니 이렇게 물었다.

"마샤, 기분이 좋지 않은 것 같은데?"

나는 '뭐 물어볼 필요도 없지 않아요? 참 친절도 하시지!' 하고 내쏘기라도 할 듯이 차가운 눈으로 그를 노려보았다. 그는 고개를 가로저으며 멋쩍은 듯이 부드러운 미소를 지어 보였다. 그러나 나는 생전 처음으로 그의 미소에 반응하지 않았다.

"오늘 무슨 일이 있었어요?"

나는 겨우 입을 열었다.

"어째서 나한테 아무 얘기도 해주시지 않았어요?"

"뭐 아무것도 아니야! 좀 기분 나쁜 일이 있어서……."

남편은 대답했다.

"그렇지만 이젠 당신한테 얘기할 수 있어. 우리 집에 딸린 농부 두 사람이 시내로 들어가서……."

나는 남편의 말을 가로챘다.

"좋아요, 어째서 아까 내가 물었을 때는 그 얘길 해주시지 않았느냐 말이예요."

"아까는 당신 입에서 공연히 쓸데없는 소리가 나올 것 같아서 얘기하지 않았던 거야. 그땐 좀 화가 나 있었으니까."

"그렇지만 나는 그때 꼭 듣고 싶었어요."

"어째서?"

"당신은 나를, 조금도 남편을 도울 자격이 없는 여자라 생각하시죠?"

"어떻게 내가 감히 그런 생각을 하겠어!"

그는 펜을 던졌다.

"나는 당신이 없으면 살 수 없다고 생각하는 인간이야. 당신은 모든 면에서 나를 도와주고 있지. 아니, 도와준다느니보다 당신 자신이 능동적으로 모든 일을 하고 있다고 생각해. 그런 소린 아예 하지도 말아요!"

그는 빙그레 웃었다.

"나는 오직 당신만을 마음의 기둥으로 삼고 사는 인간이야. 당신이 내 곁에 있다는 그 한 가지 이유만으로 세상만사가 모두 살맛이 나는 사람이야. 그러니까 당신은……."

"말하지 않아도 잘 알고 있어요. 그저 적당히 달래기만 하면 되는 귀여운 어린애에 지나지 않는단 말씀이죠!"

내 말투가 하도 심상치 않았기 때문에, 남편은 마치 처음 보는 사람을 보듯이 놀란 눈으로 나를 바라보았다.

"내가 바라는 건 평온이 아니에요. 당신은 너무나 평온하고 너무나 침착해요!"

"아무튼 무슨 일이 있었는지 얘기나 들어봐요."

내 입에서 나중에 무슨 말이 나올지 겁이 난다는 듯이 남편은 황급히 내 말을 가로챘다.

"그리고 당신이 그 문제에 대해 어떤 판단을 내리는지 들어봅시다."

"이젠 그런 얘기 듣고 싶지도 않아요."

사실은 듣고 싶기도 했지만, 그보다도 남편의 평온을 깨뜨리는 것이 더욱 재미있었다.

"나는 생활의 흉내만 내는 것이 아니라 실제로 생활하고 싶어요. 당신이 실제로 생활하고 있듯이."

조그만 일에도 즉시 분명한 반응을 보이는 남편의 얼굴에 긴장과 고통의 빛이 나타났다.

"나는 당신처럼 당신과 동등한 생활을 하고 싶어요. 당신과 함께……."

그러나 나는 말끝을 맺지 못했다. 말할 수 없이 깊은 슬픔이 그의 얼굴에 나타났기 때문이다. 그는 잠시 아무런 대꾸도 하지 않았다.

"하지만 어떤 면에서 나와 동등한 생활을 하지 못한다는 거지?"

남편이 입을 열었다.

"나는 경찰서장이니 주정뱅이 농부들을 상대하고 있지만, 당신은 그런 일을 하지 못하니 그게 불만이란 말인가?"

"나는 그런 것만 가지고 얘기하는 게 아니에요."

"이것 봐. 제발 내 마음을 좀 이해해 줘요."

남편은 말을 이었다.

"그런 시끄러운 문제는 언제나 사람에게 고통을 준다는 걸 나는 오랜 경험을 통해서 잘 알고 있어. 그런데 당신을 사랑하는 내가 어떻게 당신에게 그런 걱정을 시킬 수 있겠느냐 말이야. 내 생활이란 바로 당신에 대한 애정 속에 있는 것이니까, 제발 내 생활을 방해하지 말아 줬으면 좋겠어."

"좋아요. 언제나 당신의 말은 옳으니까요!"

나는 남편을 거들떠보지도 않고 비꼬았다.

남편이 다시 맑고 침착한 정신 상태로 돌아온 반면에, 나 자신의 마음속에는 후회에 가까운 감정과 안타까움이 자리를 차지하고 있는 것이, 나는 스스로 민망스러웠다.

"마샤, 왜 그러는 거요?"

남편은 말을 받았다.

"내 말이 옳건, 당신 말이 옳건, 그건 문제가 아니야. 당신이 나한테 대체 무슨 불만을 품고 있는지 그게 중요한 문제야. 뭐 지금 당장에 말하라는 건 아니니까, 곰곰이 잘 생각해서 당신이 생각하는 바를 모두 나한테 말해 줘. 당신이 나한테 불만을 느낀다는 건 아마 당연할 거야. 그렇지만 내가 나쁜 점이 무엇인지 그걸 깨닫게 해줬으면 좋겠어."

하지만 내가 어떻게 내 마음을 남편한테 말할 수 있을 것인가? 남편은 대번에 내 속을 알아채고 말았다. 나는 다시금 남편 앞에서 어린애가 되어 버렸다. 그리고 나는 남편이 알아채지 못하거나 예상할 수 없는 것이라고는 한 가지도 해낼 수 없다—이런 생각이 더한층 내 마음을 자극했다.

"당신한테는 아무런 불만도 없어요. 하나도 재미있는 일이 없으니까 어떻게 좀 권태를 느끼지 않게 될 수는 없을까 생각하고 있을 뿐이지요. 하지만 당신은 현재의 상태가 좋다고 하실 뿐만 아니라, 사실 그 말이 옳으니 어쩔 수 없지 않겠어요?"

나는 대답했다.

나는 남편을 쳐다보았다. 나의 목적은 이루어졌다—남편의 침착한 태도는 사라지고, 그 얼굴에는 놀람과 고통의 빛이 역력히 나타나 있었다.

"마샤."

낮은 음성이었지만 흥분한 어조로 남편은 입을 열었다.

"지금 우리가 하는 말은 농담이 아니야. 지금 이 순간에 우리들의 운명이 결정되려 하고 있다는 걸 알아야 해. 제발 아무 대꾸도 하지 말고 내 말을 끝까지 들어줘. 당신은 내가 괴로워하는 꼴을 보고 싶어서 그러는 거지?"

나는 그의 말을 가로챘다.

"당신의 말이 지당하리란 건 뻔하지요. 구태여 당신이 옳다는 얘기는 하실 필요가 없을 거예요."

나는 쌀쌀하게 내쏘았다. 그것은 마치 나 자신의 말이 아니라 내 마음속에 악마 같은 것이 들어앉아서 하는 말 같았다.

"당신이 지금 하는 말이 무슨 말인지, 그걸 당신이 알 수 있다면……."

남편은 떨리는 음성으로 말했다.

나는 울음을 터뜨리고야 말았다. 그랬더니 한결 마음이 가벼워졌다. 그는 내 옆에 잠자코 앉아 있었다. 나는 남편이 가엾기도 했지만 한편으로는 부끄러운 마음이 들며 금세 내가 한 행동을 후회했다. 나는 남편을 돌아볼 수 없었다. 남편이 그 순간 틀림없이 무서운 눈초리가 아니면 의혹에 찬 시선을 내게 던지고 있는 것 같았기 때문이다. 그러나 조금 후에 남편을 돌아보았더니, 뜻밖에도 용서를 비는 듯한, 정답고 상냥스러운 시선이 나를 지켜보고 있었다. 나는 그의 손을 잡으며 말했다.

"용서해 주세요! 네? 지금 내가 무슨 소릴 했는지 나도 모르겠어요."

"모르겠다구? 하지만 나는 당신이 한 말을 알 수 있어. 당신의 말이 옳아요."

"무슨 뜻이지요?"

"암만해도 우린 페테르부르크로 가야겠어. 지금 여기서는 어떻게 해 볼 도리가 없으니까."

"마음대로 하세요."

남편은 나를 끌어안고 키스를 하더니 이렇게 사과했다.

"용서해 줘, 내가 나빴어."

그날 저녁에 나는 남편을 위해 오랫동안 피아노를 쳤다. 그는 방 안을 거닐며 무슨 소리인지 혼자 입속말로 중얼거리고 있었다. 그것은 그의 버릇이었다. 가끔 내가 무슨 말을 혼자 중얼거리고 있느냐고 물으면, 그는 언제나 잠깐 생각해 보고 나서는 자기가 한 말을 그대로 나한테 되풀이하는 것이었다. 대개가 무슨 시의 한두 구절이었으나, 어떤 때는 굉장한 난센스가 튀어나오기도 했다. 그러나 나는 그 난센스로부터 남편의 기분이 어떻다는 것을 알 수 있었다.

"오늘은 또 무슨 소릴 중얼거리고 계세요?"

내가 물었다.

남편은 걸음을 멈추고 잠시 생각하더니 빙그레 웃으며 레르몬토프[2]의 시를 두 줄 읽었다.

> ······이성을 잃는 배는 폭풍을 기다리네,
> 폭풍 속에서 평온을 찾으려고······

'아아, 저이는 보통 사람이 아니야. 무엇이든지 다 알고 있어!'

나는 남편이 사랑스러워졌다.

'저렇게 좋은 사람을 어찌 사랑하지 않을 수 있단 말인가?'

나는 피아노 앞에서 일어나 그의 손을 잡고 걸음을 맞추려고 애쓰며 그와 함께 걷기 시작했다.

"맞았지?"

그는 나를 바라보며 미소지었다.

"맞았어요."

나는 속삭였다. 우리들은 금세 기분이 명랑해졌고 눈에는 웃음이 떠올랐다. 그리고 걸음걸이는 점점 활발해져서 나중에는 발꿈치를 들고 걷다시피 했다. 우리는 그러한 걸음걸이로 이 방 저 방을 지나다녀 그리고리 영감의 노여움을 샀고, 파시앙스를 늘어놓고 있던 어머니를 놀라게 했다. 식당으로 나와서 우리는 걸음을 멈추고 얼굴을 마주 보며 커다란 소리로 웃어댔다.

그로부터 2주일이 지나서, 크리스마스 전에 우리들은 이미 페테르부르크에 와 있었다.

---

2) 19세기 러시아의 시인.

2

우리의 페테르부르크 여행도, 모스크바에서 보낸 일주일도, 시집과 친정의 여러 친척들도, 새로운 숙소의 정리도, 우리가 지나온 길도, 처음 접한 도시들과 낯선 사람들의 얼굴도—모든 것이 꿈결처럼 지나가 버렸다. 하나같이 다채롭고 신기하며 즐겁기만 했고, 또한 남편의 동행과 애정으로 그러한 모든 것이 너무나 따뜻하고 선명하게 내 눈에 비쳤기 때문에 시골에서의 조용한 생활은 먼 옛날의 하잘것없는 추억에 지나지 않은 것 같았다.

그리고 나를 놀라게 한 것은, 교만하고 쌀쌀하기만 할 줄 알았던 사교계의 사람들이 친척뻘 되는 사람은 말할 것도 없거니와, 처음 만나는 사람들까지도 모두가 나를 진심으로 반가워하며 친절히 맞아준 사실이었다. 어떻게 생각하면 그들은 모두가 나만을 생각하고 있었고 내가 오기만 하면 그들 자신에게도 무슨 좋은 일이 생길 듯이 나를 손꼽아 기다리고 있었던 것이 아닌가 싶었다.

또 한 가지 뜻밖이었던 것은, 페테르부르크에서 일류에 속한다고 생각되는 사교 클럽에 남편의 친구들이 상당히 많다는 사실이었다. 남편은 내게 그들에 대해 한 번도 이야기해 준 적이 없었다. 그리고 내 눈에는 정말 좋은 사람들로 보이는 그들 가운데 몇 사람을 남편이 혹평하는 것을 들었을 때, 나는 어쩐지 이상하고 불쾌한 생각이 들었다. 어째서 남편이 그 사람들에게 무뚝뚝한 태도를 취하는지, 그리고 내 눈에는 존경할 만한 사람들로 보이는 그들과 교제하는 것을 어째서 남편이 자꾸 피하려만 드는지 나는 이해할 수가 없었다. 좋은 사람들과 많이 사귀면 사귈수록 이쪽도 좋을 것이고, 더욱이 모두 훌륭한 사람들 뿐인데 왜 그럴까 하고 생각했다.

"우린 아무래도 여기서 자리 잡고 사는 것이 좋을 거야."

시골을 떠나기 전에 남편은 이런 말을 했다.

"여기서는 그래도 갑부 행세를 할 수 있지만, 페테르부르크에 가면 우리 같은 건 어림도 없지. 그러니까 부활제까지만 거기서 지내고, 사교계 같은 데는 나가지 말기로 합시다. 그렇지 않으면 경제적으로 곤경에 빠지고 말 테니까. 그리고 당신을 위해서도 좋지 않을 것이고……."

"사교계엔 뭣 하러 나가요! 연극 구경이나 하고, 친척들이나 찾아보고, 오페라라든가 좋은 음악이나 듣고 하면 그만이죠. 그리고 부활제 전에 시골에 돌아오도록 해요."

그러나 페테르부르크에 도착하자마자 이러한 계획은 까맣게 잊어버리고 말았다. 갑자기 새롭고 행복한 세계에 발을 들여놓자 온갖 기쁨이 나를 에워싸고, 신기하고 재미있는 일들이 눈앞에 펼쳐지는 바람에, 나는 무의식적으로 나의 과거도, 시골에서 세웠던 계획도 대번에 포기해 버렸다.

'그건 역시 생활이라고 할 수 없는 것이었어. 생활은 아직 시작되지 않았던 거야. 이것이야말로 진짜 생활이야. 그리고 앞으로 또 얼마나 재미있는 일이 있을는지 누가 알아!'

나는 생각했다.

시골에 있을 때 나를 괴롭히던 불안과 우울은 마치 요술에 걸린 것처럼 깨끗이 사라지고 말았다. 남편에 대한 나의 애정은 전보다도 안정되었고, 남편의 사랑이 혹시 전보다 못하지 않나 하는 생각은 여기 와서 한 번도 머리에 떠오른 적이 없었다. 더욱이 그의 사랑을 의심한다든가 할 수는 없는 일이었다. 그는 내가 생각하는 것이면 무엇이든지 금세 이해해 주었고, 나의 감정을 함께 나누어 주었으며, 나의 희망을 즉시 이루게 해주었기 때문이다. 전에 내가 못마땅하게 여기던 태연자약한 태도는 그에게서 사라져 버렸다(사라진 것이 아니라, 다만 내 마음을 자극할 수 없게 되었을 따름인지도 모른다). 그뿐만 아니라 여기 온 후부터 남편은 전과 다름없이 나를 사랑해 줄 뿐만 아니라 더욱 흡족한 눈으로 나를 바라보는 것 같았다.

남의 집을 방문하고 돌아온 후라든가, 새로 누구와 인사를 주고받은 다음이라든가, 또는 우리 집 야회에서 혹시 무슨 실수라도 할까 봐 속으로 떨었다. 그러다가 내가 주부의 역할을 훌륭히 하고 나면 언제나 남편은 이런 말을 하는 것이었다.

"잘했어, 잘했어! 썩 잘했어! 그만하면 겁낼 건 하나도 없다니까! 정말 훌륭해!"

이런 칭찬을 들으면 참으로 기쁘기 짝이 없었다.

우리가 이곳에 도착한 뒤 얼마 안 있다가 남편은 어머니에게 편지를 했다. 그리고 나를 불러 끝에다 몇 자 적어 넣으라 하면서도, 자기가 쓴 부분은 읽어보지 못하게 했다. 그것이 이상했기 때문에, 나는 굳이 보여달라고 남편에게 요구하여 결국은 읽고야 말았다.

'어머님께서는 아마 마샤를 몰라보실 겁니다.'

편지에는 이런 말이 씌어 있었다.

'저까지도 다시 보게 되었으니까요. 그 귀엽고도 세련되고 침착한 태도와 사교적인 재주와 애교가 도대체 어디서 나오는 것인지 모르겠습니다. 게다가 모든 점이 소박하고 사랑스럽고 착하게 보인단 말입니다. 만나는 사람마다 모두들 감탄하고 있어요. 저 역시 보면 볼수록 대견한 생각이 듭니다. 그런 모습을 보고 나니 지금보다도 더욱더 사랑해 주고 싶어집니다.'

'아아, 그렇구나! 나는 보통 여자가 아니었구나!' 나는 편지를 읽고 나서 말할 수 없이 기분이 유쾌해졌다. 그리고 나도 역시 남편을 전보다 더욱더 사랑하게 되었다.

우리들과 안면이 있는 모든 사람들로부터 내가 받은 찬사는 나 자신도 전혀 뜻밖이었다 — 우리 아저씨는 누구보다도 당신을 좋아한다느니, 우리 아주머니는 당신한테 홀딱 반했다느니, 당신만 한 여자는 페테르부르크에 없을 거라느니, 당신은 이곳 사교계에서 으뜸가는 세련된 부인이 될 만한 자격이 있다느니 — 사방에서 이런 말을 내게 하는 것이었다. 그중에서도 특히 남편의 누이뻘이 되는 나이가 지긋한, 사교계의 귀부인인 D공작 부인은, 나한테 반해서 정신이 없을 만큼 수다스럽게 찬사를 늘어놓았다.

공작 부인이 처음으로 나를 어떤 무도회에 초대하며 남편에게 허락해 달라고 했을 때 남편은 보일 듯 말 듯한 짓궂은 미소를 띠며, 가고 싶으냐고 물었다. 나는 그렇다는 뜻으로 머리를 끄덕였으나 어쩐지 낯이 뜨거웠다.

"마치 죄인이 자기의 소원을 고백하는 것 같군."

남편은 상냥하게 웃었다.

"처음부터 사교계엔 드나들지 말자고 하셨고, 또 당신은 그런 걸 좋아하시지 않으니까 그럴 수밖에 없지 않아요!"

나는 생긋 웃으며 애원하는 듯한 눈으로 바라보았다.

"정 가고 싶다면 가기로 하지."

"아니, 그만두는 편이 좋을 것 같네요."

"어때, 사실은 가고 싶어 못 견디겠지?"

남편은 또 한 번 물었다. 나는 대답하지 않았다.

"사교계 그 자체야 별로 크게 문제시할 것도 없지만."

그는 말을 이었다.

"사교계에 반드시 붙어 다니는 좀처럼 이루어질 수 없는 욕망, 그것이 더럽고 구역질이 난단 말이야. 하지만 꼭 가 보고 싶다면 가기로 합시다."

그는 결심한 듯이 말을 맺었다.

"솔직히 말하면, 나는 그 무도회에 가고 싶어서 못 견딜 지경이었어요."

나는 그제야 내 속마음을 털어놓았다.

그리하여 우리는 무도회에 나갔다. 내가 상상했던 것 이상으로 만족스러운 경험이었다. 모든 사람들이 나를 중심으로 해서 움직이고 있다는 느낌은 이 무도회에서 확실히 느낄 수 있었다. 오직 나를 위해서 커다란 홀이 휘황하게 밝고, 아름다운 음악이 연주되고, 수많은 사람들이 모여 나한테 매혹된 것만 같았다. 머리를 틀어주는 여자나, 하녀를 비롯하여 홀을 지나가는 노인이나 춤을 추고 있는 신사에 이르기까지 모두가 나한테 '당신을 좋아합니다'라고 하든가 그와 비슷한 암시를 주는 것같이 보였다.

D공작 부인이 나에게 말해준 것처럼, 나에 대한 이 무도회에서의 일반적인 평은, 여느 부인들과 조금도 비슷한 데가 없고 그 어떤 독특한, 신선한 시골 냄새가 풍기는 소박한 아름다움이 있다는 것이었다. 이러한 찬사는 내게 커다란 만족을 주었다. 그래서 나는 남편에게, 올해 안에 무도회에 두세 번쯤 더 나갔으면 좋겠다고 솔직하게 말했다.

"무도회에 미련을 갖게 되지 않도록 실컷 구경해 두려는 거예요."

나는 얼른 얼버무렸다.

남편은 쾌히 승락하며 처음에는 몹시 만족한 얼굴로 나와 함께 무도회에 나갔다.

전에 자기가 한 말을 잊어버리고 말았거나 그렇지 않으면 아주 취소해 버린 듯이 내 인기가 좋은 것을 기뻐해 주었다.

그러다가 얼마 뒤부터 남편은 차차 그와 같은 생활에 권태와 압박감을 느끼기 시작하는 모양이었다. 그래도 나는 그런 것은 아랑곳하지 않았다. 가끔 남편이 무엇을 묻는 듯이 정색하고 조심스러운 시선을 내게 던지고 있는 것을 알아채기도 했지만, 나는 그것이 무슨 뜻인지 생각해 보려 하지도 않았다.

아무 관계도 없는 모든 사람들이 갑자기 내게 품기 시작한 애정과(적어도 나에게는 그렇게 여겨졌다) 이곳에 와서 처음으로 경험한 아름답고 신기하고 만족스러운 분위기 때문에 나는 이성을 잃었다. 따라서 여태까지 나를 견제하고 있던 남편의 도덕적 영향은 온데간데없이 사라지고 말았다. 이 사회에서는 남편과 대등한 위치에 설 수 있을 뿐만 아니라, 오히려 남편보다 높은 자리를 차지할 수도 있었기 때문이다.

그러나 그 대신에 나는 전보다 자주적인 입장에서 남편을 더욱더 사랑할 수 있게 되었다. 그것이 내게는 유쾌하기 짝이 없었다. 그래서 나는 어째서 남편이 사교계 생활에서 내게 이롭지 못한 면만을 찾아내려 하는지 이해할 수가 없었다. 무도회가 열리는 홀에 들어서기만 하면 모든 사람들의 시선이 나한테 집중되었는데, 그러면 남편은 마치 나를 독점하고 있기가 딴 사람들에게 미안하다는 듯이 나를 떼어 놓고는, 황급히 검은 이브닝코트를 입은 사람들 틈으로 사라져 버리곤 했다. 그런 때면, 나는 새로운 사랑과 자기만족을 느꼈다.

'조그만 기다리세요!'

눈에 별로 잘 띄지 않는, 어떤 때는 시무룩한 모습을 하고 한편 구석에 있는 남편을 발견하면, 나는 곧잘 마음속으로 이런 말을 했다.

'조금만 기다리세요! 이제 집에 돌아가면 아시게 될 거예요. 내가 훌륭하고 아름답게 보이려고 애쓴 것이 누구 때문인지, 그리고 오늘 저녁에 나를 에워싸고 있던 수많은 사람들 가운데서 내가 진정으로 사랑하는 사람이 누구였는지 곧 아시게 될 거예요.'

사교계에서의 성공을 내가 기뻐하는 것은 특별한 이유가 있었다. 그 성공은 남편에게 좋은 영향을 줄 것이고 대인 관계를 넓히는 기회가 될 것이다.—나는 진심으로 이렇게 생각했던 것이다.

다만 사교계 생활에서 위험한 한 가지 이유는 있다. 내가 혹시 거기서 만나는 어떤 사람한테 반해서 남편의 질투를 살 우려가 있는 것이다. 그러나 남편은 나를 믿어 의심치 않았고 겉보기에도 아주 태연자약했다. 그리고 사교계의 젊은 남자들은 남편과 비교하면 아무런 가치도 없는 인물들로 보였기 때문에, 내가 생각하는 사교계의 유일한 위험이라는 것도 별로 염려할 만한 것이 못 되었다.

그럼에도 불구하고 사교계의 남자들이 내게 보여 주는 특별한 관심은 나의 자존심을 흡족하게 만들었다. 그래서 나는 남편에 대한 나의 사랑이 일종의 은혜와 같은 것이라 생각하게 되었고, 따라서 나의 태도는 전보다 더욱 자신에 넘쳐 어딘지 불손한 점까지 나타나게 되었다.

　"오늘 당신은 N·N부인과 무슨 얘기를 아주 재미있게 하시더군요. 내가 다 봤어요."

　어느 날 무도회에서 돌아오는 길에 나는 페테르부르크에서 이름난 어떤 귀부인의 이름을 지적하며 손가락을 펴서 남편을 놀리는 시늉을 해 보였다. 사실 남편은 그날 저녁에 그 귀부인과 얘기를 주고받은 일이 있었다. 나는 남편이 그날 유달리 시무룩해서 말이 없었기 때문에 그에게 좀 자극을 주려고 그런 말을 했던 것이다.

　"아니, 무엇 때문에 새삼스럽게 그런 소릴 하는 거야? 더구나 당신 입에서 그런 말이 나오다니!"

　그는 흡사 어디가 몹시 아픈 것처럼 얼굴을 찡그리고 이를 악물며 내뱉듯 말했다.

　"그건 당신이나 나한테 어울리지 않는 말이야. 그런 말은 딴 사람들에게나 해요. 그런 성실치 못한 태도가 우리 부부 사이를 상하게 할지도 모르니까. 나는 우리들이 다시 예전의 관계로 되돌아가리라고 아직도 믿고 있어."

　나는 너무나 무안해서 무엇이라 대꾸를 할 수 없었다.

　"되돌아가겠지, 마샤? 당신은 어떻게 생각해?"

　"우리의 사이가 벌어진 일은 한 번도 없어요. 그리고 앞으로도 그런 일은 없을 거예요."

　나는 자신 있게 대답했다. 사실 나는 그때 그렇게 생각했다.

　"정말 그렇다면 얼마나 좋겠어. 만일 그렇지 않으면 이젠 시골로 돌아가는 편이 좋을 거야."

　그러나 남편이 이런 말을 한 것은 한 번뿐이었고, 그 후로는 줄곧 나처럼 유쾌한 것같이 보였다. 나는 페테르부르크 생활이 즐겁고 재미있기만 했다.

　'혹시 남편이 가끔 권태를 느껴도 할 수 없지.'

　나는 마음속으로 이렇게 변명했다. '그 대신 나도 시골에 있을 땐 남편 때문에 우울증에 걸릴 지경이었으니까. 그리고 우리의 사이가 좀 변했다 해도, 여름에 다시 니콜리스코예 마을 집에서 시어머니와 함께 살게 되면 이전처럼 원만한 관계로 되돌아갈 거야.'

그러는 동안 어느덧 겨울이 지나가 버렸다. 우리는 계획을 바꾸어 부활제에도 페테르부르크에서 보냈다. 그리고 부활제 일주일 후에 우리는 시골에 내려가려고 짐을 모두 꾸렸다. 남편은 선물을 비롯해서 시골 살림에 필요한 여러 가지 물건이며 꽃 같은 것까지 이미 다 사들이고 전에 없이 기분이 좋았다.

그런데 남편의 누이뻘 되는 D부인이 불쑥 찾아와서, R백작 부인이 출발을 연기하고 토요일 야회에 나를 꼭 오라고 초대했다는 소식을 전했다. 그러면서 그때 페테르부르크에 와 있던 M이라는 대공(大公)이 나를 러시아에서 제일가는 미인이라 하며 지난번 무도회 때부터 나와 사귀기를 원했는데, 이번 야회에는 순전히 나를 만나려는 목적으로 참석한다는 이야기를 들려주었다. 또한 이 야회에는 온 집안의 이름 있는 인사들이 모일 예정이라 했다. 아무튼 내가 참석하지 않는다는 건 도저히 안 될 말이라고 우겨대는 것이었다.

남편은 응접실 저쪽에서 누구와 얘기를 하고 있었다.

"그래 어떡하겠어요, 마리야? 참석하겠죠?"

부인이 내게 물었다.

"우린 모레 시골로 내려갈 예정인데요."

나는 망설이는 어조로 이렇게 대답하고 남편 쪽을 바라보았다. 남편은 나와 눈이 마주치자 황급히 얼굴을 돌려버렸다.

"그럼, 출발을 연기하도록 내가 세르게이 미하일로비치한테 설명할 테니."

부인은 말했다.

"우리 토요일에 거기 가서 모두 눈이 휘둥그레지게 해놓읍시다, 좋지요?"

"그렇게 되면 우리의 예정이 어긋나서 곤란해요. 벌써 짐까지 다 꾸려 놨는데……."

상대방의 권유에 차차 꺾여 들어가며 나는 대답했다.

"차라리 오늘 저녁에 그 대공님한테 인사를 드리러 찾아가는 편이 좋을 거야!"

남편은 응접실 한쪽 구석에서 가까스로 흥분을 억제한 듯한 목소리로 말했는데, 나는 여태까지 남편에게서 그런 어설픈 어조를 들어 본 적이 없었다.

"저런, 그런 줄 몰랐더니 강짜가 대단하군요!"

부인은 웃어댔다.

"그렇지만 세르게이 미하일로비치, 이건 뭐 대공님을 위해서라기보다도 우리 모두를 위해 참석해 달라는 거예요. R백작 부인이 꼭 참석해 주십사 하고 얼마나 신신당부했는지 모른답니다."

"가든지 말든지 그건 마샤한테 달렸지요."

남편은 쌀쌀하게 대꾸하고는 그대로 방에서 나가버렸다.

나는 남편이 몹시 격해져 있다는 것을 알아챘다. 그것이 매우 마음에 걸렸기 때문에 D부인에겐 아무런 확답도 주지 않았다. 부인이 돌아가자 나는 곧 남편한테 가 보았다. 그는 생각에 잠겨 이리저리 거닐고 있었는데, 내가 발꿈치를 들고 조용히 방 안에 들어온 것이 보이지도 않고 들리지도 않는 모양이었다.

'남편은 벌써 그리운 니콜리스코예 마을의 고향집을 머릿속에 그리고 있구나.'

그를 바라보면서 나는 생각했다.

'환하게 밝은 응접실에 앉아서 마시는 아침 커피, 농토와 농군들, 홀에서 보내는 저녁 시간, 집안 식구 몰래 먹는 식은 밤참……그렇다!'

나는 마음속으로 결심했다.

'사교계의 화려한 무도회도, 온 세계의 대공들의 아첨도, 남편이 기뻐서 어쩔 줄 몰라하는 걸 보기 위해서라면, 그리고 그의 잔잔한 사랑을 받기 위해서라면 모두 박차고 나가도 아까울 것이 없지만…….'

나는 남편에게 야회에는 나가고 싶은 생각이 없으니 그만두겠다고 말하려 했다. 그때 갑자기 남편이 이쪽으로 얼굴을 돌렸다. 그리고 나를 보더니, 고향 생각에 잠겨 부드러운 표정이 감돌던 얼굴을 금세 찌푸려 버렸다.

또다시 남의 속을 빤히 들여다보는 것 같은, 현명한 보호자다운, 태연자약한 태도가 그 눈에 나타났다. 그는 한낱 단순한 인간으로서의 자기를 내게 보이려 하지 않았다. 언제나 내 앞에서는 거의 신에 가까운 인간인 것처럼 높은 위치에만 서려 했다.

"왜 그래?"

무뚝뚝하고도 태연한 태도로 내게 몸을 돌리며, 남편은 이렇게 물었다.

나는 대답하지 않았다. 남편이 일부러 허세를 부리며 내가 좋아하는 솔직한 태도를 보이려 하지 않는 것이 괘씸했기 때문이다.

"그래, 토요일 야회에 나갈 작정이오?"

"나가고는 싶지만 당신이 싫어하는 것 같고, 또 짐까지 다 꾸려 놨으니 그만두겠어요."

남편이 그처럼 차가운 눈초리로 나를 바라본 적은 여태까지 한 번도 없었다. 그리고 그처럼 내게 쌀쌀하게 말한 적도 없었다.

"다음 화요일까지 출발을 연기하기로 했으니까, 짐을 다시 풀어놓으라고 하겠어."

남편은 입을 열었다.

"그러니까 당신, 마음이 있으면 야회에 나갈 수 있을 거야. 참석하고 싶으면 참석해요. 하지만 나는 그만둘 테야."

흥분했을 때는 언제나 그렇듯이, 그는 성급히 방 안을 이리저리 거닐며 내게는 눈길도 주려 하지 않았다.

"난 당신이 왜 그러는지 통 알 수 없어요."

나는 한자리에 꼼짝 않고 선 채 남편을 쏘아보았다.

"언제나 자기는 침착하다고 하시는 분이(그는 그런 말을 한 적이 없었다) 어째서 그런 이상한 말을 하시는 거예요? 나는 당신을 위해 나의 만족을 희생하려고까지 하는데, 당신은 여태까지 한 번도 없었던 이상한 말투로 비꼬며 나더러 야회에 나가라고 하시니 말이에요."

"좋아, 좋아! 당신은 나를 위해 희생하고(그는 특히 이 말에 힘을 주었다) 나도 당신을 위해 희생하고, 그러니 이 이상 좋은 일이 어디 있겠어. 어느 쪽이 더 너그러운가 경쟁을 하고 있는 셈이지. 이보다 더 큰 결혼의 행복이 어디 있겠느냐 말이야!"

나는 처음으로 남편에게서 분노에 찬 조소적인 말을 들었다. 그 조소는 내게 부끄러움보다는 모욕감을 주었다. 그리고 그 조소는 나를 놀라게 하기는커녕 나를 분노하게 만들었다. 과연 이것이, 언제나 부부 사이에 실없는 소리를 삼가던, 성실하고 솔직한 남편의 입에서 나올 수 있는 말일까? 내가 무엇 때문에 이런 말을 들어야 한단 말인가? 조금도 해로울 것이 없는 쾌락을 남편을 위해 희생하려 했기 때문인가? 바로 1분 전까지만 해도 내가 그처럼 남편을 이해하고 사랑하고 있었기 때문인가? 이제는 나와 남편의 입장이 서로 바뀌어 버리고 말았다. 남편은 내게 솔직하지 못했고 오히려 억지를 부리는 느낌을 주었다.

"당신은 아주 달라지셨군요."

나는 한숨을 쉬었다.

"내가 당신한테 잘못한 것이 무엇인가요? 무도회 때문에 그러시는 게 아니라 아마 무슨 다른 문제를 가지고 나를 못마땅하게 여기고 계신가 봐요. 그렇지 않다면, 어째서 그렇게 빗나가려고만 하시는지 나는 모르겠어요. 전에는 당신 자신이 그러한 태도를 그처럼 경계하시더니…… 대체 무엇이 마음에 안 드는지 어서 솔직히 말씀해 주세요."

'어디 뭐라고 대답하나 보자!'

남편의 비난을 받을 만한 짓은 조금도 하지 않았다고 자신 있게 과거를 돌이켜보며, 나는 이렇게 생각했다.

나는 남편이 바로 내 옆을 지나가지 않으면 안 되게 방 한가운데로 나가서 그의 얼굴을 지켜보고 있었다 '이제 곧 남편은 내 곁으로 다가와서 나를 포옹해줄 거야. 그러면 그것으로 오늘 문제는 원만히 해결되겠지' 하는 생각이 머리에 떠올랐다. 그리고 남편이 옳지 못하다는 것을 알아듣도록 설명해줄 기회가 없어지는 것이 서운한 생각조차 들었다. 그러나 그는 저쪽 구석에서 걸음을 멈추더니 나를 바라보았다.

"그래, 아직도 내 말을 못 알아듣겠다는 건가?"

"무슨 말씀인지 모르겠어요."

"그럼, 말하지. 나는 혐오를 느낀단 말이야. 내가 이런 생각을 한다는 그 사실에, 아니, 하지 않을 수 없다는 그 사실에 혐오를 느낀단 말이야. 이런 일은 생전 처음이야."

그는 자기의 거친 음성에 스스로 놀랐는지 잠시 말을 끊었다.

"그건 또 무슨 말씀이죠?"

나는 억울하고 분한 나머지 눈에 눈물을 글썽였다.

"대공이 당신에게 호감을 갖고 있다고 해서 당신은 남편도, 자기 자신도, 여자로서의 위신까지도 잊어버리고 좋아라고 달려가려 하고 있어. 그리고 비록 당신 자신이 자기의 위신을 생각하지 못하는 인간이라 하더라도 자기 때문에 남편의 마음이 어떨까 하는 점을 염두에 두려 하지도 않을 뿐만 아니라, 오히려 남편한 테 와서는 기껏 한다는 말이, 희생을 한다구? 말하자면 '대공 전하와 사귀는 것은 나로서는 더없는 행복이지만 나는 그것을 희생한다'라는 뜻이 아니고 무엇이냔 말이야."

말이 길어지면 길어질수록 남편은 자기의 격한 음성에 더욱 흥분했고, 가시 돋친 그 음성은 냉혹하고도 거칠게 울리는 것이었다. 나는 여태까지 남편이 이 처럼 흥분한 것을 한 번도 본 적이 없었고, 또 그가 내게 이렇게까지 무자비하게 대하리라고는 미처 생각지 못했다.

온몸의 피가 심장으로 쏟아져 몰려들었다. 나는 무서운 생각이 들었다. 그와 동시에 아무런 잘못도 없이 모욕을 받았다는 생각과 내 자존심이 상처받았다는 생각에 분노가 치밀었다. 그래서 나는 그에게 보복을 해야겠다고 생각했다.

"나는 벌써부터 이렇게 되리라는 걸 알고 그런 상황에 대해 얘기하고 있었어요."

내 음성은 어느새 착 가라앉았다.

"어서 하고 싶은 말 다 해보세요!"

"당신이 무얼 얘기하고 있었는지는 모르겠지만……."

남편은 말을 계속했다.

"나는 당신이 날마다 무위도식과 사치를 일삼는 사교계의 더러운 흙탕 속에 빠져 있는 걸 보고 아주 좋지 않은 결과를 초래하게 되리라 짐작하고 있었어. 그런데 드디어 그 결과가 나타나서……덕택에 나는 생전 처음으로 이런 창피스러운 입장에 서게 됐지. 당신의 친구가 주책없는 혀로 내 마음을 건드리며 강짜가 심하단 말을 뇌까렸을 때, 나는 정말 처량하기 짝이 없었어. 강짜가 심하다구? 도대체 그 상대가 누구냐 말이야? 나도 당신도 전혀 알지 못하는 인간이 아니냔 말이야. 그런데 당신은 조금도 내 심정을 이해하려 하지 않고, 오히려 나를 위해 희생한다고 하니, 그래 무엇을 희생한다는 거야?……나는 당신의 그 비굴한 태도가 부끄러워…… 뭐, 희생이라구?"

'아아, 이것이 바로 남편의 권리로구나.'

나는 생각했다.

'아무런 죄도 없는 아내에게 모욕을 주고 굴욕을 강요하는, 이것이 남편의 권리로구나. 하지만 나는 거기 굴복할 수 없다.'

"좋아요. 나는 당신을 위해 아무것도 희생하지 않을 테니까."

나는 콧방울이 부자연스럽게 부풀어 오르고 얼굴에서 핏기가 없어지는 것을 스스로 느끼며 이렇게 대꾸했다.

"나는 토요일 야회에 나가겠어요. 무슨 일이 있어도 꼭 나가겠어요."

"그럼 재미 많이 보시오. 그 대신 우리의 사이는 이걸로 마지막이야!"

남편은 끓어오르는 분노를 억제하지 못하고 이렇게 외쳤다.

"당신은 이 이상 나를 괴롭힐 수 없을 거야. 내가 바보였지. 저런……."

남편은 다시 입을 열었지만 그 입술은 가늘게 떨리고 있었다. 이미 하기 시작한 말을 끝까지 말하지 않으려고 자기 자신을 억누르고 있음이 분명했다. 그 순간 나는 남편이 두렵기도 했지만 한편으로는 말할 수 없이 미웠다. 나는 남편에게 마음껏 따지고 들어 그가 내게 준 모욕에 대해 복수를 하고 싶었다. 그러나 입을 열기만 하면 말보다 울음이 먼저 터져 나와, 결국은 남편 앞에서 말 한마디 제대로 못 하리란 것을 알고 있었기 때문에 나는 입을 봉한 채 방에서 나와 버렸다.

남편의 발소리가 들리지 않게 되자, 나는 갑자기 우리가 주고받은 대화에 소스라치게 놀랐다. 지금까지 나의 모든 행복을 이루어 준 우리의 부부 관계가 이것으로 영원히 끊어지고 마는 것 같은 무서운 생각이 들어서, 나는 다시 남편한테 되돌아가려 했다.

'그렇지만, 내가 아무 말 않고 손을 내밀어 남편의 얼굴을 바라본다면, 그것만으로 그는 마음이 누그러져서 내 심정을 이해할까?'

나는 생각해 보았다.

'과연 남편은 나의 너그러운 마음을 이해할 수 있을까? 혹시 남편이 나의 슬픔이 거짓이라고 한다면? 또는 어디까지나 자기가 정당했다고 주장하며 거만하고 태연한 태도로 나의 뉘우침을 받아들여 나를 용서해 준다면? 도대체 무엇 때문에 남편이—내가 그처럼 사랑한 남편, 무엇 때문에 내게 이렇게까지 심한 모욕을 주는 걸까?'

나는 남편한테 되돌아가지 않고 내 방으로 들어와서 오랫동안 혼자 앉아 울었다. 그리고 우리가 주고받은 말을 한마디 한마디 되씹어보며 공포를 느끼기도 하고, 그것을 다른 말로 바꾸어 아주 다정스러운 말을 덧붙여 보기도 하고, 그러다가는 다시 조금 전에 일어났던 일을 상기하고 두려움과 모욕을 느끼기도 했다.

그날 저녁 차를 마시러 나가서, 때마침 우리를 찾아온 S가 있는 자리에서 남편과 마주 앉았을 때, 나는 그날부터 우리 두 사람 사이에 깊은 골이 생겼다고 느꼈다. S는 나한테 언제 출발하느냐고 물었다. 내가 미처 대답도 하기 전에 남편이 대답했다.

"화요일에 떠나기로 했네. R백작 부인의 야회가 있다니까."

그리고 나를 바라보면서, "물론 당신은 거기에 나가겠지?" 하고 물었다.

나는 이 짤막한 물음에 찔끔하고 놀라 겁에 질린 눈으로 남편을 쳐다보았다. 그는 나를 쏘아보고 있었는데, 그 눈은 가시가 돋친 냉소를 품고 있었고, 그 음성은 싸늘했다.

"네."

나는 힘없이 대답했다.

그날 밤 우리 둘만이 남게 되자, 남편은 내 곁으로 가까이 와서 손을 내밀며 말했다.

"아까 내가 한 말 깨끗이 잊어버려 줬으면 좋겠어."

나는 그의 손을 잡았다. 내 얼굴에는 밝은 미소가 떠올랐고, 눈에서는 금방이라도 눈물이 흘러내릴 것 같았다. 그러나 남편은 마치 감상적인 장면이 연출되는 것을 꺼려하는 듯이 손을 빼고는 멀찌감치 떨어져 있는 안락의자에 가서 앉았다.

'남편은 여전히 자기가 옳다고 생각하는 걸까?'

이런 생각이 들자 나는 모처럼 준비했던 변명의 말도, 야회에는 나가지 말기로 하자는 애원의 말도, 혀끝에 걸려버리고 말았다.

"출발을 연기했다고 어머니께 알려드려야겠군. 아무 기별도 없으면 걱정하실 테니까."

"언제 떠나실 예정인데요?"

"야회가 끝난 다음, 화요일에 떠나지."

"설마 나 때문에 그러시는 건 아니겠죠?"

나는 남편의 눈을 바라보았다. 그러나 그의 눈은 그저 멍하니 나를 보고 있을 따름이었다. 흡사 무슨 얇은 꺼풀에 덮여 있는 것처럼 아무런 표정도 없었다. 그러자 갑자기 내 눈에는 남편의 얼굴이 흉하게 늙어 버린 것처럼 보이는 것이었다.

결국 우리는 야회에 나갔다. 우리의 사이는 또다시 원만하게 된 것 같았지만, 이전과는 아주 판이한 관계였다.

야회에서 내가 귀부인들 틈에 끼어 앉아 있노라니까, 대공이 가까이 다가왔다. 그래서 나는 인사를 하려고 자리에서 일어나야 했다. 순간 나는 무의식중에 눈을 두리번거리며 남편을 찾았다. 남편은 넓은 홀 저쪽 끝에서 이쪽을 바라보고 있다가 얼른 얼굴을 돌려 버렸다. 나는 갑자기 부끄럽고 언짢은 마음이 들었다. 게다가 대공의 시선까지 받으니 몹시 당황하여 얼굴은 말할 것도 없고 심지어는 목덜미까지 새빨갛게 붉어졌다. 그러나 나는 그 자리에 선 채, 대공이 나를 찬찬히 내려다보며 하는 말을 듣고 있지 않을 수 없었다. 대공과의 대화는 그리 오래 이어지지는 않았다. 내 곁에 비어 있는 자리도 없었거니와 대공도 내가 몹시 어색해하는 것을 눈치챘기 때문이었으리라. 지난번의 무도회 얘기라든가, 어디서 여름을 보낼 예정이냐고 묻는 정도로 대화는 끝나고 말았다. 대공은 나에게서 물러가며 남편과 인사를 하고 싶다고 했다. 얼마 후에 나는 두 사람이 저쪽에서 만나 이야기하고 있는 것을 보았다. 대공은 나에 대하여 무엇이라 남편에게 말하는지 이야기 도중에 빙긋이 웃으며 이쪽을 바라보았다.

남편은 무슨 참을 수 없는 모욕이라도 당한 것처럼 갑자기 낯을 붉히더니, 정중하게 허리를 굽혀 인사를 하고는 자기 쪽에서 먼저 대공의 곁을 떠나버렸다. 나 역시 얼굴이 뜨거웠다. 대공이 나를, 아니 그보다도 남편을 어떤 눈으로 보았을까 생각하니 부끄러워 견딜 수가 없었다. 대공과 이야기할 때의 나의 어색한 수줍음이라든가, 남편의 이상한 태도를 주위의 사람들이 모두 눈치챈 것만 같았다. 그들은 이것을 어떻게 해석했을까? 우리 부부 사이에 오고 간 말을 이미 그들은 알고 있는 것이나 아닐까?

D공작 부인이 나를 집까지 데려다주었다. 돌아오는 길에 어쩌다 남편 얘기가 나왔다. 나는 끝내 참지 못하고, 이 불행한 야회 때문에 우리 부부 사이에

일어난 일을 부인에게 죄다 털어놓았다. 부인은 나를 위로하며 그 정도의 일은 흔히 있을 수 있는 대수롭지 않은 부부싸움이니까, 시일이 지나면 서로 깨끗이 잊어버리게 될 것이라 했다. 그리고 자기가 보는 관점에서 남편의 성격을 여러 가지로 설명하고 나서, 그의 성미가 매우 무뚝뚝하고 거만해졌다고 했다. 나도 그 말에 동의했다. 나는 전보다 한결 마음이 가라앉고, 남편을 더 잘 이해할 수 있게 된 것 같았다.

그러나, 얼마 후에 남편과 단둘이 남게 되었을 때, 나는 남편에 대해 그러한 뒷공론을 한 것이 마치 무슨 죄라도 지은 것처럼 마음이 언짢았다. 그리고 우리 사이에 가로놓인 골이 더욱더 커진 것 같았다.

3

그날부터 우리의 생활도, 관계도 완전히 변해 버리고 말았다.

둘이서 마주 앉아 있어도 이젠 그전처럼 즐겁지 않았다. 우리 사이에는 서로 언급하기를 회피하는 문제가 그대로 남아 있었고, 단둘이 얘기하는 것보다는 다른 사람이 있는 자리에서 얘기하는 편이 수월했다. 어쩌다 시골에서의 생활이라든가, 무도회라든가 하는 문제가 화제에 오르게 되면, 우리는 마치 현기증을 느끼는 것처럼 서로의 얼굴을 바로 보지 못했다. 남편이나 나나 양쪽이 다 우리를 갈라놓은 골이 어느 곳에 있는가를 직감하고 되도록 거기에 접근하기를 꺼려하는 듯했다. 내 쪽에서는 남편이 거만하고 걸핏하면 화만 내려 드니까 조심해서 그의 약점을 건드리지 않는 것이 상책이라 확신하고 있었고, 남편은 또 남편대로, 내가 전원생활에는 적합지 않은 인간이며 사교계와 떨어져서는 살 수 없기 때문에 그 저속한 취미에 굴복하는 수밖에는 다른 도리가 없다고 믿고 있었다. 그래서 우리는 되도록 이런 문제에 대해 언급하기를 회피하면서, 서로 상대를 그릇되게 판단하고 있었다. 상대방을 세상에서 가장 완전한 인간이라 생각하지 않게 된 것은 이미 오래전부터의 일이었고, 이제는 다른 사람들과 비교해 보며 마음속으로 서로 비난하고 있었던 것이다.

출발하기 전에 내가 몸이 좀 편치 않았기 때문에 우리는 시골로 내려가지 않고 먼저 별장으로 갔다. 그다음 남편이 혼자서 어머니가 계신 고향집으로 내려갔다. 그가 떠날 때는 나도 이미 건강이 어느 정도 회복되어 함께 떠날 수도 있었지만, 남편은 마치 내 건강이 염려된다는 듯이 별장에 그냥 남아 있으라고 권하는 것이었다. 나는 남편이 내 건강이 염려되어 그러는 것이 아니라, 시골에 가서 우리의 사이가 더욱 나빠질까 걱정이 되어 그런다고 생각했으므로 별로 싫다는 말도 하지 않고 혼자 남아 있기로 했다.

남편이 없는 동안 나는 쓸쓸하고 허전했다. 그러나 남편이 다시 돌아왔을 때, 나는 그가 이미 이전처럼 내 생활에 그 무엇을 더해 줄 수 없다는 것을 깨달았다. 전 같으면 무엇을 생각하고 느끼든지 그것을 죄다 남편한테 털어놓지 않으면 무슨 죄를 지은 것처럼 마음에 걸렸고, 남편의 행동은 그 하나하나가 모두 완전한 모범으로 보였다. 그래서 서로 얼굴만 바라보고 있어도 무조건 즐거워서 이유도 없이 웃음이 저절로 터져 나왔지만, 그렇게 다정스럽던 관계가 이제는 아주 다른 형태로 변해버리고 말았다. 그리고 그 변화는 눈에 띄지 않게 서서히 일어났기 때문에, 우리들은 이전의 관계가 변해 버린 것을 미처 느끼지도 못할 정도였다. 우리들은 제각기 다른 문제에 흥미를 가지고 마음을 쓰게 되었을뿐더러, 이제는 그것을 부부의 공통된 것으로 만들어 보려고 하지 않게 되었다. 그리고 저마다 독립된 별개의 세계를 가지고 있다는 사실까지도 그리 대수롭지 않게 여기게 되었다.

우리들은 그것이 습관이 되어, 1년이 지난 후에는 서로 얼굴을 마주 보아도 조금도 어색한 마음이 들지 않았다. 남편이 나를 대할 때 보이던 명랑한 태도나 어린애 장난 같은 행동은 전혀 찾아볼 수 없게 되었고, 전에 내 마음을 몹시 자극하던, 매사에 관대하고 무관심한 태도도 사라져 버렸다. 그리고 전에 그처럼 내 마음을 사로잡기도 하고 기쁨을 주기도 하던 그윽한 시선도, 둘이서 함께 나눈 감격도, 기도까지도 모든 것이 사라지고 말았다.

우리는 자주 얼굴을 볼 수도 없게 되었다. 남편은 늘 여행을 하느라고 집을 비우기가 일쑤였는데, 나를 혼자 놔두고 가면서도 그다지 걱정하거나 섭섭하게 생각하는 기색이 없었다. 나는 나대로 줄곧 사교계에 묻혀 살다시피 했기 때문에, 남편은 있으나마나한 존재였다.

우리 사이엔 아무런 소동도 말다툼도 없었다. 나는 될 수 있는 대로 남편의 마음에 맞도록 해 주었고, 남편 역시 내가 원하는 것이면 무엇이든지 들어주었다. 그래서 우리는 정말 서로 사랑하고 있는 듯이 보일 정도였다.

이따금 집에서 단둘이 앉아 있을 때에도, 나는 남편에게서 기쁨이나 흥분이나 마음의 동요 같은 것을 조금도 느끼지 못했고, 마치 혼자 있을 때와 다름없는 심경이었다. 그가 어떤 낯선 새로운 사람이 아니라 내 남편이라는 것, 또한 그가 선량한 사람이라는 것, 나 자신처럼 내가 완전히 이해하고 있는 남편이라는 걸 잘 알고 있었다.

　이제는 그의 행동이나 말이나 생각을 미리부터 죄다 알 수 있을 것 같았다. 그래서 만일 남편의 행동이나 생각이 내가 예견했던 바와 달리 어긋나게 되면, 그것은 남편 쪽에서 잘못된 것이라 생각했다. 나는 그에게서 아무것도 기대하지 않았다. 한마디로 말해서, 그는 다만 내 남편이었을 뿐 그 외에 아무것도 아니었다. 그것은 당연한 일이며, 그 밖의 다른 형태의 부부 관계란 세상에 있을 수도 없고, 또 우리들 사이에는 있어 본 적이 없는 것처럼 여겨졌다.

　남편이 길을 떠나면, 나는 쓸쓸하고 무서워서 그의 뒷받침이 어떤 의의를 가지고 있는가를 여느 때보다 뼈저리게 느꼈다. 처음 얼마 동안은 특히 그러했다. 그래서 남편이 돌아오면 기뻐서 어쩔 줄을 모르며 그의 목을 끌어안고 좋아했지만, 두 시간 뒤에는 벌써 그 기쁨은 흔적도 없이 사라져 버리고, 그와 함께 있어도 할 이야기가 없어지고 마는 것이었다.

　그렇지만 어쩌다 우리 사이에도 잔잔하고 따뜻한 애정이 흐르는 순간이 있었다. 그럴 때면 어쩐지 이래서는 안 되겠다는 생각이 들며 가슴이 쑤시는 듯했고, 남편의 눈에서도 그와 같은 감정을 읽을 수 있었다. 나는 이러한 애정의 경계를 어렴풋이 느꼈지만, 남편은 이미 그 경계를 넘어서려는 의욕조차 없는 듯했고, 나는 감히 그것을 넘어설 힘이 없었다.

　이따금 이러한 부부 관계가 마음을 서글프게 했으나, 나는 무슨 일에 대해서도 심사숙고할 만한 여유가 없었기 때문에, 언제든지 손쉽게 위안을 찾을 수 있는 사교계에서 되도록이면 그 슬픔을 잊어버리려 했다. 처음에 그 눈부신 광채와, 자존심을 채워주는 달콤한 찬사로 나를 현혹케 했던 사교계 생활은 얼마 안 있어 나의 취미 경향을 완전히 지배하여 하나의 습관이 되어 버렸다. 그리고 나를 꼼짝 못 하게 속박하고, 애정을 위해 내주었던 영혼의 한 부분까지 몽땅 차지해 버리고 말았다. 이제는 이미 냉정하게 제정신으로 돌아오는 일이 거의 없다시피 되었다. 그리고 자기의 처지를 깊이 생각하는 것조차 꺼려지게 되었다.

아침 일찍 일어나서 밤 늦게 자리에 들어갈 때까지 언제나 하는 일 없이 바빠서, 외출하지 않고 집에 있을 때라도 나 자신을 위한 시간을 가질 수는 없었다.

나는 그러한 생활이 즐겁지도 않았고 그렇다고 싫증이 나지도 않았다. 그저 그것이 당연하고 그 밖의 다른 생활은 있을 수 없는 것만 같았다.

이렇게 3년이란 세월이 지나갔다. 그동안 우리의 부부 관계는 마치 한자리에 머물러 응결해 버린 것처럼 그 이상 나빠지지도 않았고 좋아지지도 않았다. 지나간 3년 동안에 우리들의 가정생활에는 두 개의 중대한 사건이 일어났지만, 그 어느 쪽도 내 생활에 변화를 가져올 수는 없었다. 중대한 사건이란 다름이 아니라 우리의 첫아들의 출생과 시어머니인 타치야나 세묘노브나의 사망이었다. 처음에는 첫아들에 대한 모성애가 강한 힘으로 나를 사로잡아, 내 마음속에 예기치 못했던 환희를 불러일으켰기 때문에 나는 새로운 생활이 펼쳐지는 줄 알았다. 그러나 두 달가량 지나서 다시 사교계에 드나들게 되자, 이러한 감정은 차차 식어가더니 마침내는 습관화되어 마지못해 지켜야 하는 의무로 변해 버렸다.

나와는 반대로, 남편은 첫아들이 태어나자 다시 이전처럼 다정스럽고 온화하며 가정에 충실한 사람이 되어, 이전의 그 애정과 쾌활함을 어린애한테 옮겼다. 나는 잠자리에 들기 전에 어린애한테 성호를 그어주려고 야회복을 입은 채 아기 방에 들어갈 때가 있었다. 그럴 때 남편이 매우 못마땅하다는 듯이 날카로운 눈초리로 나를 바라보고 있는 것을 눈치채고 양심의 가책을 느끼는 일이 자주 있었다. 문득, 내가 자식한테 너무 냉정하구나 하는 생각이 들어 겁을 먹고 이렇게 자문자답할 때도 있었다.

'정말 내가 다른 여자들보다 나쁜 편일까? 그렇다고 달리 어쩔 수도 없지 않은가? 자식을 사랑한다고 해서 온종일 어린애 곁에 앉아 있으란 법은 없겠지. 우선 심심해서 견딜 수가 없을 거야. 어쨌든 나는 절대로 마음에 없는 짓은 하지 않을 작정이니까.'

시어머니의 사망은 남편에게 더없는 슬픔을 주었다. 그래서 그는 시어머니가 돌아가신 후 니콜리스코예 마을에서 살기가 괴롭다고 했다. 나도 시어머니의 죽음이 슬펐고 남편의 슬픔을 동정했지만, 전원생활이 편해서 계속 있고 싶었다. 지난 3년 동안 우리는 주로 도시에서 지냈고, 시골에는 겨우 한 번 내려가서 두어 달가량 있다가 온 것뿐이었다. 그리고 3년째 되는 해에는 외국으로 여행을 떠났다.

우리는 그해 여름을 온천장에서 보냈다.

그때 나는 스물한 살이었다. 우리 집의 경제적 형편은 썩 좋은 것 같았으나, 나는 가정생활에서 내가 누릴 수 있는 이상의 것을 요구하지는 않았다. 그리고 내가 알고 있는 사람들은 모두가 나를 사랑해 주는 것처럼 보였다. 게다가 건강 상태는 더할 나위 없이 좋았으며, 옷차림은 온천장에서 누구 못지않게 훌륭했다. 나는 나 자신이 아름답다는 것을 잘 알고 있었다. 더욱이 날씨까지 좋은 데다가 아름답고 고상한 분위기가 주위를 에워싸고 있어서 나는 그저 즐겁기만 했다.

하지만 그 즐거움도 이전에 니콜리스코예 마을에서 경험한 그런 종류의 즐거움은 아니었다. 시골에 있을 때만 해도 행복은 나 자신에 기인한 것이고 내가 행복한 것은 내게 그만한 자격이 있었기 때문이다. 현재의 행복도 크긴 하지만 이 정도로는 아직도 부족하며, 따라서 더욱더 커다란 행복을 누리고 싶다고 생각했다. 이처럼 그 당시의 심경은 전과 비교하면 놀라울 정도로 달라졌지만, 그해 여름의 나는 무척 행복했다. 나는 아무런 소원도 없었고 아무런 기대도 없었으며, 또한 아무런 근심 걱정도 없었다. 나의 생활은 충실했고 마음도 평온했다.

그해 온천 휴양지에 모여든 젊은 남자들 가운데서 딴 사람들보다 뛰어나게 내 눈에 든 사람은 하나도 없었다. 심지어 내 뒤를 쫓아다니던 K공작이라는 늙어빠진 남자와 비교해 봐도 별로 나을 것이 없는 사내들뿐이었다. 이쪽은 나이가 젊은데 저쪽은 나이가 많고, 이쪽은 금발 머리의 영국 사람인데 저쪽은 턱수염을 기른 프랑스 사람이고 하는 정도의 차이는 있을망정, 모두가 내게는 그저 그런 남자들이었다. 그러나 그들은 모두 내게 없어서는 안 될 사람들이기도 했다. 말하자면 그들은 내 삶을 즐겁게 만들어 주는 동일한 자격의 인물들이었다.

그중에서 오직 한 사람 D라는 이탈리아의 후작만이 나에 대한 찬미의 표현이 대담무쌍해서 누구보다도 나의 관심을 끌었다. 그는 나와 함께 춤을 추거나 말을 타거나 카지노[유흥장]에 가거나 할 때마다 한 번도 기회를 놓치지 않고, '당신은 정말 미인입니다'라고 했다. 나는 그가 우리 집 근처를 배회하고 있는 것을 몇 번인가 들창 너머로 본 일이 있었다. 그리고 불쾌할 만큼 번쩍이는 눈으로 나를 뚫어지게 바라보곤 해서, 무의식중에 얼굴을 붉히며 주위의 눈치를 살핀 적도 많았다. 후작은 젊고 잘생긴 멋진 사내였는데 무엇보다도 이상한 것은 그의 미소와 이마의 모습이 남편과 흡사한 점이었다. 하기는 남편과는 비교가 안 될 정도로 미남이었다. 아무튼 그가 남편과 닮았다는 데에 나는 깊은 인상을 받았다. 그렇지만 입술이라든가, 눈길이라든가, 기다란 아래턱이라든가—전체적으로 보아 남편은 착하고 온화한 인품을 엿보이게 하는 아름다운 표정을 가지고 있는 반면에, D후작에게는 어쩐지 거친, 동물적인 데가 있었다.

그때 나는 그가 열렬하게 나를 사모한다고 믿었기 때문에 우쭐한 마음으로 그를 생각하는 일이 가끔 있었다. 나는 좋은 말로 그를 대하려고 노력했지만, 그는 이러한 나의 시도를 완강하게 거부했다. 아직은 노골적으로 나타내지는 않았으나 금세라도 폭발할 듯싶은 정열로 줄곧 나의 마음을 어지럽히는 것이었다.

나는 분명히 의식하지는 못했지만 어쩐지 그가 두려웠고, 생각하지 않으려 하는데도 자꾸만 그의 생각이 떠오르곤 했다.

남편은 다른 사람들보다도 D후작과 가깝게 지내는 편이었다. 남편은 단지 나의 남편으로서 그들을 대할 뿐이어서 언제나 냉정하고 거만한 태도를 취하고 있었다.

휴양기도 거의 끝날 무렵에 나는 병에 걸려 두 주일가량 외출하지 못했다. 병이 완쾌된 후 처음으로 음악회에 나갔을 때, 내가 앓고 있는 새에 오래전부터 이곳 사교계에서 기다리고 있던 S부인이라는 유명한 미인이 도착했다는 사실을 알게 되었다. 여러 사람들이 나를 에워싸고 반갑게 환영해 주었지만, 새로 도착한 '여왕'의 주위에는 더 많은 사람들이 모여 있었다. 내 주위에 모인 사람들도 모두 S부인에 대해서, 그리고 그 미모에 대해서만 이야기하고 있었다.

사람들이 저 여자가 S부인이라고 가리켜 주었는데, 내가 보기에도 참으로 매혹적인 여자였다. 하지만 얼굴에 깃든 교만스러운 표정이 불쾌한 인상을 주었다. 그래서 나는 사람들에게 거리낌 없이 그 점을 지적했다. 전 같으면 즐겁기만 했던 음악회가 그날 저녁은 조금도 재미가 없었다.

이튿날 S부인의 주최로 옛 성터의 견학을 겸한 야유회가 있었지만, 나는 참가하기를 거절해 버렸다. 그랬더니 거의 아무도 나와 함께 남아 있지 않고 모두 S부인을 쫓아가고 말았다. 내 눈에는 별안간 모든 것이 달라진 듯이 보였다. 모든 사물이, 모든 인간들이 어리석고 따분하게만 보여서, 어쩐지 울고 싶은 심정이 되어 하루 바삐 휴양 생활을 끝내고 러시아로 돌아가 버리고 싶었다. 내 마음속에는 그 어떤 불순한 감정이 잠재해 있었지만, 나는 미처 그것을 의식하지 못했던 것이다.

나는 몸이 약하다는 핑계로 화려한 모임 같은 데는 참석하지 않기로 했다. 간혹 아침에 혼자서 광천에 물을 마시러 가거나, 그렇지 않으면 L·M이라는 러시아 부인과 바람을 쐬러 시외로 나가는 정도가 고작이었다. 마침 남편은 여행 중이어서 온천장에는 없었다. 나의 휴양이 끝나기를 기다렸다가 러시아로 함께 돌아갈 예정이었으므로, 남편은 얼마 동안 하이델베르크에 머무르면서 이따금 나한테 다녀가곤 했었다.

하루는 S부인이 사교계의 멤버들을 전부 데리고 사냥을 하러 갔기 때문에, 나는 점심을 먹고 나서 L·M과 함께 옛 성터를 구경하러 갔다. 우리들은 포장마차를 타고 구불구불한 대로를 따라 백 년가량이나 묵은 것 같은 늙은 밤나무 사이를 빠르게 달려갔다. 낙조를 받아 말할 수 없이 아름다운 바덴[3]의 교외 풍경이 밤나무 사이를 통하여 멀리 바라보였다.

우리는 속내를 털어놓고 여러 가지 얘기를 주고받았는데, 지금까지는 그런 일이 한 번도 없었다. 나는 L·M을 오래전부터 알고 있었지만, 그때 처음으로 이 여자가 훌륭하고 현명한 부인이라는 것을 알게 되었다. 이 여자와는 무슨 얘기든지 할 수 있고 친구로서 교제해도 좋을 것 같았다. 우리들은 가정과 자녀들에 대해서, 실속 없는 이곳 온천장 생활에 대해서 얘기했다. 그러자 갑자기 러시아의 고향 마을이 그리워져서 서글프면서도 달콤한 감정이 솟아오르는 것이었다.

이렇게 우리는 그윽한 감정에 잠긴 채 성으로 들어갔다. 성벽 안은 온통 그늘이 져서 선선했다. 폐허 위에는 저녁 햇살이 춤추고 있었다. 어디선지 사람 발소리와 말소리가 들려왔다. 열린 성문으로 마치 틀에 끼운 것같이 아름다우면서 우리 러시아 사람들에겐 생소한 느낌을 주는 바덴의 풍경이 내다보였다. 우리는 잠깐 쉬려고 자리를 잡고 앉아서 말없이 서산에 지는 해를 바라보고 있었다. 사람들의 말소리는 점점 분명하게 들려왔는데, 어쩐지 내 이름이 입에 오르고 있

---

3) 독일 서남부에 있는 온천 도시.

는 것 같았다.

나는 저절로 귀가 그쪽으로 쏠려서, 부득이 그의 대화를 모두 들을 수밖에 없었다. 그것은 귀에 익은 음성이었다. 다름 아닌 바로 D후작과 그의 친구이며, 나도 잘 아는 프랑스인의 목소리였던 것이다. 그들은 나와 S부인에 대해 이야기하고 있었다. 프랑스인은 나와 S부인을 비교하며 우리 두 사람의 용모에 대한 자기의 견해를 늘어놓았다. 그렇다고 별로 실례가 될 만한 말을 한 것은 아니었지만, 그의 말을 듣자 나는 온몸의 피가 한꺼번에 심장으로 쏠리는 것을 느꼈다. 그는 나의 장점과 S부인의 장점을 상세하게 설명하는 것이었다. 나는 이미 어린애까지 있는 여자지만 S부인은 아직 열아홉 살밖에 안 된다느니, 나는 머리모양이 예쁘지만 그 대신 S부인은 몸매가 날씬하다느니, 이런 말을 하다가 프랑스인은

"S부인으로 말하면 아주 이름 있는 귀부인이지만, 자네가 좋아하는 그 여자는 요즈음 이곳에 뻔질나게 나타나기 시작한 보잘것없는 러시아 공작 부인들 가운데 한 사람에 지나지 않거든."

이렇게 말했다. 결론적으로 내가 S부인과 맞서서 경쟁하려 하지 않는 것은 현명한 태도이며, 나는 이 바덴의 온천장에선 이미 완전히 명성을 잃고 말았다고 덧붙였다.

"나는 그 여자가 가엾다고 생각하네."

D후작이 한마디했다.

"그 여자가 자네와 함께 즐기려 하지 않는다면 말이지?"

프랑스인은 쾌활하기는 하지만 인정머리 없이 웃으며 이렇게 물었다.

"그 여자가 떠나버린다면 나도 그 뒤를 쫓아갈 테야."

이탈리아인 특유의 악센트로 후작은 무뚝뚝하게 대답했다.

"암, 자넨 행복한 인간일세! 아직도 연애를 할 수 있으니!"

프랑스인은 다시 껄껄거리며 웃었다.

"연애를 한다고?"

후작은 이렇게 내뱉듯이 한마디 말하더니, 잠시 입을 다물고 있다가 다시 말을 이었다.

"사실 나는 연애를 하지 않고는 배겨 낼 수 없는 인간이야. 그것이 없다면, 그야말로 생명이 없는 것이나 다름없어. 나는 한평생을 로맨틱하게 보낸다는 것만

이 이 세상에서 가장 보람 있는 일이라고 생각하네. 그렇기 때문에 내 로맨스는 절대로 끝나는 법이 없어. 따라서 이번에도 나는 기어코 성공하고야 말겠어."

"자네의 행운을 빌겠네!"

프랑스인이 말했다.

이윽고 그들은 성벽 모퉁이를 돌아 저쪽으로 돌아가 버렸기 때문에, 그다음 대화는 들을 수 없었다. 뒤이어 반대편에서 발소리가 들려왔다. 그들은 층계를 내려와서 2, 3분 후에는 바로 우리 옆에 있는 성문으로 나왔는데, 우리들을 보자 깜짝 놀란 모양이었다. D후작이 이쪽으로 걸어오는 것을 보고 나는 얼굴을 붉혔으나, 성 밖으로 나온 그가 내게 팔을 내밀었을 때에는 어쩐지 무섭기까지 했다. 하지만 싫다고 거절할 수도 없어서, 나는 그와 팔짱을 꼈다. 그리고 프랑스인과 나란히 걸어가는 L·M의 뒤를 따라 마차가 있는 쪽으로 발을 옮겼다.

나는 조금 전에 프랑스인이 한 말에 모욕을 느끼고 있었다. 하기는 나 자신이 느끼고 있는 것을 그가 입 밖에 내서 말한 데 지나지 않았기 때문에, 나도 마음속으로는 그의 말을 시인하지 않을 수 없었다. 또한 D후작의 말이 너무나 뻔뻔스러운 데 놀랍기도 하면서 한편으로는 분통이 터질 지경이었다. 내가 자기의 말을 모두 듣고 있었는데도 이 사람은 내 앞에서 겸연쩍은 빛조차 나타내지 않는구나 생각하니 괘씸하기 짝이 없었다. 나는 그의 존재를 가까이 느끼는 것조차 싫어졌으므로, 얼굴도 보지 않고 묻는 말에 대답도 하지 않았다. 그리고 되도록 팔을 치켜들고 그의 말을 듣지 않으려고 애쓰며 L·M과 프랑스인의 뒤를 쫓아갔다.

후작은 경치가 아름답다느니, 뜻밖에 나를 만나 반갑다느니, 그리고 그 밖에도 무슨 말을 한 것 같았지만, 나는 귀담아들으려 하지 않았다. 그 순간 내 머릿속에는 남편과 어린 아들과 고향 생각이 떠올랐다. 왜 그런지 양심에 걸렸고, 남편과 아들에게 못할 짓을 하고 있는 것만 같았다. 나는 어쩐지 초조한 마음이 들어 한시바삐 숙소로 돌아가려고 서둘렀다. 아무도 없는 호텔 방에서 방금 내 마음속에 떠오른 것을 다시 한 번 곰곰이 생각해 보고 싶었다. 그러나 앞장을 선 L·M이 천천히 걷고 있어서 곤란할뿐더러, 마차를 세워놓은 데까지는 아직도 멀었다. 게다가 후작은 내 발걸음을 멈추게 하려는 듯이 일부러 발을 느릿느릿 옮겨놓고 있었다. '이래서는 안 되겠다!'고 결심하고 나는 빨리 걷기 시작했으나, 후작은 한사코 나를 제지하며 내 팔을 겨드랑이 밑에 꼭 끼기까지 했다. L·M이 길 모퉁이를 돌아가자, 우리는 단둘이 남게 되었다. 나는 갑자기 겁이 났다.

"실례하겠어요."

나는 냉정한 어조로 이렇게 말하며 끼었던 팔을 빼려 했지만, 공교롭게도 팔소매에 달린 레이스가 후작의 단추에 걸려 버렸다. 그는 허리를 굽히고 그것을 벗기려 들었다. 그러자 장갑도 끼지 않은 그의 손가락이 내 손에 닿았다. 공포도 만족도 아닌, 여태까지 경험해 보지 못한 야릇한 감정이 얼음처럼 내 등골을 스치고 지나갔다.

나는 그가 하는 행동을 지켜보고 있었다. 그에 대한 나의 모멸을 냉정한 시선으로 표현하려 했던 것이지만, 내 눈에는 그와는 다른 감정이 나타나 있었다. 그것은 공포와 흥분이었다. 이글이글 불타오르는 그의 이상한 눈초리는 내 얼굴 바로 옆에서 내 목덜미며 내 가슴을 핥고 있었고, 그의 두 손은 내 팔목을 이리저리 어루만지고 있었다. 벙긋이 벌린 입술은 '나는 당신을 사랑합니다. 당신은 나의 전부입니다'라고 말하는 것 같았다. 그러자 그 입술이 점점 내 얼굴로 가까이 다가오고 두 손이 더욱 힘차게 내 팔목을 움켜쥐며 내 몸에 불을 지르는 것이었다. 불길이 나의 혈관을 따라 줄달음쳤다.

눈앞이 어두워졌다. 온몸이 후들후들 떨려왔다. 상대방을 제지하려던 말도 목구멍에 달라붙어 나오지 않았다. 순간 나는 목덜미에 그의 입술을 느끼고, 전신이 얼음장처럼 되어 와들와들 떨며 그를 바라보았다. 말을 할 수 있는 힘도, 몸을 움직일 수 있는 힘도 없었다.

나는 한편으로 두려움을 느끼면서도 그 무엇인가를 열망하며 기다리고 있었다. 그야말로 눈 깜짝할 새의 일이었다. 하지만 그것은 실로 무서운 순간이었다! 나는 그 짧은 순간에 그의 얼굴을 샅샅이 훑어볼 수 있었다. 남편의 이마와 비슷한 좁은 그 이마, 콧방울이 좌우에 부풀어 오른 아름답고 곧은 그 코, 포마드를 발라 빳빳하게 만든 그 기다란 콧수염과 턱수염, 매끈하게 면도질을 한 그 볼과 햇볕에 탄 목덜미—내게는 그의 얼굴이 조금도 생소하지 않았다.

나는 그에게서 증오를 느꼈다. 그가 무서워졌다. 그는 나와 아무런 상관도 없는 외간 남자였기에 그것은 당연한 일이었다. 그러나 남편도 아닌 이 밉살스러운 사내의 흥분과 정열이 내 육체 속에 강한 반향을 일으켰다. 그의 야성적인 아름다운 입술과, 가느다란 혈관이 파랗게 보이는 반지 낀 흰 손에 몸을 내맡기고 싶은 욕망이 억제할 수 없을 만큼 용솟음쳐 올랐다. 순간 나는 눈앞에 입을 벌린 금지된 쾌락의 늪 속에 거꾸로 뛰어들고 싶은 유혹을 느꼈다!

'어차피 나는 불행한 여자니까' 하는 생각이 들었다.

'이 이상 더 불행하게 된다고 해도 결국은 마찬가지가 아닌가.'

후작은 한 손으로 나를 끌어안고 내 얼굴에 자기 얼굴을 가져왔다.

"난 당신을 사랑합니다!"

후작이 속삭이는 목소리는 남편의 것과 흡사했다. 남편과 어린 아들이 이제는 아주 인연이 끊어진 먼 옛날의 그리운 사람처럼 어렴풋이 머릿속에 떠올랐다. 그러나 바로 그때, 길 모퉁이 저쪽에서 L·M이 나를 부르는 소리가 들려왔다. 나는 퍼뜩 제정신으로 돌아왔다. 사내의 손을 뿌리치고 그 얼굴을 피하며, 거의 뛰다시피 하여 L·M의 뒤를 쫓아갔다. L·M과 함께 마차에 올라타고 나서, 나는 비로소 후작의 얼굴을 바라보았다. 그는 모자를 벗더니 싱글싱글 웃으며, 무슨 말인지 내게 물었다. 그 순간 내가 그에게 느낀 형용할 수 없는 혐오를 그는 알아채지 못했을 것이다.

나는 나 자신의 생활이 더없이 불행하다고 생각했다. 미래에 대한 아무런 희망도 없을뿐더러, 과거 역시 암담하기만 한 것 같았다. L·M이 무슨 말인지 하고 있었지만, 나는 L·M의 말을 전혀 알아듣지 못했다. L·M은 나에 대한 경멸을 드러내지 않으려고, 오직 동정심에서 그런 말을 하는 듯싶었다. 한마디 한마디 말에서도, 시선에서도, 나는 그러한 경멸과 모욕을 느꼈다. 수치감이 후작의 입술에 닿았던 볼을 달아오르게 했다. 남편과 자식 생각을 하니, 마음이 언짢아 견딜 수가 없었다.

호텔에 돌아와서 방에 혼자 남아 있게 되자, 나는 자신의 처지를 곰곰이 생각해보려 했지만 어쩐지 홀로 있기가 무서웠다. 나는 열병에 걸린 사람처럼 허둥거리며, 야간 열차를 타고 남편이 있는 하이델베르크로 떠날 준비를 하기 시작했다. 어째서 갑자기 남편한테 가고자 했는지 나 자신도 알 수 없었다.

나는 하녀와 함께 텅 빈 객차에 올랐다. 기차가 움직이기 시작하고 들창으로 들어오는 산뜻한 바람이 얼굴을 스치면서 비로소 정신이 분명해졌다. 그리고 나 자신의 과거와 미래가 한결 똑똑하게 머리에 떠올랐다. 남편과 내가 페테르부르크에 나온 이후의 결혼 생활이 갑자기 새로운 빛을 받아 환하게 밝혀지며, 괴로운 가책이 되어 내 양심을 짓눌렀다. 나는 처음으로 신혼시절의 전원 생활이며, 그 당시의 계획 같은 것을 곰곰이 생각해 보았다. 그리고 그때만 해도 남편에게 얼마나 커다란 기쁨을 느끼고 있었나 하는 생각을 했다. 나는 남편한테 미안하기 짝이 없었다.

'하지만 어째서 남편은 나를 붙잡아 주지 않고, 솔직히 내게 털어놓으려 하지 않고, 오히려 내게 모욕을 주었을까?'

나는 생각했다.

'어째서 내게 애정 어린 모습을 보여주지 않았을까? 혹시 남편은 나를 사랑하지 않는 것이 아닐까?'

그러나 아무리 남편에게 잘못이 있었다 하더라도, 남편 아닌 다른 사내의 입술 자국이 내 볼 위에 남아 있다는 사실을 어떻게 변명해야 할 것인가? 더욱이 나도 그 키스를 달게 받아들이지 않았던가. 하이델베르크가 가까워짐에 따라 남편의 모습이 더욱 뚜렷이 눈앞에 떠올랐다. 그리고 눈앞에 다가온 남편과의 상봉이 한층 더 무서워지는 것이었다.

'모든 것을 남편에게 고백하고, 참회의 눈물로 내 죄를 씻어 버리자.'

나는 굳게 마음먹었다.

'그렇게 하면 남편도 나를 용서해 줄 거야.'

그렇지만 무엇을 '모두' 고백하겠다는 것인지 나 자신도 모르고 있었다. 또한 남편이 틀림없이 나를 용서해 주리라고 믿었던 것도 아니다.

남편의 숙소로 찾아 들어갔을 때 놀라는 빛을 보이면서도 여전히 냉정한 그의 얼굴을 눈앞에 보자 내 마음은 달라졌다.

'남편한테 아무 말도 할 수 없다. 아무것도 고백할 수 없고, 용서를 빌 수도 없다.'

그래서 슬픔도 후회도 끝내 입 밖에 내지 못한 채, 그대로 마음속에 품고 있는 수밖엔 없었다.

"별안간 무슨 생각이 나서 이렇게 찾아왔어?"

남편이 입을 열었다.

"내일 내가 그리 가려던 참이었는데."

그러다가 내 얼굴을 들여다보더니 적이 놀란 듯이 물었다.

"아니, 왜 그래? 무슨 일이 있었나?"

"아무것도 아니에요."

울음이 터져 나오려는 것을 가까스로 참으며, 나는 이렇게 대답했다.

"아주 떠나왔어요. 내일이라도 곧 러시아로 돌아갑시다."

남편은 한참 동안 아무 말 않고 내 얼굴만 찬찬히 들여다보았다.

"어서 말을 해 봐요. 도대체 무슨 일이 있었는지?"

그는 거듭 물었다.

나는 무의식중에 얼굴을 붉히며 눈을 아래로 내리깔았다. 남편의 눈에는 모멸과 분노의 빛이 번뜩였다. 그가 무슨 엉뚱한 추측을 하고 있을는지 모른다는 생각이 나자 가슴이 섬뜩해졌다. 나는 시치미를 딱 떼며 말했다.

"아무 일도 없었어요. 그저 혼자 있기가 쓸쓸하고 서글퍼서 그러는 거죠. 그동안 우리의 가정생활에 대해서, 그리고 당신에 대해서 여러 가지로 깊이 생각해 왔는데, 너무나도 오랫동안 당신한테 미안한 짓만 해 왔다는 걸 알았어요. 나 때문에 공연히 가고 싶지 않은 장소에 나가게 했고, 하고 싶지도 않은 여행까지 하게 했으니까요. 정말 당신한테 너무나 오랫동안 못할 짓을 해 왔어요."

나는 같은 말을 되풀이했다. 그러면서 내 눈에는 다시 눈물이 글썽해졌다.

"이젠 시골에 돌아가서 다시는 나오지 말아요. 네?"

"제발 그런 감상적인 소린 그만둬."

남편은 냉정한 어조로 말했다.

"하지만 시골에 돌아가고 싶다니 듣던 중 반가운 말이군. 이젠 수중에 돈도 얼마 안 남았으니까. 그러나 다시는 나오지 않겠다는 건 부질없는 소리야. 당신이 언제까지나 시골에 틀어박혀 살 수 없다는 걸 나는 잘 알고 있어. 그건 그렇고, 우선 차나 한잔 마시지. 그게 좋을 거야."

남편은 자리에서 일어나며 이렇게 말을 맺었다.

나는 남편이 나의 신상에 대해 어떤 추측을 할 수 있을 것인지 여러 모로 생각해 보았다. 그리고 마치 치욕을 당한 듯이 의심스러운 눈초리를 내게 던지던 것을 생각했다. 나는 그가 그 어떤 당치도 않은 추측을 하고 있음이 분명한 것 같아서 참을 수 없는 모욕을 느꼈다.

'그렇다, 남편은 나를 이해하려 하지도 않을뿐더러, 이해할 수도 없다!'

나는 어린애를 보러 간다는 핑계로 그의 방에서 나와버렸다. 혼자서 실컷 울고 싶었다…….

4

오랫동안 페치카에 불을 피운 일이 없던 텅 빈 니콜리스코예 마을의 저택은 다시 살아난 것 같았지만, 그 집에 살고 있던 것은 영영 되살아나지 않았다. 시어머니가 돌아가셨기 때문에 이제 집안에서는 우리 두 사람만 서로 얼굴을 맞대고 있을 수밖에 없었다. 그러나 이제는 둘이서만 마주 앉아 있는 것이 그다지 반갑지도 않을뿐더러 오히려 거북할 지경이었다. 나는 항상 몸이 편치 않았고, 둘째 아들을 낳고 난 후에야 겨우 건강을 되찾았으므로, 그해 겨울은 더욱 따분하게 지나가 버리고 말았다.

남편과 나와의 사이는 도시생활에서와 마찬가지로 여전히 쌀쌀하기만 했다. 여기 시골에 있는 마루청이나 바람벽으로부터 소파에 이르기까지 모든 물건들이, 예전에는 내게 귀중한 것이었지만 지금은 잃어버린 그 무엇을 회상하게 하는 것이 되었다. 우리 사이에는 도저히 용서할 수 없는 감정이 서려 있는 듯했다. 그리고 남편은 무슨 일 때문인지 내게 형벌을 가하고 있으면서도, 일부러 모르는 체하고 시치미를 떼고 있는 것만 같았다. 그렇다고 새삼스럽게 남편한테 용서를 빌어야 할 필요도 없었다. 그는 다만 예전처럼 자기 자신의 전부를, 자기 영혼의 전부를 내게 바치지 않음으로써 나를 벌하고 있었을 뿐이다. 그리고 이제는 마치 자기에게 영혼이 없는 것처럼 누구에게도, 그 어떤 일에도 그것을 바치려 하지 않았다.

간혹 이런 생각이 머리에 떠오를 때도 있었다—남편은 단지 나를 괴롭히기 위해서 일부러 그러는 것이나 아닐까? 그의 마음속에는 아직도 옛날과 같은 애정이 살아 있는 것이 아닐까?

그래서 나는 그 애정을 불러일으켜 보려고 노력했지만, 그럴 때마다 그는 언제나 솔직하게 속내를 털어놓기를 꺼려했다. 그는 나의 진심을 의심하여, 온갖 감상적인 경향을 가소로운 것이라 단정하고, 그것을 회피하려는 것같이 보였다.

남편의 시선과 태도는 '다 알고 있어, 빤히 알고 있어. 아무 말도 할 필요가 없을 거야─무슨 말을 하고 싶은지 듣지 않아도 알고 있어. 당신이 입으로 하는 말과 실제의 행동이 다르다는 것도 잘 알고 있어'라고 말을 하는 것 같았다.

처음에 나는 솔직히 털어놓고 얘기하기를 꺼려하는 남편의 태도에 모욕을 느꼈다. 그러나 점점 습관이 되어 '털어놓고 얘기하기를 꺼려하는 것이 아니라 그럴 의욕조차 상실한 것이다'라고 생각하게 되었다. 이제는 이미 당신을 사랑한다느니, 나와 함께 기도를 드리자느니, 피아노를 칠 테니 들어 달라느니 하는 말을 하려 해도 혀가 움직이지 않았다.

우리 사이에는 서로 예의를 지키기 위한 조건부의 약속이 성립되어 있는 것 같았다. 우리는 제각기 다른 생활을 하고 있었다. 남편이 자기 일 때문에 아무리 분주하더라도 나는 그 일에 참견할 필요도 없었거니와 참견하고 싶은 생각도 들지 않았다. 나는 나대로 무위도식을 일삼았지만, 그렇다고 이전처럼 그것이 남편의 마음을 자극하거나 슬프게 하지도 않았다. 그리고 아이들은 너무 어려서, 아직 우리 부부의 마음을 결합시킬 수 없었다.

봄이 왔다. 카차와 소냐는 한 해 여름을 시골에서 보낼 예정으로 고향에 돌아왔다. 니콜리스코예 마을의 저택을 개축하게 되었으므로, 우리도 포크롭스코예 마을의 친정으로 돌아갔다. 포크롭스코예의 옛집은 옛날과 다름없었다─테라스도, 이동식 식탁도, 밝은 홀에 놓여 있는 피아노도, 흰 커튼이 걸린 나의 침실도, 그리고 거기다 남겨두고 떠났던 처녀의 꿈도, 모든 것이 그대로 남아 있었다.

그 방의 자그마한 침대 위에는 포동포동하게 살찐 맏아들 코코샤가 사지를 쭉 펴고 잠자고 있었다. 나는 저녁마다 그 애한테 성호를 그어주었다. 또 하나 훨씬 작은 침대 위에는 포대기에 싸인 둘째 아들 바냐의 조그만 얼굴이 보였다. 나는 애들에게 성호를 그어주고 조용한 방 한가운데서 잠시 걸음을 멈추곤 했다. 그러면 갑자기, 사면의 벽과 방구석과 커튼에서 잊어버린 지 오래된 어린 시절의 환영이 떠올랐다.

그리고 옛날에 부르던 처녀시절의 노랫소리가 들려오는 것이었다. 그러나 지금 그 꿈은 어디로 사라져 버렸을까? 그 아름답고 감미로운 노래는 다시 어디서 들어 볼 수 있을까? 처녀시절에 좀처럼 이루어지지 못하리라 생각한 모든 희망이 실현되어, 윤곽조차 분명치 않던 어렴풋한 꿈은 현실이 되었다. 그러나 그 현실은 지금 기쁨이 없는 고난에 찬 생활로 변해버린 것이다.

하지만 고향 집은 조금도 달라진 데가 없었다. 옛날과 다름없는 정원이며, 광장이며, 오솔길이며, 언덕 위의 벤치 같은 것이 들창 밖으로 내다보였다. 연못 쪽에서는 여전히 밤꾀꼬리의 울음소리가 들려오고, 라일락꽃이 활짝 피어 있으며, 예전에 보던 그 달이 지붕 위에 걸려 있었다. 그런데도 어쩐지 모든 것이 믿을 수 없을 만큼 무섭게 변해 버린 것만 같았다! 이전에는 그처럼 귀중하고 친근하게 여겨지던 것이, 어쩌면 이렇게도 모두 냉정하게만 보인단 말인가!

나는 이전처럼 카차와 함께 응접실에 조용히 앉아서 남편 얘기를 했다. 그러나 카차의 얼굴도 이제는 주름투성이가 되어 누렇게 변해버렸다. 그리고 그 눈은 옛날처럼 기쁨과 희망에 빛나지 못하고, 동정 어린 애수와 연민의 빛을 그득 담고 있었다.

우리는 옛날처럼 남편을 칭찬하는 게 아니라 그의 결점을 꼬집었다. 이제는 옛날처럼 '어쩌면 우리는 이렇게 행복할까?' 하고 스스로 경탄하는 일도 없고, 자기가 생각하는 바를 온 세상 사람들에게 이야기하고 싶은 마음도 없었다. 우리는 마치 무슨 음모를 꾸미고 있는 사람들처럼 서로 수군거리며, '어째서 모든 것이 이처럼 처량하게 변해 버렸을까?' 하고 백 번이고 이백 번이고 되풀이해서 탄식하는 것이었다.

남편도 양미간의 주름살이 깊어지고. 관자놀이 근처에 흰 머리카락이 많아진 이외에는 역시 변한 데가 없었다. 그러나 그 진지하던 눈길은 언제나 구름에 덮여 있는 것처럼 흐릿하게 보였다. 나 또한 전과 다름없었지만, 마음속에는 사랑도 없었고 사랑하려는 의욕도 없었다. 이전처럼 무슨 일을 하고 싶다는 욕망도 자기 만족도 없었을뿐더러, 종교적인 감격도, 남편에 대한 애정도, 결혼 생활에서 느끼는 흐뭇함도 이제는 모두 까마득하게 먼 곳에 있어서, 도저히 다시 찾을 수 없는 것같이 여겨졌다. 전에는 '남을 위한 생활의 행복'을 의심할 여지도 없는 올바른 길이라 생각했었지만, 이제는 도저히 그 말을 이해할 수 없었다. 자기 자신을 위해 사는 것도 싫증이 나는데, 하물며 남을 위해 살 필요가 어디 있을까 싶었다.

페테르부르크에 가서 살게 된 뒤부터 나는 음악을 아주 멀리해 버렸는데, 이제 시골에 돌아오니 옛날에 쓰던 피아노와 악보가 다시금 음악에 대한 흥미를 불러일으켰다.

어느 날 카차와 소냐는 남편과 함께 니콜리스코예 마을 집의 개축 공사를 보러 갔다. 그러나 나는 몸이 좀 불편한 것 같아서 집엔 홀로 남아 있었다. 저녁 차가 식탁에 준비되었기 때문에, 나는 아래층으로 내려와서 집안 식구들이 돌아오기를 기다리며 피아노 앞에 앉았다. 그리고 환상곡의 소나타를 펼쳐놓고 그것을 치기 시작했다. 집 안에는 인기척이 전혀 없었고 창문은 정원 쪽으로 환하게 열려 있었다. 귀에 익은, 슬프고도 장엄한 음향이 방 안 가득히 퍼졌다. 나는 '1악장'을 다 치고는 무의식중에 옛날에 하던 버릇대로 방 한쪽 구석을 돌아다보았다―이전에 남편은 언제나 거기 앉아서 나의 피아노 연주를 들어 주었던 것이다. 그러나 지금 남편은 간데없고, 그 자리엔 몇 해 동안이나 옮겨놓은 일이 없는 의자가 하나 있을 뿐이었다. 창 밖으로는 석양을 받은 라일락 덤불이 보이고, 서늘한 저녁 기운이 열어젖힌 창문으로 흘러들어왔다. 나는 피아노 위에 팔꿈치를 괴고 두 손으로 얼굴을 가린 채, 깊은 생각에 빠져들어 갔다. 다시는 돌아오지 못할 지난날을 쓰라린 마음으로 회상하기도 하고, 새로운 앞날을 두려움과 함께 상상해 보기도 하며 언제까지나 그대로 앉아 있었다. 그러나 나의 앞날에는 아무것도 없을 것만 같았다. 이제는 바랄 것도 없고, 기대할 것도 없을 것처럼 느껴졌다.

'정말 나는 이 세상에서 살 가치가 없는 인간이 되어 버렸을까?'

이런 생각에 나는 깜짝 놀라 얼굴을 들었다. 그리고 모든 잡념을 잊어버리려고 다시 손을 들어 '2악장'을 계속해서 치기 시작했다. '아아, 하느님!' 하고 나는 생각했다.

'만일 내게 죄가 있다면 용서해 주십시오. 그리고 내 마음속에 있던 그 아름다운 것들을 다시 한번 내게 들려주십시오. 그렇지 않으면 앞으로 무엇을 하면 좋을지, 어떻게 살아야 할는지 가르쳐 주십시오.'

풀 위를 굴러오는 마차바퀴 소리가 들리더니, 이윽고 현관 앞에서 멎었다. 그러자, 테라스 쪽에서 귀에 익은 조심스러운 발소리가 들려오다가 다시 사라져 버렸다. 그러나 그 귀에 익은 발소리를 들어도 이제는 이전과 같은 감정이 솟아오르지 않았다. 피아노 연주가 끝났을 때 등 뒤에서 발소리가 나더니, 내 어깨

위에 손이 얹혔다.

"그 소나타를 치다니, 당신은 참 영리하군."

남편이 말했다.

나는 잠자코 있었다.

"당신 아직 차를 마시지 않았겠지?"

나는 내 얼굴에 남아 있는 흥분의 흔적을 남편에게 보이고 싶지 않았다. 그래서 얼굴을 돌리지 않고 머리만 끄덕였다.

"이제 곧 모두들 돌아올 거야, 말이 너무 사납게 굴어서 큰길에서부터 걸어 들어오기로 했으니까."

남편은 말했다.

"그럼, 돌아올 때까지 기다려요."

나는 테라스로 나가며 대답했다. 남편도 뒤따라 나올 줄 알았는데, 아이들이 뭘 하고 있느냐고 묻더니 그쪽으로 가 버렸다.

남편의 얼굴을 대하고 그 친근하고 선량한 음성을 듣자, 나는 다시금 무엇인가를 잃어버린 것 같은 상념에 빠져들어 갔다. 하지만 이 이상 무엇을 더 바란단 말인가? 그만큼 착하고 상냥하고 의젓한 남편이 어디 있으며, 또 그만큼 훌륭한 아이들의 아버지가 어디 있으랴! 그 밖에 또 무엇이 부족한지 나 자신도 분명히 대답할 수가 없었다.

나는 흰 포장을 지붕 대신 쳐 놓은 테라스로 나가서 거기 놓인 벤치에 걸터앉았다. 우리들이 서로 사랑을 고백한 바로 그날에 앉았던 그 벤치였다. 해는 이미 지고 주위에는 황혼이 깃들기 시작했다. 정원과 집 위로는 봄비라도 내리려는 듯이 검은 구름이 덮여 있었다. 그러나 나무 사이로는 구름이 끼지 않은 푸른 하늘의 일부분이며, 빛을 잃어 가는 저녁놀이며, 이제 막 반짝이기 시작한 저녁 별들이 보였다.

우중충한 비구름의 그림자가 땅 위에 덮여, 세상 만물은 부드러운 봄비를 기다리고 있었다. 바람기가 조금도 없어서, 나뭇잎이나 풀잎 하나 움직이지 않았다. 라일락과 벚꽃 향기는, 마치 공중 가득히 퍼진 것처럼 코를 찌를 듯이 풍기면서 뜰 안과 테라스에 자옥이 차 있었다. 그리고 조수가 밀려 들어오고 밀려나가고 하는 것처럼 갑자기 약해지는가 하면 다시 강해지곤 해서, 나는 눈을 감은 채 아무것도 보지 않고, 아무 소리도 듣지 않고, 그저 그 달콤한 향기만을 맡으며 앉아 있고 싶었다.

달리아나 장미 같은 꽃은 아직 피지 않고, 시커멓게 갈아엎은 화단에서 깨끗이 다듬어 세운 흰 받침대에 줄기를 붙이고 하늘을 향해 뻗어 오르고 있었다. 개구리들은 마치 비에 쫓겨 물속으로 뛰어들기 전에 한 번 더 마음껏 울어 보자는 듯이, 골짜기 쪽에서 일제히 소리 맞춰 요란하게 울고 있었다. 그 울음소리에 섞여 절벙거리는 물소리가 희미하게 들려왔다. 밤꾀꼬리들은 무엇이 불안한지 이쪽저쪽으로 자리를 옮기면서 서로 번갈아가며 울고 있었다. 올봄에도 밤꾀꼬리 한 마리가 들창 밑에 있는 나무 덤불 속에 둥지를 틀고 있었는데, 내가 테라스에 나오자 그놈은 가로수 저쪽으로 날아가 앉아서 목청을 뽑아 한 차례 지저귀더니, 무엇을 기다리는 것처럼 다시 잠잠해졌다.

나는 내 자신의 마음을 진정시키려고 헛되이 애쓰고 있었다. 무엇인가를 안타깝게 기다리고 있는 것 같은 심경이었다.

이층에 올라갔던 남편이 다시 내려와서 내 곁에 앉으며 말을 걸었다.

"아무래도 그 사람들이 비를 맞을 것 같군."

"네."

나는 대답했다. 그리고 한참 동안 양쪽 다 아무 말도 없었다. 비구름은 바람도 없는데 점점 낮게 내려와서 주위는 더욱 조용해지고, 꽃향기는 한층 더 진하게 풍겨왔다. 갑자기 빗방울이 테라스의 포제(布製) 지붕 위에 떨어지는 것 같더니, 뒤이어 뜰 안에 깔아놓은 조약돌에도 떨어졌다. 이윽고 자리공 잎을 후두둑 후두둑 내리치는 소리가 나며, 굵직한 빗방울이 점점 시원스럽게 쏟아져 내리기 시작했다. 밤꾀꼬리도 개구리도 이제는 아무 소리도 내지 않고 잠잠했다. 그러나 절벙거리는 물소리만은 비록 비 때문에 아득히 먼 데서 들려오는 것 같으면서도 여전히 허공에 울리고 있었다. 이름 모를 조그만 새 한 마리가 가까운 데 있는 마른 나뭇잎 속에 몸을 숨기고 단조로운 소리를 규칙적으로 두 번씩 되풀이하고 있었다. 남편은 자리에서 일어나더니 밖으로 나가려 했다.

"왜 일어나세요?"

나는 그를 제지하는 말투로 이렇게 물었다.

"여기가 이렇게 좋은데……."

"우산하고 고무 덧신을 보내줘야 할 것 같아서."

"보내주지 않아도 될 거예요. 이내 멎을 비니까."

남편은 내 의견에 동의하고 난간 옆에 멈춰 섰다. 나는 비에 젖어 미끄러운 난간을 붙잡고 밖으로 목을 내밀었다. 시원한 빗방울이 내 머리며 목덜미를 되는 대로 적셨다. 비구름은 점점 밝은 빛을 띠고, 바로 우리의 머리 위를 흘렀다. 주룩주룩 쉬지 않고 내리던 비는 어느새 그치고, 그 대신 지붕과 나뭇잎에서 떨어지는 낙숫물 소리가 들렸다. 또다시 골짜기에서는 개구리들이 요란스럽게 울기 시작하고, 밤꾀꼬리가 이리저리 날아다니며 젖은 나무 덤불 속에서 목청을 돋우어 울어댔다. 주위는 다시 환하게 밝아졌다.

"참, 기분이 상쾌하군!"

난간에 걸터앉아 비에 젖은 내 머리를 쓰다듬으며 남편이 입을 열었다.

이 간단한 애무가 내게는 거의 힐책받는 것이나 마찬가지인 듯싶었다. 나는 금세 울음이 터져 나올 것 같았다.

"인간에게 이 이상 무엇이 더 필요하겠어?"

그는 말을 이었다.

"나는 지금 지극히 만족해. 이 이상 아무 욕심도 없어. 이만하면 완전무결하게 행복하다고 할 수 있지."

'언젠가 나한테 말한 당신의 행복관은 그런 게 아니었어요.'

나는 마음속으로 이렇게 생각했다.

'아무리 행복한 인간이라도 더욱더 큰 행복을 추구하는 법이라고 하지 않았어요? 그렇게 말하던 당신은 지금 마음이 평온하고 아무런 불만도 없지만, 내 가슴속에는 아무에게도 입 밖에 내어 말하지 못할 회한과 마음껏 울어 버리지 못한 눈물이 그냥 뭉쳐 있는 것 같아요.'

"나도 기분이 아주 상쾌해요."

나는 소리를 내어 말했다

"하지만 눈에 보이는 모든 것이 너무나 아름답기 때문에, 오히려 서글퍼져요. 내 마음은 어수선하기 짝이 없고 허전해서 줄곧 무언가를 갈망하고 있는데, 이 세상은 이렇게 평온하고 아름다우니까요. 당신은 어떠세요, 자연에 도취된 마음 한편 구석에 어쩐지 서글픈 감정이 섞여 있는 것같이 느껴지지 않으세요? 말하자면, 지나간 옛날이 그리운 것 같은……."

남편은 내 머리에서 손을 떼고 잠시 동안 잠자코 있었다. 그러더니—

"응, 전에는 나도 그렇게 생각한 적이 가끔 있었지. 특히 봄철에 그랬어."

남편은 추억에 젖은 듯한 어조로 말했다.

"나도 역시 무엇인가를 기대하기도 하고 갈망하기도 하며 밤을 지새운 적이 있었어. 정말 아름다운 밤이었어!…… 그러나 그 시절에는 미래에 대한 기대밖에 없었는데, 지금은 과거에 대한 추억밖엔 남은 것이 없거든. 나는 현재의 상태에 조금도 불만이 없어. 나는 정말 행복해."

이렇게 말을 맺는 남편의 어조가 하도 꾸밈이 없고 무뚝뚝해서 듣기가 거북할 지경이었지만, 그래도 나는 그 말이 사실일 거라고 생각했다.

"그럼, 당신에겐 아무런 욕망도 없단 말씀인가요?"

"실현될 가능성이 없는 건 절대로 바라지 않지."

나의 마음속을 짐작했는지 그는 이렇게 대답했다.

"여보, 머리가 다 젖었구려."

마치 어린아이에게 하듯 또 한 번 내 머리를 쓰다듬으며, 그는 말을 이었다.

"당신은 나뭇잎이나 풀잎이 비를 맞고 있는 것을 보고 그게 부러워서 자기도 풀이나 나뭇잎이 되었으면 하고 바라지. 하지만 나는 그런 것을 봐도, 이 세상의 아름다운 모든 것, 젊고 행복한 모든 것을 볼 때처럼 그저 기쁨을 느낄 뿐이야."

"그럼, 당신은 지나간 옛날이 조금도 그립지 않아요?"

나는 점점 가슴이 아파오는 것을 느끼며, 이렇게 물어보았다.

남편은 무엇을 생각하는지 다시 잠자코 있었다. 그는 아주 진지한 태도로 내 질문을 받아들인 것 같았다.

"아니, 그립지 않아!"

남편은 짧게 대답했다.

"아니에요! 그건 거짓말이에요!"

나는 남편에게 얼굴을 돌리고 그의 눈을 응시하며 이렇게 말했다.

"그래, 정말로 옛날이 그립지 않단 말씀이에요?"

"그립지 않아."

그는 같은 대답을 되풀이했다.

"나는 과거를 감사하게 여기고 있긴 하지만, 절대로 그리워하지는 않아!"

"그렇지만, 옛날로 다시 되돌아가고 싶은 마음은 있겠죠?"

남편은 내 얼굴을 외면한 채 정원을 바라보기 시작했다.

"그런 마음도 없어. 그런 욕망은 마치 내 몸에 날개가 돋아났으면 하는 것과 마찬가지지."

남편은 말했다.

"도대체 불가능한 일이 아니냔 말이야!"

"그럼, 후회되는 일도 없나요? 자기 자신이나 또는 내게 잘못이 있었다고 생각하지 않으세요?"

"천만에! 이젠 모든 것이 다 원만하게 해결되었는데, 새삼스럽게 그런 생각을 할 필요가 어디 있어!"

"그렇지만, 내 말 좀 들어 보세요!"

남편의 얼굴을 이쪽으로 돌리게 하려고 그 손을 가볍게 건드리며, 나는 말했다.

"왜 당신은 내게 한 번도 이러이러한 생활을 해 줬으면 좋겠다고 말하지 않으셨어요? 어째서 내가 올바르게 쓸 줄 모르는 자유를 내게 주셨어요? 어째서 나에 대한 지도를 그만두셨어요? 만일 당신이 그렇게 하려고 하셨던들—만일 당신이 나를 바른길로 이끌어 주셨던들, 아무 일도 일어나지 않고 무사할 수 있었을 거예요."

내 목소리에는 이미 예전과 같은 애정은 사라지고 차가운 원망과 비난이 더욱 뚜렷이 나타났다.

"그래서 무슨 일이라도 일어났다는 거야?"

깜짝 놀란 듯이 나를 돌아보며 남편은 말했다.

"이렇게 별일 없이 지내고 있는데. 나는 모든 것이 만족이야. 그야말로 행복해."

그는 미소를 띠며 이렇게 덧붙였다.

'정말 내 말을 못 알아들어서 이렇게 말하는 것일까? 그렇지 않으면 아예 알아들으려고도 하지 않는 것일까? 그렇다면 더욱 화가 나는데……'

나는 이렇게 생각했다. 그러자 눈물이 글썽해졌다.

"나는 아무 죄도 없는데, 당신한테 억울하게 냉대를 받았고 경멸이라는 형벌까지 받았어요. 그럴 일이 전혀 아니었는데 말이에요."

나는 두서도 없이 지껄였다.

"나는 조금도 잘못이 없는데 당신은 느닷없이 내 귀중한 것을 모두 빼앗아 버렸어요. 만일 나를 바른길로 이끌어 주셨다면, 그렇게까지 하실 필요가 없었을 거란 말이에요."

"여보, 그게 무슨 말이야!"

무슨 영문인지 도무지 알 수 없다는 듯이, 남편은 내 말을 가로챘다.

"가만 계세요…… 당신은 내게 주었던 믿음과 사랑을, 심지어는 존경까지도 모두 빼앗아 갔어요. 신혼시절을 생각해 보면, 지금 당신이 나를 사랑한다고는 도저히 믿을 수가 없어요. 나는 지금 당신한테 오래전부터 내 마음을 괴롭혀 온 모든 것을 시원스럽게 얘기해 버려야겠어요."

나는 남편에게 입을 열 기회를 주지 않고 말을 이었다.

"당신은 세상이라는 것이 어떤 것인지도 모르는 나를 외딴곳에 내버려두고 혼자서 길을 찾아 헤매게 했어요. 그런데도 나한테 죄가 있단 말인가요?…… 이제야 겨우 내가 어떻게 해야 되겠다는 걸 스스로 깨닫고, 벌써 일 년 가까이나 당신 곁에 돌아가려고 애쓰고 있는데, 그래도 당신은 내 마음을 눈곱만큼도 알아채지 못한 듯이 여전히 내 곁에 있어 주지 않아요. 그래도 내가 잘못했단 말인가요? 당신 자신은 하나도 나무랄 데가 없는 사람이고, 나는 돼먹지 못한 몹쓸 여자란 말이죠! 틀림없어요, 당신은 또다시 우리 두 사람에게 불행을 불러들이는 그런 생활 속에다 나를 내던지려는 거예요."

"아니, 내가 언제 당신한테 그런 태도를 보인 일이라도 있었나?"

남편은 정말 뜻밖이라는 듯이 이렇게 묻는 것이었다.

"어제도 그런 말씀을 하지 않으셨어요? 어제뿐만 아니라 날마다 입버릇처럼 '당신은 암만해도 이 시골 구석에서 견디어 내지 못할 테니까, 겨울엔 다시 페테르부르크로 가야 할 거야'라고 말이에요. 이젠 페테르부르크란 말만 들어도 정말 지긋지긋해요. 당신은 조금도 나를 부축해 주려 하시지 않을뿐더러, 진심에서 우러나오는 솔직하고 부드러운 말은 일부러 피하려 하고 있어요. 그러고도 나중에 내가 완전히 타락해 버리면, 그때는 틀림없이 나를 꾸짖고 나의 타락을 기뻐하실 거예요."

"가만있어, 가만있어."

남편은 엄하고도 냉정한 어조로 말했다.

"지금 당신이 한 말은 좋지 않아. 그 말은 당신이 내게 악의를 품고 있다는 걸 증명할 뿐이야. 당신은……."

"그럼, 내가 당신을 사랑하지 않는단 말씀인가요? 말해 보세요! 분명히 말해 보세요!"

나는 그의 말을 가로챘다. 내 눈에서는 눈물이 줄지어 흘러내렸다. 나는 벤치에 주저앉아서 손수건으로 얼굴을 가렸다.

'아아, 남편은 나를 이렇게밖엔 생각하지 않는구나!'

목메어 오르는 비통한 울음을 간신히 참으며, 나는 생각했다.

'이제는 마지막이다. 옛날의 그 애정은 우리에게 영영 돌아오지 않을 것이다.'

그 어떤 음성이 내 마음속에서 이렇게 속삭이는 것이었다. 남편은 가까이 와서 나를 달래려고 하지도 않았다. 내가 한 말에 몹시 마음이 상한 모양이었다. 이윽고 그는 침착하고도 무표정한 어조로 입을 열었다.

"대체 무엇 때문에 트집을 잡는 건지 아무리 생각해도 모를 일이야. 혹시 내가 신혼시절처럼 당신을 사랑하지 않았기 때문이라고 한다면……."

"그럼, 사랑해 주셨단 말씀인가요?"

손수건으로 얼굴을 가린 채 나는 그의 말을 받았다. 뜨거운 눈물이 그칠 줄 모르고 쏟아져 나와 손수건을 적셨다.

"내가 신혼시절처럼 당신을 사랑하지 않았다면, 그 책임은 어디까지나 '시간'이 져야 하고, 또 우리 두 사람이 함께 져야 할 문제야. 인간이 한평생을 사느라면, 그 시절 그 시절에 적합한 사랑이 있는 법이지……."

남편은 잠시 입을 다물고 있다가 다시 말을 이었다.

"당신이 정말 그렇게 솔직한 태도를 요구한다면, 모든 것을 사실대로 얘기하지. 처음 당신을 만났을 때만 해도, 나는 당신 생각 때문에 날마다 밤을 새우며 당신에 대한 사랑을 키우고 있었어. 그 사랑은 내 마음속에서 자라고 또 자랐지. 그 후 페테르부르크나 외국에 가 있을 때는 날마다 잠을 이루지 못하고 무서운 밤을 지새우며, 나를 괴롭히는 그 사랑을 송두리째 파괴해 버리려고까지 생각했어.

그러나 당신에 대한 사랑 그 자체를 파괴하지는 못하고, 오직 그 사랑 가운데서 나를 괴롭히는 요소만을 파괴했을 뿐이었어. 그래서 나는 마음의 평온을 얻을 수 있었고, 지금도 여전히 당신을 사랑하고 있어. 다만 그것이 이전과는 다른 종류의 사랑일 뿐이야."

"당신은 그걸 사랑이라 부르지만, 그건 사랑이 아니라 고통이에요. 당신이 사교계 생활을 해로운 것이라 생각했고, 또 그것 때문에 나에 대한 사랑이 식었다면 말이에요. 어째서 애초에 내가 사교계에 나돌아다니는 걸 막지 않으셨어요?"

"나는 사교계 얘길 하는 게 아니야."

"왜 당신은 남편으로서의 권력을 행사하지 않으셨어요?"

나는 하던 말을 계속했다.

"왜 나를 꽁꽁 묶어 놓지 않으셨어요? 왜 나를 죽여 버리지 않으셨어요? 내 행복을 이루고 있던 모든 것을 상실해 버리느니보다는 오히려 그쪽이 훨씬 편했을 거예요. 오히려 내 마음이 떳떳했을 거예요."

나는 다시 얼굴을 가리고 흑흑 흐느껴 울었다.

바로 그때 비를 흠뻑 맞은 카차와 소냐가 무엇이 흥겨운지 커다란 소리로 웃고 떠들면서 테라스로 들어왔다. 그러나 우리를 보자 금세 입을 다물더니 곧 나가버리고 말았다.

카차와 소냐가 나간 후에도, 우리는 한참 동안 서로 말이 없었다. 실컷 울고 나니 한결 가슴이 후련한 것 같아서 나는 남편을 쳐다보았다. 그는 한 손으로 턱을 괴고 앉아 있다가, 내 시선을 받고 무슨 말인지 하려는 것 같더니, 땅이 꺼지도록 깊은 한숨을 내쉬고는 다시 손을 턱밑으로 가져갔다.

나는 남편 곁으로 가서 그 손을 옆으로 밀어냈다. 그러자 그의 우울한 눈길이 이쪽으로 향해졌다.

"음, 그렇지."

남편은 아직도 자기 생각에 잠겨 있는 것 같은 어조로 이렇게 말했다.

"우리 인간은 너나 없이—특히 여자들은 더욱 그렇지만—인생의 어리석은 면을 몸소 체험하지 않고는 참된 생활로 돌아올 수 없는 법이야. 남들이 하는 말만 가지고는 믿을 수가 없으니까.

그때만 해도 당신은 호화롭고 재미있게 보이는 그 헛된 생활을 충분히 경험하지 못했었지. 그래서 나는 그러한 생활에 도취되어 있는 당신을 황홀한 마음으로 바라보며, 당신이 싫증을 느낄 때까지 그냥 내버려두었던 거야. 나 자신으로 말하면 이미 그런 생활에 흥미를 느낄 나이가 아니었지만, 그래도 어쩐지 당신을 구속할 권리는 내게 없는 것만 같았어.”

　“그럼, 무엇 때문에 당신은 나와 함께 그런 생활을 하셨어요? 나를 사랑하신다면, 어째서 내가 그런 헛된 생활을 하게 내버려두었어요?”

　“그때만 해도 당신은 내 말을 믿고 싶어도 못 믿었을 테니까. 당신은 자기 스스로가 깨달아야만 했고, 그래서 결국은 깨닫게 된 셈이지.”

　“당신은 이치만 캐고 있었던 거예요. 너무 지나치게 따지고만 있었던 거예요.”

　나는 말했다.

　“그러다 보니 사랑이 식어 버리고 말았지요.”

　다시 침묵이 흘렀다.

　“당신이 지금 한 말은 좀 잔혹하지만, 그건 사실이야.”

　남편은 갑자기 자리에서 일어나 테라스를 이리저리 거닐며 입을 열었다.

　“음, 그건 사실이야. 내가 나빴어.”

　그러더니 내 앞에서 걸음을 멈추고 이렇게 덧붙였다.

　“나는 아예 당신을 단념해 버리든지 그렇지 않으면 이것저것 따지지 말고 좀더 적극적으로 사랑하든지 했어야만 하는 거야. 당신의 말이 옳아.”

　“지나간 일은 모두 잊어버려요, 네?”

　나는 수줍은 어조로 말했다.

　“아니, 지나간 일은 다시 돌아오지 않아, 그리고 다시 돌아오게 할 수도 없지.”

　이렇게 말하는 남편의 음성은 한결 부드러워진 것 같았다.

　“벌써 다 돌아왔는걸요.”

　나는 남편의 어깨에 손을 얹으며 말했다.

　그는 내 손을 어깨에서 밀어내리더니 그 손을 힘 있게 움켜쥐었다.

　“나는 옛날이 그립지 않다고 했지만, 그건 거짓말이었어. 사실은 나도 옛날이 그리워. 이미 잃어버리고 만 옛날의 그 사랑—다시는 영영 찾을 길 없는 그 사랑을 생각하면 울고 싶을 지경이야. 대체 이것이 누구의 잘못인지 그건 나도 모

르겠어. 지금도 사랑은 남아 있지만, 옛날의 그러한 사랑은 아니야. 마음속에
는 여전히 사랑이 자리를 차지하고 있지만, 그것은 이미 병들고 맥 빠진 사랑이
며 시들어 버린 사랑이지. 남은 것은 오직 과거에 대한 감사와 추억뿐이야. 하지
만……."

"그런 말씀은 그만두세요."

나는 그의 말을 가로챘다.

"다시 옛날처럼 살면 되잖아요? 지금이라도 그렇게 할 수 있겠죠, 네?"

나는 남편의 눈을 들여다보며 이렇게 물었다. 그러나 그 눈은 맑고 평온한 빛
을 띠었을 뿐, 내 눈을 심각히 바라보는 것 같지 않았다.

나는 그런 말을 하면서도 내가 바라고 있는 것을 남편한테 말해 봐야 아
무 소용없다는 것을 깨달았다. 그는 노인들처럼—적어도 내 눈엔 그렇게 보였
다—인자하고 잔잔한 미소를 짓고 있었다.

"당신은 아직도 젊지만 나는 아주 늙어 버렸어."

남편은 말했다.

"당신이 찾고 있는 것을 나는 가지고 있지 않아. 이제 새삼스럽게 자기 자신을
기만하면 뭘 하겠어?"

여전히 같은 미소를 띤 채 이렇게 덧붙였다.

나는 잠자코 남편 곁에 서 있었다. 마음이 차차 가라앉는 것 같았다.

"되도록이면 전과 같은 생활을 되풀이하지 않도록 해야지."

그는 하던 말을 계속했다.

"그리고 자기 자신을 속이려 들지 말아야 해. 전과 같은 불안과 마음의 동요
가 없어진 것을 다행으로 생각하고, 이 이상 그 무엇을 추구하거나 초조해하거
나 할 필요는 없을 거야. 그렇지 않아도 우리는 얼마든지 행복할 수 있다는 걸
알게 되었으니까. 그러니까 이젠 옆으로 물러나서 저 애들한테 길을 내주어야
할 거야."

때마침 바냐를 안고 나와서 테라스 문 옆에 멈춰 선 유모 쪽을 가리키며 남
편은 말했다.

"그렇지 않아, 마샤?"

남편은 내 머리를 끌어안고 이마에 입술을 갖다 대며 이렇게 말을 맺었다. 그

것은 애인으로서의 키스가 아니라 옛 친구로서의 키스였다.

정원에서 향기롭고 선선한 밤 기운이 더욱 강하게, 더욱 달콤하게 풍겨왔다. 간간이 들려오던 소리도 잠잠해지면서 사방이 조용해지고, 하늘에는 별들이 앞을 다투어 반짝이기 시작했다. 나는 남편의 얼굴을 바라보았다.

순간 여태까지 나를 괴롭히던 병든 마음이 빠져나간 것처럼 갑자기 가슴이 후련해졌다. 나는 평온한 마음으로 분명하게 깨달았다―옛날의 그 감정은 흐르는 시간과도 같이 영영 지나가 버리고 만 것이어서 지금 새삼스럽게 그것을 되돌아오게 할 수는 없을뿐더러, 설령 돌아온다 해도 오히려 괴롭고 어색하기만 할 것이다. 부질없는 생각은 아예 하지도 말자. 더없이 행복했던 것처럼 여겨지는 그 옛날이 과연 그처럼 아름다운 시절이었을까? 더욱이 이제는 모든 것이 까마득한 과거의 일이 되어 버리지 않았는가!

"그건 그렇고. 시간이 되었으니 우리 차나 마십시다!"

남편이 말했다. 그래서, 나는 그와 함께 응접실로 들어갔다. 방문 앞에서 바냐를 안고 있는 유모와 다시 마주쳤다. 나는 두 손에 애를 받아 들고, 밖으로 드러난 발그레한 발을 감싸주며 가슴에 꼭 끌어안고 살짝 입을 맞췄다. 바냐는 마치 꿈을 꾸고 있는 듯이 고사리 같은 손가락을 펴고 손을 내저으며, 무엇을 찾거나 그렇지 않으면 갑자기 무슨 생각이 든 것처럼 어렴풋이 눈을 떴다. 그러자 그 조그만 눈이 내 얼굴에 와서 멎었다. 그리고 불꽃과도 같은 것이 그 눈 속에서 반짝하고 빛나더니, 꽃잎 같은 입술이 뾰족하게 오므라졌다가 금세 열리며 웃음을 지었다.

'아아, 내 아들아, 너는 내 것이다! 너는 내 것이다!'

나는 흐뭇한 긴장을 온몸에 느끼며 이렇게 생각했다. 나는 아기가 아파할까 봐 가까스로 내 자신을 다스리면서 아들을 가슴에 꼭 끌어안았다. 그리고 그 조그만 발이며, 배며, 손이며, 겨우 털이 고르게 난 머리며 할 것 없이, 아무 데나 닥치는 대로 입을 맞추기 시작했다. 남편이 곁으로 다가왔다. 나는 재빨리 아기의 얼굴을 가렸다가 다시 내보였다.

"이반 세르게이치!⁴⁾"

---

4) 바냐의 정식 이름과 부칭.

아들의 턱을 손가락으로 가볍게 건드리며 남편은 이렇게 불렀다. 그러나 나는 또 한 번 황급히 이반 세르게이치를 감추었다. 나 이외의 누구도 이 애를 오래 들여다보게 해서는 안 될 것 같았기 때문이다. 나는 남편을 쳐다보았다. 그 눈은 내 눈을 바라보며 웃고 있었다. 나도 오랜만에 가볍고 즐거운 마음으로 그 눈을 마주 바라볼 수 있었다.

그리하여 그날부터 남편과 나의 청춘 시절의 로맨스는 끝났다. 생애에서 다시는 경험하지 못할 귀중한 추억의 장으로만 남게 되었다. 그 대신 자식들과 그 아버지에 대한 새로운 애정이 나타났다. 그 애정은 전과는 다른 의의를 갖고 행복한 생활의 바탕이 되었다. 그리고 나는 그러한 생활에서 벗어나지 않고 언제까지나 계속 영위해 나가리라 굳게 마음먹었다.

신부 세르게이

인생을 이해하지 못하는 사람은 살아있는 동안 내내
생존을 위해, 쾌락을 획득하고자, 고통으로부터 벗어나고자,
달아날 수 없는 죽음으로부터 도피하고자 끝없이 싸운다.

신부 세르게이

1

1840년 즈음 페테르부르크에서 세상 사람들이 깜짝 놀랄 만한 사건이 일어났다.

근위기병대 중대장이며 니콜라이 1세의 시종무관으로 발탁되어 화려하게 출세하리라 촉망받던 젊고 멋진 장교가, 황후의 각별한 사랑을 받던 아름다운 처녀와의 결혼을 한 달 앞두고 갑자기 퇴직해 버렸다.

이유는 잘 알 수 없지만, 그는 약혼녀와의 관계도 끊고 별로 크지 않은 자기 소유의 영지를 누이동생에게 넘겨준 뒤, 신부가 되겠다고 수도원으로 들어간 것이다. 그의 속사정을 잘 모르는 사람들에게는 너무나 이상하고 이해할 수 없는 일이었다. 그러나 당사자인 스테판 카자스키 공작에게는 달리 방법이 있으리라고는 생각할 수 없을 만큼 자연스럽게 이루어진 행동이었다.

근위부대 퇴역 대령이던 아버지는 그가 열두 살 때 세상을 떠났다. 뒤에 남겨진 어머니는 아들과 헤어지기가 참으로 괴로웠지만, 그렇다고 임종 때 아들을 집에 묶어 두지 말고 사관학교에 입학시키라고 유언한 남편의 뜻을 어길 수도 없었다.

그래서 어머니는 그를 사관학교에 보내고 자신도 딸 바바라를 데리고 페테르부르크로 이사했다. 아들과 같은 도시에 살면서 휴일마다 만나기 위해서였다.

스테판은 유난히 재능이 많았고 자존심도 강했다. 그는 학과 성적이 뛰어났으며 특히 수학을 좋아했다. 다양한 재능만큼 군사 훈련에서도 두각을 드러내더니 말 타는 기술에서도 항상 일등을 놓치는 법이 없었다. 게다가 훤칠하고 잘생긴 민첩한 소년이었다. 뿐만 아니라 품행도 단정했기에 그 급한 성격만 아니었다면, 그는 틀림없이 모든 면에서 모범 후보생이 되었을 것이다.

그는 술도 마시지 않았고 방탕한 행위도 하지 않았으며, 두드러지게 성실한 성격이었다. 단 한 가지 그에게 모범생이 되는 데 걸림돌이 된 것은 그가 가끔 일으키는 신경질적인 발작으로, 그럴 때는 완전히 자제력을 잃어버려 야수가 되는 것이었다.

그리고 언제인가 그가 광물채집을 하던 때의 일이었다. 한 후보생이 그를 비웃기 시작하자 화가 난 그는 그 후보생을 떠밀어 창문 밖으로 거의 떨어뜨릴 뻔한 일이 있었다. 또 하마터면 그의 신세를 망칠 뻔한 일도 있었다. 지휘관으로 근무하던 사관에게 커틀렛을 접시째 던지면서 덤벼든 사건이었는데, 확실히는 모르지만 그 장교가 약속을 어겼거나 대놓고 거짓말을 해서 일어난 사건이었다. 만약 교장이 그 사관을 면직시키면서 사건을 덮어 주지 않았다면 그는 아마 병사로 강등되고 말았을 것이다.

그는 18세에 사관학교를 졸업하고 장교로 임관되어 귀족들로 구성된 근위 연대 소속이 되어 중위로 근무하게 되었다. 니콜라이 파블로비치 황제는 사관학교 시절부터 그를 알고 있었기 때문에 연대에 들어간 뒤에도 그를 총애했다. 그래서 사람들은 당연히 그가 장래에 시종무관이 될 것이라고 생각했다.

카자스키 역시 그렇게 되기를 열망했다. 그것은 단지 자신의 명예를 위해서만이 아니라 사관학교 시절부터 니콜라이 파블로비치 황제를 진심으로 열렬히 사랑했기 때문이었다.

니콜라이 파블로비치는 학교를 방문하는 경우가 잦았는데, 그럴 때마다 큰 키에 떡 벌어진 가슴과 콧수염 위의 매부리코, 그리고 깨끗이 면도한 구레나룻에 군복을 입은 채로 성큼성큼 빠른 걸음으로 들어와서 힘찬 목소리로 후보생들에게 인사했다. 그럴 때마다 카자스키는 사랑하는 사람을 맞이할 때와 같은 기쁨을 경험하는 것이었다. 아니, 니콜라이 파블로비치에 대한 연정과도 같은 기쁨에 강렬히 젖어들었다.

그는 자신의 무한한 충성심을 나타내고자 했고 황제를 위해서라면 자기 자신마저도 기꺼이 바치고 싶다고 생각했다. 니콜라이 파블로비치도 이런 그의 마음을 알고 있었으며, 그래서 더욱 자극을 주곤 했다.

때로는 그저 어린아이와 같은 태도로, 때로는 친구처럼, 때로는 장중한 위엄을 갖추고 후보생들과 놀기도 하고, 자기를 중심으로 둘러싸게도 했던 것이다.

면직된 사관 사건 뒤에도 니콜라이 파블로비치 황제는 카자스키에게 아무 말도 하지 않았지만, 한번은 그가 가까이 갔을 때 황제는 연극과 같은 행동을 하며 그를 물리쳤다. 그리고 눈썹을 찌푸리며 손가락으로 위협하는 시늉을 하고는 곧 궁정으로 돌아가면서 이렇게 말했다.

"난 다 알고 있네. 하지만 알고 싶지 않은 일도 더러 있는 법. 그것은 모두 여기에 담고 있네."

그는 자신의 가슴을 가리켰다.

카자스키가 졸업하면서 장교로 임관되어 동료들과 황제를 배알할 때는, 황제는 이미 그런 것은 모두 잊었다. 평소와 같이 모든 생도들에게 황제를 의지할 수 있다는 것, 황제와 조국에 대하여 충성을 다 바치라는 것, 황제는 항상 그들의 가장 친한 친구라는 것을 말해 주었다.

언제나 그랬듯이 모든 생도들은 평소와 같이 감동했다. 그중에서도 카자스키는 과거의 일을 상기하고 눈물을 흘렸으며 모든 것을 다 바쳐 사랑하는 황제를 섬기겠노라고 맹세했다.

카자스키가 장교로 임명되자 그의 어머니는 매우 기뻐하며 누이동생을 데리고 처음에는 모스크바로 옮겨갔다. 그러나 얼마 후에 곧바로 시골로 내려갔다.

그때 카자스키는 누이동생에게 재산의 반을 줘 버렸기 때문에, 수중에 남아 있는 것으로는 사치스러운 연대로 소문난 그의 근무지에서 그럭저럭 자기 한 몸을 유지할 정도뿐이었다.

겉보기에 카자스키는 지극히 평범한 젊은이로 장래가 촉망되는 화려한 근위 사관으로 보였지만, 그 마음속에는 설명하기 어려운 뜨거운 불꽃이 타오르고 있었다.

그 내부의 불꽃은 그의 유년 시절부터 있었다. 겉으로는 지극히 평범했으나, 속으로는 자기가 하는 모든 일이 세상 사람들의 칭찬과 경탄을 받을 정도로 성공하려는 야망에 불탔다. 그것이 군사 훈련이든 학과 성적이든 일단 시작하면 제일이어야 했으므로, 사람들이 자신을 칭찬해 주고 남의 모범이 될 때까지 중단하는 법이 없었다. 한 가지 일을 해내면 곧바로 다른 일에 덤벼들었기 때문에 학과 성적에서도 늘 수석을 차지했다. 또 그는 사관학교 시절에 자신이 프랑스어 회화가 서툴다는 것을 깨닫고 프랑스어를 모국어처럼 능숙하게 할 정도로 맹렬히 공부했다. 그는 또한 체스에도 흥미를 가져 그 방면의 명수가 되기도 했다.

황제와 조국에 봉사하겠다는 사명감 말고도 그는 일단 어떤 목표를 세우면 그 일에 온 힘을 쏟아 목표를 달성했다. 그리고 그 목표를 이루면 그의 뇌리에는 또 다른 목표가 그 자리를 채우곤 했다.

이와 같이 무슨 일에서나 두각을 나타내려고 하는 경향과 두각을 나타내기 위해서 하나의 목적을 추구하는 경향은 끊이지 않았다.

그는 자기 일에 관해서는 업무를 정확하게 파악하고 지식을 획득해야 한다라는 스스로의 과제를 정해서 부단히 노력했다. 그런 이유로 자기의 출세에 걸림돌이 되는 신경질적인 발작 증세가 있음에도 불구하고 장교에 임명되자마자 모범 장교가 되었다. 사교계에 나가서도 대화 도중에 자신의 교양이 부족하다는 것을 느끼자 그날부터는 독서에 몰두하여 자신이 바라는 효과를 거두었다. 그 뒤에도 사교계에서 최고가 되고자 하는 목표를 세우고 우선 사교춤의 명수가 되기로 마음먹었다. 그리고 실로 재빠르게 온갖 일류 무도회나 저녁 모임에 초대받을 만큼 성공을 거두었다.

그러나 그 지위도 그를 만족시키지 못했다. 그는 무슨 일에서나 일인자가 되는 일에 익숙했기 때문에 이런 것으로 그 지위를 확보하기란 아득히 먼 일이었다.

어느 시대 어느 나라에서나 마찬가지지만 당시 그가 속한 상류 사회에는 네 가지 부류의 사람들이 있었다. 첫째는 부자이며 궁정에서 환영받는 사람들, 둘째는 부자는 아니지만 궁정의 가문에서 태어나 그 부류에 속하게 된 사람들, 셋째는 부자이며 궁정에 속한 사람들을 모방하는 사람들, 넷째는 부자도 아니고 궁정에 속한 사람도 아니지만 첫째 부류와 둘째 부류 사람들에 알랑거리며 비위를 맞추는 사람들로 이루어져 있었다.

카자스키는 첫째 부류의 사람들에게 속하지는 못했지만 뒤의 두 부류의 집단에게는 기꺼이 받아들여졌다.

사교계에 발을 들여놓으면서 그가 정한 목표는 상류층 여인들과 관계를 갖는 것이었는데 그 목적은 생각보다 빨리 이루어졌다. 그러나 그가 깨달은 사실은 자신이 들어간 그룹은 최상류층 그룹이 아니라는 것, 자신이 속한 그룹보다 높은 그룹이 있으며 그 궁정에 속하는 고급 그룹에 설사 들어간다 해도 자신은 이방인이라는 것이다. 사람들은 그에게 친절하기는 했지만 그들의 태도에는 당신은 우리와 같은 수준의 사람이 아니라는 뜻을 은연중에 드러내고 있었다.

카자스키는 그들의 동료가 되고 싶었다. 그러기 위해서는 시종무관이 되든가 그 그룹의 여성과 결혼해야 했다. 그래서 그는 궁정에 속한 한 아름다운 처녀를 선택했다.

그 처녀는 그가 들어가고 싶어 하는 사회의 한 일원일 뿐만 아니라 최상류층의 그룹에서 높고 확고한 기반을 가지고 있는 사람들이 모두 가까이하고 싶어 하는 여성이었다. 그녀는 백작 코르토 코바였다.

카자스키는 실제로도 코르토 코바에게 반한 상태였다. 그녀는 보기 드물게 매력을 가진 여성이었기 때문에 완전히 매료된 것이다.

그녀는 처음에는 그에게 냉담했으나 차츰 다정한 태도를 보이기 시작했고 특히 그녀의 어머니가 그를 마음에 들어 했다. 그럴 즈음 카자스키는 청혼했고 어렵지 않게 그녀의 승낙을 받았다. 그는 이런 행복이 너무나 쉽게 이루어지는 데 놀랐으며, 어머니의 태도나 딸의 태도에 무엇인가 이상한 것이 있다는 점에 또한 놀랐다.

그는 완전히 그녀에게 반해서 사랑에 푹 빠졌기 때문에 대부분의 사람들이 알고 있는 사실을 전혀 몰랐던 것이다.

2

예정된 결혼식을 두 주일 앞둔 5월의 어느 무더운 날 카자스키는 약혼녀의 별장에 갔다. 약혼자인 두 사람은 정원을 산책한 뒤에 그늘이 우거진 보리수 아래 놓여 있는 벤치에 앉았다.

순백색 모슬린 치마를 입고 있는 그녀는 유난히 아름다웠다. 그녀의 모습은 너무나 순결해 보였을 뿐만 아니라 사랑의 화신처럼 느껴졌다. 그는 머리를 숙이거나 몸을 조금 움직이거나 한마디 말을 하는 것조차도 자신의 약혼녀의 천사와 같은 순결성을 욕보이거나 더럽히는 것 같아서 두려워했다. 그녀는 다정하고 조심스럽게 말하고 있는 잘생긴 사나이를 바라보고 있었다.

카자스키는 1840년대 남자였다. 그 시대의 남자들 대부분은 자신의 불순한 이성 관계에 대해서는 비교적 관대하면서도 아내에게는 이상적인 것을 요구하고 천사와 같은 순결을 원했다. 이런 견해는 남자들이 흔히 범하는 모순된 행동이었다.

그러나 뭇 남성들이 그러듯 여성이 그런 관계에서는 지극히 깨끗하기를 바라는 태도는 당연한 것이라고 말할 수 있을 것이다. 따라서 처녀들만 해도 이런 숭배를 받고 보면, 자연히 일부의 사람들은 여신과 같이 되고 싶다고 노력하기 때문이다.

그래서 카자스키도 여성에 대해서 평소부터 그런 견해를 가지고 있었으며, 자신의 약혼녀도 그런 눈으로 바라보고 있었다.

그는 그날 특히 그녀를 사랑하는 마음으로 가득 차 있었으며 약혼녀에 대해서 조금의 욕정도 느끼고 있지 않았다. 아니, 오히려 손을 대서는 안 되는 신성한 것을 보고 있을 때와 같은 감동으로 그녀를 바라보고 있었다. 그는 큰 키를 일으켜 세우고 두 손으로 군도의 자루를 잡으며 그녀 앞에 섰다.

"난 지금 처음으로 사람이 경험할 수 있는 최대의 행복을 알았어요."

그는 조심스럽게 미소를 지으며 말했다.

"그리고 그것을 당신이 나에게 주었습니다."

그는 아직 그녀에게 반말을 하는 것이 익숙하지 않았다. 그는 정신적으로는 아래에서 그녀를 올려다보는 기분이 들어 이 천사에게 너라고 말하기 어려웠던 것이다.

"난…… 당신 덕택에 나 자신을 알았어요. 내 자신이 생각한 것보다 괜찮은 사내라는 것을 말이오."

"전 말이에요. 훨씬 전부터 그것을 알고 있었어요. 제가 당신을 사랑하게 된 첫 번째 이유는 그거예요."

어디선가 가까운 곳에서 꾀꼬리가 울기 시작했으며 새로 돋은 싱그러운 나뭇잎이 살짝 스치는 미풍에 흔들거렸다.

그는 그녀의 손을 잡고 살며시 입 맞췄다. 그의 눈에 눈물이 비쳤다. 그녀는 자신의 사랑 고백에 그가 감동받고 있다고 생각했다. 그는 말없이 조금 떨어져 잠시 걸은 다음 다시 그녀의 곁으로 와서 앉았다.

"당신도 아시겠지만, 내가 당신에게 접근하기 시작했을 때에는 전혀 야심이 없었던 게 아니었어요. 난 사교계와 관계를 맺고 싶었어요. 그러나 당신을 알게 되면서부터, 그런 것은 참으로 하찮은 것이라는 사실을 알게 되었어요. 이런 말을 해도 당신은 노여워하지 않겠죠?"

그녀는 대답을 하지 않고 그저 한 손으로 그의 손을 만지고 있었다. 그는 그것이 노여워하지 않는다는 뜻이라는 것을 알았다.

"당신은 지금 이렇게 말했어요."

그는 말을 더듬었다.

"당신은 지금 나를 사랑한다고 말해 줬으니 날 용서해 줘요. 난 당신이 나를 용서할 것이라고 믿어요. 그런데 그 이외에 무엇인가 당신의 마음을 불안하게 하고 당신의 감정을 억누르는 것이 있는 것 같아요. 도대체 그것이 무엇이죠?"

그가 그렇게 묻자 그녀는 이때가 아니면 그 비밀을 털어놓을 수가 없으리라고 생각했다.

'어차피 알게 될 거야. 하지만 지금 말한다면 이 사람도 설마 나를 버리지는 않겠지. 아, 만약 이 사람에게 버림을 받게 된다면 얼마나 두려운 일인가!'

이렇게 생각한 그녀는 사랑에 푹 빠진 눈으로 그를 바라보았다. 그녀는 지금 그를 황제 니콜라이 이상으로 사랑하고 있다. 만약 니콜라이가 황제가 아니었다면 카자스키와 니콜라이를 바꾸는 일은 없었을 것이다.

"그래요. 난 아무래도 속일 수 없어요. 모든 것을 말하겠어요. 당신은 지금 그것이 무엇이냐고 물으셨죠? ……그건 당신을 만나기 이전에 사랑하는 사람이 있었다는 거예요."

그녀는 기도하는 자세로 자기의 한 손을 그의 손등에 올려놓았다.

그는 말이 없었다.

"당신은 그 사람이 누구였는지 알고 싶으세요? 그 사람은 말이에요. 황제 폐하예요."

"우리는 모두 폐하를 사랑하고 있어요. 내 생각에는 당신도 여학교 시절에……."

"아뇨, 그 후의 일이에요. 그건 한때의 열정이었어요. 곧 지나가 버리고 말았어요…… 하지만 나는 당신에게 말하지 않을 수 없었어요……."

"하지만 그건 별일이 아니지 않습니까?"

"아니, 그 외에 다른 일도……."

그녀는 괴로운 듯 두 손으로 얼굴을 가렸다.

"뭐라고요? 그럼 당신은 폐하께 몸을 맡겼단 말인가요?"

그녀는 대답을 못 했다.

"폐하의 첩이었나요?"

그녀는 여전히 말이 없었다.

그는 벌떡 일어나더니 죽은 사람처럼 얼굴이 새파래지고 턱 뼈를 덜덜 떨면서 그녀 앞에 우뚝 섰다. 그는 지금 네프스키에서 니콜라이 파블로비치를 배알했을 때 그가 다정하게 그의 약혼을 축하해 주던 일을 떠올렸다.

"오, 하느님. 내가 무슨 짓을 한 것입니까, 스테판!"

"날 건드리지 말아요. 아, 이 얼마나 두려운 일인가!"

그는 몸을 확 돌려서 그녀의 집 쪽으로 걸어가기 시작했다. 그는 집 앞에서 그녀의 어머니를 만났다.

"어머, 어찌 된 일이죠?"

놀란 그녀는 그의 얼굴을 보자 입을 다물어 버렸다. 그의 얼굴이 분노로 이글거리고 있었다.

"당신은 모든 것을 알고 있으면서, 나를 이용해서 그 사실을 숨기려고 했군요. 만약 당신이 여자만 아니었다면……."

그는 큰 주먹을 그녀 앞에서 들어 올리며 소리쳤다. 그리고 몸을 돌려서 달려 나갔다. 그는 만약에 약혼녀의 애인이 보통 사람이었다면, 그 남자를 죽여 버렸을 것이다. 그러나 그 사람은 그가 경애하는 황제였다.

이튿날 그는 휴가를 신청하고 사직서를 제출했다. 그리고 병을 핑계 삼아 아무도 만나지 않고 얼마 후에는 시골로 가 버렸다. 그는 자기의 고향에서 가사를 정리하면서 한여름을 보냈다. 여름이 끝나자 그는 페테르부르크로 돌아가지 않고 수도원으로 들어가서 수사가 되어 버렸다.

그의 어머니는 그의 극단적인 행동을 말리려고 편지를 써 보냈다.

그는 하느님이 주신 사명은 절대적인 것이며 자기는 하느님의 부르심을 느끼고 있다는 답장을 써 보냈다. 그의 심정은 오빠만큼이나 자존심 강한 누이동생만이 이해했다. 그녀는 그가 수사가 된 것은 평소에 그가 자기들보다 잘났다고 생각한 사람들보다 훌륭하다는 것을 입증하려는 것이라고 이해하고 있었다. 그리고 그녀의 판단은 역시 옳았다. 수사가 되면서 그는 다른 사람들이 지극히 중요하다고 생각하는 것, 그 자신도 부대에 있을 때는 그렇게 생각했던 모든 것을 경멸하게 되었다. 이전에는 그렇게 부럽게 생각했던 사람들을 위에서 내려다 볼 수 있는 새로운 높은 곳에 올라간 것이다.

그러나 그의 누이동생 바바라가 생각한 것처럼 그런 감정이 전부는 아니었다. 그의 마음속에는 아직도 다른 감정, 즉 바바라가 생각하지 못한 참된 종교관과 오만한 감정 그리고 일인자가 되려는 욕구가 뒤섞여 그를 지배하고 있었다. 그가 다시없는 순결한 천사라고 믿고 있던 약혼녀에 대한 환멸과 굴욕감은 그를 절망의 늪 속에 밀어넣을 정도로 강렬했다. 그러나 그 절망은 수도원 생활을 하면서 하느님에 대한 신앙심으로 승화했다.

3

카자스키는 성모승천일에 수도원으로 들어갔다. 수도원장은 귀족 출신의 학식 있는 저술가이며 장로였다. 그는 올라키아 공국[1]에서 나온 전통, 즉 자기들이 선택한 지도자와 교사에게 무조건 순종하는 수사의 한 교파에 속하는 사람이었다. 그리고 그는 파이시 벨리프코프스키의 계보를 잇는 유명한 암브로시오 장로의 제자였다.

카자스키는 이 수도원장을 지도자로 섬기고 그에게 종속되었다. 카자스키는 이 수도원에서도 승부 근성이 크게 달라지지 않았다. 그래서 수도원 생활에서도 열심이었다. 그는 외형적인 완성과 함께 내면적으로도 절대적인 완성에 도달하는 일에 기쁨을 느꼈다.

연대에서도 그는 무난한 장교였을 뿐만 아니라 요구하는 것 이상을 하는 사람이었다. 그런 기질은 수사가 된 뒤에도 마찬가지였다. 항상 부지런하고 참을성 있으며 겸허하고 온화했다. 특히 순종하려는 노력은 그가 살아가는 기쁨이었다.

방문하는 사람이 많은 수도원에서의 수사 생활은 많은 요구가 따르는 일이었고 그의 마음을 유혹하는 일도 많았다. 하지만 그런 것은 모두 순종이라는 미

---

1) 오늘날 루마니아 남부 지역 이름.

덕으로 참아 낼 수 있었고, 어떠한 일도 순종하면 된다고 생각했다. 성상 앞에서는 일이건 성가대에 섞여서 노래하는 일이건 여비를 계산하는 일이건 어떤 일이건 간에 그는 이런 생각으로 참아 낼 수 있었다.

또한 무슨 일에 있어서나 일어나는 의혹은 지도자에 대한 순종으로 넘길 수 있었다.

만약 순종의 덕이 없었다면 그는 기도 생활의 길고 지루함도 방문객의 번거로움에도 동료 수사들의 좋지 않은 성품에도 크게 고통받았겠지만, 지금은 그런 것이 모두 기쁨이 되었고 나중에는 위로와 힘이 되었다.

'나는 무엇을 위해서 하루에 몇 번씩이나 같은 기도를 드려야 하는가. 그 이유는 잘 모르지만, 그것이 필요하다는 것만은 알고 있다. 그리고 기도가 필요하다는 것을 알고 있는 이상 그 안에서 기쁨을 발견해야 한다.' 이렇게 그는 생각했다.

'마치 생명을 유지하는 데 물질적인 음식물이 필요하듯이, 정신생활을 유지하기 위해서는 정신적인 음식인 기도가 필요하다'라고 틈이 있을 때마다 지도자는 그가 하는 기도에 대해 이렇게 말해 주곤 했다.

그는 그것을 믿었다. 그리고 사실 교회의 기도 생활은 그 일을 위해 시간에 맞춰 일찍 일어나는 괴로움만 빼면 그에게 안심과 기쁨을 주었다. 그리고 겸손한 마음과 올바른 행동을 하게 만들었다.

그는 점점 그런 생활에 아주 익숙해져 자기 의지를 다스리는 것뿐만 아니라, 더욱 겸손해져서 처음 그가 쉽게 이룰 수 있을 것 같지 않던 그리스도적인 선행을 하는 가운데에도 기도를 올릴 수 있었다. 그는 자기의 남은 재산을 모두 수도원에 기부하고 그것을 전혀 후회하지 않았다. 그리고 자기보다 낮은 사람에게 겸손한 것은 그에게 쉬운 일일 뿐만 아니라 나중에는 하나의 기쁨이 되었다.

탐욕과 마찬가지로 간음이라는 육체적인 죄악을 극복하는 것조차 그에게는 쉬운 일이었다. 지도자는 특히 그에게 이 죄에 빠지는 것을 경계했지만, 카자스키는 그것에 관해서는 자신할 수 있었으므로 오히려 기뻐했다. 단 한 가지 그를 괴롭히는 것은 약혼녀에 대한 생각이었다. 지난 일을 회상하는 것뿐만 아니라 장래에 일어날 수 있는 일에 대한 복잡한 상상이었다. 늘상 그러는 것은 아니지만, 그녀에 대한 생각을 하게 되면 그녀가 결혼하여 한 남자의 아내가 되고 한 가정의 어머니가 된 모습으로 떠오르는 것이었다. 그녀의 남편은 막중한 지위와 권력과 명예를 가지고 회개하여 새로워진 아름다운 아내를 얻어 기뻐하는 그런 상상이었다.

기분이 좋을 때는 그런 생각이 카자스키를 괴롭히지 않았다. 그때 그 일이 생각나면 자신이 그런 유혹에서 벗어난 것을 기뻐하기도 했다.

그러나 자신이 현재 생활하고 있는 이 모든 일이 갑자기 무의미하게 느껴지면 자신이 취한 행동을 뉘우치고 한탄하게 되었다. 그럴 때마다 그는 힘겨운 노동을 하거나 하루 종일 기도하면서 잡념에서 벗어나려고 애썼다.

그는 평소와 같이 기도하고 미사에도 참례했다. 아니, 평소 이상으로 기도에 몰두한다고 하는 말이 옳으리라. 그러나 웬일인지 그것은 영혼의 기도가 아니라 육체의 기도에 머물고 말았다.

이런 일이 하루 때로는 이틀씩 이어지고 그러다가 자연히 사라지곤 했다. 그러나 그 같은 하루나 이틀은 무서운 날이었다.

카자스키는 자기라는 존재가 자신의 것도 아니고 하느님의 것도 아니며 누군가 다른 사람의 것인 듯이 여겨졌다.

이런 기간에 그가 할 수 있는 일은 지도자의 지시에 따르는 것뿐이었다. 이를테면 지극히 자신을 억제하고 아무 일에도 손을 대지 않고 그저 기다리는 것이었다. 이럴 때의 카자스키는 자신의 의지가 아니라 지도자의 의지에 따라서 생활하고 있기 때문에, 이런 순종 속에서야말로 특별한 안정감을 느꼈다.

이렇게 해서 카자스키는 처음에 들어간 수도원에서 7년이라는 세월을 보냈다.

3년이 지나갈 무렵 그는 머리를 깎는 삭발식을 가졌고 '세르게이'라는 이름으로 사제 서품[2]을 받았다. 신품 성사[3]는 세르게이의 영적생활에서 중대한 사건이었다. 그는 전에 성찬을 받을 때에도 큰 위안과 정신적인 흥분을 경험했는데, 지금은 스스로 기도하며 제물을 바치는 행위를 하니 한없이 감격스러울 수밖에 없었다.

그러나 그 감격도 차츰 희미해지고 내키지 않는 정신 상태로 기도 생활을 해야 할 때는 그 감격도 부질없음을 통감했다. 시간이 갈수록 감격은 점점 사라지

---

2) 敍品. 안수에 의하여 주교·사제·부제를 임명하는 것.
3) 神品聖事. 그리스도의 대리자로서 교회의 성사를 집행할 수 있는 권리를 주는 성사.

고, 그 뒤에는 그저 습관으로 행할 뿐이었다.

　세르게이는 7년의 수도원 생활에서 권태를 느끼기 시작한 것이다. 배워야 할 것 달성해야 할 것은 이미 모두 이루었고, 이제는 더 이상 할 일이 없었다. 그러다 보니 그는 영적으로 점점 나태해져 가고 있었다. 이 시기에 그는 어머니의 죽음과 누이동생의 결혼 소식을 들었다. 그는 이 두 가지 소식을 무관심한 태도로 받아들였다. 그의 모든 관심은 자기 자신의 내면 생활에 집중되고 있었던 것이다.

　수도원장이 각별히 그를 주목하고 있었고, 지도자도 그에게 만약 더 높은 지위에 임명되어도 결코 사퇴해서는 안 된다고 말해 주기까지 했다. 그러자 수사로서의 야심이 슬그머니 그의 마음속에서 머리를 들기 시작했다.

　그는 모스크바에 있는 수도원으로 발령을 받았다. 사퇴하려고 생각했으나 지도자가 임명을 받아들이라고 명령했다. 그는 부임하기 위하여 지도자와 헤어져 그 수도원으로 옮겨갔다.

　모스크바의 수도원으로 옮겨가게 된 것은 신부 세르게이의 생활에서 중대한 사건이었다. 그곳에는 많은 유혹이 있었기 때문에 세르게이는 온갖 노력을 다하여 그것들과 치열하게 싸워야 했다. 먼저 있던 수도원에서는 여자의 유혹이 세르게이를 별로 괴롭히지 않았으나 여기서는 이 유혹이 무서운 힘으로 머리를 쳐들어 결국은 뚜렷하고 구체적인 형태를 갖게 되었다.

　행실이 좋지 않기로 이름난 한 귀부인이 그에게 접근하기 시작한 것이다. 그녀는 그에게 말을 걸고 자기 집을 방문해 달라고 졸라댔다. 세르게이는 냉정하게 거절하기는 했지만, 자신의 욕망이 얼마나 강한 것인지를 깨닫고 무서움에 떨었다. 그 놀라움이 너무나 컸기 때문에 그는 그 일에 관해서 지도자에게 편지를 썼다. 그래도 마음이 진정되지 않아서 한 젊은 수사를 불러서 부끄러움을 참고 그에게 자기의 약점을 고백했다. 그리고 앞으로는 자신을 감시하고 수행과 순종 이외에는 어디에도 자신을 내놓지 말아 달라고 부탁했다.

　세르게이를 혼돈에 빠지게 한 이유는 또 있었다. 이 수도원의 원장은 세상 물정에 밝아 처세에 능한 사람이었으므로 신부 세르게이에게는 도무지 호감이 가지 않는 사람이었다. 세르게이는 아무리 노력을 해도 이 혐오스러운 생각을 이겨낼 수가 없었다. 그는 겉으로는 온순하게 따르고 있었지만 마음속으로는 끊임없이 그를 비난하고 있었다. 그리고 이러한 감정은 결국 폭발하고 말았다.

그것은 그가 이 수도원에 온 지 2년이 지난 뒤의 일이었다. 성모승천일에 대회당에서 철야 미사가 거행되었다. 근처에서 많은 신도들이 모여들었다. 미사는 원장이 스스로 집전했다.

신부 세르게이는 정해진 자기 자리에 앉아서 기도를 드리고 있었다. 그런데 그럴 때마다 발생하는 자신의 내적 혼란에 빠져 버린 것이다. 그 원인은 모여든 사람들, 특히 부인들 때문이었다.

그는 그들을 보지 않기 위해, 또 거기서 일어나고 있는 모든 일에 주의를 기울이지 않으려고 노력했다. 병사들이 예배자들을 헤치면서 그들을 안내하는 모습이나, 귀부인들이 수도사들 특히 자기 자신을 가리키거나, 이름난 잘생긴 수도사를 가리키거나 하는 모습을 보지 않으려고 노력했다.

그런 속된 관심을 억제하면서 제단 쪽의 흔들거리고 있는 촛불이나 성상이나 수도사들 이외에는 아무것도 보지 않으려고 애썼다. 그리고 노래하듯 속삭이듯 기도하는 소리 이외에는 아무것도 듣지 않으려고 노력했다. 또한 이미 몇 번이나 귀에 익은 기도문을 듣거나 미리 입안에서 중얼거리듯 반복할 때 언제나 경험하는 직무 수행이라는 의식 속에 자기를 망각하는 일 이외에는 어떤 감정도 느끼지 않으려고 노력했다.

이렇게 해서 그가 서거나 절을 하거나, 필요한 대목에서는 성호를 긋거나, 때로는 냉혹한 비난에 몸을 내맡기고, 때로는 의식적으로 일깨운 감정의 망각 상태에 몸을 내맡기거나 하며 싸우던 그때 일어난 일이다.

신부 세르게이에게 원장을 모방하거나 아첨하는 그런 태도는 잘못되었다고 비난받았던, 성작[4] 등을 관리하는 니코짐 신부가 곁에 와서 몸이 꺾일 정도로 깊숙이 절하더니, 원장이 그를 제단으로 부르고 있다고 말을 전했다.

신부 세르게이는 외투를 여미고 비레타 모자[5]를 쓴 뒤 조심스럽게 사람들을 헤치고 걸어갔다.

"리자, 오른쪽을 봐. 저이가 바로 그 사람이야."

어떤 여자의 말소리가 그의 귀에 어렴풋이 들려왔다.

---

4) 聖爵. 미사 때 포도주를 담는 잔.
5) 성직자들이 쓰는 네모난 모자로 계급에 따라 색이 다름.

"어디, 어디야? 저 사람이라면 별로 잘나지도 못했는데."

그는 그 말이 자기를 보고 하는 말이라는 것을 알았다. 그런 말을 듣는 동시에 그는 언제나 유혹을 받을 때 하는 것처럼 기도했다.

"우리를 시험에 들지 말게 하옵시고……."

그리고 머리 숙여 눈을 감고 독경대 옆을 지나서 제단 앞을 지나고 있는 제의를 입은 성가대와 엇갈려서 북쪽 문으로 들어갔다. 계단으로 올라가면서 그는 습관대로 십자가를 향해 성호를 긋고 몸을 굽혀서 절했다. 그리고 고개를 든 순간 그의 시야 한쪽에서 무엇인가 번쩍거리는 옷을 입은 사람과 나란히 서 있는 원장이 눈에 들어왔다.

제의를 입은 수도원장은 짧고 부은 듯한 손을 제의 밑에서 꺼내어 불룩한 배 위에 올려놓고 벽 쪽에 서 있었다. 그리고 제의의 장식 끈을 만지작거리며 짜맞춘 글자와 장식 문장이 달린 시종 장관의 제복을 입은 군인과 무슨 말인지 웃는 얼굴로 이야기하고 있었다.

그 장군은 신부 세르게이가 군대 생활을 할 당시의 연대장이었다. 지금은 대단히 높은 자리에 있는 모양이었다. 원장도 그것을 알고 있는 듯 굽실거렸다. 원장의 얼굴은 그날따라 살찌고 붉어 보였다. 게다가 벗어진 머리는 더욱 번쩍거렸다.

이 사건은 신부 세르게이를 부끄럽고 슬프게 했다. 그리고 원장이 세르게이를 부른 이유가, 장군이 옛 동료를 만나고 싶다는 호기심을 만족시키기 위해서였다는 말을 들었을 때 더욱 감정이 격해졌다.

"천사 같은 모습을 한 자네를 만나니 대단히 기쁘군."

장군은 손을 내밀며 말했다.

"부디 옛 동료를 잊지 말아 주게."

마치 장군의 말에 맞장구치듯 싱글거리고 있는 백발에 싸인 수도원장의 불그스레한 얼굴도, 자기만족의 미소로 빛나고 있는 장군의 세련된 얼굴도, 장군의 입에서 풍기는 술기운도, 그 턱수염에 밴 담배 냄새까지 신부 세르게이는 못마땅했다.

그는 다시 한 번 원장에게 절하고 이렇게 말했다.

"원장님, 저를 부르셨습니까?"

그 얼굴 표정과 자세는 무엇 때문에 자신을 불렀느냐는 투였다.

원장은 말했다.

"그렇소. 장군을 뵙게 하기 위해서 말이오."

"원장님, 전 유혹을 피하기 위해 세상을 버렸습니다."

그는 못마땅하다는 듯이 얼굴을 붉히고 입술을 떨면서 말했다.

"그런데 무엇 때문에 당신은 하느님의 성전 안에서, 그것도 기도하는 도중에 저를 이런 꼴을 당하게 하십니까?"

"됐소, 됐소. 이제 가 보시오."

원장은 화난 얼굴로 눈썹을 찌푸리며 말했다.

이튿날 신부 세르게이는 자기의 오만함을 원장과 동료들에게 사과했으나, 밤 새워 기도한 끝에 자기는 이 수도원을 떠나는 길밖에 없다고 마음을 정했다. 그는 그 일에 관해서 지도자에게 편지를 쓰고 지도자가 있는 이전의 수도원으로 돌아가게 해 달라고 부탁했다.

그는 자기가 자신의 약점을 잘 알고 있다는 것, 지도자의 도움 없이는 혼자서 유혹과 싸워 나갈 능력이 없다는 것을 통감한다는 것 등을 호소하고, 자신의 오만함을 뉘우친다고 적어 보냈다.

그러자 지도자에게서 답장이 왔는데, 거기에는 모든 원인은 세르게이의 오만함에 있다고 쓰여 있었다. 그의 분노의 발작은 하느님을 위해서 명예심을 버리고 겸허해진 것이 아니라, 자기는 아무런 욕망이 없다고 하는 자만심 때문에 생기는 것이라고 적혀 있었다.

'사랑하는 세르게이야, 너의 편지는 잘 받아보았다. 그러나 너의 분노의 발작은 하느님을 위해서가 아니라, 너의 자만심을 지키기 위해서 겸허하려고 하기 때문에 생기는 것이다. 그렇기 때문에 원장의 처사를 참지 못한 것이다. 너는 하느님의 영광을 위해서 모든 것을 버렸는데 사람들은 너를 짐승처럼 구경거리로 삼는다고 생각하는 것이다.

그러나 만약 네가 하느님의 영광을 위해서 모든 것을 버렸다면 어떤 일이라도 참아 낼 수 있었을 것이다. 너의 마음속에서는 아직도 속세의 오만한 마음이 없어지지 않은 것이다.

내 아들 세르게이야, 나는 너의 일을 생각하며 하느님께 기도했다. 아마도 이것은 하느님이 너에게 일을 주시려는 계시일 것이다. 요즈음 탐비노의 기도소에서 은둔자 알라피온이 그 깨끗한 생애를 마쳤다. 그는 그곳에서 18년 동안 살았다. 탐비노의 수도원장이 나에게 그곳에서 살려는 형제가 없느냐고 물어 왔다. 마침 그럴 때 너의 편지를 받았단다. 너는 탐비노의 수도원의 신부 파이시에게 가는 것이 좋겠다. 내가 편지를 보냈으니까 너는 알라피온의 기도소에 들어가고 싶다고 부탁하기 바란다. 네가 알라피온을 대신할 수 있다는 것은 아니지만, 그 오만함을 고치기 위해서 너에게는 유폐 생활이 필요하다. 하느님도 너를 축복해 주시리라.'

세르게이는 지도자의 권고에 따라서 그 편지를 원장에게 보이고 용서를 구한 뒤, 자기의 기도실과 소지품 전부를 수도원에 맡기고 탐비노의 기도소로 떠났다.

탐비노의 기도소에서는 상인 출신의 잘생긴 원장이 침착한 태도로 세르게이를 맞아주었으며 그를 알라피온의 기도소로 안내해 주었다. 처음에는 심부름하는 아이를 하나 붙여 주었으나, 곧 세르게이의 희망에 따라 그를 혼자 있게 해 주었다. 그 기도소라는 곳은 산 중턱에 뚫려 있는 동굴이었다. 알라피온도 그 속에 묻혀 있었다.

알라피온이 묻혀 있는 곳은 동굴의 안쪽이었으며, 그 앞쪽에는 짚을 깔아서 침상을 만든 칸과 작은 책상과 성상, 책을 올려놓은 선반이 있었다. 꼭 닫혀 있는 바깥문 곁에도 선반이 하나 있었다. 그 선반 위에 하루에 한 번씩 수도사가 수도원에서 음식물을 갖다 놓고 가는 것이었다.

신부 세르게이는 이렇게 해서 은둔자가 되었다.

4

세르게이가 은둔 생활을 시작한 지 6년째 되는 해의 사육제가 끝난 뒤였다. 인근 도시에서 부유하고 명랑한 남녀들이 팬케이크와 포도주를 마신 다음 야외로 마차를 타고 나가기로 했다.

그들은 두 변호사와 돈 많은 지주와 장교 그리고 네 명의 여자들이었다. 한 명은 장교의 아내이고, 한 명은 지주의 아내이며, 세 번째 여자는 지주의 누이동생이고, 네 번째는 괴짜에다 돈이 많은 아름다운 이혼녀였다.

날씨는 화창하고 길은 마룻바닥처럼 평탄했다. 그들은 교외를 10여 킬로미터 정도 달리고 나서 말을 세웠다. 그러고는 이제부터 돌아갈 것이냐, 계속 앞으로 갈 것이냐 하는 문제로 입씨름을 벌이기 시작했다.

"그런데 도대체 이 길은 어디로 가는 길이죠?"

이혼녀 마코프키나가 물었다.

"12킬로미터 정도 가면 탐비노입니다."

마코프키나에게 마음이 있는 변호사가 말했다.

"그리고, 더 가면?"

"더 가면 수도원 앞을 지나가죠."

"그럼, 그 세르게이라는 은둔자가 있는 수도원이군요?"

"그래요."

"카자스키 말이군요? 그 미남 은둔자?"

"그래요."

"여러분, 카자스키가 있는 곳까지 가요. 탐비노에서 잠시 쉬며 무엇을 먹기로 하죠."

"하지만 그렇게 하면 우린 오늘밤 안에 돌아가지 못해요."

"그럼 어때요. 카자스키의 동굴에서 자면 되죠."

"그곳에는 수도원 여관이 있어요. 아주 멋지고 좋은 여관이에요. 마힌의 수비대 시절에 숙박한 일이 있었죠."

"아니에요. 난 오늘 밤에 카자스키의 처소에서 자겠어요."

"안 돼요. 그건 당신의 능력으로도 불가능할걸요."

"불가능하다고요? 그럼 내기해요."

"좋아요. 만약 당신이 그곳에서 자기만 한다면 무엇이든 원하는 것을 주겠어요."

"무엇이든 원하는 것을 주겠단 말이죠?"

"그럼, 당신도 같은 생각인가요?"

"예, 그래요. 그럼 갑시다."

그들은 마부들에게 술을 대접했다. 그리고 자신들은 고기만두와 술, 과자 등을 나누어 먹었다. 여자들은 하얀 모피 외투를 둘러 입고 마부들을 재촉했다.

마부들은 앞을 다투어 출발했다. 젊은 사람이 옆을 흘긋거리면서 긴 채찍을 힘차게 휘두르며 소리쳤다. 그러자 썰매를 단 마차가 방울 소리를 울리며 빠르게 달리기 시작했다.

마차는 조금씩 덜커덕거리기도 하고 흔들리기도 했다. 뒷말은 장식이 달린 밀치끈 위에 단단히 묶인 꼬리를 흔들면서 가뿐하게 달리고 있었다.

기름을 뿌린 것같이 평탄한 길은 순간순간 뒤로 미끄러져 지나가고 마부는 솜씨 좋게 고삐를 다루고 있었다. 변호사와 장교는 마주 앉아서 옆자리에 있는 마코프키나에게 무슨 말인지 쓸데없는 소리를 하고 있었지만, 그녀는 모피 외투를 푹 덮어쓴 채 꼼짝도 하지 않고 무엇인지 생각에 잠겨 있었다.

'난 언제나 외로워, 모든 것이 지긋지긋해. 술과 담배 냄새에 찌들어 시뻘겋게 번들거리는 저 얼굴들, 언제나 별 내용 없는 이야기에다 시시한 생각, 그리고 모든 싫은 것들만 주위를 맴돌고 있어. 그리고 이 사람들은 모두 이런 것들에 만족하고 그게 당연한 듯이 생각하고, 죽을 때까지 이런 식으로 살아갈 거야. 난 그럴 수 없어. 이렇게 지루하게 살 수는 없어. 난 이런 것을 모두 뒤집어 버리고 박살을 내버리는 그런 일이 필요해. 언젠가 사라토프에서 있었던 것처럼, 모두가 얼어서 죽어 버리는 일이라도 상관없어. 만약 그런 일이 생긴다면 이 사람들은 어떻게 될까? 어떤 꼴을 보여줄까? 분명히 꼴사나운 행동을 할 거야. 모두가 자기 일만을 생각하겠지. 나도 틀림없이 꼴사나운 행동을 하겠지. 하지만 난 조금은 낫겠지. 그것은 모두가 인정하고 있는 거야. 그런데 그 신부님은 어떨까? 정말 그 사람은 여자에 관심이 통 없을까? 그렇지는 않겠지. 여자에 관심 없는 남자가 어디 있어? 그러고 보니 지난해 가을의 그 후보생이 생각나는군. 그 애송이는 참 바보였어.'

"이반 니콜라이비치."

그녀는 말했다.

"왜요?"

"그분은 도대체 몇 살이죠?"

"누구 말입니까?"

"카자스키 말이에요."

"아마 마흔 정도는 되었겠죠."

"그런데 그분은 누구나 만나 주나요?"

"예, 누구나요. 하지만 언제나는 아니죠."

"내 발 좀 덮어 주세요. 아니, 그게 아니고요. 정말 서툰 분이군요, 당신은. 예, 이제 됐어요. 하지만 내 발을 꼭 누를 필요는 없잖아요."

이렇게 희희낙락하며 그들은 동굴이 있는 숲까지 달려왔다.

그녀는 혼자서 내린 뒤 다른 사람들은 돌아가라고 했다. 그들은 그녀를 말렸지만 그녀는 화를 내며 모두들 떠나라고 소리쳤다.

결국 마차는 움직이기 시작했고, 그녀는 모피 외투를 입은 채 오솔길을 따라 걸어갔다. 변호사 한 사람이 내려서 그녀를 지켜보고 있었다.

5

신부 세르게이는 6년 전부터 은둔 생활을 하고 있었다. 그는 이미 마흔아홉 살이었다.

그의 생활은 어려웠다. 단식이나 기도 때문이 아니었다. 그런 것이었다면 어렵다고 할 수도 없었다. 어려움은 그가 조금도 예상하지 못했던 내적 갈등에 있었다. 그 갈등 원인은 두 가지, 즉 의혹과 욕정이었다. 그리고 이 두 가지의 적은 항상 동시에 그를 괴롭혔다.

그는 이것이 두 개의 다른 적이라고 생각했지만 실은 하나였다. 의혹이 없어지면 욕정도 곧 사라졌다. 그러나 그는 이것을 두 개의 다른 악마라 생각하고 저마다 별개로 싸우고 있었다.

'오, 하느님! 당신은 왜 저에게 믿음을 주시지 않습니까? 욕정 때문인가요? 욕정은 모든 성자들이 싸워 온 것입니다. 안토니오도, 그 밖의 성자들도. 그러나 그들은 신앙을 가지고 있었습니다. 그런데 저에게는 몇 분, 몇 시간, 며칠이나 그것이 없을 때가 있습니다. 이 세상과 그 매력은 무엇 때문에 있는 것입니까? 당신은 무엇 때문에 이런 유혹을 만드셨습니까? 유혹? 제가 이 세상의 기쁨을 피하려 하거나 아무것도 없을지도 모르는 곳에서 무엇을 준비하고 있다면, 그것도 유혹이 아니겠습니까?'

그는 이렇게 자신을 질책하고 자기 자신에 대해서 공포와 혐오를 느꼈다.

'천한 놈! 그러면서 성자가 되겠다고?'

그는 자신에게 욕을 퍼붓기 시작했다. 그리고 기도를 하려고 일어섰다.

그러나 그가 기도를 시작하자 그의 눈에는 그가 수도원에 있을 때 가끔 보았던, 모자를 쓰고 망토를 두르고 위엄 있게 서있는 자신의 모습이 눈앞에 뚜렷이 떠올랐다.

'아냐, 이것도 아냐. 이건 거짓이야. 나는 다른 사람은 속여도 나 자신과 하느님을 속일 수는 없어. 난 훌륭한 사람이 아냐. 웃음거리밖에 안 되는 비참한 인간이야.'

그는 옷자락을 들고 바지 밑으로 비참하게 늘어진 다리를 내려다보며 쓸쓸하게 웃었다. 얼마 뒤에 그는 옷자락을 내리고 기도문을 외우며 성호를 긋고 기도를 드리기 시작했다.

"그렇다면 이 침상은 내 관이 될 것인가?"

그는 외쳤다. 그러자 어떤 악마가 그의 귀에 속삭이기라도 하듯이,

"독수공방하는 침상 그 자체가 바로 관이지, 다른 것이 아니야."

그리고 그는 상상 속에서 옛날에 동침한 일이 있는 한 과부의 드러난 어깨를 보았다. 그는 망령을 떨쳐버리기 위해 고개를 흔들며 계속 소리쳤다. 계명을 외우고 나서 복음서를 들고 그것을 폈다.

"주여, 저는 믿습니다. 저의 약한 믿음을 구하소서!"

그는 불붙듯 일어나기 시작하는 의혹을 가라앉히려 애썼다. 그는 사람들이 기우뚱거리는 물건을 세워놓을 때처럼 자기의 신앙을 흔들리는 다리 위에 올려놓고, 깨지거나 뒤집히지 않도록 조심스럽게 몸을 뺐다. 그리고 눈에 띄지 않게 그것을 덮은 후에 그는 겨우 진정되었다. 그는 간절한 마음으로 어린 시절 외웠던 기도문을 반복했다.

"주여, 저를 인도하소서, 인도하소서."

그러자 기분이 편해지고 마음엔 기쁨과 감동마저 넘쳐흐르기 시작했다.

그는 성호를 긋고 자기의 좁은 볏짚 침상 위에 몸을 눕히고, 머리 밑에 여름용 수단 자락을 베개 삼아 괴었다. 그리고 잠이 들었다. 얕은 잠 속에서 방울 소리가 들려오는 것 같았다. 그는 자기가 졸고 있는지 꿈을 꾸고 있는지 알 수 없었다.

그는 문을 두드리는 소리를 듣고 잠에서 깨어나, 자기의 귀를 의심하면서 몸

을 일으켰다. 문을 두드리는 소리는 계속되었다. 그렇다, 그 소리는 가까이에서 들렸다. 자기의 방문에서 나는 소리가 틀림없었다. 게다가 여자의 목소리까지 들려오는 것이 아닌가.

'아! 그러고 보니 내가 읽은 성자의 전기에서, 악마는 대개 여자로 변신한다고 했지…… 그래, 이건 확실히 여자의 목소리야. 부드럽고 수줍고 귀여운 여자의 목소리야!'

"퉤!"

그는 침을 뱉었다.

아무것도 아닐 것이라고, 단지 그런 생각이 든 것뿐이라고 그는 중얼거리며 독서대가 있는 구석으로 갔다. 그는 습관처럼 그 앞에 무릎을 꿇었으며, 그 동작 자체에서 위안과 만족을 느꼈다.

그는 방바닥에 엎드렸다. 머리카락이 흘러내려서 얼굴을 가렸다. 그는 이미 대머리가 진 이마를 축축한 마룻바닥 위에 떨구었다(마룻바닥에서 바람이 새어 들어 오고 있다).

그는 늙은 신부 피맨에게서 배운 악마를 퇴치하는 성가를 불렀다.

그러고는 수척하고 마른 몸을 든든하고 신경질적인 발 위에 가볍게 올려놓고 기도를 소리 내어 계속 외우려고 했으나, 목소리는 나오지 않고 자기도 모르게 바깥쪽으로 귀가 쏠리는 것을 깨달았다.

그는 여자 목소리가 듣고 싶었다. 주위는 조용했다. 지붕에서는 물방울이 구석에 놓여 있는 물통에 똑똑 규칙적으로 떨어지고 있었다. 문밖은 안개비가 소리 없이 내리고, 눈과 안개가 뒤섞여서 온통 희뿌옇고 어두웠으며, 그야말로 적막한 고요함이었다.

갑자기 창 밖에서 바스락거리는 소리가 들리고 조금 전과 같이 부드럽고 수줍은 목소리, 아름다운 여자 외에는 가질 수 없는 목소리가 들려왔다.

"어서 들여보내 주세요, 주님을 위하여."

전신의 피가 심장으로 끓어오르는 것 같아서 그 자리에 우뚝 서 버렸다. 그는 숨을 쉴 수도 없었다.

"하느님, 오셔서 악마를 물리쳐 주소서."

"전 악마가 아니에요."

이렇게 말하는 목소리에는 웃음이 묻어있는 것 같았다.

"전 악마가 아니고 그저 죄 많은 여자입니다. 어찌하다 보니 길을 잃었어요. 신앙적인 의미에서가 아니라, 정말로요(꾹 참고 있었던 웃음소리가 새어 나왔다). 몸이 꽁꽁 얼어서 하룻밤 재워 달라고 부탁드리는 것뿐입니다."

그는 얼굴을 유리창에 대고 밖을 내다봤다. 등불이 유리창에 비쳐서 모든 것이 뿌옇게 보였다. 다시 그는 두 손바닥으로 불빛을 가리고 밖을 내다봤다. 안개와 어둠에 싸인 숲이 보였다. 그리고 오른쪽에는 희고 털이 긴 모피 외투에 모자를 쓴 여자가 그의 얼굴에서 10여 센티미터밖에 떨어지지 않은 곳에서 자신 쪽으로 몸을 굽히고 서 있었다. 그 여자의 얼굴은 예뻤지만 추위 때문에 잔뜩 굳어 있었다.

두 사람의 눈이 딱 마주치고 서로 상대를 확인했다. 두 사람은 과거에 서로 만난 적이 있는 것은 아니었지만 상대의 눈빛을 보는 순간 서로(특히 그는) 알고 있었던 것처럼 전율이 느껴졌다. 그리고 얼굴을 보고 나니 악마일지도 모른다는 의심은 사라졌다. 그저 선량하고 가련하고 수줍음 많은 부인일 뿐이었다.

"당신은 누구요? 왜 이곳까지 왔소?"

그는 물었다.

"우선 이 문부터 열어 주세요!"

그녀는 버릇없이 떼를 쓰는 말투로 대꾸했다.

"난 몸이 얼었어요. 길을 잃었다고 말씀 드리지 않았어요?"

"그러나 나는 신부입니다. 은둔자예요."

"그러니까 빨리 문을 열어 주세요. 혹시 신부님은 기도하시는 동안에 나를 이 문밖에서 얼어 죽게 내버려둘 생각은 아니시겠죠?"

"그렇지만 어떻게 여자를……."

"난 당신을 잡아먹지 않아요. 제발 안에 들여보내 주세요. 정말 얼어 죽겠어요."

그녀 역시 무서워지기 시작하여 거의 울음 섞인 목소리로 말했다.

그는 창가에서 떨어져 서서 가시관을 쓰신 그리스도 상을 바라보았다.

"주님, 저를 도우소서. 주님, 이 죄인을 도우소서."

그는 성호를 긋고 허리까지 굽히며 기도했다. 그리고 문 쪽으로 가서 열쇠를 찾아 들고 문을 열었다. 갑자기 밖에서 사람의 발소리가 들렸다. 그녀가 창 쪽에서 문 쪽으로 온 것이다.

"아!"

그녀가 갑자기 소리쳤다. 그는 그녀가 문지방 앞에 고여 있는 물을 밟았을 것이라고 생각했다. 그의 손이 떨리고 있었기 때문에 그는 문짝 자물쇠 구멍에 꽂혀 있는 열쇠를 돌릴 수가 없었다.

"뭘 하세요. 빨리 들여보내 주세요. 난 흠뻑 젖었어요. 얼어 버리겠어요. 당신이 자기 영혼을 구하는 것만 생각하고 있는 사이에 난 얼어 죽겠어요."

그가 자물쇠를 열고 문을 힘껏 바깥쪽으로 미는 바람에 밖에 서 있던 그녀의 몸에 문짝이 부딪쳤다.

"아, 실례했습니다."

그는 갑자기 완전히 예전에 늘 해왔던 부인을 대하는 신사의 태도로 돌아가서 소리쳤다.

그녀는 이 '실례했습니다'라는 말을 듣고 미소를 지었다.

'그다지 무서운 분은 아니시군.'

그녀는 생각했다.

"아뇨, 아뇨, 괜찮아요. 당신이야말로 저를 용서해 주세요."

그녀는 그의 옆을 지나서 방으로 들어오며 말했다.

"저도 이곳으로 오리라고는 꿈에도 생각하지 못했지만, 어쨌든 상황이 어쩔 수 없었어요."

"어서 오시오."

그는 옆으로 비켜서면서 말했다. 오랫동안 맡아보지 못했던 야릇한 향수 냄새가 그의 코를 강하게 찔렀다. 그녀는 입구를 지나서 방으로 들어왔다. 그도 바깥문을 잠그지 않은 채 방으로 들어왔다.

"하느님의 아들 주 예수 그리스도여, 죄 많은 우리를 불쌍히 여기소서. 그리스도여, 죄 많은 우리를 불쌍히 여기소서."

이렇게 그는 마음속으로 뿐만 아니라 입을 열어서 기도를 계속했다. 그러고 나서 말했다.

"어서 오시오."

그녀는 방 한가운데에 서 있었다. 그녀의 젖은 몸으로부터 마룻바닥으로 물이 계속 흘러내렸다.

그녀는 찬찬히 그를 바라보았다. 그 눈은 웃고 있었다.

"모처럼 혼자 계신 분을 귀찮게 해서 죄송합니다. 하지만 저의 이 꼴을 좀 보세요. 일이 이렇게 된 데는 사정이 있어요. 실은 우리 일행이 마차를 타고 시내에서 놀러 나왔다가, 저 혼자서 보로비에프에서 시내로 돌아가 보이겠다고 내기를 걸었어요. 그런데 이곳까지 와서 길을 잃고 만 거예요. 만일 이 기도소를 만나지 못했더라면, 그야말로……."

그녀는 거짓말을 늘어놓았다. 그러나 그 신부의 모습이 그녀의 마음을 설레게 했기 때문에 더 이상 말을 이을 수가 없어 입을 다물어 버렸다.

그녀는 그를 전혀 다른 사람으로 생각하고 있었다. 그가 상상한 만큼의 미남은 아니었지만 그래도 그녀의 눈에는 멋있게 보였다. 희끗희끗한 곱슬머리와 턱수염에다 단정하고 오뚝한 코, 그리고 이쪽을 뚫어지게 보고 있는 숯불처럼 이글거리는 눈, 이런 것이 그녀의 마음을 사로잡았다.

그는 그녀가 거짓말을 한다는 것을 알고 있었다.

"아, 그래요."

그는 그녀를 쳐다보고 다시 눈길을 돌렸다.

"나는 저쪽으로 갈 테니 당신은 좋을 대로 여기를 사용하시오."

그는 작은 등잔을 들어서 촛대에 불을 옮기더니 그녀에게 살짝 절하고 칸막이 벽 안쪽 방으로 물러갔다. 그리고 그녀는 그가 무엇인지 덜그럭거리는 소리를 들었다.

'저분은 나를 극도로 경계하고 있어.'

그녀는 해죽거리며 생각했다. 그리고 흰색 모피 외투와 머리카락이 뒤엉킨 모자를 벗고, 그 속에 매고 있던 털실로 짠 머리띠를 풀었다. 그 순간에도 발을 디디는 곳마다 물이 흥건히 괴었다.

그녀는 창 밖에 서 있을 때까지는 실제로 젖었던 것은 아니었으나, 그저 안에 들여보내 달라고 그렇게 둘러댔을 뿐이었다. 그러나 마침 물이 고여 있는 물 웅덩이를 헛디뎌서 왼발이 종아리까지 젖어 버렸기 때문에 신발과 덧신 속까지 물에 젖어 계속 물이 흘러내리고 있었던 것이다. 그녀는 얇은 요만 깔려 있는 판자 침상에 걸터앉아서 신을 벗기 시작했다.

그녀에게는 이 기도소가 아름다운 곳으로 보였다. 폭이 3아르신,[6] 길이는 4아르신[7]밖에 안 되게 작지만 유리상자처럼 깨끗한 방이었다. 거기에는 그녀가 앉아 있는 판자 침상과 머리 위의 책꽂이와 한쪽 구석에 독서대가 있을 뿐이었다.

문 옆에는 못이 박혀 있고 거기에 모피 외투와 제의가 걸려 있었다. 독서대 위에는 가시관을 쓴 그리스도 상과 등잔이 놓여 있었다. 기름과 땀과 흙냄새가 뒤섞여서 묘한 냄새가 나고 있었다. 그녀는 모든 것이 마음에 들었다. 그 냄새까지도……

젖은 발, 특히 한쪽 발이 불쾌하게 느껴져서 그녀는 서둘러 신을 벗기 시작했다. 그녀는 신을 벗으면서도 계속 해죽거리며 은근히 기뻐하고 있었다. 그것은 자기의 목적을 달성해서가 아니라, 자신이 이렇게 잘생기고 은근히 마음을 끄는 수도자의 마음을 휘저어 놓았다는 것을 간파했기 때문이었다.

'흠, 저분은 아무 말도 하지 않았지만 별수 있을라고.'

그녀는 자신에게 말했다.

"신부 세르게이 님! 신부 세르게이 님! 확실히 그렇게 말씀하셨죠?"

"무슨 말입니까?"

저쪽 방에서 신부 세르게이가 조용한 목소리로 물었다.

"신부님, 제발 저를 용서해 주세요, 이렇게 혼자 계신 곳을 시끄럽게 한 것을. 하지만 정말 어쩔 수가 없었어요. 전 당장 쓰러질 것만 같았어요. 지금도 전 어떻게 될지 모르겠어요. 이렇게 흠뻑 젖어 버려서 발이 얼음장 같은걸요."

"나를 용서해 주시오."

신부 세르게이는 조용한 목소리로 대답했다.

"나는 아무것도 해 줄 수가 없어요."

"저도 이 이상 신부님께 폐를 끼치고 싶지는 않아요. 다만 날이 밝을 때까지만 이곳에 있게 해 주세요."

그는 대답이 없었다. 그녀는 그가 무엇인지 중얼거리고 있는 것이 아마도 기도를 드리고 있는 것이라고 짐작했다.

---

6) 약 2미터.
7) 약 3미터.

"이쪽으로는 오시지 않나요?"

그녀가 웃으며 물었다.

"전 옷을 벗어서 말리고 싶은데요."

그는 대답하지 않았다. 여전히 벽 저쪽에서는 웅얼거리는 기도 소리가 들려오고 있었다.

'아무렴, 저분도 인간이야.'

그녀는 젖은 덧신을 벗으면서 생각했다. 그녀는 그것을 벗으려고 애썼으나 도무지 벗겨지지 않았다. 그리고 그 모습이 여간 우습지 않았다. 그녀는 큰 소리로 웃지는 않았지만, 신부가 자신의 웃음소리를 듣고 있으리라는 것과 그 웃음소리가 그녀가 바라는 대로 그에게 작용해 주리라는 것을 알고 의식적으로 소리를 높여서 웃고 있었다.

그리고 그 명랑하고 자연스럽고 선량한 듯한 웃음소리는 과연 그녀가 바라는 대로 그에게 작용하고 있었던 것이다.

'그래, 이런 남자야말로 사랑할 수 있는 분이야. 저 뜨거운 눈과 기품이 있어 보이는 얼굴, 저토록 간절히 기도하면서도 단순하고 고상하고 정이 깊은 듯한 표정!'

그녀는 생각했다.

'우리 여자들 눈은 속일 수 없어. 저분은 아까 유리창에 얼굴을 대고 내다봤을 때, 나를 알아줬어. 빛나는 눈이 나를 완전히 이해해 주는 모습이었어. 저분은 나에게 사랑을 느끼고 반해 버린 것이 틀림없어. 그래, 틀림없이 반했을 거야.'

그녀는 겨우 덧신을 벗고 양말을 벗으면서 생각했다. 그러나 고무줄이 달린 긴 양말을 벗기 위해서는 스커트를 걷어 올려야 했다. 그녀는 순간적으로 창피하다는 느낌이 들었다. 그래서 이렇게 말했다.

"이쪽으로 오시면 안 돼요."

그러나 벽 저쪽에서는 아무런 대답도 없었으며 여전히 중얼거리는 소리와 부스럭거리는 소리만 들려왔을 뿐이다.

'저분은 틀림없이 이마가 바닥에 닿을 정도로 절을 하고 있을 거야.'

그녀는 생각했다.

'하지만 진짜 미사를 드릴 수는 없을걸.'

그녀는 중얼거렸다.

'저분도 내가 자기를 생각하듯이 나를 생각하고 있을 거야. 분명히 같은 감정을 가지고 나의 젖은 발을 생각하고 있을 거야.'

그녀는 젖은 양말을 벗고 맨발로 판자 침상에 웅크리고 앉아서 생각했다. 그녀는 잠시 동안 그렇게 두 손으로 무릎을 껴안은 채 깊은 생각에 잠긴 듯이 앞을 보고 앉아 있었다.

'그래, 여기는 운둔자의 기도소야. 참 조용하다. 언제까지라도 아무도 알 수는 없는…….'

그녀는 일어서서 양말을 난로 쪽으로 가지고 가더니 그것을 통풍구에 매달아 놓았다. 참으로 희한한 통풍구였다. 그녀는 잠시 그것을 둘러본 후 맨발로 가볍게 마룻바닥을 디디며 다시 판자 침상으로 돌아와서 그 위에 발을 올려놓고 앉았다.

벽 저쪽은 아주 조용했다. 그녀는 목에 걸고 있는 작은 시계를 들어 시간을 보았다. 2시였다.

'3시면 일행이 오게 되어 있는데.'

그때까지 한 시간 정도밖에 남지 않았다.

'이게 무슨 꼴이야. 혼자서 여기 이렇게 앉아 있다니, 이게 무슨 바보짓이야! 난 싫어. 당장 저분을 불러내야지.'

그녀는 소리쳤다.

"신부 세르게이 님! 신부 세르게이 님! 세르게이 드미트리에비치! 카자스키 장교님!"

벽 저쪽은 조용했다.

"신부님, 너무 하시는군요. 아무 일도 없다면 저도 부르지 않아요. 하지만 저는 몸이 아파요. 저도 어쩐 일인지 모르겠어요."

그녀는 고통스러운 목소리로 말했다.

"아, 아!"

그녀는 판자 침상 위에 쓰러져서 신음하기 시작했다. 그러자 이상하게도 그녀는 자신의 몸이 축 늘어지고 맥이 쭉 빠지며 온몸이 쑤시고 열이라도 나는 듯이 오들오들 떨리는 것 같았다.

"좀 도와주세요. 제발 저 좀 도와주세요. 저 자신도 제가 왜 이러는지 모르겠어요. 아, 아!"

그녀는 옷 앞가슴을 헤치고 팔꿈치까지 드러낸 채 두 팔을 내던졌다.

"아! 아!"

그러는 동안에도 신부 세르게이는 작은 방 안에 서서 기도를 계속하고 있었다.

"하느님의 아들이신 주 예수 그리스도여, 이 어린양을 불쌍히 여기소서!"

이 기도를 반복하면서 마음에 떠오르는 대로 기도를 드리고 있었다. 저녁 기도를 대충 마치고 난 그는 자기의 코끝을 내려다보고 서서 계속, 그러나 기도가 제대로 되지 않았다. 그는 그녀가 옷을 벗으며 비단 옷자락이 스치는 바스락 거리는 소리도, 그녀가 맨발로 마룻바닥을 걷고 있는 소리도 모두 듣고 있었다. 그리고 그녀가 한 손으로 자신의 발을 비비고 있는 소리도 듣고 있었다. 그는 자신이 약해서 언제 파멸의 구렁텅이로 뛰어들지 모른다는 것을 느끼고 있었기 때문에 끊임없이 기도를 계속했다. 그는 잠시도 한눈팔지 않고 정진해야 했던 옛날 수도사 이야기 속 주인공들이 겪었던 심정으로 버티고 있었던 것이다.

이렇게 해서 세르게이는 위험이, 파멸이, 그의 신변에 다가오고 있으며 거기서 벗어나는 길은 오직 한 순간도 그쪽을 거들떠보지 않는 것뿐이라는 것을 알고 있었다.

그러나 불현듯 욕정이 그를 사로잡았다. 바로 그 순간에 그녀가 이렇게 말했다.

"당신은 너무 냉정하세요. 이젠 전 죽고 싶은 심정이에요."

'좋다, 가지. 그러나 한 손을 음녀 위에 올려놓고, 한 손을 화롯불 위에 올려놓았다고 하는 성자도 있었지 않았는가. 그러나 여기에는 화롯불이 없어.'

그는 주위를 둘러봤다. 등잔이 있었다. 그는 손가락을 그 등잔불 위에 올려놓고 고통을 참으려고 얼굴을 찌푸렸다. 상당히 오랫동안 올려놓았으나, 더 이상은 참을 수 없었다.

'아니, 난 이건 할 수 없어.'

"제발! 아, 빨리 와 주세요! 죽을 것만 같아요. 아!"

'그렇다면 나는 파멸인가? 아니, 그럴 수는 없어.'

"곧 가겠소."

그는 말했다. 그리고 문을 열고 그녀 쪽은 쳐다보지도 않은 채 그 옆을 지나 문간으로 가서, 평소에 장작을 패는 그루터기를 더듬어 벽에 걸려 있는 도끼를 집어 들었다.

"곧 가겠소."

그는 말했다. 그리고 오른손으로 도끼를 잡고 왼손 둘째 손가락을 그루터기 위에 올려놓은 다음, 도끼를 들어서 둘째 관절 아래를 찍었다. 손가락은 같은 굵기의 나무보다도 훨씬 쉽게 잘려서 바닥에 굴러떨어졌다.

그는 그 아픔을 느끼기 전에 허전함을 느꼈다. 그러나 아픔이 없는 것을 이상하게 느낄 사이도 없이 불 타는 듯한 고통과 내뿜는 피의 뜨거움을 느꼈다. 그는 재빨리 남은 관절을 수단 자락으로 싸매고 천천히 문간으로 돌아와서 여자 앞에 서서 눈을 내리깔고 조용히 물었다.

"무슨 일로 나를 찾았소?"

그녀는 왼쪽 뺨이 파르르 떨리고 있는 창백한 그의 얼굴을 쳐다보았다. 그러자 갑자기 창피해졌다. 그녀는 벌떡 일어나서 모피 외투를 움켜잡아 그것으로 자기의 몸을 감쌌다.

"예, 저, 어찌 된 일인지 몸이 괴롭고…… 전 아마 감기가 들었나 봐요. ……전, ……세르게이 신부님, ……전 …….."

그는 기쁨으로 빛나는 눈으로 그녀를 보며 조용히 말했다.

"사랑하는 자매여, 당신은 왜 자신의 영혼을 파멸시키려고 하는 거요? 유혹이 이 세상에 있는 것은 어쩔 수 없는 일이오. 그러나 그 중개자가 되는 것은 재앙이오. 당신도 하느님께서 우리를 용서해 주시도록 기도하시오."

그녀는 그 말을 들으면서 그의 얼굴을 보고 있었다. 그러다 문득 무엇인지 액체가 뚝뚝 떨어지는 소리를 들었다. 그녀는 주위를 둘러보다가 그의 손에서 수단 자락을 따라 피가 흘러내리고 있는 것을 보았다.

"신부님, 그 손은 어떻게 된 거죠?"

그녀는 조금 전에 들은 소리를 생각하고 등잔을 들고 문간으로 달려가서 바닥에 떨어져 있는 피투성이의 손가락을 발견했다. 신부보다도 더 새파랗게 질려서 돌아온 그녀가 그에게 무슨 말을 하려고 했으나, 그는 조용히 안쪽 작은 방으로 들어가서 문을 닫아 버렸다.

"신부님, 저를 용서해 주세요."

그녀는 말했다.

"어떻게 해야 이 죄를 용서받을 수 있나요?"

"나가시오."

"제발, 그 상처에 붕대라도 감게 해 주세요."

"여기서 당장 나가시오."

그녀는 서둘러 말없이 옷을 입었다. 그리고 모피 외투를 둘러쓰고 앉아서 기다리고 있었다. 앞뜰 쪽에서 말방울 소리가 들려왔다.

"신부 세르게이 님, 제발 저를 용서해 주세요."

"나가시오. 하느님이 용서해 주실 것이오."

"신부 세르게이 님, 이제부터는 바르지 못한 저의 행실을 고치겠습니다. 제발 저를 버리지 말아 주십시오."

"나가시오."

"제발 저를 용서하시고 축복해 주십시오."

"성부와 성자와 성령의 이름으로……."

축복하는 소리가 계속 안쪽에서 들려 나왔다.

"나가시오."

그녀는 울면서 기도소에서 나왔다. 변호사가 그녀를 기다리고 있었다.

"결국 내가 내기에서 진 것 같군요, 어쩔 수 없소. 어느 쪽에 타시겠소?"

"어느 쪽이라도 상관없어요."

그녀는 마차에 올라탔다. 그리고 집에 도착할 때까지 한마디도 하지 않았다.

1년 뒤에 그녀는 수녀가 되어, 은둔자 아르세니의 지도 아래 수도원에서 엄격한 생활을 보내게 되었다.

아르세니는 가끔씩 편지로써 그녀를 지도해 줄 뿐이었다.

6

신부 세르게이는 그 사건 이후에도 7년 동안 은둔처에서 살고 있었다. 처음에는 사람들이 가져다주는 차와 설탕, 흰 빵, 우유, 의복, 장작 등 여러 가지 물건을 받았다.

그러나 세월이 갈수록 그의 생활은 더욱 엄격해졌다. 꼭 필요한 물건 이외에는 어떠한 것이라도 전혀 받으려 하지 않았으며, 결국에는 일주일에 한 번 검은 빵 이외에는 아무것도 받지 않기에 이르렀다.

사람들이 가지고 오는 것은 모두 그를 찾아오는 가난한 사람들에게 나누어 주었다. 아울러 신부 세르게이는 자기의 모든 시간을 기도소에서 기도와 방문자들을 만나는 것으로 보냈다.

방문자들은 날이 갈수록 많아졌다. 신부 세르게이는 1년에 세 번 정도 본당으로 가는 것 이외에는, 그리고 물이나 장작이 떨어지면 그것을 가지러 밖에 나갈 뿐이었다.

이런 생활이 5년이나 이어지는 동안에 세르게이의 명성은 점점 더 쌓여만 갔다. 순식간에 소문이 퍼진 마코프키나 사건, 즉 그녀가 심야에 방문한 일과 그후에 그녀에게 일어난 변화, 그리고 그녀가 수녀원에 들어간 사건 이후로, 방문자는 날이 갈수록 많아졌다. 그의 기도소 주위에는 수도자들이 옮겨와 살게 되었으며, 교회당이 세워지고 여관이 생기기도 했다.

신부 세르게이의 명성은 그 위업이 대대적으로 알려지면서 점점 멀리까지 퍼져 갔다. 사람들은 상당히 먼 곳에서도 찾아오게 되었고, 그중에는 그가 병자를 고친다고 믿고 병자를 데리고 오는 사람도 있었다.

그가 처음 병자를 고친 것은 은둔 생활을 시작한 지 8년째 되는 해의 일이었다. 그것은 14세 된 남자아이를 고친 일인데, 그 아이의 어머니가 신부 세르게이 앞에 데리고 와서 그 아이의 머리에 안수해 달라고 했던 것이 계기가 되었다.

그 자신도 자기가 병자를 고칠 수 있다고는 전혀 생각하지 못했던 것이다. 그는 그런 생각은 오만에서 나오는 대죄라고 생각했다. 그러나 그 아이의 어머니는 그의 발아래 엎드려서 애원했다. 다른 사람은 고쳐 주면서 왜 자기 아이는 도와주지 않느냐고 말하며, 그리스도의 이름을 내세우며 간청했다. 사람의 병을 고친다는 것은 하느님만이 하실 수 있는 일이라는 신부 세르게이의 말에 대해서, 그녀는 그저 아이의 머리에 안수하고 기도해 주기를 바랄 뿐이라고 말했다.

신부 세르게이는 그것을 거절하고 자기의 기도소로 들어가 버렸다. 그러나 이튿날 그가 물을 뜨기 위해 기도소에서 나와 보니, 그곳에는 여전히 그 아이의 어머니가 창백한 얼굴을 한 소년을 데리고 앉아서 기다리고 있는 것이었다.

때는 가을이어서 밤에는 날씨가 제법 쌀쌀했다. 신부 세르게이는 거기서 복음서에서 예수가 비유한 부정한 재판관의 이야기를 생각했다. 그때까지는 자기가 거절해야 한다는 일에 의문을 느끼지 않았으나 차분히 다시 생각해 보았다. 어떻게 해야 하는가, 그는 그 물음에 대답이 나올 때까지 하느님께 계속 기도를 드렸다.

그 대답은 부인의 요구를 들어줘야 한다는 것이었다. 그녀의 믿음이 그 아이를 구해 줄 것을 확신했고 자신은 단지 하느님의 택하신 도구에 불과하다는 것을 깨달았다. 그래서 신부 세르게이는 아이가 있는 곳으로 가서 그 어머니의 소원대로 아이의 머리 위에 안수하고 기도했다.

그 어머니는 아이를 데리고 돌아갔고, 한 달이 지나서 아이의 병이 나았다는 소식이 들렸다. 그러자 부근 일대에서 이제 장로가 된 세르게이의 병 고치는 신성한 능력에 대한 이야기가 퍼져 나갔다.

그 뒤 세르게이의 기도소에는 걷거나 마차를 타거나 하여 병자들이 몰려오지 않는 날이 거의 없었다. 어떤 사람은 받아들이고 어떤 사람은 거절할 수가 없었다. 그는 찾아오는 모든 병자에게 안수하고 기도해 주었다. 그래서 많은 병자가 나았고 신부 세르게이의 명성은 더욱 멀리까지 전해졌다.

수도원에서의 7년과 은둔 생활 13년이 지나갔다. 신부 세르게이는 이제 장로다운 풍모를 갖추게 되었다. 그의 턱수염은 희고 길었으며 머리카락은 희끗희끗하지만 아직은 검게 곱슬거리고 있었다.

7

신부 세르게이는 이미 몇 주일 동안이나 한 가지의 집요한 생각으로 괴로워하고 있었다. 그것은 자기 스스로 승진한 것이 아니라 교구원장이나 원장이 자신을 승진시켰으며, 이런 지위에 안주하고 있어서야 되겠는가 하는 것이었다. 이런 생각을 하기 시작한 것은 14세 아이의 병을 고친 뒤부터였다. 그때부터 달마다, 주마다, 날마다, 세르게이는 자기의 내면 생활은 깨어지고 외형적인 생활로 바뀌어 가는 것을 느끼기 시작했다. 그는 마치 자신이 그런 것들을 즐기는 것은 아닌가라는 생각이 들기도 했다.

세르게이는 지금 자신이 참배자나 기부자를 수도원으로 끌어들이는 도구이며, 수도원의 수입원이란 것을 깨달았다. 따라서 수도원 당국자는 자신을 되도록 유리하게 이용할 수 있는 상태에 두려고 한다는 것을 알아차렸다.

예를 들면, 그에게는 이제 전혀 노동할 기회가 주어지지 않았다. 필요한 물건은 모두 마련되어 있었고, 그에게 요구하는 것은 오직 그를 찾아오는 사람들에게 그의 축복을 내려주라는 것뿐이었다. 그리고 그의 편의를 위해서 접견일이 정해졌다.

남자들을 위한 접견실이 생겼고, 여자들이 그의 앞에 몸을 던질 때, 그가 떠밀리지 않고 사람들에게 축복할 수 있도록 한 특별 자리가 만들어졌다. 그리고 그에게는 그가 사람들에게 필요한 인간이라는 것, 그리스도의 법이라고 할 수 있는 사랑의 계율을 지키는 것 이상으로 그를 보고 싶어 하는 사람들의 요구를 물리쳐서는 안 된다는 것, 이 사람들을 멀리하는 것은 가혹하다는 말 등을 수도원으로부터 들었으며 그 말에 동의하지 않을 수 없었다.

그러나 이런 생활에 몸을 맡기면 맡길수록 그는 내면적인 것이 외형적인 것으로 변해 가는 것, 자신의 가슴속에 있는 생명의 샘이 고갈되어 가는 것, 그가 하는 모든 일이 하느님을 위해서가 아니라 점점 인간을 위해서 하고 있는 것이 아닌가 하는 자책감을 떨칠 수 없었다.

사람들에게 교훈을 내려 주고 있을 때나, 단순히 축복해 줄 때나, 병자를 위해서 기도해 줄 때도 마찬가지였다. 또한 사람들에게 세상 살아가는 방법을 이야기해 줄 때나, 그들이 말하는 것처럼 그가 도와준 사람들로부터 감사의 말을 들을 때에도 그는 그것을 기쁘게 생각하지 않을 수 없었다. 자신의 행위의 결과에 관해서, 그 사람들에게 준 영향에 관해서 무관심할 수는 없었다.

그는 자신이 불타는 촛대와 같다고 생각했다. 그리고 그렇게 느끼면 느낄수록, 그는 자신의 내부에서 불타고 있는 진리의 성화가 약하게 꺼져가는 것을 느꼈다.

'내가 하고 있는 일이 어디까지가 하느님을 위하고 또 사람을 위하는 것일까?'
이것이야말로 그를 끊임없이 괴롭혀 온 문제였다. 또한 결코 해결되지 않는다는 것은 아니지만 도무지 명확한 해답을 가질 수 없는 문제였다.

그는 마음속 깊은 곳에서, 하느님을 위한 그의 모든 활동이 사람을 위한 활동으로 바꿔 놓았다는 악마의 음모를 느끼고 있었다. 그가 그것을 느낀 것은, 이 전에는 독신 생활에서 벗어나는 것이 괴로웠는데 지금은 오히려 그 생활이 괴로웠기 때문이다. 그는 방문자들 때문에 괴롭고 피로했으나, 마음속에서는 그들의 방문과 쏟아지는 칭찬을 기뻐하고 있었다.

한때는 이곳을 나와서 몸을 숨기자고 결심한 적이 있었다. 그는 그 실행 방법까지 생각했을 정도였다. 그래서 농부의 옷과 모자까지 준비했다. 필요한 사람에게 주려는 것이라고 말하고 남몰래 그것들을 모아서 몰래 농부의 옷으로 갈아입은 뒤 머리를 깎고 탈출할 방법을 생각하고 있었다. 그는 먼저 기차를 타고 300로리[8) 정도 가서, 기차를 내린 다음 걸어서 마을을 돌아다니겠다고 생각했다.

그래서 그는 한때 군인이었던 늙은 방랑자에게 그가 길을 가거나 시주를 받거나 투숙할 때의 일을 물었다. 노인은 어디에 가면 시주를 많이 주고 재워 준다는 것 등을 말해 주었다.

또 한 번은 밤중에 완전히 변장하고 나가려고 한 일까지 있었다. 그때까지도 그는 머물러야 할지, 떠나야 할지, 어디로 가야 할지를 판단할 수 없었다. 처음에는 우유부단해서 망설였으나, 그럭저럭 세월이 흐른 뒤에는 탈출할 생각도 들지 않았다. 그래서 농부의 옷은 옛 생각과 감정을 추억하게 하는 물건이 되어 버리고 말았다.

날이 갈수록 그를 찾아오는 방문자가 많아지고, 그에 따라 그가 영혼을 단련하고 기도하는 시간은 적어졌다. 이따금 기분이 좋을 때는 자기가 옛날에는 샘과 같은 사람이라고 생각하기도 했다.

'전에는 생명의 작은 샘이 있었지. 그것은 내 몸 안에서 조용히 솟구쳐 흐르고 있었지.'

그는 가끔 지금은 수녀가 된 마코프키나 부인을 생각했다.

'그녀가 나를 유혹하려 했을 때, 그때야말로 나의 사제 생활에 있어 가장 신

---

8) 약 32km. 1로리는 1067미터.

앙심이 깊었던 때인 듯하다. 그녀는 그때 맑은 물을 마셨으나, 그 후 목마른 군중이 밀려와서 서로 앞을 다투고 혼잡해졌기 때문에 물이 고일 새가 없었다. 그리고 그들이 그 주위를 밟아 버려서 흙탕물이 되고 말았다.

머리가 맑을 때는 가끔씩 그렇게 생각하는 것이었다. 그러나 그를 지배하는 것은 피로감과 자신에 대한 동정심이 대부분이었다.

봄날, 성령 강림절[9] 전야의 일이었다. 신부 세르게이는 자기의 동굴 회당에서 저녁 기도를 드리고 있었다. 그곳이 가득 찰 만큼 사람들이 많이 모여 있었다.

그들은 모두 신사나 상인들과 같은 부유한 사람들뿐이었다. 세르게이는 차별 없이 아무나 방문할 수 있도록 개방했으나, 실제로 온 사람들은 그에게 배속된 수사와 매일 수도원에서 담당자가 골라서 보낸 사람들이 대부분이었다.

그래서 밖에는 80여 명의 가난한 사람들이 있었고, 그중엔 특히 노파들이 많았다. 그들은 세르게이가 나와서 축복해 주기를 기다리고 있었다.

신부 세르게이는 기도 생활을 하는 동안에는 자신의 전임자의 덕을 기리면서 보냈다.

그러던 어느 날, 그는 전임자의 묘지에 참배하려고 밖으로 나왔다가 현기증을 일으켜 그의 뒤에 있던 상인과 보조 사제가 부축하지 않았더라면 쓰러질 뻔한 일이 있었다.

"어찌 된 일입니까? 신부님, 신부 세르게이 님! 어쩌나, 어쩜 좋아!"

여자들이 당황하여 소리쳤다.

"마치 백지장같이 창백해지셨군!"

이윽고 신부 세르게이가 정신을 차리자 보조 사제 세라피온과 수사들과, 은둔처 가까이에 살면서 세르게이의 시중을 들고 있던 소피아 이바노브나 부인이 그에게 몸이 쇠약해졌으므로 기도 생활을 중지하라고 간청했다.

"아니요, 아무 일도 아니오."

콧수염 밑에 잔잔한 미소를 띠며 신부 세르게이는 기도 생활을 계속하겠다고 말했다.

___

9) 부활절 이후의 일곱 번째 일요일.

'그렇다. 성자는 모두 이와 같은 과정을 겪었음에 틀림없다.'

그는 생각했다.

"오, 성인이시여, 천사이시여!"

그 순간, 등 뒤에서 이렇게 말하는 소피아 이바노브나와 그를 부축해 주었던 상인의 소리가 그의 귀에 들렸다.

그는 권고를 듣지 않고 기도를 계속했다. 네 사람은 다시 좁은 통로를 지나 회당으로 돌아왔다. 많은 사람들이 계속 밀려왔다. 기절에서 깨어난 상태라서 신부 세르게이는 평소보다는 어느 정도 시간을 줄이고 저녁 기도를 무사히 마쳤다.

기도가 끝나자 곧 세르게이는 그 자리에 있던 사람들을 축복하고, 동굴 입구에 있는 느릅나무 아래에 있는 의자로 갔다. 그는 잠시 쉬면서 신선한 공기를 마시고 싶었던 것이다. 그렇게 하지 않고는 못 견딜 것 같은 기분이었는데, 그가 나가자마자 문밖의 군중들이 기다렸다는 듯 축복을 받기 위해서 밀려들어왔다. 그곳에는 항상 성지에서 성지로, 장로에게서 장로에게로 몰려다니며 감격의 눈물을 흘리는 나이 든 여성 순례자들도 있었다.

세르게이는 신앙인답지 못하고 종교에 냉담하거나 형식적인 순례자들을 잘 알고 있었다.

그들 중에는 안정된 삶을 살아가지 못하고 대부분 일정한 주소도 없이, 그저 먹을 것을 구하고자 이 수도원에서 저 수도원으로 전전하고 있는, 가난하고 주정뱅이인 노인 순례자들도 있었다. 그리고 그들 중에는 병을 고치거나, 딸을 시집보낸다든가, 구멍가게를 빌린다든가, 농토를 산다든가, 또는 아기를 젖가슴으로 깔아 죽였거나 질식시킨 죄를 어떻게 하면 용서받을 수 있을까 하는 문제와 같은, 심히 염치없는 요구를 하는 야비한 남녀 농부들도 있었다.

신부 세르게이는 이런 일에는 이미 오래전부터 익숙해져서 아무런 흥미도 느끼지 못했다. 그는 이런 사람들에게서 새로운 이야기는 아무것도 들을 수 없다는 것, 그리고 이런 사람들은 그에게 어떤 종교적인 감정도 일깨우지 못한다는 것을 알고 있었다. 그러나 그는 그 자신과 그의 축복과 그의 말을 필요로 하고 존중하고 있는 군중들을 보는 것은 좋았다. 그래서 이 군중을 부담스러워하면서도 동시에 즐겁게 느끼는 것이었다.

세르게이는 자신이 피곤해서 그들을 돌아가게 하고 싶을 때도 있었으나, 복음서의 '아이들이 내게 오는 것을 막지 말라'는 말씀을 생각하고 그들을 들여보내라고 했다.

그는 일어나서 그들이 모여 있는 난간 앞으로 걸어갔다. 그리고 그들을 축복하고 그들의 물음에 성실하게 대답했다. 그러나 그들 전부를 접견한다는 것은 그에게는 확실히 무리였다.

그는 또다시 눈앞이 깜깜해져서 비틀거리며 난간을 잡았다. 머리의 피가 역류하는 것을 느낄 수 있었다. 세르게이의 얼굴빛은 처음에는 창백했으나 곧 제 혈색으로 돌아왔다.

"이젠 내일로 미룹시다. 오늘은 더 이상 안 되겠소."

그는 이렇게 말하고 모든 사람들을 축복하고 의자로 돌아와 앉았다. 그때 한 상인이 다시 그를 부축하고 그의 팔을 잡아서 의자에 앉혔다.

"신부님!"

군중 속에서 그를 부르는 소리가 들렸다.

"신부님! 신부님! 제발 우리를 버리지 말아 주십시오. 당신이 없으면 우리는 어떡합니까?"

상인은 느릅나무 아래에 세르게이를 앉히고 통제관의 역할을 맡아서 무섭도록 엄격한 태도로 군중을 쫓기 시작했다. 물론 그 사람은 지극히 낮은 목소리로 말했기 때문에 세르게이에게는 들리지 않았으나, 그 말투는 몹시 화가 나 있었다.

"자, 비켜요! 비켜! 이미 축복을 해 주시지 않았소. 무슨 용무가 더 있소. 자, 다들 가시오. 그렇지 않으면 정말 목을 비틀어 버리겠소. 자, 자, 이봐요, 검정 양말을 신은 할머니, 가요, 가. 당신 도대체 어디로 가는 거요? 이젠 끝났다고 말하지 않았소. 내일 다시 와요. 오늘은 끝났소!"

"영감님, 한 번만 더 신부님을 뵙게 해 줘요."

노파가 애원하듯 말했다.

"당신은 대체 언제까지 욕심을 부릴 참이오. 어디로 가는 거요?"

세르게이는 상인이 심하게 행동하는 것을 보고 시중을 드는 수사에게 그가 군중을 내쫓지 말게 하라고 힘없이 말했다. 그는 결국은 상인이 그들을 내쫓으리라는 것을 알고 있었다. 마음속으로는 빨리 혼자서 쉬고 싶다고 생각했으나 사람들에게 실망을 주지 않으려고 시중을 드는 수사를 보내서 그렇게 말하게 했던 것이다.

"나는 내쫓고 있는 것이 아니오. 말을 해 주고 있는 거요."

상인은 대답했다.

"하지만 이 사람들은 사람을 괴롭히는 것을 아무렇지도 않게 생각해서요. 남을 위하는 생각은 손톱만큼도 없고, 그저 자기 일만 생각하고 있으니까요. 안 된다는데도 이러네. 어서 가요, 가. 내일 다시 와요."

그러면서 상인은 모든 사람들을 내쫓았다.

상인이 그렇게 애쓰는 이유는 그가 질서를 지키고 군중을 내쫓거나, 그들에게 잔소리를 하는 것을 좋아하는 품성 때문이기도 했으나, 그보다 더 중요한 이유는 신부 세르게이의 도움이 그에게 절실히 필요하기 때문이었다.

그는 홀아비였다. 그리고 병 때문에 시집도 못 가는 딸을 데리고 있었다. 그는 그 딸에게 세르게이의 안수를 받게 하기 위해서 1,400로리[10]나 떨어진 먼 곳에서 일부러 그 딸을 데리고 온 것이었다.

그는 그 딸이 처음 병을 앓고 있는 2년 동안 여러 곳을 다니며 치료해 보았다. 처음에는 읍 소재지의 대학 부속 병원에 갔었다. 그러나 효과가 없었다. 그 뒤 모스크바의 어느 의사에게 데리고 가서 막대한 돈을 썼지만 아무런 효과도 보지 못했다.

그렇게 여러 곳을 전전하다가 신부 세르게이가 병을 고친다는 소문을 마을 사람들에게서 듣고 이곳으로 딸을 데리고 온 것이다. 그래서 군중들을 모두 내쫓고 세르게이에게 와서 느닷없이 그 앞에 무릎을 꿇고 큰 소리로 말했다.

"거룩하신 신부님, 제발 병든 제 딸을 축복해 주셔서 고통스러운 병을 고쳐 주십시오. 이렇게 발아래 엎드려서 빕니다."

그리고 그는 두 손을 마주 잡고 딸의 병을 고치기 위해서는 이 길밖에 없다는 태도로 애원했다. 그의 태도에 당혹하기도 했으나, 신부 세르게이는 냉정을 되찾고 그에게 일어서라고 말한 뒤 사정 이야기를 들었다.

---

10) 약 150km.

상인은 스물두 살난 자신의 딸이 2년 전에 어머니가 갑자기 죽은 뒤에 병이 들었다고 말했다. 그의 말에 의하면 갑자기 머리가 이상해졌다는 것이다. 그는 1,400로리나 떨어진 먼 곳에서 그녀를 데리고 왔기 때문에, 그녀는 지금 여관에서 세르게이의 승낙이 떨어지기만을 기다리고 있다는 것이다. 그녀는 낮에는 햇빛이 무서워서 밖에 나오려 하지 않기 때문에, 해가 지고 나서야 외출할 수 있다고 말했다.

"그럼, 딸아이는 많이 허약한가요?"

세르게이가 물었다.

"아닙니다. 별로 허약하지는 않습니다. 의사의 말로는 몸에 이상이 있는 것이 아니고, 그저 신경이 쇠약해졌다는 것입니다. 만약 신부님이 오늘 데리고 오라고 하시면, 당장 달려가서 데리고 오겠습니다. 거룩하신 신부님, 제발 이 아비를 불쌍히 여기셔서 후손을 잇게 하고, 당신의 기도로 저의 병든 딸을 살려주십시오."

상인은 또다시 넙죽 무릎을 꿇고 엎드려서, 두 손을 마주 잡아 머리 위로 들어올리고 굳어 버린 것같이 하고 있었다.

신부 세르게이는 다시 그에게 일어서라고 명했다.

세르게이에게는 참으로 괴로운 일이었다. 그리고 이 상인의 처지를 곰곰이 생각해 보았다. 그는 얼마 동안 잠자코 있다가 한숨을 내쉬면서 말했다.

"좋소. 오늘 밤 딸을 데리고 오시오. 딸을 위해서 기도해 주겠소. 그러나 지금은 내가 피곤하오."

이렇게 말하고 그는 눈을 감았다.

"나중에 심부름꾼을 보내겠소."

상인은 발끝으로 모래 바닥을 밟으며 장화를 삐걱거리면서 물러갔다. 세르게이는 다시 혼자가 되었다.

신부 세르게이의 생활은 기도와 방문객을 만나는 것으로 채워지고 있었으나, 특히 오늘 같은 날은 더욱 힘겨웠다.

오전에 멀리서 정부의 중요한 관리가 찾아와 긴 이야기를 나누었고, 그 뒤에는 한 부인이 아들을 데리고 찾아왔다. 그 아들은 신앙을 갖지 않은 젊은 학자였는데, 열렬한 신자인 모친이 그 아들을 신부 세르게이에게 데리고 와서 그와 이야기를 좀 해 달라고 간청하는 것이었다.

그 대화는 대단히 무거운 분위기였다. 그 청년은 분명히 신부를 상대로 논쟁하는 것을 즐거워하지 않는 눈치였으며, 세르게이는 그 청년이 아무것도 믿지 않고 있다는 것, 그럼에도 불구하고 편안하고 침착하고 좋은 기분으로 이야기하고 있다는 것을 알았다.

신부 세르게이는 지금 불만스러운 기분으로 그 일을 떠올렸다.

"신부님, 무엇을 좀 드시겠습니까?"

시중을 드는 수사가 물었다.

"그래, 무엇을 좀 갖다주겠나?"

수사는 동굴 입구에서 십여 발자국 정도 떨어져 있는 작은 오두막집으로 가고 신부는 다시 혼자가 되었다.

신부 세르게이가 혼자 살면서 모든 일을 스스로 하고, 빵과 성찬떡만으로 지낸 시절은 이미 먼 과거의 일이 되었다. 이미 오래전부터 그는 자신의 건강을 소홀히 할 시간이 없어졌으며, 채식이긴 하지만 자양분이 있는 음식물을 공급받고 있었다. 그는 조금밖에 먹지 않았으나, 그것도 이전에 비하면 훨씬 많이 먹는 편이었다. 그리고 종종 만족스럽게 음식을 먹기도 했다. 그는 죽을 먹고 한 잔의 차를 마시고 흰 빵을 반 개 먹었다.

시중을 드는 수사가 나가자 그는 느릅나무 아래 있는 벤치에 혼자 남았다.

멋진 5월의 저녁이었다. 자작나무·사시나무·느릅나무·벚나무·떡갈나무 등은 새잎이 돋아나고 있었다.

느릅나무 뒤에 있는 벚나무는 마침 꽃이 활짝 피어 있었다. 꾀꼬리 한 마리는 그쪽에서, 다른 두세 마리는 아래쪽 물가의 덤불 속에서 울어대고 있었다. 시냇물 쪽에서는 일터에서 돌아가는 농부들의 노랫소리가 멀리서 들려왔다. 해가 숲 저쪽으로 지며 남긴 빛은 푸른 나무 사이로 속속들이 비치고 있었다.

이쪽은 모두가 밝은 녹색으로 빛나고 있는데 느릅나무 저쪽은 어스름하게 그늘지고 있었다. 풍뎅이가 날아다니다가 무엇에 부딪혀서 땅바닥에 뚝 떨어졌다.

저녁 식사 뒤에 신부 세르게이는 평소와 같이 기도를 시작했다.

"하느님의 아들 주 예수 그리스도여, 죄인을 불쌍히 여기소서."

막 시편을 외우고 있는데 갑자기 어디서 왔는지 한 마리 작은 참새가 숲속에서 땅으로 내려오더니 짹짹거리며 그의 앞으로 왔다가 무엇에 놀란듯 날아가 버렸다.

그는 자신의 은둔 생활에 관해서 기도하는 중이었으나, 병을 앓고 있는 딸을 데려오겠다는 상인을 불러오기 위해서 좀 서둘러서 기도를 마쳤다. 상인의 딸에게 자꾸 마음이 갔다.

그가 그녀에게 관심을 갖는 것은 그녀가 그의 기분을 전환시킬 수 있는 새로운 사람이라는 것, 상인이나 그녀가 자신을 위대한 능력이 있는 기도를 하는 성자로 믿는다는 것이었다.

그는 그것을 부인하기는 했지만, 마음속으로는 스스로도 자신이 성자라고 생각하고 있었다.

그는 때때로 왜 이렇게 되었을까, 스테판 카자스키가 이렇게 비범한 성자, 아니 성자라기보다 오히려 기적을 행하는 사람이 되었는가 하는 것에 스스로 놀라곤 했다.

그러나 자신이 그런 위인이라는 점에 대해서는 아무런 의심을 하지 않았다. 그는 어떤 병을 앓던 아이부터 시작해서 최근에는 그의 기도를 받고 시력을 회복한 노파에 이르기까지, 자신의 눈으로 확인한 기적을 믿지 않을 수 없었다. 그것이 아무리 믿어지지 않는다고 해도 사실은 사실이었다.

그는 한편으로는 상인의 딸을 통해서 또다시 자신의 치유 능력을 시험하고, 자신의 명성을 확립할 기회가 된다고 생각했으므로 그녀에게 더 관심을 갖게 되었다.

'그들 부녀 덕분에 먼 곳의 사람들까지 나를 찾아올 거야. 그들은 기록을 남겨 곳곳에 전해 줄 것이다. 그리고 황제에게 알려질 것이다. 온 유럽 사람들과 그곳에 있는 믿지 않는 사람들까지 알게 되리라.'

그는 이런 생각을 했다. 그러자 갑자기 자신의 허영심이 부끄러워져서 그는 또다시 하느님께 기도를 드리기 시작했다.

'위안자이시며 성령이신 주 하느님. 내 안에 오셔서 모든 더러움으로부터 나를 깨끗하게 하시고 구원해 주소서. 우리 영혼의 주체자이시여, 부디 나의 마음을 혼란케 하는 세상의 헛된 명예욕에서 벗어날 수 있도록 깨끗하게 치유해 주소서.'

이렇게 되풀이하는 동안에 그는 자기가 이제까지 몇 번이나 이렇게 기도했는지 생각해 보았다. 그러자 자기의 기도가 이런 점에서는 항상 공허했다는 것을 깨닫고는 쓸쓸해졌다.

그의 기도가 타인을 위해서는 기적을 행하지만, 자기 자신을 위해서는 이 하찮은 욕망에서 벗어나지도 못하고 하느님의 용서도 받을 수 없었던 것이다.

그는 은둔 생활을 시작할 당시의 기도, 즉 자신에게 순결함과 겸손함과 사랑을 달라고 한 기도를 떠올리고, 당시는 그 기도를 하느님이 받아 주셨다는 것, 그리고 그가 순결을 지키기 위해 자신의 손가락을 스스로 절단한 일이 있었던 것을 생각했다. 그는 절단되어 반만 남은 손가락을 들어 거기에 입을 맞추었다.

그는 자기가 자신의 깊은 죄를 끊임없이 후회하던 그때는 겸손했다고 생각했다. 그리고 당시에는 자신을 찾아온 노인이나, 구걸하러 온 주정뱅이 군인이나, 여자까지도 어떤 감동을 가지고 맞이했던가를 생각했다.

그때는 사랑을 가지고 있었다고 생각했다. 그런데 지금은? 그는 자신의 마음에 물어보았다.

'도대체 나는 누구를 사랑하고 있는가, 소피아 이바노브나를 사랑하는가, 세라피온 신부를 사랑하는가, 오늘 나를 찾아온 많은 사람들을 사랑하는가?'

그는 그저 자신의 지식을 드러내는 것과 시대에 뒤떨어지지 않는다는 것을 과시하는 데만 급급했다. 그렇게도 정중하게 대해 줬던 그 학식 있는 젊은이에 대해서 진실한 사랑의 감정을 경험하고 있었는가. 그에게는 그들이 표시한 사랑이 유쾌하기도 하고 필요하기도 했다.

그러나 자기 자신은 그들에게 전혀 사랑을 느끼지 않았다. 이제 그에게는 사랑도 없고, 겸손도 없고, 순결도 없었던 것이다.

그는 상인의 딸이 스물두 살이라는 말을 듣고 기분이 좋았으며 그녀가 미인인지 어떤지를 알고 싶었다. 그리고 그녀가 쇠약한 상태냐고 물은 것도 오직 그녀가 여자로서의 매력을 지니고 있는지를 알고 싶었기 때문이었다.

'아, 내가 정말 이렇게까지 타락했는가?'

그는 생각했다.

'하느님, 저를 도우소서. 저를 회복시켜 주소서, 오 주님!'

그리고 그는 두 손 모아 기도하기 시작했다. 꾀꼬리가 울기 시작하고, 풍뎅이가 날아와서 그의 뒤통수를 기어가고 있었다. 그는 그것을 잡아서 던져 버렸다.

'그런데 도대체 신은 있을까? 나는 닫힌 문을 밖에서 두드리고 있는 꼴이다. 문에는 자물쇠가 걸려 있고, 나는 그것을 볼 수 있다. 그 자물쇠는 꾀꼬리나 풍뎅이, 자연이다. 어쩌면 그 청년의 말이 옳은지도 모른다.'

그는 소리 없이 기도를 드리기 시작했으며, 그런 상념이 사라지고 다시 자신이 침착해질 때까지 오랫동안 기도를 계속했다.

그는 방울 소리를 울리며 나오는 수사에게 그 상인에게 곧장 딸을 데리고 오게 하라고 명령했다.

상인은 딸을 데리고 와서 그녀를 기도소 방에 들여보내고선 곧바로 사라졌다.

그 딸이라는 여자는 얼굴이 유난히 희고 겁먹은 아이 같은 표정을 하고 있었지만, 잘 발달한 여성스러운 몸매를 가진 아주 얌전한 처녀였다.

신부 세르게이는 문간에 있는 의자에 앉아 있었다.

처녀가 축복을 받기 위해 그곳을 지나다가 그 자리에 멈춰 섰을 때, 그는 그녀의 육체를 바라보던 자신의 눈길에 깊은 죄의식을 느껴야 했다. 그때 그는 그녀의 여성적 매력에 어떤 공포를 느꼈다. 그녀가 지나갔을 때 그는 자신이 무엇에 홀렸다는 생각을 했다. 그녀의 얼굴을 보고 그는 그녀가 육감적이고 어리석은 여자라는 것을 알아차렸다.

그는 일어서서 기도소 안으로 들어갔다. 그녀는 의자에 앉아서 그를 기다리고 있었다. 그가 들어가자 그녀는 의자에서 일어섰다.

"전 아버지한테 가고 싶어요."

그녀가 말했다.

"두려워하지 않아도 돼."

그는 말했다.

"어디가 아프지?"

"전 모든 곳이 아파요."

그녀는 말하더니 갑자기 얼굴에 미소가 번졌다.

"너는 곧 좋아질 것이다."

그는 말했다.

"자, 기도드리자."

"왜 기도 같은 걸 해요? 저는 전에도 기도했지만 조금도 효과가 없었어요."

그녀는 계속 생글거렸다.

"그보다도 신부님의 손을 제 머리에 얹고 기도해 주세요. 전 꿈에서 신부님을 봤어요."

"뭘 봤다고?"

"신부님이오. 제 가슴에 손을 올려놓고 있는 꿈을 꿨어요."

그녀는 그의 손을 잡아서 자기 가슴 위에 올려놓았다.

"바로 여기예요."

그는 자신의 오른손을 그녀가 하는 대로 내맡기고 있었다.

"너는 이름이 뭐지?"

그는 온몸을 부들부들 떨었다. 이미 이 여자에게 자신이 정복당한 것과 욕정을 억제할 수 없게 된 것을 느낀 것이다.

"마리아예요, 왜요?"

그녀는 그의 손을 들어 올려서 거기에 입을 맞췄다. 그리고 한 손을 그의 허리 뒤로 돌려서 자기 쪽으로 끌어당겼다.

"무슨 짓이야?"

그가 소리쳤다.

"마리아, 넌 악마야."

"예, 하지만 어쩔 수 없어요."

이렇게 말하고, 그녀는 그를 끌어안은 채, 그와 나란히 침대 위에 누웠다.

날이 샐 무렵 그는 문 앞 계단 위에 나와 섰다.

'이 모든 일이 실제로 일어난 일이란 말인가? 그녀의 부친이 오겠지. 그 여자는 모두 털어놓겠지. 저 여자는 악마야. 나는 도대체 무슨 짓을 저질렀단 말인가? 아, 저기에 언젠가 내가 손가락을 자른 도끼가 있구나.'

그는 그 도끼를 집어 들고 기도소로 들어갔다.

"장작을 패시려고요? 신부님, 제가 하겠습니다. 도끼를 이리 주십시오."

시중을 드는 수사가 그에게로 왔다. 그는 도끼를 건네주고 기도소 안으로 들어갔다. 그녀는 침상에 누운 채 잠자고 있었다. 두려운 마음으로 그는 그녀를 보았다. 그는 칸막이 벽 저쪽으로 가서 농부의 옷을 꺼내 입었다. 그리고 가위를 집어서 머리카락을 자르고 기도소를 빠져나왔다. 그리고 오솔길을 따라서 이미 4년 동안 한 번도 간 적이 없는 산기슭의 강 쪽으로 내려갔다.

강가에는 길이 나 있었다. 그는 그 길을 따라서 점심때까지 계속 걸었다. 점심때가 되자 호밀밭으로 들어가서 그 속에 몸을 눕혔다. 저녁때가 되자 다시 길을 따라 강가의 어느 마을에 이르렀다. 그러나 마을 안으로는 들어가지 않고 강쪽에 있는 벼랑으로 갔다.

해뜨기 30분쯤 전인 이른 새벽이었다. 삼라만상은 잿빛으로 어둠침침하고 서쪽에서 동틀 녘의 차가운 바람이 불어오고 있었다.

'그렇다. 어떻게든 끝을 내야 한다. 내 마음속에 이제 신은 없다. 하지만 어떻게 끝을 낸다지? 투신이라도 하나? 난 헤엄칠 수 있으니까 빠져 죽지는 않겠지. 목을 맨다? 그렇다, 여기 허리띠가 있어. 저 나뭇가지에 매달면……'

이것은 너무나 손쉽고 당장 실행할 수 있을 것 같은 방법 같아서 그는 흠칫 놀랐다.

그래서 그는 여느 때와 마찬가지로 마지막 기도를 드리려고 했다. 그러나 기도드릴 대상이 없었다. 그의 마음속에 신은 이미 없었다. 그는 그 자리에 팔을 베고 누웠다.

그는 갑자기 참을 수 없이 졸음이 밀려오는 것을 느꼈다. 팔베개를 했던 손을 빼서 두 손바닥을 겹치고 그 위에 머리를 놓고 곧 잠들어 버렸다.

그러나 잠든 시간은 아주 짧은 순간이었다. 그는 곧 눈을 뜬 것도 꿈을 꾸는 것도 아니고, 또한 회상에 젖은 것도 아닌 상태로 헤매기 시작했다.

꿈인지 생시인지 알 수가 없었다. 자기는 아직 작은 아이였으며 시골의 어머니 집에 있었다. 거기에 한 대의 마차가 다가오고 있었다. 그 마차에는 검은 수염을 기른 숙부 니콜라이 세르게이비치가 크고 유순한 눈을 가졌으며 처량하고 수줍은 얼굴을 한 파세니카라는 여자아이를 데리고 내렸다. 그리고 어른들은 그 파세니카에게 남자아이들 사이에 끼어 놀도록 했다.

그러나 그것은 참으로 따분한 일이었다. 그녀는 어리석은 아이였기 때문에 결국은 놀림감이 되었다. 그녀가 헤엄을 칠 줄 안다고 해서 억지로 헤엄치는 시늉을 하게 했다. 그녀는 침상 위에 엎드려서 헤엄치는 시늉을 해 보였다. 그것을 보고 모두가 큰 소리로 웃으며 그녀를 놀려댔다.

그녀는 그제야 놀림당한 것을 알고 얼굴이 빨개졌다. 너무나 비참한 표정을 지어서 나중에는 오히려 장난을 친 소년들 스스로가 부끄러워질 정도였다. 그렇게 착하고 얌전하게 웃는 얼굴을 언제까지나 잊을 수 없었다.

세르게이는 다시 그 뒤에 그녀를 만났을 때의 일을 회상했다. 그것은 훨씬 나중의 일로 그가 신부가 되기 직전의 일이었다.

그녀는 어느 지주와 결혼했는데 그 남편은 그녀의 재산까지 탕진해 버린 데다, 그녀에게 상습적으로 매질을 한다는 소문을 들었다. 그녀에게는 아이가 둘이 있었다. 아들과 딸이었는데, 아들은 어려서 죽었다.

세르게이는 그 뒤에 다시 불행하게 된 그녀를 만났던 일을 회상했다. 그는 과부가 된 그녀와 수도원에서 우연히 만났다. 그녀는 옛날 그대로의, 얼굴에 아무런 기쁜 표정이 없는 비참한 여자였다.

그녀는 그때 딸과 사위를 데리고 찾아왔던 것이다.

그때도 그들은 몹시 궁핍했다. 그러나 그 뒤에 그녀가 어딘가 다른 지방 도시에 살고 있다는 것, 대단히 어렵게 살아가고 있다는 말을 언뜻 들은 적이 있다.

'그런데 도대체 나는 왜 지금 그 여자의 일을 생각하는 것일까?'

그는 자신에게 물었다. 그러나 그녀에 관한 생각을 쉽게 떨쳐 버릴 수가 없었다.

'그 여자는 지금 어디 있을까? 어떻게 살고 있을까? 그 침상 위에서 헤엄치는 시늉을 해보였을 때와 같이 내내 불행하게 살고 있을까? 그런데 무엇 때문에 나는 그 여자의 일 따위를 생각하고 있을까? 어떻게 된 것일까? 이제 나는 내 삶에 종지부를 찍어야 할 시간이 아닌가.'

그러자 갑자기 그는 두려움을 느끼기 시작했다. 그래서 그 두려움에서 도피하기 위해 그는 또다시 파세니카의 일을 생각하기 시작했다.

그렇게 그는 오랫동안 자신의 절박한 최후를 생각하노라니, 파세니카가 구원의 손길처럼 느껴졌다. 어느새 그는 잠이 들었다. 그는 꿈속에서 천사를 보았다. 그 천사는 그에게 와서 알려주었다.

"파세니카에게 가라. 그리고 그녀에게서 앞으로 너는 어떻게 해야 하는지, 너의 죄가 어디에 있는지, 너의 구원이 어디에 있는지 그것을 배우는 것이 좋을 것이다."

그는 잠에서 깨자 그것을 신의 계시로 생각하고 기뻐했다. 그리고 그 천사가 일러준 대로 실행하기로 결심했다. 그는 그녀가 살고 있는 도시를 알고 있었다. 그 도시는 여기서 300로리[11] 정도 떨어진 곳에 있었다.

그는 그 도시를 향해서 출발했다.

8

그녀는 이미 오래전부터 파세니카가 아니라, 주정뱅이 관리 마브리카에프라는 낙오자의 장모이며, 나이 들고 말라빠져서 주름살투성이인 프라스코비야 미하일로브나였다.

그녀는 사위가 마지막 관리 생활을 했던 지방 소도시에 살고 있었으며, 그곳에서 가족들, 즉 딸과 그 신경 쇠약 환자인 사위와 다섯 손자들과 함께 살고 있었다.

그녀는 한 시간에 50코페이카를 받고 상인의 딸에게 음악을 가르쳐서 그 돈으로 생활을 꾸려 나가고 있었다. 그날그날에 따라서 때로는 4시간, 때로는 5시간씩 가르치고 있었기 때문에, 한 달에 약 60루블 정도의 수입이 있었다. 그들은 그것으로 사위에게 좋은 자리가 생길 때까지 임시변통으로 생활하고 있었던 것이다.

프라스코비야는 알 만한 친척이나 친지들에게 편지를 해서 사위의 취직을 알선해 달라고 부탁하기도 했다. 그중에는 세르게이에게 보낸 편지도 있었다. 그러나 그 편지는 세르게이의 손에는 들어오지 않았다.

어느 토요일의 일이었다. 프라스코비야는 그녀가 아직 부친과 함께 살던 시절 요리사가 맛있게 만든 것처럼, 건포도를 넣은 우유빵을 반죽하고 있었다.

프라스코비야는 축제일인 내일 손자들에게 맛있는 것을 먹여 주고 싶었던 것이다. 그녀의 딸 마샤는 아기에게 젖을 먹이고 있고 그 위의 남자아이와 여자아이는 학교에 가 있었다. 사위는 어젯밤 내내 자지 못했기 때문에 낮잠을 자고 있었고, 프라스코비야도 남편에게 화를 내고 있는 딸을 달래기 위해서 저녁 내내

---

11) 약 32km.

잠을 자지 못했다.

그녀는 무기력한 사위에게는 아무리 말해도 더 이상 어쩔 수 없다는 것, 아내가 아무리 책망해 봤자 전혀 소용이 없다는 것을 알고 있었다. 그래서 자기는 항상 양쪽을 화해시키는 것, 책망하거나 화를 내는 일이 없도록 힘이 미치는 한 노력하고 있었다.

그녀는 거의 본능적으로 사람과 사람의 편안하지 못한 관계를 참을 수 없어 하는 성격의 소유자였다.

그녀는 그런 관계에서는 아무 일도 안 된다는 것, 오히려 나빠지기만 할 뿐 어떤 도움도 되지 않는다는 것을 알고 있었다. 그녀는 남이 화내는 것조차도 싫어했다. 그래서 사람들의 그러한 증오심을 볼 때마다, 악취를 맡을 때 또는 사람을 때리는 소리나 찢어질듯한 소리를 들을 때처럼 괴로워했다.

그녀가 루케리아에게 밀가루를 반죽하는 방법을 충분히 가르쳐 줬을 무렵 앞치마를 두른 여섯 살 난 손녀 미샤가 깜짝 놀란 표정으로 누덕누덕 기운 양말을 신은 작은 발로 아장아장 걸어서 부엌으로 들어왔다.

"할머니, 어느 무서운 할아버지가 와서 할머니를 찾고 있어요."

루케리아는 돌아보았다.

"정말이에요. 어느 순례자가 왔어요."

프라스코비야는 그 마른 팔꿈치를 비벼서 두 손을 앞치마에 닦고, 5코페이카 동전을 꺼내기 위해서 지갑이 있는 방으로 들어가려고 했다. 그러나 그 지갑에는 10코페이카만 있고 5코페이카짜리 동전이 없다는 것을 기억해 내곤 차라리 빵을 주어 보내려는 생각으로 찬장 쪽으로 돌아왔다.

그러나 순간 자신이 너무 인색하다고 느꼈다. 그녀는 루케리아에게 빵을 자르라고 말하고 다시 10코페이카 동전을 가지러 갔다. 잠시라도 욕심을 부린 자신을 책망하면서 금액이 적은 것을 부끄러워하며 속죄하는 마음으로 10코페이카 동전과 빵을 건넸다.

그 순례자는 고상한 얼굴을 한 노인이었다.

세르게이는 그리스도의 이름으로 구걸을 하면서 300로리를 여행했으므로, 옷은 해졌고 몸은 수척했으며 얼굴은 검게 그을렸다. 짧은 머리에 농부의 모자를 쓰고 농부의 장화를 신고 있었음에도, 또한 겸손하게 머리를 숙이고 있음에도 불구하고, 여전히 사람을 끌어들이는 그런 인상 깊은 모습을 지니고 있었다.

그러나 프라스코비야는 그를 알아보지 못했다. 그녀는 이미 30년 가까이 그를 만나지 못했기 때문에 알아보지 못했던 것이다.

"액수가 적어서 죄송합니다. 대신 무엇이라도 좀 드시고 가시겠어요?"

그는 빵과 돈을 받았다. 그러나 프라스코비야는 그가 떠나려 하지 않고 자신의 얼굴을 유심히 바라보자 놀랐다.

"파세니카, 나는 당신을 찾아왔어요. 그러니 어서 나를 들어가게 해 줘요!"

그녀의 얼굴을 지그시 바라보는 세르게이의 검고 아름다운 눈에는 눈물이 고여 빛나고 있었다. 그리고 하얗게 된 수염 아래에서는 입술이 처량하게 떨리고 있었다.

프라스코비야는 메마른 가슴에 두 손을 댄 채 입을 딱 벌리고, 휘둥그레진 눈동자로 순례자의 얼굴을 뚫어지게 바라보며 우뚝 서 버렸다.

"어머, 이럴 수가! 이게 꿈이 아닌가요! 스테판! 세르게이! 신부 세르게이 님 아니세요?"

"그래요, 그래요."

세르게이는 조용히 말했다.

"이제는 세르게이도, 신부 세르게이도 아닌 대죄인 스테판 카자스키일 따름이오. 몸을 망친 대죄인이오. 당신의 집에 받아주고, 제발 나를 도와주시오."

"어머, 그럴 수 있나요? 당신은 왜 자신을 그렇게 비하하십니까? 아무튼 안으로 들어오세요."

그녀가 손을 내밀었으나, 그는 그 손을 잡지 않고 그 뒤를 따라 들어갔다.

그녀가 안내한 곳은 작은 방이었다. 처음에는 창고와 같은 지극히 좁은 방이 그녀의 방이었으나, 지금은 그 작은 방도 딸에게 내주고 있었다. 지금 그곳에는 마샤가 앉아서 갓난아기를 돌보고 있었다.

"자, 아무튼 이곳에 앉으세요."

그녀가 부엌에 있는 의자를 가리키며, 세르게이에게 말했다.

세르게이는 곧 그곳에 앉아서 보기에도 피곤한 모습으로 먼저 한쪽 어깨에서, 이어서 다른 쪽 어깨에서 자루를 내려놓았다.

"저런, 저런, 참으로 이 무슨 겸손이십니까? 그렇게도 당당하던 분이 갑자기 이렇게 되시다니……."

세르게이는 대답하지 않고 곁에 자루를 내려놓으며 그저 부드럽게 미소를 지었다.

"마샤, 너 이분이 누구신지 알고 있니?"

프라스코비야는 속삭이는 소리로 딸에게 세르게이의 이야기를 했다. 그리고 둘이서 방을 깨끗이 치우고 세르게이를 위하여 그 방을 비워 주었다.

"어서 이곳에서 쉬세요. 좁아서 죄송합니다. 전 좀 나가야 하기 때문에……."

"어디로 가시오?"

"피아노 레슨 때문에 나갑니다. 말씀드리기는 부끄럽지만 음악을 가르치고 있습니다."

"음악을……. 그거 좋군요. 하지만 할 이야기가 좀 있는데. 이봐요, 프라스코비야, 난 그 때문에 당신을 찾아왔어요. 당신과 언제 이야기할 수 있겠소?"

"글쎄요, 오늘 저녁에 하면 어떻겠습니까?"

"좋아요. 그리고 한 가지 부탁이 더 있는데, 내가 누구라는 것을 아무에게도 말하지 말아 줘요. 난 다만 당신에게만 밝혔어요. 나의 행방을 아무도 모르니까 그렇게 해 주세요."

"어머, 전 벌써 딸에게 이야기했는데요."

"그럼, 딸에게도 말하지 말라고 단단히 다짐해 주세요."

세르게이는 장화를 벗고 눕자 편안한 잠자리를 갖지 못한 도보 여행의 여독으로 곧바로 잠이 들었다.

프라스코비야가 돌아왔을 때 세르게이는 작은 방에 앉아서 그녀를 기다리고 있었다. 그는 식사 자리에 나오지 않고 루케리아가 방으로 들고 온 수프와 보리죽을 먹었다.

"왜 이렇게 빨리 돌아왔소?"

세르게이가 물었다.

"당신 같은 손님이 오시다니, 저 같은 사람에게 어떻게 이런 행운이 있겠습니까? 레슨을 다음으로 미루고 돌아왔어요. 전 항상 당신에게 가보고 싶어서 편지를 드렸어요. 그런데 갑자기 이런 행운이 찾아온걸요."

"그럼 이제 이야기해도 좋겠소?"

"그럼요."

"파세니카, 제발 이제부터 내가 당신에게 하는 말을 참회로서, 임종할 때의 하느님 앞에서 하는 말로 들어줘요. 파세니카, 나는 성자가 아닐 뿐만 아니라, 보통 사람도 못 됩니다. 나는 죄인입니다. 추잡스럽고 흉악하고 길을 잃은 오만한 죄인입니다. 나는 가장 나쁜 인간입니다."

"스테판, 모르긴 하지만 당신은 과장된 말씀을 하고 계신 것이 아닌가요?"

"아니오, 파세니카, 나는 간음한 죄인이요, 살인자입니다. 나는 하느님을 모독한 자요, 거짓말쟁입니다."

"그게 무슨 말씀이세요!"

프라스코비야가 소리쳤다.

"하지만 나는 살아야만 하겠소. 나는 이제까지 내가 무엇이나 알고 있다고 생각하고, 사람들에게 사는 길을 가르쳐 왔는데, 실은 난 아무것도 몰랐던 거요. 그래서 난 당신에게 배우고 싶소."

"그게 무슨 말씀이세요. 스테판, 당신은 저를 놀리고 계시는군요. 왜 당신은 언제나 저를 놀리기만 하십니까?"

"음, 그렇군요. 그럼 놀리고 있다고 합시다. 이제는 당신이 얘기할 차례입니다. 당신은 어떻게 살고 있는지, 이제까지 어떻게 살아왔는지 그것을 말해 주시오."

"저요? 저는요, 더없이 천하고 비참한 생활을 하고 있어요. 지금도 하느님은 저를 벌하고 계세요. 이것은 당연한 죗값이죠. 그래서 무척 가난한 생활을 하고 있어요……."

"당신은 어떻게 결혼했소? 남편과는 어떤 생활을 하고 있었소?"

"그야말로 나쁜 일뿐이었어요. 결혼한 것 자체가 말도 안 되는 생각을 했던 거죠. 아버지의 반대를 무릅쓰고 무턱대고 결혼해 버린 겁니다. 그리고 결혼한 뒤에는 남편을 돕기는커녕 질투와 구박만을 했습니다. 도무지 그것을 억제할 수가 없었습니다."

"난, 당신 남편이 굉장한 주정뱅이라고 소문을 들었는데……."

"예, 하지만 그것도 제가 그 사람을 달래지 못했기 때문이죠. 저는 그 사람을 비난하기만 했어요. 술을 좋아했던 것은 병이었던 겁니다. 그 사람 자신도 어찌

할 수 없던 병이었어요. 그러나 저는 그것을 이해해 주지 않았어요. 조금도 그 사람에게 지려고 하지 않았거든요. 그래서 우리 사이에는 아주 끔찍한 싸움이 벌어졌어요."

이렇게 말하며 그녀는 고통이 배어 나오는 아름다운 눈길로 세르게이를 바라보았다.

세르게이는 그녀의 남편이 항상 그녀에게 매질을 했다는 말을 다른 사람에게서 전해 들었던 것을 생각하고 있었다. 그리고 지금도 그녀의 목덜미와 귀 뒤쪽으로 튀어나온 핏줄과 바싹 마른 목 그리고 아무렇게나 뒤로 묶은 빛이 바랜 머리카락을 보고 있으려니, 그런 일이 벌어졌을 때의 광경을 눈으로 지켜보는 듯한 기분이 들었다.

"그리고 저는 두 아이를 데리고 혼자가 되었습니다. 재산 한 푼도 없이……."

"하지만 당신에게는 영지가 있지 않았나요?"

"그것은 이미 남편 바시아가 살아 있을 때 몽땅 팔아서 다 써 버렸어요. 계속 술을 마셔야 했으니까요. 어쨌든 저는 살아가야 했는데, 호강하며 자란 여자들이 모두 그렇듯이 저 또한 아무것도 할 줄 아는 것이 없었어요. 그중에서도 저는 특히 사정이 나빠 의지할 곳이 한 군데도 없어 어찌할 수가 없었죠. 그래서 우선 가지고 있는 것을 모두 팔아 끼니를 때웠어요. 아이들에게 공부를 가르치면서 저도 어느 정도 배웠어요. 그러나 힘든 일은 계속되었어요. 아들은 어릴 때 병에 걸려서 저세상으로 갔거든요. 딸 마네치카는 남편인 바냐를 사랑했어요. 그런데 사위는 좋은 남자이기는 했지만 지금 병에 걸렸어요."

"어머니."

딸이 그녀의 말을 가로막았다.

"미샤를 받아 줘요. 몸을 쓸 수가 없어요."

프라스코비야는 일어나서 닳아 버린 신발을 끌고 바삐 문 쪽으로 갔다가, 곧 두 살 정도의 남자아이를 안고 돌아왔다. 그 아이는 몸을 벌렁 뒤로 젖히고 울어대면서 작은 손으로 그녀의 목덜미를 잡았다.

"어디까지 말했던가요? 아, 그래요, 사위는 이곳에서 좋은 직장을 가지고 있었지요. 상사도 친절한 분이라서 괜찮았으나 바냐는 일을 계속할 수 없어서 결국 나오고 말았습니다."

"도대체 어디가 나쁘죠?"

"신경 쇠약이에요. 무서운 병이지요. 여러 가지로 의논해 봤는데 조용한 곳에서 요양해야 한다고 하더군요. 그러나 우리 형편에 그만한 돈이 있어야죠. 그래서 이러다가 낫겠지 생각하고 있습니다. 특별히 어디가 아픈 것도 아니고, 다만……."

"루케리아!"

어디선가 사위의 화가 난 듯한, 그러나 힘없는 목소리가 들려왔다.

"이 여자는 내가 찾을 때는 언제나 안 보인단 말이야. 어머니……."

"곧 가네."

프라스코비야는 또다시 이야기를 중단했다.

"저 사람은 아직 식사 전입니다. 우리와 함께 먹을 수 없으니까요."

그녀가 나가서 저쪽 방에서 무엇인지 할 일을 마치고, 햇볕에 타고 여윈 손을 닦으면서 돌아왔다.

"전 이렇게 살고 있어요. 식구들은 투덜투덜 불평이 많지만, 고맙게도 손자들이 모두 착하고 건강해요. 그래서 아직은 그럭저럭 살아가고 있어요. 어머, 제 말만 했군요."

"그래서 당신은 지금 무엇으로 생계를 유지하고 있나요?"

"제가 조금씩 벌고 있어요. 저는 음악이 싫었지만, 그것이 이제 와서는 도움이 되고 있어요."

그녀는 작은 손을 옆에 있는 작은 장롱 위에 올려놓고 피아노 연습이라도 하듯이 여윈 손가락을 움직이고 있었다.

"레슨비는 얼마나 되나요?"

"사람에 따라서 달라요. 한 시간에 1루블을 주는 사람도 있고, 50코페이카나 30코페이카를 주는 사람도 있어요. 모든 분들이 잘해주세요."

"어때요, 모두 잘 따라 하던가요?"

눈에 미소를 띠면서 그는 물었다.

프라스코비야는 곧 그 물음의 진지함을 믿지 않았기 때문에, 의아한 눈빛으로 그를 바라보고 있었다.

"잘 따라 하는 애들도 있어요. 푸줏간집 딸인데요, 그야말로 성품이 좋은 귀여운 여자아이예요. 만약 제가 좀 더 똑똑한 여자였더라면, 물론 아버지의 연줄로 사위에게도 지위를 찾아 줄 수 있었을 거예요. 그런데 저에게는 아무런 힘이 없으니 식구들을 이렇게 만들어 버리고 말았어요."

"그렇군요. 그래요."

세르게이는 힘없이 머리를 떨구며 말했다.

"파세니카, 당신은 교회에 열심히 다니고 있소?"

그가 물었다.

"아, 그건 묻지 말아 주세요. 참으로 죄송하지만 이젠 완전히 잊어버리고 있어요. 아이들과 함께 있을 때는 열심히 기도도 드리고 교회에도 나갔지만 지금은 잘 나가지 않고 있어요. 한 달이나 나가지 않을 때도 있어요. 아이들은 꼭 보내고 있지만요."

"왜 당신만 나가지 않나요?"

"사실을 말씀드리면……."

그녀는 얼굴을 붉혔다.

"낡은 옷을 입고 가는 것이 딸이나 손자들에게 부끄러워서요. 새 옷이 없거든요. 게다가 도무지 외출이 싫어요."

"그럼, 집에서 기도드리나요?"

"기도는 해요. 하지만 그것도 형식적이에요. 이래서는 안 된다는 것을 알고 있지만 아무런 생각이 없어요. 그저 나 자신이 못났다는 것을 알고 있을 뿐이고……."

"음, 그렇군요."

세르게이는 알 만하다는 듯이 말했다.

"그래, 그래. 곧 가네."

그녀는 또 사위가 부르는 소리를 듣고 머리띠를 고쳐 매면서 방을 나갔다. 이번에는 오랫동안 돌아오지 않았다. 그녀가 돌아왔을 때 세르게이는 두 손을 무릎 위에 놓고 머리를 숙인 채 앉아 있었다. 그리고 어느 사이에 자루를 어깨에 메고 있었다.

그녀가 갓이 없는 양철 등잔을 들고 들어오자 그는 피곤한 빛이 역력한 눈으로 그녀를 바라보면서 깊이 한숨을 내쉬었다.

"전 누구에게도 당신이 어떤 분이라는 것을 말하지 않았어요."

그녀는 머뭇거리며 말했다.

"다만, 신분이 높으신 분이 순례를 하고 계시다는 것과, 제가 알고 있는 분이라는 것만을 말했어요. 식당으로 가서 함께 차를 드세요."

"아니오······."

"그럼, 제가 이곳으로 가지고 오겠습니다."

"아니오. 이젠 아무것도 필요 없습니다. 파세니카, 하느님이 당신을 구원하시기를 빕니다. 나도 이젠 가야겠습니다. 만약 나를 불쌍하게 생각한다면, 나를 만났다는 것을 아무에게도 말하지 마세요. 하느님을 걸고 부탁합니다. 제발 아무에게도 말하지 말아 줘요. 그리고 여러 가지로 고맙소. 나는 당신의 발아래 무릎 꿇고 싶은데, 그렇게 하면 오히려 당신이 곤란해할 것 같아서 그만두겠소. 고맙소. 그리스도를 위해서 제발 나를 용서해 주시오."

"제발, 저를 축복해 주세요."

"하느님께서 축복해 주십니다. 그리스도를 위해서 용서해 주시오."

이렇게 말하고 그는 일어섰으나 그녀는 그를 잡고 그에게 빵과 양고기와 버터를 가져다주었다. 그는 그것을 모두 받아서 밖으로 나왔다.

날은 이미 어두워져 있었다. 그래서 그가 두 집을 지나가기도 전에 이미 그녀에게는 그의 모습이 보이지 않았다. 다만 개가 짖어대는 소리로 그가 그곳을 지나고 있다는 것을 알 수 있을 뿐이었다.

'파세니카와 같은 생활이 나의 꿈이었던 것이다. 내가 그녀와 같이 그렇게 되어야 했는데 그렇게 되지 못했다. 결국 나는 하느님을 위해서라고 말하면서 나 자신을 위해서 살고 있었다. 그러나 그녀는, 자신을 위해서 살아가고 있다고 생각하지만, 사실은 하느님을 위해서 살아가고 있다. 그렇다, 한 가지 선행, 보답을 바라지 않고 주는 한 잔의 냉수, 그것이야말로 내 손으로 사람들을 위해서 베푼 은혜보다도 훨씬 귀중한 것이다. 그러나 거기에도 하느님을 섬기는 참된 소원이 아주 조금은 있지 않았을까?'

그는 자신에게 되물었다.

'그렇다, 있었다. 그러나 그것은 모두 헛된 세상의 평판으로 껍데기에 가려지고 더럽혀진 것이다. 그렇다. 나처럼 헛된 세상의 평판을 위해서 살아온 사람에게는 하느님이 계실 수 없을 것이다. 이제부터는 진심으로 하느님을 찾자.'

그렇게 해서 그는 남녀 순례자들과 길동무가 되고 헤어지고 하면서, 오직 그리스도의 이름으로 빵이나 숙소를 구걸하면서 이 마을에서 저 마을로 떠돌아다녔다.

때로는 심술궂은 주부의 고함치는 소리도 듣고, 주정뱅이 농부에게 욕을 먹기도 했으나 대개는 먹을 것과 마실 것을 주었으며, 때로는 몇 푼 되지 않았지만 노자 돈을 얻기도 했다.

그는 고상한 외모 덕분에 많은 덕을 봤다. 물론 그중에는 반대로 이런 신사가 걸식을 할 정도로 몰락한 것을 즐거워하는 무리도 있기는 했지만. 그러나 그의 온화한 성격은 모든 고비를 극복했다. 그는 여러 사람의 집에서 성서를 발견하면 자주 그것을 읽어 주었다. 그럴 때면 사람들은 감동하거나 놀랐으며, 새롭게 친근감을 갖곤 했다.

가끔 남에게 조언을 하거나 대신 편지를 써 주거나, 또는 싸움을 중재하거나 사람들에게 도움이 되는 일을 해도, 그는 사례를 받은 적이 없었다. 왜냐하면 지체하지 않고 바로 떠났기 때문이다.

그러는 동안에 하느님이 점점 그의 마음속에 나타나기 시작했다.

어느 날, 그는 두 노파와 한 군인과 함께 길을 걷고 있었다. 빠르게 달리는 이륜 마차를 탄 신사와 귀부인, 그리고 말을 탄 남자와 부인이 그들의 길을 가로막았다. 말을 탄 남녀는 귀부인의 남편과 딸이며, 마차에 타고 있는 남녀는 여행하는 프랑스 귀부인과 신사라는 것을 알 수 있었다.

그들이 순례자들을 불러 세운 것은 자기네 프랑스인에게 러시아 민중의 독특한 신앙의 풍습, 즉 일하는 대신에 이곳저곳을 방랑하고 있는 순례자를 보여 주기 위해서였다.

그들은 순례자들이 알아들을 수 없을 것이라고 생각하고 프랑스 말로 이야기하고 있었다.

"저들에게 한 가지 물어봐 주시오."

"그들은 이렇게 순례하는 것이 하느님의 뜻에 맞는다고 실제로 믿고 있나요?"

그 말을 듣고 노파가 대답했다.

"하느님의 뜻이죠, 우리가 순례하는 것이 말이오!"

군인에게 다시 물었다. 그러자 자신은 독신자이며 아무 데도 목적지가 없다고 대답했다. 그리고 세르게이에게 물었다.

"당신은 무얼 하는 사람이오?"

그러자 세르게이는 대답했다.

"하느님의 종이오."

"이 남자가 뭐라고 하나요? 대답하지 않는 것 같군요."

"저 남자는 자기가 하느님의 종이라고 말했어요."

"저 남자는 필시 신부님이거나 수도자겠죠. 출신이 좋은 얼굴을 하고 있어요. 당신, 동전 가지고 있어요?"

프랑스인에게 동전이 있었다. 그래서 그는 그들에게 20코페이카씩 나누어 주었다.

"하지만 그들에게 말해 주세요. 이 동전은 차를 마시라고 주는 것이라고 말이오."

"특히 당신에게 말이오, 할아버지."

그는 장갑을 낀 손으로 세르게이의 어깨를 두드리고 싱글싱글 웃으면서 말했다.

"그리스도의 구원이 있으시길!"

세르게이는 손을 댄 채 그 대머리를 숙이며 대답했다.

이 만남은 세르게이에게도 즐거운 일이었다.

그것은 그가 세속적인 명예에 아랑곳하지 않고, 그 20코페이카를 겸손한 마음으로 받아서 눈이 먼 동료 거지에게 줬기 때문이다. 또한 세속적인 사람의 평판 같은 것을 의식하지 않으면 않을수록 점점 하느님을 느끼게 되기 때문이었다.

8개월 동안 세르게이는 이렇게 하루하루를 보냈는데, 9개월이 되었을 때 어느 읍 소재지에서 많은 순례자들과 함께 하룻밤을 지낸 숙소에서 억류되었다. 그리고 신분증이 없다는 이유로 경찰서로 끌려갔다. 신분증을 어떻게 했는가? 무엇을 하는 사람이냐는 물음에 대해서, 그는 신분증 같은 것이 본래 없었으며,

자신은 하느님의 종이라고 대답했다. 그러자 그는 부랑자로 처리되어 시베리아로 유배되었다.

그는 시베리아에서 어느 부유한 농부의 고용인이 되었다. 그리고 그는 지금도 그곳에 살고 있다. 그는 주인의 채소밭에서 일하기도 하고, 아이들을 가르치기도 하고, 병자를 돌보기도 하며 살아가고 있다.

톨스토이 행복을 찾아서

인간이 행복해지기 위한 방법은 오직 하나, 사랑하는 것이다.
그것도 자기를 희생해서 사랑하고, 모든 인간 모든 사물에 애정을 쏟고,
사방팔방으로 사랑의 그물을 쳐서 걸려든 모든 것을 구해주는 것이다.

톨스토이 행복을 찾아서

위대한 농부에로의 길

그를 보면 평생 동안 손에 지팡이를 쥐고 수천 마일을 걸어 수도원을 찾아한 성인의 유골을 보고 또 다른 유골을 찾아다니는 순례자가 떠오른다. 철저하게 집도 사람도 물건도 소유하지 않는 무소유의 순례자. 그의 세계는 자신을 위한 것도 하느님을 위한 것도 아니다. 그는 습관적으로 신에게 기도하지만 그 내밀한 영혼은 신을 싫어한다.

왜 신은 레프 니콜라예비치 톨스토이 같은 사람을 이 세상 끝으로 내모는 것일까? 무슨 목적으로? 그 사람은 길가의 쭉정이, 돌부리, 나무뿌리와 같다. 사람들은 길을 가다 그것에 걸려 넘어진다. 심지어는 그것에 깊은 상처를 입기도 한다. 사람들은 그 같은 사람이 없어도 그럭저럭 잘 지낼 수 있을 것이다. 그러나 그에게서 자신이 미처 깨닫지 못하는 점, 혹은 전혀 다른 세계를 보고 놀라는 일은 즐겁다. 그는 러시아의 전설적 영웅이었다. 용감했으나 야성적이었고, 완고했으며 어린아이 같았다.

막심 고리키

내 신상에 전환이 생겼다. 오래전부터 그것은 내 안에서 준비되었고 그런 소질은 전부터 있었다. 그것이 생긴 사태는 이렇다. 이른바, 우리 유산·유식 계급의 생활이 싫어졌을 뿐만 아니라 내게는 전혀 뜻을 잃고 말았다. ……생활을 창조하는, 일하는 민중의 행위가 내 앞에 단 하나의 본디적인 것으로 나타났다.

《나의 참회》에서

톨스토이는 1870년대 끝무렵에 쓴 《나의 참회》에서 처절히 고백한 것과 같은 내적 고뇌를 경험하고 난 뒤, 갑자기 '위대한 귀족지주에서 위대한 농부'로 대전환을 보인다. 태어날 때부터 어려움을 모르는 풍요로운 삶을 보낸 톨스토이가 자신의 안락한 인생과 성공(이때까지만 해도 그는 그런 삶을 기뻐했고, 러시아 국민들이 그를 자랑스러워했다)을 느닷없이 경멸한다고 선언한 것이다.

왜 이런 일이 생겼을까? 이런 변화를 어떻게 설명해야 한단 말인가? 그가 정신적으로 큰 변화를 겪은 것은 1881년이다. 그리고 그치지 않는 영혼의 계시로 그를 엄습한 이 '진리'에 의해 톨스토이는 마침내 개종하게 된다.

이 세계에는 너무도 많은 고뇌와 비참과 불공평이 있다. 그러므로 부의 구속에서 벗어나 더없이 높은 경지의 영혼처럼 가난의 힘으로 강해져서 인간은 서로 사랑하지 않으면 행복할 수 없다는 사실을 깨달았다. 이 깨달음을 톨스토이는 지금보다 더 열성적으로 사람들에게 가르쳐야 한다고 생각했다. 자신의 정신을 덮쳐오는 눈앞이 아찔해질 정도로 명백한 이 진리를 모든 사람들도 깨우치게끔 만들어야 한다고 생각했다.

톨스토이가 깨달은 것은 다음 같은 진리였다. 학교나 문화로 순수한 마음을 더럽혀서는 안 된다! 결코 전쟁을 해서는 안 된다! 혁명을 일으켜서는 안 된다! 이 세상을 지금처럼 그대로 받아들여서는 안 된다! 신의 권위 외에 그 어떤 권위도 인정해서는 안 된다! 정부나 군대, 재판소에서는 폭력이 실행되고 이 둘 사이에는 모순이 존재한다. "적어도 아시아의 형제들은 악에는 절대 악으로 대항하지 말았으면 한다. 그리스도교도들이 무참하게 좌절한 바로 그 부분을 아시아의 형제들은 끝까지 이루어낼 수 있으리라 믿는다."

이 대전환의 소식이 퍼짐에 따라 올바른 '내일의 생활'에 뜻을 두고 있던 사람들이 잇따라 그의 둘레에 모여들었다. 그의 둘레에는 이제까지의 알음알이와 성격을 달리하는 새로운 사람들의 대집단이 이루어졌다. 유명한 농부 슈타예프와 본다료프, 화가 게, 교사 오를로프, 류만타프 도서관 사서 표도로프, 톨스토이의 가르침에 충실하고 과감한 실행자 체르트니코프, 《대 톨스토이전》의 저자이자 전기 작가인 비류코프 등이 그 사람들이다. 그 가운데서도 슈타예프와 본다료프 두 사람은, 범노동주의(汎勞動主義) 사상에 따른 사유재산 부정의 가르침으로 톨스토이에게 큰 영향을 주었다.

이러한 사람들과의 생생한 교제가 새로운 길로 민중에게 봉사하려는 톨스토이의 계획을 더욱더 굳게 했다. 그것은 종교·예술·과학 등 몇 세기에 걸친 선인의 풍부한 유산 가운데 가장 유익하며 민중의 마음에 배어들기 쉬운 것, 인류의 결합과 행복에 이바지할 만한 것을 골라내어, 누구에게나 쉽게 흡수될 수 있는 새로운 형식으로 옮겨 민중에게 널리 퍼뜨리려는 계획이었다. 1885년, 체르트니코프와 비류코프가 편집을 맡고 스이친 서점이 경영을 맡아 포스레드니크(진리와 영혼 양식의 전달자) 출판사가 세워졌다.

톨스토이가 포스레드니크 출판사를 창설한 목적은 물론 민중에게 글을 통하여 봉사한다는 그의 맨 처음 이상을 좇아, 가장 좋은 사상과 감정을 구현하는 문학을 공급한다는 데—그것도 가장 단순하고 간명하며 값이 헐한 양식으로 공급한다는 데—에 있었다. 남이 만든 옷을 걸치고 남이 만든 집에 살면서 편안히 들어앉아 글을 쓰는 행위가 조금이라도 허용된다면 작가들은 그들이 쓰는 의식주를 만들어 준 사람들에게 유익한 정신적 양식을 공급하여야 한다고 톨스토이는 생각했다. 만일 작가들이 특권 계급만을 즐겁게 하기 위해 자기 자신을 바치고, 노동자와 농민에게는 그저 정신적으로 소화할 수 없는 것을 주는 데 그친다면, 그들은 그 많은 형제들에게는 오히려 무거운 짐이자 재액이 될 것이기 때문이었다. 톨스토이는 그즈음 저명한 작가인 다닐레프스키에게 다음과 같이 말했다.

"글 읽을 줄 아는 몇백만 러시아인들은 굶주린 갈가마귀처럼 입을 벌리고 우리들 앞에 서서 '우리나라의 지식인인 작가 여러분, 당신들 자신과 우리들에게 합당한 문학적 양식을 주시오. 살아 있는 말(言語)에 굶주리고 있는 우리들을 위해서 써주시오. 죽어 있는 말(死語)의 쓰레기에서 우리들을 풀어주시오' 하고 요구하고 있다. 러시아인들은 아주 단순하고 정직하니까 우리들은 그들의 요구에 응해야 한다. 나는 이 일에 대해서 무척 많이 생각했다. 그리고 내 재능을 다 바쳐 노력해야겠다고 마음먹었다."

톨스토이는 오로지 이 일에만 지적 활동을 기울여 이제까지 자기를 길러 주었던 민중에게 마음의 양식으로써 보답하려고 했다. 러시아 민중문학에서의 톨스토이의 획기적인 활동은 이렇게 시작되었다.

톨스토이에 의한 〈복음서〉

"어떤 큰 생각을 하게 되었다. 그 실현에 나는 일생을 바칠 생각이다. 그것은 새로운 종교를 설립하고자 하는 것이다. 도그마와 기적으로부터 인연을 끊은 그리스도의 종교를." 이 '천계'를 얻은 뒤 톨스토이는 정교회에 대한 열렬한 투쟁(이로써 파문이라는 대가를 치르게 된다)을 시작한다. 톨스토이에 의하면 교회는 복음서의 이상을 배반하고 지식 때문에 신앙을 부패시킨 셈이었다.

본디의 그리스도교, 그 "마음이 가난한 자는 행복하리"라고 하는 그리스도의 가르침 아래 톨스토이는 철학적이고 고상한 상부구조를 단절했다. 톨스토이가 그렇게 한 것은, 종교인들이 몇 세기에 걸쳐 조금씩 쌓아 올린 것 때문에 오히려 참된 복음서의 정신이 질식되고 말았다고 보았기 때문이다. 교회가 앓고 있는 병폐 가운데 가장 심한 것은 국가와의 결탁이었다. 국가의 모든 제도는 국민들의 가난과 고통에 책임이 있다. 그 모든 것을 교회는 성스러운 것으로 축복하고 있다.

"'신의 것은 신에게 돌려주어야 한다'고 하는 말은 우리에게 오늘날 다음과 같은 의미가 되어 있다. '신에게는 1코페이카의 양초를 바치자. 공허한 의식용 말들을 올려라. 사람이 별로 필요로 하지 않는 물건은 모두 신에게 바쳐라. 그 대신 생명, 영혼 속에서 가장 성스러운 것은 시저에게, 즉 외국의 증오스러운 인간에게 돌려주지 않으면 안 된다'고 하는 그런 의미. 참으로 두려운 일이다. 인간이여, 부디 도리를 되찾도록 하라(《니콜라이 팔킨》)."

그리스도교의 유일한 현실적 기반인 복음서 자체가 종교의식적인 장엄함, 문장의 장중함에 휘둘리면서 오염되어 있다. 모순된 형태로 곡해되면서 올바르지 않게 되었다. 그렇기 때문에 톨스토이는 몇 년이나 걸려서 복음서의 문장을 정화하고 쓸데없는 것들을 찾아내 가지치기를 하여 단순하고 합리적인 복음서로 만들고자 했다.

믿어지지 않는 이 놀라운 행동의 결실은 〈집회, 4복음서의 번역과 분석〉이라는 제목으로 나타났다. 가령 '비유'라는 예를 보면, 총명한 처녀와 미친 처녀는 '영리한 처녀'와 '어리석은 처녀'로 바뀌었다. 또한 그리스도의 말씀에서 '나는 소생이 되고 생명이 되리'라는 부분은 '나의 가르침은 자각과 생명의 가르침'으로 되었다. 복음서와 마찬가지로 교의문답도 시험대에 올랐다. 새로운 '스승' 톨스

톨스토이와 생물학자 메치니코프, 1909년

야스나야 폴랴나에서 어린이들과 함께   1908년

토이는 정교회의 교의문답 대신 〈대중의 교의문답〉을 만들었다. 질문과 답변의 예를 몇 가지 들어보자.

'1. 너는 어떤 인간인가? 답 : 신의 종입니다. 22. 너희들의 왕은 누구인가? 답 : 우리들의 왕은 아버지이신 하느님이시며, 우리들의 정부는 그리스도입니다. 43. 교회를 갖고 있느냐? 답 : 갖고 있습니다. 그것은 인간의 영혼과 마음속에 세워진 교회입니다. 60. 사람은 나무로 된 성상 앞에서나 그리스 러시아식 교회의 나무와 돌로 만들어진 전당에서 기도를 드려야 하는 것이 아니다. 그것은 스스로 나무가 되는 벌을 받는 셈이다.'

민화 문학으로 삶을 이야기하다

민중문학 즉, 노동계급 대다수의 사람들이 아무런 행정적·자선적 내지 교육적 지배력에 좌우되지 않고, 또 지식인 계급의 문화 세력에도 영향받는 일 없이 제멋대로 제 돈으로 사서 읽을 수 있는 문학은 이미 벌써부터 고리 속에 물건을 넣어 팔러 다니는 옷감 도붓장수에 의해 상당히 퍼져 있었다. '도붓장수 문학' 또는 '고리 문학'으로 일컬어지던 이러한 문학은 성현의 전기라든가 영웅적인 서사시, 신화, 기사의 로맨스, 꿈해석, 편지틀, 노래, 달력 등을 내용으로 하여 민중의 독서 욕구를 어느 정도 채워 주고 있었다.

그러나 이러한 민중문학의 출판업자는 오로지 재미를 느끼게 해서 싼 값으로 많이 파는 것을 주된 목적으로 한 나머지, 내용의 의미를 등한시했다. 그 때문에 그러한 출판물은 맞춤법 사용이 엉망이었을 뿐만 아니라 때로는 앞뒤가 안 맞는 소설을 싣기도 하고, 때로는 책의 표제가 내용과 일치하지 않고 온갖 미신과 야비한 장면과 황당무계한 사실이 뒤섞여 있기도 했다. 그러나 민중의 독서욕이 아주 격렬한 데다 지식 계급의 사람들이 그 욕망을 채워 주는 경우가 아주 적었으므로 민중은 더 좋은 것이 나타나기를 오랜 세월 기다리면서 이 같은 조악하고 빈약한 정신

야스나야 폴랴나에서 민중문고(文庫) 개설을 축하하는 톨스토이

적 양식으로 아쉬운 대로 마음을 달래고 있었다.

이때 톨스토이가 같은 길로 나아가는 사람들을 한데 모아 본격 민중문학 분야로 진출한 것이었다. 그리고 톨스토이는 이 분야에서 잇따라 자기 저작을 써냈음은 말할 것도 없다.

톨스토이는 복음서의 진리를, 일반 대중이 쉽게 감동받을 수 있는 단순하고도 간명하며 정확한 말로 표현한 주옥같은 민화들을 썼다.

《사람은 무엇으로 사는가(1881)》와 똑같은 모티브에 의한 역작을 비롯해서 《신은 진실을 보나 나타내지 않는다(1872)》《불씨를 잘 다루지 못하면(1885)》《두 노인(1885)》《신이 이름 붙인 아이(1886)》《사랑이 있는 곳에 신이 있다(1885)》《양초(1885)》《바보 이반(1885)》와 《사람에게는 얼마만큼 땅이 필요한가(1886)》,《달걀만 한 씨앗(1886)》《회개한 죄인(1886)》 등의 여러 작품을 써냈다.

또한 이 같은 순수한 예술 작품 말고도 톨스토이는 다달의 농사와 농촌 생

활에 관한 훈화 및 여러 성현과 철인의 전기적 훈화도 썼다. 이러한 모든 저작은 마른땅의 샘물처럼 민중의 가슴에 배어들었다.

포스레드니크 출판사가 펴낸 톨스토이의 저작으로 2만 4천 부 이하로 찍은 것은 드물었으며, 더구나 그것이 한 해에 5판이나 거듭되었으므로 4년 뒤에는 1,200만 부가 팔린 셈이다. 즉 한 해에 300만 부 팔린 꼴이다. 그리고 톨스토이 쪽에서는 포스레드니크 출판사를 위해 쓴 작품은 모두 판권을 포기하고 있었으므로 다른 출판업자들도 서로 다투어 번각 출판을 해냈다. 이것 또한 엄청난 부수에 달했다고 한다.

이른바 대전환 뒤, 톨스토이는 1897년에 발표한 《예술과 삶》에서 참다운 예술이란 어떤 것인가 하는 자기의 새로운 예술관을 밝히고 있다. 예술은 참다운 의미의 종교적 감정을 전달해야 할 것, 세계적·우주적 보편성이 주어져 있어야 할 것, 어느 특수한 계급에만 그치지 않고 참다운 의미의 일반 대중에 흥미를 주어야 할 것, 그러기 위해 형식은 단순하고 간단명료하며 정확해야 할 것 등을 요구했다. 이 같은 예술관과 예술에 대한 요구와 아울러 그는 스스로 그 같은 예술 작품을 썼는데, 그것은 민화를 비롯해서 우화(寓話)·동화·전설에서 그 예술관을 구현해 보이고 있다.

만인을 위한 예술을 창조하려 했던 톨스토이는 단번에 보편성을 얻었다. 그의 작품은 전 세계에서 불후의 성공을 이룩했다. 그 이유는 그 작품이, 예술이 지닌 온갖 파멸되어야 할 요소에서 정화되어 있었기 때문이며, 또한 그 작품에는 영원한 것 이외에는 아무것도 포함되어 있지 않기 때문이다.

로맹 롤랑 《톨스토이의 생애》에서

루마니아 황후였던 카르멘 실바 같은 이도, 그때 영국 옥스퍼드 대학 출판부에서 세계 고전총서 중 《스물 세 편의 이야기》란 표제로 묶어 펴낸 톨스토이의 이러한 전기 이후의 예술 작품을 읽고 나서 단테, 셰익스피어, 그리고 성서와 함께 영원한 진리를 품은 불멸의 작품이라고 격찬했다. 황후가 "톨스토이가 이러한 작품 외에 작품을 하나도 쓰지 않았다고 하더라도 그는 세계의 대문호에 손꼽힌다"고 말한 것도 바로 이러한 예술 작품들이 '만인을 위한 예술의 창조'라는 톨스토이 예술에 대한 요구에 의하여 쓰인 것들이라는 데서 그 까닭을 찾을 수 있을 것이다.

인생 문학으로 삶을 이야기하다

톨스토이는 보기 드문 자전적인 작가이다. 그의 작품들은 삶의 고뇌와 참회의 성격을 지니고 있으며 예술과 생활이 밀접하게 결합되어 있다. 그리고 그의 복잡한 영혼의 음악에서 기조를 이루는 것은 보기 드문 진지함이다. 그의 작품과, 19세부터 시작하여 평생 계속해서 쓴 일기가 그의 모순에 찬 복잡한 생애를 말해 준다.

그리고 그의 생애를 훑어보더라도 그 긴 생애가 처음부터 끝까지 얼마나 한결같았는지를 보고 놀랄 것이다. 일생에 걸쳐 영혼과 육체의 싸움으로 몇 번이나 똑같은 위기가 그의 마음을 덮치고 똑같은 싸움이 그의 마음속에 일어났다. 그리고 그 위기를 벗어날 때마다 그는 처음으로 구원을 찾아낸 것을, 하느님을 발견했음이라 믿고 그때부터 자신의 생애가 시작된 듯이 생각했다. 그것은 그 싸움이 얼마나 괴로운 것이었던가, 그리고 그 싸움에 얼마나 자기 인생을 쏟아부었는지 말해주는 것이다.

톨스토이를 덮친 첫 번째 위기는 1847년 카잔대학을 중퇴하고 야스나야 폴랴나에서 농업경영을 시도하다가 실패하고 모스크바와 페테르부르크에서 방탕한 생활을 보냈던 3년간이었다. "공포와 모멸과 마음의 고통을 느끼지 않고서는 그 시대를 회상할 수가 없다. ……도박으로 큰돈을 잃은 적도 있다(톨스토이는 이 때문에 야스나야의 본관을 팔았다). 농부들의 땀과 눈물의 결정을 헛되게 팔아먹었고 그들에게 벌을 주고 방황하게 했고 속였다. 기만, 강탈, 온갖 종류의 간음, 주색의 탐닉, 폭행, 학살…… 내가 저지르지 않았던 죄악이란 거의 없었다"라고 톨스토이는 《나의 참회》 속에 고백하고 있다.

이 위기는 코카서스의 자연에 의해 구제된다. 그는 1851년 4월, 휴가를 얻어 고향에 돌아온 큰 형 니콜라이의 권유로 코카서스행을 결심했다. 코카서스의 숭고하고 웅대한 자연과 자연의 일부 같은 소박한 사람들에 둘러싸여 톨스토이는 다시 살아났으며 생명력이 강해져 갔다. 그리고 넘치는 생명력이 창작에 집중되어 그의 천재성이 비로소 꽃을 피우게 되었다.

톨스토이와 고리키　　　　　톨스토이와 체호프

　그렇다고 해서 여기에서 갑자기 그의 예술 의욕이 불타오른 것은 아니었다. 모스크바에서 방탕한 생활을 보내고 있을 무렵 이미 집시의 생활을 취재한 소설 구성을 짰으며, 스턴의《감정 여행》에 자극받아 그것을 모방한 소설을 쓰려고 진지하게 생각하고 있었다. 그러므로 코카서스의 자연에 의해 마음의 잡념이 씻겨 내리고 창작력의 자연스러운 발로가 촉진되었다고 보아야 할 것이다.

　톨스토이의 글에는 선과 악, 사랑과 희생을 일깨워주는 진리가 담겨 있다. 그의 특별함은 기독교적인 사상을 '실천적'인 것으로 이해하고, 문학을 실천적 가르침의 단계로 이끌고 갔다는 데 있다. 톨스토이는 소설이라는 구체적 환경에 놓인 인물들의 생생한 조건들을 부각시킴으로써, 자칫 명제화하는 것으로만 끝날 수 있는 사상을 실천 가능한 자리로 옮겨놓았다. 게다가 소설의 구체적인 배경을, 한 인간이 선과 악을 의지적으로 쉽게 선택할 수 있는 당위론적 공간으로 설정하지 않았다는 점에서 더욱 큰 의의를 갖는다. 여기서는 참과 거짓에 대한 이분법적인 가름이나 단순논리가 톨스토이 소설에서 왜 비판되는지에 대해서도 살펴볼 필요가 있다. 편리와 탈락과 간음이 유혹하는 세상에서 고민하는 인간을 신분에 관계없이 드러내면서, 그들이 어떻게 근로와 금욕과 절제를 통해 참 사랑을 깨달아가는가에 초점을 맞추고 있는 것이다.

행복을 찾아 고뇌하는 인간들, 누구나 알고 있는 것, 또는 알고 있다고 믿고 있는 것을 그는 전혀 새로운 체험으로 독자에게 제시하고, 그렇게 함으로써 작가와 독자 사이에 새로우면서도 그립기도 한 공통의 경험을 창출해내려고 한 자세는, 톨스토이 문학의 기본이 된다.

인생의 고뇌 속에서 진실을 갈망했던 톨스토이의 고백적 창작으로 《가정의 행복》《이반 일리치의 죽음》《크로이체르 소나타》《신부 세르게이》《나의 유년 시절》《빛이 있을 때 빛 속을 걸어라》《어둠의 힘》을 들 수 있을 것이다.

민화문학·인생문학 진리 사랑 행복을 열망

사람은 무엇으로 사는가

톨스토이는 이 작품을 1881년 1월에 쓰기 시작하여 여러 번 중단해 가면서 거의 1년에 걸쳐 집필했다. 민화 중에서 가장 긴 것 가운데 하나이며 또한 역작이다. 그러나 6, 70장밖에 안 되는 단편의 저작에 이토록 오랜 시일을 들였다는 것은 본디 톨스토이가 퇴고를 거듭하는 성격이었다는 점을 감안하더라도 이런 계열의 첫 작품인 이 한 편에 얼마나 큰 노력을 기울였는가 하는 것을 쉽게 알 수 있다.

이 작품의 저작에 있어 톨스토이는 예의 "민중 자신의 언어로, 민중 자신의 표현으로, 단순하고, 간명하며 알기 쉽게" 진력한 것이 분명하다. 마치 그것을 증명이라도 하듯 이 작품의 원고로서 오늘날까지 33가지의 초고(草稿)가 보존되어 있다.

1879년 7월의 일이다. 톨스토이의 별장 야스나야 폴랴나에는 한때 오르네츠 인으로 고대의 영웅담이나 민요를 이야기해 주는 U.P. 시체고료노크라는 사람이 머문 적이 있었다. 톨스토이는 이 사람에게서 많은 설화시(說話詩)나 전설을 듣고, 그것을 자세히 적어 놓은 바 있었다. 《사람은 무엇으로 사는가》도 바로 그 중에 하나로, 이야기를 들은 지 얼마 되지 않아 톨스토이 자신이 《대천사(大天使)》라는 제목으로 엮어낸 이야기의 속편이라 전해지기도 한다. 이 작품은 1881

년 12월에 잡지 〈어린이의 휴식〉에 실렸는데, 특히 이런 종류의 민간설화, 즉 '민화'의 제1막으로서 이 계열의 작품을 발표하는 계기가 되었다는 점에 큰 의미가 있다.

이 작품의 토대가 된 원천은 전해져 오는 민간 전설이다. 이 전설의 유래는 고대 러시아의 문헌과도 밀접한 연관이 있다. 그러나 '사람의 마음속에 있는 것은 무엇인가?' '사람에게 주어져 있지 않은 것은 무엇인가?' '사람은 무엇으로 사는가?' 하는 이 세 가지 과제를 가난한 신기료장수 부부와 천사를 등장시켜 풀어 나가는 구성은 완전히 톨스토이 자신의 창작이며, 훌륭한 구성과 이야기 전개 또한 톨스토이 자신의 공적임을 평가해야 한다.

인생이란 불행이나 슬픔에서 벗어날 수는 없다. 그러므로 우리는 더욱 신을 바라지 않을 수 없다.

'불행은 하느님이 바라시는 것이다. 그러므로 슬픔은 선(善)이다.'

그러면 신이란 무엇인가? 인종을 초월하고 국경을 초월한 사람들 마음속에 있는 사랑이야말로 그것이 아닐까? 사랑의 연금술에 의해서만 불행과 비애를 깨달음의 기쁨으로 바뀌게 할 수 있는 것이 아닐까? 그리고 그 속에 바로 살아가는 것의 모든 뜻이 있는 것은 아닐까?

사랑이 있는 곳에 신이 있다

1885년 3월 끝무렵 이 작품은 탈고되어 교정지에서 더욱 다듬고 매만져진 다음, 그 해 6월 초 포스레드니크 출판사에서 처음으로 출판되었다.

이 작품은 《사람은 무엇으로 사는가》와 달리 민간 전설에서 나온 것이 아니라 외국 작품의 번안이다. 원작은 프랑스 작가 루벤 사이안의 《마르틴 아저씨》라고 전해진다. 매우 훌륭하게 러시아화되어 완전히 러시아의 것으로 토착된 점이 주목할 만하다. 작품의 근저에 사랑의 복음을 전하고 그리스도교 정신의 진수를 강조하는 점 등은 물론 톨스토이적인 것이다. 이 작품의 진가는 그것이 거의 완벽할 정도의 구성력과 문장력을 갖춘 톨스토이의 민화 중에서도 가장 뛰어난 예술작품이라는 데 있다. 원작이라고 할 만한 프랑스 작가의 단편은 분명히 낡은 설교적 주제를 지니고 있을 뿐이다. 또한 지난날의 감화집(感話集)이나, 전기 문학 등에서도 얼마든지 볼 수 있는 종류의 테마를 다룬 것에 지나지 않았다. 하지만 톨스토이는 그것을 완전히 자기 것으로 소화하여 톨스토이 특유의 감동을 불러일으키도록 만든 것이다.

불씨를 잘 다루지 못하면

《사람은 무엇으로 사는가》를 발표한 톨스토이는 4년 뒤인 1885년에 이 민화를 썼다. 달걀 하나에서 시작된 사소한 일이 발단이 되어 마침내는 마을에 큰 불이 난다는 이 이야기는, 현대의 상황에 비추어 이해하면, 북한의 핵문제로 인한 미국 북한 다툼에서 비롯된 분쟁이 핵전쟁으로까지 발전하여, 이윽고 전지구의 모든 생태계가 절멸 위기에 몰리는 광경조차 상상시킨다. 악을 악으로 보복하는 것이 얼마나 끔찍스러운 일인가, 인간 세상에서 악을 몰아내는 것은 사랑밖에 없다는 톨스토이적인 작품이다. 작품의 내용은 실로 일목요연하여 아무런 해설을 필요로 하지 않을 정도이다. 특히 농민의 생활이 사실적으로 묘사되어 주목을 끈다. 톨스토이는 1884년 3월 초의 일기에 다음과 같이 쓰고 있는데, 여기서 작품의 주제를 시사해 주어 매우 흥미롭다.

"농부가 저녁때 밖에 나가 보니 처마 밑에 작은 불씨가 타고 있다. 그는 놀라 소리를 질렀다. 그때 처마 밑에서 한 사나이가 뛰어 달아났다. 농부는 그 사나이가 자기와 사이가 나쁜 이웃 사람임을 알아보고 그 뒤를 쫓았다. 그를 쫓아가는 사이에 지붕이 불을 뿜고, 집도 마을도 모두 타버리고 말았다."

이 작품이 맨 처음 탈고된 것은 1885년 4월 11일로 되어 있다. 그 뒤에도 많이 정정하여 5월 10일 인쇄에 들어갔으며, 그 후 다시 교정된 것이 현재 우리가 볼 수 있는 정고(正稿)이다. 이렇듯 수정된 원고는 그해 6월에야 비로소 세상에 나왔다고 전해진다.

달걀만 한 씨앗

1886년 5월 초 포스레드니크에서 발간된 《세 가지 이야기》 가운데 한 작품으로 1886년 2, 3월경에 쓰인 것이다. 범노동주의, 금전 부정(否定)의 사상을 단적으로 나타낸 것 가운데 하나로, 이야기의 소재가 된 것은 아파나셰프의 문집 《러시아 민간 전설》의 서문에 수록된 전설이라고 한다.

이 작품의 배경이 되는 사상은 다른 여러 민화 작품과 같다. 톨스토이는 이것으로써 문명의 진행 방향에 대해 크나큰 의혹을 표명하고 있다고 해도 지나친 말은 아닐 것이다.

두 노인

이 작품은 1885년 5월 말부터 6월에 걸쳐 집필되었으며, 7월 3일 포스레드니크로 보내진 뒤 교정지에서 여러 차례 수정돼 같은 해 10월에 단행본으로 출판되었다. 소재는 시체고료노크에게서 들은 전설로 톨스토이는 그것을 수첩에 《두 순례자》라는 제목으로 메모해 놓았다. 전설의 기조가 되는 사상은 12세기에 시작된 고대 러시아 문학에서 흔히 볼 수 있는 《이그멘(수도원장) 다니엘의 여행》 같은 것으로, 그것을 톨스토이가 감명 깊은 작품으로 만들어냈다.

전혀 다른 성격을 지닌 두 노인을 대비함으로써 형식적 교회와 참다운 그리스도교를 대립시키며 형식 타파를 강조하고 비판하는 것이 톨스토이의 주된 의도라 하겠다. 또한 이 작품의 끝 부분, 즉 몸집이 작은 노인이 양봉장에서 떼 지어 나는 꿀벌 떼에 에워싸인 채 벗어진 머리 주위에 때마침 비치는 저녁 햇살을 받아 노란 후광을 진 듯이 서 있는 광경은, 톨스토이 나름의 인상적인 회화적 색채 묘사로 눈앞에 보는 듯이 생생하게 그려지고 있다.

양초

톨스토이가 그의 전기를 쓴 P.I. 비류코프에게 들려준 이야기에 의하면 《양초》의 주제가 된 것은 한 주정꾼 농부에게서 들은 실제 있었던 이야기로, 톨스토이 자신은 그 이야기에 거의 아무런 수정을 가하지 않았다고 한다. 그럼에도 이 작품은 훌륭하게 그의 사상, 즉 악을 악으로 대항하지 말라는 교훈을 구현하고 있으며 무저항주의의 최후의 승리도 실감나게 우의(愚意)하고 있다. 그러나 결말인 관리인의 비참한 죽음에 대해서는 그것이 너무나 참혹하다 하여 논쟁까지 벌어졌다고 전해진다.

이 작품은 1885년의 5월 말에서 6월에 걸쳐 쓰였으며 7월 초 포스레드니크로 보내졌다. 그러나 같은 해 11월 7일, 체르트니코프는 '난폭한 결말'에 반감을 갖고 항의 편지를 써보냈다는 일화가 있다.

"이 관리인의 비참한 죽음은 실제 그가 악에 대한 선의 승리를 인식하고 자신을 이겨냈다고 느낀 뒤의 일인만큼 그에 대해 농부들이 품은 생각, 즉 '회개치 못한 죽음'이니 '배가 터져서 내장이 튀어나와라' 하는 식의 잔인한 생각은 문자 그대로 해석될 수 있으므로 그 모든 것이 너무나 참혹합니다. 그리하여 그 옳지 못한 잔인성으로 언제나 나를 놀라게 하는 구약성서 속의 이야기, 즉 자기를 비웃는 아이들에게 죽음으로써 보복했다는 예언자의 이야기를 생각나게 합니다."

이에 대한 답장으로 톨스토이는 이야기를 고쳐 '선량한' 결말을 써 보냈다. 그리고 이 결말은 이야기와 함께 《양초 또는 선량한 농부가 어떻게 심술 사나운 관리인을 이길 수가 있었는가》라는 표제로 1886년 잡지 〈주간〉 제1호와 포스레드니크 발행의 단행본으로 발표되었다. 그러나 같은 편지 속에서 톨스토이는 체르트니코프에게 다음과 같이 썼다.

"……하룻밤 내내 나는 《양초》에 대해 생각했습니다. 그리고 몇 번씩이나 정정하여 다른 결말을 맺어 보았습니다. 그러나 모두 잘 되지 않았으며, 또한 잘 될 리가 없다고 생각합니다. 뭐니 뭐니 해도 이야기는 결말을 예상하고 쓰였습니다. 그것은 전체가 조장합니다. 형식적으로나 내용적으로나. 그러나 나는 그 이야기를 그렇게 들었고 그렇게 해석했습니다. 그 외의 아무것도 아닙니다. 거짓 이야기로 만들지 않기 위해서는."

이렇게 하여 톨스토이는 최초의 원고 그대로 발표하고, 그 형태대로 이 작품은 세상에 알려지게 되었다.

신이 이름 붙인 아이

다른 작품들과 마찬가지로 이 작품도 악을 악으로 대항하지 말라는 사랑의 사상을 밑바탕으로 하여 세 가지의 진리를 말하고 있다. 그 진리란 첫째 사람을 구하려면 먼저 자신을 깨끗이 할 필요가 있다는 것, 둘째 먼저 자기 스스로 불타야 한다는 것, 셋째 자기 자신의 마음에 단단히 의지할 곳이 있어야만 한다는 것 등이다. 이런 점에서 《사람은 무엇으로 사는가》에 견줄 만한 역작이라고 할 수 있다.

이 작품은 1886년 2월과 3월에 쓰였으며, 같은 해 잡지 〈주간〉 제4호에 '민간 설화'라는 부제를 붙여 발표되었다. 이 잡지에서는 다행히 검열에 걸리지 않았으나 포스레드니크 판은 발매 금지를 당했다. 종교적인 면에서 이 이상 돼먹지 않은 무신앙의 글은 본 적이 없다고까지 혹평을 받았던 것이다. 이 작품이 포스레드니크에서 단행본으로 출판 발매된 것은 1906년이 되어서였다. 작품의 원천이된 것은 A.N. 아파나셰프의 문집에서 차용한 믿기 어려운―그것은 교회 성전으로서 인정되지 못했다―민간 설화, 즉《세례의 아버지》《죄와 참회》《주가 가난한 갓난아이에게 세례를 주었다는, 세례받은 아이들의 이야기》 등이라고 한다. 그러나 죄업(罪業)에 관해 널리 유포된 가지가지의 전설문학에서는 결말에서로 다른 점이 있으며, 그에 의하면 크나큰 죄인은 죄를 회개하고 실행 불가능의 종교적 징벌을 받지만 그것으로 죄를 보상하여 용서받는다는 것이다.

즉 변형된 어떤 종류의 전설을 보면, 죄인은 무자비한 아버지를 살해하고, 부농인 고리대금업자를 죽이고, 상인을 죽이며, 사람을 잡아먹는 왕을 살해하고, 옳지 못한 재판관을 죽이고, 무덤을 두드려 사자들을 부역장으로 동원한 관리인을 살해하는 등 온갖 행위를 저지르고 있다. 이리하여 아파나셰프의 문집에서도 검열을 고려했음인지 고대 교훈 문학에 유포하고 있는 구전 설화의 결말을 따랐음을 밝히고 있다.

바보 이반

《바보 이반》은 《사람은 무엇으로 사는가》《사람에게는 얼마만큼 땅이 필요한가》 등과 함께 톨스토이의 민화적 저작 가운데 최고봉을 차지하는 대표작이다. 이 작품에는 《바보 이반과 두 형인 무관 세묜, 배불뚝이 타라스, 그리고 누이 말라니야와 큰 도깨비와 작은 세 도깨비 이야기》라는 엄청나게 긴 표제가붙어 있으나, 역자가 번역 텍스트로 쓴 1928년 모스크바 국립출판소 판 《톨스토이 예술작품전집》에서 채택하고 있는 일반적인 간략화를 좇아 《바보 이반》으로 줄였다. 이 이야기는 러시아의 오래된 민간 전설을 바탕으로 하고 그 전설의세부에 여러 가지 다른 이야기를 넣고 있으나, 결국 이반의 그 끝없는 선량함에의하여 행복을 얻는다는 결말에서는 일치한다. 바보 이반은 이런 의미에서 러시아 국민의 전형이 되고 있다.

그러나 근본 사상에 있어 톨스토이의 《바보 이반》은 민간 전설에서 따온 것이라고는 전혀 볼 수 없는 완전한 독창적인 작품이다. 민간 전설에서 그대로 옮겨진 것이라고는 세 형제의 등장과, 바보로 다루어지고 있는 막냇동생에 대한 동정밖에 없다. 민간 전설에서는 세 형제의 사회적 신분이나 요구가 모두 똑같다. 즉 그들은 셋 모두 농민인 데다가 한결같이 공주에게 장가든다고 하는 육화(肉化)된 행운을 잡으려 하고 있다.

톨스토이는 이 작품에서 일상생활의 매혹적인 온갖 자질구레한 일과 그 음영을 낱낱이 담아 예술적인 민화의 형식을 창조하고 있으며 그 형식의 유머러스한 성격을 빌려 현대의 여러 계급에 비평적 태도를 표현하고, 또 아주 평이한 형식으로 자기의 종교적 무정부주의에 의한 사회적 이상을 나타내고자 노력했다. 《바보 이반》에서 군인 귀족 계급을 상징하고 있는 무관 맏이 세묜은 한결같이 획일화된 폭력적인 힘을 행사하고 있는 집단, 즉 연대에 묶인 군인의 폭력을 기초로 하는 현대적 군대 조직을 고발하고 있으며, 상인 계급을 대표하는 둘째 배불뚝이 타라스는 경제적 노예상태를 강요하는 현대 자본주의 사회의 구조적 모순, 즉 돈의 무도한 위력을 드러내 보이고 있다. 그런데 이런 모순들 앞에서 바보 이반은 역설적이게도 떡갈나무 잎을 비벼서 돈을 만들어 낸다.

이상에서 본 것처럼, 농민들에게 내놓은 두 가지 유혹은 군인 국가, 즉 군대의 조직과, 상인 국가, 즉 도깨비가 만들어 낸 돈에 관한 것이다. 그러나 바보 이반은 이 모든 것에 관심이 없다. 그에게는 군인들 자체가 음악이자 노래이며 금화 또한 어린애들 선물에나 쓰이는 장난감에 지나지 않는다. 전쟁과 돈, 그것은 인간성을 왜곡하고 인간이 보여 주는 것 가운데 가장 아름다운 사랑을 아무 망설임도 없이 짓밟아 버린다. 만일 이 두 가지가 세상에서 사라진다면…… 이 멋진 꿈을 이루어 주는 것이 《바보 이반》이다.

바보 이반은 단지 손에 못이 박이는 노동만을 인정할 따름이다. 손에 못이 박인 노동은 이 경우 빵을 위한 노동과 동의어이다. 바보 이반은 민간 전설에서와 마찬가지로 공주의 병을 낫게 해주고, 공주는 이반을 사랑하게 된다. 그녀는 그지없이 겸양을 갖춘 여자로, 나라를 물려받은 남편이 여전히 농부로 있기를 원하자 그녀 자신도 함께 농사를 짓는다. 예술과 과학을 폭력과 돈의 공범자로까지 타락시키고 있는 지식 계급의 화신인 큰 도깨비는 이반의 나라를 끝내 나쁜 길로 떨어뜨릴 수 없다. 아무도 큰 도깨비를 따르려는 사람이 없기 때문이다.

톨스토이의 농부들은 돈과 폭력에 대해서 무저항과 관용을 대립시키고 있다. 바보 이반의 두 형들이 왕위를 그만두었을 때 바보 이반은 슈타예프의 말대로 그들을 부양한다. 머리의 노동은 바보들에게는 불필요한 것이다. 그들은 두 손과 등으로 일하고 있을 뿐이다.

회개한 죄인/세 아들

이 두 작품은 모두 특별한 해설이 필요치 않을 정도로 단순한 작품이다. 《회개한 죄인》은 1886년 2, 3월경에 쓰여 같은 해 4월 발행된 《톨스토이 저작집》에 수록되었다. 그 소재가 된 것은 A.N. 아파나셰프의 문집 《러시아 민간 전설》 속의 《술꾼의 이야기》라고 하며, 《세 아들》은 어떤 우화에서 취한 것으로 알려지고 있다. 특히 이 작품은 사람이 살아가는 방법을 보여준다는 점에서 짧은 이야기이면서도 감동을 준다. 또한 이것은 《회개한 죄인》과도 비슷한 작품으로 톨스토이 특유의 인간에 대한 예리한 통찰력을 높이 살 만하다.

빵조각을 보상한 작은 악마

동화극 《최초의 술 만들기》와 같은 취향의 이 작품은 음주의 해독을 교훈적으로 그리고 있다. 여러 번 언급되었듯이 톨스토이는 A.N. 아파나셰프의 문집 《러시아 민간 전설》에서 자신의 민화에 채택할 많은 소재를 찾아냈다. 톨스토이가 《러시아 민간 전설》을 처음 읽게 된 시기는 1886년 2월이었다.

"그러나 그것들은 모두 단편적이었다……. 하나의 편린이 여기에 있는가 하면 다른 한 조각은 다른 곳에서 찾아야만 한다……. 만약 이러한 단편들을 안배할 수 있다면 과연 거기서 무엇이 생길 것인가……."

톨스토이는 그즈음 이렇게 찬탄하고 있다.

이 주옥 같은 소품 또한 그 무렵에 쓰인 것으로 톨스토이는 《러시아 민간 전설》에 인용된 백러시아(지금의 벨로루시)와 타타르와의 베어리언트(變刑)를 이 작품의 소재로 삼았다. 1886년 포스레드니크의 단행본 《세 가지 이야기》로 초간되었다.

사람에게는 얼마만큼 땅이 필요한가

인간의 욕망은 얼마나 무한한가, 그리고 그것이 인간에게 얼마나 무서운 결과를 초래하는가 하는 점을 깊이 생각하게 하는 작품이다. 《사람은 무엇으로 사는가》《바보 이반》 등과 함께 널리 알려진 대표작의 하나이다. 1886년 2월부터 3월에 걸쳐 쓰여 《빵조각을 보상한 작은 악마》와 마찬가지로 포스레드니크 발행의 《세 가지 이야기》와 《루스코에 보가츠스토브(러시아의 富)》 제4권에 동시에 발표되었다.

그리스의 역사가 헤로도토스의 원본을 독파한 것과 사마라 초원 체류 시에 바시키르인의 생태며 풍속을 실지로 체험한 것이 이 작품을 쓴 동기가 되었다는 것은 상상하기 어렵지 않다. 그러나 죽음의 결말로 끝나는 토지 분쟁에 대한 전설은 우크라이나 지방의 민간 설화 속에서도 찾아볼 수 있다.

이 한 편에 담겨진 사고방식, 즉 사람에게는 여섯 자의 땅만 있으면 족하다는 사상은 이 작품의 발표 당시 몇몇 평론가로부터 신랄한 비판을 받았다고 전해진다. 그 골자는 "여섯 자의 땅으로 족한 것은 죽은 사람이지, 살아 있는 사람은 그것만으론 살 수 없다"는 주장이다. 이 반론이 단순히 말꼬투리를 잡는 식의 피상적인 것에 불과하다는 점은 분명한 일이며, 톨스토이의 의도가 그러한 말초적인 논리 유희(論理遊戱)에 의하여 움직여질 만큼 천박한 것이 아니라는 점 또한 확실하다.

소재는 역시 《러시아 민간전설》에 들어 있는 전설이라 한다. 사람의 물욕은 채워지면 채워질수록 더욱 커진다. 그것은 권세욕이나 명예욕 또한 마찬가지이다. 나라마다 서로 손톱을 세우고 엄니를 갈고 있는 군비확장 따위가 그 좋은 예라 하겠다.

세 은자

형식적 종교, 교회적 종교의 부정이라는 의미에서 보면 《두 노인》과 일맥상통하는 점 있는 작품이나, 그보다 양적으로 짧은 만큼 긴장미가 있어 소품으로서의 장점이 효과적으로 발휘되어 있다. 특히 세 사람의 은자가 바다 위를 걸어오는 결말 부분은 귀기(鬼氣)조차 서려 있어 매우 인상적인 감동을 주는 역작이다. 1886년 1, 2월에 저작에 착수한 단편으로 같은 해 잡지 〈니이와〉 제13호에 〈민간 설화〉로서 발표된 걸작이다. 이야기의 주제는 구전으로, 또는 글로써 전해져 널리 유포된 매우 교훈적인 설화의 전형이다. 16세기 러시아의 고문서에는 서구의 교훈문학에 기원을 가졌으면서 내용은 톨스토이의 작품과 가까운 것이 발견된다고 한다. 이것은 주로 그 이야기들이 볼가 지방의 구교도 사이에 전해 내려온 때문이 아닌가 추정된다. 톨스토이가 이 작품의 부제를 '볼가 지방의 전설에서'라고 쓴 것으로 보아 그러한 연관성은 더욱 확실시된다.

머슴 에멜리안과 북

톨스토이는 이 작품을 1887년에 집필, 야스나야 폴랴나에서 여러 사람에게 스스로 낭독해 주었다고 한다. 《톨스토이 저작집》에 이 작품을 수록할 예정이 었으나 검열의 요구로 부득이 삭제되고 말았다. 처음으로 세상에 발표된 것은 1891년, 스위스의 제네바에서였으며, 더욱이 '볼가 지방의 옛 민화를 레프 톨스토이가 재현한 것'이라는 주가 붙은 채였다. 이 작품이 러시아에서 처음으로 발표된 것은 1892년 '굶주리는 백성 구제'를 위해 발행된 문집에서인데, 그나마 검열에 의해 왜곡된 부분이 많았다. 검열에 의한 수정 없이 원작대로 햇빛을 본 것은 그보다도 14년이 지난 1906년, 포스레드니크 판에서였다. 이 작품의 구성은 사도프니코프 편저 《사마라 지방의 구비 전설》에 수록된 《가짜 북》을 소재로 하고 있다.

제정(帝政) 러시아 정부는 민화의 재간행을 여러 번 금지시켰다. 그것은 민중이 이 작품에서 감동받아 정신적 각성을 이루는 것을 두려워했기 때문이었다. 톨스토이의 무저항주의, 이웃사랑 등의 막연한 말은 소극적이고 패배적인 것으로 여겨지기 쉽지만, 그의 민화는 부조리에 대한 강렬한 저항정신에 일관된 톨스토이 사상의 진실 그것이었다.

가정의 행복

이 소설은 〈러시아 통보〉 1859년 4월 제1호와 2호에 나누어 실렸다. 톨스토이가 이 작품을 쓴 것은 열일곱 살이나 연하인 소피아 부인과 결혼하기 3년 전이었다. 예술가의 마음속에서는 이미 이 결혼이 시작되었으며 앞으로 올 모든 일들을 미리 공상 속에서 맛보고 있던 것이다. 톨스토이가 여자의 마음속에 들어가 여자의 시선으로 사랑의 세계를 본 최초이자 단 하나의 작품이다.

아버지를 잃은 뒤 아버지의 친구에게 품고 있던 존경이 사랑으로 변해가는 미묘한 과정, 애타게 기다리던 사랑의 말이 속삭여지던 엄숙한 순간, 결혼, 사랑의 에고이즘, 단조로운 생활의 권태, 활동적인 삶을 향한 동경, 점차 멀어져 가는 두 사람의 마음, 사교계의 독, 질투, 오해, 사랑의 여름에서 가을로 변해 가는 모습, 사랑에서 부부애 그리고 모성애로 바뀌어가는 숭고한 과정이, 수줍음의 베일에 에워싸인 여인의 섬세한 영혼이 보여주는 궤적에 따라 그려지고 있다. 로맹 롤랑은 이 소설을 "사랑의 기적"이라고 찬양했다.

이반 일리치의 죽음

톨스토이가 언제부터 《이반 일리치의 죽음》을 집필하기 시작했는지 정확히 알려져 있지 않지만 적극적으로 집필에 매달려 있던 것은 1884년 4월에서 1886년 3월에 걸쳐서이다. 이 이야기의 주인공 이반 일리치 고로빈의 모델은 툴라 관할 재판소 직원으로, 1881년 6월 2일 암으로 사망한 이반 일리치 메치니코프라고 한다. 그는 유명한 생물학자 일리야 메치니코프(1845~1916)의 형이다. 톨스토이는 일리야 메치니코프와 만났을 때 그것을 생각해 내 "나의 장편 《이반 일리치의 죽음》은 당신의 죽은 형과 관계가 있습니다"라고 말했다. 이반 메치니코프가 죽기 직전에 흘린 감상을 미망인이 쿠즈민스키 부인에게 전하고, 그 부인은 그것을 다시 톨스토이에게 전해주었다고 한다. 이 작품은 발표됨과 동시에 높은 평가를 받았다. V.V. 스타소프는 1886년 4월 28일 톨스토이에게 다음과 같은 편지를 쓰고 있다.

"나는 지금까지 살면서 이만한 작품을 읽어본 적이 없습니다. 이 지상의 어느 민족에게도 이만한 창조적 재능은 찾아볼 수 없습니다. 이 70매의 작품에 비하면 모든 작품이 보잘것없고 빈약하게 보입니다."

작곡가 차이코프스키는 1886년 6월 일기에 이렇게 쓰고 있다.

"《이반 일리치의 죽음》을 읽었다. 나는 동서고금을 통해 최대의 작가, 즉 예술가는 L.N. 톨스토이라고 더욱 확신하게 되었다. 유럽이 인류에게 준 모든 위대한 것을 사람들 앞에서 나열해 볼 때 러시아인이 수치스러워 고개를 숙이지 않기 위해서는 그 한 사람만으로도 충분하다. 톨스토이의 무한한 위대함, 아니 거의 신성하다고까지 말할 수 있는 그 가치에 대한 나의 확신에 애국주의 따위는 어떤 역할도 하고 있지 않다."

이러한 찬사를 바친 것은 같은 나라 사람들만이 아니다. 프랑스의 작가 모파

상도 "이제야 나는 나의 열 권의 작품이 전혀 가치가 없는 것임을 깨달았다"고 이 작품에서 받은 감동을 고백하고 있다. 아마도 톨스토이 만년의 작품으로 이 정도로 이의 없이 높은 평가를 받은 작품은 드문 예일 것이다. 로맹 롤랑도 "러시아 작품 가운데서 프랑스의 독자를 가장 감동시킨 작품"이라고 말하고 있다.

전형적인 인간생활의 전형적인 사태—죽음—에 대한 심각한 철학적 고찰이라 할 만한 이 소품은 톨스토이의 모든 작품 가운데에서도 가장 중요한 지점을 차지한다.

크로이체르 소나타

이 소설의 모티브는 1887년 6월 20일, 배우 안드레 에프 브루라크(1834~1888)가 야스나야 폴랴나에 머물던 톨스토이를 방문해서, 과거 기차 안에서 낯모르는 승객으로부터 아내에게 배신당한 남편의 고통에 대한 고백을 들은 적이 있다며 들려준 이야기에서 시작한다. 안드레 에프 브루라크는 카잔대학에서도 공부한 적이 있는 우수한 배우로 연극평론이나 단편집도 발표하고 있던 인물이었다. 특히 그의 고골리 《광인일기》 낭독은 뛰어나고 유명했다. 이 안드레 에프 브루라크의 이야기가 《크로이체르 소나타》 집필의 동기가 된 것은 소피아 부인의 일기에도 분명히 나와 있다.

톨스토이는 1887년부터 집필을 시작해 몇 번인가 작업을 중단한 끝에 1889년 가을 드디어 이 작품을 완성했다(다음해 탈고). 이 작품 또한 이른바 대전향 뒤에 쓰인 얼마 안 되는 예술작품 가운데 하나로 그 구성은 이야기와 논쟁이 서로 섞여 있다. 그 논쟁 부분만을 따로 떼어 놓고 보면 설교가인 톨스토이의 의견이 있는 그대로 피력되는 듯한 느낌을 준다. 그러나 로맹 롤랑은 이 작품을 "강한 효과, 정열적인 집중, 줄곧 떠오르는 인상, 형식의 충실과 원숙함 등의 점으로 보아 톨스토이의 어느 작품도 《크로이체르 소나타》에 필적하는 것은 없다"라고까지 평하며 무한한 찬사를 보내고 있다. 체호프도 1890년 2월 19일 프레시체예프 앞으로 보낸 편지에서 이 작품에 대한 감상을 다음과 같이 적고 있다.

"설마 당신은 《크로이체르 소나타》가 마음에 들지 않는 것은 아니겠지요? 저도 이것이 천재적이며 영원한 작품이라고는 말하지 않겠습니다. 저에게는 그런 판정을 내릴 자격은 없으니까요. 하지만 저의 의견으로는 현재 우리나라 및 외국에서 쓰이고 있는 수많은 작품 가운데 그 구상의 중요성과 완성도의 아름다움에서 이 작품과 비견할 만한 것을 찾아내는 것은 불가능하다고 생각합니다. 이곳저곳에서 보이는 놀랄 만한 예술적 달성에 대해서는 말할 것까지도 없지만 그것이 극단적인 곳까지 사상을 환기시켜 준다는 것에 감사해야 합니다. 저는 읽으면서 '그렇지!'나 '바보같이!'라는 외침을 겨우 참았을 정도입니다."

이 작품이 소피아 부인이 편집한 전집 제13권에 수록될 수 있었던 것은, 1891년 4월 13일 부인이 알렉산드르 3세에게 직접 탄원한 결과였다. 그때 황제는 가정과 결혼을 부정하는 이 작품을 어째서 그토록 전집에 수록하고 싶어 하는가, 작가의 아내로서 이 작품을 불유쾌하게 생각하지 않는가 물었다고 한다. 그에 대해 소피아 부인은 이것은 작가의 아내로서가 아니라 전집 출판자로서 부탁하고 있는 것이라고 대답하고 전집 말고는 출판하지 않는다는 조건 아래 허가를 받았다. 하지만 그 뒤 톨스토이의 저작권 포기에 의해 알렉산드르 3세는 '저 부인이 나를 기만한 것이라면 대체 누구를 신용할 수 있을까?'라고 탄식을 했다는 에피소드가 전해지고 있다. 최초의 단행본은 검열 때문에 1890년 스위스에서 출판되었다.

신부 세르게이

1890년 1월, 톨스토이는 V. 체르토코프에게 《신부 세르게이》의 구상에 대해 이야기했다. 그러자 체르토코프는 그에게 한시라도 빨리 그 줄거리를 적어두라고 말했다. 톨스토이는 체르토코프 앞으로 "나는 신부 세르게이의 이야기에 매우 흥미를 기울이고 있습니다"라고 적어 보냈다. 그리고 3월부터 5월에 걸쳐 집필에 착수해 단숨에 초고를 써냈다. 하지만 언제나처럼 몇 번이나 개작을 되풀이하면서 1891년 여름까지 시간을 끌었다.

톨스토이는 이 작품을 그대로 방치해 두다가 1898년 두호보르파 교회 신도 구제를 위한 자금이 필요해졌을 때 《부활》과 함께 출판하기로 생각하고 다시 고치기 시작했지만 결국 완성을 보지 못했다. 이 작품은 톨스토이의 거부로 출판되지 못했다. 그러나 톨스토이 자신도 작품을 완성하려고 하는 희망을 버리지 않았던 것인지 1900년에 고리키를 만났을 때 《신부 세르게이》의 내용을 들려주었다. 고리키는 그 이야기에 매우 감탄했던 것을 잊지 않고 있다. 만년에 지은 일련의 예술작품이 모두 성적 문제를 하나의 공통적인 테마로 하고 있다는 점은 흥미로운 사실이다.

나의 유년 시절

1851년 11월 1일, 톨스토이는 형 니콜라이와 함께 트빌리시에 도착해 정식으로 포병대에 들어가는 시험을 치르기 위해 그곳에 머물렀다. 어머니와 마찬가지인 타치나아 숙모에게 부친 편지에 의하면 그는 이 무렵 《나의 유년 시절》을 집필하는 중이었다고 한다. 그즈음 그의 주위에는 그를 매혹시킨 웅대한 자연이 있었으며 그의 흥미를 끈 군인이나 코사크 등 새로운 사람들과 산(山)사람 토벌과 같은 강렬한 인상을 주는 일들이 많았다. 그런데 그는 어째서 오히려 과거 생활의 추억 속으로 돌아갔던 것일까.

여기에는 두 가지 이유를 생각해 볼 수 있다. 하나는 병이 든 것과 외로운 숙모 때문이었다. 톨스토이는 타향에 혼자 살면서 감상적인 '울보 레프'가 되었으며, 특히 "내게 생길 수 있는 두 가지의 커다란 불행은 내가 내 목숨보다도 더 사랑하고 있던 두 사람, 당신과 니콜레니카가 세상을 떠나는 일입니다"라고 말할 정도로 사랑하고 있는 타치아나 숙모가 보낸 "도저히 참기 어려운 고독한 생활에 하루라도 빨리 끝을 내려 달라고 하느님에게 기도하고 있다"는 슬픈 편지가 그의 마음을 아프게 하여 그의 마음의 눈을 어린 날들의 시적인 추억으로 향하게 했을 것이다.

또 하나는 그의 문학적 상상력의 주기적인 성질이다. 톨스토이는 코카서스 자연 속에서 하느님의 계시를 받은 것에 착상하여 《네 시대 이야기》의 구상을 짜고 유년 시절 자신의 생활부터 쓰기 시작했다. 제4부 '코카서스 시대'는 결국 쓰지 않았지만 톨스토이의 청춘의 노래라고 불리는 《코사크》를 썼다. 그러나 이것도 톨스토이의 구상에 의하면 코카서스에 대한 장편소설의 첫 부분이었던 것이다. 만년에 《하지 무라트》로 인해 톨스토이는 다시 코카서스로 돌아갔다. 문학을 시작할 때부터 이미 톨스토이는 고립된 주제를 추구하는 작가가 아니라 역사와 생활의 커다란 흐름을 쓰는 작가임을 분명히 하고 있던 것이다.

톨스토이는 2월에 토벌전에 출전하기도 했지만 5월에는 휴가를 얻어 지병인 류머티즘 치료를 위해 온천지 퍄티고르스크(시인 레르몬도프의 연고지)로 가서 그곳에서 네 번이나 고쳐 써 첫 작품을 탈고했다. 그는 이 작품에 《나의 유년 시절》이라는 제목을 붙여 L.N이라는 서명으로 그즈음의 대표적인 문예잡지 〈현대인〉에 기고했다. 책임자 네크라소프는 저자의 천부적 재능을 인정하고 내용의 순수함과 진실함이 이 작품의 무엇과도 바꿀 수 없는 가치라고 칭찬하며 〈현대인〉 9월호에 실었다.

이 작품은 그 내용의 진실과 조화된 높은 문학성 덕분에 문단에서 높이 평가받았다. 바나예프의 회상에 따르면 "수많은 독자로부터 새로운 작가에 대한 칭찬의 말들이 쏟아져 들어왔으며 저자가 누구인지 관심이 높았다"고 한다. 투르게네프는 이 익명 작가의 새로운 소설에 감동해 방금 간행된 잡지를 들고 톨스토이의 집을 방문해 그것을 낭독하고 누가 그들 생활의 내면을 이토록 상세히 알 수 있겠느냐고 말해 가족 모두를 매우 놀라게 만들었다고 톨스토이의 누이동생 마리야는 회상하고 있다.

톨스토이는 《나의 유년 시절》에서 자전적인 사소한 이야기들을 많이 다루었으며, 자신의 정신적 성장의 주요한 순간을 묘사하고 성장에 영향을 준 주위 사람들의 형상을 재현했다. 니콜레니카의 유년 시절은 톨스토이의 어린 시절 생활의 인상에 대한 시적인 일반화라고 보여진다. 이것들의 인상은 사랑과 행복으로 아름답게 채색되어, 아버지의 영지에서, 아름다운 러시아의 자연 속에서 사랑하는 부모님과 사랑스러운 가정교사 카를 이바느이치나, 선량한 늙은 유모 나탈리야 사비시나 등에 둘러싸인 니콜레니카의 생활은 밝은 기쁨에 감싸여 있다. 그러나 톨스토이는 니콜레니카를 둘러싼 세계 속에서 기쁨만을 보고 있던 것은 아니다. 톨스토이는 이 최초의 소설에서 이미 니콜레니카의 어리고 순진무구한 마음을 어둡게 만드는 현실 생활의 그늘진 부분을 묘사하고, 행복한 표면 아래에 숨겨진 수많은 현상에 대해 조그만 가슴이 아픔을 겪으며 정신적으로 성장하는 복잡한 과정을 미묘한 필치로 그려내고 있다.

이 작품 발표 당시 일반인들에게 신인의 첫 작품이라기보다는 원숙한 예술가의 작품이라는 인상을 주었다. 디킨스의 《데이비드 코퍼필드》의 영향이 보이고 전체에 넘치는 달콤한 감상성 때문에 톨스토이 자신은 이 작품을 좋아하지 않았지만, 당시의 비평가들은 바로 그러한 이유에서 이 작품에 감동하고 시정 넘치는 뛰어난 예술작품이라고 인정했다.

그러나 톨스토이가 아무리 재능이 뛰어나다고 해도 처음부터 느닷없이 이러한 예술작품을 쓸 수 있을 리는 없다. 여기까지 오기에는 상당한 문학 수업이 필요했음은 더 말할 필요도 없다. 이 점을 처음으로 지적한 것은 체르니셰프스키이다. 그는 재능이란 완성된 형태로 이 세상에 나타나는 것이 아니라 수련에 의해 만들어지는 법이라 말하고 《나의 유년 시절》을 집필하기까지에는 많은 문학수업이 선행되었을 것이라고 단정했다. 그리고 그는 "톨스토이 백작이 가진 재능의 특질은 …… 그가 인간의 정신생활의 비밀을 자기 자신의 내부에서 아주 주의 깊게 연구했음을 증명하고 있다는 것이다. 이 지식이 귀중한 것은 …… 그것이 인간 생활 일반에 대한 연구와 행동, 정열적인 싸움 및 감명의 성격과 원동력을 해명할 수 있는 확실한 기초를 그에게 준 점이다"라고 단정하고 있다.

즉 체르니셰프스키의 의견에 따르면 톨스토이의 재능은 자기 관찰과 자기 생활의 연구라는 작업을 기초로 해서 형성된 것이다. 톨스토이의 일기와 일기에 씌인 광적일 정도의 자기 분석은 이 논문 발표 후 몇십 년이 지난 뒤 처음으로 공개된 것이므로 체르니셰프스키의 비평의 눈은 예리하다고 할 수 있다. 일기는 이렇듯 톨스토이에게 문학 수업의 장이었다고 해도 좋을 것이다.

빛이 있는 동안 빛 속을 걸어라

톨스토이가 《빛이 있는 동안 빛 속을 걸어라》와 그 프롤로그에 해당하는 《한가한 사람들의 대화》를 언제 쓰기 시작했는가는 분명하지 않다. 그러나 작품의 테마나 사상으로 보아 아마도 1880년대 초, 즉 그가 《나의 참회》을 발표하고 자기가 도달한 새 그리스도교 세계관을 널리 세상에 알린 바로 뒤였을 것이라 보여진다. 이때의 원고는 《빛이 있는 동안 빛 속을 걸어라》와 《한가한 사람들의 대화》라는 두 가지 단편으로 이루어진 것이 아니라, 《한가한 사람들의 대화》가 도입부가 되어 등장인물이 《빛이 있는 동안 빛 속을 걸어라》의 이야기를 소개하는 구상으로 되어 있었다.

톨스토이가 뛰어난 제자 체르토코프의 권유에 따라 이 작품 집필에 본격적으로 들어간 것은 1887년 초 무렵이다. 오랫동안 방치해 두었던, 어쩌면 본인도 잊어버리고 있었는지도 모르는 이 이야기는 톨스토이의 창작 의욕을 크게 자극했던 것으로 보인다. 소피아 부인에게 이 작품의 진행 상황을 알리는 몇 통의 편지에서도 밝혀진 대로 톨스토이는 일주일도 걸리지 않아 이 원고를 완성했다.

하지만 다 쓰기는 했지만 톨스토이는 작품의 완성도에 만족하지 못해 그의 대부분의 작품과 마찬가지로 소피아 부인에 의한 정서, 톨스토이의 퇴고와 가필, 체르토코프의 재촉과 조언이라는 과정을 밟아가게 된다. 그리하여 1887년 4월 무렵에는 작품의 완성에 체념하기 시작한 톨스토이에게 박차를 가하기 위해 체르토코프를 비롯한 뛰어난 제자들은 작품의 이런 부분을 첨가하면 어떻겠느냐 하는 리스트를 작성하여 그에게 제시하거나, 톨스토이의 원고를 체르토코프가 수정하거나 보충하기도 했다. 톨스토이는 정정 및 가필된 부분을 하나하나 읽어보고 살려야 할 부분은 자기 손으로 다시 새롭게 수정하여 몇 번이나 원고를 다듬기를 되풀이해 1887년 6월 즈음 드디어 최종원고를 완성했다.

그러나 이 작품도 러시아에서는 쉽게 햇빛을 보지 못하고, 1890년 영어 번역판이 〈프트나이틀리 리뷰〉지에 실림으로써 최초로 활자화되었다. 그다음 1892년에 제네바에서 최초 러시아어판이 출판되었다.

이 소설이 처음으로 러시아 국내에 발표를 허락받은 것은 1893년이다. '가난한 이주민을 후원하는 모임'의 자금을 모으기 위한 문집《길》에 수록되었던 것이다. 그러나 사유재산, 폭력에 의해 움직이는 국가, 국가의 부정 등이 화제가 되고 있는 부분은 검열에 의해 모두 삭제되었다.

러시아 국내에서 이 작품이 완전한 형태로 발표된 것은 20세기에 들어와서의 일로 1913년 비류코프가 감수한 톨스토이 전집 제16권에 무삭제로 수록된 것이 처음이다. 그러나 이때 이미 톨스토이는 이 세상 사람이 아니었다.

《빛이 있는 동안 빛 속을 걸어라》는 복음서가 전하고 있는 그리스도의 가르침에 따라 살아가라고 설파한 만년의 톨스토이의 사상을 매우 알기 쉽게 표현한 작품이다.《나의 참회》,《그러면 우리는 무엇을 할 것인가》이후의 작품이나 논문에서 톨스토이가 전개하는 그리스도적인 무정부주의는 고대의 원시 그리스도교의 세계를 이상으로 삼은 것이라고 해도 좋을 것이다.

바로 그 원시 그리스도교의 세계에서 살아나가는 청년 팜필리우스와 온갖 욕망과 야심, 공명심 등이 소용돌이치는 속세에 푹 빠져 있는 청년 율리우스라는 두 인물을 중심으로 톨스토이 사상이 담담히 서술되고 있다. 특히 현실에 절망하거나 자기혐오에 빠져 몇 번인가 팜필리우스가 사는 세계로 달려가려고 마음먹으면서도 그때마다 의혹과 미혹에 빠져 다시 속세로 돌아와 거기서 다시 성공을 거두고 팜필리우스의 사상을 부정하기에 이른 율리우스의 모습이 아주 생생하게 묘사되어 있다. 그 때문에, 속세의 성적인 사랑이라든가 사유욕, 명예욕 등이 얼마나 강력히 우리를 돈에 얽매이게 했는가, 또 톨스토이가 이상으로 삼은 그리스도교적인 자기완성에 장애가 되었는지가 강한 설득력으로 다가온다.

만년의 톨스토이 사상을 잘 전달해 주는 훌륭한 작품이라 할 수 있다.

어둠의 힘

1886년 8월 31일, 톨스토이는 배우 겸 연출가인 M. 렌토프스키(1843~1906)로부터 민중극장 '스코몰로프'에서 상연할 대중을 위한 희곡을 써달라는 의뢰를 받았다.

렌토프스키는 젊은 날의 스타니슬라프스키(1863~1938)에게도 영향을 준 뛰어난 연출가이다. 당시 '스코몰로프' 극장 제작진에는 안드레 에프 부르라크도 섞여 있었다. 톨스토이는 이 의뢰에 응해 그때까지 오랫동안 남몰래 수집해 왔던 농민들의 속어나 특수한 표현을 아낌없이 구사해 진실한 농민생활을 다룬 희곡을 쓰고자 마음먹었다. 그는 툴라 관할 재판소에서 다루었던 에프렘 코로소코프의 사건에서 힌트를 얻어 지방 농촌에 있는 농민의 비참한 생활을 부각시키는 데 성공했던 것이다.

희곡의 집필은 매우 순조롭게 진행되어 연말에 완성이 되었다. 하지만 이 연극도 검열 때문에 곧바로 상연할 수는 없었다. 드디어 1890년 1월, 처음으로 페테르부르크의 프리세르코프 저택에 있는 알렉산드린스키 극장에서 연출자 V. 다비드프에 의해 상연되었다. 그날, 배우들이 이미 분장을 마쳤을 즈음, 페테르부르크 시민 그렛셀은 프리세르코프 저택에 사신을 보내어 "일반에게 금지된 연극 《어둠의 힘》을 상연하고자 하는 것에 대해 황제가 매우 불쾌하게 생각하고 계시다는 것이 내 귀에 들어왔소"라고 알려왔다.

그 뒤 1895년, 검열에 의한 상연금지가 해제되자 모스크바, 페테르부르크를 비롯하여 그 밖의 지방 도시에서도 연이어 상연되었다. 1895년 모스크바의 소극장에서 상연되었을 때는 톨스토이가 스스로 배우들이 대본을 읽는 것을 듣고 그 무대 리허설에도 참관했다고 한다. 1895년 페테르부르크의 알렉산드린스키 극장에서의 무대에서는 유명한 여배우 M. 사뷔나(1854~1915)가 아쿨리나 역을 연기해 대성공을 거두었다.

1902년 《어둠의 힘》은 모스크바 예술계의 상연 목록에 들어 오늘날까지 이어져 오고 있다. 또 러시아 상연에 앞서 1888년 파리에 있는 자유극장에 의해 상연되었다. 1898년에는 유명한 이탈리아 배우 에르메테 차코니가 이탈리아에서 연출하고 스스로 니키타 역을 맡아 대성공을 거두었다. 그는 상연의 성공을 알리는 전보를 톨스토이에게 보냈다. 톨스토이는 이 연극에 굉장히 자신감을 갖고 있었던 듯 "나는 과거 민중을 위해 쓴다고 선언했다. 그리고 나는 지금 《어둠의 힘》을 민중을 위해 썼다"라고 말했다.

야스나야 폴랴나는 '숲속의 밝은 땅'이라는 아름다운 이름이다. 톨스토이가 태어난 집 앞 작은 오솔길을 걸어 들어가면 오래된 떡갈나무 아래 동그마니 한 무덤이 있다. 쐐기풀과 민들레에 뒤덮여 무심히 그냥 지나치기 쉽다. 자신의 무덤에는 아무런 표지나 비석을 세우지 말라고 유언한 톨스토이가 잠들어 있는 곳이다. 오솔길 들머리에 톨스토이 묘라고 쓰인 조그만 표지 하나와 떡갈나무 둘레에 쳐진 철울타리. "하늘이 꾸미신 그대로 두어라"는 그의 말대로 잡초만 무성한 무덤가엔 안드레이의 독백(獨白)이 맴돈다.

"어째서 지금까지 저 높은 하늘을 보지 못했을까……."《전쟁과 평화》

세계 곳곳에서 온 여행자들이 톨스토이의 묘를 찾아와 참배한다. 이곳에서 역자는 KBS TV의 〈TV, 책을 말하다〉 프로그램 제작 촬영팀과 조우할 수 있었다. 동서문화사가 간행한 톨스토이의 《인생이란 무엇인가》 특집프로를 만들기 위해 왔다고 한다. 톨스토이가 산책을 즐겼다는 자작나무 오솔길과 사색에 잠겼다는 벤치, 그의 손길이 무수히 스쳤던 나무들만 울창한 야스나야 폴랴나 숲에는 현장학습에 나선 초등학교 아이들의 재잘거리는 소리가 100년의 시공을 초월하여 울려 퍼지고 있었다.

톨스토이 연보

1828년   9월 9일 니콜라이 톨스토이 백작 집안의 넷째 아들로 야스나야 폴랴나(숲속의 밝은 땅이라는 의미)에서 태어나다. 아버지는 퇴역 육군 중령, 어머니는 볼콘스키 공작 집안 출신이다.

1830년(2세)   8월 7일에 어머니 마리야 니콜라예브나, 여동생 마리야를 낳은 뒤 산후더침으로 죽다.

1836년(8세)   톨스토이 집안 모스크바로 이사하다.

1837년(9세)   6월 21일 아버지 니콜라이마저 툴라현의 거리에서 졸도하여 죽다. 고모인 오스텐 사켄 부인이 남은 아이들의 후견인이 되다.

1838년(10세) 할머니 팔라키야 니콜라예브나 죽다.

1841년(13세) 가을에 후견인이던 고모가 죽었으므로 레프는 세 형과 카잔에서 살고 있는 펠라게야 일리치나 유시코바에게로 가다.

1844년(16세) 9월 20일 카잔 대학에 입학하다.

1847년(19세) 4월 12일 카잔 대학을 중퇴, 고향인 야스나야 폴랴나로 돌아가서 진보적인 지주로서 새로운 농업 경영, 소작인의 계몽과 생활 개선에 노력했으나 농노 제도 사회에서 그의 이상은 실현되지 못하다. 후에 《지주의 아침》 속에서 그 시대의 일을 그리다.

1848년(20세) 상트페테르부르크 대학의 학사 시험에 합격, 법학사의 학위를 받다. 이해부터 23세까지 도박과 주색에 빠진 방탕 생활을 하다.

1851년(23세) 3월 《어제 이야기》. 5월 맏형 니콜라이가 있는 캅카스(코카서스) 포병대에 사관후보생으로 입대하다.

1852년(24세) 군무에 종사하면서 3월 17일 단편 《침입》 쓰기 시작하다. 6월 《나의 유년 시절》 탈고. 네크라소프의 인정을 받아 그가 주재하는 잡지 〈동시대인〉에 익명으로 9월부터 연재, 작가로서의 첫발을 내

딛다. 9월 중편 《지주의 아침》 쓰기 시작. 12월 《침입》 완성. 중편 《코사크》 쓰기 시작하다.

1853년(25세) 여러 지방에서 참전하다. 4월 단편 《크리스마스의 밤》, 5월 장편 《나의 소년 시절》, 6월 《나무를 베다》, 9월 《득점 계산자의 수기》 쓰기 시작하다.

1854년(26세) 1월 장교로 승진하여 고향에 돌아가다. 3월 다뉴브 파견군에 종군하고, 크림 군으로 옮겨 세바스토폴 전투에 참가. 《나의 소년 시절》 《러시아 군인은 어떻게 죽는가》 발표하다.

1855년(27세) 3월 《나의 청년 시절》 쓰기 시작. 9월 흑하의 전투에 참가. 11월 상트페테르부르크로 돌아가 투르게네프, 네크라소프, 곤차로프, 오스트롭스키, 페트 등 〈동시대인〉 동인(同人)들의 환영을 받다. 《득점 계산자의 수기》 《12월의 세바스토폴》 《5월의 세바스토폴》 《나무를 베다》 완성. 투르게네프와의 사이가 나빠지다.

1856년(28세) 3월 셋째 형 드미트리 죽다. 11월 제대. 《1855년 8월의 세바스토폴》 《눈보라》 《두 경기병》 《진중 해후》 《지주의 아침》 완성하다.

1857년(29세) 1월 최초의 유럽 여행을 떠나 7월에 귀국, 야스나야 폴랴나에 살며 농사를 짓다. 《루체른》 《알리베르트》 《나의 청년 시절》 쓰다.

1858년(30세) 《한 소녀 바니카가 별안간 어른이 된 이야기》 쓰다.

1859년(31세) 농민의 아이들을 위해 야스나야 폴랴나에 학교를 세우다. 《세 죽음》 《가정의 행복》 쓰다.

1860년(32세) 교육 문제에 깊은 관심을 갖고 《국민 교육론》을 기초(起草)하다. 7월 외국의 교육 제도를 시찰할 목적으로 여행을 떠나다. 9월 맏형 니콜라이가 죽어 몹시 슬퍼하다. 《폴리쿠시카》 쓰기 시작하다.

1861년(33세) 유럽 여러 나라의 교육 시설을 시찰하고 4월에 귀국. 야스나야 폴랴나에 학교를 설립. 교육에 관한 논문들을 기초하다. 투르게네프와의 불화가 심해지다.

1862년(34세) 교육 분야의 논문 《국민 교육에 관하여》 《읽고 쓰기 교육 방법에 관하여》 《누가 누구에 관하여 쓰는 것을 배우는가》를 발표하다. 9월 모스크바 궁정 의사 베르스의 둘째 딸 소피야 안드레예브나(당시 18세)와 결혼하여 좋은 환경에서 문필 생활을 하게 되다. 《꿈》 쓰기 시작하다. 《목가(牧歌)》 쓰다.

1863년(35세) 6월 맏아들 세르게이 태어나다. 《홀스토메르(어떤 말의 역사)》. 〈야스나야 폴랴나〉 마지막 호 발행. 《진보와 교육의 정의》《코사크》《폴리쿠시카》 발표하다. 《십이월당》 쓰기 시작하다. 《전쟁과 평화》 준비로 나폴레옹 전쟁 시대를 연구하기 시작하다.

1864년(36세) 9월 맏딸 타챠나 태어나다. 사냥하다 말에서 떨어져 오른손을 다쳐 모스크바에서 수술을 받다. 회복됨과 동시에 《전쟁과 평화》(처음엔 《1850년》이라는 제목을 붙였다)를 착수하다. 《톨스토이 저작집》 제1, 2권 간행하다.

1865년(37세) 《전쟁과 평화》의 처음 부분(1~28)을 〈러시아 보도〉에 발표하다.

1866년(38세) 《니힐리스트》《전쟁과 평화》 제2편 발표. 5월 둘째 아들 일리야 태어나다. 시프닌 사건을 변론하다.

1867년(39세) 가을 《전쟁과 평화》의 집필을 위해 모스크바로 가다. 보로지노의 옛 싸움터에 가보다. 《전쟁과 평화》 전3권 초판 간행하다.

1868년(40세) 3월 《전쟁과 평화에 대하여》를 〈러시아 보도〉에 발표하다.

1869년(41세) 5월 셋째 아들 레프 태어나다. 쇼펜하우어, 칸트에 열중하다. 《전쟁과 평화》 완간되다.

1871년(43세) 《초등독본》 쓰기 시작하다.

1872년(44세) 《초등독본》《캅카스 포로》《신은 진실을 보나 나타내지 않는다》《표트르 1세》 쓰다. 농민 자녀들의 교육을 위한 사숙(私塾)을 저택 안에 마련하다.

1873년(45세) 3월 《안나 카레니나》 착수. 가족 모두를 데리고 사마라 지방으로 가 빈민 구제 사업에 힘을 기울이다. 《읽고 쓰기 교육법에 관하여》를 〈모스크바 신보〉에, 《사마라 지방의 굶주림에 대하여》를 〈모스크바 신문〉에 싣다. 《톨스토이 저작집》 제1권~제8권까지 출판. 아카데미 회원이 되다.

1874년(46세) 《국민교육론》 출판. 《새 초등독본》 쓰기 시작하다.

1875년(47세) 《안나 카레니나》 〈러시아 보도〉에 연재 시작하다.

1877년(49세) 《안나 카레니나》 완성하다.

1878년(50세) 《십이월당》 연구를 위해 모스크바와 상트페테르부르크에 가다. 투르게네프와 화해. 5월 《최초의 기억》을 쓰기 시작하다. 투르게네프가 야스나야 폴랴나를 방문.《나의 참회》집필하다.

1879년(51세) 《나의 참회》의 첫 부분을 발표하여 러시아 내에서는 금지되었으나 계속 집필. 장편 《십이월당》은 완성하지 못한 채 단념하다.

1880년(52세) 《교의신학 비판(教義神學批判)》 쓰다.

1881년(53세) 《사람은 무엇으로 사는가》《4복음서 통합번역》 간행하다.

1882년(54세) 모스크바의 민세 조사(民勢調査)에 참가하여 빈민 생활을 보고 괴로워하다.《나의 참회》를 완성하여 〈러시아 사상〉에 발표했으나 발행이 금지되다.《모스크바의 민세 조사에 대하여》《악을 악으로 갚지 말라》《교회와 국가》를 발표하다.

1884년(56세) 《나의 신앙은 어디에 있는가》를 발표했으나 발행 금지되다.《광인의 수기》《그러면 우리는 무엇을 할 것인가》 쓰기 시작. 젊을 때부터 좋아하던 사냥을 그만두다.

1885년(57세) 헨리 조지의 《토지 국유론》을 읽고 깊은 감명을 받아 사유재산을 부정함으로써 아내와 의견 대립이 되다. 그 결과로 모든 저작권을 아내에게 양도.《일리야스의 행복》《그러면 우리는 무엇을 할 것인가》 출판. 아내의 힘으로 《톨스토이 저작집》 12권 간행되다. 민화《악마의 일은 아름답고 신의 일은 까다롭다》《형제와 금화》《손녀는 할머니보다 지혜롭다》《불씨를 잘 다루지 못하면》《사랑이 있는 곳에 신도 있다》《양초》《두 노인》《바보 이반》 쓰다.

1886년(58세) 여름, 작품을 쓰는 한편 두 딸(타챠나와 마리야)을 데리고 농사를 짓다. 짐수레에서 잘못 떨어져 2개월 간 드러눕다.《어떻게 살 것인가》 쓰기 시작하다. 10월 희곡《어둠의 힘》이 상연 금지되어 1895년까지 이어지다. 발행도 금지되었으나 곧 풀려 3일 동안 25만 부나 팔리다.《지혜의 달력》 편찬에 종사하다.《이반 일리치의 죽음》 출판.《국민 독본과 과학책에 대하여》, 민화《빵 조각을 보상한 작은 악마》《회개한 죄인》《신이 이름 붙인 아이》《사람에게는 얼마만큼 땅이 필요한가》《세 은자》《달걀만 한 씨앗》쓰다.

1887년(59세) 《지혜의 달력》발행, 몇백만 부 팔리다. 《어둠의 힘》저작권을 버리다. 3월부터 육식(肉食)을 않다. 9월 은혼식 올리다. 《어떻게 살것인가》를 발간했으나 발행 금지되다. 음주 반대 동맹 운동을 일으키다. 《빛이 있는 동안에 빛 속을 걸어라》《술의 시작》《머슴 에멜리안과 북》《세 아들》.

1888년(60세) 담배를 끊다. 2월에 아들 일리야 결혼식을 올리다. 막내아들 바니치카 태어나다. 《고골리론》착수. 본다레프의 《농민의 승리》에 서문을 쓰다. 코롤렌코가 처음으로 찾아오다. 초등학교 교사가 되기 위해 원서를 제출했으나 당국으로부터 거절을 당하다.

1889년(61세) 논문 《1월 12일의 기념제》쓰다. 《문명의 열매》《예술과 삶》쓰기 시작하다. 《크로이체르 소나타》《악마》《각성할 때이다》《신을 섬겨야 하는가, 혹은 황금을 섬겨야 하는가》《손의 노동과 지적 노동》쓰다.

1890년(62세) 《크로이체르 소나타 뒷이야기》《성욕론》《술과 담배》《지배 계급의 이취(泥醉)》《빛은 어둠 속에서 빛난다》《빵가게 주인 표트르》《신부 세르게이》쓰기 시작하다.

1891년(63세) 아내 소피야가 발행 금지되었던 《크로이체르 소나타》의 공표허가를 얻어내다. 《니콜라이 파르킨》을 제노바에서 출판. 4월 재산을 나누다. 《첫째 단계》의 집필 시작. 이해 중앙 아시아와 동남 아시아에 걸쳐 기근이 일어나자 농민 구제를 위해 활약하다. 《기근론》《무서운 문제》《법원에 대하여》《어머니 이야기의 예언》《어머니의 수기》등의 저작권을 버리다. 《신의 왕국은 그대 가슴에 있나니》쓰기 시작하다(93년에 완성).

1892년(64세) 굶주림에 허덕이는 사람들을 구제하기 위해 많은 활약을 했으나 당국의 방해를 받다.

1893년(65세) 《무위(無爲)》를 〈러시아 보도〉에 발표. 《종교와 국가》집필. 노자(老子)의 번역에 몰두하다. 《그리스도교와 애국심》《부끄러워하라》《태형 반대론》《노동자 여러분에게》《헤이그 만국평화회의에 대하여》 쓰다.

1894년(66세)　모스크바 심리학회의 명예 회원으로 선출되다. 알렉산드르 3세 죽다. 《주인과 하인》 쓰기 시작. 《카르마》《불사(不死)에 대한 마치니》《모파상 저작집》의 후기, 《신의 고찰》《젊은 황제》 쓰다.

1895년(67세)　《주인과 남자 하인》 탈고. 두호볼 교도와 친교를 맺고 있었기 때문에 4,000명 교도의 병역 거부 운동이 일어나자 그 지도자로 지목되어 당국의 박해를 받다. 체호프 찾아오다. 《세 우화》《12사도에 의하여 전해진 왕의 가르침》 쓰다.

1896년(68세)　병역 의무 거부 운동을 찬양하는 《종말이 가깝다》를 국외에서 발표. 《그리스도의 가르침》《복음서는 어떻게 읽는가》《현대의 사회 조직에 대하여》《예술과 삶》 쓰기 시작.

1897년(69세)　3월 병상에 있는 모스크바의 체호프를 방문. 《예술과 삶》 출판. 《하지 무라트》《헨리 조지의 사상》《국가와의 관계》 쓰다.

1898년(70세)　툴리스카야, 오를로프스카야 두 현(縣)의 빈민 구제를 위해 활동하다. 두호볼 교도를 돕기 위한 자금 마련 방편으로 《부활》을 완성하기로 결심하다. 8월 26일 톨스토이 탄생 70주년 기념 축하회가 열리다. 《신부 세르게이》 완성. 《종교와 도덕》《톨스토이즘에 관하여》《기근이란 무엇인가》《두 전쟁》《카르타고를 파괴하지 말라》《러시아 보도의 편집자에게 부친다》 쓰다.

1899년(71세)　3월 《부활》을 발표하여 주목을 끌어 작가적 정열을 증명하다. 《사랑의 요구》《한 상사(上士)에게 부치는 글》 쓰다.

1900년(72세)　1월 아카데미 예술회원에 뽑히다. 고리키 찾아오다. 희곡 《산송장》, 《애국심과 정부》《죽이지 말라》《현대의 노예제도》《자기 완성의 의의》 쓰다.

1901년(73세)　그리스 정교회에서 파문되다. 《파문의 명령에 대한 종무원(宗務院)에의 회답》 쓰기 시작. 9월 크림에서 티푸스와 폐렴으로 중태에 빠지다. 《황제와 그 보필자에게》《유일한 수단》《누가 옳은가》《신앙의 자유를 인정할 것》 쓰다.

1902년(74세)　니콜라이 2세에게 러시아의 현 상태를 호소하는 글을 올리다. 5

월 코롤렌코 찾아오다. 8월 6일 문학 활동 50년 기념 축하회 열리다. 《노동자 여러분에게》 《지옥의 부흥》 《종교론》 장편 《하지 무라트》 등을 쓰다.

1903년(75세) 1월 《유년 시절의 추억》 쓰기 시작. 《성현의 사상·인생이란 무엇인가》 편찬을 착수하다. 단편 《무도회가 끝난 뒤》 탈고. 8월 28일 탄생 75주년 축하회 열다. 9월 《셰익스피어론》 집필. 《노동과 병과 죽음》 《아시리아 왕 에사르하돈》 《세 가지 의문》 《그것은 너다》 《정신적 본원의 의의》 《인생의 의의에 대하여》 쓰다.

1904년(76세) 전쟁 반대론 《생각을 바꿔라》, 6월 《유년 시절의 추억》 탈고. 《해리슨과 무저항》 《과연 그렇지 않으면 안 되는가》 《하지 무라트》 출판하다.

1905년(77세) 제1차 혁명의 발발로 국민의 폭동에 정부의 탄압이 가해지자 어느 쪽도 편들지 않고 몹시 고민하다. 《알료샤 고르쇼크》 《코르데이 바실리예프》 《표트르 쿠지미치의 수기》 《기도》 《딸기》 《불타》 《큰 죄악》 《러시아의 사회 운동》 《세계의 종말》 《가짜 수표》 《초록지팡이》 쓰다.

1906년(78세) 《1일 1장 인생노트》 《셰익스피어론》 〈러시아의 말〉에 싣다. 《유년 시절의 추억》 《신의 행위와 사람의 행위》 《러시아 혁명의 의의》 《꿈에서 본 것》 《라메네》 《표트르 헬리치키이》 《파스칼》 쓰다.

1907년(79세) 야스나야 폴랴나의 학교를 부흥시키다. 《참다운 자유를 인정하라》 《우리의 인생관》 《서로 사랑하라》 쓰다.

1908년(80세) 탄생 80주년 축하회 열리다. 《폭력의 법칙》, 사형 반대론 《침묵하고 있을 수는 없다》 쓰다. 《어린이를 위하여 쓴 그리스도의 가르침》 《보스니야와 헤르체고비나의 병합에 관하여》 쓰다.

1909년(81세) 탄생 80주년 기념 톨스토이 박람회 상트페테르부르크에서 열리다. 《피하기 어려운 대변혁》 《세상에 죄인은 없다》 《사형과 그리스도교》 《시간의 1호(一號)》 《유일의 장막》 《고골리론》 《유랑자와의 대화》 《마을의 노래》 《돌》 《대웅성(大熊星)》 《어린이의 지혜》 《꿈》 발행하다.

1910년(82세)   《인생의 길》, 단편 《모르는 사이에》《마을의 사흘 동안》, 희곡 《모든 것의 근원》. 8월 코롤렌코가 찾아오다. 《세상에 죄인은 없다》를 개작. 10월 28일 새벽 아내에게 마지막 글을 써놓고 집을 나가 도중에서 사형을 논한 《효과 있는 수단》을 집필. 10월 31일 여행 중 병이 들어 랴잔 우랄선 중간의 시골 조그만 역 아스타포보에서 내리다. 11월 3일 최후의 감상을 일기에 쓰다. 11월 7일 오전 6시 5분 역장 집에서 눈을 감다. 11월 9일 야스나야 폴랴나에 묻히다.

김근식

미국 Monterey Institute of International Studies, 러시아문학석사. 한국외국어대학교대학원 러시아 문학박사. 중앙대 동북아연구소 소장. 중앙대 러시아어학과 교수. 지은책 아이트마토프 작품의 주제발전연구, 러시아정교회와 반체제 및 민족주의, 푸시킨의 꿈의 분석, 한국에서의 푸시킨 연구. 옮긴책 아이트마토프 〈하얀 배〉〈백년보다 긴 하루〉, 아나톨리 김 〈푸른 섬〉〈아버지 숲〉, 도스토옙스키 〈백치〉, 잘리긴 〈위원회〉, 부토프 〈곤충들의 천문학〉, 마야코프스키의 〈미국 발견〉, 한국문학작품 러시아어 번역 김주영 〈천둥소리〉〈고기잡이는 갈대를 꺾지 않는다〉

고산

성균관대학교국문학과 졸업. 성균관대학교대학원 졸업(비교문화학). 동서문화사 편집인. 동인문학상 운영위원회 집행위원장. 「자유문학 〈소설 청계천〉 신인상 수상.」 지은책 〈고산 삼국지〉〈고산 국어대사전〉〈한국출판100년을 찾아서〉〈新文館 崔南善·講談社 野間淸治. 愛國作法〉

Лев Николаевич Толстой
ЧЕМ ЛЮДИ ЖИВЫ
СЕМЕЙНОЕ СЧАСТЬЕ/ОТЕЦ СЕРГИЙ
사람은 무엇으로 사는가/가정의 행복/신부 세르게이
레프 톨스토이 지음/김근식 고산 옮김

1판 1쇄 발행/2004. 11. 1
2판 1쇄 발행/2007. 11. 1
2판 6쇄 발행/2025. 2. 1
발행인 고윤주
발행처 동서문화사
창업 1956. 12. 12. 등록 16-3799
서울 중구 마른내로 144 동서빌딩 3층
☎ 546-0331~2 Fax. 545-0331
www.dongsuhbook.com
잘못된 책은 구입하신 곳에서 바꾸어드립니다.
*
이 책의 출판권은 동서문화사가 소유합니다.
의장권 제호권 편집권은 저작권법에 의해 보호를 받는 출판물이므로
무단전재와 무단복제를 금합니다.
사업자등록번호 211-87-75330
ISBN 978-89-497-0434-0 04080
ISBN 978-89-497-0382-4 (세트)